마법의
역사

THE HISTORY OF MAGIC

주술, 연금술, 과학으로
이어지는 인류의 이야기

마법의 역사

크리스 고스든 지음
추선영 옮김

SIGONGSA

제인(Jane), 에밀리(Emily), 잭(Jack)에게

« 차례 »

《 삽화 》

그림 1.1. 볼벨 - 황도대(黃道帶) 내에서 행성의 위치를 알아내기 위한 종이 구조물. 움직이는 부품이 있다. 볼벨은 하늘을 관측하기 위해 사용되었던 아스트롤라베의 대응물이다. (Apianus, *Astronomicum Caesareum*. Ingoldstadt, 1540. British Library Maps C.6.d.5, Pl. 27).

그림 1.2. 주문(呪文)을 취소하여 소유자를 보호하는 기도문이 적힌 18세기 에티오피아 키타브(Ethiopian Ketab) 두루마리. 은(銀)으로 만든 통에 보관. 악숨 제국(Aksumite Empire, 기원후 1세기 - 8세기)에서 유래한 키타브 두루마리에는 아랍과 그리스도교의 영향이 결합되어 있다. 19세기 무렵에는 수백만 개가 사용되었다. 암하라 문자(Amharic script). (British Library C11269-07).

그림 1.3. 찻잎이 찻잔 바닥에 형성하는 모양을 해석하기 위한 안내서. (출처: *How to Read the Future with Tea Leaves*, '만드라(Mandra)'가 중국어를 번역(1925). Stamford: Dolby Brothers. British Library 8633. eee.31).

그림 1.4 '아브라카다브라(abracadabra)'라는 용어가 사용된 가장 오래된 기록(말라리아 치료법). 오른쪽 하단의 삼각형 안에 쓰여 있는 이 단어는 한 줄 내려갈 때마다 한 글자씩 줄어들면서 질병의 독성을 감소시킨다(7장 참고). Quintus Serenus Sammonicus, Canterbury, 13세기 (British Library Royal MS 12E.XXIII, f. 20).

그림 2.1 본문에 언급된 구석기 시대(Palaeolithic) 동굴 유적지 지도. (드로잉: Chris Green).

그림 2.2 슈타델 동굴에서 발견된 매머드 엄니로 만든 사자 인간 조각상. (© Museum Ulm. 사진: Oleg Kuchar, Ulm).

그림 2.3. 빙하기 동굴 미술 벽화. (출처: 'Ekainberri' 사진, Arazi Aranzadi; 제공: Ekainberri Management).

그림 2.4. 프랑스 레 트루아 프레르 동굴(Les Trois - Frères Cave)에서 발견된 '샤먼'. (출처: Abbé Breuil (1952), *Quatre cents siècles d'art pariétal*. Montignac and Dordogne: Centre d'études et de documentation préhistoriques).

그림 2.5. 본문에 언급된 만빙기(晚氷期, Late Glacial)와 우바이드 시대(Ubaid periods) 사

흑단 또는 매끈매끈한 동석(凍石)으로 만든 이른바 마법 지팡이나 칼이 포함 된다. (제공: Metropolitan Museum of Art. Accession Number 86.1.91 (위); 30.8.218 (아래)).

그림 3.5. 풍뎅이와 음각 세공물을 이용하여 만든 반지(보호 장치로 사용). 이것들은 금 으로 만든 받침대에 다양한 돌을 얹어서 만들어졌다. 기원전 1820년경, 제 12왕조 시대부터 제작되었다. Abydos, Tomb G62. (© British Museum, Accession Number EA 37308).

그림 3.6. 이 장면은 데르 엘 바하리(Deir el-Bahari)의 왕가의 은신처(Royal Cache)에서 도난당한 노지메트 여왕(Queen Nedjmet)의 《사자(死者)의 서(書)Book of the Dead》에 나오는 장면이다. 노지메트와 (아직 묘가 발견되지 않은) 그녀의 남편 헤리호르(Herihor)가 오시리스, 이시스, 호루스의 네 아들에게 제물을 바치고 심장의 무게를 재는 짧은 장면도 지켜보고 있다. (© British Museum, Accession Number 10541).

그림 4.1. 부호묘(婦好墓)의 전체도(全體圖). 가장자리에는 청동 용기(容器)가, 창문턱에 는 인골(人骨)이, 중앙에는 부호(婦好)의 관 흔적이 보인다. (사진 제공: Jessica Rawson).

그림 4.2 부호묘에서 나온 올빼미 모양의 청동 술 용기(容器). (제공: Henan Provincial Museum; 사진 Niu Aihong(牛爱红)).

그림 4.3. 상(商, Shang)나라 시대(기원전 1192년) 소 견갑골에 새겨진 신탁. 텍스트에는 특정한 열흘 동안 불운이 없을 것이라는 내용이 담겨 있다. (British Library OR. 7679/1595).

그림 4.4. 본문에 언급된 주요 유적지와 지형적 특징. (드로잉: Chris Green).

그림 4.5. 석묘(石峁, Shimao)의 동문(East Gate) 복원도. (드로잉: Chris Green. Zhouyong Sun, et al. (2018), xii Illustrations 'The First Neolithic Urban Center on China's North Loess Plateau: The Rise and Fall of Shimao', *Archaeological Research in Asia*, v. 14, 33 – 45, Fig. 7을 참고).

그림 5.7.   아르잔 1(Arzhan 1)(위)과 아르잔 2(Arzhan 2)(아래)의 매장 봉분(封墳) 평면도.
            (출처: Konstantin V. Čugunov et al. (2010), 'Der skythenzeitliche Fürstenkurgan Aržan
            2 in Tuva', *Archäologie in Eurasien*, v. 26, 8, Fig. 77 (왼쪽); and 18, Fig. 22 (오른쪽). ©
            DAI).

그림 5.8.   아르잔 2 봉분(封墳)의 5번 무덤에서 발견된 남성과 여성의 시신 및 부장품.
            (출처: Konstantin V. Čugunov et al. (2010), 'Der skythenzeitliche Fürstenkurgan Aržan
            2 in Tuva', *Archäologie in Eurasien*, v. 26, 28, Fig. 36. © DAI).

그림 5.9.   아르잔 2에서 발견된 남성과 여성 및 그들이 치장한 금으로 만든 장식의 복
            원도. (출처: D. V. Pozdnjakov, in Konstantin V. Čugunov *et al.* (2010), 'Der skythen-
            zeitliche Fürstenkurgan Aržan 2 in Tuva', *Archäologie in Eurasien*, v. 26, 212, Fig. 225 (왼
            쪽); and 214, Fig. 226 (오른쪽). © DAI).

그림 5.10. 엘크를 공격하는 호랑이와 표범. 파지리크 매장 봉분(封墳) 5에서 발견된 여
            성의 오른팔에 새겨진 문신. (L. L. Barkova and S. V. Pankova (2005), 'Tattooed
            Mummies from the Large Pazyryk Mounds: New Findings', *Archaeology, Ethnology and
            Anthropology of Eurasia*, v. 22, no. 2. 48 – 59, Fig. 14; 작가: Darja Kirillova).

그림 5.11. 파지리크 매장 봉분(封墳) 2에서 발견된 머리 장식. 부리에 사슴의 머리를 물
            고 있는 맹금류가 표현되어 있다(위). 이 머리 장식을 지지하고 있는 펠트 모
            자의 양쪽에는 사슴을 공격하는 맹금류의 형태를 표현한 가죽 아플리케가
            장식되어 있다(아래). (제공: Hermitage Museum).

그림 5.12. 금으로 동물과 추상적인 디자인을 칼날에 상감(象嵌) 세공한 철제 단검. (출
            처: Konstantin V. Čugunov et al. (2010), 'Der skythenzeitliche Fürstenkurgan Aržan 2
            in Tuva', *Archäologie in Eurasien*, v. 26, Pl. 40, 1. © DAI).

그림 5.13. (러시아 연방인) 페름주(Perm Oblast)와 코미 공화국(Komi Republic)에서 발견된
            특징적인 '페름 동물 스타일(Perm Animal Style)'의 청동 물건들. (출처: V. A.
            Oborin and G. N. Chagin (1988), *Chudskie drevnosti Rifeya. Permskii zverinyi stil* (*The
            Animal Style of Perm*), nos. 14, 27, 52).

그림 6.1. 아서(Arthur)왕의 기사 가운데 한 명이 엑스칼리버를 호수로 돌려보내는 모습과 엑스칼리버를 받는 손의 모습. 그림의 맨 앞에는 죽음을 눈앞에 둔 아서왕이 있다. (*La Mort le Roi Artus c.* 1316, France. British Library Add. MS 10294, f. 94v).

그림 6.2. 본문에 언급된 유럽의 지형과 유적지 지도. (드로잉: Chris Green).

그림 6.3. 의식(儀式)용 목적으로 착용했을 가능성이 있는 스타 카(Star Car)의 사슴뿔 이마 장식 복원도를 수록한 로열 메일(Royal Mail) 우표(2017). (물건 사진 © The Trustees of the British Museum. All rights reserved. 우표 디자인 © Royal Mail Group Ltd).

그림 6.4. 최종 빙기(最終 氷期) 극대기(Last Glacial Maximum)의 유럽 북서부. (드로잉: Chris Green, N. Milner, C. Conneller and B. Taylor (2018). *Star Carr. Vol. I: A Persistent Place in a Changing World.* York: White Rose University Press, 273, Fig. 11을 참고).

그림 6.5. 다뉴브강의 철문(鐵門) 협곡(Iron Gorges) 지역. 중석기 시대 주요 유적지 가운데 대부분의 유적지가 보인다. (드로잉: Chris Green, Dušan Borić, et al. (2014), 'Late Mesolithic Lifeways and Deathways at Vlasac (Serbia)', *Journal of Field Archaeology*, v. 39, no. 1, 5, Fig. 1을 참고; Jarvis (2008)의 데이터를 사용).

그림 6.6. 사다리꼴 모양 주택의 평면도와 동일한 것을 기하학적 형태로 표현한 모습. 이러한 기하학적 형태는 인간의 시신의 다리를 구부려 매장한 행위에 반영되어 있다. 모두 레펜스키 비르(Lepenski Vir)에서 발견된 것이다. (출처: John Chapman and Bisserka Gaydarska (2011), 'Can We Reconcile Individualisation with Relational Personhood? A Case Study from the Early Neolithic', *Documenta praehistorica*, v. 38, 21–44, Fig. 8.6; 제공: John Chapman).

그림 6.7. 레펜스키 비르에서 발견된 조각상. (National Museum in Belgrade의 컬렉션, Inventory Number LV_37).

그림 6.8. 아일랜드 뉴그레인지(Newgrange). 석영을 입힌 표면과 통로로 이어지는 출입구가 보인다. (© National Monuments Service, Department of Culture, Heritage and the Gaeltacht).

그림 6.9. 태양, 달, 별을 보여주는 네브라 원반(Nebra Disc). (© Landesamt für Denkmal-pflege und Archäologie Sachsen – Anhalt. 사진: Juraj Lipták).

그림 6.10. 천문학적 정렬을 보여주는 스톤헨지의 평면도. (드로잉: Chris Green, Ezequiel Usón Guardiola, et al. (2014), 'The Influence of Religious and Cosmological Beliefs on the Solar Architecture of the Ancient World', *International Journal of Architectural Engineering Technology*, v. 1, no. 1, Fig. 1을 참고).

그림 6.11. 1902년 덴마크 북부의 소택지(沼澤地)에서 발견된 트룬홀름 마차(Trundholm Chariot)는 태양과 하늘을 가로지르는 태양의 경로를 묘사한 것으로 여겨진다. (National Museum of Denmark, Object Number B7703. 사진: John Lee).

그림 6.12. 다양한 종류의 생물을 보여주는 글라우베르크 브로치(Glauberg Brooch). (Pavel Odvody/© Keltenwelt am Glauberg).

그림 6.13. 에일즈퍼드 들통(Aylesford Bucket)의 세부 사항. 일부는 사람이고 일부는 말인 실체의 모습을 보여준다. (© The Trustees of the British Museum. All rights reserved. Accession Number 1886,1112.3).

그림 6.14. 스코틀랜드 덤프리스 갤러웨이(Dumfries Galloway)주(州) 토르스(Torrs)에서 발견된 토르스 포니 캡(Torrs Pony Cap). (© National Museums Scotland. Accession Number X.FA 72).

그림 6.15. 브리튼 켈트 미술에서 가장 유명한 물건 가운데 하나인 배터시 방패(Battersea Shield). (© The Trustees of the British Museum. All rights reserved. Accession Number 1857,0715.1).

그림 6.16. (위) 몽골 홉드 아이막(Khovd Aimag) 다르비 솜(Darvi Sum)의 후기 청동기 시대 또는 초기 철기 시대 사슴돌. 이 그림은 사슴돌의 네 면을 보여준다. 그 가운데 하나는 평면에서 본 마차의 모습과 위에서 본 마차의 모습을 마치 동시에 보고 있는 것처럼 묘사하고 있다. (가운데) 독일 호흐도르프(Hochdorf)의 묘에서 발견된 긴 의자의 등받이. 무엇보다도 이 그림은 마차를 부분적으로는 측면에서, 부분적으로는 위에서 본 모습을 보여주고 있다. (아래) 마차의 세부

사항 확대. (© Landesmuseum Württemberg. 사진들: P. Frank-enstein/H. Zwietasch).

그림 6.17. 후기 철기 시대의 데스버러 거울(Desborough Mirror). 장식이 음각되어 있다. (© The Trustees of the British Museum. All rights reserved. Accession Number 1924,0109.1).

그림 7.1. 본문에 언급된 지역과 유적지 지도. (드로잉: Chris Green).

그림 7.2. 개의 도움을 받아 맨드레이크 뿌리를 수확하는 남자. 맨드레이크는 수컷 또는 암컷으로 간주되는데, 이 삽화 속 맨드레이크는 분명히 수컷이다. 이 삽화는 16세기 필사본에서 비롯된 것으로, 일부 마법 관행의 끈질긴 지속성을 보여준다. (Giovanni Cadamosto, *Herbal with Treatises on Food, Poisons and Remedies, and the Properties of Stones* (British Library Harley MS 3736, f. 59).

그림 7.3. 아람어 명문(銘文)이 새겨진 주문(呪文) 그릇. 메소포타미아, 기원후 5세기-6세기경. (제공: Metropolitan Museum of Art. Accession Number 86.11.259).

그림 7.4. 금박(金箔)에서 잘라낸 직사각형 판(라멜라(lamella))으로 만들어진 로마의 금부적. 짧은 축을 따라 텍스트 16줄이 새겨져 있다. 1줄-3줄에는 12개의 마법 문자가 새겨져 있고 3줄-16줄에는 주요 텍스트가 그리스 필기체로 기록되어 있다. 테렌티아(Terentia)의 딸, 파비아(Fabia)의 안전한 출산을 기원하는 부적이다. 말리고 주름이 지고 퇴적된 이후에 구겨졌음에도 불구하고, 라멜라는 온전한 상태였다. 옥스퍼드셔(Oxfordshire) 콜시(Cholsey)에서 발견되었다. 명문(銘文)은 다음과 같다. '당신의 성스러운 이름으로, 어머니 테렌티아가 낳은 파비아가 온전하고 건강하게 태아를 다스리고 낳을 수 있기를. 주님과 위대한 하나님의 이름이 영원하기를.' (번역: Dr. Roger Tomlin. © British Museum, Accession Number 2009,8042.1).

그림 7.5. 천사 메타트론(Metatron)의 알파벳 카라크테레스(charactêres). (드로잉: Chris Green).

그림 7.6. 카밀로 미올라(Camillo Miola)(비아카(Biacca))의 그림 〈신탁(The Oracle)〉에 등장하는 델포이 신탁(Delphic Oracle). (디지털 이미지 제공: Getty's Open Content

(Queen Elizabeth I)이 지켜보는 가운데 실험을 시연하는 존 디. (Wellcome Collection. CC BY).

그림 9.5. 뉴턴(Newton)이 철학자의 돌(Philosopher's Stone)의 속성을 스케치한 그림. (Babson College's Grace K. Babson Collection of the Works of Sir Isaac Newton: Manuscripts, 1660 – 1750 (bulk 1660 – 1726); Call Number MSS BAB 1 – 53; The Huntington Library).

그림 9.6. 다양한 종류의 육엽(六葉) 무늬 및 그 밖의 다른 보호 표식. (제공: © Matthew J. Champion).

그림 10.1. 많은 강령회는 분명 오락과 이윤을 목적으로 열렸다. (켄싱턴(Kensington)에서 고대 이집트에 대한 존경을 표현한) 이집트 홀(Egyptian Hall)은 많은 공연의 본거지였다. 마스켈린(Maskelyne)과 쿡(Cooke)은 19세기 말과 20세기 초에 가장 성공한 사업가였다. (1883년 공연의 전단지. British Library Evan 2557)

그림 10.2. 알리스터 크롤리(Aleister Crowley)의 초상화. 서명이 되어 있다. 원래 〈분점(分點) The Equinox〉(1913)에 게재되었다.

그림 10.3. 관측 가능한 우주와 암흑 물질 사이의 균형을 묘사하려는 시도. (제공: NASA).

그림 10.4. 균근균(菌根菌)이 있는 풀뿌리의 광범위한 네트워크. (사진: Vaceslav Romanov).

그림 10.5. 마법의 보호 가능성. 기원후 4세기 그리스 이집트 시대의 파피루스 두루마리. 고리 형상과 함께 '이것이 묻혀 있는 한 어떤 일도 일어나지 않기를'이라는 문구가 적혀 있다. (마법에 대한 핸드북의 한 페이지, British Library B 20142-64).

그림 10.6. 아잔데족(族)이 주술을 막기 위해 사용하는 아마통(Amatong) 마법에 사용되는 엘레우신(Eleusine) 나무. (사진: E. E. Evans – Pritchard; 제공: Wellcome Trust).

1

마법의 정의와
마법이 중요한 이유

수만 년 동안 그리고 사람이 거주하는 모든 곳에서 사람들은 마법을 행했다. 많은 사람들이 마법이 사라질 것이라고 예측했음에도 불구하고, 마법은 그것을 근절하려는 시도조차 이겨내고 살아남아 오늘날에도 여전히 흔하게 접할 수 있는 것이 되었다. 삶과 죽음이라는 커다란 문제에 직면할 때, 미래를 알고 싶거나 과거를 이해하고 싶을 때, 해(害)로부터 자신을 보호하거나 질병을 치료하고 싶거나 안녕(安寧)을 증진하고 싶을 때, 사람들은 마법에 의지하곤 한다. 마법의 무수한 형태 가운데 몇 가지만 살펴보면, 주술은 해를 유발하는 것처럼 보이고, 죽은 사람의 영혼은 살아 있는 사람에게 말을 거는 것처럼 보이며, 악령의 눈(Evil Eye) 부적은 가정을 보호하는 것처럼 보인다. 마법은 학문적이고 철학적인 것으로서 실재의 본질과 의미에 대한 더 너른 질문으로 이어질 수 있고, 또는 일상적이고 실무적인 것으로서 사마귀 제거나 병든 암소의 치료에 사용될 수 있다. 마법은 실험적이고 변화무쌍하며 독창적이다.

　나는 마법을 정의할 때 인간과 우주의 연결을 강조한다. 즉, 사람들은 우주의 작동에 열려 있고 우주는 사람들에게 반응한다. 마법은 역사의 다른 두 가지 큰 가닥인 종교, 과학과 관련이 있지만 그것들과 상이하다. 즉, 종교는 신 또는 신들에게 초점을 맞추고 과학은 물리적 실재에 대한 객관적인 이해에 초점을 맞춘다. 마법은 가장 오래된 세계관 가운데 하나이지만 끊임없이 새로워질 수 있다. 따라서 근대의 마법은 심대한 생태 위기를 겪고 있는 시대에 인간이 인간과 세계의 물리적, 윤리적 연결을 탐구하는 데 도움이 될 수 있다.

　지난 몇 세기에 걸쳐 마법에 대한 평판은 점점 더 나빠졌다. 그것은 부분적으로 보다 더 음험한 마법사들이 터무니없는 주장을 편 결과다. 마법의 사촌인 종교와 과학도 마법을 폄훼하는 선전전을 아주 성공적으로 수행해왔다. 그러나 그토록 널리 퍼지고 오래 지속되어온 인간 행동의 한 가닥인 마법은 개인과 문화에 중요한 역할을 수행하고 있음에 틀림없다. 이 책에서 나는 낯설고 매력적인 다양한 종류의 마법에 대해 기록하고자 한다. 마법은 모든 시대와 모든 장소에서 발견되기 때문에 이 기록은 세계사에 새로운 차원을 더할 수 있을 것이다. 그리고 나는 마법의 긍정적인 특성을 탐구하고 오늘날 마법이 세계에 제공할 수 있는 것이 무엇인지에 대한 질문도 던지고자 한다.

　이 책에서는 다루지 않을 마법의 매력적인 측면 가운데 하나는 통칭하여 '마술'이라고 불릴 수 있다. 마술은 능숙한 손재간으로 혼동을 일으켜 매우 주의 깊게 관찰하는 사람조차 속일 수 있다.[1] 손재간 마법은 세계가 작동하는 방식에 대한 우리의 상식과 모순되고 그것을 전복한다. 예를 들어 사람이 반으로 잘렸다가 다시 멀쩡하게 온전해지고, 사물이 사라지거나 예상하지 못한 장소에서 모습을 드러낸다. 세 개의 컵 가운데 어느 컵에 공이 숨겨져 있는지 청중은 결코 알 수 없다. 혼동을 일으키는 기법은 이와 같은 감각의 전복을 통해 세계를 바꿀 수 있다고 진지하게 주장하는 일종의 마법에 혼합된다. 그리고 일부 샤먼과 마법적 인물들이 수천 년에 걸쳐 이와 같은 기법의 개발에 기여했다는 데는 의심의 여지가 없다. 그러나 오락용으로 행해지는 마법과 보다 더 엄격하고 실무적인 목적을 구현하는 마법 사이에는 중요한 차이가 있다. 그렇다고 해서 내가 '마술'을 일종의 이류 활동으로 폄하하는 것은 전혀 아니다. 나는 마술의 열렬한 팬이다. 오히려 나는 마법과 마술을 구분함으로써, 묵살되는 것이 아니라 오히려 진지한 검토의 대상이 되어야 하는 주장, 즉 과학의 진지함과 종교의 형이상학적 열망을 주장하는 마법의 형태에 집중하고자 한다. 마법 관행은 다양한 형태를 취한다. 따라서 몇 가지 구체적인 사례를 통해 먼저 마법이 무엇에 관련될 수 있는지를 느껴보자.

　　여러 해 전, 나는 파푸아 뉴기니(Papua New Guinea)의 뉴아일랜드(New Ireland)섬의 마텐쿱쿰(Matenkupkum)이라는 동굴에서 고고학 발굴 작업을 수행했다. 마텐쿱쿰에는 세계에서 가장 오래된 항해의 흔적을 포함하여 3만 5,000년 전 인간이 거주했다는 증거가 있는 것으로 밝혀졌다. 나는 태평양에 면한 여러 해안 마을 가운데 하나인 힐랄론(Hilalon)이라는 마을에 머물렀다. 어느 날 나는 마을 사람들과 함께 산책에 나섰다. 식민지 시대 이전부터 사람이 살았지만 이제는 버려진 오래된 마을 유적지에 관심이 있었기 때문이다. 오후 늦게 힐랄론으로 되돌아오는 길에 마을 사람들은 나에게 흥미로운 것을 보여주고 싶다고 했지만 그것이 무엇인지는 말해주지 않았다. 호기심이 발동한 나는 마을 사람들을 따라 해안 마을로 곧장 되돌아가는 길에서 벗어났고 30분 뒤 열대 우림 속에서 움푹 파여 풀로 뒤

덮인 작은 빈터를 만났다. 나무들이 자연적으로 사라져 숲의 그늘보다 훨씬 더 뜨거운 그 장소는 특이한 느낌을 주었다. 나의 친구들은 풀밭 속에 있는 여러 돌을 보여주었다. 크림 같은 재료로 이루어진 작은 석순 모양의 돌들은 대부분 한쪽 끝이 뾰족했다. 나는 그것들이 어떻게 형성되었는지 또는 그것들이 어떻게 이 특별한 지점에 오게 되었는지 전혀 알 수 없었다. 한 노인의 설명에 따르면, 특정한 경우에는 이 돌들이 지면 위를 날아다닐 수 있었다. 게다가 날아다니는 돌들은 빠르고 위험해서 사람을 다치게 할 수 있기 때문에 이 돌들 근처에 있는 사람은 누구나 조심해야 했다. 그러나 올바른 지식을 가진 사람들은 이 돌들의 움직임을 보고 미래에 대해 말할 수 있었다. 이러한 가능성에 흥미를 느낀 나는 '그것들이 움직이는 모습을 보고 싶다'고 말했다. 나의 친구들은 '안 된다'고 대답했다. '주변에 백인이 있으면 날지 않거든요.'

나는 수년 동안 뉴기니에서, 양손을 돌 위에 얹고 아주 멀리 떨어진 장소를 생각하면 그곳에 있는 자신을 발견할 수 있다는 등의 다양한 이야기와 마주쳤다. 적응력이 뛰어난 뉴기니 사람들은 오늘날의 세계에서 유용한 형태의 요술을 발명했다. 예를 들어, 검은색 고양이의 뼈를 머리카락에 꽂으면 몸이 투명해져 은행을 털 수 있다는 이야기는 청중에게 큰 웃음을 안겼고 정말 효과가 있는지 등의 질문을 유발했다. 자녀의 고등학교 또는 대학교 진학에 관한 요술은 청중에게 보다 더 진지하게 받아들여졌지만 그것을 솔직하게 내보이는 사람은 거의 없었다. 파푸아 뉴기니에서는 요술과 마법이 흔하지만 거기에는 세계를 올바른 방식으로 읽어내는 기술, 즉 이 돌들의 움직임을 이해하거나, 마을에서 활용할 수 있는 마법적 조치를 개발하거나, 신흥 중산층으로 부상하고 싶은 일부 소도시 거주자들의 열망을 더 부추기는 기술 등이 필요하다.

　서양인이 남긴 마법에 대한 가장 유명한 기록 가운데 하나로는, 1930년 대에 남수단, 콩고민주공화국, 중앙아프리카공화국 사이에서 생활하는 농 경민족인 아잔데(Azande)족(族)을 연구한 인류학자 E. E. 에번스–프리처드 (E. E. Evans–Pritchard)가 쓴 책을 꼽을 수 있다.《아잔데족의 주술, 신탁, 마법 *Witchcraft, Oracles and Magic among the Azande*》을 집필하면서 에번스–프리처 드는 마법과 주술이 비합리적인 것이 아니라는 점과 그것들 덕분에 서양 의 지적 전통에서 흔한 전제와는 상이한 전제를 바탕으로 하는 합리적인 논쟁이 가능해진다는 점을 강조했다. 아잔데족은 모든 불운과 죽음에는 주술과 마법을 통한 인간적인 원인이 있고 사고(事故)나 죽음 같은 특정한 사례의 원인은 인간의 동기와 정치에서 찾아야 할 필요가 있다고 생각했 다. 사람들은 인과관계의 이중적 양식을 받아들였다. 만일 곡식 창고가 그 그늘에 앉아 있던 사람 위로 무너져 사람들이 죽었다면 개미가 곡식 창고 의 목조 지지대를 갉아 먹은 것이 붕괴의 궁극적인 원인으로 받아들여졌 다. 그러나 진정한 질문은 하필이면 '누군가가 곡식 창고 아래에 앉아 있었 던 바로 그 순간에 곡식 창고가 무너진 이유'였다. 이러한 질문에 대한 일 반적인 대답은 곡식 창고 붕괴는 주술의 결과라는 것이었다. 그러한 대답 은 이내 주술사의 정체와 동기가 무엇인지에 대한 질문으로 이어졌다. 주 술사가 곡식 창고를 무너뜨릴 수 있다는 것을 의심하는 사람은 아무도 없 었다. 주술사들의 의지는 종종 먼 곳에 있는 물리적인 사물에도 영향력을 행사할 수 있기 때문이다. 주술을 조사하는 방법 가운데 하나는 닭에게 독 을 먹이는 것이었다. 주술사에 대한 정보는 닭의 생사 여부를 통해, 그리고 만일 닭이 죽지 않았다면 닭이 그 이후에 보이는 행동을 통해 얻을 수 있었 다. 더 이른 시기에는 주술을 행했다는 혐의가 있는 사람에게 직접 독을 먹 여 생사 여부를 확인했다고 알려져 있었다. 독을 먹은 사람이 죽는다면 그것은 그들의 죄를 입증하는 궁극적인 증거이자 지은 죄에 대한 처벌이 되었다.

이와 같은 질의를 해결하는 과정에서 그 집단은 사회적 동기와 긴장을 조사했다. 마법은 누가 주술사였는지, 그들의 동기는 무엇이었는지, 그들에게 어디까지 책임을 물을 수 있는지 같은 사회적인 책임에 대한 궁극적인 질문을 던지는 무대가 되었다. 토지 분쟁, 결혼 지참금, 상해(傷害) 또는 배임 혐의는 모두 주술로 이어질 수 있었다. 이와 같은 사례 가운데 일부는 일회성인 것이었고 나머지 일부는 그 집단에서 오래 지속되어온 불만에서 비롯된 것이었다. 아잔데족의 탐정이 위험한 사건이 발생한 이유와 그것들을 유발했을 가능성이 있는 사람을 조사하는 목적은, 사건의 기저에 자리잡은 원인을 식별하는 데 있었다. 그 집단이 원인을 밝혀내어 대처하지 못하면 불만이 곪아 터지면서 보다 더 많은 논쟁과 위험으로 이어질 수 있었다. 아잔데족의 마법은 어떤 기준에서 보아도 합리적이었다. 아잔데족의 마법은 세계의 많은 지역에서 기능하고 있는 사법 체계로서의 역할을 수행했다. 사회적 긴장, 의견 충돌의 진단과 해결은 오직 마법을 통해서만 이루어졌다. 여기에서 요점은 마법에 대한 믿음으로 인해 사람들이 비합리적이 되는 것이 아니라는 점과 마법과 과학을 대비시킬 때 비합리성과 합리성으로 대비해서는 안 된다는 점이다. 사람들은 근본적으로 상이한 전제를 통해 논증되는 다양한 논리 형식을 가지고 작업을 수행한다. 우리는 8장에서 아프리카의 점복(占卜)과 마법에 대해 보다 더 자세히 살펴볼 것이다.

마법은 유럽에서도 행해졌고 지금도 행해진다. 옥스퍼드 대학교(Oxford University) 보들리언 도서관(Bodleian Library)에는 엘리자베스 1세(Elizabeth I) 통치 말기인 17세기 초부터 찰스 2세(Charles II)가 즉위한 1660년까지 기록된 약 8만 건의 점성술 상담 기록이 보관되어 있다. 이것들은 초기 근대 유럽의 점성술 연구에 대한 단일 기록물로서는 규모가 가장 크다. 사람들이 점성술을 진지하게 생각했음을 보여준다. 우리가 9장에서 보다 더 상세하게 살펴볼 것처럼, 이 기록물은 런던의 사이먼 포먼(Simon Forman)과 버킹엄셔(Buckinghamshire) 교구 목사였던 리처드 네이피어(Richard Napier)가 남긴 것이었다. 또한 리처드 네이피어는 나중에 리처드 네이피어 경(Sir Richard Napier)이 되는 조카를 가르쳤는데, 리처드 네이피어 경은 무려 17세기까지 점성술사로서 활동했다. 6만 명이 넘는 사람들이 그들을 찾아왔고, 일부는 한 번 이상 찾아왔다. 사람들은 중요한 문제(직업, 실종자, 분실한 귀중품 등)에 대해 질의했는데, 가장 많이 던진 질문은 질병에 관한 것이었다. 각 상담마다 의뢰인의 건강과 운명에 영향을 미치는 것으로 추정되는 천체의 배치를 보여주는 천궁도(天宮圖)가 기록되었다. 의뢰인이 질문한 내용과 그에 따른 진단도 기록되었다. 의뢰인이 요청하면 출생 당시의 별과 행성의 위치를 바탕으로 작성하는 평생의 천궁도도 작성될 수 있었다.

　우리의 세 점성술사는 모두 명망 높은 시민으로서 자신들의 기예를 공개적으로 펼쳤고 그에 대한 대가를 받았다. 그들은 자신들이 과거에 내린 진단이 정확한지 그리고 앞으로 이와 같은 진단이 정제되거나 개선될 수 있는지 궁금해하면서 사례들을 비교했다. 이것은 그들이 자신의 점성술 지식을 진지하게 여겼음을 시사한다. 이러한 점성술 상담 기록은 가장 큰 규모의 일관된 의료 기록물 가운데 하나가 되었다. 이것은 초기 근대 사람들의 질병과 건강에 대한 태도를 알 수 있는 귀중한 자료일 뿐 아니라 매균설(媒菌說)의 토대인 과학적 사고방식과는 매우 상이한 마법적 사고방식을 시사한다. 포먼과 두 명의 네이피어는 애초에 기록되었었지만, 지금은 대부분 소실되고 만 기록을 남긴 거대한 점성술사 네트워크의 일부였다. 점성술은 이 책의 가장 중요한 주제 가운데 하나다. 점성술은 적어도 5,000년

전부터 행성, 별, 달, 태양을 면밀하게 관측하여 점성술뿐 아니라 천문학의
토대를 마련한 고대 메소포타미아에서 시작되어 유럽과 중동으로 퍼져나
갔다. 우리는 기원전 3200년경 작성되기 시작하여 오늘날에 이르는 마법
에 대한 믿을 수 없을 만큼 풍부한 기록물을 보관하고 있다. 다행히도 설형
문자(楔形文字) 전문가에서부터 고대 중국 전문가 및 복잡한 근대 필사본
전문가에 이르는 여러 학자들이 수많은 정보를 내가 활용할 수 있는 형태
로 만들어준 덕분에 이 책을 집필하는 동안 충분히 참고할 수 있었다.

　　적어도 19세기까지 영국에서는 포먼 및 두 명의 네이피어와 유사한 부
류의 종사자들이 발견되었다. 중세 시대와 초기 근대 시대의 영국 사람들은
점성술에 의지했다. 점성술사들은 그들이 가장 먼저 상담을 의뢰하는 사람
들이었다. 왜냐하면 점성술사들의 방법은 증명된 것으로 간주되었(고 아마
초기 의학만큼 위험하지는 않았을 것이었)기 때문이다(그림 1.1 참고). 모든 점성술
사들이 보다 더 이전 세대의 점성술사들만큼 진지하게 점성술에 접근하는
지 여부는 미심쩍음에도 불구하고, 이제는 앱을 통해 자신의 천궁도 상담
을 의뢰할 수 있다. 오늘날 사람들은 일상적으로 점성술을 접하고 그 밖의
다른 많은 마법적 가능성을 탐구한다. 마법의 잠재력을 완벽하게 믿는 사
람도 있지만 대부분의 사람들은 '만일 마법에 정말 무언가가 있다면 어떨
까?'를 궁금해한다. 나는 이 마지막 질문을 따라가 그것이 우리를 어디로
이끄는지 살펴볼 것이다.

　　아마도 많은 독자들이 마법의 실존과 효능에 대해 회의적일 것이다. 이
러한 근본적으로 회의적인 시각에 반박해보자면, 우선 마법은 이상한 변
덕도 아니고 일부러 비합리성을 표방하는 것도 아니다. 서양적 사고는 많
은 노력을 기울여 기계론적인 우주를 구축해왔다. 기계론적인 우주 안에
서 행성이나 원자는 힘에 의해 운동하고 생명체의 특징은 생화학적 반응

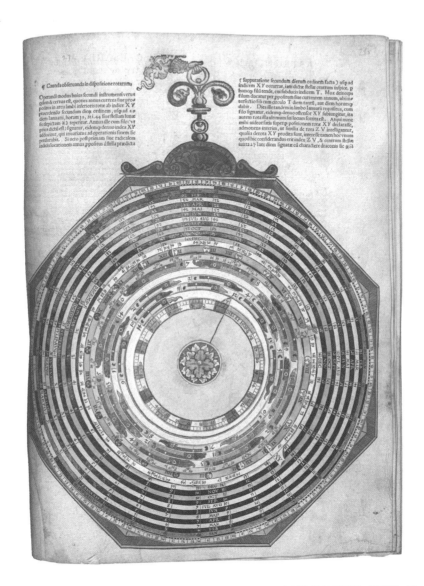

그림 1.1. 볼벨 – 황도대(黃道帶) 내에서 행성의 위치를 알아내기 위한 종이 구조물. 움직이는 부품이 있다. 볼벨은 하늘을 관측하기 위해 사용되었던 아스트롤라베의 대응물이다.

이나 때로 뉴런의 발화(發火)로 표현된다. 반면 그 밖의 다른 문화권에서는 서양만큼 많은 노력을 기울여 생물과 무생물, 생명체와 비생명체, 인간과 비(非)인간 사이의 차이를 부정해왔다. 서양 세계의 일상생활에서도 이와 같은 차이는 무너진다. 우리 대부분은 고양이에게 말을 걸거나 작동하지 않는 프린터를 상대로 욕설을 내뱉는다. 우리는 우리 문화가 합리적이라고 외치면서도, 우리에게 유리하거나 불리할 수 있는 숫자와 날짜, 우리의 앞을 가로지르는 검은색 고양이, 마법을 거의 훈련만큼이나 진지하게 받아들일 수 있는 운동선수 같은 소소한 형태의 마법과 일상적으로 마주친다. 우리는 우리가 종종 비합리적이라고 매도하는 수단, 전적으로 진지하게 받아들이기는 어렵지만 종종 무시하기도 어려운 수단을 통해 소소한 이익을 추구한다. 서양적 사고는 과학 법칙이 적용되는 자연 범주와 경제적, 정치적, 정서적 또는 심미적 조건이 좌우하는 문화 범주를 광범위하게 구분한다. 그러나 그것은 많은 사람들에게 어불성설이다. 모든 생활 양식은 사물의 범주를 구분하지만 유사성도 상정한다. 차이 또는 연결의 선들이 그려지는 지점은 다양하다. 그러나 그 선들을 그리는 사람들은 항상 논리와 의미를 가지고 그 선들을 그린다.

　아마 과거에 살았던 사람들 또는 오늘날 여전히 살아 있는 사람들의 대부분은 마법을 믿을 것이다. 물론 많은 사람들이 믿는다고 해서 그것이 곧 참은 아니다. 인류사를 완벽하게 이해하기 위해서는 마법을 손쉽게 배제해서는 안 된다. 왜냐하면 마법이 매우 만연해 있기 때문이다. 내가 다음에서 추가로 논증할 것처럼, 마법이 보유하고 있는 가능성을 열어둠으로써 우리는 마법적 사고방식에서도 몇 가지 이점을 발견할 수 있을 것이다.

　우선 마법의 정의(定義)에 대한 문제를 해결한 다음 마법이 인간의 행동 및 그 밖의 다른 믿음의 영역과 분리될 수 있는지 질문을 던질 것이다.

마법이란 무엇인가

일반적으로 사람들이 마법에 대해 가장 먼저 던지는 질문 중 하나는 '마법이란 무엇인가?'이다. 내가 사용할 정의는 참여와 관련되어 있다. 인간은 우주에 직접 참여한다. 우주는 우리에게 영향을 미치고 우리를 형성한다. 우리는 아잔데족이 어떤 마법 기법을 사용하는지 전혀 모른다. 그러나 아마도 아잔데족 주술사는 정확한 주문(呪文)을 암송하거나 곡식 창고 근처에 올바른 물질을 안치하는 방식으로 (곡식 창고에 물리적인 영향을 미치지 않고도) 곡식 창고를 무너뜨릴 수 있다고 생각할 것이다. 그것은 강력하다. 왜냐하면 믿어지고 행해지기 때문이다. 아잔데족 사람이 아닌 나의 마음 한 구석에는 약간의 회의주의가 남아 있다. 그러나 그 이유는 부분적으로 내가 입증할 수 있는 명백한 증거를 요구하는 비판적인 세계에서 길러졌기 때문이다. 과학적인 질문은 인지할 수 있는 물리적 영향이 없는 상태에서 어떻게 곡식 창고가 무너질 수 있는지에 초점을 맞출 것이다. 그러나 주술사가 곡식 창고를 무너뜨린 일에 대해 생각할 때 우리는 좋든 나쁘든, 그 결과가 무엇인지에 대한 질문을 던져야 할 수 있다. 세계는 복잡하고 다양하다. 인과를 이어주는 방법이 매우 많은 상황에서, 주술은 사람과 사물의 다양한 조합을 통해 우리가 따라가야 할 합리적인 실마리를 형성할 가능성이 꽤 높다. 이와 같은 사례에서, 인간의 의지와 물리적인 효과, 사실 치명적인 효과 사이에는 연속성이 존재한다. 나의 파푸아 뉴기니 친구들은 주문과 행동의 조합을 통해 자녀를 대학교에 진학시킬 수 있다고 생각하거나 은행을 털 때 도움을 받을 수 있다고 생각한다. 세계를 능숙하게 읽어낼 필요도 있다. 오직 지식을 가진 사람들만이 이 돌들의 움직임에서 미래를 이해할 수 있지만 힐랄론 마을 사람들은 메시지가 주어졌고 자신들이

그것을 받았다는 사실을 의심하지 않는다. 숙련된 점성술사는 하늘의 천
체들이 하늘 아래 지구에서 살아가는 사람들에게 미치는 영향을 이해하기
위해 개인적인 훈련에 의존한다. 이와 같은 지식은 한 세대에서 또 하나의
세대로 전수되지만 수천 년에 걸쳐 하늘을 관측하면서 하늘 위에 있는 것
이 하늘 아래에 있는 것에게 미치는 영향에 대해 심사숙고하여 얻은 결과
에도 의존한다. 점성술의 오랜 역사는 사람들이 사고나 비판적인 시각이
없는 상태에서 전통적인 지식을 적용하지 않음을 의미한다. 각 시대와 문
화에는 실험과 수정을 거친 각자의 고유한 점성술이 있다. 비금속(卑金屬)
을 금으로 바꾸려고 시도(유럽과 중동)하거나 영생의 묘약으로 이어질 수 있
는 화학적 변형을 시도(중국)하는 연금술에도 유사한 역사들이 존재한다.

　　프랑스 인류학자 클로드 레비스트로스(Claude Levi-Strauss)는 마법을 우
주의 인간화라고 생각했다. 인간의 의지 또는 행동과 우리를 둘러싼 세계
사이에는 연속성이 존재한다. 그 반대도 참이다. 즉, 별의 운동을 통해서이
든 움직이는 돌들이 전달하는 메시지를 통해서이든, 우주는 마법 덕분에
우리에게 들어올 수 있다. 우리는 공유된 참여를 통해 세계와 복잡하게 상
호 작용하면서 존재한다. 마법 관행은 세계에 대한 지적인 이해와 관련될
뿐 아니라 심리학적 및 영적인 상태인 정서를 통해 인간의 보다 더 완벽한
측면을 끌어낸다. 분노는 곡식 창고의 치명적인 붕괴를 유발하곤 하는 주
술의 원인이었고 두려움과 경외심은 행성의 운동에서 비롯될 수 있었다.
마법은 서양적 사고가 물리적 영역과 심리적 또는 정서적 영역으로 분리해
오곤 했던 것을 결합한다.

　　마법은 매우 다양한 형태의 참여로 나타나므로, 한층 더 세분화하는 것
이 도움이 된다. 참여는 초월, 변형, 거래의 세 가지 형태로 구별할 수 있다.
초월적 관계는 우주는 사람들에게 영향을 미치지만 사람들은 우주에 영향

을 미칠 수 없는 지점에 존재한다. 초월의 고전적인 사례는 점성술이다. 즉, 천체는 인간의 삶을 형성하지만 인간은 별이나 행성의 운동에 영향을 미치지 못한다. '하늘 위에서와 같이 하늘 아래에서도'는 중세와 초기 근대 시대 유럽에서 점성술에 관한 격언이었다. 이 격언은 일련의 일방적인 영향을 선명하게 보여준다. 사람들은 초월적인 영향을 이해하고, 헤치고 나아가며, 거기에 적절하게 반응할 수 있지만 그것들을 변화시킬 수는 없다.

변형은 참여의 한 측면이다. 예를 들어 연금술 관행은 납을 금으로 또는 평범한 화학물질을 영원한 젊음의 묘약으로 바꿀 수 있다. 또한 마법은 강력한 변형을 둘러싸고 거기에 영향을 미치곤 한다. 이와 같은 사례로는 금속 가공을 꼽을 수 있는데, 8장에서 탐구하는 것처럼 아프리카 대륙의 많은 사례에서 대장장이는 작업을 준비하는 과정에서 자신에게 마법적 수단을 사용한다. 또한 사람들은 스스로를 변형한다. 유라시아 스텝(Eurasian Steppe)의 샤먼은 순록이나 곰 같은 또 하나의 생물에 깃들 수 있거나 영혼이 되어 영혼 세계에 들어갈 수 있다. 샤먼으로 입문하는 과정은 종종 사람을 분해했다가 참신한 힘을 지닌 새로운 형태로 재조합하는 과정과 관련된다. 호주 원주민은 엘처링거 시대(Dreamtime) 동안 무지개 뱀(Rainbow Serpent) 같은 조상의 영혼의 행동에 의해 경관이 변형되어, 사람들이 의식을 통해 동참할 필요가 있는 일련의 힘과 위험이 땅에 부여되었다고 생각한다.

여기에서 변형은 거래와 혼합된다. 사람들은 다양한 형태의 마법을 통해 다양한 형태의 우주와 교섭한다. 중국에서는 조상에게 향연(饗宴)을 베풀고 제물을 바쳐서 살아 있는 후손에 대한 조상의 선의(善意)를 보장받았고, 점복(占卜)을 통해 조상과 접촉할 수 있었다. 신들이 신탁을 통해 질문에 응답했던 고대 그리스 같은 다른 많은 사례에서도 점복은 흔하게 나타났다. 일부 문화, 특히 일신교에서는 사람들이 악마, 천사 또는 성인 같은 보다 더 서열이 낮은 여러 존재들에게 간구하거나 보다 더 과격하게 그들을 공격함으로써 그들을 제압하여, 그들이 인간을 위해 행동하도록 만들고자 했다. 우리는 선사 시대 유럽 전역에서 수천 년 넘게 계속되어온 우주적 교섭을 통해, 장소의 영혼과 사회 집단에게 중요한 물건과 시신 같은 매장물(埋藏物)이 얼마나 정성껏 안치되었는지 살펴볼 것이다.

초월, 변형, 거래는 상호 작용하면서 동시에 등장하곤 했다. 예를 들어 중세 시대 유럽에서 사람들은 행성의 영향이 무엇보다 중요한 점성술을 믿었고, 부자가 되기를 바라는 마음으로 연금술을 실험했으며, 성인의 호의를 얻기 위해 제물을 바쳤다. 그러나 초월적 관계가 지배적이었을 경우, 우주에 대한 통제력이 부족했던 사람들은 소외감과 두려움을 느낄 수 있었다. 보다 더 상호적인 관계는 종종 도덕적 관계가 중요했던 변형과 거래를 통해 존재했다. 그것은 사람들에게 마땅한 존경과 돌보는 마음을 가지고 행동할 동기를 부여했다.

모든 문화는 세계가 작동하는 방식을 궁금해한다. 마법은 인과라는 관념에 내재되어 있는 동시에 인과라는 관념의 형성에 기여한다. 모든 인과 관계의 도식은 적어도 많은 질문 및 많은 대답에 관련될 뿐 아니라 인간 조건의 만연한 측면에도 반응한다. 마법은 질의와 행동에 관련된 다른 두 가지 틀거리와 내밀하게 연계되어 있다. 바로 과학과 종교이다.

삼중 나선: 마법, 종교, 과학

마법은 우주에 대한 인간의 참여를 통해 작동한다. 종교에서 주된 인간관계는 하나의 신 또는 여러 신들과의 관계이다. 과학은 인간을 세계로부터 멀어지게 하고, 인간을 세계에서 끌어낸다. 그럼으로써 인간은 물리적 작용을 추상적인 측면에서 평가하고 이해하여 지식을 얻고, 그렇게 얻은 지식을 실무적인 목적에 적용한다.

　19세기와 20세기 초 인류학은 마법, 종교, 과학의 관계를 진화론적인 관계로 생각했다. 심지어 이제는 그들의 저술에서 후기 빅토리아 시대나 에드워드 시대 연구의 케케묵은 분위기가 연상됨에도 불구하고, 그 이후로 줄곧 마법에 대한 사고에 영향을 미친 두 명의 저술가는 E. B. 타일러(E. B. Tylor)와 제임스 프레이저(James Frazer)였다. 19세기 인류학자인 E. B. 타일러는 마법을 '과거부터 지금까지 계속해서 인류를 괴롭히는 가장 해로운 망상'이라고 불렀다. 타일러는 여전히 서양 합리주의를 왜곡하고 있는 원시적인 사고의 요소를 식별하여 뿌리를 뽑는 '해방적 과학'으로서 기능하는 것이 당시 새로운 인류학의 요점이라고 생각했다. 마법에서 종교로, 종교에서 과학으로의 이동은 제도적인 바탕을 갖춘 상태에서 보다 더 경험적으로 정확하게 세계를 이해하는 접근법을 지향하는 현상으로, 보다 더 원시적인 사고에서 보다 더 정교한 사고로 나아가는, 인간 진보의 핵심이었다. 이 시대에 마법에 대한 가장 기념비적이고 영향력 있는 저술은 제임스 프레이저의《황금가지The Golden Bough》(1890-1915년)였다. 12권의 전집이든 한 권의 축약본이든,《황금가지》는 문학과 사고에 막대한 영향을 미쳤다. 타일러의 영향을 받은 프레이저는 인류사가 다산(多産) 제례(祭禮) 및 신성한 왕의 희생 마법을 행하던 초기 단계에서 신들을 통해 세계의 힘을 실체화하는 단계로 이행했고, 보다 더 최근에는 과학으로 대체되었음을 발견했다.

　마법이 죽었다는 소문은 끊임없이 과장되어왔다. 타일러와 프레이저는 개인이나 집단이 마법, 종교, 과학 중에서 하나만을 선택해야 한다고,

하나 이상의 접근법을 동시에 추구하는 것은 불가능하다고 생각했다. 타일러의 삶은 퀘이커 교도로서 시작되었지만, 타일러는 비교적 젊었을 때 그리스도교 신앙을 포기하고 스스로를 과학자라고 칭하기 시작했다. 나아가 타일러의 관점에 따르면 종교와 과학은 모두 변화하고 진화해왔다는 점에서 각자의 역사를 가지고 있었지만 마법은 변함없는 상태로 한 세대에서 다음 세대로 전수되는, 낡고 무기력한 믿음의 기층(基層)에 불과했다. 만일 합리적이고 과학적인 인간 진보의 정점으로 여겨지는 오늘날의 영국에 마법이 남아 있다면, 그것은 역사의 흐름을 거슬러 잠시나마 우연히 살아남은 일종의 화석이나 다름없었다.

전체로서의 인류사는 마법, 종교, 과학으로 구성되는 삼중 나선으로 이루어져 있다. 마법, 종교, 과학의 경계는 어렴풋하고 변화무쌍하지만 그것들이 상호 작용하는 과정에서 유발되는 긴장은 창조적인 힘으로 작용한다. 마법, 종교, 과학은 각자의 역사를 가지고 있으므로, 그 가운데 하나만을 선택한다는 것은 건전하지 않다. 만일 우리가 잠시 마법과 과학에 집중해본다면, 마법은 우리를 생물이든 무생물이든 다른 모든 사물과의 촘촘한 실타래에 연결하고, 과학은 우리가 우주의 작동에서 한 발 물러나 사심 없고 객관적인 방식으로 우주를 관조할 수 있다는 강력한 허구를 창조한다. 나의 이야기에서 중요한 인물은 존 메이너드 케인스(John Maynard Keynes)가 최초의 과학자가 아니라 최후의 마법사라고 묘사한 뉴턴(Newton)이다.

순수하게 기계론적인 우주를 창조하는 데 기여했음에도 불구하고, 뉴턴 자신은 그것을 절대로 믿지 않았다. 뉴턴은 자신의 삶의 대부분을 성서의 예언에 쏟았지만 연금술에도 몰두하여, 케임브리지(Cambridge)에 자리 잡은 트리니티 칼리지(Trinity College)의 자기 방에서 두 개의 용광로를 가동했다. 연금술과 예언은 위대한 지성인 뉴턴의 이상한 기벽(奇癖)으로서 묵살되어왔다. 그러나 최근 뉴턴에 대한 재해석이 이루어지면서 기이한 것처럼 보이는 이러한 믿음은 모두 연결된 것으로 간주될 수 있을 뿐 아니라 우주의 물리적 작용을 우주에 대한 인간의 몰입 및 전체에 생명을 불어넣는 유일신의 행동과 더불어 이해하는 거대한 만물이론(萬物理論, Grand Theory of Everything)에 대한 시도의 일부로 간주될 수 있다(9장 참고).

　매우 상이해 보임에도 불구하고, 마법과 과학은 많은 공통점을 지니고 있다. 마법과 과학은 모두 세계가 작동하는 방식과 사람들이 세계의 작동으로부터 혜택을 누릴 수 있는 방법을 이해하기 위해 애쓴다. 과학은 세계를 물질과 에너지로 나누고 그것들을 형성하는 힘이나 만물에 생명을 불어넣는 화학적 및 생화학적 동학을 추구한다. 마법은 대지에서 영혼을 보고, 사람과 동물이 관계를 맺는 방식을 염두에 두며, 출생과 죽음을 둘러싼 변형을 이해하기 위해 노력한다. 과학이 정의하는 힘은 영혼이 세계에 생명을 불어넣는다는 마법의 주장에서 반향을 발견한다. 우리의 보다 더 피상적인 사고와 논의 아래에는 우리와 세계의 관계에 관한 보다 더 깊은 직관과 욕망이 자리 잡고 있다. 여기에서 마법과 과학이 갈라진다. 마법 관행과 마법의 철학은 다른 생명체, 경관, 하늘과의 친밀감에서 비롯된다. 마법을 통해 우리는 상호성, 즉 우리가 우주의 나머지에 이어지는 방식을 탐구할 뿐 아니라 일련의 도덕적 관심사가 중심적인 요소인 참여 방식을 통해 우리를 둘러싼 사물에 영향을 미칠 수 있는 방식을 탐구할 수 있다. 과학적 이해는 수학이라는 수단을 활용하여 물질, 에너지, 힘을 정량화하는 추상화에서 비롯되기도 하지만 뉴턴의 법칙(Newton's Laws) 같은 기본적인 출발점에서 시작하여 진정 풍부한 세계로 나아가는 논리적인 추론에서 비롯되기도 한다. 과학은 사람들을 세계로부터 분리하지만 마법은 우리를 세계에 몰입시키고, 과학이 할 수 없는 방식으로 우리와 우주의 도덕적 관계에 대한 질문을 제기한다.

19세기 유럽에서는 응용과학의 이점이 모든 곳에서 분명하게 드러났다. 새로운 도로와 철도가 경관을 누볐고, 새로운 방식으로 설계된 다리가 강을 가로질렀으며, 구릉지(丘陵地) 아래로 터널이 뚫렸다. 수세식 화장실이 하수 체계에 연결되면서 도시가 갑작스레 보다 더 살기 좋아졌고, 전염병의 원인을 보다 더 잘 이해하게 되면서 근대 의학의 토대가 마련되었다. 아프리카 대륙, 남아메리카 대륙, 아시아, 오세아니아에서 여러 집단과 마주친 유럽인들은 그곳을 식민화하고 오랫동안 그들 위에 군림했다. 19세기 동안 인류학은 다양한 종류의 문화와 믿음을 체계적인 방식으로 집대성했다. 19세기 인류학은 식민지 세계에서 가장 눈에 띄는 믿음 가운데 대부분의 특징을 마법으로 표현하면서 그러한 집단이 인류사의 초기 단계를 나타내는 집단이라고 그릇되게 간주했다. 그 결과 마법에 대한 믿음이 인류사의 초기 단계와 연결되었다. 자신들의 생활 방식과 다른 생활 방식에 후진적 또는 미신적이라는 꼬리표를 붙이는 것은 유럽이 스스로를 정의하는 방법의 일부가 되었다. 이제 우리는 이러한 빅토리아 시대의 관점을 거부할 수 있다. 오늘날 마법은 낡은 믿음이라는 화석의 잔해가 아니라 종교, 과학과 함께 삼중 나선의 일부로서 항상 존재하는 것이다. 그리고 이러한 결합 관계에 대해 생각해봄으로써 세계사를 새롭게 바라볼 수 있을 것이다.

매우 간략한 마법의 역사

마법, 종교, 과학의 관계는 힘의 균형과 관련되어 있다. 그것들은 세계의 어느 곳에 힘이 존재하는지에 대한 문제를 제기한다. 마법은 세계와 인간의 직접적인 관계를 본다. 사람들의 말과 행동은 사건과 과정에 영향을 미칠 수 있다. 종교는 이러한 마법적 관계에서 힘의 일부를 떼어내어 신들에게 부여하지만, 인간이 직접적으로 참여할 수 있는 여지도 남겨둔다. 과학의 기계론적인 우주는 인간의 위상을 근본적으로 재배치한다. 즉, 우주는 자력으로 작동하므로, 신이나 인간은 대체로 필요하지 않다. 우주와 그 힘은, 만일 기계론적인 우주의 결과를 받아들일 경우 소외감을 느끼거나 아노미 상태에서 살아가게 될 사람들에게 무관심하다. 그 덕분에 지난 2세기에 걸쳐 많은 사람들은 무정한 우주가 야기한 심리적이고 정서적인 결과와 씨름해왔다. 마법은 우리를 둘러싼 세계와 일련의 풍부한 상호적인 연결에 대한 약속을 견지하지만 많은 사람들은 이와 같은 약속을 허상에 불과하거나, 위험하거나, 대책 없이 낭만적인 것으로 간주할 수 있다.

지난 몇 세기 동안 전 세계적으로 힘의 균형이 마법과 종교를 떠나 물리적 현상에 보다 더 유효한 인과(因果)를 부여하는 방향으로 이동했음에도 불구하고, 세계의 다양한 지역에서 매우 상이한 역사적 궤적을 볼 수 있다. 마법, 종교, 과학의 역사는 종종 과학이 지식에 이르는 유일하게 진정한 길이라는 가정에서 출발하는 서양의 관점에서 기록되어왔다. 이 책에서 우리는 사람들이 다양한 방식으로 세계에 이어지고 세계의 모든 측면이 지각(知覺)을 지니고 있어 사람들이 마법적이고 식견이 풍부한 우주 안에서 번성할 수 있다는, 매우 상이한 가정과 추론 양식을 가진 다른 시대와 다른 장소를 살펴봄으로써 역사의 균형을 바로잡을 것이다.

마법은 종교, 과학보다 더 오래되었고 종교와 과학 탄생에 기여했다. 이제는 이와 같은 초기의 역사가 잊혔기에 재발견이 필요하다. 과거에 만연해 있었던 마법의 위상은 중동 같은 장소에서 점점 더 조직화된 종교에 의해 차츰 재배치되었다. 오랫동안 조직화된 종교는 오직 전 세계의 소규모 지역, 즉 지중해(Mediterranean) 중부와 남아시아 사이의 지역에서만 발견되었다는 사실을 인식하는 것이 중요하다. 불교(Buddhism), 그리스도교(Christianity), 힌두교(Hinduism), 이슬람교(Islam) 같은 종교가 퍼져나간 것은 지난 2,000여 년에 불과하다. 이러한 세계 종교가 인류사의 후반부에 확장되었다는 인식은 결정적이지만 거의 인식되지 않고 있는 역사적 사실이다. 조직화된 종교는 메소포타미아와 이집트 사회같이 보다 더 위계적인 사회에서 발전했다. 보다 더 소수에게 집중된 힘은 신들에게 우주의 힘이 부여되는 것과 연결될 수 있다. 메소포타미아와 이집트에서 왕이나 파라오는 신이거나 다른 누구보다 더 신들과 밀접하게 연결된 존재였다. 이러한 연결은 왕이나 파라오의 힘의 원천이었다. 따라서 우주의 힘이 작동하는 방식에 대한 구상은 인간 세계의 힘과 연계되었다.

그렇기는 하지만, 많은 위계 사회는 이러한 방식으로 발전하지 않았다. 동아시아에서 통치자는 가장 강력한 혈통의 우두머리였다. 그들이 수행한 역할에서 중요한 측면은 올바르게 접근할 경우 후손의 안녕을 보장하는 데 기여할 수 있는 인간 조상에게 질문하고 중보(仲保)하는 것이었다. 동아시아에는 만신전(萬神殿)이 없었고 때로 신으로서 묘사되는 중국의 제(帝, Di) 같은 궁극적으로 신성하고 창조적인 힘이 최초의 조상으로 간주되었을 가능성이 높다. 동아시아의 관행은 깊은 참여의 관행이었다. 살아 있든 죽었든, 사람의 힘은 우주를 통한 에너지의 흐름의 필수적인 일부였다. 동아시아의 세계들은 초월의 세계가 아니라 거래의 세계였다. 세계의 그 밖의 다른 지역에서도 인간의 혈통은 역사와 연속성뿐 아니라 힘의 흐름을 이해하는 결정적인 수단이었다. 아프리카 대륙에서는 상이한 혈통에 따라 다양한 생활 양식이 나타나지만 인간이라는 존재의 사슬은 항상 중요하다. 마법은 인간의 연결에 대한 강조에서 비롯된 상식적인 결과이다.

중앙아시아 스텝의 광활한 초원과 숲을 가로질러 서쪽으로 유럽에 이르는 세계에 (일부는 원래 인간이었고 나머지 일부는 원래 인간이 아니었던) 영혼이 생명을 불어넣었다. 이 거대한 공간에는 매우 다양한 종류의 존재들이 있다. 언어학자들은 방언 사슬, 즉 조금만 노력하면 서로 이해할 수 있지만 사슬을 따라 멀리 이동할수록 이해도가 감소하는, 인접한 발화(發話) 형식을 지닌 일련의 관련된 언어들의 존재를 지적한다. 유라시아의 마법 관행은 사슬을 따라 깊이 연결되어 있지만 거리가 멀어질수록 차이가 증가하는, 방언 사슬에 상응한다. 여기에서 전체로서의 세계는 살아 움직였고 이 세계에서는 어떤 식으로든 바위와 나무가 사람에 상응했다. 적어도 보다 더 후대에 그리고 주로 동양에서 샤먼은 변형과 거래의 과정을 통해 세계들 사이를 오갔다. 좋든 나쁘든 만물은 영혼 세계에서 비롯되었으므로 위험을 감수할 만큼 능숙하고 용감한 사람들을 통해 영혼과의 일상적인 상호 작용이 필요했다.

아메리카 대륙에서 인간의 삶은 다양한 장소에서의 샤머니즘 관행과 더불어 막대하게 다양한 유형으로 나타난다. 이것들의 궁극적인 역사적 뿌리는 아메리카 대륙 사람들의 고향인 시베리아(Siberia)에 자리 잡고 있을 수 있다. 모든 곳에서 장소의 영혼이 사람들 곁에서 살았다. 많은 지역에서 점성술의 영향은 지상에서의 삶을 형성했고, 이것은 면밀한 관측과 의식으로 이어졌다. 중앙아메리카 대륙과 남아메리카 대륙의 국가 사회에서는 조직화된 종교의 측면이 진화하여 일부 신의 이름이 명명되었지만 인간이 참여할 수 있는 여지도 많았다.

세계에서 가장 상이한 지역은 호주이다. 호주 원주민은 땅과 관계를 맺는다기보다는 스스로를 땅의 일부로 간주한다. 노래, 미술, 춤 그리고 사실 전체로서의 문화는 모두 심오한 과거의 어느 시점에 인간 조상에 의해 형성되었던 땅에서 비롯된다. 여러 의미에서 호주 원주민 문화는 모두의 가장 깊은 참여, 즉 그 밖의 다른 문화적 배경을 가진 사람들이 진정으로 파악하기 매우 어려운 존재의 상태를 나타낸다.

　마법, 종교, 과학 사이의 역사적 상호 작용을 탐구하는 이 책은 세계의 여러 지역을 대체로 지리적 순서에 따라 검토할 것이지만 시간에 따른 변화도 일목요연하게 정리할 것이다. 과감하게 요약하자면, 우리는 다섯 가지 일련의 주요 관계로 구별할 수 있다.

　청동기 시대(Bronze Age) 이전의 중동과 이집트, 선사 시대 유럽과 스텝, 원주민이 살았던 시대의 호주 대륙, 북아메리카 대륙, 남아메리카 대륙의 대부분에서 **지배적인 힘으로서의 마법**. 이러한 지역에서는 마법 관행이 그 밖의 다른 모든 인간의 관습이 존재할 수 있는 매질(媒質)을 형성했다. 원주민이 살았던 시대의 호주 대륙과 아메리카 대륙 같은 일부 지역에서는 유럽 식민주의가 시작되기 전까지 이러한 상황이 지속되었다. 우리가 인식할 수 있는 조직화된 종교는 거의 없었고 물리적인 속성과 힘에 대한 이해는 과학에 접근할 정도로 공식화되지 않았다. 2장, 5장, 6장, 8장에서는 마법이 지배한 이러한 세계를 탐구한다.

　아프리카 대륙과 태평양의 대부분과 중국에서 **마법과 인간 혈통에 대한 강조**. 이러한 지역에서 인간의 참여는 빙기(氷期, Glacial Period)에서 비롯된 깊은 역사적 뿌리를 가지고 있다. 부분적으로 인간의 참여가 훼손된 경우는 새로운 식민 집단이 침략했거나, 참신한 종교가 유입(중국의 경우 불교, 다른 곳에서는 그리스도교와 이슬람교)되는 경우뿐이었다. 세계에 대한 인간의 참여는 조상이라는 매개체를 통해 이해되었다. 점복, 신탁, 제물을 통해 살아 있는 사람과 죽은 사람 사이의 접촉이 유지되었다. 장소의 영혼도 흔했고 사람들은 생식력을 유지하거나 해(害)를 피하기 위해 영혼과 거래할 필요가 있었다. 초월적인 힘에 대한 관념이 존재했음에도 불구하고, 세계 종교가 도래하기 이전에는 고정된 신이 없거나 거의 없었다. 우리는 4장에서 중국을, 8장에서는 그 밖의 다른 마법적 혈통 체계를 살펴볼 것이다.

메소포타미아, 이집트, 고대 인도, 중앙아메리카 대륙, 남아메리카 대륙의 국가에서 **동등한 것으로서의 마법과 종교.** 이 지역들은 신에 대한 숭배와 마법 관행을 구별하기가 가장 어렵다. 신에 대한 숭배는 초월, 즉 인간이 통제할 수 없는 힘에 대한 강조를 어느 정도 허용한다. 마법 관행은 인간의 영향을 주장하고 종종 악마, 천사 또는 다양한 영혼과의 상호 작용을 포함한다. 마법과 종교는 상호 배타적인 접근법이 아니라 상호 보완적인 접근법으로 간주되었고 둘 사이의 선명한 경계를 파악하기는 매우 어렵다. 특히 메소포타미아와 인도에서 보다 더 추상적이고 수학적인 이해를 통해 과학이 출현하기 시작한다. 3장에서는 메소포타미아와 이집트를 검토하고 8장에서는 중앙아메리카 대륙과 남아메리카 대륙의 마법을 탐구한다.

이스라엘(Israel), 그리스, 로마, 초기 중세 시대 유럽에서 **지배적인 종교와 모호한 마법.** 종교에 보다 더 초월적인 측면을 부여하고 세계를 초월하는 단 하나의 유일신에게 힘을 부여하는 일신교가 부상했다. 그러나 이스라엘에서 천사와 악마가, 중세 시대의 유럽에서 천사, 악마, 성인이 강조되면서 이와 같은 초월적인 힘이 약화되었다. 그리스와 로마의 신들은 접근하고 교섭할 수 있는 존재였지만 변덕스러워서 필멸하는 존재가 이해하기 어려웠다. 마법은 흔히 공개적으로 행해졌지만 힘의 구조에 적대적이거나 그것을 전복하는 힘으로 보일 위험이 있었다. 7장에서는 이스라엘, 그리스, 로마를 검토한다.

후기 중세 시대 유럽, 유럽 식민지 디아스포라, 이제는 세계화된 세계의 일부 요소에서 **과학, 종교, 마법**(문화적 중요성순(順)). 단 하나의 유일신의 초월적인 힘이 퍼져나가 과학의 우주에 적용된다. 과학은 실재를 파악하는 유일한 수단으로 간주되고, 과학을 통해서 우주를 이해하지 않으면 변형이 불가능하다는 점이 강조된다. 그리스와 그 이후의 중세 시대를 통해 널리 알려진 체액(體液, Humours) 관념(체액을 통해 흙, 공기, 불, 물이 인체의 체질 및 조건과 연계됨)같이 닮은 점에 초점을 맞추는 보다 더 이전의 사고 형식과 더불어 이제는 인과(因果)를 크게 강조한다. 과학적 태도를 포용하는 사람들은 우주에서 한 발 물러나 우주를 추상적인 방식으로 이해한 다음 그것을 조작하려고 시도한다. 마법은 기이한 활동이나 반(反)문화적인 관행으로서 주변화된다. 우리는 9장에서 중세와 후기 중세 시대 유럽을 살펴보고 10장에서 마법의 근대적 형태를 검토한 다음 최근의 과학적 발전에서 영감을 받아 마법 관행을 이해하는 오늘날의 평가를 옹호할 것이다.

깊은 역사는, 세계의 일부로서 창조하는 힘과 파괴하는 힘에 참여한다고 느꼈던 사람들이 이와 같은 힘을 신들에게로 외부화한 다음 과학이 묘사하는 분리된 우주로 이동하는 과정을 경험했다. 그러나 마법은 보다 더 후기의 추세와 함께 존재하면서 우주와 인간의 직접적인 연결을 정리했다. 마법이 지배적인 사회는 조화롭지도 않았고 평화롭지도 않았다. 왜냐하면 우주와 일체가 된 상태였기 때문이다. 마법이 지배적인 사회에는 상당한 폭력, 사회적 붕괴 및 사회적 혼란이 있었다. 설령 우리가 되돌아가기를 바란다고 하더라도 그러한 사회는 분명 우리가 되돌아갈 만한 바람직한 사회가 아니다.

그러나 유구한 인류사(史)의 한 가닥인 마법은 우리가 실재(實在)와의 밀접성을 탐구하여 보다 더 객관적인 태도를 취하는 종교와 과학을 보완하고 평형을 맞출 수 있도록 지원하는 중요하고 유용한 역할을 수행한다.

이러한 세 가지 가운데 하나만을 선택하는 것은 필요하지도 않고 바람직하지도 않다.

마법의 목적

마법의 역사는 시공간을 가로질러 발견되는 다양한 공통의 관행을 통해 발전했지만 항상 각자의 고유한 문화적 뉘앙스를 잃지 않는다.

    태어난 모든 사람은 죽는다. 어느 정도 오래 산 모든 사람은 자신과 자신이 중요하게 여기는 다른 사람들의 미래를 걱정한다. 사람들은 다음에 무엇을 할 것인지 결정하고 과거의 사건이 미래에 미칠 영향에 대해 걱정한다. 사람들은 전쟁, 기근, 홍수 또는 화재가 일어나는, 어렵거나 치명적인 시기를 겪으며 살아간다. 어려움이 시작된 이유와 그것들을 멈출 수 있는 방법은 매우 중요하다. 마법의 목적과 방법은 다양하지만 특정한 공통점들이 존재한다. 아래에서 나는 시공간을 가로질러 발견되는 마법 관행을 몇 가지 일반적인 범주로 정리해보려고 노력했다. 이와 같은 목록은 그 특성상 모든 마법을 포괄하는 것이 아니라 예시하는 것이다.

양성 마법

마법이 세계에서 좋은 일을 하거나 나쁜 결과를 피하려는 시도에 관련된다. 양성(良性) 마법은 그 쌍둥이 격 마법인 악성(惡性) 마법보다 더 흔하다.

    관계 작업. 관계 작업은 매우 광범위한 범주이다. 사람들이 자신이 중요하게 여기는 다른 사람들과 다양한 관계를 맺고 있기 때문이다. 여기에는 사람들이 살고 있는 땅, 식물, 동물, 인공물, 주택, 동료 인간 등이 포함

될 수 있다. 각 관계에는 저마다의 고유한 마법이 있으므로, 만일 어떤 식
으로든 관계가 잘못되거나, 균형을 다시 잡아야 하거나, 재조정할 필요가
생길 경우, 효과적으로 조치할 수 있다. 세계의 많은 사람들은 '문화'라고
부를 수 있는 인간의 영역과 '자연'이라고 부를 수 있는 세계의 나머지를
구분하지 않는다. 만일 사람과 그 밖의 다른 실체 사이의 친밀감이 강조된
다면 일반적으로 세계와의 사촌 관계 또는 가족 관계의 특성이 출현하는
데, 이러한 경우에는 보통 수준의 노력만으로도 훌륭한 사회적 관계를 유
지할 수 있다. 이와 같은 밀접한 관계를 바탕으로 아마추어 마법사는 널리
알려진 주문을 사용하거나, 간청하거나, 충분한 제물을 바치는 일상적인
사냥 마법이나 농경의례를 통해 식물, 동물, 가임력(可妊力)의 긍정적인 관
심을 이끌어내는 작업에 관여할 수 있다. 만일 강력한 힘이나 영혼에 관련
되어 있는 문제라면 샤먼이나 그 밖의 다른 학식을 갖춘 마법사처럼 훈련
을 받은 전문 마법사가 필요할 것이다. 어렵고 위험한 영적인 힘과 씨름하
는 일은 초보자가 수행해서는 안 되는 일이다. 만일 일이 잘못될 경우 마법
사와 전체로서의 집단에게 상당한 위험이 발생할 것이기 때문이다. 매우
상이한 방식임에도 불구하고, 호주 원주민과 북극의 민족들은 전체로서의
경관과의 매우 강력한 연결을 표현한다. 예를 들어 호주 원주민에게 노래
와 의식은 땅에서 직접 비롯되는 것이다. 따라서 호주 원주민은 환경 그 자
체가 사람들에게 환경을 돌보는 양식을 부여한다고 생각한다. 일반적으로
세계는 인간 사회에 외부적인 힘이 아니다. 그리고 인간 사회에는 땅과 그
위에 있는 모든 것이 포함된다.

　　제액/보호 마법. 제액(除厄)/보호 마법은 위에서 소개한 관계 작업과 연
계된다. 이것은 해로부터 사람, 동물, 식물, 경관 또는 조상의 보호를 추구
하는 마법으로, 중세와 초기 근대 시대 유럽에서 발견되는 관행(예: 벽 속에

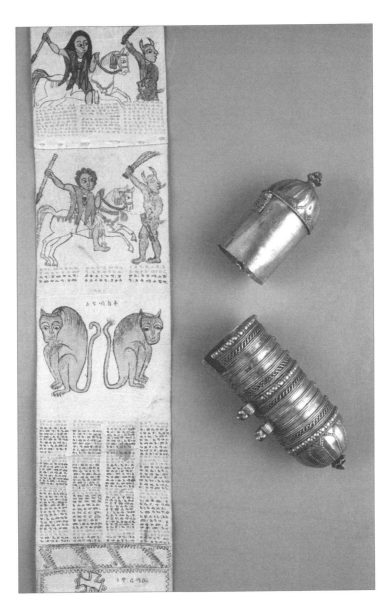

그림 1.2. 주문을 취소하여 소유자를 보호하는 기도문이 적힌 18세기 에티오피아 키타브(Ethiopian Ketab) 두루마리. 은(銀)으로 만든 통에 보관. 악숨 제국(Aksumite Empire, 기원후 1세기–8세기)에서 유래한 키타브 두루마리에는 아랍과 그리스도교의 영향이 결합되어 있다. 19세기 무렵에는 수백만 개가 사용되었다.

고양이를 가두거나 신발을 안치)이나 악마를 쫓아내는 데 사용되는 상징과 관련된다(그림 1.2).

미래 예언. 미래 예언은 종종 자녀의 건강, 개인의 경력 전망 등 비교적 지역적이거나 개인적인 문제에 관한 것일 수 있다. 여기에서 지역별 운수풀이나 점복이 이루어질 수 있는데, 통칭하여 찻잎 판독이라고 불리는 관행을 떠올려볼 수 있다(그림 1.3). 점성술을 통해 보다 더 학문적 형태의 예측이 등장했다. 영감에 의한 예언을 통해 종종 전쟁이나 세계의 종말 같은 중대한 사건에 관련된, 훨씬 더 거대하고 보다 더 우주적인 미래를 점칠 수 있다. 예언은 마법과 종교가 혼합된 종교적 차원에서 일어날 수 있다. 마을의 현자(賢者)에서부터 국가와 정책 문제에 대해 조언하는 궁정의 점쟁이에 이르는 범위를 망라하는 고대 중국이나 그리스에서 같이 다양한 형태로 제도화된 점복(占卜)은 찻잎에서부터 종말에 대한 거대한 예언에 이르는 스펙트럼에 걸쳐 있다(그림 1.3).

과거에 대한 이해. 사고, 죽음 또는 또 하나의 불운의 원인을 알아내는 강력한 기술인 신탁을 통해 사건의 원인을 살펴보는 것도 매우 중요하다. 사람들은 사건의 원인을 진단한 다음 적절하게 개선하기를 원한다. 과거의 원인을 찾는 관행의 형태는 다양하지만 인류학의 고전적인 사례는 아잔데족의 독(毒) 신탁이다.

임종, 죽음, 망자. 죽는 방법, 죽음 직후에 일어나는 일, 조상의 형태가 되어 보다 더 안정적인 망자(亡者)가 된다는 관념은 모두에게 큰 관심사다. 이것은 모든 인간과 관련되는 주제였지만, 특히 고대 이집트인들은 임종과 망자를 다루는 매우 정교한 수단을 창조했다. 조상이 되는 것 외에도 망자와 대화를 나누고 그들이 살아 있는 사람을 괴롭히지 않도록 보장하는 일도 널리 퍼진 관심사였다.

그림 1.3. 찻잎이 찻잔 바닥에 형성하는 모양을 해석하기 위한 안내서. 예측의 범위는 평범한 '행운'에서부터 '해군에 관심을 갖게 될 것'이라는 보다 더 신비롭고 고도로 구체적인 예측까지를 망라한다.

약, 질병, 건강, (정신적 및 신체적) 부마. 매균설 이전(과 심지어 매균설이 부상한 이후에조차) 건강에 대한 사람들의 발상은 종종 물리칠 필요가 있는 다양한 영혼 및 악마와의 관계 또는 나쁜 인간관계와 관련되어 있었다. 고대 메소포타미아의 경우처럼 이러한 관계를 다루는 일에는 약초 치료법이 수반되었지만 악마나 그 밖의 다른 악성 힘의 영향을 무효화하는 일련의 주문이나 관행이 포함되는 경우도 빈번했다. 대부분의 경우 정신과 신체를 거의 구분하지 않았는데, 이것은 안녕에 대한 서양의 전신적(全身的) 접근법에서도 점점 더 많이 발견되고 있다(그림 1.4).

변형에 대한 이해와 영향력 행사. 이것은 공예품 제작 같은 활동과 관

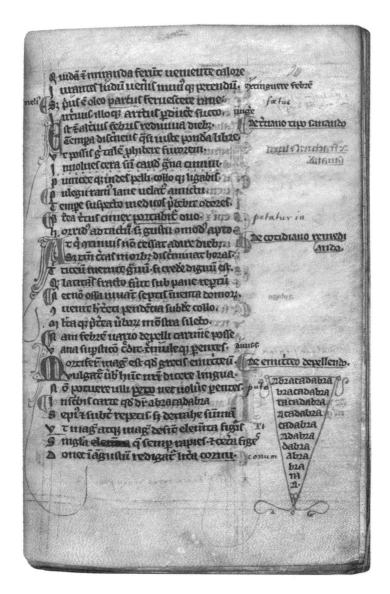

그림 1.4. '아브라카다브라(Abracadabra)'라는 말이 사용된 가장 오래된 기록(말라리아 치료법). 오른쪽 하단의 삼각형 안에 쓰여 있는 이 단어는 한 줄 내려갈 때마다 한 글자씩 줄어들면서 질병의 독성을 감소시킨다(7장 참고). 이 마법 단어를 쓰는 행위는 질병의 치료에 기여했다.

련된다. 강력한 힘을 행사하고 통제할 수 있는 대장장이의 관행에 대한 관심이 일반적이었다. 공예품 제작에는 종종 그 효능에 중요한 영향을 끼치는 마법 관행이 관련되었다. 연금술은 비금속(卑金屬)을 금으로 변형하려는 다양한 시도였고, 보다 더 최근의 화학을 탄생시켰다. 또한 사람들은 괴물과 혼종 생물(그리핀, 스핑크스 등) 또는 포식자가 피식자를 먹이로 먹는 것 같은 보다 더 일반적인 변형에 대해 걱정했다. 기원전 1000년에서 0년 사이, 스텝과 유럽에서 공유된 미술은 변형과 모호성에 대한 집착을 보여준다.

　　욕망의 조작. 시베리아의 사냥꾼들은 순록을 사냥할 때 사냥당하는 순록이 자기 목숨을 스스로 포기하게 만들어야 한다고 생각했다. 인간은 최종 빙기(最終 氷期, Last Glaciation)까지 거슬러 올라가는 고대부터 순록과 관계를 맺었다. 따라서 수천 년에 걸쳐 신체적 친밀감에 대한 발상이 발전했을 가능성이 있다. 성적 욕망에 대한 이와 유사한 관념은 아즈텍(Aztec) 문명에서도 발견된다. 고대 그리스와 로마의 문화를 비롯한 그 밖의 다른 많은 문화권에서도 사랑의 마법에 노력이 집중되었고, 이따금 우스꽝스러운 결과를 낳기도 했다.

악성 마법

발견되는 활동 종류의 다양성이라는 측면에서 볼 때 악성 마법은 양성 마법보다 더 작은 범주임에도 불구하고, 근대 주술에 관한 문헌만 꼽아보더라도 방대한 양을 자랑할 만큼 많은 관심을 받아왔다는 점에서 흥미로운 범주이다. 악성 마법이 더 흔하지 않은 이유는 흥미로운 질문이다. 좋은 관계를 만들고 유지하는 것이 해(害)를 입히려는 노력보다 항상 더 중심에 자리 잡고 있었을 가능성이 있지만, 이것은 인간 집단에 대한 낭만적인 관점이자 지나치게 긍정적인 관점이라고 간주될 수 있다.

주술사/마녀, 주술, 요술. 이것은 주문을 걸거나, 누군가를 개구리로 만드는 행위(와 종종 자신도 모르게 개구리에게 입맞춤하여 왕자로 되돌리는 반작용)같이 원치 않는 변형을 일으키거나, 해를 유발하는 사람이나 활동이다. 이와 같은 관행은 매우 널리 퍼져 있다. 널리 알려져 있는 유럽의 마녀뿐 아니라 아프리카 대륙에서도 주술은 매우 널리 퍼져 있는 두려움의 대상이다. 구체적인 문화적 차이는 중요하다. 파푸아 뉴기니 해안 지역에서는 요술이 발견되지만 뉴기니 하이랜드(New Guinea Highland) 문화에서는 요술이 발견되지 않는다. 이러한 구분은 광범위하게 인식되었지만 제대로 이해되지 않은 것으로, 어떤 식으로든 뉴기니 하이랜드가 그려온 별도의 역사적 궤적에서 비롯된 것이다.

저주. 역(逆)저주와 마찬가지로 저주는 중동, 그리스, 로마에 이르는 경쟁적인 문화에서 가장 흔하다. 저주는 개인에게 해나 질병을 유발하는 데 사용될 수도 있고, 우리 스포츠 팀이 승리하는 데 또는 상대방 팀이 패배하는 데 기여할 수도 있다. 저주는 지중해 세계에서 매우 발전했지만 그 범위는 아마 전 세계에 걸쳐 있을 것이다.

반문화로서의 마법. 의식용 마법은 일반적인 문화적 규범을 고의로 공격하거나 전복하기 위해 개발될 수 있다. 이것은 흑마법의 형태를 취하는데, 최근 서양에서는 알리스터 크롤리(Aleister Crowley)와 텔레마교(Thelema)를 통해 가장 유명해졌다. 이와 같은 시도는 종교 관행(흑미사(Black Mass))을 고의로 뒤집고 상징을 (위에서 언급한) 보호 마법과 유사한 방식으로 사용하는 것과 관련될 수 있다.

자료의 출처 및 접근법

나의 설명은 수만 년 전 마법의 가장 깊은 역사에서 현재까지 이어진다. 기원전 3500년 이전의 인류사(史)에 대해서는 기록된 증거가 없다. 따라서 이 책의 모든 정보는 고고학 조사와 발굴을 바탕으로 하고, 나중에 다양한 종류의 역사적 자료에 의해 보완된다. 고고학적 증거의 강점과 한계점을 염두에 두는 것이 바람직하다. 이 책에서 다루는 시간의 범위가 넓다는 점과 주로 후대의 인간 활동이 증거를 파괴하는 힘으로 작용했다는 점을 감안할 때 고고학이 제공하는 기록이 얼마나 많은지 놀라우면서 안심이 된다. 역사 기록은 종종 가난한 사람들과 힘이 약한 사람들을 무시하거나 과소평가하는 반면, 고고학은 보다 더 작은 주택, 정착지, 사람들이 일했던 경작지뿐 아니라 그들이 사용했던 도구를 발견할 수 있다는 점에서 보다 더 민주적이다. 지난 1세기에 걸쳐 고고학자들의 관심은 왕궁, 사원, 군사 주둔지와 같은 엘리트 건축물에서 다소 벗어나 다수의 삶에 보다 더 많은 관심을 갖게 되었다. 보물은 매력적이지만 계획적으로가 아니라 우연히 발견되는 경우가 더 많기 때문에, 고고학자 대부분은 많은 금이나 은을 발견하지 못한 상태에서 경력을 이어간다. 새로운 과학적 기법 덕분에 뼈의 화학 성분을 토대로 사람들이 먹은 것과 이동한 거리를 파악할 수 있고, 유전학의 발전 덕분에 조상을 조명할 수 있으며, 유적지의 연대를 그 어느 때보다 더 쉽게 측정할 수 있게 되었다. 과거의 생태에 대한 우리의 이해는 변화하면서 점점 더 깊어지고 있다.

이와 마찬가지로, 많은 것이 소실되었다. 매우 습하거나 매우 건조한 조건이 아니라면 유기 재료는 분해된다. 과거 생활의 모든 주요 측면인 의복, 바구니 공예 또는 목공예의 복원에는 증거 조각의 세심한 조합이 필요한데, 이따금 잘 보존된 습지 유적지나 사막에서 발견된 사물이 도움을 주기도 한다. 언어가 없는 상태에서는 사람들의 사고나 사람들이 했던 말을 파악할 수 없다. 그러나 고고학자들은 많은 경우 행동이 말보다 더 큰 목소리를 낸다고 생각한다. 따라서 고고학은 건물을 짓고 물건을 사용하는 데 관련된 기술에 대한 이야기를 들려줄 수 있다. 우리는 인간의 시신을 통해 사람들이 이동하고 행동했던 방식, 사람들이 행동했던 공간, 사람들이 먹었던 음식, 사람들이 착용했던 장신구, 죽은 사람에 대한 처우에 대해 알 수 있다. 또한 고고학은 민주적이다. 인간이라는 존재의 의미와 삶과 죽음에 대해 생각하지 않는 사람은 없기 때문이다. 따라서 과거에 대한 이해는 고고학 전문가에게 국한되는 것이 아니라, 고고학자와 원주민이 나눈 대화를 통해 얻어질 수 있거나 각 지역의 고유한 역사와 보다 더 깊은 과거에 대한 연구에 관여하는 사람들에 의해 발견될 수 있다.

　정반대의 두 가지 유혹이 증거를 해석하는 고고학자에게 손짓을 한다. 첫 번째 유혹은 꾸밈없는 사실에 충실하여 항아리 파편의 수, 주택의 크기, 동물 뼈의 종류, 식물 등에 대해 설명하는 것이다. 이것은 틀림이 없다는 장점이 있지만 인간의 삶에서 가장 흥미로운 일들 가운데 대부분을 빠뜨린다. 이것과 정반대의 유혹은 과거 생활의 세밀한 질감, 사람들이 그렇게 행동했던 이유, 고대의 삶을 산다는 것의 느낌을 이해할 수 있다고 주장하면서 과도하게 해석하는 것이다. 고고학은 통계나 사실 분석뿐 아니라 해석에도 관련된다. 따라서 증거에 충실한 태도와 과거의 담론을 구축하여 현재의 관심사에 대한 이야기를 들려주려는 태도 사이에는 분명한 균형이 필요하다. 이 책에서 나는 전문가들의 세심하고 방대한 연구뿐 아니라 전 세계 원주민들의 통찰을 바탕으로 마법의 역사를 생생하게 전달하는 한편 종종 수십 년에 걸친 깊이 있는 학술 연구를 통해 또는 내가 논의하는 마법적 세계에서의 생활을 통해 자신의 조사 분야에 정통한 전문가들이 설정한 해석의 한계를 넘어서지 않으려고 노력했다.

해석의 한계에 대해 생각해보면 고고학은 마법, 종교, 과학 같은 주제에 대한 정보의 출처, 즉 아마 지성사(史) 일반에 대한 정보의 출처가 되기에 부적합해 보일 수 있다. 그러나 신체 역시 지적인 존재로서 분명한 목적을 가지고 능숙한 방식으로 행동한다는 사실을 받아들인다면, 언어는 지성에 접근하는 유일한 수단이 아닐 것이다. 이 책에서 우리는 인체(人體)가 기술, 감각, 정서를 통해 할 수 있는 일에 대해 보다 더 많이 생각한다. 기록이 존재하기 이전의 초기 수천 년뿐 아니라 역사적으로 기록된 시대에 걸쳐 내가 제시할 증거는 물건의 형태, 물건의 장식 양식, 물건의 감각적 영향에 대한 사고와 더불어 동물과 사람 모두의 물건과 뼈를 의도적으로 안치한 관행이다. 또한 우리는 몇 가지 놀라운 구조물도 볼 것이다. 피라미드(Pyramids)와 스톤헨지(Stonehenge) 같이 널리 알려진 구조물은 모두 지금 우리가 종교적 또는 마법적인 목적으로 생각할 수 있는, 실무적인 것을 넘어서는 목적을 가지고 있다. 대부분의 구조물은 우리에게 덜 친숙하다. 부분적으로 새롭게 발견된 일부 구조물에 대해 고고학자들이 여전히 수수께끼를 풀고 있는 중이기 때문이다. 대부분의 시대와 장소에서 사람들은 삶을 지탱해 나갈 수 있는 기술과 자원을 갖추고 있었다. 일각에서는 의문을 제기할 수도 있겠지만, 나는 그 사람들에게 보다 더 시급했던 것은 세계와 세계 안에서 자신들의 위치를 이해하는 방법이었을 것이라는 가정하에 그들에 대한 해석을 시작한다. 그렇다면 인류사의 중심인 마법, 종교, 과학뿐 아니라 고고학도 정말 유구한 역사를 제공하는 데 결정적인 역할을 수행할 수 있을 것이다.

마법에 대한 역사적 기록도 풍부하다. 그 범위는 메소포타미아 왕궁의 기록 보관소에서 발견된 다량의 설형문자 판(板)부터 중국 상(商, Shang)나라 및 주(周, Zhou)나라의 무덤에서 발견된 갑골 및 기원전 1000년에서 0년 사이와 기원후 0년에서 1000년 사이 지중해 동부에 존재했던 다양한 언어와 문자에 이르기까지 매우 광범위하다. 이와 같은 모든 경우에서 문자를 해독할 뿐 아니라 해독한 내용을 당시의 문화적 맥락에 맞게 번역하기 위해서는 평생에 걸친 전문 지식이 필요하다. 역사를 다룬 장들에서 증거에 대한 나의 설명은, 자신의 사고와 해석을 나에게 나누어준 전문가들의 관대함과 그들의 풍부한 학술적 전문 지식에 의존한다. 이 책을 시작할 때 나는 참고할 자료가 방대하다고 느꼈다. 그렇지만 나는 거의 모든 장소와 시대에 걸쳐 마법에 대한 연구가 폭발적으로 늘어났다는 사실과 더불어, 마법이 주변적이거나 수상쩍은 것이 아니라 많은 문화 양식의 중심에 자리 잡고 있었던 것이라는 주장이 끊이지 않는다는 데 놀라지 않을 수 없었다. 우리는 이제 막 이러한 역사를 밝히기 시작하고 있다. 그렇게 된 이유는 마법에 대한 서양의 편견 때문에, 보통 대담한 학자가 아니고서는 마법에 대한 연구를 시도할 수 없어 보였기 때문이다. 고고학과 텍스트 분석의 조합은 죽은 사람들을 되살렸다. 우리는 역사의 뒤안길로 사라졌지만 텍스트와 고고학적 증거를 통해 이름과 성격이 다시 드러난 인물들을 만나 볼 것이다. 바로 청동기 시대 중국의 왕비 부호(婦好, Fu Hao)와 고대 메소포타미아의 마법사 가문이다.

　나는 남아시아를 많이 좋아했지만 그만큼 비중 있게 다루지는 못했다. 그렇게 된 이유는 남아시아에 대한 자료가 부족해서가 아니라 자료가 너무나도 방대했기 때문이었다. 인도, 파키스탄, 방글라데시의 연금술과 점성술 전통이 어찌나 광범위한지, 그것들을 완벽하게 다루는 것은 고사하고 그것들이 서쪽, 북쪽, 동쪽과 양방향으로 연결된 사례의 중요성조차 다루기 어려울 것 같다고 생각하게 되었다. 남아시아가 많은 마법 전통에서 중심을 이룬다는 점을 감안할 때 이 책의 여러 장에서 아(亞)대륙(인도)에 대한 언급을 찾아볼 수 있을 것이다.

마지막으로 나는 과거와의 차이점을 강조하고 싶다. 과거는 삶에 대한 우리의 상식적인 관념 가운데 대부분이 적용되지 않는 외국과 같다. 과거를 이해하는 것은 다양한 종류의 인간의 깊이와 범위에 대한 평가를 더하기 때문에 도전적이면서도 흥미로운 일이다.

근대의 마법

과거의 마법에 대해 상세하게 알아보기 전에 먼저 현재와 가까운 과거의 사람들이 마법을 대하는 태도에 대해 간략하게 생각해보는 것이 중요하다. 서양 문화는 마법을 통해 자신을 소극적으로 정의한다. 즉, 근대적이라는 것은 마법을 믿지 않는 것이다. 근대성이란 산업혁명(Industrial Revolution), 보다 더 민주적인 제도, 합리적인 과학의 부상, 이성(理性)을 통해 인간의 제도나 세계의 작동 방식을 분석하는 것을 의미한다. 마법은 근대의 모든 특성과 정반대인 것으로 추정되었다. 널리 알려진 것처럼, 위대한 사회학자이자 철학자인 막스 베버(Max Weber)는 근대성이 새로운 방식으로 합리화되고 일상화되며, 기술적으로 효과적인 문화에 의해 마법이 쇠퇴하는, 탈마법화 과정을 통해 생겨났다고 주장했다. 베버는 탈마법화 과정에서 얻는 것뿐 아니라 잃는 것도 있다고 보았다. 마법이 없는 상태의 세계는 혼이 없는 기술자와 마음이 없는 전문가들이 지배하는, 정서와 경이로움이 부족한, 보다 더 냉랭한 장소였다. 베버는 세계가 '매혹에 걸린 거대한 정원'으로 간주되었던 시절에 상당한 향수를 느꼈다. 그러나 산업혁명이 보다 더 목가적인 세계를 휩쓸어버렸던 것과 마찬가지로, 19세기와 20세기에 유럽과 미국에서 최초로 출현한 대중 사회를 관리하고 필요한 것을 조달하는 일에는 이성이 필요했기 때문에 마법의 소실은 진보의 불가피한 측면이었다.

《황금가지》를 쓴 프레이저는 마법은 자연에 대한 직접 통제를 목표로 삼았고, 종교는 유일신 또는 신들과 중보하는 방법을 모색했으며, 과학은 물리적 측면에서의 세계 이해를 발전시켰다고 생각했다. 또한 프레이저는 마법의 두 가지 기본 원칙을 개진했다. 근접이나 접촉을 통해 사물이 서로에게 영향을 미치는 감염 마법에서는 일단 의복이 신체와 내밀하게 접촉하고 나면 그 의복은 심지어 멀리 떨어져 있는 곳에서도 나에게 해를 입히거나 나를 보호하는 데 사용될 수 있었다. 공감 마법은 닮은 점이나 상징적 연관성을 다루었다(유사(類似)가 유사를 산출한다). 예를 들어 사냥하는 동안 창에 찔린 동물의 그림을 벽화로 남기는 것은 사냥의 성공을 보장하는 데 기여할 수 있다. 인류학 전문가들이 금세 프레이저의 연구를 제한적인 범위의 자료와 시대에 뒤떨어진 사고 형식을 바탕으로 한 것이라고 생각하게 되었음에도 불구하고,《황금가지》는 20세기 내내 다양한 작가와 사상가에게 영향을 미쳤다. 마법의 만연함에 대한 우리의 이해에 주요 영향을 미친 키스 토머스(Keith Thomas)의《종교와 마술, 그리고 마술의 쇠퇴Religion and the Decline of Magic》(1971)는 막스 베버를 따라 후기 중세 시대의 세계부터 1700년경 사이의 역사적 자료를 참고하여 근대성이 시작됨과 동시에 쇠퇴하기 시작한 마법을 일목요연하게 정리했다. 무엇보다도 토머스는 중세 시대의 세계에서 그리고 그 이후에도 어느 정도 계속 서로 뒤얽히는 종교와 마법의 본질을 보여주었다. 800쪽에 달하는 책의 대부분에 걸쳐 마법의 쇠퇴를 강조한 키스 토머스는 마지막 6쪽을 만일 마법이 아직 사라지지 않았다고 하더라도 '그 명성이 크게 쇠퇴했을 것'이라는 평가로 마무리함으로써 마법의 생존 여부에 미련을 가지는 듯한, 어울리지 않는, 불확실성을 보여준다.² 《종교와 마술, 그리고 마술의 쇠퇴》는 오늘날에도 여전히 진행되고 있는 중요한 논란을 불러일으켰다.

지난 수십 년 동안 사람들은 마법의 죽음에 대해 궁금해했다. 보다 더 대중적인 마법을 연구하는 사람들은 현재에도 여전히 발전되고 있고 사용되고 있는 일련의 변화하는 믿음을 일목요연하게 정리했다.³ 다행히도 나는 옥스퍼드 대학교 박물관 가운데 하나인 피트 리버스 박물관(Pitt Rivers Museum)에서 13년 동안 일하면서 잉글랜드에서 비롯된 자료가 얼마나 많은지 그리고 마법이라고 부를 수 있을 만한 물건이 얼마나 많은지를 깨닫게 되었다. 병 속의 마녀, 비를 멈추기 위해 가시자두나무에 매달아둔 민달팽이, 류머티즘 치료에 도움이 된다고 생각해 노인이 주머니에 넣고 다니던 감자, 사람 혀의 끝(전혀 모르겠음), 선술집의 문을 닫게 하려는 절제 운동가의 이름이 기록된 종이와 함께 선술집 굴뚝에 매달아둔 양파를 비롯한 모든 것이 그 밖의 다른 많은 물건들과 더불어 컬렉션에 포함되어 있었다. 이것들의 특징은 잉글랜드의 사회적 위계의 무게에 짓눌린 농촌과 도시의 빈민의 마법, 즉 약자(弱者)의 무기로 표현될 수 있다. 그러나 중산층도 종종 일종의 아이러니한 방식으로 초자연적인 것에 관심을 가졌다. 피트 리버스 박물관의 큐레이터로 일하던 E. B. 타일러는 영혼이 매개체를 통해 말하거나 칠판에 글씨가 자동으로 나타나는 강령회에 참석했다. 설명하기 어려운 몇 가지 사례를 발견했음에도 불구하고, 타일러는 그것들의 대부분을 조잡한 속임수나 사기극으로서 묵살했다. 또한 타일러는 수맥 탐사를 시도했는데 타일러가 카펫 더미 아래에서 시계를 찾아내자 전문 수맥 탐사가는 타일러에게 감이 유달리 좋다고 말해주었다. 사람들은 합리주의가 최고조에 달했던 19세기에조차 마법의 매력에 빠졌고 영국 안팎에서 여전히 꽤 많은 사람들이 마법을 행했다.

　오늘날에도 여전히 많은 사람들이 마법을 믿는다. 최근 몇 년 동안 여론 조사 기관과 학계에서 모두 마법에 대한 사람들의 믿음을 묻는 설문 조사를 실시했는데, 그 결과는 매번 대체로 유사한 추세를 보였다. 2005년 미국에서 갤럽(Gallup)이 1,171명을 대상으로 실시한 전화 여론 조사에 따르면 응답자의 4분의 3이 '초자연적인 현상'이라고 부르는 것에 대한 믿음을 가지고 있는 것으로 나타났다. 예를 들어, 절반 이상이 심령 치료가 효과가 있다고 생각했고, 3분의 1 이상이 유령이 출몰하는 집이 있다고 생각했으며, 5명 가운데 1명은 죽은 사람과 소통할 수 있다고 생각했다. 흥미롭게도 이와 같은 믿음은 모든 인종 및 계층 집단에서 나타났는데, 보다 더 이전에 시행했던 2001년과 1990년의 여론 조사에서도 이와 비슷한 수치가 나타났다.[4] 널리 알려진 것처럼, 유일신에 대한 신앙은 최근 수십 년 동안 미국에서 매우 높았다. 마법에 대한 믿음이 종교 감정과 상관관계가 있을 수 있을까? 미국에서는 약 92퍼센트의 사람들이 유일신이 존재한다고 생각하는 데 비해 영국에서는 37퍼센트의 사람들이 유일신이 존재한다고 생각한다. 그럼에도 불구하고, 마법 관행과 마법의 등장에 대한 믿음은 약간의 차이는 있지만 두 나라 모두에서 거의 동일하게 나타났다. 2007년과 2008년에 실시한 설문 조사에 따르면 영국 사람들은 죽은 사람과의 소통이 가능하다고 생각하는 경향이 더 높은 반면(27퍼센트 대 21퍼센트), 미국인(21퍼센트)은 영국인(13퍼센트)에 비해 마녀에 대한 믿음이 더 높은 것으로 나타났다. 러시아와 독일에서도 유사한 수치가 나타났고, 회의적인 의견이 조금 더 많은 프랑스에서조차 응답자의 절반 이상이 '자기(磁氣) 요법'을 믿는다고 응답했다.[5] 사람들이 믿는 것에는 문화적 차원이 선명하게 드러나지만 마법에 대한 믿음은 흔하다. 보다 더 최근의 설문 조사에서도 영혼에 대한 믿음, 정신적 형식의 소통에 대한 믿음 또는 멀리 떨어져 있는 곳에서도 영향력을 행사할 수 있는 일부 사람들의 능력에 대한 믿음이 발견되는 등 마법을 믿는 심리가 크게 번성하고 있다. 근대성의 도래로 마법에 대한 믿음이 지워졌다는 것은 잘못된 발상이다. 아울러 더 '후진적인' 믿음을 가지고 있는 나머지 세계와 다르게 계몽된 유럽은 오직 과학적 관점만을 가지고 있다는 관념 역시 완전히 잘못된 것이다. 마법에 대한 믿음이 다양한 형태를 취하고 있다고 하더라도, 마법에 대한 믿음은 전 세계적인 것이다.

과거와 현재의 사람들 대부분은 우주가 살아 움직이고 지각을 지니고 있다는 깊은 가정을 가지고 살아왔다. 사람들은 천체를 순수하게 질량, 힘, 속도에 의해 운동하는 암석 덩어리로, 즉 우주를 시계태엽 같은 장치로 이해한 것이 아니라, 오히려 우리가 우주에서 살고 우주가 우리 안에서 사는 방식을 탐구해왔다. 애니미즘과 지각에 대한 이와 같이 널리 퍼진 믿음은 우리에게 사고해볼 만한 내용을 던져줌에 틀림없다. '애니미즘'이라는 용어를 둘러싼 논란은 참여와 지각의 본질에 관한 중요한 질문을 불러일으킨다. 애니미즘은 유용한 단어이지만 위험한 단어이기도 하다. '영혼' 또는 '혼'을 의미하는 라틴어 단어 아니마(Anima)에 뿌리를 두고 있는 애니미즘은 인류학자 E. B. 타일러의 기념비적이고 대중적인 저술인 《원시문화Primitive Culture》(1871)를 통해 영어로 들어왔다. 종교의 정의를 탐색한 타일러는 '영혼에 대한 믿음'이라는 생각에 도달했다. 타일러는 애니미즘이 기본적인 (사실 원시적인) 종교적 신앙의 양식을 의미한다고 생각했다. 애니미즘에서 영혼은 신들이 그러한 것처럼 별개의 힘을 지니고 있는 존재에 한정되는 것이 아니라 나무나 장소의 영혼을 통하는 것과 같이 어느 정도 확산되고 분화된 방식으로 세계에 존재했다. '신(新)애니미즘'[6]이라고 불리게 된 이것은 만물 사이의 관계를 강조한다.

　20세기를 거치면서 서양에서는 인간이라는 존재와 실재(實在)의 의미에 대한 새로운 모형이 서서히 출현했다. 일반상대성이론은 시간, 공간, 중력이 연계되어 있고 상호적으로 영향을 미친다는 것을 보여줌으로써 우주를 보다 더 역동적으로 운동하는 존재로 만들었고, 양자역학은 관찰자가 그들이 관찰하는 사물에 영향을 미칠 수 있다는 가능성을 추가하여 이전에는 객관적인 상태와 주관적인 상태로 분리되었던 것을 연계함으로써 우주를 보다 더 낯설게 만들었다. 의식에 대한 질문은 우주에 만연한 보다 더 일반적인 지각의 특별한 형식을 나타내는 생물종(種)을 통해 실재 전체가 어떤 식으로든 의식을 가질 수 있다는 가능성을 개진함으로써 해결되었다. 한편, 생물학과 사회과학에서는 인간이라는 존재의 의미와 관련하여 실체가 없는 합리적인 정신보다 신체의 지능, 우리의 감각, 우리의 정서적 상태를 보다 더 강조하는 관점이 생겨났다. 인간이라는 존재는 정신을 신체에 부여한 다음, 신체적 기술을 사람들이 만들고 사용하는 인공물(人工物)과 연계함으로써 보다 더 온전해진다. 인간뿐 아니라 그 밖의 다른 많은 생명체들이 서로 소통하고 이해할 수 있는 수단을 누릴 수 있다는 가능성도 재고되었다. 즉, 나무들은 사회적 삶을 가질 수 있고, 문어와 새는 변화하는 조건에 반응하여 창조성과 참신한 행동을 보일 수 있다. 인간은 생명체와 비생명체 모두를 포함하여 자신을 둘러싼 세계에 끊임없이 반응해야만 하는 존재이다. 그리고 이런 측면에서 인간의 지능은 보다 더 광범위한 세계의 지능 가운데 하나의 요소가 된다. 이와 같은 관념 덕분에 우리는 애니미즘을 믿는 사람들과 대화를 나눌 수 있다.

　9장과 10장에서 살펴볼 것처럼, 뉴에이지(New Age) 운동은 19세기의 심령주의(心靈主義)와 신지학(神智學)의 관념에 의존하여 때로 여러 버전의 토착 신앙을 결합하는 (그리고 그 토착 신앙을 물려받은 원주민의 분노를 유발하곤 하는) 일련의 절충주의적인 접근법을 창조했다. (경멸적인 함의로 인해 지금은 이와 같은 관점을 가진 사람들이 거의 사용하지 않는) '뉴에이지'라는 용어를 여전히 고수하는 사람들은, 아마도 점성술의 영향을 받아, 인류사와 지구 역사의 새로운 단계(이른바 '물병자리의 시대(Age of Aquarius)')가 도래하기를 고대했을 것이다. 오늘날 서로 뒤얽힌 신념의 덤불 속 한편에서 제임스 러브록(James Lovelock)이 지구를 의인화한 그리스 여신의 이름을 따라 명명(命名)한 가이아(Gaia) 가설이 등장했다. 가이아 가설은 지구의 무기적 측면과 유기적 측면이 모두 단일한 유기체, 즉 생명의 조건을 유지하기 위해 스스로 조절하는 역동적인 체계와 유사한 무언가를 형성한다는 입장을 견지했다. 일반적으로 인간은 생태계에 위협을 가할 수 있다. 따라서 생명체의 면역 체계가 병원균으로부터 그 생명체를 보호하기 위해 작동하는 것과 동일한 방식으로 지구는 인간을 축출하려고 시도할 가능성이 있다. 여기에서 생물학과 도덕성이 만나서 행성 체계에 대한 대담한 가설뿐 아니라 현재의 대량 소비 양식이 지구 체계를 고갈시킨다는 도덕 담론도 뒷받침한다.

내가 마지막 장에서 추가적으로 탐구하는 것처럼, 전 세계 마법 전통의 다양한 측면과 과학의 다양한 측면에서의 새로운 발전을 한데 모아 세계가 작동하는 방식과 그 안에서 우리의 위치에 대한 우리의 깊은 가정을 바꾸는 것은 가능하고 바람직하다. 이 책에서 내내 다시 언급하겠지만, 이와 같은 오늘날의 마법은 물리적 의미에서 실재가 작동하는 방식에 대한 관념과 강력한 도덕적 차원을 결합할 것이다. 마법은 친족 관계의 조건에서 사람들을 세계와 연결한다. 친족에게는 돌봄이 필요하고 마법은 이러한 돌봄의 조건을 발전시키는 데 기여할 수 있다.

'마법'이라는 단어는 매우 다양한 함의와 의미를 가진다. 마법적으로 사고한다고 비난받고 싶은 사람은 아무도 없겠지만, 그럼에도 불구하고 무언가가 마치 마법처럼 작동한다면 모두 뛸 듯이 기뻐할 것이다. 공연, 미술 작품 또는 경관을 두고 마법 같다고 말하는 것보다 더 훌륭한 칭찬은 없다. 마법에 대한 부정적인 언론 보도에도 불구하고, 우리는 마법이라는 단어를 대부분 긍정적인 의미로 사용한다. 내가 여기에서 포착하고 발전시키려고 하는 것은 바로 이러한 마법의 긍정적인 측면이다. 마법은 쉽게 속일 수 있는 사람, 교육을 제대로 받지 못한 사람, 어리석은 사람 또는 미친 사람이 믿는, 시대에 뒤떨어진 일련의 믿음이 아니다. 마법은 사람들이 의지하는 것이 아니라 오히려 많은 사람들의 생활에서 눈에 띄는 특징이다. 마법은 인간에 대한 총체적인 관점을 촉진하고 실무적이고 도덕적인 관계를 통해 인간을 지구와 연계한다. 긍정적이고 총체적인 지구적 사고가 필요한 이 시대에 마법은 많은 것을 제공한다.

2

마법의 깊은 역사

(기원전 4만 년-6000년경)

이제 우리는 우리가 상식이라고 여기는 삶의 모든 요소가 사라지는 낯선 세계를 만나볼 것이다. 그럼으로써 시간을 훨씬 거슬러 올라가더라도 마법이 인간이라는 존재의 결정적인 일부였다는 사실을 알게 될 것이다. 이 책에서 우리는 증거가 새로운 방식으로 뚜렷해지는 4만 년 전에서 출발한다(반드시 마법이 최초로 등장했을 때를 살펴보아야 하는 것은 아니다). 이 장에서는 유럽과 중동에 집중할 것이다. 그 이유는 부분적으로 이러한 지역에서 이루어진 방대한 고고학 연구가 풍부하고 놀라운 일련의 인류사를 창조했기 때문이다.

먼저 우리는 삶은 힘들었지만 사람들이 이미 마법을 개발할 필요성을 느꼈던 마지막 빙하기(Last Ice Age)로 접어든 세계에서 이야기를 시작할 것이다. 약 2만 7,000년 전, 체코 남부의 돌니 베스토니체(Dolní Věstonice)라고 알려진 유적지의 얕은 구덩이에 세 명의 젊은 남성이 나란히 묻혔다. 두 소년

은 등을 대고 묻혔고 한 소년은 엎드린 상태로 묻혔다. 가운데 소년의 시신
에서는 다양한 골격 이상(異常)이 발견되었는데, 특히 얼굴이 특이해 보였
다. 틀림없이 그 소년은 걸을 때 다리를 절었을 것이다. 세 명의 소년은 뼈
와 이빨로 장식된 모자를 포함해 식물성 섬유로 만든 복잡한 의복을 걸친
상태에서 묻혔다. 이빨과 뼈로 장식된 이 의복은 기능적인 측면을 넘어섰
음에도 불구하고, 지구의 마지막 빙하기가 깊어지면서 혹독한 추위에 시달
렸을 유럽 중부 지역인 체코에서는 필수적이었고 좋은 의복이었다. 몸통
중심의 사타구니 부위가 그러한 것처럼 소년들의 얼굴은 황토를 이용하여
붉은색으로 채색되어 있었다. 왼쪽 시신의 손이 가운데 시신의 사타구니에
닿는 자세로 배치되었는데, 이러한 자세는 성적인 함의를 가지는 것으로
보이지만 확신할 수는 없다. 이러한 사람들이 우리와 시간적으로 아주 먼
과거에 존재했기 때문이다. 시신은 아마 나뭇가지로 덮여 있었을 것인데,
불을 붙인 다음 금세 흙으로 덮어 연소(燃燒)가 최소화되었을 것이다.

　무덤 구덩이 근처에서 29개의 표식이 있는 작은 석회암 막대기 파편이
발견되었다. 이것은 태음월(太陰月)을 표기하기 위한 부호로 해석되었다.
이러한 표식은 5개, 7개, 7개, 5개, 5개씩 군집해 있는데, 달이 차고 이지러
지는 주기에 따른 달의 밝기 변화를 반영하는 것일 수 있다. 만일 이것이
올바른 해석이라면, 이 막대기는 천체 관측에 대한 가장 오래된 기록을 나
타낼 뿐 아니라 천체가 사람들의 삶에 미치는 영향을 이해하려는 시도인
점성술의 깊은 뿌리임을 시사할 수 있다. 우리는 빙하기 밤의 청명하지만
혹독한 추위 속에서 동상에 걸릴 위험을 무릅쓰고 앉아 달을 관측하고 시
험하면서, 달과 그 밖의 다른 천체의 운동이 어떻게 자신들의 미래를 안내
하고 자신들의 과거를 설명할 수 있을지 궁금해하는, 아주 먼 과거에 존재
하는 조상들을 상상할 수 있다.

　　소년들이 매장된 무덤 구덩이에서 북쪽으로 사람의 두개골 일곱 조각이 따로따로 안치된 작은 구덩이들이 일렬로 이어져 있다. 두개골이 들어 있는 구덩이들과 평행선상에 자리 잡고 있는 또 하나의 노(爐)와 구덩이에는 무엇보다도 늑대의 발뼈 및 정강이뼈와 매머드 뼈의 대부분이 들어 있다. 아마도 몇 년 뒤 사람들이 이 지점으로 되돌아와서 중요한 사람과 동물의 일부를 제물로 바쳤을 것이다. 매머드는 크고 위험한 동물이지만 사람이 먹을 수 있었고, 늑대는 사람들과 가까운 곳에 살면서 사람들이 사냥한 동물을 찾아다니고 사람들이 야영지에 남긴 찌꺼기를 먹었다(늑대와 인간의 관계가 경쟁 관계에서 협력 관계로 이행하면서 개가 가축화되었을 가능성이 높다). 이 낯선 유적지의 뒤편으로 시선을 돌리면 오늘날의 돌니 베스토니체와 파블로프(Pavlov) 마을 사이 수 킬로미터에 걸쳐 있는 디예강(River Dyje) 하곡을 따라 노와 오두막으로 이루어진 소규모 야영지가 흩어져 있는 것을 확인할 수 있다. 아주 작은 인간 집단이 약 3,000년(약 2만 7,000년-2만 4,000년 전) 동안 디예 하곡을 오갔다. 그들은 겨울철 몇 달 동안 비교적 피한(避寒)에 유리한 디예 하곡에 거주하면서 그 경관의 주변에서 순록, 매머드 및 그 밖의 다른 동물을 사냥했고 나무가 듬성듬성한 스텝 경관에서 식물도 채집했다.

　　이 풍부하고 오래된 증거에는 우리가 주목할 만한 또 하나의 특이한 현상이 있다. 1951년 돌니 베스토니체 근처 발굴 작업의 비교적 초기에 '마법사의 오두막'으로 알려진 구조물이 발굴되었다. 영구 동토층 위의 토양에 원형 함몰부가 파여 있었고 그 가장자리는 돌과 뼈로 표시되어 있었다. 아마도 그 돌과 뼈는 어쩌면 동물 가죽이나 나뭇가지로 만들어졌을 수 있는 오두막의 지붕을 떠받치고 있었을 것이다. 오두막은 작았고 그 밖의 다른 겨울 피한지(避寒地)들과 약간 떨어진 곳에 자리 잡고 있었다. 그 중앙에는 가마로 추정되는 점토로 만든 소규모 구조물이 자리 잡고 있었고, 그 안에서 2,300개의 작은 점토 입상(立像) 유물이 발견되었다. 이것들은 주로 가마에서 고의로 터뜨린 동물 조상(彫像)이었다(유적지의 다른 곳에서는 아름다운 인간 여성의 작은 전신 입상이 발견되었다). 이것들은 항아리 같은 기능적인 물건이 아니라 터뜨릴 수 있는 작은 동물 입상을 만드는 데 사용된, 세계에서 가장 오래된 구운 점토의 증거 가운데 일부였다. 사람들은 젖은 점토로 동물 모양을 만들어 건조시킨 뒤 고온에 노출시켰다. 소규모 공간에서 터지는 점토 입자의 소리, 열기, 위험성은 안팎의 온도 차이와 더불어 이 작은 오두막 안에 있는 모두에게 일련의 강렬한 경험을 선사했다. 순록같이 흔히 사냥되는 동물의 작은 입상을 만들고 터뜨리는 것은 동물을 통제하기 위한 수단으로서의 사냥 마법으로 해석되었고 이에 따라 이 작은 오두막은 마법사의 오두막으로 불리게 되었다. 이와 같은 해석이 확정적인 것은 아님에도 불구하고, 우리는 이러한 복잡한 행위가 점토에 대한 진정한 평가를 보여줄 뿐 아니라 인간과 동물의 연결을 탐구하는 수단을 보여준다고 말할 수 있다. 즉, 사람들이 동물들과, 그리고 작은 입상을 만드는 재료가 된 흙과 어느 정도로 및 어떤 방식으로 뒤얽혀 있는지 이해하기 위해 아마도 참여의 형식으로 실험하는 수단이었을 것이다.

 빙하기 유럽 중부 사람들은 근대 기술이 없는 상태에서(어쩌면 근대 기술이 있었더라도) 우리 대부분이 치명적이라고 생각할 만한 환경에서 살았다. 고대 스텝의 주민들은 근근이 먹고살면서 오직 생존만을 우려했던 것이 아니라 오히려 사람 간의 관계, 동물 및 천체와의 관계에 대해 실험했다. 그러나 생존에 도움이 되지 않는 사고 양식이 들어설 여지는 없었다. 마법에 대한 믿음은 사치가 아니라 수천 년 넘게 크고 위험한 동물 및 부족한 식물성 식량을 이해하고 생계를 유지하는 데 필수적이었다. 순록, 늑대 또는 매머드 같은 동물이 인간의 친족에 포함되었을 가능성이 매우 높다. 점토는 비활성 물질이 아니라 불과 결합되면 놀랍도록 활성화되는 물질로 간주될 수 있었다. 인간이라는 존재의 의미는 오늘날 우리의 가정 가운데 대부분과 근본적으로 달랐다. 사람들이 자신의 세계에 관여한 정도는 뒤이은 수천 년에 걸쳐 반향을 불러일으키는 영향을 미친 깊은 마법을 시사한다.

까마득한 과거에 마법이 관여한 범위와 마법이 자신을 둘러싼 세계에 대한 인간의 참여를 조명한 방식을 이해하기 위해, 우리는 이 장에서 먼저 빙하기와 유럽의 미술을 둘러싼 마법 관행에 조금 더 초점을 맞출 것이다. 매머드와 검치호를 멸종시키면서 약 1만 2,000년 전 끝난 마지막 대(大) 지구 온난화는 인간에게 비할 바 없는 일련의 가능성을 가져다주면서 오늘날에도 여전히 우리 모두가 수혜를 누리고 있는 거대한 실험의 시작을 알렸다. 새롭게 온화해진 세계의 극적인 변화는, 종종 농경의 발명을 통해 자신들의 환경을 보다 더 크게 통제할 수 있게 된 사람들이 때로는 수동적인 활동으로 여겨졌던 사냥과 채집에 나서는 것이 아니라 오히려 식량을 적극적으로 재배한 원인으로 간주되었다. 우리 대부분은 세계사를 거대한 발명과 혁명적인 변화라는 측면에서 이해하도록 만든 산업혁명의 후예이다. 빙하기가 끝난 뒤 중동에서 시작된 농경은 여러 변화 가운데 가장 큰 변화로 추정되었다. 새로운 증거는 농경이 갑작스럽게 발명된 것이 아님을 암시한다. 지금은 사람들이 생계를 유지하는 데 어려움을 겪은 적도 없었던 것처럼 보인다. 초기 후빙기(初期 後氷期, Early Post-Glacial Period)에는 인간, 사육하는 동물, 경작하는 식물 사이의 관계가 변화하면서 심대한 변화가 일어났지만 이것들은 서서히 진행되는 단편적인 변화였다. 가장 눈에 띄는 증거 가운데 일부는 경제적 변화의 증거가 아니라 오히려 마법과 의례 양식의 극적인 변화의 증거였다. 이것은 세계에 대한 인간의 참여의 본질을 조사하는 데 도움이 된다. 인간의 수가 증가했다. 특히 새로운 방식으로 풍요로워진 세계에서는 보다 더 큰 집단에서 보다 더 많은 동물 및 식물과 더불어 갈등 없이 살아가는 방법에 대한 우려가 경제적인 문제보다 더 시급하게 해결해야 할 문제였다. 일부 광범위한 유사성을 발견할 수 있음에도 불구하고, 문화적 측면에서 이것들은 각자의 고유한 행동 양식과 믿음을 가지고 있던 빙하기 유럽의 문화와 상이한 세계이다. 인과에 대한 사람들의 이해는 지난 몇천 년 동안 우리가 보았던 것과 달랐을 가능성이 매우 높다. 마법은 낯선 세계에 대한 훌륭한 안내자이다.

여기에서 우리는 레반트(Levant)에서 아나톨리아(Anatolia) 남부, 동쪽으로 티그리스강(Tigris)과 유프라테스강(Euphrates) 하곡(河谷)에서 이란 고원(Iranian Plateau)에 이르는 넓은 영토를 일컫는 이른바 비옥한 초승달 지대(Fertile Crescent)에 초점을 맞출 것이다. 우리는 만빙기(晚氷期, Late Glacial)의 생활 방식과 후빙기(後氷期)의 생활 방식이 극적으로 단절된 것이 아니라, 오히려 만빙기로 접어들면서 사람들이 정주(定住) 생활을 시작함에 따라 시신을 정성껏 묻고 동물 및 식물을 실험하여 결국 농경으로 이어질 수 있었던 연속성을 살펴볼 것이다. 사람들은 이동 생활 방식과 정주 생활 방식을 혼합했다. 사람들은 세계에서 가장 오래된 석조 기념물을 지었고 복잡한 정착지를 형성했다. 보다 더 풍부한 식량 공급원이 확보되면서 새로운 세계 질서가 구축되었다. 사람들은 이 참신한 생태계에서 자신들의 위치를 탐구해나갔다. 그 결과 비교적 소규모 지역에서 매우 다양한 종류의 생활 방식뿐 아니라 상당한 변화와 역동성이 생겨났다. 세계에 대한 새로운 형태의 참여의 중심에는 의례와 마법이 있었다.

그리고 나서 우리는 종교의 기원에 대해 검토할 것이다. 공식화된 종교가 언제 최초로 등장했는지에 대한 논란은 뜨겁다. 많은 사람들은 신들이 가장 오래된 농경 시대, 즉 지금 우리가 신석기 시대(Neolithic)라고 부르는 시대에 탄생했다고 생각할 수 있다. 나는 신들의 탄생과 종교의 시작을 분리하고자 한다. 나의 주장에 따르면 종교는 오직 공식화된 사원과 그것들을 돌보는 전문가 집단, 즉 사제가 생겨난 후에야 비로소 생겨났다. 우리가 살펴보게 되는 것처럼, 신석기 시대 말기에 중동에서 사원과 신전에 대한 최초의 증거가 나타난다. 초기 농경민들의 세계는 주로 신들이 이따금, 오히려 주저하면서 침범하는 마법적 세계였다.

구석기 시대의 마법

구석기 시대(Palaeolithic)는 인간의 조상에 대한 최초의 증거가 나타나기 시작한 시점, 즉 현재로서는 약 700만 년 전에서 시작하여 마지막 대지구 온난화가 시작된 시점인 약 1만 2,000년 전에 끝나는 어마어마하게 긴 기간이다. 인간의 조상은 지금 우리가 인식하는 문화의 창조를 통해 신체적으로뿐 아니라 정신적으로도 완벽한 인간이 되었고, 이러한 문화의 중심에는 마법이 있었다.

　약 20만 년 전 아프리카 대륙에서 최초로 우리와 신체적으로 동일한 생물이 등장했다. 처음에 우리 조상들은 오직 온화한 거주지에서만 살 수 있었다. 그들은 세계가 더워지면 북쪽으로 이동했다가 추위가 심해지면 다시 남쪽으로 이동했다. 인간이 영국 본토에 거주한 가장 오래된 시기인 약 80만 년 전, 예를 들어, 노퍽(Norfolk)의 헤이즈버러(Happisburgh) 해안의 부드러운 진흙에 인간의 조상이 발자국을 남겼던 시기의 조건은 적어도 오늘날처럼 온화한 조건이었다.[1] 약 3만 년 전 시작된 최종 빙기(最終 氷期)

를 거친 뒤에야 비로소 인간은 빙상(氷床) 바로 남쪽에 자리 잡은 툰드라 지역에서 대형 고양이, 늑대와 경쟁하면서 털매머드와 순록을 사냥하며 생존할 수 있었다.

4만 년 전의 세계를 상상하기는 어렵지만 시도해보는 것은 중요하다. 인간은 소수였다. 사람들은 각자의 고유한 방식으로 세계를 깊이 인식했다. 사람들은 세계가 지각을 지니고 있고 사람들의 손길에 민감하게 반응한다고 믿었을 것이다. 약 3만 년 전까지 현생 인류는 네안데르탈인(Neanderthals)과 더불어 살았다. 두 인간 집단은 생물학적으로 매우 가까워서 유럽 전역에서 이종 교배했다. 오늘날 우리 대부분은 네안데르탈인의 유전자를 일부 가지고 있을 것이다. 두 종은 모두 이동하면서 순록 떼를 따라다니고 최대 매머드에 이르는 보다 더 큰 동물을 사냥했다. 식물성 식량도 매우 중요했지만 그것을 구할 수 있는 시기는 오직 여름철 몇 달뿐이었다. 네안데르탈인과 현생 인류 모두 구조물을 지었고 동굴을 사용했다. 프랑스의 브뤼니켈 동굴(Bruniquel Cave)에서는 종유석으로 이루어진 원형 구조물과 인접한 곳에서 부러진 종유석과 석순으로 이루어진 타원형 구조물이 발견되었다(이 섹션에서 언급된 유적지 지도는 그림 2.1 참고).[2] 이것은 아마도 약 4만 7,000년 전으로 거슬러 올라갈 수 있는 것으로, 네안데르탈인에 의해 구축되었을 가능성이 가장 높음을 시사한다. 이 사실은 두 종의 능력이 유사했다는 사실을 강화한다. 네안데르탈인 역시 미술 작품을 남겼기 때문에 상당한 파장이 일었다. 약 4만 년 전, 현생 인류가 유럽에 도착했고 이따금 네안데르탈인과 긍정적인 상호 작용을 했음에도 불구하고, 네안데르탈인은 차츰 밀려났다.

1939년 8월, 전쟁을 준비하는 과정에서 독일 홀렌슈타인 절벽(Hohlenstein Cliff)에 자리 잡은 슈타델 동굴(Stadel Cave) 발굴이 중단되었다. 동굴에

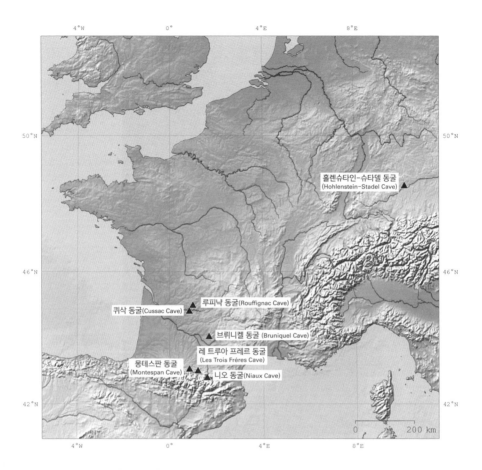

그림 2.1. 본문에 언급된 구석기 시대 동굴 유적지 지도.

서 발견된 유물들은 포장되어 울름(Ulm)의 박물관으로 옮겨졌다. 여기에
는 수많은 매머드 상아 파편이 포함되어 있었다. 1989년이 되어서야 이 매
머드 엄니 파편들이 완벽하게 맞춰지면서 사자의 머리와 인간의 몸을 한
31센티미터 높이의 조각상이 모습을 드러냈다(그림 2.2). 머리가 그러한 것
처럼 팔과 다리는 사자의 특징을 갖추고 있다. 팔 위쪽에 수평으로 난 홈은
문신이나 난절(亂切)을 시사할 수 있다. 치골 주변에 분리할 수 있는 영역

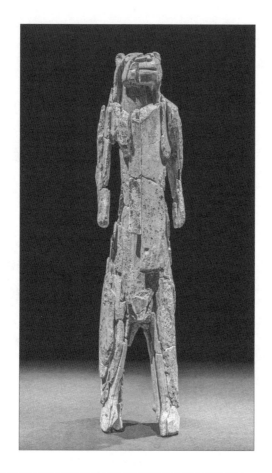

그림 2.2. 슈타델 동굴에서 발견된 매머드 엄니로 만든 작은 사자 인간 입상.

이 있는 것처럼 보이는 이 조상의 성별을 두고 상당한 논란이 뒤따랐다. 일부는 남성의 성기로, 나머지 일부는 여성의 성기로 간주한다. 보존 상태를 감안할 때, 이 논란을 확정적으로 해결하기는 어려울 것으로 보이는데, 애초부터 이 조각상의 성별이 불분명했을 가능성도 있다. 사실 몸체가 마모되었다는 것은 이 조각상이 일상적으로 다루어졌음을 시사한다. 보다 더 최근에 슈타델 동굴에서 이루어진 발굴 조사에 따르면 이 조각상은 약 4만 년 전의 것으로 밝혀졌다.

이 조각상을 만들 때 사람들은 생물종의 경계를 넘나들었다. 세 가지 동물이 결합되었다. 사자와 사람의 특징 외에도 이 조각상은 어린 매머드의 엄니로 만들어졌다. 제작자와 사용자는 매머드, 사자, 사람의 힘을 하나의 물건에 결합하려고 노력했을 수 있다. 당시 매머드는 가장 큰 동물이었고 사자는 가장 사나운 동물이었기 때문이다. 매머드 엄니의 단단한 상아질로 인해 당시 사용할 수 있었던 부싯돌 도구로는 작업하기가 어려웠다. 시험 삼아 재구성해본 결과, 이 조각상의 제작에 적어도 400시간이 필요했을 것으로 보인다. 이것은 조각상의 재료를 편의성에 따라 선택했다기보다 오히려 세계의 다양한 힘을 혼합하려는 시도의 일환으로 선택했음을 시사한다. 이것은 인간이 그 밖의 다른 생물종과 내밀하게 연계되어 있었음을 보여준다.

빙하기에는 많은 동굴에 사람이 살았지만 슈타델 동굴은 사람이 살았던 동굴 가운데 하나가 아니었다. 슈타델 동굴은 북쪽을 향하고 있어 햇볕이 들지 않는다. 사람이 살았음을 보여주는 잔해의 증거는 거의 없지만 아마도 목걸이를 만들기 위해 구멍을 뚫은 것으로 보이는 북극여우의 이빨과 더불어 순록의 뿔이 무더기로 발견되었다. 이 동굴은 특별한 물건의 보관 장소였을 가능성이 가장 높은데, 지금은 우리가 오직 그 본질을 짐작만할 수 있을 뿐인 매우 특별한 활동도 이곳에서 이루어졌을 것이다.

유럽 전역의 많은 깊은 동굴 가운데 구석기 시대 미술의 흔적이 남아 있는 동굴은 오직 400여 개에 불과하다. 이것들은 적어도 2만 년 전에서 약 1만 4,000년 전에 걸쳐 있다.[3] 동굴과 야외 모두에서 새로운 미술의 사례가 매년 약 1건씩 추가되고 있다. 전혀 확신할 수는 없지만 우리는 이 미술 작품들이 현생 인류에 의해 제작되었을 것으로 가정한다. 구석기 시대

의 미술가들은 이따금 니오(Niaux), 몽테스판(Montespan), 루피냑(Rouffignac),
퀴삭(Cussac) 같은 프랑스 동굴에서 지하 2킬로미터 너머까지 탐험했다(그
림 2.1). 불을 밝히기 위해 횃불을 든 그들은 좁은 통로를 기어서 자연 굴뚝
을 올라가거나 수 미터 깊이의 갱도를 내려갔다. 이것은 그들이 밧줄을 사
용했을 가능성이 꽤 높다는 것을 암시한다. 우리의 초기 조상들은 분명 깊
은 지하로 꿰뚫고 들어가야 할 필요성을 느꼈다. 어떤 장소에서는 동굴 벽
에 이례적인 형상을 남겼다(그림 2.3). 그것들은 대부분 동물이었지만 이따
금 물감을 칠한 손가락으로 표식을 남긴 것처럼 보이는 스텐실 손자국도
있다. 이와 같은 인체(어른과 아이를 막론하고)의 직접적인 흔적을 보면 전율
이 느껴진다. 덕분에 우리는 막대한 시간을 뛰어넘어 우리의 조상들과 내
밀하게 연결될 수 있었다.

　미술 작품뿐 아니라, 쇼베 동굴(Chauvet Cave)에서와 같이 지면에 수직
으로 꽂혀 있는 동물 뼈와 바위의 균열 사이에 끼워진 뼛조각들도 발견되
었다. 2000년에는 프랑스의 퀴삭 동굴(Cussac Cave)에서 최초의 빙하기 묘
(墓)가 발견되었다. 2킬로미터 남짓한 길이의 퀴삭 동굴의 벽에는 많은 미
술 작품이 음각되어 있는데, 그것들의 양식적인 측면을 근거로 미루어볼
때 2만 8,000년에서 2만 3,000년 전으로 거슬러 올라가는 것으로 추정된
다. 곰이 뒹굴던 웅덩이에서 발굴된 일곱 개의 뼈대 가운데 하나는 방사성
탄소 연대 측정 결과 약 2만 5,000년 전의 것으로 밝혀졌다. 이것은 이 묘
가 미술 작품과 동시대(그리고 멀리 떨어져 있는 장소인 돌니 베스토니체와도 동시
대)의 것임을 암시한다. 시신이 곰이 뒹굴던 웅덩이에 매장되었다는 것을
통해 동굴이라는 한정된 공간에서뿐 아니라 동굴 바깥에서 마주쳤을 때에
도 위협적인 생물들이 동굴에 서식했음을 떠올릴 수 있다.

　깊은 동굴을 걷고, 기어가고, 올라가는 것이 어렵고 위험하다는 점을

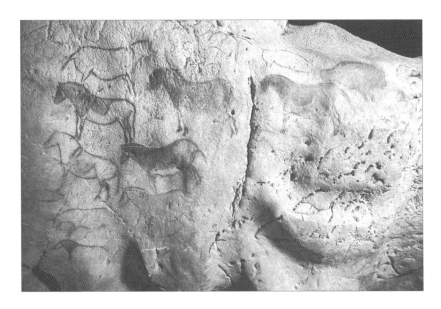

그림 2.3. 빙하기 동굴 미술 벽화. 검은색 말과 붉은색 말을 묘사한 4미터 크기의 판석. 스페인 바스크 지방(Basque Country)의 에카인 동굴(Ekain Cave). 마들렌기(Magdalenian Period)(약 1만 7,000년-1만 2,000년 전).

감안할 때, 가장 커다란 질문은 사람들이 그렇게 했던 이유와 매력적인 미술 작품을 남긴 이유다. 많은 사람들은 이 미술 작품을 일종의 공감 마법으로 간주한다. 그 목적은 묘사된 동물, 즉 종종 사냥을 당하는 동물들을 통제하는 것이었다. 이것은 전적으로 만족스러운 설명이 아니다. 왜냐하면 동굴 벽에 그려지거나 음각된 개별 동물종의 수가 사람들이 살았던 유적지에서 발견된 뼈의 비율과 정확하게 대응되지 않기 때문이다. 마법과 관련하여 중요하지만 논란의 여지가 있는 일련의 해석은 데이비드 루이스-윌리엄스(David Lewis-Williams)와 그의 협력자들이 제시한 해석이다. 경력을 시작한 지 얼마 되지 않았을 때 루이스-윌리엄스는 남아프리카 대륙의 부시맨(Bushmen)을 연구하면서 그들의 미술이 대체로 샤머니즘 신앙에서 비롯되었고 개조된 의식 상태를 통해 이러한 믿음이 모양과 정서적 힘을 갖게 된다는 점에 주목했다. 19세기에도 부시맨 암면미술(岩面美術)이 만들어졌고 그것의 제작과 사용에 관련된 의식(儀式)에 대한 기록이 남아 있다. 영창(詠唱), 북 두드리기, 춤추기, 감각의 박탈, 약물 복용 등이 한데 어우러져 세계에 대한 사람들의 평가를 형성하는 데 사용되었다.

   루이스-윌리엄스는 논란을 불러 일으키는 두 가지 주장을 펼쳤다. 우선 루이스-윌리엄스는 정신을 개조하는 관행의 형태와 결과가 오늘날과 깊은 과거의 세계 전역에서 공통적이라고 주장했다. 전 세계적으로 4만 년에 걸친 인간 두뇌의 유사성에 대해서는 논란의 여지가 없다. 그러나 당시의 사람들이 보다 더 최근에 하는 일과 동일한 일을 했는지 여부는 논쟁의 대상이다. 루이스-윌리엄스는 고양되고 흥분된 상태에서 사람들은 내시(內視) 현상으로 알려진 것을 인지한다고 주장한다(내시는 '시각 체계 내부'라는 의미). 두뇌의 공통적인 구조로 인해 동일한 자극은 동일한 결과를 가져올 것이라고 주장한 루이스-윌리엄스는 유럽의 플라이스토세(Pleistocene) 암면미술에서 발견되는 일부 모양이 19세기 남아프리카 대륙의 암면미술에서 발견되는 모양과 유사하다고 생각한다. 그는 둘 모두 이러한 내시(內視) 형태를 묘사한 것이라고 주장한다. 둘째, 루이스-윌리엄스는 수렵 채집 집단과 초기 농경 집단에서 우주를 세 가지 수준, 즉 하늘 또는 천체의 영역, 지구, 지하 세계로 구조화하는 샤머니즘 양식이 공통적으로 나타난다고 인식한다.

   나아가 서양의 사고방식에서는 바위가 가장 견고하고 안정적인 물질이겠지만 부시맨에게 바위는 영혼 세계의 형상이 투영된 베일이다. 벽화는 이러한 투영의 흔적이다. 덕분에 동굴 벽의 일런드 영양은 암면 반대편에 자리 잡고 있는 영혼 세계에 존재하는 훨씬 더 실제적인 일런드 영양의 표현이 된다. 샤먼의 과업은 베일을 뚫고 들어가 그곳에 존재하는 영혼과 접촉하여 질병, 건강, 치료에 관한 중요한 정보를 인간의 일상적인 세계로 가져오는 것이다. 샤먼은 영혼 세계로 들어가 일시적으로 영혼의 일부가 됨으로써 자신의 안녕을 위험에 빠뜨린다. 코피를 흘리거나 팔을 뒤로 꺾는 것 같은 특정한 자세는 동굴 안에 있는 다른 사람들에게 샤먼이 두 세계 사이를 이동하고 있음을 시사한다. 루이스-윌리엄스의 기록에는 문화기술지(文化記述誌)뿐 아니라 훨씬 더 깊은 과거에서 끌어낸 매력적이지만 위험한 증거가 혼합되어 있다.

　프랑스 레 트루아 프레르 동굴(Les Trois-Frères Cave)에서 발견된 동물과 인간을 합성한 형태를 묘사한 희귀한 그림은 샤먼으로 해석되었다(그림 2.4). 또한 루이스-윌리엄스는 프랑스 구석기인들에게 암면은 막(膜)으로 간주되었고 아마도 동물은 바위 반대편 세계에서 보다 더 완벽한 형태를 가지고 존재했을 것이라고 주장한다. 이것에 대한 증거는 동물의 모양을 형상화하는 데 도움을 받기 위해 바위에 난 자연적인 균열을 사용한 사례에서 찾을 수 있다. 또한 지금까지 살펴본 것처럼, 뼈와 그 밖의 다른 재료를 바위의 균열 사이에 밀어 넣는 것에 대한 관심은 바위 저편에 자리 잡은 영혼 세계와 소통하려는 시도일 수 있다. 나아가 깊은 지하로의 여행은 금식하고, 노래를 부르며, 춤을 추거나 이러한 경험을 고양하고 증가시키기 위한 약물의 복용을 통해 사람들이 정상적인 세계에서 벗어나는 데 기여했을 수 있다.

　많은 사람들은 루이스-윌리엄스의 추측이 지나치다고 생각한다. 남아프리카 대륙에서 시베리아 및 남아메리카 대륙에 이르는 오늘날의 세계 전역에서 발견되는 샤머니즘 관행이 모두 기본적으로 동일하다는 발상은 현재의 문화적 맥락과 중요한 차이점들을 무시한다. 그런 다음 이러한 모

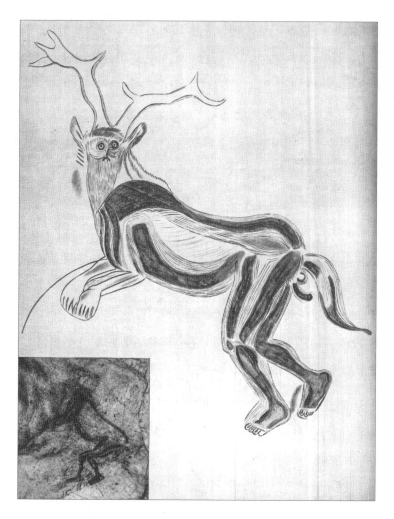

그림 2.4. 프랑스 레 트루아 프레르 동굴에서 발견된 '샤먼'.

든 관행이 수천 년 전 동굴 탐험가들의 관행과 대체로 유사하다고 말하는 것은 터무니없는 것처럼 보인다.

　루이스-윌리엄스를 가장 노골적으로 비평한 사람은 폴 반(Paul Bahn) 이었다. 폴 반은 루이스-윌리엄스의 주장을 미술에 대한 대안적인 설명을 허용하지 않는 과도한 '샤머니즘 중독'이라고 매도했다(폴 반은 미술을 묘사된 동물에 대한 통제력을 제공하는 것으로, 그에 따라 공감 마법으로 간주한다).[4] 다른 연구자들은 가수(假睡) 상태에서처럼 형상이 변화하고 변형되며 혼란스러울 때, 가수 상태에서 인지되는 기하학적 또는 동물적 모양의 흔적을 추적하려는 시도에서 재현 미술의 기원을 찾을 수 있는지 여부가 불확실하다고 지적한다.

나는 루이스-윌리엄스의 시도에 박수를 보낸다. 그는 우리의 고유한 실재와 상이한, 실재의 여러 버전으로 들어가 동굴 속 형상의 이면에 자리 잡은 충동 대부분이 우리에게 얼마나 낯설게 느껴지는지를 지적했다. 이러한 형상들은 확실히 마법적이다. 이것은 묘사된 동물과의 밀접한 관계를 의미한다. 말, 코뿔소, 매머드 또는 순록이 사실상 인간과 상이한 종으로 여겨졌는지 또는 어떤 식으로든 친족으로 간주되었는지 여부 역시 우리가 던져볼 만한 질문이다. 마지막 빙하기에는 평행 우주가 존재한다고 생각되었을 수 있는지, 깊은 지하가 지상의 세계와 다소 상이한 곳으로 여겨졌을 수 있는지 여부에 대한 질문을 던지는 것 역시 꽤 바람직하다. 루이스-윌리엄스와 함께 암벽이 무엇을 나타내는지, 즉 다양한 생물종들이 살고 있는 평행 우주와 연결하는 종잇장처럼 얇은 연결점으로서 여겨졌던 것은 아닌지 생각해보는 것도 유용하다. 우리는 미술을 묘사하고 나타내는 행위로 생각하는 경향이 있다. 그러나 여기에서는 미술이 무슨 역할을 수행하는지에 대해 생각하는 것이 보다 더 생산적일 수 있다. 즉, 사람들은 미술과 그 이면에 자리 잡고 있는 마법을 목적은 유사하지만 실행 방식은 상이한 창이나 덫 같은 기술로 생각했을까?

그러나 나 역시 샤머니즘 가설이 불편하다. 빙하기의 세계는 현재의 세계와는 매우 상이했다. 따라서 우리는 이와 같이 막대한 시간을 가로질러 미술이 최초로 등장했을 때, 즉 그 밖의 다른 인간 종과의 동거가 여전히 진행되고 있었을 수 있는 세계를 오늘날과 지나치게 많이 연관짓는 일에 매우 신중하게 접근할 필요가 있다. 우리는 이러한 과거 세계들의 모습이 정말 어떤 모습이었는지 알 수 없을 뿐 아니라 오늘날 이동 생활을 하는 소규모 집단이 과거의 생활 방식을 직접적인 방식으로 보존하고 있거나 반영하고 있다고 가정할 수도 없다. 빙하기의 샤먼을 상정하는 것은 과거를 이해하는 데 도움이 되지만 과거의 진정한 차이와 마법에 대한 관심을 감소시킬 위험이 있다.

사람들이 동굴 미술을 종교의 일부라고 이야기할 때 일련의 후속 논란이 일어난다. 유럽 암면미술의 위대한 전문가 가운데 한 사람인 장 클로트(Jean Clottes)는 2만 년 동안 지속된 암면미술이 인류사에서 가장 오래 지속된 종교의 증거라고 말한다.[5] 암면미술이 오래 지속되었다는 것과 아마도 그 이면에 자리 잡고 있는 동기 가운데 일부에 대해서는 의심의 여지가 없다. 그러나 나에게는 지금 우리가 종교와 연관 짓는 신이나 일종의 조직에 대한 증거가 보이지 않는다. 종교를 강조하는 것은 오히려 사람들이 '마법'이라는 단어에 접근하는 것을 조심스러워하기 때문이다. 암면미술은 그 형태의 힘, 색(色)의 사용, 암면의 모양을 통해 우리를 매혹시키고, 이 모든 것은 그 형상들을 있음 직한 것으로 만든다. 형상에 대한 강도 높은 관여는 형상에 묘사된 동물에 대한 강도 높은 관여를 시사할 뿐 아니라 동물을 이해하고 아마도 통제하려는 시도를 시사한다.

만일 마법이 세계에 대한 인간의 참여에서 비롯된 것이라면, 접근하기 어려운 장소에서 뛰어난 미술을 만들어내는 데 들어간 기술과 노력은 그 밖의 다른 생물종과의 관계를 탐구할 깊은 필요를 반영한다. 지상의 세계와의 관계는 깊은 지하에서 창조된 세계에도 반영된다. 사람들은 소, 말,

사슴에게 무심하고 소원한 방식이 아니라 이러한 생물과의 연결이 그 밖의 다른 인간과의 가족 관계와 동등할 정도로 가장 친밀하고 가장 강도 높은 것이었음을 암시하는 방식으로 소, 말, 사슴과의 연결을 탐구했다. 미술은 생활 그 자체에 중요했던 동물과의 관계를 기리고, 유지하며, 조작하는 데 기여했다. 미술은 혹독한 환경에서 생존하는 데 도움이 되었을 뿐만 아니라 인간이라는 존재와 동물이라는 존재의 본질에 대한 질문과도 연계되었다. 벽화는 실용적인 것과 철학적인 것을 결합했다. 과거의 특정 측면들은 현재에 특히 열띤 논란을 불러일으키는데, 구석기 시대의 암면미술이 이와 같은 영역 가운데 하나라는 것에는 의심의 여지가 없다. 말, 코뿔소, 사슴, 인간의 손이 막대한 시간의 간극을 가로질러 우리에게 말을 건네면 우리는 이에 응답하기 위해 논쟁을 벌일 수밖에 없다. 구석기 시대의 마법과 미술은 세계에서의 인간에 관한 깊은 질문을 제기하는 강력한 수단으로 남아 있다.

1만 2,000년 남짓 이전, 세계가 온화해지면서 오늘날의 조건과 대체로 유사한 조건이 조성되었다. 식물과 동물의 수는 일반적으로 증가했고 많은 생물종들이 이전에는 낮은 기온이나 부족한 물로 인해 서식지에서 배제되었던 지역으로 이동했다. 인간은 매우 다양한 생활 방식을 실험했다. 이러한 변화는 일반적으로 긍정적인 것이었지만, 개체의 수가 보다 더 많아지고 밀집도가 보다 더 높아지면서 긴장이나 폭력이 없는 상태에서 더불어 살아가는 방법이라는 중요한 질문이 제기되었다. 후빙기의 변화로 인해 농경이 시작되었다고 해석하곤 한다. 고고학자들은 식량 생산을 강조하면서 삶의 기능적 측면이 대표적인 원동력이었다고 가정해왔다. 그러나 새로운 방식으로 풍요로워진 세계에서 생계를 유지하기가 까다로웠다는 증거는 없다. 가장 눈에 띄는 증거의 대부분은 의례와 마법적 행위, 즉 철학적이고 사회적인 질문과 새롭게 씨름하는 사람들의 행동에 대한 것이다.

비옥한 초승달 지대의 마법 문화
(기원전 2만 3000년-6000년경)

서유럽의 마지막 동굴 미술 시대와 대체로 동시대에 사람들은 이미 중동
에 정주했다. 이 문화들은 빙하기 유럽의 문화와는 매우 상이한 형태의 문
화였다. 많은 활동이 이루어진 장소는 이른바 비옥한 초승달 지대이다. 이
곳은 이스라엘, 팔레스타인, 요르단이 자리 잡은 레반트 남부에서 지중해
연안 지역의 레바논과 시리아를 거쳐 튀르키예의 남부, 그리고 동쪽으로
는 페르시아만(Persian Gulf)으로 흘러들어가는 유프라테스강과 티그리스강
평원을 통과하여 이란 고원의 서쪽 경사면에 이르는 거대한 부채꼴 모양
의 땅으로 정의되는 지역을 일컫는다. 비옥한 초승달 지대의 경관은 복잡
하다. 왜냐하면 아라비아판, 아프리카판, 유라시아판이 만나서 무엇보다
도 이스라엘 북부와 레바논의 구릉지, (티그리스강과 유프라테스강이 발원하는)
아나톨리아의 고지대, 이란 고원이 자리 잡은 지구대(地溝帶, Rift Valley)의
북쪽 끝을 형성하기 때문이다. 구릉지와 하곡(河谷)으로 이루어진 다양한
지형은 지중해 연안과 홍해 연안에서 멀어질수록 강우량이 감소되면서 생
겨나는 지형으로 보완된다. 즉, 울창한 해안 생태계가 금세 사막으로 변할
수 있다. 지형, 강우량, 지질학은 일련의 생태적 모자이크를 자아냈고 그
사이로 사람을 포함한 여러 생물종이 이동했다. 이러한 복잡한 생태계에
서 마법적 수단을 사용하여 죽음과 씨름하고 삶을 탐구하는 다양한 인간
문화가 등장했다.

표 2.1 만빙기에서 중기 홀로세(Mid-Holocene)까지(현재의 온화한 기후의 1만 2000년 기간)의 개략적인 연대기.

연대	고고학적 집단	사건과 과정
기원전 2만 3000년	오할로 II(Ohalo II)	정주 생활, 종자 분쇄, 일부 저장
기원전 1만 3000년 -1만 년	나투프인(Natufians) (초기, 기원전 1만 1000년까지)	정주 생활, 저장, 묘 -두개골 제거. 샤머니즘의 가능성을 시사?
기원전 1만년-8700년	선토기 신석기 시대 A (Pre-Pottery Neolithic A)	이동 생활을 하는 사람들이 지은 괴베클리 테페(Göbekli Tepe)의 대형 의례용 구조물 -인간과 동물의 관계를 다룸
기원전 8700년-7000년	선토기 신석기 시대 B (Pre-Pottery Neolithic B)	정주 생활 및 이동 생활을 하는 사람들 -일부 대규모 유적지. 두개골 제거 및 모형 제작, 사람과 동물의 혼합, 작은 입상의 마법적 사용
기원전 7500년-5700년	차탈회위크 (Çatalhöyük)	매우 다양한 의례 활동을 수반하는 대규모 정착지 -다양한 동물 및 조류와 연계된 역사관
기원전 5500년-4000년	우바이드 시대 (Ubaid Period)	넓은 지역에 걸친 많은 연결 지역 -최초의 사원

　수백만 년에 걸쳐 인간과 그들의 조상을 포함한 많은 생물종들이 이러한 지역을 통해 아프리카 대륙 바깥으로 이동했고 자신들의 흔적을 남겼다. 또한 비옥한 초승달 지대는 에머밀(emmer wheat), 일립계(一粒系) 밀, 보리의 조상인 일년생 종자 풀뿐만 아니라 아마, 병아리콩, 완두콩, 렌즈콩, 쓴살갈퀴 같은 상당한 종류의 일년생 종자 풀의 서식지이다. 여기에는 이후 농경의 중심이 되는 암소, 염소, 양, 돼지 같은 동물종(種)으로 보완된 가장 중요한 가축 가운데 대부분의 조상이 포함된다. 마치 이 정도의 다양한 종류만으로는 충분하지 않다는 것처럼, 최근에는 빙하기 말기에 무화과가 작물화되었을 뿐 아니라 작은 고양이가 가축화되었다는 증거가 나타났다. 야생 올리브는 초기에 기름의 원료로 사용되다가 훨씬 나중에 작물화되었

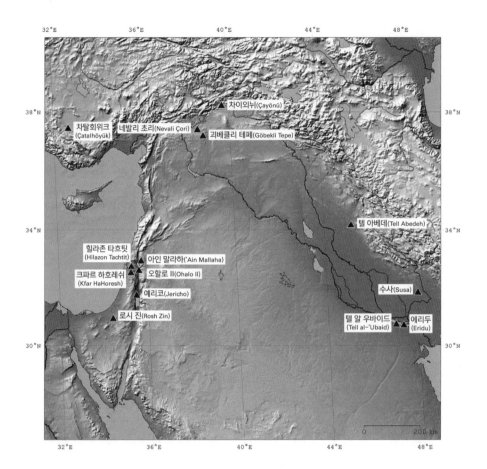

그림 2.5. 본문에 언급된 만빙기와 우바이드 시대 사이의 유적지 지도.

다. 초목의 분포는 기후의 영향을 받았다. 마지막 빙하기는 한 번에 중단된
것이 아니라 오히려 미적거리다가 멈췄다. 기원전 1만 2000년경 기온이
급격하게 상승하여 거의 현재의 수준에 도달했다. 이후 오르락내리락하면
서 내리막길을 걷던 빙기(氷期)의 조건은 기원전 1만 1000년에서 1만 년
사이 최종적으로 기승을 부렸고 기온이 급격히 상승하면서 빙하기가 끝났
다. (연대기는 표 2.1, 주요 유적지 지도는 그림 2.5 참고).

　　농경이 시작되기 훨씬 이전부터 정주 생활이 등장했다. 부분적으로 풍
부한 식재료를 활용할 수 있었기 때문이었다.

정주 생활의 문제: 만빙기

기원전 2만 3000년경 만빙기가 한창일 때부터 정주 생활의 흔적이 남아 있
다. 그 예로 갈릴리 호수(Sea of Galilee) 남쪽 끝에 잘 보존된 오할로 II(Ohalo
II) 유적지를 꼽을 수 있다. 소규모 집단이 연중 수위가 보다 더 낮아지는
일부 시기에 갈릴리 호수 옆에 자리 잡은 덤불 오두막에서 생활했다. 사람
들은 빻는 돌을 사용하여 야생 풀(주로 보리)을 가공했고, 아마 그물로 잡았
을 것으로 보이는 상당한 양의 물고기를 먹었으며, 바구니를 이용하여 사
물을 보관 및 운반했다. 살아생전에 장애가 있어 그 밖의 다른 사람들이 돌
보았던 한 사람을 묻었으며, 쓰레기를 정성껏 정리했다. 매의 뼈가 발견되
었는데, 이것은 훈련시킨 새를 사용하여 사냥했음을 시사한다. 사람들은
오할로 II 유적지를 버리고 떠났다. 그 이유는 아마 호수의 수위 상승으로
인해 유적지가 침수되었기 때문일 것이다. 그러나 침수로 인해 유기적 유
물이 보존된 덕분에 특이하게도 우리는 이 시대의 생활상을 완벽하게 파
악할 수 있다.[6]
　　기원전 1만 3000년경부터 이스라엘과 요르단 남부에서 티그리스강 상
류(Upper Tigris)에 이르는 유적지를 남긴 이른바 나투프인(Natufians) 시대에
이르면 인간의 생활상이 보다 더 뚜렷해진다. 이러한 집단은 보다 더 이전
의 전통에 의존했지만 당시 새롭게 온화해진 조건에서 인구가 늘어났고
관계의 범위가 확장되었다. 보다 더 온화해진 기후 덕분에 참나무가 자라

는 숲과 풀이 자라는 사바나로 이루어진 모자이크가 탄생했는데, 참나무
숲은 주로 보다 더 낮고 보다 더 습한 지역에서 발견되었다. 초기 나투프인
들은 참신한 정착지 분포를 통해 시간과 장소에 대한 새로운 감각을 발전
시켰다. 소규모 정착지는 사람들이 사냥이나 채집을 하러 나갔다가 며칠
후 되돌아오는 주요 거점으로서의 역할을 수행했고 대규모 정착지는 소규
모 정착지 네트워크의 구심점으로서의 역할을 수행했다. 사람들은 나무,
진흙 또는 돌로 만든 소규모 원형 구조물에서 살았다. 이스라엘의 아인 말
라하('Ain Mallaha)같이 200명이 거주할 수 있는 대규모 정착지도 있었지만
평균적인 정착지 규모는 50명이 거주할 수 있는 수준이었다. 여성, 남성,
아동을 포함한 죽은 사람을 주택의 바닥이나 인근에 묻는 것은 일상적인
일이었다. 살아 있는 사람과 가까운 곳에 묻혔다는 것은 묻힌 사람들의 신
분이 조상임을 시사할 수 있다. 매우 많은 수의 시신이 조개껍데기, 동물
이빨, 동물 뼈로 만든 목걸이, 가죽 끈, 팔찌 같은 개인적인 장신구를 가지
고 있었다. 죽은 사람이 가까이에 존재하고 있다는 사실을 통해 사람들은
자신들의 과거에 대한 인간적인 감각을 얻었다. 그러나 아마 식물성 식량
을 저장하기 위한 것으로 보이는 구덩이도 일상적으로 발견되는데, 이것은
미래에 대비하려는 현실적인 계획이 있었음을 시사한다. 식물성 식량의 일
부는 풀을 태워 조성한 야생 정원에서 잡초를 제거한 뒤 야생 곡물을 수확
하여 얻었다. 일부 구조물은 의식을 위한 것일 수 있었다. 로시 진(Rosh Zin)
에서 가장 큰 구조물은 바닥이 포장되어 있었다. 그 내부에서는 눈에 띄는
남근석이 발견되었는데, 아마도 일종의 다산 의례를 위한 것으로 보인다.
이러한 새로운 공동체는 이전보다 더 크고 아마도 보다 더 영구적이었을
것이다. 덕분에 사람들은 인간, 동물, 식물의 생식력을 유지하기 위해서뿐
아니라 삶에서 죽음으로 넘어가는 통로를 협상하기 위해 마법을 사용하는

강도 높은 의례적 생활을 탄생시켰을 것이다.

기원전 1만 1000년 이후, 후기 나투프인 시대에는 마지막으로 잠시 빙기의 조건으로 되돌아갔다. 식량 공급원이 보다 더 드물어지면서 사람들은 다시 이동 생활을 하게 되었다. 그러나 시신은 여전히 오래된 정착지에 묻혔다. 이것은 오래된 정착지들이 조상이라는 함의를 간직하고 있었음을 보여준다. 매우 많은 수의 시신이 머리가 없는 상태에서 묻혔다. 이것은 두개골에 대한 관심을 보여주는 최초의 증거로, 이러한 관행은 이후 수천 년 동안 계속될 터였다. 사람들이 이동하면서 두개골은 가져가고 시신의 나머지 부위는 정성껏 묻었을 가능성이 있다. 나중에 두개골은 단독으로 또는 무더기로 묻혔다. 최근 갈릴리의 힐라존 타흐팃 동굴(Hilazon Tachtit Cave)에서 발견된 두개골은 보다 더 복잡한 관행을 암시한다. 여기에는 아마 장례식용 식사의 일부로서 먹었을 것으로 보이는 거북이 50마리의 껍데기, 검독수리의 날개 끝, 담비의 두개골, 오로크(큰 야생 암소)의 꼬리, 표범의 골반, 멧돼지의 다리, 여분의 인간의 발과 함께 장애를 가진 작은 할머니가 매장되어 있었다(그림 2.6). 인간을 포함한 동물의 그 밖의 다른 부위에 대한 일련의 의례가 행해졌을 가능성이 있고 뼈는 다양하고 특이한 동물종과 관련된 복잡한 과정의 마지막에 묻혔을 가능성이 있다.

이 여성은 샤먼으로 묘사되었다. 우리는 '샤먼'이라는 용어로 설명할 수 있는 특이한 증거의 조각들이 얼마나 많은지 인식하기 시작하고 있다. 이 증거는 특이**하다**. 여기에서 인간과 다양한 동물 사이의 중요한 관계가 마법적이라고 묘사될 수 있는 방식으로 탐구되고 있었을 가능성이 있기 때문이다. 즉, 마법이 세계에 대한 인간의 참여의 본질이었던 것처럼 탐색되었을 가능성이 있는 것이다. 이 여성에게 '샤먼'이라는 명칭을 부여하는 것이 이러한 해석에 도움이 되는지 여부는 미지수이다.

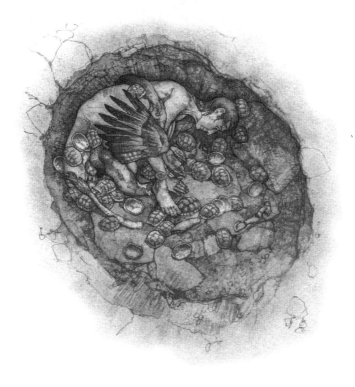

그림 2.6. 약 1만 2,000년 전, 후기 나투프인 시대의 힐라존 타흐팃 묘. 이른바 여성 샤먼의 묘.

　　초기 나투프인 정착지에는 아마 이 시대에 지구상에서 가장 큰 규모의 정주 공동체가 있었을 것이다. 그들은 매우 다양한 식물종(種) 및 동물종과 물리적으로 밀접하고 지속적인 관계를 통해 존재했다. 그들은 정착지 내에서 죽은 사람을 돌보고, 사람과 동물을 결합하여 매장함으로써 우주론적으로 존재했다. 적어도 후기 나투프인은 이러한 목적을 위해 선정한 구조물에 함께 모였다. 이 시대에도 역시 머리는 인체의 결정적인 측면을 나타내는 표식이 되었다. 아마 이 장소에서 저 장소로 이동할 때마다 머리를 들고 다니다가 나중에 매장했을 것이다. 이러한 세계에서 죽은 사람은 살아 있는 사람과 함께 여행하는 사회의 구성원이었다. 살아 있는 사람의 안녕은 죽은 사람을 적절하게 돌보는 일에 달려 있었을 것이다. 이러한 사회에서, 특히 마지막으로 추웠던 1,000년 동안 후기 나투프인들에게는 다산과 생식력 문제가 결정적인 관심사였을 것이다. 죽은 사람과 그 밖의 다른 동물을 살아 있는 사람과 연계하기 위해 적절한 의례가 개발되었는데, 이것은 특히 두개골에 관한 의례를 통해 상당히 오래 지속되었다.

지구 온난화와 그 시대의 마법

힐라존 타흐팃 묘는 낯선 마법 관행에 대한 놀라운 통찰을 제공한다. 약간 후대에, 훨씬 북쪽에서 강도 높은 마법 의례가 있었음을 알려주는 눈에 띄는 증거가 있다. 대중의 인식과는 달리, 과거에 대한 우리의 관점은 눈에 띄는 고고학적 발견으로 인해 바뀌는 경우가 비교적 드물다. 과거에 대한 이해의 변화 대부분은 증거와 그것의 함의에 대한 사고의 축적에서 비롯된다. 그러나 최근 가장 많이 논의되는 발견 가운데 하나이자 가장 눈에 띄는 발견인 괴베클리 테페(Göbekli Tepe)는 예외이다.[7] 튀르키예 우르파주(州)의 석회암 능선 위에 자리 잡은 괴베클리 테페에는 표면에서 많은 신석기 시대 부싯돌이 발견된 여러 개의 돌무더기와 대형 석회암 판석(板石)의 초기 흔적이 있다. 독일 고고학자 클라우스 슈미트(Klaus Schmidt)가 1996년부터 2014년 사망할 때까지 샨르우르파 박물관(Şanlıurfa Museum)과 함께 이곳을 발굴했다. 고고학계는 여전히 그들이 발견한 것들에 대해 연구하고 있다. 기반암인 석회암을 부분적으로 잘라내어 최대 22개의 원형 석벽으로 둘러싸인 지형지물을 세웠는데, 그 가운데 일부에는 벤치도 있다. 대부분은 아직 발굴되지 않았다. 벽에 설치되어 있거나 구조물의 중앙에 단독으로 서 있는 돌기둥은 높이가 최대 6미터, 아마도 무게가 50톤에 달할 수 있다 (그림 2.7). 이것들은 기원전 9000년이 조금 넘은 당시의 세계에서 지금까지 알려진 석조 구조물 가운데 가장 규모가 큰 것이다.

사람들이 현지에서 채석한 다음 지금의 장소까지 끌어서 나른 이 돌기둥들에는 대부분 사납고 위험한 다양한 종류의 동물도 조각되어 있었다. 이 기둥들은 T자 모양이다. 따라서 'T'자 모양의 수평적 요소는 양식화된 사람의 머리를 나타낼 수 있다. 원형 석벽 구조물 D(Enclosure D)에 자리 잡은 하나의 돌기둥에 조각된 얼굴, 일부 돌기둥의 보다 더 긴 측면에 조각된 (좁은 가장자리에 조각된 손과 만나는) 팔, 하나의 돌기둥에 조각된 적어도 허리띠일 가능성이 있는 형상은 이러한 결론을 강화한다(그림 2.8).

괴베클리 테페가 구축될 무렵 빙하기가 끝났다. 결정적으로 기원전 약 1만 년 이후 기후가 온화해져 현재와 유사한 수준의 기온과 강우량을 기록했다. 현재 우리가 마주친 집단이 존재했던 시대에는 선토기(先土器) 신석기 시대(Pre-Pottery Neolithic, PPN)라는 명칭이 부여되었다. 왜냐하면 그들은 토기를 만들지 않았을 뿐 아니라 신석기 시대가 아니었던 시대에 오랫동안 야생 식량으로 생활을 유지하는 공동체로서 존재했기 때문이다. 이러한 집단은 생물학적으로, 문화적으로 나투프인의 후손이었다. 가장 오래된 선토기 신석기 시대 공동체는 (나중에 많은 종이 밀, 보리, 귀리 같은 곡물로 작물화되는) 야생 풀을 채집 또는 경작했고 가젤 같은 야생 동물을 사냥했다. 튀르키예의 타우루스 산맥(Taurus Mountains)에서 이스라엘 남부의 네게브 사막(Negev Desert)에 이르는 넓은 지역에 걸쳐 생활했던 사람들은 생계를 유지하는 매우 다양한 종류의 생활 방식을 개발했다. 따라서 우리가 농경이라고 부를 수 있는 단일한 접근법이 존재하지 않았다. 인간이 자신의 활동을 경관 안

괴베클리 테페 2018
(Göbekli Tepe2018)

▭ 직사각형 건물
　　(Rechteckbauthen / rectangular buildings)

▪ 구조물(Kreisanlagen / enclosures)

▭ 원형 건물(Rundbauten / circular buildings)

▪ T자 모양 기둥(T-Pfeller / T-pillar)

그림 2.7.
돌기둥들이 있는 원형 구조물을
보여주는 괴베클리 테페의
발굴 사진 및 평면도.

그림 2.8. 괴베클리 테페의 원형 석벽 구조물 D에 자리 잡은 돌기둥의 좁은 면. 꼭대기 근처에는 도식화된 사람의 얼굴이, 중간에는 손과 허리띠가, 기단에는 새들이 조각되어 있다.

의 일부 장소에 훨씬 더 깊이 묶어두기 시작함에 따라 이 시대는 인간처럼 이동 생활을 하는 생물종에게 실험의 시대가 되었다. 이와 같은 실험은 우리가 실무적인 문제로 간주할 수 있는 것에 관한 것이었을 뿐 아니라 집단 생활의 문제뿐 아니라 그 밖의 다른 생물종과의 관계를 다루는 마법적인 작용에 관한 것이기도 했다.

　선토기 신석기 시대는 A, B, C의 세 가지 단계로 나뉜다. 괴베클리 테페의 가장 오래된 구조물은 기원전 9000년을 막 넘은 선토기 신석기 시대 A에 속한다. 괴베클리 테페 유적지는 현재 알려진 바에 따르면 적어도 1,000년 후인 선토기 신석기 시대 B에서 끝나는 것처럼 보인다. 이 유적지는 농경민이 아니라 수렵 채집인에 의해 만들어졌다. 괴베클리 테페에서 발견된 유적이 본질적으로 장관을 이룬다는 점을 감안할 때, 이 유적지에 대한 화려한 설명이 나오는 것은 놀라운 일이 아니다. 우리 가운데 누구라도 괴베클리 테페의 절반만큼이라도 놀라운 것을 발견하면 흥분하지 않을 수 없을 것이다. 따라서 이 유적지에 대한 클라우스 슈미트의 관점 가운데 일부가 약간 과장된 것임을 이해할 수 있다. 클라우스 슈미트는 '처음에는 사원이 있었고, 그다음에 도시가 있었다'고 말하면서 괴베클리 테페가 멸망하고 4,000년 후에 메소포타미아에 생겨난 최초의 소도시 이야기에 괴베클리 테페를 엮어 넣었다. 슈미트는 괴베클리 테페를 세계에서 가장 오래된 일련의 사원으로 생각했다. 슈미트는 괴베클리 테페의 구조물을 창조하고 유지하는 데 조직이 필요했을 것이고, 이것은 결국 계층이 나뉘어져 있는 불평등한 사회를 영위했던 가장 오래된 도시 국가를 시사한다고 느꼈다. 슈미트는 종교 신앙이 괴베클리 테페같이 큰 규모를 가졌을 뿐 아니라 본질적으로 인상적인 무언가를 창조하기 위해 인간의 노력과 조직을 집중시키는 데 기여했다고 생각했다.

　사원이 도시보다 먼저 존재했다는 슈미트의 관점과 관련하여 보다 더 온건하고 가능성이 높은 견해가 있고, 종교로 인해 농업이 탄생했다는 주장도 꾸준히 제기되어왔다.[8] 기둥을 채석하고, 끌어서 나르며, 조각하기 위해서는 그리고 석벽 구조물을 짓고 조각상을 만들기 위해서는 많은 사람이 필요했다(그림 2.9). 상이한 집단에 속한 사람들이 모여 의례를 행하기 위해서는 넓은 장소가 필요했다. 이와 같은 인력을 구성하기 위해서는 적어도 수백 명이 필요했는데, 그들은 모두 음식을 먹고 음료를 마셨을 것이다. 이와 같이 정기적으로 사람들을 집중시키기 위해서는 식량을 보다 더 집약적인 양식으로 재배하고 가공할 필요가 있었다는 주장이 제기되어왔다. 우리는 이러한 집약화를 농경이라고 부른다. 이와 대조적으로, 나는 이와 같은 유적지를 농경의 역사의 일부로 설명하는 것이 가장 좋은 설명이라고 생각하지 않는다. 사람들의 주요 관심사는 의례 자체에 있었던 것처럼 보인다. 사람들은 농경민이 될 의도가 없었다. 이러한 변화는 인구 증가와 집적의 우연한 결과였다. 괴베클리 테페의 구조물에 대한 설명은 당시 사람들의 관심사에 보다 더 가까운 설명일수록 만족스러운 설명이 될 가능성이 높다.

당연하게도, 나는 괴베클리 테페에 대한 마법적 토대를 옹호할 것이다. 이 유적지에 어떤 종류의 신이 있었다는 증거는 부족하다. 보다 더 나중에 등장하는, 사원이 있는 유적지는 다음에서 보는 것처럼 집단이 모여 숭배를 드리는 소수의 특별한 구조물이 있는 소도시나 마을의 유적지였다. 괴베클리 테페에는 거주의 증거는 없고 일련의 이례적인 구조물만 있다. 기둥들이 세워져 있는 원형 석벽들은 이러한 구조물을 짓기 위해 필요했을 것임에 틀림없는 인원 전체를 수용할 만큼 크지 않다. 가장 큰 건물, 즉 이른바 이중 기둥 건물(Double Pillar Building)이라고 불리는 건물 안에는 35명이 모일 수 있었다. 아마도 정점에 달했을 때에 모일 수 있는 최대 인원의 일부만 수용했을 것으로 추정된다. 나머지 구조물의 대부분에는 오직 여섯 명만 들어갈 수 있었다. 괴베클리 테페에서는 소규모의 강도 높은 의례가 행해졌다. 이 지역의 다른 유적지에서와 마찬가지로 아마도 인간의 피를 포함한 유체(流體)를 부어서 모았다는 증거가 있다. 일부 대형 돌그릇이

그림 2.9. 괴베클리 테페의 기둥들에는 뱀, 전갈, 거미 같은 다양한 종류의 동물뿐 아니라 추상적인
디자인이 조각되어 있다.

발견되었다. 세계 최초의 맥주를 양조하고 마셨을 가능성이 있지만 설득
력 있는 증거는 아직 발견되지 않았다.

　　T자 모양의 기둥들은 사람처럼 보인다. 윗부분에는 머리가 있고 이따
금 얼굴이 보이기도 한다. 일부는 측면에 팔이 조각되어 있는데 앞쪽의 허

리띠에서 손과 만난다. 이러한 석인(石人)들에는 다양한 짐승이 조각되어 있었는데, 모두 어떤 식으로든 사납거나 위험한 짐승이었다. 왜냐하면 그 것들은 큰 고양이이거나 뱀이나 전갈 같은 보다 더 작지만 치명적인 생물이었기 때문이다. 사람들이 먹었던, 주로 가젤 같은 동물은 묘사되지 않았다. 사람들은 위험, 공격성, 폭력적인 죽음의 문제와 씨름하고 있었다. 사람들은 사람에게 위험한 그리고 자신들이 가장 중요하게 여기는 다른 사람들에게 위험한 사나운 동물을 조각함으로써 자신을 보호하고 자신들에게 가장 중요한 동물을 보호하기 위한 마법의 형태를 사용했을 가능성이 있지만 입증할 수는 없다. 새로운 방식으로 형성된 대규모 공동체에는 낯선 긴장이 존재했을 것이고 마법적 수단을 통해 그것을 해결했을 것이다. 이동 생활을 하는 여러 공동체가 만나는 중심 거점을 형성한 괴베클리 테페와 같은 장소에서 행해진 공연과 거기에 자리 잡은 구조물은 사람들의 경쟁 관계, 두려움, 야망을 통제된 배경에서 우주론적 수단을 통해 해결했다. 강력한 영적, 인간적, 동물적인 힘이 다루어질 수 있었다. 사람들은 그 힘들에 도사리고 있는 위험이 완벽하게 실현되지 않은 상태에서 그 힘들이 행사되기를 희망했다.

증거의 보다 더 세속적인 측면도 눈에 띈다. 거주의 흔적은 없지만(유적지의 대부분이 아직 발굴되지 않아서 그런 것일 수도 있지만) 아마도 대규모 향연을 베풀어 먹고 마신 것으로 추정되는 흔적이 풍부하게 남아 있다. 많은 수의 동물 뼈, 석기, 그 밖의 다른 잔해가 유적지에 정성껏 모아졌다. 더 이상 사용되지 않는 것으로 간주된 원형 석벽에는 향연에서 나온 쓰레기가 쌓여 큰 무더기를 이루었다. 우리에게 쓰레기는 제거하고 싶은 불편한 존재처럼 보인다. 그러나 과거의 많은 사람들은 사회적으로 중요한 활동의 결과는 그 자체로 중요하다고 생각했다. 모임, 이야기, 노래, 아마 희생과 두려

움도 일종의 물리적인 역사였다. 재료는 정성껏 정리된 다음 휴식에 들어
가는 유적지를 정리하는 데 사용되었다. 이후의 세대는 무더기를 지나가
면서 그 아래에 자리 잡은 구조물과 무더기를 덮고 있는 쓰레기의 사회적
의의를 알았을 것이다. 한 집단은 출생, 죽음, 결혼, 그 밖의 다른 집단과의
동맹이나 싸움뿐 아니라 영적인 힘에 대한 관여로 구성된다. 괴베클리 테
페의 구조물과 쓰레기를 통해 그 집단의 인간의 역사와 우주론적인 역사
가 엮였다. 사람들은 인구가 증가했을 뿐 아니라 긴장이 유발될 가능성이
증가한 세계에서 살게 되었다. 보다 더 많이 이동하면서 생활했을 때와는
다르게 그곳을 떠날 수도 없었다. 사람들은 이러한 세계에서 자신들의 입
지를 협상하는 데 도움이 되는 마법을 행했다.

괴베클리 테페의 원형 석조 구조물 가운데 하나에 서 있다고 상상해보
자. 머리 위로 돌기둥들이 우뚝 솟아 있다. 돌기둥은 인간의 형상일 뿐 아
니라 돌의 형태를 취하고 있는 사람일 수 있었다. 그들을 위협하는 동물들
이 오늘날의 사람들의 어깨 높이에 조각되어 있었다. 사람이 거의 없는 넓
은 경관에서의 생활에 익숙해져 있던 사람들에게는 신체들이 부딪히는 일
이 낯설었을 것이다. 때로는 함께 있다는 사실에 안도감을 느꼈을 것이고
때로는 밀실 공포증을 느꼈을 것이다. 우리가 마주친 것은 이 세계에서 가
장 강력한 일련의 힘, 즉 돌 같기도 하고, 동물 같기도 하며, 인간 같기도 한
힘이었다. 어쩌면 이곳에 서 있는 우리는 지금은 우리에게 알려지지 않은
이러한 힘이 무엇인지 궁금해할 수 있을 것이다. 그러나 아마도 이곳에 서
있는 우리는 마치 기계 같은 괴베클리 테페의 구조물을 통해 그러한 힘들
을 형성하고 전달하려고 애쓰고 있을 것이다. 그럼으로써 사람들이 다양
한 형태(돌기둥, 사나운 동물, 오늘날의 우리가 알고 있는 형태의 인간 등)를 취할 수
있는 세계에서 인간에게 도움이 되는 방식으로 우주를 바꾸려 했을 것이

다. 동물과 사람의 피비린내 나는 희생이 바쳐졌을 가능성이 매우 높다. 이 집단은 아마도 이야기, 노래, 공연이 어우러진 향연을 베풀었을 것이 확실하다. 강력한 정서가 전면에 등장했고 위험뿐 아니라 가능성도 함께 등장했다. 사람들은 자신들의 세계에서 수동적인 존재가 아니라 노동력과 상상력을 발휘해 새롭고 마법적인 구조물을 만들 수 있는 존재였다.

조사된 적은 없지만, 튀르키예 남동부의 이 지역에는 괴베클리 테페 같은 다른 유적지가 존재한다. 일부는 보다 더 큰 규모를 시사하거나 사람들이 따라서 걸을 수 있도록 정렬된 열석(列石)이 존재했을 수 있음을 시사하는 흔적이 존재한다. 각 유적지가 어떻게 작동했는지 그리고 어떤 방식으로 상호 작용하여 전체적인 마법적 경관을 형성했는지를 보다 더 자세히 설명하려면, 특히 지금 이 지역의 불안정한 상황을 감안할 때, 여러 해가 소요될 것이다. 괴베클리 테페 같은 유적지는 지극히 눈에 띄고 이해하기 어려운 곳이다. 그러나 광범위한 아나톨리아 지역에서 발견되는 이 시대의 여러 유적지 가운데 한 유형에 불과하다.

괴베클리 테페에서 훨씬 남쪽, 하(下) 갈릴리의 나사렛(Nazareth) 구릉지 사이에 소규모 유적지인 크파르 하호레쉬(Kfar HaHoresh)가 자리 잡고 있다. 여기에서 재가 가득한 얕은 구덩이가 발견되었다. 거기에는 원래의 뼈대에서 떨어져 나와 (어느 것이라고 특정하여 말하기 어렵지만) 멧돼지, 오로크 또는 사자처럼 보이게 만들어졌을 수 있는 새로운 합성 골격으로 결합된 가젤의 뼈와 (적어도 네 명의) 인간의 뼈가 담겨 있었다.[9] 크파르 하호레쉬의 다른 곳에서는 완전하지만 머리가 없는 가젤의 사체 위로 회반죽을 입혀 잘 보존된 인간의 두개골이 묻혀 있는 직사각형 구조물이 바닥 아래에서 발견되었다. 다른 곳에서는 오로크 및 가젤과 연관된 인간의 뼈가 발견되었다. 첫 번째 구덩이에서는 동물과 닮은 형상의 인간의 뼈가 발견되었고 두 번째 구덩이에서는 인간의 머리를 가진 가젤이 발견되었다. 매장하는 과정에서 가젤의 두개골이 제거되었다는 것은 이 생물이 인간처럼 대우받았다는 것을 보여준다. 우리가 알 수는 없지만, 가젤의 두개골이 다른 곳에 전시되었거나 보관되었을 가능성이 있다. 가젤의 뼈와 인간의 뼈를 혼합하여 매장하는 것은 생물종의 구분을 무너뜨린다. 가젤의 기술(속도와 민첩성 등)이 사람에게 귀속되었거나 어쩌면 그 반대의 경우도 성립할 수 있다. 능력과 시신/사체의 마법적 혼합은 사람과 가젤 모두의 적성을 갖춘 존재를 창조하는 데 도움이 될 수 있다.

크파르 하호레쉬에서는 회반죽 바닥, 일부 벽, 빻는 돌을 포함하는 간단한 주거 활동의 증거가 거의 발견되지 않았다. 지금 우리는 선토기 신석기 시대 B(기원전 8600년-7000년경)를 보고 있다. 여기에서는 여러 특징이 두드러진다. 우리는 나투프인 시대에 인간의 두개골이 매장 전 또는 매장 후에 제거되었음을 보았다. 선토기 신석기 시대 B에는 두개골에 회반죽을 입혀 사람의 이목구비처럼 보이게 만들었는데, 종종 눈에는 개오지 조개껍데기를 놓았고 때로 채색하기도 했다. 이러한 것 가운데 가장 유명한 것은 예리코(Jericho) 유적지에서 발견된 것이다(그림 2.10). 영국 박물관(British Museum) 직원들이 두개골을 상세하게 분석한 결과, 두개골의 주인이 어렸을 때 그 지역에 있었음 직한 아름다움의 기준에 따라 또는 보다 더 우주론적인 이유로 의도적으로 머리를 결박하여 두개골의 모양을 성형했던 것으로 파악되었다. 또한 아직 살아 있는 상태에서 머리를 가격당했다. 이것이 사인(死因)이었는지 여부는 불분명하지만 이 사람이 살해당했을 가능성이 있다. 이 사람의 눈에는 개오지 조개껍데기를 덮어 눈에 띄게 만들었다. 이 사람의 코, 귀, 입은 점토로 모형을 제작했는데, 침식으로 인해 지금은 덜 분명하게 보인다.

이와 같은 두개골을 아무렇지 않게 묘사하기는 쉽지만 회반죽을 입힌 두개골을 만드는 과정은 지저분하고 불쾌했을 가능성이 높다. 대부분의 경우 시신 전체를 묻은 다음 나중에 일단 부패가 시작되고 나면 구멍을 뚫고 두개골을 떼어냈던 것처럼 보인다. 상당한 시간이 흐른 뒤가 아니었을 경우, 두개골 외부 및 내부에 남아 있는 조직을 청소하는 작업은 썩은 냄새를 맡고 썩은 살을 만져야 하는 내밀하고 까다로운 작업이었을 것이다. 보통 이러한 방식으로 대우받는 두개골은 그 집단의 중요한 조상이었던 사람의 두개골인 것으로 가정되지만, 우리는 알지 못한다. 두개골을 청소하고 회반죽을 입히는 일은 아마도 이미 죽은 조상을 돌보는 수단으로서 경배와 돌봄의 행동이었을 수 있지만 중요한 적이거나 우주론적이든 아니든 살아생전에 어느 정도 중요해진 사람이었기 때문일 수도 있다. 머리에 집중하는 것은 (가젤에게도 동일했을 수 있는) 개인의 정체성과 지능의 위치에 대한 무언가를 말해줄 수 있다. 머리에 대한 강조는 지능이 정신에, 따라서

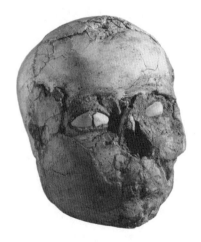

그림 2.10. 예리코 유적지에서 발견된 회반죽을 입힌 두개골.

머리에 존재한다는, 보다 더 최근의 서양의 관념과 일치하는 것처럼 보일 수 있다. 그러나 우리 고유의 세계와 매우 상이한 이 세계를 우리의 세계와 평행선상에 놓고 생각하는 것은 위험하다. 두개골이 3의 배수로 안치되어 있었다는 일부 주장은 두개골의 마법적 사용 이면에 복잡한 수비학(數秘學)이 자리 잡고 있음을 암시한다.

선토기 신석기 시대 B에는 오랜 기간의 야생 풀 경작과 가젤, 야생 양, 염소의 사냥이 서서히 (작물화된) 곡물 경작과 (가축화된) 동물의 사육으로 전환되었는데, 작물화와 가축화는 식물과 동물 모두 인간의 이익을 위해 유전적으로 개량되었음을 의미한다. 야생 식물을 여전히 채집했고 가젤을 포함한 동물을 여전히 사냥했다. 우리는 사냥을 공격적인 행위로 이해하고 농경을 작물을 키우고 가축을 기르는 일로 이해한다. 그러나 이제는 선토기 신석기 시대 B의 상당한 인구 증가로 인해 아마도 위협에 처해 있었을 것임에도 불구하고, 수천 년 동안 사람들은 가젤과 지속 가능한 관계를 맺어왔다. 사람들과 가젤은 서로를 내밀하게 알았고, 둘 모두가 이해하는 경관에서 일했으며, 둘 사이에는 어느 정도의 공생 관계가 작용했다. 이와 같은 여건하에서 가젤의 뼈와 인간의 뼈를 혼합하여 매장하는 것은 살아생전에 느꼈던 친밀한 애착을 죽어서도 느끼고자 하는 노력의 일환으로 이해할 수 있다.

선토기 신석기 시대 B 동안 레반트에는 매우 큰 정착지가 생겨났다. 그것들은 규모 면에서 수천 년에 걸친 정착지의 정점을 나타낸다. 나투프인 마을에는 평균 50명에서 최대 200명이 거주했던 반면, 선토기 신석기 시대 A 유적지에는 최대 1,000명이 거주했을 수 있다. (그리고 일부는 예리코의 대형 벽같이 인상적인 지형지물을 가지고 있었다.) 레반트에서 아나톨리아를 거쳐 자그로스 산맥(Zagros Mountains)에 이르는 지역으로 퍼져나간 가장 큰 선토기 신석기 시대 B 유적지에는 최대 2,000명이 거주했을 수 있다. 이러한 최신 유적지들은 이제 둥근 모양 주택의 전통을 깨고 직사각형 모양의 주택으로 구성되었다. 때로 옛 주택의 유적 위에 새 주택을 지으면서 주변 경관 위로 솟아오른 언덕을 형성한 주택들은 새로운 종류의 공동체의 역사와 장소에 대한 보다 더 깊은 애착을 암시한다. 유적지는 고립되어 있지 않았다. 유적지에서는 지중해나 홍해의 조개껍데기, 흑요석이라고 불리는 아나톨리아의 검은색 화산 유리, 도구 제작에 필요한 다양한 종류의 돌 같은 재료가 일상적으로 교환되었다. 이와 같이 고고학적으로 가시적인 교환은 아마 빙산의 일각일 것으로, 지금은 우리가 볼 수 없는 유기 재료, 식재료, 살아 있는 동물, 사람의 이동으로 보완되었을 것이다.

교환 네트워크뿐 아니라 작은 점토 입상, 석조 조각상, 인간의 시신과 동물의 사체, 그것들을 담는 건축적 형태를 활용하는 의례와 마법 체계가 그 지역 전체에 광범위하게 공유되었다. 증거들이 부분적으로만 존재한다는 점을 감안할 때 우리가 일련의 연결을 완벽하게 이해할 수는 없지만 우리가 가진 증거는 눈에 띈다. 지금까지 살펴본 것처럼, 인간과 동물은 함께 또는 따로 묻혔다. 선토기 신석기 시대 B에서 알려진 인간의 묘는 약 120기로, 일부에는 두개골이 있고 나머지 일부에는 두개골이 없다. 대부분 주택의 아래나 안뜰 아래에 구덩이를 파고 묻었다. 그 외에도 두개골을 무더기로 보관한 장소가 있다. 레반트에서 남부로 이어지는 지역에서 발견되는 두개골에는 때로 회반죽이 입혀져 있었고, 아나톨리아 지역에서 발견되는 두개골에는 보다 더 나중에야 회반죽이 입혀지게 된다. 또한 많은 수의 작은 사람(주로 여성) 입상과 작은 동물 입상이 있다.

이러한 작은 입상 가운데 대부분은 인간의 시신처럼 목이 잘린 상태였는데, 이것은 이러한 작은 입상들이 인간과 동일한 방식으로 대우받았고,

어느 정도 인간으로 간주되었을 수 있음을 시사한다. 매우 여러 개의 작은
동물 입상은 소였는데, 그 가운데 두 개는 마치 사냥당한 것처럼 작은 부싯
돌 날이 박혀 있는 상태로 발견되었다. 언급했던 것처럼 (두개골 묘가 비교적
흔함에도 불구하고) 아나톨리아에서는 회반죽을 입힌 두개골이 발견되지 않
는다는 점과 이 지역에서는 피의 의례를 행했을 가능성이 존재한다는 점
등 지역별로 중요한 차이점이 존재한다. 예를 들어, 아나톨리아 남동부의
차이외뉘(Çayönü) 유적지에서는 한 건물에서 커다랗고 평평한 돌이 발견
되었다. 시대에 맞지 않게 '제단'이라고 묘사된 이 커다랗고 납작한 돌에는
아마도 희생의 결과로 보이는 인간의 피와 오로크의 피의 흔적이 남아 있
었다. 레반트나 자그로스 산맥에서는 괴베클리 테페 같은 유적지가 발견
되지 않는다. 시간이 흐름에 따라 변화도 일어났다. 그 가운데 주요한 변화
는 의례 활동의 이행이다. 선토기 신석기 시대 A에서는 괴베클리 테페같
이 건축물은 있지만 주택은 없는 유적지에서 의례 활동이 행해진 반면 선
토기 신석기 시대 B에서는 주택 안팎에서 다양한 의례가 이루어졌다. 후
대인 선토기 신석기 시대 B에서는 핵가족 형태가 보다 더 중심이 되었다.
따라서 마법 의례가 가족 구성원이 거주하는 가정적인 공간 안팎에 보다
더 집중되었다. 가문의 계보 및 죽은 사람과 살아 있는 사람 사이의 내밀한
관계 형성이 보다 더 크게 강조되었고 죽은 사람은 사람들이 걸어 다니고,
일하며, 잠을 자는 바닥 바로 아래에 묻혔다.

　고고학적 유적은 정적이지만 피, 두려움, 출산, 죽음으로 가득한 능동
적인 마법 체계를 나타낸다. 거기에서 동물, 작은 입상, 사람은 출생과 생
식력 또는 생명을 얻거나 생명을 잃을 때 수반되는 변형에 대한 관심 속에
서 연계되고, 분화되며, 합쳐졌다. 사람뿐 아니라 작은 입상도 목이 잘렸
고, 동물은 사람을 대신할 수 있었으며, 기둥은 야생 동물, 뱀, 전갈에게 공

격받는 사람이 될 수 있었다. 레반트와 아나톨리아의 차이점은 이러한 관행이 상이한 지역마다 각자의 고유한 논리를 가지고 있음을 암시하고 비록 지역별 전통의 제약 내에서 변화무쌍하고 독창적이었음에도 불구하고, 무작위적이거나 우연이 아니었음을 암시한다. 우리가 발견한 유적은 가장 눈에 띄는 것이지만, 가장 복잡한 세계의 가시적인 요소에 지나지 않는다. 연결과 변형이 이루어졌지만 모두 경이로운 세계에 존재하는 사물 사이에서 이루어졌다. 선토기 신석기 시대 B가 끝날 때까지 초월적인 신이나 영혼의 흔적은 찾아볼 수 없다.

종교는 언제 시작되었나?

마법, 종교, 과학이 항상 우리와 함께해왔다는 나의 주장을 감안할 때 이것은 이상한 질문처럼 보일 수 있지만, 종교는 약 8,000년 전부터 공식적인 특성을 떠맡으면서 다양한 종류의 신에 대한 기존의 신앙에 제도적인 차원을 제공했을 것이다. 나는 종교가 두 가지 측면을 가진다고 주장한다. 첫째는 인간 세계를 넘어서는 초월적인 힘 또는 힘들에 대한 신앙, 즉 우리가 경외심을 가지는 것 또는 우리가 경이로움이나 두려움을 느끼게 만드는 것에 대한 신앙이다. 둘째, 제도적 구조와 물리적 구조를 갖출 때 진정한 종교가 등장한다. 사람들에게는 일상생활에서 한발 물러나 공동체의 폐 많은 사람들이 함께 모일 수 있는 특별한 숭배 장소가 필요하다. 또한 후대의 종교에서는 회중을 안내하기 위해 전문가(사제 또는 여사제)를 훈련시켰다. 그들은 특히 신앙의 규범과 숭배에 필요한 적절한 행동에 대한 식견이 풍부할 뿐 아니라 삶 자체에 대한 지침도 제공할 수 있는 존재로 알려져 있다. 이와 같은 전문가들은 자신에게 그리고 보다 더 큰 집단에게 일종의 올바른 행동과 사고를 전달하고 촉진하기 위해 각자의 고유한 예복과 용품을 갖추고 있었을 가능성이 꽤 높다.

지금까지 살펴본 것처럼, 구석기 시대의 암면미술이 고대 종교를 나타낸다는 주장이 제기되어왔다. 지금 우리가 검토하고 있는 시대와 보다 더 가까운 시대에 튀르키예의 콘야 평원(Konya Plain)에 자리 잡고 있는 놀라운 신석기 시대 유적지인 차탈회위크(Çatalhöyük)에서도 이와 유사한 주장이 제기되었다. 기원전 7000년 이전에 강이 운반한 토양이 부채꼴 모양으로 넓게 펼쳐진 곳으로 여러 집단이 모여들기 시작했고 1,000년 이상이 지난 뒤에야 이 유적지를 버리고 떠났다. 인구는 곧 3,000명에서 8,000명 사이로 늘어났다. 사람들은 종종 사방이 서로 이어져 있는 진흙 벽돌집에 살았다. 따라서 사람들은 주택의 지붕을 통해 집에 드나들었을 가능성이 꽤 높다. 이 집약적인 공동체는 주택을 지었고 표범, 오로크, 독수리, 두루미가 등장하는 벽화를 그렸다. 이따금 회반죽을 이용하여 오로크의 뿔을 벽에 걸어놓기도 했다. 주택의 바닥 아래에는 죽은 사람을 묻었는데, 이제는 때로 두개골에 회반죽을 입히기도 했다. 이것은 이전에는 오직 남쪽에서만 알려졌던 관행, 즉 사람의 머리에 회반죽을 입히는 관행을 계승한 것이다. 묘는 이른바 '역사관(館)'에 집중되곤 했다. 역사관은 서로의 주택 바로 위에 지어졌고 이를 통해 인간 거주자의 혈통적 연속성을 진흙 벽돌 위에 분명하게 표출했다. 유적지에서는 벽화에 묘사된 사나운 야생 동물의 뼈가 거의 발견되지 않았다. 유적지에서 발견된 뼈는 주로 양과 염소의 것으로, 아마 정착지에서 몇 킬로미터 떨어진 늪지대 근처에서 양과 염소를 가축화해 사육했을 것이다. 차탈회위크는 종교가 행해졌던 장소로 해석되어왔지만[10] 나는 차탈회위크를 보다 더 이전의 선토기 신석기 시대 관행, 즉 인간과 (일부는 살아 있고 나머지 일부는 살아 있지 않은) 그 밖의 다른 많은 사물 사이의 연계에 대한 마법적인 착안의 연속이자 정점으로 간주하는 것을 보다 더 선호한다.

종교의 제도적 본질에 대한 최초의 실제 증거는 이라크 남부의 텔 알 우바이드(Tell al-'Ubaid) 유적지의 이름을 따라 명명(命名)한 이른바 우바이드 시대(기원전 5500년~4000년경─선토기 신석기 시대 B와 우바이드 시대 사이에 토기(土器) 신석기 시대가 있음)에서 찾아볼 수 있다. 이 시대의 중동 전역에서 사람들은 차탈회위크 같은 보다 더 큰 정착지를 포기하고 이제 수천 명이 아니라 오히려 수백 명이 거주하는 1헥타르에서 2헥타르 규모의 소규모 마을에 살았다. 우바이드 시대는 오늘날의 시리아에서 오만만(Gulf of Oman)에 이르는 매우 넓은 지역에 걸쳐 새로운 연결과 유사성을 구축했다. 물레 위에서 완성되고 세밀하게 장식된 채색 토기와 초기의 제련 및 주조 금속이 광범위하게 등장했을 뿐 아니라 타우루스 산맥에서 아라비아해(Arabian Sea)에 이르는 지역에서 주택의 형태가 공유되었다. 인간과 세계의 관계가 변화했다. 우리가 이후의 장들에서 살펴볼 것처럼, 야금술(冶金術)은 종종 마법으로 간주되는 과정을 통해 고체 덩어리인 구리를 액체로 만들어 다양한 종류의 모양으로 주조할 수 있다. 고체에서 액체로, 다시 고체로 상(相)이 변화하는 과정은 무한히 계속될 수 있다. 창은 때로 쟁기로 변할 수 있지만 도끼와 장신구로 또는 우리가 살펴보게 되는 것처럼 신성한 목적으로 사용되는 예복으로 변할 수도 있는 것이 확실하다. 요리를 통해 액체 형태의 사물을 고체 형태로 바꿀 수 있다. 그러나 (금속은 되돌릴 수 있지만) 이것은 일반적으로 되돌릴 수 없다. 2,000년 후 발명되는 유리의 경우도 고체 상과 액체 상을 가지지만, 이와 같은 물질은 여전히 희귀하고 경이로운 물질로 남아 있다.

우바이드 시대에 보다 더 소박하지만 엄청난 결과를 가져온 또 하나의
과정은, 항아리에 달라붙어 있는 화학 잔여물이 시사하는 것처럼, 최초로
효모를 사용하여 발효 빵과 발효 밀 맥주를 생산한 것이다. 효모는 자연에
서 다양한 형태로 존재하는데, 밀가루 속에 섞인 오염 물질이 발효되지 않
은 상태의 빵을 부풀리는 최초의 원인이 되었을 수 있다. 사람들은 이와 같
은 사고의 원인을 찾은 다음 의도적으로 재현했다. 우바이드 시대의 농경
의 추가적인 특징은 과수 작물의 재배였다. 따라서 수확량을 늘리기 위해
접목과 인공 수분을 모두 사용했을 수 있다. 올리브, 아몬드, (기원전 9000년
경에 최초로 작물화되었을 수 있는) 무화과, 포도, 석류는 페르시아만의 대추야
자와 더불어 이전보다 훨씬 더 다양한 식량을 제공했을 뿐 아니라 수명이
긴 나무를 통해 사람들을 더 안정적으로 땅에 머물게 할 수 있었다. 많은
과일은 효모의 숙주로서, 당시의 맥주 양조와 포도주 발효에 사용되었을
수 있다.

　나의 친구이자 전 동료인 앤드루 셰라트(Andrew Sherratt)는 우바이드 시
대에 일어난 변화를 '욕망의 다양화'로 설명했다. 세밀한 토기와 가단성(可
鍛性) 금속, 다양한 종류의 빵과 제과류, 오늘날 우리가 중동과 지중해에 연
관 짓는 매우 다양한 과일과 견과류가 사람들의 감각을 새롭게 자극했다.
욕망이 새롭게 형성되었을 뿐 아니라 술과 아마도 그 밖의 다른 각성제를
통해 의식이 개조되기도 했다. 이 시대는 기록이 생겨나기 이전의 마지막
시대이기 때문에 우리는 사람들의 생각에 접근할 수 없다. 수메르 텍스트
에 따르면 모든 물질은 활성화되고 살아 움직이는 것으로 여겨졌다. 따라
서 빵의 발효는 오직 부분적으로만 생화학적인 문제로 간주되었을 수 있
다. 보다 더 많은 경우에 올바른 영혼이 반죽에 활기를 불어넣는다고 간주
되었을 수 있다. 우바이드 시대의 독창성은 물질에 대한 새로운 이데올로

기에 의해 뒷받침되었을 것인데, 그것은 아마도 우리가 과학과 마법이라
고 부르는 것을 혼합한 것일 가능성이 있다. 또한 사람들이 신의 힘과 신이
인간의 삶에 미치는 영향에 대해 보다 더 직접적으로 궁금해함에 따라 우
바이드 시대에는 신과 인간이 분리되었고 우주에 대한 새로운 사고가 가
능하게 되었다.[11]

　우바이드 시대는 거대한 변화의 세계였다. 그 중심에는 특별한 가옥 형
태인 T자 모양 주택이 가져온 안정성이 자리 잡고 있었다. 마을은 진흙 벽
돌로 지어진 거의 동일한 일련의 주택들로 구성되었다. T자 모양의 수평
요소의 한쪽 끝에는 노가 있었다. 중앙 강당을 형성하는 보다 더 긴 수직
구획에서는 음식을 먹었고 사회생활이 이루어졌다. 유사한 형태였음에도
불구하고, 주택들의 규모와 장식 양식은 달랐다. 이라크의 텔 아베데(Tell
Abedeh) 유적지는 거의 완전히 발굴되었는데, 여기에서의 이른바 '주택
A(House A)'는 대부분의 경우보다 규모가 더 컸다. 대리석 스터드와 펜던트
로 장식된 보다 더 두꺼운 벽으로 지어진 주택 A에서는 많은 점토 토큰을
포함한 비주거적인 인공물이 다량 출토되었다. 아이들은 바닥 아래의 유
골 항아리에 묻혔다. 이러한 구조는 주택과 유사하지만 주택과는 상이한
사원이라고 충분히 주장할 만하다.

　우리가 다음 장에서 살펴볼 것처럼, 세계 최초의 도시는 뒤이은 우루크
시대(Uruk Period)(기원전 4000년–3100년)에 발전했고 많은 도시가 우바이드
마을로서 시작되었다. 이라크의 에리두(Eridu) 또는 이란의 수사(Susa) 같은
여러 사례에서 우루크 시대의 사원이 발견되었다. 이러한 구조물 아래를
발굴한 결과, 여러 세대를 거슬러 올라가는 우바이드 시대와 유사한 T자
모양 건물이 연속적으로 드러났다. 이러한 여러 가닥의 증거를 한데 끌어
모아 볼 때 우리는 두 가지 결론에 도달할 수 있다. 우바이드 시대의 보다

더 큰 T자 모양 건물은 사원이었을 가능성이 꽤 높다는 것(사실 우리가 알고 있는 최초의 사원)과 이 사원은 가옥을 모형으로 삼아 지어졌고 아마도(후대의 메소포타미아 텍스트에 묘사된 것처럼) 신들이 생활하는 주택으로 간주되었을 것이다.

　우바이드 시대는 기원전 4000년경 이후 우루크 시대에 발견된 도시 생활로의 극적인 이동으로 인해 가려졌다. 보다 더 깊이 생각해보면 우바이드 시대에 인간의 삶이 얼마나 완벽하게 변화했는지뿐 아니라 당시 얼마나 많은 변화가 최초의 도시 세계에 유입되었는지 분명하게 알 수 있다. 우리는 티그리스 강둑과 유프라테스 강둑 또는 보다 더 소규모 수로 유역의 소규모 우바이드 시대 마을을 상상할 수 있다. 대추야자와 올리브나무로 둘러싸여 있는 마을 옆 관개된 경작지에서는 죽, 빵 또는 맥주가 될 곡물이 자라고 그 사이로 염소와 양 떼가 보인다. 무역상들은 장신구용 조개껍데기, 칼을 만드는 재료로 사용되는 화산 유리인 흑요석, 새로운 욕망의 대상으로 주조될 참신하게 제련된 구리 덩어리를 들고 마을 사이를 이동했다. 사람들이 세계의 힘과 물질에 대해 새롭게 사고했던 우바이드 시대는 실험과 독창성의 시대였다. 다음 장에서 다룰 메소포타미아에서 우리가 살펴보게 되는 것처럼 아마도 자연력을 구현하는 신을 창조한 덕분에 사람들은 세계의 힘을 범주화하고 분리할 수 있게 되었다.

　신들이 인간과 멀어졌다고 해도, 아주 멀리 간 것은 아니었다. 신들이 생활했던 주택은 인간 거주지보다 규모가 더 크고 보다 더 밝은 형태였다. 사람들은 이러한 새로운 사원에 제물을 바쳤고 자신들의 어린 자식을 바닥에 묻었다. 신에게 바치는 축제에는 향연 및 음주가 관련되었을 가능성이 꽤 높고 가문 간의 경쟁적인 요소도 있었을 것이다. 텔 아베데 유적지의 주택 A에서 발견된 인장은 항아리와 그 밖의 다른 그릇을 덮는 데 사용되었는데, 이것은 소유권과 내용물의 보호를 시사한다. 일부 인장에는 몸은 인간이고 머리는 숫양인 존재가 두 마리의 뱀을 높이 들고 있는 모습을 포함하는 복잡한 도상이 새겨져 있었다. 내용물에 대한 보호는 물리적인 것뿐 아니라 인간을 돕는 세계의 영혼과 힘을 불러오는 형이상학적인 것이었다. 우바이드 시대에는 신들이 인간과 분리되어 각자의 고유한 주택에서 생활했을 뿐 아니라 보다 더 오래된 영혼도 인식되었다. 그들은 회유되어 인간을 도울 수 있었고, 사나워져 인간에게 해를 입힐 수도 있었다. 우바이드 시대가 끝날 무렵 일부 마을은 10헥타르가 넘는 규모로 성장했다. 이는 일부 집단이 나머지 일부 집단보다 더 잘 살고 있었음을 시사한다. 우리는 사람들이 자신, 자신들의 식물, 동물, 소유물을 새로운 시각으로 바라보면서 여러 중요한 관계가 변화하는 역동적인 세계를 목격하고 있다. 우바이드 시대에 이르러 우리는 마법, 종교, 과학으로 구성되는 삼중 나선이 다소 공식화되고 분리된 느낌과 사고 양식으로 발전하는 것을 보기 시작하고 있다. 그 밖의 다른 발전에서처럼 이러한 발전을 통해 우바이드 시대는 후대의 인간 경험의 기초를 마련했다.

인간의 참여

만일 우리가 시간을 거슬러 올라가 여기에서 엿본 세계로 되돌아갈 수 있다면 심한 충격을 받을 수 있다. 우리는 우리에게 알려지지 않은 광경, 냄새, 소리에 직면할 수 있다. 우리는 본 적 없는 식물과 동물을 만나거나 지금은 존재하지 않는 조합을 만날 수 있다. 사회를 변화무쌍하게 만들고 예측할 수 없게 만드는 인간 실험의 분위기는 우리를 놀라게 할 수 있다. 마법은 어렵고 빠르게 변화하는 이러한 세계에서 인간의 참여의 형태와 그것들의 실존적 함의를 파악하는 데 도움이 되는 사고와 행동의 실험을 돕는 요소로 작용했다.

약 4만 년 전과 그 이후의 초기 인간의 증거와 관련하여 우리는 두 가지를 떠올려볼 수 있다. 한편으로 돌니 베스토니체 같은 유적지와 사자 인간 조각상 같은 물건은 희망, 두려움, 능력 면에서 우리와 유사한 인간의 산물이라는 점이다. 다른 한편으로 당시 사람들은 매머드, 사자 또는 훨씬 나중에 가젤, 야생 곡물과 더불어 살아갔다. 그것은 우리의 상상력을 뛰어넘는 완전히 상이한 생활 방식이었다. 오늘날 우리의 상상력으로는 그들의 생태적, 문화적 여건을 재구성하기가 지극히 어렵다. 그리고 바로 여기에 그들의 매력이 있다. 초기 증거가 인간이라는 존재의 의미에 대한 새로운 차원을 제공하기 때문이다. 나는 세 번째 요점을 덧붙일 수 있다. 즉, 마법은 우리가 살펴본 것만큼이나 오래전부터 인간이라는 존재의 기본적인 일부이다. 우리는 마법의 기원을 쉽게 확인할 수 없다. 왜냐하면 마법은 항상 우리와 함께해왔기 때문이다. 마법은 결정적이다. 사람들의 목적은 세계에서 살아남는 것을 넘어 세계를 이해하고 그 밖의 다른 물질 및 생물종과의 참여 양식을 탐구하는 것이었다. 세계를 이해하려는 시도는 심지어 가장 어둡고 가장 추웠던 시대인 최종 빙기에도 일어났다. 마법에 내재된 실험적인 자세는 빙하가 녹은 후 새로운 방식으로 풍요로워진 세계에서 출현한 사람들이 온갖 부류의 참신한 가능성과 함께 살아가는 데 큰 도움이 되었다.

인간은 보다 더 광범위한 물질과 에너지의 흐름 중 일부이다. 만일 우리가 장기적인 시각을 취한다면 이와 같은 흐름의 변화무쌍한 본질이 특히 분명하게 드러난다. 우리가 살고 있는 지구는 특히 시간의 흐름에 따라

빙기에서 보다 더 온화한 기후로 이행하는 역동적인 곳이다. 물질과 에너지는 참신한 방식으로 지구를 가로질러 흘렀다. 따라서 사람들은 이러한 새로운 에너지에 휩쓸렸다. 괴베클리 테페의 기둥이든 곡물을 수확하는 새로운 낫이든, 인간의 발명은 세계의 에너지를 활용하려는 다양한 시도였다. 인간의 역동성에서 중요한 일부는 마법, 종교, 과학으로 구성되는 삼중 나선이었다. 적어도 7,500년 전에 오늘날 우리가 알고 있는 것과 같은 종교, 즉 일종의 제도화된 형태의 종교가 최초로 등장하여 마법을 보완했다. 공식화된 과학은 존재하지 않았지만 우리는 적어도 2만 7,000년 전부터 사람들이 달과 아마도 그 밖의 다른 천체를 면밀하게 관측하고 관측한 내용을 기록으로 남겼다는 것을 확인할 수 있다. 점토와 그 밖의 다른 많은 물질의 속성에서도 세계에 대한 이와 같은 세밀한 경험적 평가가 분명하게 드러난다. 이것은 우리가 알고 있는 과학과 다르지만, 우리 조상들은 그것을 이용하여 세계의 물리적 측면과 자신들이 할 수 있는 일이 무엇인지를 평가했다. 그것은 마법에 대한 믿음과 종교 신앙에 녹아들었고 마법에 대한 믿음과 종교 신앙을 보완했다. 여기에서 검토했던 시대가 끝날 무렵인 6,000년 전 경에는 삼중 나선의 중요한 측면들이 출현하기 시작했다.

3

도시의 마법:
메소포타미아와 이집트
(기원전 4000년-1000년경)

만일 유령이 사람을 괴롭히면 (따라서) 그의 귀에서 웅웅거리는 소리가 나면, 당신은 유리한 날을 골라 자신을 정화하고 그(환자)는 우물물에 목욕한다. 당신은 스텝으로 가서 야자나무 잎으로 바닥을 쓴다. 당신은 토기를 만드는 구덩이에서 나온 진흙으로 작은 병자(病者) 입상을 만들고 임시로 지은 의복을 입힌다. 당신은 일곱 개의 작은 입상으로 이루어진 일곱 개의 집단을 만들고 그 집단을 위한 음식을 마련한다. 당신은 작은 입상의 머리에 방추(紡錘)를 묶고 카펫을 덮은 (뒤) 핀을 꽂는다. 당신은 사마쉬(Šamaš, 억울하게 병에 걸린 사람을 치료할 수 있는 태양과 정의의 신) 앞에 갈대 제단을 세운다. 당신은 대추야자(와) 고운 밀가루를 붓는다. 당신은 향나무를 [태우는] 향로를 설치한다. 당신은 [바닥이 뾰족한] 용기를 준비한다. 당신은 그 작은 입상을 사마쉬 앞에 놓는다. 그런 다음 당신은 반드시 '제발 풀려

나기를, 제발 제거되기를, 제발 제거되기를'로 끝나는 복잡한 주문을 암송해야만 한다. 그런 다음 당신은 작은 병자(病者)의 입상을 나무에 묶어야 한다.

이것은 유령이 이성의 사람과 결혼을 시도할 때 귀에 울부짖는 소리가 들리는 부작용이 나타날 경우, 메소포타미아의 전문 마법 치료사인 아시푸(āšipu)가 추구해야 할 지침이었다. 나무 같은 또 하나의 사물과 결혼하도록 유령을 설득하면 치료가 효과를 발휘할 터였다. 이것은 길고, 복잡하며, 비용이 많이 드는 치료법이었다. 약초를 이용하는 치료법도 수반되었다. 이 인용문이 포함된 책에서 조앤 스컬록(JoAnn Scurlock)은 치료에 수반되는 이와 같은 일련의 복잡한 행동은, 오늘날의 용어로, 치료가 효과가 있을 것임을 환자에게 심리적으로 설득하기 위한 수단으로 볼 수 있다고 썼다. 또한 스컬록은 '오늘날 우리가 무언가가 "마법처럼" 작동한다고 말한다면 그것은 실패하지 않았다는 의미'라고 덧붙였다.[1] 약초와 그 사용법을 상세하게 설명하는 매우 다양한 텍스트를 통해, 우리는 적어도 기원전 4000년부터(그리고 거의 확실하게 그 이전에도) 오늘날 우리가 사용하는 약과 유사하다고 인식할 수 있을 법한 수준의 약이 개발되고 있었다는 것뿐 아니라 이것이 (우리는 마법으로서 묵살할 수 있지만 당시에는 중요했던 것, 아마도 약초의 효능보다 더 중요한 것으로 간주되었던) 그 밖의 다른 다양한 관행에 동반되었음을 확인할 수 있다.

마법은 지중해 연안 지방과 메소포타미아 사이에 자리 잡은, 즉 남쪽으로는 이집트에서 북쪽으로는 아나톨리아까지 이어지는 거대한 직사각형 모양의 땅에서 찬란한 역사를 가지고 있다. 나중에는 크레타(Crete)섬과 그리스 본토에서도 마법을 수용한다. 우리 모두가 그러한 것처럼, 사람들은 희망과 두려움 사이를 번갈아가면서 삶과 죽음, 건강과 안녕이라는 끊임없는 문제와 씨름했다. 살아남을 수 있는 방법에 분명하게 집착했을 뿐 아니라, 죽음 이후에 일어나는 일에 대해서도 집착했다. 미래를 내다보려는 시도는 두려움을 진정시키거나 고조시켰다. 고대 중동과 지중해의 문화들은 만신전을 중심으로 서열이 정해졌다. 각 문화에서 마법은 인간뿐 아니라 신들을 통제하는 힘으로서 발전했고 사람들은 마법의 존재를 받아들였다. 내가 이 장에서 검토하는 시대의 후반부, 즉 기원전 1000년경에는 중요한 혁신, 즉 단 하나의 유일신에 대한 신앙이 생겨난다. 유일신에 대한 신앙으로 인해 마법의 위치는 다시 한번 바뀌었다. 이제부터 나는 각 주요 문화 형태와 그 문화가 발전시킨 마법뿐 아니라, 마법 관행의 교환이 제공한 문화 간의 연계를 살펴보고자 한다.

　　지난 장에서 우리는 레반트, 아나톨리아에서 티그리스강과 유프라테스강 하곡(河谷)에 걸친 지역, 즉 현재 시리아와 이라크에 존재했던 마을의 세계와 마주쳤다. 기원전 4000년 직후 이 마을 사회에서 소도시가 형성되었는데, 처음에는 메소포타미아와 당시의 이집트에서, 이후 다른 곳에서 도시가 형성되었다(이 장에서 언급된 유적지 지도는 그림 3.1 참고). 우루크, 우르(Ur) 또는 멤피스(Memphis) 같은 유명한 중심지는 참신한 형태의 조직과 권력을 가진 세계에서 가장 방대한 인구가 집결하는 장소가 되었다. 대중은 보다 더 소수인 관료, 사제, 통치자에게 제공되었던 식량과 공예품을 제작하기 위해 일했다. 관료, 사제, 통치자는 모든 생명과 안녕이 달려 있는 우주론적 힘과의 연결을 약속했다. 인간 사회가 보다 더 위계적이 되어감에 따라 우주도 위계적이 되었다. 만신전은 종종 지위와 권력에 따라 서열이 정해졌고 이 세계에서 활동하는 악마나 영혼 같은 보다 더 서열이 낮은 실체들은 영적인 존재의 거대한 위계에서 아래쪽에 위치했다. 메소포타미아

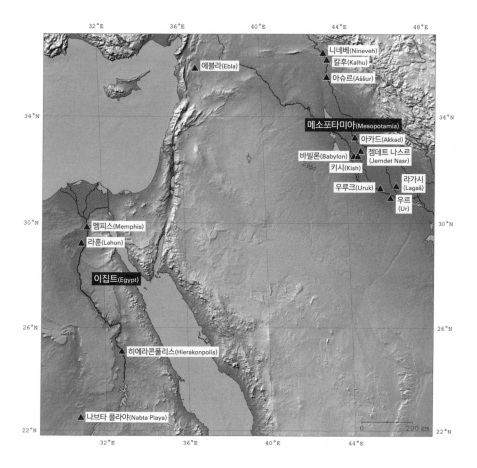

그림 3.1. 본문에 언급된 주요 유적지를 표시한 메소포타미아와 이집트 지도.

에서는 인간 통치자가 신들과 중보할 수 있는 힘을 가졌고, 이집트에서는 파라오가 여러 면에서 신과 같았다. 우리가 지난 장에서 살펴본 것처럼 공식화된 종교는 우바이드 시대에 초기 형태를 갖추기 시작한 다음 사제, 사원, 고정된 의례용 달력의 증거가 발견된 도시에서 완벽하게 발전했다. 메소포타미아와 이집트에서는 신들이 인간의 영역 너머에 자리 잡고 있다고 사고했지만, 인간이 우주와 심대하게 연결되어 있다고도 느꼈다. 인간이 우주에 깊이 참여했기 때문에 이것들은 마법에 대한 믿음과 종교 신앙의 형태로 가장 잘 이해된다. 즉, 신은 인간의 힘을 초월하지만 사람들도 자신들을 둘러싼 지각을 지니고 있는 세계에 개인적으로 관여할 수 있다.

이집트와 메소포타미아 모두에 많은 신들이 있었음에도 불구하고, 숭배의 대상이 전체로서의 우주였다는 점에서 이집트와 메소포타미아의 신학은 우주론적 신학으로서 다소 무성의하게 묘사되어왔다. 우리는 이집트의 우주론과 메소포타미아의 우주론 사이의 차이점을 살펴볼 것이다. 그러나 고유한 특징은 공유되었다. 따라서 다음과 같은 묘사가 이집트와 메소포타미아 모두의 우주론에 유용하다. '이집트의 우주는 살아 있었다. 그것은 성적인 동시에 영적이고, 물질적인 동시에 종교적이며, 매혹적이고 마법적인 동시에 과학적이었다.'[2] 대부분의, 아마도 모든 고대의 국가와 철학은 우주가 살아 있고, 지각을 지니고 있으며, 인간에게 반응할 수 있는 잠재력을 지닌 존재라는 입장을 견지했다. 메소포타미아와 이집트에 초점을 맞추기 전에 고대의 믿음의 공통점뿐 아니라 중요한 차이점을 간략하게 조사하는 것이 중요하다.

지난 6,000년 동안 유라시아 전역의 마법과 종교

고대 세계에서 사람들은 우주에서 한 발 물러나 있지 않았다. 그 대신 고대의 국가와 사회는 사람들이 지각이 있는 우주의 협력자가 될 방법을 탐구했다. 우주는 규칙적인 변화와 주기적인 사건을 통해 작용했다. 사람들은 계절의 규칙성이나 천체의 운동뿐 아니라 일반적으로 사전에 규정된 사람, 식물, 동물의 삶의 경로를 이해하는 데 많은 노력을 기울였다. 규칙적인 변화를 방해하는 것은 대부분 기근, 홍수, 질병, 지진 또는 화산 폭발 같은 위험한 사건들이었다. 일단 등장하고 나자, 만신전은 순환하는 과정과 주기적인 사건을 통해 세계를 인간화했다.

주요 천체(목성(Jupiter), 금성(Venus), 화성(Mars) 등)는 개별 신들과 연결되었다. 아마도 지금은 그들의 화신인 라틴 문화권의 신들(주피터(Jupiter), 비너스(Venus), 마르스(Mars) 등)로 가장 널리 알려졌을 이러한 개별 천체들은 하늘로 통하는 경로를 가지고 있었다. 주요 천체는 하늘을 방황했지만 결국 어느 정도 전반적으로 예측 가능했기 때문에 메소포타미아인들은 금성이 8년마다 하늘의 동일한 지점으로 되돌아올 수 있음을 깨달았다. 지구의 에너지, 삶과 죽음의 에너지 또는 전쟁과 사랑도 일관성과 자의성이 까다롭게 혼합된 방식으로 행동하는 신들을 통해 의인화되었다. 인간은 신들 및 그 밖의 다른 힘들과 관계를 맺기 위해 노력했다. 인간은 신과 연결되기 위해 의례용 달력, 노래와 춤, 신화 이야기 암송, 향연과 장례식을 마련했고 그것들을 통해 신들을 달래고 신들을 만족시켰다. 적당히 만족한 신들은 인간을 돌볼 수 있었다. 어느 쪽이든 이 관계를 소홀히하면 질서, 생식력, 조화가 무너질 수 있었다. 다양한 신들과 여신들이 세계의 다양한 힘을 구현했음에도 불구하고, 겉으로 드러난 다양성의 기저에는 우주와의 일체감, 우주의 도덕적 가치, 돌봄의 양식이 자리 잡고 있었다.

기원전 4000년에서 3000년 사이의 초반 무렵 메소포타미아에는 만신전이 존재했다. 만신전은 아마도 보다 더 초기의 신앙을 토대로 지어졌을 것이지만, 상세하게 살펴보면 그것들은 인간의 힘의 특정 형태에 말려든 도시 거주자들의 산물이었다. 이집트도 곧 매우 상이한 문화적 환경에서 신들을 발전시켰다. 메소포타미아와 이집트는 소수의 사람들이 다수를 통

치하는 최초의 엘리트 문화를 창조했다. 이와 같은 엘리트 정부의 정당성
은 신의 힘과 마법의 힘에 밀접하게 연결된 통치자에게서 비롯되었다.

마법은 초기 도시 문화의 유전자에서 중요한 가닥이었다. 마법은 주변
적이거나 이상한 것이 아니라 도시 문화의 공식적인 구성 요소 가운데 하
나였다. 이후 약 3,000여 년 동안 도시가 퍼져나감에 따라 신들이 도시와
함께 퍼져나갔고, 결국 동쪽의 인도 아대륙에서 훨씬 서쪽에 자리 잡은 이
탈리아의 신흥 도시에 이르는 다양한 지역에서 변형된 형태로 발견되었
다. 우리는 다음에 이어지는 장들에서 이것을 보다 더 상세하게 살펴볼 것
이다. 신에 대한 숭배는 마법을 불법화한 것이 아니라 오히려 세계에 대한
직접적인 마법적 참여의 형태를 촉진했다. 사람들은 다양한 마법 기술을
발전시켰다. 때로는 신에 대한 숭배와 밀접하게 연계되어 발전했고 그 밖
의 다른 경우에는 종종 학식을 갖춘 능숙한 마법사의 손에 의해 별도의 관
행의 가닥으로 발전했다. 마법과 종교는 서로의 관행을 주고받으면서 끊
임없이 소통하는 가까운 사촌 관계였다.

훨씬 더 동쪽, 즉 오늘날 우리가 중국, 한국, 일본이라고 부르는 지역에
서는 믿음의 세계가 매우 상이하게 구성되었다. 즉, 신들이 그리 뚜렷하게
발전되지 않았다. 상(商)나라 이전의 시대부터 동주(東周) 시대에 이르는
중국의 청동기 시대 국가(대략 기원전 2000년-250년경)는 창조와 파괴에 대
한 광범위한 원리를 발전시켰지만, 신들에 대한 정의는 내리지 않았다. 동
아시아에서는 죽은 사람이 살아 움직이는 영혼이 되곤 했는데, 그들은 묘
와 희생을 통해 차츰 조상으로 변형되었다. 우리가 살펴보게 되는 것처럼,
그러고 나면 사람들은 점복을 통해 그들과 소통할 수 있었다. 현재 살아 있
는 사람들은 오래전에 죽은 사람들과 아직 오지 않은 세대 사이를 연결하
는 움직이는 사슬이었다. 이 혈통의 사슬은 가차 없이 전진했다. 세대는 태

어나고, 성숙하며, 죽었지만, 시야에서 사라지는 것이 아니라 죽은 사람들이 거주하는 새로운 힘의 영역으로 이동하는 것이었다. 살아 있는 사람에게는 죽은 사람을 기릴 책임이 있었지만 조상의 명성은 후손을 돌보는 조상의 능력에 달려 있었다. 살아 있는 사람과 죽은 사람은 함께 우주의 힘에 영향을 미칠 수 있었다. 경관 안에서 지역의 영혼은 인간이라는 존재 사슬의 유비(類比)를 통해 이해되었다. 즉, 우주는 적어도 부분적으로는 항상 인간화되었다. 오늘날까지도 동아시아에서는 이와 유사한 혈통 구조가 중요한 문화적 요소로 남아 있다. 고대 유라시아 동부의 통치자들은 모든 지역 혈통의 우두머리로서 자리매김했고, 점복을 통해 조상과의 희생과 소통을 이어나갈 가장 큰 책임을 지고 있었다.

시베리아 동부와 몽골(Mongolia)에서 오늘날 우리가 유럽이라고 부르는 유라시아반도에 이르는 광활한 스텝과 숲을 가로지르는, 유라시아의 보다 더 북쪽 지역은 다시 한번 상이하게 구성되었다. 스텝에서는 힘의 구조가 보다 더 느슨했고 개인적인 행동이 보다 더 활발했다. 인간(살아 있는 사람과 죽은 사람), 식물, 동물, 바위, 강 사이에는 보다 더 무정부주의적인, 살아 움직이는 존재의 세계가 펼쳐져 있었다. 이 세계에서는 사실 모든 것이 생명의 속성을 누릴 수 있었다. 세계의 모든 것들은 다른 모든 것을 돌보고 그것들에게 주의를 기울이면서 행동했다. 이와 같은 행동은 부분적으로 정성스러운 돌봄이라는 능동적인 이유에서 나온 것일 뿐 아니라 늑대, 곰, 전염병의 공격이나 치명적인 겨울의 추위를 피할 목적에서 나온 것이기도 하다. 희귀한 개별 인간을 선정하여 온갖 부류의 살아 움직이는 존재를 식별하고, 그들과 소통하며, 교섭할 수 있도록 훈련시켰다. 오늘날 우리는 이러한 사람들을 샤먼이라고 부르지만 그들이 수행한 역할 및 관행이 최근 샤먼의 이름을 가진 종사자들이 수행하는 역할 및 관행과 얼마나 유사했는지는 정확하게 알 수 없다.

후기 청동기 시대부터, 즉 기원전 1000년경부터 몽골과 시베리아에서 새로운 의례와 마법 문화가 발생했다. 우리가 살펴보게 되는 것처럼, 그것은 결국 훨씬 서쪽까지 영향을 미쳤다. 새로운 기마 이동 문화는 스텝 전역에서 시공간을 헤치고 나아갔다. 그들은 죽은 사람과 말을 기리는 대형 의례용 기념물을 이용하여 자신을 경관에 그리고 이동이나 정주의 달력 안에 고정했다. 북부에 흐르는 이러한 인간 영혼의 제트 기류는 정주 생활이 보다 더 자리 잡은, 훨씬 더 남쪽 지역과는 감수성 측면에서 심대하게 상이했을 뿐 아니라 유럽에 장기적으로 중요한 문화적 영향도 미쳤다. 이 사실 역시 여전히 거의 인정받지 못하고 있지만, 오늘날에는 적어도 기원전 1000년부터 중앙아시아와 유럽이 연결되었다는 증거가 점점 더 많이 발견되고 있다.

지중해 중부와 인도 사이에 자리 잡은, 많은 신들이 존재하는 땅으로 다시 한번 더 되돌아가면 우리는 기원전 1000년에서 0년 사이 한 가지 특이한 사건이 마지막으로 등장하는 것을 확인할 수 있다. 처음에는 유대인들이 단 하나의 유일신을 숭배했고 그다음에는 그리스도교도들이, 그리고 그다음에는 이슬람교도들이 유일신 숭배를 계승했다. 예나 지금이나 여전히 천사 집단과 악마 집단이 종종 마법 관행의 대상으로서 유대교(Judaism), 그리스도교, 이슬람교에서 활동한다는 사실을 감안할 때, 창조와 파괴의 힘 모두를 단 하나의 존재에게 집중시킨다는 발상은 독특했지만 완벽하게 효과적이지는 못했다. 지난 2,500년 동안 새로운 일신교는 마법의 위상을 재배치해왔다. 사제들이 정통의 권위자가 됨에 따라 마법은 이단적인 것으로 간주되는 경향이 있었고 이와 동시에 부분적으로 일신교가 마법 그 자체로 여겨졌다.

이제 우리는 우리에게는 익숙하지 않은 다신교 세계인 메소포타미아와 이집트로 들어갈 것이다. 익숙하지 않은 세계에 관여하면서 우리는 우리가 당연하게 여기는 가정을 일시적으로 포기하게 된다. 메소포타미아와 이집트에서 우리는 그들 각자의 고유한 법칙에 따라 대답하여 그들 각자의 고유한 진리의 형태를 만들어내는 우주로 들어간다. 여기에는 강력한 논리가 존재한다. 그러나 그 논리는 그들의 특정한 역사적, 문화적 전제에서 출발한 것이었다. 우리가 마주치는 마법, 종교, 과학의 조합은 수천 년에 걸쳐 변화무쌍한 형태로 지속되었다. 이 막대한 기간 동안 마법, 종교, 과학의 조합은 수백만 명의 삶을 지탱하고 거기에 의미를 부여하는 데 도움을 주었다. 그리고 그 과정에서 후대의 수학적 사고, 천문학/점성술, 의학, 공학, 공예품 제작 및 훨씬 더 많은 것의 토대를 마련했다. 다른 사람들의 세계로 들어갈 때 우리는 그들이 생각했던 것처럼 생각할 필요가 없다. 사실 이것은 궁극적으로 불가능하다. 우리는 우리 자신의 세계에 얽매여 있기 때문이다. 오히려 만일 우리가 잠시나마 그들과 함께 상상할 수 있다면 수천 년 전의 남성, 여성, 아동이 삶과 죽음의 긴박함과 씨름하면서 우리와 유사한 성공과 실패의 경험을 누렸던 방식을 이해할 수 있을 것이다.

메소포타미아의 마법 종교

평범한 남성, 여성, 아동의 일상적인 걱정거리부터 통치자의 거대한 프로젝트에 이르는, 인간의 온갖 희망과 두려움을 다루고자 하는 메소포타미아의 마법의 역사는 길고 복잡하다. 인간 왕은 도시 국가나 제국의 전반적인 안녕을 위해 우주의 힘을 활용해야 한다고 생각했다. 마법에서 영감을 받은 의학은 점복, 징조 읽기, 연금술과 이어졌고, 천문학은 점성술과 연계되었으며, 둘 모두는 수학의 발전에 중요한 역할을 수행했다. 지구 위의 파란 하늘에 자리 잡은 만신전에는 마법적인 측면이 있었다. 사실 하늘, 지구, 악마와 죽은 사람들의 저승 세계에서는 모든 것이 살아 움직이면서 각자의 고유한 목적을 끊임없이 발전시켰다. 수많은 존재들에 둘러싸여 있는 사람들은 그들과 좋은 관계를 맺거나 나쁜 관계를 맺을 수 있었다. 심지어 빵 한 조각처럼 소박한 것에도 각자의 고유한 영혼과 아주 작은 의도가 있을 수 있었고, 그 결과 영양을 제공하거나 질병을 유발했다. 어느 시대에든 메소포타미아의 마법은 복잡했고 국가와 사회의 역사에 따라 변화했다. 그러나 메소포타미아 마법은 훨씬 나중의 고대 세계의 사고와 관행에도 많은 영감을 주었다. 티그리스강과 유프라테스강 사이의 땅에서 행해진 마법, 종교, 과학의 복잡한 매듭을 이해하기 위해 우리는 먼저 기원전 4000년부터 0년까지의 사회의 배경을 폭넓게 살펴볼 필요가 있다. 그런 다음 마법을 보다 더 직접적으로 살펴볼 것이다.

도시, 국가, 문자

지난 장에서 우리는 메소포타미아의 이른바 우루크 시대(기원전 4000년-3100년)에 평원 도시가 발전하는 데 있어 우바이드 시대(기원전 5500년-4000년경)의 중요성을 살펴보았다. 우바이드 마을은 인간 규모에서 볼 때 작은 마을이었고, 아마 거의 인간의 주택에서 생활했던 신들을 모셨던 인간의 한 혈통이 거주했을 것이다. 메소포타미아 평원을 가로질러 우바이드 마을을 향해 걸어가다보면 맑은 날에는 훨씬 멀리에서도 나무와 경작지로 둘러싸인 1층 또는 2층짜리 주택들이 눈에 들어왔을 것이다.

기원전 3000년 무렵의 우루크(오늘날의 바르카(Warka)) 도시에 접근함에 따라, 평원 위로 솟아오른 산이 보였을 것이다. 가장 중요하고 가장 널리 알려진 도시 가운데 하나인 우루크는 아마 250헥타르에 달하는 거대한 규모에 약 4만 명이 거주하고 있었을 것이다. 그들은 여전히 우바이드 건축물에서 비롯된 T자 모양 주택에 살고 있었을 것이다. 그 중심부에는 평원위에 약 12미터 높이로 솟아오른 눈부신 하얀 사원(White Temple)이 자리잡고 있었다. 이 사원은 진흙 벽돌로 만든 지구라트(Ziggurat) 위에 세워졌는데, 네 면은 경사져 있었고 꼭대기는 평평하여, 마치 끝을 잘라낸 피라미드 같았다. 이 지구라트를 건설하는 데 9만 4,000인일(人日)의 인력이 소요되었을 것으로 추정되는데, 이것은 도시 전체를 건설하는 데 필요한 인력의 오직 일부에 불과하다. 사원들의 뿌리는 지하 세계까지 뻗어 있고 꼭대기는 산처럼 구름에 덮여 있다고 알려져 있었다. 이것은 하늘의 신 아누의 사원(Temple of Anu)이었다. 네 모서리는 동, 서, 남, 북 사방을 향하고 있었는데, 동쪽 모서리 아래에는 사자와 표범의 사체가 묻혀 있었다. 메소포타미아에는 이러한 유형의 정초매장물(定礎埋藏物)이 흔하지만 이와 같이 강력한 동물을 묻는 경우는 특이하다. 이 사원은 벽에 회칠을 하여 놀라울 정도로 하얗게 만들어졌을 뿐 아니라 모자이크로도 장식되어 있었다.

도시를 둘러싼 육중한 벽에 난 관문(關門)을 통해 우루크로 걸어 들어가면 사람들로 가득한 지역에 자리 잡은 어느 동네를 지나가게 된다. 각 지역에는 아마도 한 혈통의 신들에게 봉헌되었을, 훨씬 더 소박한, 각자의 고유한 사원이 자리 잡고 있다. 사람들로 붐비는 거리를 지나 도시의 중심부에 도착하면, 그 아래에 자리 잡은 세계의 냄새, 소리, 인파를 뚫고 위로 솟아오른 지구라트를 만나게 될 것이다. 우리의 짐작에 따르면, 대부분의 경우

지구라트는 보다 더 희귀한 공간이었을 것이다. 따라서 지구라트의 계단을
올라가려면 허가가 필요했을 것이다. 마침내 사원 앞에 자리 잡은 대(臺)에
올라서면 대 아래에 자리 잡은 도시와 도시를 둘러싼 벽 너머의 도시를, 그
리고 경작지, 가축 무리, 일하거나 여행하는 사람들로 뒤덮인 평원을 바라
볼 수 있었을 것이다. 다시 사원의 높은 벽 쪽으로 되돌아서면 측면을 통해
사원으로 들어가야 했을 것이다(그림 3.2). 그리고 거기에서 얇은 금판으로
덮은 신의 목조 조각상들과 마주쳤을 것이다. 청금석이나 흑요석으로 만들
어진 조각상의 눈은 제법 어두운 공간에서도 반짝였을 것이다.

　　신들은 인간 조력자들이 제공하는 구운 고기를 먹고 정제된 음료를 마
시는, 풍족한 생활을 누리고 즐겼다. 사원 안에서는 몰약, 유향, 소나무, 삼
나무, 향나무, 테레빈나무의 냄새가 풍겼는데, 그것들의 대부분은 상당히
먼 거리에서 획득한 것이었다. 사원의 북쪽, 지구라트 대의 바깥에는 깊은
구덩이가 있었다. 그 구덩이에서부터 안쪽에 역청을 바른 수로가 이어져

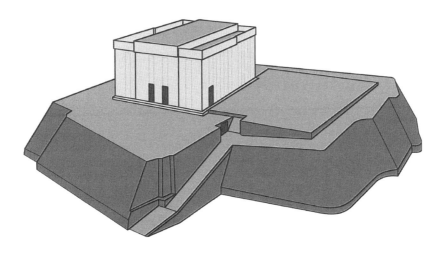

그림 3.2. 우루크의 지구라트에 자리 잡은 하얀 사원의 시각화.

표 3.1 메소포타미아 마법의 역사의 주요 사건과 일부 측면

연대	도시와 통치자	사건과 과정
기원전 3800년경	최초의 도시가 발전하기 시작-우루크, 젬데트 나스르(Jemdet Nasr)	
기원전 3200년경	최초의 문자-우루크와 그 밖의 다른 도시들	설형문자가 기록된 최초의 점토판
기원전 3000년-2350년	초기 왕조기-키시(Kish), 에블라(Ebla)	
기원전 2350년-2200년	최초의 영토 제국-아카드(Akkad)의 사르곤(Sargon)	
기원전 2150년	라가시(Lagaš)의 구데아(Gudea)	
기원전 2100년-2000년	우르의 제3왕조	
기원전 2000년-1600년	고(古)바빌로니아(Old Babylonian) 시대; 바빌론의 함무라비(Hammurabi), 대부분의 문서에서 기원전 1792년-1750년경	수메르어(Sumerian)에서 아카드어(Akkadian)로의 점진적인 이동
기원전 1600년-1000년경	카시트(Kassite) 시대 또는 중(中)바빌로니아(Middle Babylonian) 시대	에마르(Emar)의 주-바라(Zu-Ba'la) 점쟁이 가문. (아마도 이 시대에) 에누마 아누 엔릴(Enuma Anu Enlil)이 기록됨-바빌로니아의 점성술을 보여주는 68개 또는 70개의 판
기원전 1000년-540년경	신(新)아시리아 제국(Neo-Assyrian Empire), 기원전 911년-609년경-에사르하돈(Esarhaddon)왕, 아수르바니팔(Assurbanipal)왕 신(新)바빌로니아(Neo-Babylonian) 시대 기원전 626년-539년-네부카드네자르 2세 (Nebuchadnezzar II)	
기원전 540년-330년	페르시아 제국(Persian Empire) (아케메네스(Achaemenids))	
기원전 330년-125년	알렉산드로스 대왕(Alexander the Great)의 정복과 헬레니즘 시대 (Hellenistic Period)	바빌로니아의 사고와 마법, 특히 점성술이 그리스 세계로 전파. 기원후 1세기에 우루크의 설형문자 문화의 소멸 및 아마도 아시푸 전통의 소멸

있었고 그 수로를 통해 우리에게 알려지지 않은 종류의 액체가 신들에게 공급되었다. 이것은 아마도 오직 축제를 위해서만 사용되었을 것이다.

　　메소포타미아의 역사는 복잡하다. 표 3.1에 간략하게 소개되어 있는 것처럼, 기원전 2350년경 아카드(Akkad)의 사르곤(Sargon)이 처음으로 만든 국가같이 어느 정도 독립된 수많은 도시 국가가 존재했던 시대와 보다 더 큰 정치적 실체가 존재했던 시대가 번갈아가면서 이어졌다. 유구한 도시, 유사한 신들에 대한 숭배, 설형문자를 중심으로 한 필사(筆寫)의 전통 덕분에 메소포타미아 문화에는 상당한 연속성이 있다.

　　고고학의 증거는 기원전 3200년경 시작된 기록된 텍스트에 의해 보완된다. 처음에는 물건과 사람을 묘사하고 열거하는 회화문자(繪畫文字)였지만 이후 완벽한 구문 언어인 수메르어(Sumerian)와 나중에는 아카드어(Akka-dian)로 발전하게 된다. 사용된 문자는 오늘날 설형문자로 알려져 있는데, '쐐기 모양'이라는 의미다. 세밀하게 자른 갈대의 끝을 이용하여 젖은 점토판에 새긴 흠의 모양에서 유래한 이름이다. 흠을 각인한 젖은 점토판을 건조 또는 소성(燒成)하여 보다 더 영구적인 기록으로 남겼다. 서기관이나 그 밖의 다른 전문가가 되기 위한 훈련의 중요한 일부는 보다 더 오래된 판의 내용을 베껴 쓴 뒤 암기하거나, 기억에 남아 있는 보다 더 오래된 판을 재생하는 것이었다. 이렇게 모든 것을 베껴 쓴 결과, 최근에 작성된 자료와 보다 더 오래된 자료가 뒤얽힌 방대한 자료가 남게 되었다.[3] 지금까지 알려진 설형문자 판은 수십만 개에 달하는데, 모두 판독된 것은 아니다. 이러한 판을 이해하는 작업에는 상당한 학문적 기술이 필요하기 때문이다. 우리는 메소포타미아 세계가 최초의 관료제 문화를 창조하여, 경제와 관련된 많은 기록을 남겼을 뿐 아니라 마법이 큰 비중을 차지하는 학문 분야에 대한 기록도 남겼다는 것을 알고 있다. 판 컬렉션은 소규모 가정에서부터 신(新)아시리아 시대(표 3.1) 니네베(Nineveh)의 아수르바니팔(Assurbanipal)왕의 도서관(2만 개가 넘는 판이 발견됨) 같은 주요 도서관에 이르는 곳에서 비롯된다. 이 가운데 상당수, 아마도 3분의 1은 아시푸의 전승(傳承)과 관련된 것이다. 많은 판이 고(古)바빌로니아(기원전 2000년~1600년) 시대 또는 신(新)아시리아(기원전 911년~609년경) 시대의 것이지만, 판에 기록된 지식의 일부는 기록이 시작되기 이전 시대부터 존재했던 지식일 터인데, 아마도 대부분이 보다 더 이전의 기록일 것이다.

장엄한 메소포타미아 세계는 진흙의 문화이다. 작물은 강을 통해 관개되는 습한 토양에서 재배되었고 항아리, 주택, 사원, 판은 강에서 나온 진흙을 이용하여 다양한 방식으로 만들어졌다. 진흙에 뿌리를 두고 있는 메소포타미아는 신을 창조했다. 메소포타미아의 만신전은 혼란스럽고 변화무쌍하다. 동일한 신이라도 수메르어와 아카드어 이름이 상이했다. 그들은 세계의 다양한 요소와 측면을 구현한다. 아누(Anu)는 하늘을, 신(Sin)은 달을, 금성과 연결된 여신 이슈타르(Ishtar)는 사랑과 전쟁을 구현했다. 시간이 흐름에 따라 다양한 집단이 권력을 차지했다(표 3.1). 바빌로니아가 지배하게 되면서 인간은 그들의 신 마르둑(Marduk)을 보다 더 우월한 힘으로 인식했다. 가장 오래된 기록은 기원전 3000년에서 2000년 사이의 기록으로, 그 기록에서 신은 행동하는 존재가 아니라 오히려 존재하는 경향을 가지는 존재이다. 신은 자연 안에 존재했기 때문에 초자연적인 존재가 아니라 자연적인 존재였다. 이와 유사하게, 인간 사회는 자연의 일부였고 이러한 방식으로 신과 연속선상에 있었다. 일신교인 그리스도교, 유대교, 이슬람교에서 유일신은 전능하지만 궁극적으로 알 수 없는, 광범위하고 일반적인 힘이다. 그러나 초기 메소포타미아 신들은 태양, 달 또는 물의 힘이었다. 따라서 초기 메소포타미아 신들은 이러한 삶의 측면에 대한 사고방식을 탄생시켰다. 덕분에 사람들은 이러한 삶의 측면에 대해 논의하고, '거래'라는 단어가 가지는 모든 의미에서 이러한 삶의 측면을 다루는 방법에 대해 생각하게 되었다. 시간이 흐름에 따라 신들은 조금 더 인간과 같아져, 각자의 고유한 목적, 전략, 경쟁 관계를 발전시켰다. 기원전 3000년에서 2000년 사이에 기록된 《길가메시 서사시*Epic of Gilgamesh*》에는 왕이자 신인 길가메시(Gilgamesh)라는 영웅이 등장하여 필멸과 의미의 문제를 두고 씨름한다. 여기에서 인간의 질문은 우주론적인 평면에 투영된다.

실체의 위계가 존재했다. 신들이 가장 위에 있었지만 신들 사이에도 위계가 있었다. 그 아래에는 악마와 영혼이 있었는데, 선한 영혼과 악한 영혼이 있었다. 인간은 진흙, 신의 피, 신의 몸을 혼합하여 창조되었다. 인간의 역할은 신들을 먹이고, 신들에게 의복을 입히며, 특별한 축제를 개최해 신들을 사원 바깥으로 불러내어 신들을 기념하는 것이었다. 인간 왕은 대부분 신이 아니었지만 신을 중보하여 생식력, 건강, 안녕의 힘을 전달하고 파괴적인 힘을 피하려고 시도할 수 있었다. 신들의 조각상은 어떤 의미에서 살아 있는 존재였고, 하늘 및 그것의 힘과 지구의 필요를 연결하는 관문으로서의 역할을 수행했다. 신성한 조각상은 그 밖의 다른 사물보다 훨씬 더 순수한 물질로 만들어졌다. 일단 만들어지면 '입 열기(Opening of the Mouth)'라고 부르는 의식을 통해 생명을 불어넣어 숨을 쉬고 말을 할 수 있게 만들었다. 일반적으로 입 열기 의식은 신들의 육체에 생명을 불어넣고 그 주변 환경을 정화하는 의식이었지만, 그 의식의 세부 사항은 각 신에게 적절한 방식으로 이루어졌다. 조각상은 신을 재현한 것이 아니었다. 조각상은 바로 신**이었다**. 신들은 배가 고팠고 관심이 필요했다.

지하 세계에는 골칫거리가 될 가능성이 있는 그 밖의 다른 다양한 악마와 더불어 죽은 사람의 영혼이 거주했다. 그들은 살아 있는 사람에게 영향을 미칠 수 있었다. 신들은 항상 존경으로 대우받았지만 보다 더 서열이 낮은 영혼과 이미 죽은 조상은 속박 맹세나 그들의 조상을 공격하는 방법으로 회유되고, 학대받으며, 행동을 강요당할 수 있었다. 이 장의 시작 부분에서 소개한 인용문에는 살아 있는 사람의 의지에 반하여 살아 있는 사람과 결혼하려는 유령을 아시푸가 축귀(逐鬼)하는 방법이 개략적으로 소개되어 있다. 발화(發話)되거나 기록된 주문은 강력한 효과를 발휘했다.

이와 같은 세계에서 신들은 마법적이었다. 영혼에 영향을 미치기 위해서는 마법이 필요했다. 일반적으로 신들은 홍수, 기근 또는 전쟁을 일으킬 수 있는 능력을 가지고 있었다. 영혼, 악마, 유령은 질병, 아이의 죽음 또는 세속적인 좌절 같은 사건, 즉 보다 더 일상적으로 등장하지만 여전히 심각한 사건에 책임이 있었다. 마법은 국가의 운영에서 가장 일상적인 걱정거리에까지 영향을 미쳤다.

훈련받은 마법사: 아시푸

기원전 7세기 중반, 아슈르(Aššur) 도시의 아슈르 신(Aššur)의 사원에 소속된 축귀사(逐鬼師) 또는 마법사 가문의 아들이었던 키시르-나부(Kişir-Nabu)라고 불리는 청년이 아시푸가 숙달해야 하는 모든 작업에 대한 긴 목록을 편찬하여 깊은 인상을 남겼다. 《축귀사 매뉴얼Exorcist's Manual》로 알려지게 된 이 목록은 상세하게 검토해보는 것이 바람직하다. 아시푸의 활동에 필요한 전문 지식의 범위와 아시푸의 활동이 메소포타미아 사람들의 생활의 어느 부분까지 영향을 미쳤는지 느껴볼 수 있기 때문이다. 아시푸가 가지고 있었던 지식에 대해 간략하게 살펴보면 다음과 같다.

사원 의례

사원의 정초(定礎), 제례 형상의 유도('입 씻기'), 사제 임명식(판의 2행-3행).

　태양신을 향한 수메르어 주문, '손을 들어 올리기'에 관한 아카드어 기도문, 분노한 신을 달래는 의례(4행).

왕을 위한 의례

왕권과 관련되어 이루어진 월(月)별 의례와 특정한 의식은 아마도 왕에 의해 그리고 왕을 대신하여 수행된 의례일 것이다.《축귀사 매뉴얼》에는 이러한 의례가 간략하게 언급되어 있지만, 그럼에도 불구하고, 아시푸의 중요한 작업에서 결정적인 일부이다(5행).

악마, 주술사, 저주를 물리치기 위한 진단, 정화, 의례

아시푸의 작업에서 중요한 요소는 악마, 주술사, 저주로부터 이루어지는 다양한 형태의 공격에 대항하거나 그 효과를 치료하는 것이었다. 네 개의 광범위한 진단 및 예후 목록이 제시된 다음 주로 악마에 대항하는 수메르어 주문이 수록된 개요서가 제공되었다(6행과 7행). 이어지는 행에는 일반적인 정화('닦아내기') 의례의 목록과 다양한 질병, 악령, 악마에 대항하는 수메르어 주문이 수록된 상호 연관된 개요집(集)이 제공되었다(8행-10행). '입 씻기'(Washing of the Mouth) 의례와 함께 비트 림키(Bīt rimki)('목욕탕')와 비트 메세리(Bīt mēseri)('귀신을 가두는 장소(House of Confinement)')를 포함한 정화 의례의 명칭이 나열되었다(11행). 12행에서 14행에는 주로 주술과 저주에 대항하는 다양한 의례의 목록이 제시되었다. 악령의 전조(前兆)를 보여주는 꿈에 대항하는 조치, 발기부전에 대항하는 의례, 임신, 출산, 영아(嬰兒)에 관련된 텍스트가 이어진다(14행-15행).

특정 의학적 질환

다음 섹션(16행-18행)에는 특정 신체 부위, 코피, 구토, 설사에 영향을 미치는 질병에 대항하는 의례와 주문이 나열되어 있다. 이어 뱀에 물린 경우, 전갈에 쏘인 경우, 사마누(sāmānu)('발적(發赤)') 질병에 대항하는 주문이 나열된다(19행). 특히 전염병으로부터 남자의 주택을 보호하기 위한 조치에 이어 제물의 가납(嘉納)을 보장하는 의례가 나열된다(20행). 정착지, 주택, 경작지, 정원, 운하와 관련된 의식 다음에는 폭풍 피해와 경작지의 해충에 대항하는 의례가 이어진다(21행-22행). 그다음에는 여행하는 동안 및 전투 중에 보호를 약속하는 의례가 나열되어 있고 이어 외양간, 양 우리, 마구간에 대한 정화 의식(23행-24행)이 나열된다. 마지막으로 유리한 징조와 신탁을 위한 의례가 언급되고 기나긴 목록의 마지막에는 식물과 돌에 관련된 약리학적인 텍스트와 이와 같은 약물을 줄에 묶어 부적을 만드는 방법에 대한 지침이 있다(25행-26행).[4]

이러한 기술과 지식의 목록에는 사회적 위계의 정점에 자리 잡은 왕과 사제부터 경작지, 운하, 양 우리 또는 마구간에서 일하는 사람들에 이르는, 메소포타미아 사회가 품고 있었던 희망과 두려움의 대부분이 배치되어 있다. 새로운 사원 지구의 정초에 사용된 사원 의례와 살아 있는 존재로 여겨지는 조각상과 사제의 유도를 위한 사원 의례는 우리가 종교와 마법이라고 부르는 것 사이의 경계가 흐릿하다는 것을 보여준다. 메소포타미아 도시 국가와 제국에서는 지배 계층의 안녕뿐 아니라 국가 안에 있는 모든 사람의 안녕이 통치자와 우주적 힘의 관계에 달려 있었다.[5] 태양, 달, 행성, 별의 위치는 유성, 구름의 대형(隊形), 안개처럼 하늘에서 지구에 자리 잡은 사물의 상황을 나타내는 중요한 지표였다. 일반적으로 마법 관행은 국가를 훌륭하게 운영하는 데 중요했지만, 왕이 여행을 떠나거나, 원정에 나서 거나, 새로운 사원을 짓는 것 같은 주요 프로젝트를 수행하기 전에 필요한 조언을 구할 때도 사용되었다. 대중이 수행하는 보다 더 소규모 프로젝트 에서도 이와 유사한 흔적을 찾아볼 수 있다. 당연하게도 개인들에게 이러 한 소규모 프로젝트는 통치자에게 거대한 국가 프로젝트가 중요한 만큼이 나 중요한 것이었다. 악마, 인간 유령 또는 주술사는 출산 과정에서 산모와 아이가 죽거나 여행하는 동안 길에서 폭행을 당하는 등의 개인적인 재앙 을 가져올 수 있었다. 암소의 죽음 같은 사건은 일상적으로 일어나는 사건 임에도 불구하고, 가난한 사람들에게는 치명적인 사건이었다. 따라서 이 와 같은 재앙을 일으킬 수 있는 악마나 주술사에 대항하는 조치가 취해졌 다. 현재의 고난에 대한 조치뿐 아니라 미래에 일어날 가능성이 있는 위험 에 대한 대비도 아시푸가 처리해야 할 작업이었다.

아시푸 가문과 그들의 훈련

우리는 텍스트를 통해 여러 세대에 걸쳐 아시푸로 활동한 여러 가문에 대 해 알고 있다. 분명한 것은 예나 지금이나 마법사는 그 밖의 다른 능숙한 종사자들이 그러한 것처럼 사람들이 진지하게 받아들이고 완벽해지려고 노력하는 명예로운 직업이었다는 것이다. 예를 들어, 사르곤 2세(Sargon II) 의 위대한 조언자였던 나부-주크프-케누(Nabu-zuqup-kenu)는 칼후(Kalhu) 를 바탕으로 활동했고 그의 아들 아다드-수무-우수르(Adad-šumu-usur)와 나부-제루-레시르(Nabu-zeru-lešir)는 기원전 7세기 초에 각각 에사르하돈 (Esarhaddon)의 수석 아시푸와 수석 서기관으로 활동했다. 그 밖의 다른 아시푸의 혈통도 알려져 있다. 1960년대와 1970년대에 독일 팀이 발굴한 우루크의 한 주택에는 기원전 420년경까지 산구-니누르타(Šangu-Ninurta) 가문이 여러 세대에 걸쳐 거주했고 약 1세기 후에는 에쿠르-자키르(Ekur-zakir) 가문이 거주했다. 두 가문 모두 아시푸로 알려져 있다. 이러한 세기 동안 우루크에서 아시푸에게 상담을 의뢰하고 싶은 사람이라면 누구나 전문가의 조언을 구하기 위해 어느 집에 방문해야 하는지 알고 있었을 수 있다. 이와 같은 집과 가문은 통치자 및 피통치자 대부분의 일상생활 및 관행 구조의 일부로서, 고대 메소포타미아 전역에서 흔했을 수 있다.

아시푸가 되기 위해서는 수메르어, 아카드어, 아람어(Aramaic)같이 이해하기 어려운 형태의 언어를 포함한 여러 언어를 읽을 수 있는 능력이 필요했다. 점토판에 텍스트를 기록하는 것은 학습의 중요한 수단이었지만, 특정한 의뢰인을 위한 공연의 일부로서 텍스트를 기록하여 세계의 작동에 영향을 미치는 언어의 힘을 보여주기도 했다. 우리가 아래에서 만나보게 될 점성술을 행할 때는 두 가지 일련의 텍스트가 중요했다. ('아누 신과 엔릴 신이 … 할 때'로 번역되는) 에누마 아누 엔릴(Enuma Anu Enlil)은 천체에서 읽을 수 있는 징조에 대한 정보가 모여 있는 주요 개요서였다. (이것들에 대해 우리가 가지고 있는 정보는 불완전할 수 있지만) 여기에는 68개 또는 70개의 판에 기록된 6,500개 이상의 징조가 담겨 있다. 개인이 이 모든 징조를 암기했을 가능성은 없지만, 주요 징조 유형에 대해서는 숙지할 필요가 있었을 것이다. 예를 들어, 만일 어느 달의 첫 번째 날에 달이 보인다면 이것은 일반적으로 행복을 시사한다거나 만일 이날 달무리가 생긴다면 왕의 성공을 예고하는 전조(前兆)였다.

징조 목록은 고(古)바빌로니아 시대(기원전 2000년-1600년)에 편찬되었고, 적어도 다음 세기에 공식화되었다. 징조 목록은 기원전 4세기와 3세기에 인도에 전파되어 그곳의 점성술에 상당한 영향을 미쳤다. 기원전 1000년경에 편찬되었을 가능성이 가장 높은, 오늘날 물.아핀(MUL.APIN)(영어로 북두칠성(Plough)으로 알려진 별자리의 이름)으로 알려진 일련의 판에 담겨 있는, 다소 후대의 별 목록에는 66개의 별과 그들의 배치에 대한 정보가 하늘을 가로지르는 세 가지 경로를 기준으로 판단한 각 천체의 뜨는 날짜, 정중(正中) 날짜, 지는 날짜와 함께 담겨 있었다. 이와 같은 정보 덕분에 사람들은 이러한 별들이 인간사(事)에 미치는 영향에 대해 이해할 수 있었다. 그리고 그것은 오늘날 우리가 천문학의 기본으로 여기는 바빌로니아 성도(星圖)의 토대가 되었다.

사람들은 지식과 인지 사이의 연계를 인정했다. 왜냐하면 오직 충분한 훈련을 받은 사람만이 자기가 본 것의 의의를 이해할 수 있었기 때문이다. 이와 같은 지식은 불평등을 조장하는 요인이었다. 사회적 스펙트럼에서 보다 더 높은 계층에 위치한 사람일수록 보다 더 많은 지식에 접근할 가능성이 있었기 때문이다. 점복 텍스트의 대부분은 '아는 자는 볼 수 있을 것이고 모르는 자는 볼 수 없을 것이다'라는 문장으로 끝났다. 세계는 다양한 얼굴과 다양한 측면을 보여주었다. 어느 날 밤의 구름의 대형, 달무리, 바람의 본질 또는 소규모 유성우(流星雨)는 앞으로 일어날 사건의 예시일 수 있었다. 오늘날 모든 형태의 과학적 관측에서 그러한 것처럼 무엇이 중요하고 무엇이 중요하지 않은지를 아는 것은 결정적이었다. 지식은 관측 자체에서 비롯될 뿐 아니라 세계에 의미를 부여하는 의의의 틀거리에서 비롯되는 것이었다.

아시푸는 메소포타미아 사회의 엘리트 계층에서 고도의 훈련을 받고 활동했지만 우리는 도시와 마을의 거리에서 서비스를 제공했던 뱀을 부리는 사람(무슬라후(Mušlahhu)), 에세부(Eššebû) 또는 '올빼미 인간', 카디슈투-여인(Qadištu-Woman)같이 보다 더 가려져 있는 인물들도 엿볼 수 있다. (아마 뱀을 부리는 사람을 제외하면) 이러한 사람들이 무슨 일을 했는지가 항상 분명한 것은 아니다. 그러나 메소포타미아 세계의 거리와 주택에서는 마법 활동이 일상적으로 등장했다. 뱀을 부리는 사람과 올빼미 인간은 주술을 행했다는 혐의로 일상적으로 고발당했고 외국인 역시 종종 혐의의 대상이 되었다. 주술은 사람들에게 질병이나 불운을 초래할 수 있었다. 질병과 장애의 목록은 카트 아멜루티(Qāt Amēlūti), 즉 '인간의 손'(-질병)으로 알려졌다. 질병을 치료할 때 약은 즉각적인 증상을 다루는 것으로 여겨졌지만, 의례 행위는 종종 어떤 식으로든 영혼 세계로부터 발산된 문제의 근본 원인에 영향을 미쳤다. 금지된 주술 형태에 대한 목록이 작성되었는데, 그 가운데 일부는 보다 덜 공식적인 인물들에 의해 행해졌을 수 있다. 불운은 주술사로부터 비롯된 결과일 뿐 아니라 악마로부터 비롯된 결과 또는 금기 위반을 처벌하는 저주, 금기된 물질, 분노한 신 또는 유령과의 접촉으로부터 비롯된 결과이기도 했다.

악마의 특징은 눈에 띄었고 여전히 완벽하게 기록되지 않은 각자의 고유한 역사를 가지고 있었다. 악마는 신성한 영역에서 지위가 낮은 존재였고 황야와 산을 배회하면서 인간의 정착지나 주택을 습격할 수 있었다. 악마는 바람을 타고 날아다니다가 창문을 통해 또는 문의 빗장을 벗기고 주택 안으로 들어왔다. 악마의 대부분은 괴물이었다. 라마슈투(Lamaštu)는 사자 머리에 당나귀의 귀, 개의 이빨, 독수리의 발톱을 가진 존재였다. 라마슈투는 출산 전, 출산 중, 출산 후 영아와 여성을 공격하는 경향이 있었다. 라마슈투에 대항하는 예방 의례가 행해질 수 있었다. 그 예로는 라마슈투 형태의 작은 입상(立像)을 파괴 또는 제거하거나, 라마슈투를 묘사한 부적을 몸에 지니는 것을 꼽을 수 있다. 일단 라마슈투의 공격을 받은 경우에는 특히 열병에 대한 다양한 치료가 가능했다. 어느 부적집(集)에는 동료 악마인 파주주(Pazuzu)에 의해 쫓겨나는 바람에 울라야강(Ulaya River)을 건너 황야로 되돌아가는 라마슈투의 모습이 묘사되어 있다.

메소포타미아의 점복

아시푸의 활동에서 결정적인 것은 점복이었다. 메소포타미아에서 점복의 기본 형태는 점성술과 내장점(內臟占), 두 가지였다. 우리는 천문 전승(傳承)을 보다 더 많이 설명할 것이지만 내장점도 중요했다. 동물의 내장, 특히 간(肝)과 폐(肺)를 검사하여 미래의 흥미로운 사건을 조명할 수 있는 특이한 구조와 대형을 찾는 내장점은 고도로 구조화되고 미묘한 지식에 근거를 두고 있었고, 때로는 말장난이 관련되었다. '만일 장(腸)의 꼬인 모양이 후와와(Huwawa)[어표(語標)에 따라 훔.훔(hum.hum)으로 기록]의 얼굴처럼 보인다면, 이것은 모든 땅을 지배했던 찬탈자 왕[아카드어로 함마우(hammāʾu)]의 징조이다.'[6] 후와와(또는 훔바바(Humbaba)는 우리가 《길가메시 서사시》를 통해 알게 된 신들 가운데 한 신이 키운 악마로, 그의 얼굴은 장(腸)처럼 보이는 구불구불한 패턴으로 묘사되곤 한다. 여기에서 후와와의 얼굴과 내장점을 통해서 본 장(腸)은 시각적인 측면에서 닮은 점이 있고 후와와라는 악마의 이름도 찬탈자 왕의 이름인 함마우(hammāʾu)를 음성적인 측면에서 반향한다. 여기에서 우리는 점복과 그 밖의 다른 관행과 관련하여 세계 전역에서 이루어진 연결의 복잡성을 확인할 수 있다.

　점복의 해답은 쉽게 나오지 않았다. 점쟁이는 원하는 정보를 획득하기 위해 정교한 의례를 행해야 했다. 전체 절차는 점쟁이가 신에게 질문을 제

기하는 대화 형식으로 진행되었다. '당신의 위대한 신성이 그것을 알고 있
나이까? 당신의 위대한 신성, 위대한 군주 샤마시(Shamash)의 명령에 의해
[내장점의] 유리한 사건으로 정해지고 확정되나이까? 볼 수 있는 자가 볼
수 있겠나이까? 들을 수 있는 자가 들을 수 있겠나이까?' 신은 그 해답을
알고 있어야 하고 질문을 던진 인간에게 그 해답을 기꺼이 알려주어야 한
다. 많은 점복의 마지막 공식은 다음과 같다. '이 숫양에게 임하소서. 당신
의 위대한 신성의 명령을 통해 긍정적인 해답, 유리하고 길(吉)한 징조를 질
문의 대상이 된 육체에 새겨주소서. 그리하여 제가 볼 수 있도록 해주소서.'
기원전 1000년에서 0년 사이의 복잡한 의례는 해가 질 때 시작되어 해가
뜰 때까지 지속되었고, 그동안 한 마리 이상의 양이 희생되었다.[7]

　　지금까지 살펴본 것처럼, 점성술은 점복의 또 다른 거대한 분야였다.
메소포타미아의 전통은 문맹의 시대였던 우바이드 시대와 그 이전 시대의
세계에서 비롯되었다. 보다 더 이른 시대에는 태양, 달, 가시적인 행성, 별
같이 눈에 띄는 중요한 천체의 뜨고 지는 현상에 집중하는, 이른바 '지평선
현상'이 중요했을 가능성이 꽤 높다. 점성술 지식은 고(古)바빌로니아 시대
와 특히 기원전 1000에서 0년 사이의 중반의 신(新)아시리아 시대에 처음
으로 공식화되었다. 이 기간 동안 기원전 8세기에 이른바 왕실의 관측자
(King's Watch) 제도가 도입되어 기원전 1세기까지 계속되었다. 매일 밤마다
전문가들이 달, 별, 행성을 관측하고 그것들의 위치와 운동을 상세하게 기
록했다. 이것은 근대 과학의 어떤 관측 프로그램보다 더 오랜 기간에 걸쳐
이루어진 관측이었다. 또한 기원전 1000년에서 0년 사이에는 천체의 운동
을 수학 모형으로 정립하려는 경향이 나타났다. 덕분에 점쟁이들은 큰 관
심을 끄는 행성의 뜨고 지는 시기를 예측할 수 있었다. 바빌로니아의 달과
행성 표(또는 천체력(天體曆))는 이러한 정보를 종합하여 오늘날 점성가들과

그 밖의 다른 사람들이 여전히 사용하고 있는 정제된 형태의 달과 행성 표의 토대를 마련했다.

　기원전 460년에 태양과 달이 1년 동안 이동하는 경로를 통과하는 12개의 별의 배치로 구성되는 황도대(黃道帶)가 창조되면서 중요한 발전이 이루어졌다. (오늘날 우리가 황도 12궁이라고 부르는) 각 별자리는 하늘을 가로지르는 30도 각도의 부채꼴 모양의 영역을 차지하고 있으면서 일 년 동안 차례차례 보이게 되었다. 기원전 410년 최초로 알려진 천궁도가 창조되었다. 이것은 출생 당시의 중요한 행성과 별의 위치로부터 개인의 삶의 경로를 예측하는 데 사용되었다. 이전의 예측의 일반적인 목적은 전체로서의 왕국 또는 왕국의 일부 중요한 부분의 가능한 운명과 미래를 이해하는 것이었다(그림 3.3). 이제는 개인이 보다 더 전면에 등장했고, 이러한 변화는 후대에서 상당한 반향을 불러일으켰다. 설형문자 문화의 이 최신 단계에서는 양의 간을 황도대의 12궁과 유사하게 12개로 나눔으로써 내장점을 천체 예측과 연결하려는 시도도 이루어졌다.

　내장점과 점성술의 연계는 메소포타미아 우주의 두 가지 큰 영역, 즉 하늘 아래의 세계와 하늘 위의 세계 및 그 두 가지 영역 사이의 공중에서 활동하는 유령과 악마를 한데 모았다. 메소포타미아의 마법은 두 가지 영역을 모두 아우르면서 사람들이 그들을 둘러싼 세계에 참여하는 총체적인 방식을 표현하는 입체적인 3차원 지도를 작성하려고 했다. 이와 같이 복잡한 상호 작용의 지도 덕분에 사람들은 과거, 현재, 미래를 인과적 측면에서 보다는 사물 사이의 상관관계에 따라 이해할 수 있었을 것이다. 누구나 이와 같이 촘촘하게 연결된 실타래를 따라가려고 시도할 수 있지만, 방대한 현상을 통해 일관된 실마리를 추구하기 위해서는 엄청난 지식이 필요했다. 아시푸 같은 사람들은 깊은 역사적 뿌리를 가지고 있었지만 통치자와

그림 3.3. 점토판-기원전 331년에서 330년, 6개월에서 7개월 동안 관측된 천문학적 현상과 기상
학적 현상에 대해 논의한 바빌로니아 천문학 일기의 파편. 다리우스 3세(Darius III)가 알렉산드로스
대왕(Alexander the Great)에게 패배한 일과 승리한 알렉산드로스 대왕이 바빌론에 입성한 일에 대
한 언급이 있다.

피통치자의 필요에 따라 끊임없이 변화하기도 했던 수천 년에 걸쳐 내려
온 지식과 관측에 의존할 수 있었다.

    메소포타미아의 남쪽과 서쪽, 나일(Nile)강을 끼고 있는 지역에서 또 하
나의 마법 문화가 발전했다. 그것은 바로 이집트의 마법 문화이다. 메소포
타미아의 마법 못지 않게 복잡한 이집트의 마법 문화는 오늘날까지도 계
속해서 역사적인 영향을 미치고 있다.

이집트의 마법

메소포타미아에서와 마찬가지로 이집트에서도 마법은 국가의 공식적인 구조의 일부였고 위험을 피하거나 안녕을 보장하는 일련의 결정적인 기법이었다. 이집트의 어느 저명한 학자는 다음과 같이 기록했다. '최근 학계는 "마법"이 이집트인들의 사고에 필수적인 요소였다는 합의를 공고히 했다. 즉, 마법은 주변적이거나 파괴적인 현상이 아니라 기본적인 우주적 힘이었다.'[8]

　　지난 1,500년 동안 이집트는 세계의 다양한 지역에서 제례적 지위를 달성했다. 이것은 메소포타미아에서는 결코 일어나지 않았던 일이었다. 그리스인과 로마인들이 창조한 후기 이집트의 신비주의에 대한 다소 왜곡된 그림은 나중에 유럽의 르네상스(Renaissance) 세계에 전파되었다. 1822년 장 프랑수아 샹폴리옹(Jean-François Champollion)이 신성문자(神聖文字)를 해독한 이후, 세계는 고대 이집트인들의 사고방식과 행동 방식에 대한 보다 더 정확한 그림을 얻게 되었다. 이러한 이집트 세계에서 드러난 엄격한 질서와 깊은 이상함의 조합은 오늘날에도 여전히 강력한 영향력을 발휘하고 있다. 고대 이집트인들이 추구했던 질서는 살아 있는 사람과 죽은 사람을 연계하고 신들의 우주론적 세계와 일상적인 인간의 삶을 연계하는 종교와 마법의 형태에 의해 뒷받침되었다. 우리는 우리 세계의 질서가 자연의 규칙성뿐 아니라 사람들 사이의 사회적, 정치적 계약을 통해 유지되는 것으로 간주한다. 따라서 저세상에 대한 이집트인들의 강조는 신비주의적이고, 당혹스러우며, 매혹적인 것처럼 보인다. 이집트인들의 용어를 통해 세계에 대한 이집트인들의 접근법을 이해할 수 있지만, 오늘날의 우리 대부분은 받아들이기 어려운 전제에 의존하고 있었다. 이집트의 종교와 마법이 3,000년이 넘는 시간에 걸쳐 발전했다는 것은 마법에 대한 믿음과 종교적 신앙의 조합이 수천 년에 걸쳐 수백만 명의 사람들에게 작동했음을 시사한다. 그리고 그러한 의미에서 이 조합은 그 밖의 다른 어떤 것보다 더 효능을 발휘했다.

메소포타미아와는 대조적으로, 이집트는 일반적으로 서로 경쟁하는 도시 국가로 구성된 것이 아니라 오히려 통일된 단일 국가였다(본문에 언급된 유적지는 그림 3.1 참고). 이집트 국가의 우두머리는 태양신(Sun god)의 아들이자 호루스(Horus)가 실체화된 지구의 신, 파라오였다. 신적인 지위를 가진 덕분에 통치자는 우주적 힘을 지구에 전달할 수 있었다. 이것은 지상의 영역이 조화롭게 작동하는 경우, 식량 공급, 인간의 생식력, 해로부터의 상대적인 자유를 보장했다. 이와 같은 조화 상태를 이루기 위해서는 파라오와 이집트 전역에 자리 잡은 사원에서 신들을 돌보는 사제들이, 우리가 보기에 종교적이고 마법적인 특징을 지닌 수단을 사용하여 끊임없이 작업을 수행할 필요가 있었다.

이집트에 대한 모든 논의는 이집트를 둘러싼 사막의 황폐화가 아니라 오히려 나일강에 강력하게 초점을 맞춘다. 그러나 나일강이 항상 사막을 가로지르는 비옥한 지대를 형성한 것은 아니었다. 기원전 3600년경 이전에는 사하라(Sahara) 사막이 비교적 푸르렀기 때문이다. 기원전 7000년에서 5000년 사이부터 이집트에는 이동 생활을 하는 소 목축민이 거주했다. 그들은 남쪽의 건곡(乾谷)에 자리 잡은 나브타 플라야(Nabta Playa) 같은 유적지에 천문학적/점성술적 정렬을 가지고 있었을 수 있는 환상열석(環狀列石)을 세웠고 거기에 암소 조각상과 아마 향연의 잔해일 수 있는 수천 개의 소뼈를 세워놓았다. 지금까지 살펴본 것처럼, 정주 생활이 서서히 이루어져 기나긴 역사를 가진 레반트와 메소포타미아의 깊은 역사와는 다르게,

이집트에서는 정주 생활이 보다 더 급속하게 이루어졌다. 기원전 3600년
경부터 사막화로 인해 나일강의 물이 사람들에게 점점 더 매력적인 것으
로 인식되면서 정주 공동체가 흔해졌다. 불과 몇 세기 후, 파라오가 통치한
이집트에서 원형(原型)을 찾을 수 있는 것으로 보이는 건축물을 갖춘 대규
모 정착지가 건설되었고 기원전 3300년경에는 최초의 신성문자 기록이
발견되었다. 소도시와 사원으로 이루어진 이집트가 갑자기 시작되었는데,
그 이유는 여전히 제대로 이해되지 않고 있다.

　　사람들은 나일강 하곡(河谷, Nile Valley)에 군집하여 생활하면서 작물을
재배했을 뿐 아니라 가축을 길렀다. 매년 찾아오는 홍수는 삶의 중심이었
다. 인도양(Indian Ocean)의 몬순 주기로 인해 6월부터 에티오피아 고원
(Ethiopian Plateau)에 폭우가 내리면 그 달이 끝날 무렵 아스완(Aswan) 근처 제
1급류(First Cataract) 주변의 수위가 상승한다. 7월부터 9월까지 나일강 하곡
을 통과하는 강물의 수위가 상승했고 높은 수위는 나일강 삼각주(Nile
Delta)에서 10월까지 지속되었다. 이집트 국가는 수위를 측정할 수 있는 인
상적인 수단을 창조했다. 수위가 너무 높으면 사람과 동물이 익사할 터였
고 수위가 너무 낮으면 작물이 부족해져 점점 늘어나는 인구를 먹여 살릴
수 없을 터였다. 파라오 시대에는 적어도 200만 명이, 그리고 아마도 훨씬
더 많은 사람들이 나일 하곡과 삼각주에 모여 살았을 것이다. (우리는 평범한
사람들의 숫자와 조건에 대한 지식보다 기념비적인 건축물과 엘리트에 대한 지식을 훨씬
더 많이 가지고 있다.) 물이 물러나자마자 홍수가 남긴 수분과 홍수가 가져온
토사를 이용하여 작물을 파종했다. 매년 새롭게 퇴적되는 토양 덕분에 이
집트는 물과 토사를 관리하는 정교한 체계가 (로마 시대 이후(Post-Roman
Period)) 무너지기 전까지 수천 년 넘게 높은 비옥도와 수확량을 유지할 수
있었다. 물과 토사를 관리하는 정교한 체계는 그리스도교가 그리고 그 뒤

를 이어 이슬람교가 지배적인 종교가 되면서 고대 사원이 쇠퇴한 시기와
유사한 시기에 무너졌다.

　기원전 4000년에서 3000년 사이의 후반 무렵에는 나일강을 따라 세
개의 정치 조직이 있었던 것처럼 보인다. 이러한 정치 조직들은 우리가 후
대를 통해, 예를 들어 기원전 3500년경 히에라콘폴리스(Hierakonpolis)의 벽
화 무덤(Painted Tomb)을 통해 알고 있는 건축물과 미술의 일부를 처음으로
발전시켰다(이집트의 전반적인 연대기는 표 3.2 참고). 나일 하곡과 나일강 삼각
주(Nile Delta)의 통일은 아마도 정복을 통해 달성되었을 것이다. 기원전
3100년경에는 남쪽의 상이집트(Upper Egypt)에서 북쪽의 계속 확장되고 있
는 삼각주에 이르는 연합 왕국의 통치자인 최초의 파라오에 대한 기록이
등장한다. 메기와 끌을 의미하는 신성문자가 최초의 파라오와 연관되어
있기 때문에, 그것이 그의 이름이 맞는지 합의된 적은 없지만, 우리는 최초
의 파라오가 나르메르(Narmer)라고 생각한다. 이 시대에 무덤 명문에 기록
된 기록과 일부 문서가 여전히 부족하기 때문에 우리가 그것들의 의미를
항상 확신할 수 있는 것은 아니다.

　샹폴리옹은 신성문자가 부분적으로는 단어의 소리를 반영하는 표음문
자이고, 부분적으로는 그 안에 포함된 개념을 담은 그림이 동반되는 표의
문자라는 것을 보여주었다. 또한 신성문자는 이집트어가 남쪽의 일부 아
프리카 대륙의 언어 및 레반트의 언어와 메소포타미아의 아카드어 같은
셈어족(Semitic languages)과 관련된 아프리카아시아어족(Afroasiatic language)
임을 보여준다. 마법과 종교의 본질에 중요한 이집트어는 계속 사용되다
가 기원후 642년 이슬람교에 정복된 이후 중세 시대(Medieval Period)에 아
랍어(Arabic)로 차츰 대체되었다. 이집트어의 일부 잔존 형태가 다양한 마
법 전통을 창조했던 콥트어(Coptic), 특히 비밀에 싸인 콥트 그리스도교에

표 3.2 고대 이집트 역사의 주요 시대와 왕조.

시대	연대	사건과 과정
나카다(Naqada) (이집트 남부)	기원전 4500년-3100년	
초기 왕조 시대(Early Dynastic Period) (제1왕조-제2왕조)	기원전 3100년-2670년	나일 하곡의 통일. 마법 지팡이의 등장
고(古)왕국(Old Kingdom) (제3왕조-제6왕조)	기원전 2670년-2150년	합성 동물의 최초 증거 -신의 확장
제1중간기(First Intermediate Period) (제7왕조-제10왕조)	기원전 2150년-2040년	호루스 이야기
중(中)왕국(Middle Kingdom) (제11왕조-제13왕조)	기원전 2040년-1650년	
제2중간기(Second Intermediate Period) (제14왕조-제17왕조)	기원전 1650년-1550년	
신(新)왕국(New Kingdom) (제18왕조-제20왕조)	기원전 1550년-1070년	아케나텐(Akhenaten)의 개혁
제3중간기(Third Intermediate Period) (제21왕조-제25왕조)	기원전 1070년-664년	
말기 왕조 시대(Late Period) (제26왕조-제31왕조)	기원전 664년-332년	
그리스 로마 시대 (Graeco-Roman Period)	기원전 332년-350년	광범위한 지중해 세계의 영향
아랍의 정복(Arab Conquest)	기원후 642년	아랍인이 이집트인을 대체

서 행해진 의례에 보존되어 있을 수 있다. 1822년 이후 이집트어에 대한 학문적 관심이 소폭 부활하면서 현재 전 세계 수백 명의 학자들이 신성문자를 읽고 이집트어의 문화적 맥락을 이해할 수 있게 되었다. 이러한 지식과 19세기 이후 고고학의 연구 결과 덕분에 우리는 이집트의 우주론과 고대 이집트 세계의 그 밖의 다른 모든 요소에 대한 현재의 이해를 얻게 되었다.

신과 마법

이집트는 피라미드로 가장 유명하지만 이집트 국가의 중심 기관은 신과 신을 돌보았던 사제들이 거주했던 사원이었다. 파라오는 지상의 신이었다. 이집트의 신들은 다양하고 혼란스럽다. 약 3,000년에 걸친 이집트적 신앙을 관통하는 핵심이 있음에도 불구하고, 시대에 따라 부각되는 신들이 상이했고, 신화적 이야기가 바뀌었으며, 새로운 형태의 도상이 사용되는 등 상당한 차이도 있다. 신들은 다양했다. 그 이유는 부분적으로 신들이 세계의 상이한 힘의 전형이었기 때문이지만, 그들이 지상의 대소사와도 결부되어 있었기 때문이다. 사원들은 자신들이 돌보았던 신들의 중요성을 강력하게 주장하기 위해 애썼고 파라오들도 종교를 정치에 이용했다. 가장 널리 알려진 인물은 태양신 아텐(Aten)을 중심으로 종교의 근본적인 개혁을 시도한 아케나텐(Akhenaten)이었다.

고대 이집트인들에게 우주는 조화(마아트(Maat)는 '조화' 또는 '균형'을 의미)와 혼돈이 항상 번갈아가면서 나타나는, 일련의 유동적인 힘으로 구성되었던 것처럼 보인다. 항상 개별적인 존재로 정의되었던 메소포타미아의 신들과는 다르게, 이집트의 신들은 우주의 흐름에서 형성되었다. 따라서 결합과 재결합이 가능하여, 완전하게 별개의 실체만큼이나 복합적인 특징을 구현할 수 있었다. 태초에, (라(Ra)로도 알려진) 최초의 신 아툼(Atum)은 재채기, 자위 또는 침 뱉기를 통해 자신을 배출함으로써 자신을 발산했고 그것을 통해 우주가 생겨났다. 바로 이러한 물리적인 방식으로 아툼은 파라오로서 화신했던 호루스(Horus)에 이르는 계보학적인 실체의 위계를 창조한다. 메소포타미아와는 대조적으로, 여기에서는 인간의 창조나 그들의 우주론적 역할에 대한 언급이 이루어지지 않는다.

이집트의 지도자에게는 마법에 대한 지식뿐 아니라 공학과 건축에 대한 지식도 필요했다. 이와 같은 지식 덕분에 한 사람이 세계를 변화시킬 수 있었다. 왜냐하면 그들은 대다수의 사람들보다 더 깊은 이해를 가지고 있었기 때문이다. 이러한 세 가지 기술은 모두 지금까지 전 세계에 지속되는 유산을 남겼다. 이집트의 마법은 나일강을 따라 건설된 피라미드 및 사원과 더불어 후대에도 오랜 세월 동안 반향을 불러일으켰고 후대의 마법 전통의 중요한 가닥이 되었다.

이집트 우주의 중요한 힘들 가운데 하나는 신들과 인간 모두를 지배하는 헤카(Heka)이다. 헤카는 창조를 가능하게 하는 힘으로, '마법'으로 번역되곤 한다. 이집트인들에게 마법은 우주의 힘인 동시에 일련의 관행이었다. 〈스타워즈(Star Wars)〉의 포스(Force)처럼 헤카는 본질적으로 선한 존재도, 본질적으로 악한 존재도 아니다. 헤카의 효과는 그것을 행사하는 사람의 의도에 달려 있다. 헤카에는 도덕적 차원이 있다. 그렇기는 하지만, 흑마법이나 주술은 거의 감지되지 않는다. 신들은 사람들보다 헤카를 오용할 가능성이 보다 더 높다. 고대 이집트인들은 신성한 세계와 세속적인 세계를 거의 구분하지 않았다. 이집트인들의 일상생활에는 신들과 악마들의 행동이 스며들어 있다. 그 결과, 자연 위에 우주적 영역이 존재한다는 관념이 없었다. 오늘날 우리는 과학과 종교를 분리하게 되었지만 이집트는 과학과 종교를 분리하지 않았다.

나아가 마법과 종교는 연속선상에 있었다. 신들은 헤카의 지배를 받았을 뿐 아니라 헤카 힘의 실체화이기도 했다. 그리고 일부 인간은 그 밖의 다른 인간보다 헤카를 보다 더 크게 통제할 수 있었다. 따라서 마법은 초자연적인 것이 아니었다. 이와 같이 거대한 과업에는 분명 복잡한 훈련과 상당한 기술이 필요했을 것이다. 그럼에도 불구하고 관행으로서의 마법은 사람

들이 우주를 조화롭게 유지하기 위해 사용할 수 있는 도구 가운데 하나였
다. 보다 더 소박한 마법은 해로부터 보호하거나 사소한 질병의 치료를 돕
는 데 사용할 수 있었다. 마법 종사자들의 스펙트럼은 헤카를 행사하는 방
법에 대해 오랫동안 훈련을 받은 주요 사원의 사제들부터 강을 건널 때 악
어의 영혼으로부터 소 떼를 보호할 수 있거나 악마로부터 갓 태어난 아기
를 보호할 수 있는 마을의 남녀에 이르기까지 다양했다. 사원의 사제들에
게는 기록을 통한 주문의 전수가 중요했지만 보다 더 소박한 마법의 경우
구두(口頭) 전수로 충분했다. 따라서 지금은 기록된 주문에 대해 보다 더
많이 알고 있다. 또한 사제는 도덕 교사가 아니라 특정한 과업을 수행하는
유급 전문가였다. 사원의 사제들은 개인적인 마법 관행을 유료로 행할 수
있었고, 부유한 사람들은 실제로 필요한 경우 사제들을 고용하여 국가의
지원을 받아 이루어진 오랜 훈련을 개인적으로 활용할 수 있었다. 규모가
큰 사원에는 도서관, 필사본을 베껴 쓰는 필사실, 강의실이 결합된 '생명의
집(House of Life)'이 있었다. 또한 생명의 집은 학식을 갖춘 사람들이 다양한
우주론과 지상의 문제에 대해 토론할 수 있는 학문 공동체를 만드는 데 기
여했다.

　모스크, 회당(會堂, Synagogue) 또는 교회와 비교하여 뚜렷하게 구분되는
사원의 특징을 염두에 두는 것이 바람직하다. 이집트의 사원은 회중이 신
에 대한 숭배를 드리기 위해 설계된 것이 아니었다. 오히려 정반대로, 신들
을 유폐하기 위한 곳이었다. 사람들은 조각상의 형태로 사원에 유폐된 신
들에게 의복을 입히고 음식을 먹이면서 신들을 돌봤다. 이와 같은 유폐는
일상적으로 중단되었다. 신들은 여전히 옷감에 싸인 채 신전 안에 감춰져
있었지만 축제가 시작되면 신전 밖으로 나왔다. 소도시 라훈(Lahun)에서는
매년 35차례의 축제가 열렸다. 일부는 며칠 동안 지속되었고 일반 대중은

신들과 더불어 사원의 음식을 먹고 음료를 마시면서 다양한 수준으로 참여할 수 있었을 것이다. 사원의 목적은 조화였지만 매일 밤 생명에 사소한 위협을 가하는 위기는 되돌아올 것이라는 절대적인 보장이 없는 상태에서 태양이 지하 세계로 내려가는 통로, 즉 마법적-종교적 구조에 구축되어 있었다.

신들은 많았고 각각의 신은 다양한 종류의 형태를 취할 수 있었다. 이집트적 사고와 역사의 중심에는 두 가지 담론의 순환이 있었다. 바로 오시리스(Osiris) 이야기와 태양에 관련된 이야기였다. 오시리스, 이시스(Isis), 세트(Seth)의 설화는 이집트 역사의 대부분에서 다양한 형태로 발견되었다. 파라오로 화신한 호루스는 수호신 이시스의 아들이었다. 이시스는 첫 번째 자리 또는 각 파라오의 왕좌에 자리 잡고 있었기 때문에 이시스의 이름을 의미하는 신성문자는 왕좌를 닮았다. 호루스의 아버지는 동생 세트와의 전투에서 살해당한 후 미라로 만들어진 오시리스(이시스와는 남매 사이-아버지는 대지의 신 게브(Geb), 어머니는 하늘의 여신 누트(Nut))였다. 이 이야기는 늦어도 제5왕조(기원전 2400년)의 것으로, 이집트적 사고와 신앙에 결정적인 많은 요소가 결합되어 있다. 오시리스는 질서 및 마아트(maat)와 연계되었고 세트는 혼돈과 연계되었다. 두 신의 경쟁과 싸움은 질서와 무질서 사이의 투쟁을 압축적으로 설명한다. 오시리스가 살해당하는 장면은 절대로 분명하게 묘사되지 않는다. 이집트인들은 말을 함으로써 그 말이 지칭하는 상황이 현실이 될 수 있다고 생각했기 때문이다(아래에서 말의 힘에 대해 보다 더 자세하게 설명할 것이다). 한 시나리오에서는 세트가 왕좌에 오른 뒤 무질서의 시기가 뒤따른다. 이시스는 (때로는 죽은 사람을 미라로 만드는 자칼의 머리를 가진 신 아누비스(Anubis)의 어머니일 수 있는 그들의 여자 형제인 네프티스(Nephthys)와 함께) 매의 형태를 취하고 있는 오시리스를 찾아 나선다.

신(新)왕국에 이르면, 이 이야기는 이시스의 눈물이나 오시리스의 체액이 유발하는 나일강의 범람과 연계된다. 세트와 호루스의 전투는 다양한 폭력과 성적 공격에 관련된다. 세트는 호루스의 왼쪽 눈을 제거하고 호루스는 세트의 고환을 손상시켜, 세트는 정력과 강함을 잃게 된다. 호루스는 하늘의 신으로, 호루스의 오른쪽 눈은 태양을, 왼쪽 눈은 달을 나타낸다. 호루스의 왼쪽 눈이 제거되었다는 것은 달이 일부 위상에서 어두워진다는 것을 시사한다. 투쟁은 다양한 종류의 결말로 이어지지만 대부분의 경우 호루스가 왕좌에 오른다. 따라서 세트와 호루스의 전투 이야기는 통치자의 힘을 설명하는 담론을 제공한다.

이집트 사회의 모든 계층에서 알고 있었을 만큼 이러한 신화가 만연해 있었다는 사실은 오늘날의 많은 문화와의 주요 차이를 시사한다. 광범위하게 공유된 신화를 통해 주관적인 경험을 이해하는 것은 개인과 집단 사이에 상이한 균형을 자아냈다. 이러한 방식으로 개인과 집단의 경험이 이어졌을 뿐 아니라 사람들의 삶의 사건이 태양, 달, 우주의 그 밖의 다른 측면의 운동과도 연계되었다. 오시리스 신화 같은 이야기는 천문학적 사건과 통치자의 힘을 설명하는 데 사용되었을 뿐 아니라 뱀에 물린 아이를 보호할 수 있는 주문 또는 뱀에 물리는 것으로부터 또는 사실 뱀이 나타내는 위험한 에너지로부터 아이를 보호할 수 있는 주문 같은 많은 마법 주문의 토대가 되었다. 아동으로서 오시리스가 겪은 고난과 오시리스의 여자 형제인 이시스의 보호 행위는 인간 보호의 토대가 된다. 우리가 보기에 보다 더 특이하게도, 오시리스가 죽었음에도 불구하고, 죽은 오시리스와 성행위를 하기 위해 이시스가 사용했던 주문은 죽은 남편이 아직 살아 있는 아내가 아이를 가질 수 있도록 지원하는 데 사용될 수 있었다. 일상생활에서 가장 흔하게 발견되는 이 신화의 사례는 호루스의 눈(Eye of Horus) 형태의 보호 부적이었다. 이것은 다양한 질병을 막는 데 도움이 될 수 있었는데, 아마도 호루스가 세트의 형태를 취하고 있는 혼돈을 막고 결국 물리친 것이 토대가 되었을 것으로 추정된다.

신들은 모양을 바꾸거나 형태를 결합하곤 했다. 타와레트(Tawaret) 여신의 조상은 몸은 하마, 등은 악어, 대롱거리는 가슴은 인간, 발은 사자의 모습을 취하고 있었다. 타와레트는 종종 칼을 들고 '보호'를 의미하는 신성문자를 만진다. 이러한 방식으로 속성을 결합하는 것은 혼란이나 모호성의 흔적이 아니라 여러 동물과 인간의 특징을 결합하여 강력한 효과를 내는 고급 마법 기법이었다.[9] 타와레트는 여러 물건과 함께 등장한다. 거기에는 하마 상아, (영어로 들어온 소수의 이집트어 가운데 하나인) 흑단 또는 매끈매끈한 동석(凍石)으로 만든 이른바 마법 지팡이나 칼이 포함되는데, 이것은 하마 상아 같은 물질의 힘을 마법사의 손에 부여한다(그림 3.4). 지팡이는 기원전 2800년경 처음 등장하는데, 그 끝부분에는 흑표범이나 자칼 같은 사나운 동물의 머리가 달려 있다. 기원전 2100년부터는 복잡한 동물 조각이 발견되지만, (개의 특징과 그 밖의 다른 많은 생물의 일부분을 결합한 합성 형태인) 세트(Seth) 동물, 타와레트, 그리핀, 두 얼굴의 스핑크스, 사자 갈기를 가진 벌거벗은 안짱다리 난쟁이(베스(Bes)라고 알려진 대중적인 수호신) 같은 상상의 존재도 발견된다. 때로는 호루스의 눈과 호루스를 돕는 토트(Thoth)도 묘사되어 있다. 이후의 사례로는 사회적 지위가 보다 더 낮은 사람들을 포함하여 지명된 사람들의 보호를 요청하는 명문(銘文)을 꼽을 수 있다. 이러한 지팡이들이 마지막으로 제작된 시기는 기원전 1650년경이었다. 그 후 처음으로 비엘리트의 무덤에 신들이 묘사되면서 훨씬 더 다양한 도상이 등장한다. 보호는 지팡이에서 무덤과 봉헌 석주(石柱)에 새겨진 이러한 형상으로 이동했을 수 있다. 따라서 사람들은 보호 형상을 지니고 다닐 수 없게 되었

을 것이고 사원을 찾아야 했을 것이다. 아마도 이러한 이유로 마법의 역사
가 변화함에 따라 기원전 17세기에는 평범한 사람들도 거대한 국가 사원
에 보다 더 쉽게 접근할 수 있게 되었을 것이다.

　　마법적 지식의 중요한 요소는 사물의 이름을 진정으로 명명(命名)하고
겉으로 드러나는 외양 이면에 숨겨진 보다 더 깊은 실재의 질서와 연결을
이해하는 것이었다. 이집트 사회의 말, 형상, 물건 간의 관계는 우리 사회
의 말, 형상, 물건 간의 관계와 달랐다. 고대 이집트는 신화적 인물과 실제
인물 모두에 대한 수많은 유명한 형상을 창조했고 그것을 사원과 무덤에
그려 넣고 조각했다. 이것들 가운데 대부분은 정확한 주문을 사용하여 활
성화되고 작동될 수 있었다. 형상은 우리가 볼 수 있도록 재현한 것이 아니

그림 3.4. 타와레트 여신은 여러 물건과 함께 등장한다(위). 거기에는 하마 상아, 흑단 또는 매끈매
끈한 동석(凍石)으로 만든 이른바 마법 지팡이나 칼이 포함된다.

었다. 형상은 그려진 사물이나 사람을 상징하는 것이 아니었다. 형상은 사물 또는 사람**이었다.** 우리는 형상을 재현이라고 생각하는 경향이 있다. 왜냐하면 우리는 오직 비활성 상태에서만 형상을 볼 수 있기 때문이다. 살아 있는 사람을 공포에 떨게 하는 미라나 최신 영화를 통해 생명을 얻은 사원의 조각상은 이집트인들이 견지했던 발상을 변형한 버전이다. 형상과 조각상은 휴면 상태 또는 활성 상태로 간주될 수 있다. 따라서 정확한 마법 절차를 통해 깨우고 활성화할 수 있다.

　여기에서 염두에 두어야 할 두 가지 측면이 있다. 사물은 활성화되고 어떤 의미에서는 살아 있는 것이 될 뿐 아니라 말의 힘을 통해 활기를 얻게 된다. 이집트인들에게 말은 기록된 형태일 때 그리고 특히 발화되었을 때 매우 강력한 힘을 발휘했다. 발화는 어떤 일을 일으킬 수 있는 행동이었다. 큰 소리로 주문을 암송하거나 노래하는 것은 마법의 필수적인 일부였다. 강력한 지식에는 사물의 진정한 이름을 알아내는 일이 관련되었다. 신들의 실제 이름은, 분명 가장 중요했기 때문에 비밀이었다. 만일 무언가의 실제 이름을 부른다면 실제 이름이 불린 무언가가 저항하기란 어려울 터였다. 물건과 물질 사이의 연계를 추적하면 하나의 사물에 미치는 영향이 또 하나의 사물로 흘러갈 수 있었다. 색(色)이나 이름의 소리에 관한 부분들은 신이나 사물을 복잡한 인과(因果)의 사슬로 연결할 수 있었다. '초록색 일을 하다'라는 표현은 초록색과 생명 사이의 연계를 통해 생식을 돕는 행동이나 일반적인 목적을 가지는 행동을 시사했다. 반대로 '빨간색 일을 하다'라는 표현은 피의 색(色)과 연결되어 위험이라는 형상을 불러오는 부정적인 의미였다. 토트(지혜의 신)를 재현한 조각상은 일반적으로 파란색으로 표현되었다. 이것은 광대함, 창조의 힘과 지식의 힘을 함의하는 하늘과 맑은 물에 연계되었다.

사원 부조(浮彫)처럼 보다 더 웅장한 것뿐 아니라 부적같이 보다 더 소박한 것들도 생명을 얻을 수 있었다. 이집트의 한 일람표에는 275가지 주요 부적의 유형이 나열되어 있는데, 아마도 이것으로도 온갖 종류를 다 포함하지는 못했을 정도로 다양했을 것이다.[10] 부적은 시신과 함께 무덤에 안치되었는데, 이것은 부적들의 본질이 개인적인 것이었음을 보여주었다. 부적을 활성화하기 위해서는 기나긴 봉헌 과정이 필요했다. 우리는 로마 이집트(Roman Egypt) 시대의 사례를 통해 음각된 보석에 활기를 불어넣는 일에는 이집트의 신들, 그리스의 신들, 유대의 신들을 불러내는 복잡한 초혼(招魂) 과정이 관련될 수 있음을 알고 있다. 14일 동안 하루에 세 번씩 신주(神酒)와 향수를 부었고 마지막 날에는 검은색 수탉을 희생시킨 뒤 그 안에 보석을 넣고 24시간 동안 두었다. 그러고 나면 부적 보석이 생명을 얻을 수 있었다. 청금석에서 가넷, 붉은색 석영에서 진주에 이르는 다양한 보석이 중요했고 여기에서 다시 한번 색의 보다 더 광범위한 함의가 결정적이었다. 보다 더 초기에는 그 밖의 다른 봉헌 의례가 있었지만 모든 시대에서 활성화는 매우 중요했다. 일부 부적은 일반적인 보호를 제공했고 나머지 부적은 특정 질병을 위해 착용했다. 많은 부적은 종종 풍뎅이, 연(蓮), 호루스의 눈 같은 중요한 상징의 작은 모형이었다(그림 3.5). 부적은 특정 신체 부위를 보호할 수도 있었다. 복부(腹部)는 정서의 자리였다. 따라서 사람들의 정서를 보호하기 위해 허리띠에 무언가를 착용하는 일이 흔했다. 여성의 골반은 임신 및 출산과 연관되어 있었으므로 특별한 보호가 필요했다. 때로 머리 받침을 마법적 형상으로 장식하여 나쁜 꿈과 밤에 보다 더 활동적인 악마를 막았다. 꼼꼼하게 확인해본 사람은 없지만, 부적의 숫자는 어느 시대의 안보의 척도인 것처럼 보인다. 피라미드가 건설되었던 시대(기원전 2700년~2200년)나 기원전 1500년 이후 신(新)왕국 시대같이 안보

그림 3.5. 풍뎅이와 음각 세공물을 이용하여 만든 반지(보호 장치로 사용). 이것들은 금으로 만든 받침대에 다양한 돌을 얹어서 만들어졌다. 기원전 1820년경, 제12왕조 시대부터 제작되었다.

가 보장되었던 시대의 부적 수는 안보가 불안했던 기원전 2000년 무렵보다 적었기 때문이다.

　　총 6권으로 이루어진《마법사의 비밀*Secrets of the Magicians*》은 여러 사원에 보관되어 있었다. 오늘날 우리가 의학적 치료법으로 간주할 수 있는 것이 주문과 결합되어 있었다. 마법 텍스트의 언어는 이해하기가 어려워 종종 어떤 질환에 대해 논의하고 있는지 파악하기가 어렵다. 일부 근대 번역본에서는 마법적 요소가 빠져 있어 이집트의 치료 관행에 대한 발상을 왜곡한다. 이집트 신화와 마법 전문가인 제럴딘 핀치(Geraldine Pinch)가 '기괴

해 보이는 치료법이 세심한 사고 과정의 최종 결과일 수 있다'고 기록한 것
처럼, 약초학과 마법이라는 두 가지 요소는 모두 신체가 작동하는 방법에
대한 정교한 이론에 바탕을 두고 있었다.[11] 많은 치료법의 토대에는 유사
성과 상반성에 대한 인지가 자리 잡고 있었다. 배설물이 많이 사용되었는
데, 그 근거는 장의 기능 저하나 소화불량 같은 질환에는 파리나 타조 배설
물 같은 다른 형태의 노폐물로 만든 촉진제가 필요하다는 것이었다. 뱀에
물렸거나 전갈에 쏘였을 경우에는 사제가 상처를 잘라 독을 제거할 수 있
었지만 질병이나 상처를 묘사한 조각상에 물을 부은 뒤 그 물을 마시는 행
위도 치료에 도움이 될 수 있었다. 기원전 2000년에서 1000년 사이의 후
반에는 목구멍에 뼈가 걸린 환자가 삼킬 빵에 거는 주문이 있었다. 이 주문
은 제거되어야 할 음식과 밤에 지하 세계를 통과하는 태양의 통로를 연계
했다. 접골(接骨) 같은 일부 문제에는 주문이 필요하지 않았던 것처럼 보이
지만 두통에는 항상 주문이 필요했던 것처럼 보인다. 오늘날 우리가 질병
의 심리적인 차원이라고 부를 수 있는 것이 강조되곤 해서, 어떤 행동이나
접촉으로 인해 아픈 사람이 악마의 공격을 받게 되었는지를 알아내려는 시
도가 이루어지곤 했다. 사람들은 최근 자신의 삶에서 일어난 사건과 그것
이 개인에게 미칠 가능성이 있는 영향에 대한 질문을 받았다. 우리 역시 진
단과 치료에서 심리적인 차원의 중요성을 서서히 깨닫고 있다.

　이집트인들은 죽음에 대한 집착으로 유명하다. 피라미드는 그 상징이
고 오시리스 신화는 그것을 부분적으로 설명한다. 죽은 사람은 살아 있는
사람만큼이나 활동적인 사회의 구성원이었지만 이해하기는 어려웠다. 사
실 우리는 살아 있는 상태를 일시적인 것으로, 변모된 혼(아크(Akh))은 오시
리스와 함께 영원히 낙원(두아트(Duat))에 거주하는 영원한 것으로 간주할
수 있다. 이러한 원하는 상태를 달성하기 위해 최근에 사망한 사람은 지하

세계의 다양한 공포를 헤치고 나아가야만 했고 여기에는 살아 있는 사람의 도움이 필요했다. 혼이 다소 분리되어 있다는 비이집트인들의 관점과는 다르게, 사람의 생명력, 즉 카(Ka)는 신체와 연결되어 있었다. 카를 유지하기 위해서는 시신을 미라로 만들어 신체를 보존하고 좋은 무덤에 안치해야만 했다. 미라로 만드는 과정에는 몇 달이 소요될 수 있었고 그동안 죽은 사람의 혼을 돕기 위한 의식이 행해졌다. 담당 사제는 미라를 만드는 자칼 신, 아누비스의 가면을 쓰곤 했다. 우리가 알고 있는 가장 오래된 지도는 죽은 사람이 지하 세계를 헤치고 나아가는 데 도움을 주기 위해 무덤 바닥에 그린 지도이다. 《두 가지 길에 대한 책*The Book of Two Ways*》에서 발견된 것과 같은 지도에는 언덕, 강, 불의 호수 같은 물리적 위험과 칼을 들고 있는 악마 같은 형이상학적 위험이 함께 제시되어 있다. 죽은 사람이 이러한 악마들을 제압할 힘을 얻기 위해서는 악마들의 진정한 이름을 알아내야 한다. 궁극적인 공포는 신체적 죽음에 이은 두 번째 죽음에 대한 공포였다. 개인을 영원히 소멸시킬 수 있기 때문이었다.

　일단 죽은 사람을 제대로 묻고 나면 그들에게 계속해서 제물을 바칠 필요가 있었고, 많은 주택에는 이러한 목적을 위한 소규모 신전이 있었다. 당연하게도 이러한 관행에는 상당한 자원이 필요했다. 가난한 사람들은 위험한 영혼이 거주하는 사막에 자리 잡은 무덤에 미라가 아닌 상태로 묻힐 가능성이 보다 더 높았다. 만일 죽은 사람이 낙원에 들어갈 수 있도록 돕는다면, 분노한 혼이 살아 있는 사람에게 미칠 수 있는 부정적인 영향을 모면할 수 있었다. 기원전 2000년에서 1000년 사이의 이야기에서 아문–라(Amun-Ra)의 대사제는 테베 네크로폴리스(Theban Necropolis)에서 문제를 일으키는 영혼에 직면한다. 유령에게 진정한 이름을 드러내라고 강요한 대사제는 무덤이 무너져 황폐해졌기 때문에 유령이 불행해졌다는 사실을 알게 된다. 대사제는 그 영혼의 안식을 위해 새로운 무덤을 짓고 제물을 바치기로 약속한다. 보다 더 긍정적으로, 특히 점복에 대해 보다 더 많은 것이 알려진 후기에는 죽은 사람이 미래에 대한 질문에 대답하여, 계획을 세우는데 강력한 도움을 줄 수 있었다. 죽은 사람은 힘을 집중시켰다. 사망한 사람의 머리카락이나 잠시 동안 무덤 근처에 묻혀 있었던 물건은 상당한 잠재력을 가지고 있었다. 세계의 변화에 영향을 미치는 말의 힘을 감안할 때 죽음의 이름을 부르는 것은 위험한 일이었다. 따라서 사람들이 어떻게 죽었는지 논의하고 죽은 사람의 이름을 부를 때에는 에둘러 말할 필요가 있었다(그림 3.6).

외지인들에게 이집트는 마법사들의 어머니였다. 예수(Jesus)에 반대하는 사람들은 예수가 이집트에서 마법사로서 훈련을 받았다는 혐의로 예수를 고발했다. 이집트는 피라미드, 무덤, 사원을 짓기 위해 대대적인 노력을 기울였고 각각에는 각자의 고유한 그림 장식이나 글씨 장식 또는 문자의 도서관이 갖춰져 있었다. 이집트의 사원은 마법 활동과 종교 활동의 중심지였고 사제들은 겹치는 부분이 있는 이 두 가지 관행 모두에 대한 전문가였다. 피라미드는 미라로 만들어진 파라오(와 그 수행원들)의 시신에 초점이 맞춰졌다. 죽은 사람이 살아생전에 누렸던 사물 가운데 대부분을 제공함으로써 권력자들이 죽음 이후에도 죽음 이전과 완벽하게 동일한 방식으로 생활할 수 있도록 도와주었다. 피라미드의 거대한 크기와 피라미드 건설에 필요한 막대한 노력과 기술은 이집트인들에게 죽음이 매우 중요했을 뿐 아니라 죽음을 헤치고 나아가기 위해 매우 많은 물리적 노력과 마법적 노력을 기울였음을 시사한다. 마법은 이집트 사회의 학문에서 결정적인 부분이었고, 이것은 종종 막대한 학식과 관련되었다. 모든 사람들은 부적, 주문, 특별한 물질을 사용하여 마법을 행했다. 예나 지금이나 미라와 조각

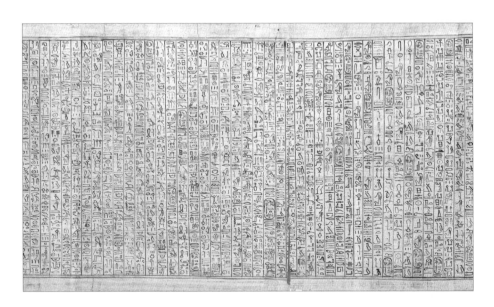

그림 3.6. 이 장면은 데르 엘 바하리(Deir el-Bahari)의 왕가의 은신처(Royal Cache)에서 도난당한 노지메트 여왕(Queen Nedjmet)의 《사자(死者)의 서(書)*Book of the Dead*》에 나오는 장면이다. 노지메트와 (아직 묘(墓)가 발견되지 않은) 그녀의 남편 헤리호르(Herihor)가 오시리스, 이시스, 호루스의 네 아들에게 제물을 바치고 심장의 무게를 재는 짧은 장면도 지켜보고 있다. 개코원숭이 형태를 취하고 있는 토트가 무게를 재는 일을 감독하고 기존의 심장은 노지메트를 나타내야만 하는 작은 여성 조상에 의해 대체된다. 헤리호르의 등장이 눈에 띄는데, 그 이유는 아마도 헤리호르가 제20왕조 말기(기원전 1186년-1070년경)부터 제22왕조(기원전 945년-715년경)의 어느 시점까지 사실상 상이집트를 통치했던 아문(Amun)의 초대 대사제 가운데 한 사람으로서 왕족의 지위를 가지고 있었기 때문일 것이다.

상은 사람들의 관심을 끌었지만, 세계를 그리고 이집트 사회의 모든 요소를 관통하는 무수한 재료, 색, 힘의 연계에 말려들어 있었다. 우리가 그리스와 로마 그리고 이후 유럽 역사를 다루는 장들에서 살펴볼 것처럼 이후의 이집트 마법의 역사도 강력했다.

마법의 숨겨진 힘

외계인이 피라미드를 건설했고 만일 우리가 그 수단을 재발견할 수만 있다면 다양한 유형의 힘을 생성할 수 있다고 확신하는 사람 옆에서 식사를 한 적이 있있다(그들이 내민 증거 가운데 하나는 미국 달러 지폐에 인쇄되어 있는 피라미드 형상(눈 주위에서 힘이 발산되는 것처럼 보임)이었다). 처음에는 농담이라고 생각했지만 이내 그 대화가 진지하다는 것을 깨달았다. 고고학 전문가인 나는 이와 같은 주장을 믿지 않는다고 말하자, 식사를 함께한 그 사람은 내가 고대 이집트와 그 힘에 대한 진실을 숨기려는 학문적 음모에 가담한 것이라고 말했다. 그 대화는 놀라울 정도로 우호적인 분위기에서 이어졌고 나의 마음속에 계속 남아 있게 되었다. 대화에서 가장 흥미로웠던 측면은 그 대화가 이집트와 이집트의 신비주의적인 힘 또는 마법의 힘에 대해 계속 이어지는 집착에 대한 증거를 제공했다는 점과 이러한 관심이 종종 다소 광적인 형태를 취한다는 점이었다. 사람들은 오랫동안 이집트 문화의 보다 더 특별한 측면에 주목해왔는데, 신성문자가 해독된 이후 지난 2세기 동안 이와 같은 관심에 다시 불이 붙었다. 죽음에 대한 보다 더 최근의 불확실성에 대한 증언인《사자(死者)의 서(書)》는 오랜 반향을 불러일으켰다. 서양인들은 윌 셀프(Will Self)의《런던 북부 사자(死者)의 서(書)*North London Book of the Dead*》를 보고 겉으로는 웃었지만 속으로는 불안한 마음을 떨치지 못했다. 이후에 등장한 문화들에서는 메소포타미아의 매력에 빠졌지만 이집트와 동일한 정도는 아니었다.

　이집트와, 사실 메소포타미아는 오늘날에도 여전히 놀라움을 자아내는 강력하고 눈에 띄는 시각적인 스타일과 기념비적인 건축물을 통해 고도로 심미적인 문화를 창조했다. 당시 그것은 복잡한 언어, 공연, 음악, 냄새, 음식, 음료로 보완되었다. 두 문화의 결정적인 요소는 엘리트 계층과 교육받은 사람들만 깊이 있게 알 수 있고 개인은 절대로 완벽하게 숙달할 수 없는 숨겨진 지식의 발전이었다. 전문가는 마법의 힘을 통해 우주의 힘을 활용할 수 있다. 어쩌면 이러한 숨겨진 측면이 오늘날 우리를 매혹시키는 것의 일부일 것이다. 두 문화 모두가 간직한 신비는 충분한 인내, 지식, 의지를 가지고 있다면 꿰뚫고 이해할 수 있을 터였다. 프리메이슨(Freemason)이 이집트의 상징체계를 사용한 일은 널리 알려져 있다. 나아가, 지식은 세속적인 위계와 영향력이라는 의미에서 힘과 연계되었지만 질병, 부마(付魔), 죽음을 다루거나 변형을 통제하는 데 도움이 될 수 있는 우주의 궁극적인 힘을 활용할 수 있는 가능성을 통해서도 연계되었다.

　메소포타미아와 이집트는 세계에서 가장 오래된 도시 국가 문화이다. 두 문화에서 마법은 국가 운영의 중심이었고 힘의 본질에 필수적이었을 뿐 아니라 모든 사람의 실존적 삶의 조건을 형성했다. 두 문화 모두 우주가 살아 있고 지각을 지니고 있다고 믿었고 인간은 지적인 전체를 구성하는 분명한 요소라고 생각했다. 두 문명은 모두 매우 다양한 전문 기능과 전문 종사자를 발전시켰다. 거기에는 우주가 전개되는 방식에 대한 흔적을 포착하고, 적절한 행동 과정을 발전시키며, 해를 막고, 안녕을 증진하는 마법사가 포함된다. 아시푸와 헤카를 행사하는 사람들은 고도로 훈련되었고 통치자와 국가의 정치적 활동에서 눈에 띄었다. 통치자가 힘을 주장함에 있어 결정적인 측면은 그들이 생식력, 건강함, 인간이든 아니든 그 밖의 다른 힘들과의 긍정적인 관계를 보장할 수 있다는 것이었다. 통치자는 이러한 문제들을 다루기 위해 그리고 피통치자들은 삶, 건강, 죽음 같은 보다 더 너른 문제를 다루기 위해 마법사에게 의지했다. 메소포타미아의 생활의 중심이 된 천문 전승은 수천 년에 걸친 체계적인 관측과 기록을 통해 창조되었는데, 신흥 수학이 이것을 뒷받침했다. 별에 대한 집착은 나중에 우리가 과학으로 인식하는 측면을 창조했을 뿐 아니라 강력한 점성술적 차원을 가지고 있었다.

　이전의 보다 더 공개적이고 개방적인 문화와는 다르게, 이러한 새로운 국가들에서 마법은 부분적으로 숨겨진 지식이 되었다. 엘리트들은 자신들의 힘을 마법 지식, 종교 지식, 과학 지식의 통제와 연계했고 그 이후의 많은 위계적 국가들도 그러했다.

4

중국의 마법: 깊은 참여
(기원전 2만 년경-현재)

부호묘(婦好墓)

내 생각에, 오늘날 우리는 상나라의 조상 숭배의 실제 경험을 다소 충격적으로 받아들일 수 있다. 희생 동물과 희생자들의 울음소리, 흘러내리는 피, 신체 부위, 참수된 머리, 환경의 끔찍한 불확실성과 위험, 마법과 주문의 사용, 조상과 그 밖의 다른 힘에 대한 경외심과 두려움, 행운이 깃든 날과 행운이 깃들지 않은 날에 대한 강도 높은 관심 등 이러한 모든 '실재'를 잊어서는 안 된다.

– 데이비드 N. 키틀리(David N. Keightley),《이 뼈들이 다시 소생하리니: 초기 중국에 대한 저작선집*These Bones Shall Rise Again: Selected Writings on Early China*》(2014)

부호묘(기원전 1200년경 사망한 부호(婦好, Fu Hao)(영어로 '부호 왕비(Lady Hao)')의 무덤)는 후기 상나라의 묘 가운데 부장품이 가장 풍부한 묘는 아니었을 가능성이 높다. 그러나 1976년 재발견된 이 무덤은 20세기 후반 고고학계에 파장을 일으키기에 충분하다는 것이 입증되었다. 우리가 살펴보게 되는 것처럼, 부호묘에는 보물이 가득했을 뿐 아니라 지극히 정교한 재료를 제작했고 마법 관행과 중국의 우주론에 대한 관념을 강조했던 중국 후기 청동기 시대 엘리트 생활의 한 단면도 제공했다. 그 소우주인 부호묘는 중국 문화의 형성기에 마법, 종교, 과학으로 구성되는 삼중 나선의 세 가지 가닥을 모두 보여주는 증거를 담고 있다. 이 장에서는 약 2만 년 전부터 시작하여 청동기 시대를 지나 중국을 통일한 시황제(始皇帝, First Emperor)와 한(漢, Han)나라를 거쳐 현재의 복잡한 중국의 문화적 구성에 이르기까지, 중국에서 행해진 의례와 마법의 깊은 역사를 거슬러 올라가 중국의 문화에 항상 마법이 가득했던 방식을 탐구할 것이다.

현재 하남성(河南省, Henan Province)에 자리 잡은 후기 상나라(상나라의 연대 기원전 1600년-1046년)의 도시 은허(殷墟, Yinxu)에는 약 1만 5,000기의 묘가 있다. 부호는 길이 5미터, 너비 3.5미터, 높이 1.3미터의 목조 묘실로 둘러싸인 5.7미터 깊이의 구덩이에 묻혔다. 상나라의 그 밖의 다른 모든 왕실 무덤은 매장 후 수세기 동안 도굴된 반면, 우연하게도 부호묘는 온전하게 보존되어 있었다. 부호묘는 비교적 작은 무덤이었다. 이것은 주요 통치자의 묘에 비해 장엄함이 다소 떨어질 수 있음을 암시한다. 부호묘와 그 안의 내용물은 우리에게 후기 상나라 왕실 생활과 상나라 청동기 왕국의 중심이었던 조상 숭배 및 점복 관행에 대한 한 단면을 제공한다. 매장하기 전에 목조 묘실(墓室)을 만들고 그것을 비단으로 둘러쌌다. 원래 부호의 시신은 밝은 색으로 칠한 관에 담겨 묘실 중앙에 안치되어 있었는데 (보존되어 있는 것은 오직 시신과 관의 흔적뿐이다). 묘실 가장자리 주변에는 작은 제단과 음식과 음료를 담는 정교한 그릇을 포함하여 196개의 의례용 청동 용기가 안치되어 있었다(그림 4.1과 4.2). 살아 있는 사람과 죽은 사람의 관계에 결정적이었던 청동 용기에는 죽은 사람을 기리는 의례용 식사를 위한 음식과 음료를 담았고, 매우 정교하고 아름다웠다.

　그 외에도 다수의 청동 무기, 청동 종(鐘), 청동 칼과 청동 거울 4개, 청동 호랑이 조각상 4개가 있었다. 남쪽 연안 해역에 서식하는 개오지 조개 껍데기는 거의 7,000개가 있었다. 뼈로 만든 500개의 머리핀은 왕실 머리 장식과 외모를 꾸미는 일이 본질적으로 얼마나 정교했는지를 시사한다. 석재 물건 및 755개의 옥과 함께 상감(象嵌) 세공한 상아도 발견되었다. 일부는 동시대에 정교하게 조각한 공예품이었고 나머지 일부는 묻힐 당시 이미 수백 년이 지난 것으로, 아마도 가보로서 보관되었을 것으로 추정된다. 관 아래 구덩이에는 부호가 죽을 때 희생된 개 여섯 마리가 있었고, 무

그림 4.1. 부호묘의 전체도(全體圖). 가장자리에는 청동 용기가, 창문턱에는 인골(人骨)이, 중앙에는 부호의 관 흔적이 보인다.

그림 4.2. 부호묘에서 나온 올빼미 모양의 청동 술 용기.

덤 가장자리 주변 턱에는 16명이 있었다. 그들은 아마도 하인으로, 여주인이 죽자 함께 살해된 것으로 추정된다. 왕실의 조상이 되는 피비린내 나는 과정은 그 밖의 다른 많은 사람들을 무덤으로 끌어들였다. 무덤 갱도 위쪽에는 건물의 흔적이 남아 있었는데, 아마 부호를 기리는 의식을 행하는 사당이었을 것이다. 오늘날 이 사당은 복원되었고 방문객들은 지하와 지상에서 벌어졌을 흥미로운 활동의 반향을 느낄 수 있다.

　　매우 다양한 의례용 청동기를 갖춘 부호와 그녀의 하인들은 모두 내세에서 향연을 베풀 준비가 되어 있었다. 그들은 시간적으로 훨씬 더 먼 과거에 존재했던 조상, 즉 훨씬 더 오래전에 죽은 조상에게 제물을 바쳤을 가능성이 높다. 따라서 우리는 그들보다 먼저 도착했던 조상에게 향연을 베푸는 방식으로, 점점 더 오래전에 죽은 조상으로 거슬러 올라가는 사슬을 생각할 수 있다. 지상에 자리 잡은 사당에서는 분명 살아 있는 사람에 대한 부호의 선의를 유지하기 위한 향연이 베풀어졌을 터였다. 이 왕비는 살아생전만큼이나 죽어서도 위력을 발휘했다. 상나라 사람들에게 죽음 이후의 삶은 죽음 이전의 삶만큼이나 중요했다. 조상들은 오직 돌봄을 받고 먹을 음식과 마실 술이 제공되는 경우에만 살아 있는 사람의 생식력과 안녕을 보장했다. 왕실 조상의 호의는 직계 후손뿐 아니라 전체로서의 왕국에 중요했다.

　　부호는 그 자체로 놀라운 인물이었지만 상나라의 위대한 왕 가운데 한 명인 무정(武丁, Wu Ding)왕(재위: 기원전 1250년-1192년 추정)의 배우자이기도 했다. 무정왕의 이름은 한(漢)나라 시대의 위대한 역사가 사마천(司馬遷, Sima Qian)(사망: 기원전 86년)의 저서를 통해 이미 오래전에 알려졌다. 그러나 이러한 초기 왕들의 명단이 실제 역사적 인물을 기록한 것인지, 아니면 중국의 기록된 역사의 깊이를 더하기 위해 발명된 신화적 통치자인지 여부는 오랫동안 불분명한 상태로 남아 있다가 20세기 중반부터 상나라 시대의 기록을 통해 확인되기 시작했다. 20세기의 위대한 고고학적 공헌 가운데 하나는 상 왕조의 존재를 확인한 다음 무덤과 정착지의 발굴을 통해 상나라 정치 조직의 보다 더 광범위한 구조와 그 안에서 살았던 개인에 관한 세부 사항을 풍부하게 제공한 것이다.

상나라 왕족의 결정적인 역할은 점복을 수행하는 것이었다. 암소의 견갑골(어깨뼈)이나 (복갑(腹甲)이라고 알려진) 거북이의 납작한 배 껍데기 뒷면에 동그란 모양의 구멍을 뚫어 표식을 남긴 다음 열을 가해 뼈나 껍데기에 균열을 냈다. 껍데기 뒷면의 작동은 앞면에 만들어지는 균열의 모양에 영향을 미치는 데 기여했다. 균열의 모양은 '예' 또는 '아니오'로 대답할 수 있는 질문(명사(命辭)라고 알려짐)을 조명했다. 후대의 역사가들에게 결정적으로 중요한 것은 이 질문과 그 해답이 모두 금속 도구를 사용하여 가장 오래된 한자의 형태의 일부로서 뼈에 새겨졌다는 것이다. 뼈에는 날짜도 기록되어 있었는데, 이러한 연대기를 해석하는 데에는 상당한 노력이 필요했다. 점쟁이들은 작물 재배에 좋은 날씨가 될 것인지 여부, 임신하면 아들을 낳을 것인지 여부 같은 일상적인 질문뿐 아니라 왕실 가족 구성원의 운수(특정 조상이 왕의 치통을 유발했는지 여부) 또는 전쟁과 전투의 결과에 대해서도 질문했다. 역사가들은 많은 뼈와 조개껍데기에서 나온 증거를 종합하여 상 왕조의 명단 전체를 복원했고 그들의 크고 작은 관심사를 매우 상세하게 기록했다.

우리는 우리가 살펴보았던 무덤이 부호묘라는 것을 알고 있다. 아마 부호와 함께 무덤에 묻힌 하인과 친척을 처형하는 데 사용되었을 희생 도끼 2개를 포함하여 60개가 넘는 청동기에 부호의 이름이 새겨져 있기 때문이다. 보다 더 많은 청동기에는 부호의 시호(諡號)가 새겨져 있다. 부호가 죽

은 뒤에는 가족 구성원들이 그 시호를 통해 희생을 바쳤을 것이다. 죽은 뒤
부호는 모신(母辛, Mu Xin)이 되었다. 조상이 되는 과정은 살아 있는 사람을
구성하는 특징과 성격의 세부 사항을 벗어버리고 죽은 사람으로서 제한적
이고 한정된 역할을 떠맡는 것이었다. 상나라 조상의 이름은 상나라의 1주
(週)에 해당하는 열흘 가운데 하루를 나타내는 두 글자 가운데 한 글자[옮긴
이: 10개의 천간(天干)]로 구성되었다. 일반적으로 여성은 신(辛, Xin) 같이 길
(吉)하지 않은 주말의 날들과 연계되었다. 이 날에는 해당 이름을 가진 조
상에게 제물을 바치고 미래에 대한 질문을 던지기도 했다.

　　부호묘는 죽은 뒤의 부호의 삶의 한 단면을 제공하지만 우리는 갑골(甲
骨)을 통해서도 부호에 대해 알고 있다(그림 4.3). 그녀의 임신과 관련된 걱
정거리도 있었지만 우리는 다양한 결과에 대한 예측을 통해 부호가 군대를
이끌고 전투를 치렀다는 사실도 발견했다. 부호는 가장 성공적인 장군이었
고 그것은 천은(天恩)의 흔적처럼 보인다. 부호는 후기 청동기 시대에 유명
했고 오늘날 그 유명세가 재조명되고 있다. 그 이유는 부분적으로 전사(戰
士) 왕비라는 지위 때문이다.

　　우리가 나중에 보다 더 상세하게 살펴볼 것처럼, 점복을 위해 뼈와 거
북이 껍데기를 사용한 것은 신석기 시대로 거슬러 올라간다. 논란의 여지
가 있음에도 불구하고, 신석기 시대 유적지인 가호(賈湖, Jiahu) 유적지에서
발견된 표식은 기원전 6000년 이전의 가장 오래된 한자의 형태이자 점복
에 사용되었음을 나타낼 가능성이 있다. 점복에 뼈를 사용하는 관행은 기
원전 3000년에서 2000년 사이 무렵에 흔해졌고 초기 청동기 시대인 이리
두(二里頭, Erlitou)와 이리강(二里崗, Erligang) 단계로 이어지면서 계속되었다.
상(商)나라에서 점복은 매우 새로운 수준으로 정교해졌고 매우 유사한 관
행이 주나라로 이어지면서 계속되었다(본문에 언급된 유적지와 지형적 특징은 그

그림 4.3. 상나라 시대(기원전 1192년) 소 견갑골에 새겨진 신탁. 텍스트에는 특정한 열흘 동안 불운이 없을 것이라는 내용이 담겨 있다.

림 4.4 참고). 우리는 상나라를 통해 근대 중국의 초기 뿌리를 창조한 중국 사회의 급속한 변형과 집약화를 이해할 수 있다. 상나라의 힘의 본질은 여전히 논란의 대상이 되고 있지만 부분적으로는 새로운 방식의 생산적인 농업과 군사적 힘에 자리 잡고 있다. 그리고 이 두 가지는 모두 죽은 조상이 결정적이었던 희생, 제물, 점복 관행과 밀접하게 뒤얽혀 있었다. 이것을 통해 우리는 상(商)나라의 힘을 실무적인 요소와 마법적인 요소로 분리되어 있는 것으로 이해할 수 있다. 그러나 기실 이것들은 공생적으로 존재했다. 따라서 예를 들어, 논의 비옥도는 작물과 경작지에 우주적 에너지를 전달하는 조상의 능력에 달려 있었다. 상나라는 그들의 관심과 사회적 노력의 대부분을 끌어들이는 마법의 힘의 세계에 거주했다.

　상나라의 성립은 보다 더 이전의 청동기 시대와 신석기 시대의 생활 형태에 극적인 변화를 가져왔다. 그러나 상나라의 생활 방식은 완전히 새로운 것이 아니라 약 2만 년 전 만빙기까지 거슬러 올라갈 수 있는 각자의 고유한 깊은 뿌리를 가지고 있었던 것처럼 보인다. 우리는 이제 이러한 초기의 발전 과정을 탐구한 다음, 시간의 흐름에 따라 일부 역사적 맥락에서 상나라를 다시 살펴볼 것이다. 그러고 나면 우리는 청동기 시대의 유산으로부터 현재까지에 대해 검토할 수 있게 될 것이다.

중국 마법의 깊은 역사

중국의 역사적 궤적과 우주와의 관계는 동아시아 바깥 세계와 뚜렷한 대조를 이룬다. 중국은 멀리 떨어진 장소에 존재하는 신들과의 초월적 관계를 피하고 그 대신 하루하루를 잘 사는 데 집중하는 세속적인 나라로 묘사되어왔다. 인간 조상과의 연결은 살아 있는 사람의 안녕에 결정적이었다. 살아 있는 사람과 죽은 사람은 평행 세계에 거주했고 이러한 세계들 사이의 접촉은 가능했지만 어렵고 위험했다. 살아 있는 사람과 죽은 사람의 세계 사이에는 죽은 사람의 무덤, 사망한 사람에게 제물을 바치는 사원, 제단, 또는 산꼭대기 같은 신비로운 장소 등의 관문이 존재했다. 청동기 시대 상나라에게 신성하고 창조적인 힘인 제는 인간의 영역을 완전히 넘어선 힘이 아니라 모든 조상 가운데 가장 나이가 많고 가장 강력한 힘으로 간주되었을 가능성이 있다.

사람들은 마법 관행을 통해 조상에게 호소했다. 만일 적합한 존경의 정신을 가지고 정확한 제물을 바치면 혈통의 죽은 구성원이 살아 있는 사람을 도울 수 있었다. 마법은 종종 가문 내에서 문제를 해결했다. 죽은 구성원의 명성은 살아 있는 후손의 번영과 안녕을 훨씬 더 증진하고 그들을 해로부터 구할 수 있는 능력에 달려 있었다. 시간이 흐름에 따라 조상과의 관계는 변화했다. 상나라와 그 뒤를 이은 주나라는 친밀하고 유익한 연결을 추구했지만, 한(漢)나라 이후부터 살아 있는 사람들은 여전히 죽은 사람들에게 제물을 바쳤음에도 불구하고, 죽은 사람들과 그들이 미칠 가능성이 있는 악영향으로부터 자신들을 격리하려고 노력했다.

상나라 시대부터 중국의 사상가들과 행위자들은 인체를 포함한 우주의 다양한 측면을 연계하고 유비(類比)하여 체계적인 우주관을 서서히 발전시켰다. 천체의 영향 같이 다른 곳에서는 인간의 영역을 넘어서는 것으로 간주되는 우주의 차원이 중국에서는 인간화되었고 점성술은 사람들을 행성에 연결했다. 연금술도 인체에 근거를 두고 있었고 화학적 조작은 의학과 밀접한 관련이 있었다. 한나라의 철학은 인과를 거의 강조하지 않았다. 한나라의 철학이 보다 더 중요하게 생각한 것은 (나무[木]-불[火]-쇠[金]-물[水]-흙[土]의 순환으로서 존재하는) 오행(五行, Five Elements)의 특징 사이의 상관관계, 색·숫자·방향 등, (그 기저에는 음(陰, yin)과 양(陽, yang) 사이의 변화하는 긴장이 자리 잡고 있지만 에너지(기(氣, qi))의 흐름에 연계되는) 사람과 그 밖의 다른 사물의 겉으로 드러나는 외양(外樣)이었다. 세계의 여러 측면 사이의 유사성, 공감 또는 반감에 대한 탐색은 새 떼의 이동을 통해 세계의 상태를 진단하는 것 같이 인간의 조상이나 특정 행위에 대한 지속적인 질문으로 이어질 수 있었다.

서양적 사고가 (모든 작용에는 크기는 같고 방향은 정반대인 반작용이 존재한다는 뉴턴의 운동의 제3법칙(Newton's Third Law) 같은) 인과에 초점을 맞춘 반면, 중국의 사상가들은 행성에서 사람에 이르는 우주 전체를 연계하는 에너지 흐름을 강조하면서 다양한 유형의 사물 사이의 닮은 점과 상관관계를 찾았다. 소의 어깨뼈에 열을 가해 균열이 만들어지는 방식을 확인하거나 (영어권에서 《역경(易經) I Ching》 또는 오늘날 예측의 형태로 널리 알려진 《역경(易經) The Book of Changes》으로도 알려진) 《역경(易經) Yi Jing》에서 톱풀 줄기를 던져 드러나는 숫자 배열을 보는 방법은 풍작이 들 것인지 여부, 왕의 배우자가 남자 후계자를 낳을 것인지 여부 또는 다가오는 전투에서 승리가 예상되는지 여부와 연계되는 것으로 간주될 수 있다. 숫자, 방향 또는 물질의 대응 관계는 우주의 보다 더 광범위한 특징들을 드러내고 있었지만 그것들의 원인으로 간주되지는 않았다. 마법 관행은 유사성, 규칙성 또는 모순을 파악하여 고도로 네트워크화된 우주에서 유리한 경로를 만들어나가는 데 도움이 될 수 있었다.

만일 이것이 신비롭게 들린다면, 그 이유는 그것이 신비롭기 때문이다. 외지인들에게 중국 마법으로의 여행은 거대하고, 이상하며, 구조적이고, 논리적인, 참신한 우주로의 항해나 다름없다. 중국인들의 사고와 행동을 이해하려면 상당한 상상력이 필요하지만 분명 그럴만한 가치가 있다. 중국인들의 사고와 그 깊은 토대를 이루는 마법은 신들을 강조하거나 사람들을 주변 환경에서 멀어지게 할 수 있는 추상적인 과학 이론을 발전시키는 데 뿌리를 두고 있지 않다. 오히려 사람들이 세계에 얽매어 있어 좋든 나쁘든 세계에 참여하고 있다는 추정에 뿌리를 두고 있다. 외지인들에게 중국은 이웃 국가인 일본이나 한국처럼 이해하기가 쉽지 않은 지역이다. 언어(심지어 인명과 지명조차 기억하기 어려울 수 있음)와 지리적 장벽이 존재할 뿐 아니라 특히 (의견 충돌과 논란의 대상이 될 수 있는) 고고학적 기록과 역사적 기록이 매우 풍부하기 때문이다.

  고고학이 세계에 제공한 선물 가운데 하나는 중국을 포함한 세계의 많은 지역에서 청동기 시대 국가를 재발견한 것이다. 후대의 문헌과 기록에는 상나라로 알려진 청동기 시대 국가에 대한 논의가 있었지만 이 전설적인 집단이 역사적으로 실재했는지 여부는 오랫동안 불분명했다. 1920년대부터 안양(安陽, Anyang) 유적지(고대 은허)를 발굴한 결과, 거대한 유적지 내에서 왕궁, 사원, 무덤, 공예품을 제작하는 작업장이 발굴되었고, 이곳이 보다 더 큰 정치 조직의 중심지였음이 드러났다. 발굴 과정에서 발견된 유물과 문자 기록 모두를 통해 이곳이 기원전 1600년-1046년경 존재했던 상나라라는 것이 분명해졌다(표 4.1). 초기 중국 역사에서 상 왕조는 영웅적이었지만 폭력적인 집단으로 자리매김했고, 그 뒤를 규율을 중요하게 여기는 주나라(기원전 1046년-771년)가 이었다. 공자(孔子, Confucius)를 포함한 후대의 저술가들이 주나라에 대해 지나치게 장밋빛 그림을 그렸을 가능성이 높음에도 불구하고, 주나라는 중국인들의 생활에 깃든 많은 문명적인 특징의 진정한 기원을 탄생시킨 존재로 여겨진다. 전국(戰國, Warring States) 시대(기원전 475년-221년)에는 보다 더 오래된 조상 숭배와 정치가 서서히 해체되었고, 그 뒤를 이어 중국을 최초로 통일한 진(秦, Qin)나라(기원전 221-206년)와 특히 한나라 시대(기원전 206년-220년)에는 유교(儒敎, Confucianism)와 도교(道敎, Daoism)를 중심으로 새로운 문화적 종합이 이루어졌다. 한나라 시대에 이르러 이루어진 종합(Han Synthesis)은 보다 더 최근의 중국 문화의 기초를 마련했다.

　중국 문화는 세계에 대한 참여를 강조했다. 따라서 마법이 문화적 삶과 정치적 삶의 중심이었다는 것은 놀라운 일이 아니다. 중국의 마법은 조상과의 일련의 교섭을 통한 거래를 중심으로 이루어졌다. 따라서 죽은 사람은 살아 있는 사람을 도울 수 있었다. 중국에서는 조상이 된 죽은 사람에 대한 강조, (인간과 비인간을 비롯한 만물에 생명을 불어넣는) 기(氣)의 작동, 천체 또는 지상의 방향이 인간에게 미치는 영향을 강조함으로써 사람들과 세계가 서로 밀접하게 엮인다. 전제적인 통치자가 초래한 것 같은 인간 세계의 불균형은 물리적 세계에 재앙을 초래할 수 있었다. 도를 넘은 통치자는 큰 홍수나 지진에 책임이 있는 것으로 간주될 수 있었다. 한나라는 이러한 연결을 현악기에 비유했다. 즉, 사람들이 만들어내는 공명은 자연 세계의 현(絃)에서 비슷한 음을 울리게 할 터였다. 조화는 조화를 낳고 불균형은 우주를 통해 울려 퍼진다.

　중국은 지구상의 그 어떤 나라보다 더 길고 광범위한 역사 기록을 가지고 있다고 알려져 있다. 왜냐하면 상나라 시대부터 3,600년이 넘는 기나긴 시간의 증거를 기록으로 남겼기 때문이다. 그러나 중국에서는 일찍이 관료제의 필요성도 강력하게 대두되어 지난 3,000년 동안 삶의 많은 영역이 기술되고, 열거되며, 규제되었다. 관료제는 마법으로도 확장되어 풍부하고 다양한 형태의 증거를 남겼다. 문자 기록은 고고학적 증거에 의해 점점 더 보완되고 있다. 현재의 발전 속도와 규모의 결과, 많은 조사와 발굴이 과거에 대한 이러한 발전적인 그림을 그리는 데 기여하고 있다.

표 4.1 중국 역사의 주요 시대와 발전 과정 가운데 일부.

연대	시대와 왕조	사건과 과정
기원전 1만년경 이전	구석기 시대(Palaeolithic)	최초의 토기. 의례 체계의 뿌리
기원전 1만년-3500년경	초기 신석기 시대 (Early Neolithic)	벼 등의 작물화. 최초의 마을, 최초의 문자
기원전 3500년-2000년	후기 신석기 시대 (Late Neolithic)	석묘(石峁, Shimao), 양저(良渚, Liangzhu) 같은 대규모 중심지. 점복이 기원했을 가능성
기원전 2000년-1600년	초기 청동기 시대(Early Bronze Age)-제가(齊家, Qijia), 이리두(二里頭, Erlitou), 이리강(二里崗, Erligang)	소형 청동 물건 및 이후 대형 주조 청동기
기원전 1600년-1046년	상나라 시대	대규모 정착지, 부장품이 풍부한 무덤, 점복. 청동 용기와 관련된 복잡한 의례. 부호묘
기원전 1046년-771년	주나라 시대	주나라: 중국 문명의 기초로 간주됨
기원전 771년-221년	동주(東周) 시대-춘추(春秋, Spring and Autumn) 시대(기원전 771년-475년)와 전국(戰國, Warring States) 시대(기원전 475년-221년)로 구성	혼란스러웠지만 기초가 된 시대 -많은 중국 고전이 기록되었고 유교, 도교 등이 기원함. 오행설(五行說, Five-element Theory)과 《역경》의 시작
기원전 221년-206년	진 제국	시황제(始皇帝, First Emperor)의 중국 통일-병마용(兵馬俑, Terracotta Warriors)
기원전 206년 -기원후 220년	한나라	중국의 통합 및 확장, 보다 더 큰 공식화 및 관료제
기원후 220년-618년	위진남북조 시대(魏晉南北朝時代)	다양한 왕조와 통치자
기원후 618년-907년	당나라	
기원후 907년-960년	오대십국 시대(五代十國時代))	다양한 왕조와 통치자
기원후 960년-1279년	송(宋)나라	

기원후 1279년-1368년	원(元)나라	몽골의 중국 지배
기원후 1368년-1644년	명(明)나라	
기원후 1644년-1911년	청(淸)나라	
1911년-현재	신해혁명(辛亥革命)과 공산주의 시대	

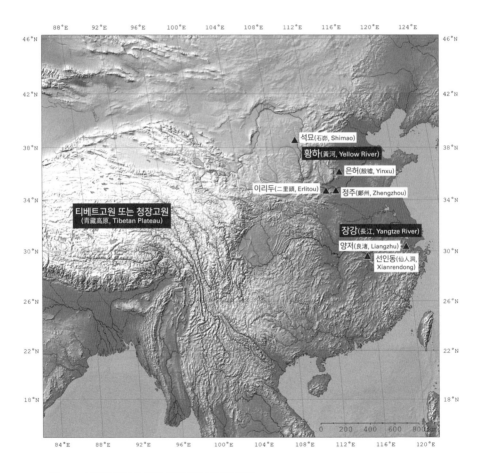

그림 4.4. 본문에 언급된 주요 유적지와 지형적 특징.

만빙기에 행해진 의례

최근 몇 년간 중국에서 발견된 훨씬 더 놀라운 고고학적 발견은 세계에서 가장 오래된 토기이다. 이 토기는 약 2만 년 전의 것으로, 다른 대부분의 장소에서 발견된 항아리보다 두 배 이상 오래된 것이다. 이 발견을 이해하기 위해 도리안 풀러(Dorian Fuller)와 마이클 로우랜드(Michael Rowlands)[1]는 한편으로는 동아시아, 다른 한편으로는 중동에서 행해진 의례 체계에 오랜 연속성이 존재한다는 발상을 상정했다. 풀러와 로우랜드의 이야기는 동양과 서양에서 농업이 식량을 생산하는 우월한 방법이 아니라 의례의 양식으로서 등장한 이유를 부분적으로 설명한다. 강서성(江西省, Jiangxi Province) 선인동(仙人洞, Xianren Cave)에서 그 연대가 (농업이 시작되기 적어도 1만 년 전인) 기원전 1만 8000년으로 거슬러 올라가는 토기가 발굴되었다. 이 토기는 중국에서 가장 오래된 것으로, 먹을 수 있게 만들기 위해 많은 가공이 필요할 수 있는 도토리와 그 밖의 견과류를 요리하는 데 사용되었을 수 있다. 일본에서는 초기의 항아리가 도토리보다 더 맛있는 것처럼 보일 수 있는 해산물탕을 만드는 데 사용되었다. 중국의 토기는 중국, 일본, 러시아 동부 전역에서 발견되는 일련의 초기 토기 유형 가운데 그 등장이 최초로 알려진 것이다.

풀러와 로우랜드는 세 가지 흥미로운 점을 지적한다. 첫째, 일반적으로 우리는 농업을 이전과의 대대적인 단절을 통해 갑작스레 등장한 것으로 간주할 수 없다. 오히려 농업의 역사는 세계의 다양한 지역에서 전해져 내려온 유구한 식량과 요리 문화에 내재되어 있다. 동아시아에서는 물로 끓이는 요리법이 오랫동안 지속되었는데, 이것은 (수천 년 동안 야생 벼를 사용한 끝에) 기원전 7000년경 벼의 작물화를 이끈 요인 가운데 하나였다. 이후 물로 끓이거나 물로 찌는 요리법이 주요 요리법으로 자리 잡았다. 여러 해 동안 전 세계의 고고학은 식량을 칼로리에 대한 것으로서 다루어왔다. 그러나 이제 우리는 요리법과 요리의 변화가 우주적 가치가 중심이 되는 문화적 형태와 문화적 힘의 일부였다는 것을 깨닫기 시작했다. 둘째, 물로 끓이는 동양의 문화는 서양의 상이한 요리 전통과 대조를 이룬다. 서양은 불에 굽는 요리법을 보다 더 강조한다. 따라서 남아시아에서 유럽에 이르는 지역에서는 다양한 종류의 빵이 주식이 되었다. 셋째, 이 점은 마법과 가장 관련이 깊은데, 동양과 서양은 의례 체계가 달랐다. 물로 끓이고 물로 찌는 요리법으로 조상에게 증기를 뿜어 올리는 음식이나 음료는 동양, 특히 중국에서 행해진 의례에서 결정적이었다. 우리가 살펴볼 것처럼, 그리스인들은 희생된 동물의 고기를 불에 구워 먹었고 양이나 암소를 불에 구울 때 피어오르는 연기를 신들의 관심과 호의를 얻기 위한 주요 수단으로 사용했다.

　분명, 풀러와 로우랜드는 유라시아 전역의 문화적 차이를 일반화하고 있다. 지난 몇 천 년 동안 서양과 동양이 서로 영향을 주고받으면서 이와 같은 구분이 흐릿해졌음에도 불구하고, 풀러와 로우랜드의 구분에는 상당한 진실이 있다. 풀러와 로우랜드의 주장에 따르면, 우리는 3,000여 년 전 부호묘에서 이루어진 일종의 조상 의례의 궁극적인 기원이 최종 빙기가 한창이었을 때로 거슬러 올라갈 수 있다는 것을 확인할 수 있다. 만일 이것이 사실이라면, 중국 문화의 연속성은 중국어나 그 밖의 다른 문화적 표식의 증거가 없는 시대까지 확장된다. 후대의 역사에서 통일성이 줄어들었음에도 불구하고, 우리는 중동과 유럽에서 행해진 의례적 생활이 이와 유사하게 오래 지속되었을 수 있다는 점에 잠시 주목할 수 있다. 이러한 발상을 따라가다보면, 우리는 각 대륙의 역사의 깊숙한 곳과 그들의 문화적 차이의 중심에 마법 또는 신들의 세계와의 연결이 자리 잡고 있음을 알게 될 것이다. 이와 같은 연결은 사람들의 장기적인 정체성을 형성한다. 그 결과 인류사는 세계에 대한 순수한 또는 주로 실무적인 지배가 아니라, 마법의 힘 또는 신들과의 일련의 긴밀한 관계를 형성하는 것이 된다. 또한 그것은 사람들이 자신의 삶을 이해하고 자아 및 집단에 대한 감각을 형성하는 데 도움이 되는 재료의 본질에 관한 것으로, 여기에는 죽은 사람과 조상의 호의를 얻으려고 노력하는 과정에서 항아리를 통해 조상의 영역으로 뿜어 올리는 증기가 포함될 수 있다. 마법은 참여에서 비롯되고 참여에는 다양한 차원이 있다.

신석기 시대의 우주론

중국의 역사는 규모와 기술을 통해 나타난다. 규모가 큰 유적지에는 많은 인간 노동력이 필요했고 정교한 인공물(人工物)에는 인간의 뛰어난 기술(과 적지 않은 노동력)이 필요했다. 보다 더 후대의 경우, 우리는 병마용(兵馬俑, Terracotta Warriors), 자금성(紫禁城, Forbidden City), 만리장성(萬里長城, Great Wall) 등을 떠올릴 수 있다. 규모와 기술은 모두 적어도 기원전 3000년경의 후기 신석기 시대부터 나타나는데, 증거의 대부분이 마법과 관련된다.

최근 중국에서 정교한 인공물이 포함된 거대한 건축물이 있는 이례적인 후기 신석기 시대 유적지가 여러 곳 발견되었다. 그림 4.4는 후기 신석기 시대의 주요 유적지 지구(地區)를 보여준다. 나는 여기에서 오직 두 곳, 즉 북쪽의 석묘(石峁, Shimao) 유적지와 장강(長江, Yangtze) 하구 근처의 양저(良渚, Liangzhu) 유적지에만 집중할 것이다. 이러한 유적지들은 상당한 규모로 발굴되고 잘 분석되어왔다. 초기부터 국가 수준의 조직이 존재했음을 보여주는 연구 결과로 인해 최근 중국 고고학계에는 상당한 파장이 일었다. 둘 모두 우주의 힘과의 연결이 힘에 결정적인 것처럼 보이는 정치 조직이었다.

석묘는 중국 북부 황토고원(黃土高原, Loess Plateau)의 험준한 구릉지에 건설되었다(황토는 최종 빙기 말기에 유라시아 전역에 수미터 두께로 퇴적된 매우 비옥하고 바람에 날리는 토양으로, 특히 중국 북부에 두껍게 퇴적되어 있다). 400헥타르에 달하는 면적의 유적지를 두 개의 육중한 석벽(내벽은 길이 4.2킬로미터, 외벽은 길이 5.7킬로미터)이 둘러싸고 있었고 인상적인 관문(關門)과 출입구가 있었다. 내부에는 돌로 지어진 왕궁이나 의례용 구조물이 있다. 판축(版築, rammed earth) 기법을 이용하여 둘러싸는 벽을 쌓는 것이 중국의 지배적인 전통이다. (중국어로 항토(夯土, hangtu)라고 부르는 판축은 장대로 흙과 그 밖의 골재를 쌓아 압축하는 노동 집약적인 기법이다.) 따라서 이와 같은 규모로 돌을 사용하는 것은 특이한 일이고 중요한 일일 수 있다.

기나긴 석벽의 내부에는 정교하게 세공된 옥을 숨겼다. 이러한 방식으로 옥을 숨기는 관행은 이 유적지에서만 볼 수 있는 독특한 방식이다. 중앙에 자리 잡은 피라미드 모양의 대(臺)는 꼭대기의 면적이 8헥타르에 달한다. 두개골이 들어 있는 구덩이가 발견되었는데, 이 두개골의 방사성 탄소 연대를 측정한 결과, 그 연대는 신석기 시대 말기와 청동기가 사용되기 시작한 기원전 2300년에서 1800년 사이로 밝혀졌다. 용산(龍山, Longshan) 유형의 세발 토기와 시루는 이 연대에 부합한다. (용산은 황하(黃河, Yellow River)에서 발견된 후기 신석기 시대 문화로 섬세한 토기로 유명하다.) 아마도 청동기 시대 믿음의 선구자인 조상에게 바치는 제물로 기장을 물로 끓이거나 물로 찌는 데 사용되었을 것이다. 동문(East Gate) 근처에서 6개의 구덩이가 발굴되었는데(그림 4.5 참고). 두 개의 구덩이에는 각각 스물네 개의 두개골이, 네 개의 구덩이에는 각각 열여섯 개의 두개골이 들어 있었다. 이러한 일화들에서 적어도 112명이 학살당한 것이다. 대부분은 젊은 여성처럼 보이는데, 아마도 어떤 식으로든 관문 건설과 연관된 인신공희(人身供犧)를 나타낼 것이다. 오늘날에는 이와 같은 숫자를 아무렇지 않게 기록할 수 있지만 이와 같은 숫자들에는 이러한 행위의 두렵고 피비린내 나는 본질이 숨어 있다. 석묘에서의 죽음은 오래전부터 그리고 이후에도 이어진 건설과 연결된 인간 및 동물 희생 전통의 일부였다. 예를 들어, 그 이후로 1,000년 뒤 상나라의 수도 은허에 건물이 세워졌을 때에도 수많은 사람들이 죽었다. 부호 같은 사람과 함께 무덤에 묻힌 하인과 친척은 말할 것도 없다. 일부 인간의 뼈에는 절단의 표식이 있는 반면 나머지 인간의 뼈에는 불에 탄 표식이 있어 죽음 이후에 행해진 의례를 암시한다.

　여러 해 동안 석묘에서 수천 개의 옥이 약탈되었다. 애초에 현지 고고

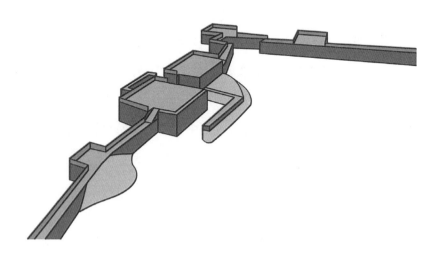

그림 4.5. 석묘의 동문 복원도.

학 기관이 이곳을 발굴하도록 자극한 것도 이러한 약탈에서 비롯된 것이었다. 통제하에 발굴이 이루어지면서 대규모 묘, 의례용 구조물(주로 석묘의 성벽에서 약 300미터 떨어진 제단), 가장 놀랍게도 동문을 구성하는 벽 안과 지구의 다른 부분에서 옥이 발견되었다. 고고학이 밝혀낸 증거에 따르면 이와 같은 방식으로 옥을 사용한 것은 석묘에서만 볼 수 있는 독특한 것이다. 그러나 훨씬 나중의 시대인 춘추(春秋) 시대 (Spring and Autumn Period)의 텍스트에는 건물과 테라스 내부에 옥을 사용했거나, 건물과 테라스를 옥으로 지었다는 기록이 남아 있다. 두개골과 옥이 동문 주변에 군집해 있다는 것을 감안할 때, 인신공희와 옥 매장물은 영혼이나 인간 공격자에 대항하기 위한 영적인 전쟁의 일부였을 가능성이 있다. 일부 옥 칼날은 영혼의 적에게 대항하는 무기로 여겨졌다.

석묘의 사용 말기인 기원전 1800년경, 초기 청동기와 구리 물건이 이 유적지에 도입되었다. 중앙의 기념비적인 지형지물 근처에서 주조용 석조 거푸집이 발견되었다. 돌에 조각된 인간의 머리뿐 아니라 일부 인간 조각상도 독특하다. 고대 중국에서는 조각상이 지극히 희귀한데, 이와 같이 초기 시대인 석묘에서 조각상이 등장한 것은 독특한 사건이다. 인간의 머리와 몸통이 보다 더 더 기하학적인 모양과 함께 벽의 바깥쪽을 향하고 있었음을 시사하는 흔적이 있다. 동문의 출입구는 회반죽에 안료를 발라 붉은색, 노란색, 초록색, 검은색의 기하학적 패턴으로 채색했는데, 이전에는 이 기법이 훨씬 나중에야 비로소 사용된 것으로 여겨졌다.

사람들은 석벽을 이용하여 석묘를 물리적으로 보호했을 뿐 아니라, 옥과 돌로 만든 머리를 이용해 마법적으로도 보호했다. 왜냐하면 그 머리는 강력한 조상이거나 인간의 형태를 취하고 있는 다른 영혼이었기 때문이다. 우리는 젊은 여성들의 희생은 영혼에게 바치는 제물이었을 것으로 추측할 수 있다. 신석기 시대 사람들은 매우 정교한 방식으로 재료와 그 재료들의 속성을 다루었는데, 여기에서는 새로운 금속을 다루는 일에 매료되었을 수 있다. 우리는 조상에게 바치는 제물에서 액체와 젖은 음식이 중요했다는 것을 알고 있다. 석묘에는 미주(米酒)와 기장 같은 제물을 담을 수 있는 다양한 용기가 있었다. 석묘에서는 주민들을 보호하기 위한 마법이 발전했지만, 아마도 조상들의 도움을 받기 위해 조상과의 연결도 매우 다양한 형태로 이루어졌을 것으로 추정된다. 일반적으로 석묘에서는 돌, 옥, 금속, 인간의 뼈의 견고한 속성이 가장 중요했던 것처럼 보인다. 이것은 우리가 살펴볼 두 번째 후기 신석기 시대 유적지인 양저(良渚) 유적지와 대조를 이룬다.

일반적으로 장강 하곡(河谷, Yangtze River Valley)은 황하와 그 지류에 가려져, 중국 문화사에서 뒷전으로 밀려나 있었다. 장강 하구에서 양저 문화(기원전 3400년~2250년)로 알려진 대규모 중심지와 부장품이 풍부한 묘가 발견되면서, 이제 이와 같은 상황은 변화하고 있다. 석묘가 돌을 강조한 반면 양저 사람들은 물과 흙이라는 요소를 다루었다. 양저 유적지는 상해(上海, Shanghai)의 서쪽, 장강 하류 유역(Lower Yangtze Basin)에 자리 잡고 있다. 이 지역은 아열대 몬순 지역으로, 초기 신석기 시대에 벼 작물화의 중심지였다.[2] 기록된 양저 유적지는 200개가 넘는데, 옥을 포함하고 있는 묘의 비율이 높다. 양저 유적지는 공공 건축물과 정교한 묘가 있는 보다 더 큰 중심지 주변에 군집된 형태로 존재한다. 나는 현재까지 알려진 유적지 가운데 가장 인상적인 지구에 초점을 맞출 것이다. 막각산(莫角山, Mojiao-shan) 유적지 군집과 반산(反山, Fanshan)의 부장품이 풍부한 묘로 구성되어 있는 이 유적지 지구 주변에는 이례적으로 다양한 토루(土壘)가 자리 잡고 있다.

막각산 지구는 급속하게 건설되었다. 늪지대인 장강 하곡에 인공 토루

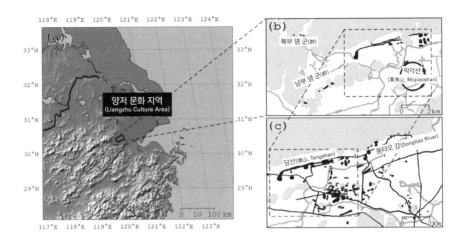

그림 4.6. 양저의 주요 유적지와 주변에 자리 잡은 댐-체계 유적지. (a) 양저 유적지군의 위치, (b) 양저 유적지와 주변에 자리 잡은 댐군, (c) 양저 유적지의 세부 사항.

(오늘날 논농사에 사용)를 쌓고 천목 산맥(天目山脈, Tianmu Mountains)과 평행하게 달리는 당산(塘山, Tangshan)의 제방(적어도 길이 5킬로미터, 폭 20–50미터, 최대 높이 7미터–이것만으로도 육중한 건축물임)을 포함하여 주요 정착지의 북쪽과 서쪽에 일련의 복잡한 댐을 건설하여 북쪽 구릉지에서 나오는 물을 조절했다. 석묘보다 약 600년 이전인 기원전 2900년경에 상당히 습한 땅 위에 건설된 일부 댐과 제방은 주요 유적지보다 더 오래된 것이었다.

　중심지는 토벽(土壁)으로 둘러싸여 있었다. 토벽에는 8개의 수문이 있어, 배가 도시를 통과할 수 있었고 자연 하천은 인공 운하, 도랑, 해자로 보강되었다. 유적지 복원을 통해 배를 탄 사람들이 삿대를 이용하여 운하를 따라 중심지로 드나들었다는 것을 알게 되었다. 막각산 중앙에는 30헥타르가 넘는 면적에 현재의 논보다 적어도 8미터 이상 높은 곳에 자리 잡은 대형 토대(土臺)가 있다. 토대 위에는 인상적인 목조 건물이 자리 잡고 있었는데, 실제로 그 목적이 알려지지 않았음에도 불구하고, 일각에서는 이것을 왕궁이라고 묘사한다. 아마 약 290헥타르에 달할 것으로 보이는 지구 전체를 둘러싼 벽은 2007년이 되어서야 비로소 발견되었다. 강둑과 제방을 자력으로 건설하는 데 적어도 3,000명의 인력과 8년의 시간이 필요했을 것으로 추정된다. 중요한 농업 과업과 병행하여 건설 작업이 진행되었을 것이므로 아마 작업 기간은 훨씬 더 오랜 기간으로 퍼져나갔을 것이다. 주요 중심지에는 훨씬 더 많은 노동력이 필요했다. (노동력 추정과 마찬가지로 추정하기가 항상 까다롭지만) 정점에 달했을 때 막각산에는 주민이 약 3만 명 거주했을 것으로 추정된다. 엄청난 인력의 굶주린 배를 채우기 위해 많은 양의 식량이 여기에 집중되었다. 발굴 당시 막각산의 한 저장 구덩이에는, 역사의 우연한 사고로 인해 남겨져 보존된 1만 킬로그램–1만 5,000킬로그램의 쌀이 여전히 보관되어 있었다.

막각산의 북서쪽에는 벽으로 둘러싸인 유적지 안에 약 5미터 높이의 훨씬 더 큰 인공 토루가 있다. 그 안에는 11개의 무덤이 들어 있는데, 토기와 그 밖의 석재 인공물과 함께 (주로 옥월(玉鉞, yue axes), 옥벽(玉璧, bi discs), 옥종(玉琮, cong tubes)의 형태로 만들어진) 총 1,100개의 옥이 발견되었다. 보다 덜 공식적인 양식의 묘에서도 인신공희의 흔적이 나타난다. 양저 옥은 유적지가 발굴되기 전에 먼저 현지 농부들의 발견으로부터 유래한 유물로 인해 알려졌다. 층서(層序) 발굴을 통해 이러한 인공물들의 초기 연대가 결정적으로 밝혀졌다. 현재 막각산 지구 북서쪽의 토루와 다른 여러 곳에서 옥과 석재 인공물을 제작하는 작업장이 발견되었다. 옥을 가공하기 위해 설계된 새로운 유형의 석재 송곳도 발견되었다.

다양한 종류의 양저 옥과 그것의 아름다움은 오늘날 세 가지 광범위한 형태의 장식, 즉 오늘날 용, 인간과 동물의 합성 형태, 새라는 꼬리표를 붙인 장식으로 유명하다. 동물과 인간의 조합은 아마 깃털로 만들어진 머리 장식을 착용한 것으로 보이는 인간의 머리 아래로 인간의 팔과 손이 있고 보다 더 아래에는 크고 둥근 눈과 날카로운 발톱을 가진 동물이 자리 잡은 존재이다. 때로 옥종의 사각형 모서리를 중심으로 배치되어 있는 디자인은 좌우 대칭을 강력하게 강조한다. 인간과 동물의 혼합은 아마 인간과 비인간이 합쳐져, 인간과 동물의 속성과 힘을 가진 존재가 창조될 수 있는 유동적인 세계를 시사한다. 일부 사람들은 이와 같은 합성 존재를 샤머니즘의 증거로 간주해왔다. 나는 우리가 그토록 구체적으로 말할 수 있는지 확신하지 못하지만, 이것이 인간과 비인간을 혼합하는 세계라는 것은 분명하다고 말할 수 있다. 양저의 모티프는 그 자체로 매력적이지만 상나라와 주나라 시대에 청동으로 만든 광범위한 짐승 조각의 중심을 이루는 부분인 이른바 도철(饕餮, taotie) 가면의 원형이기도 하다.

　　양저에는 힘이 작용하고 있었다. 인간과 동물을 합성한 모티프가 시사하는 것처럼 인간의 힘은 그 밖의 다른 우주의 힘과 연계되어 있고, 어쩌면 거기에서 비롯된 것일 수 있다. 인간은 세계와 분리된 존재가 아니라 최선을 다해 세계를 조종하고 조작하려고 노력하는 일련의 힘과 제약에 뒤얽혀 있었다. 사람들은 정교한 옥과 토기를 창조하기 위해 물질을 성형했고 에너지를 전달했다. 유적지의 구조 자체는 인간이 보다 더 광범위한 힘을 대대적으로 다루고 있음을 보여준다. 그 힘의 기본적인 요소는 흙과 물이었는데, 특히 물은 집약적인 벼 재배나 홍수와 범람의 토대를 이루는 생산적이고 파괴적인 힘이었다. 뒤이은 청동기 시대에는 대홍수에 대한 전설이 전해진다. 기원전 2000년경 습기가 유발한 일화로 인해 정주 패턴에 널리 퍼진 변화가 이루어졌고 이로 인해 이어지는 청동기 시대에는 황하 중류 지역의 정착지가 폭력적으로 재조직되었을 가능성이 있다. 후기 신석기 시대 사람들은 자신을 보다 더 광범위한 우주의 일부로 간주했다. 이것은 우주와의 양호한 일체감을 일찌감치 표출한 것이 아니라 오히려 세계가 생산적인 단계와 파괴적인 단계 모두와 관련되어 있음을 받아들이는 태도였다.

이러한 비교적 초기의 복잡한 유적지에서 힘은 우주론적이었다. 우리가 이미 알고 있는 중국의 미래를 바탕으로 과거를 되돌아보는 것은 위험하지만, 거기에는 우주론의 연속성을 시사하는 흔적이 존재한다. 이것은 시간을 앞뒤로 돌리면서 추적하는 과정을 잠재적인 계몽 과정으로 만든다. 훨씬 나중인 전국(戰國) 시대(기원전 475년~221년)에 시작되었지만 실제로는 이른바 '한나라에서의 종합'을 통해 형성된 중국의 우주론은 음(陰)의 힘과 양(陽)의 힘의 균형이 생명을 불어 넣는 오행, 색, 방향, 시간 사이의 무한히 복잡한 일련의 상관관계에 바탕을 두고 있다. 나무[木], 불[火], 쇠[金], 물[水], 흙[土]은 각각 초록색, 붉은색, 흰색, 검은색, 노란색과 연계된 기본 원소를 구성하고, 이것은 인체의 장기(臟器) 및 방향(간(肝)은 동쪽과 나무, 심장은 남쪽과 불, 폐(肺)는 서쪽과 쇠, 신장은 북쪽과 물, 비장(脾臟) 또는 위(胃)는 중심/결합과 흙)과 상관관계를 가진다. 이러한 모든 측면은 1년 동안의 계절의 순환 및 인간의 생애 주기와 역동적으로 관련된다. 즉, 겨울, 북쪽, 물, 출생은 봄, 동쪽, 나무, 사춘기 및 성숙으로 이어지고 이것은 다시 남쪽, 불, 성인기로 이어진 뒤 마지막으로 가을, 서쪽, 쇠, 노년기의 쇠퇴로 이어진다. 여기에는 비교적 변하지 않는 중심과 흙을 둘러싼 재생의 과정도 있는데, 이것은 도(道, Dao)(또는 '길')로 간주될 수도 있다. 한나라 시대까지는 도교와 연계된 일련의 연례 의례가 주기에 따라 행해졌다. 중국에서 국가가 형성되던 이러한 시기동안 도교 신비주의는 황제의 활동에 영향을 미쳤을 뿐 아니라 후한(後漢) 시대(Late Han Period)에 메시아 사상을 바탕으로 일어난 농민 봉기에 영감을 제공하기도 했다. 공식 문화와 반문화 모두 도교 사상을 통해 알게 된 우주에 흐르는 에너지를 활용하려고 노력했다.

오늘날, 이와 같은 일련의 연결이 후기 신석기 시대에 완벽하게 형성되었다고 주장하는 것은 어리석은 일이다. 그러나 우리는 사람들이 재료를 대대적인 규모로 다루는 방식과 옥이나 청동을 성형하는 세밀한 기술에서 후대의 사고의 선구자를 확인할 수 있다. 석묘에 일꾼으로 투입된 누군가는 돌을 채석하고, 모양을 성형하며, 벽에 설치하고, 옥을 숨기며, 엄청난 양의 흙을 옮기는 일을 도왔을 수 있다. 양저에서도 그에 상응하는 사람들이 도랑과 운하를 파고, 흙을 옮기며, 초목을 심었을 것이다. 아마도 그들은 이 엄청나게 힘든 노동을 강요받았을 것이었지만 아마도 그들은 물질을 다루는 일 이면에 자리 잡고 있는 세계관도 공유했을 것이다. 따라서 토기를 만들고 옥을 조각하는 이례적인 기술의 발전에서 표출된 것처럼 신석기 시대에는 에너지와 흐름에 대한 관념이 출현했을 수 있다. 능숙한 일꾼들은 토기와 옥뿐 아니라 방대한 목재, 직물, 칠(漆)도 만들었다. 이 모든 것은 이러한 유적지 현장의 중요한 측면으로, 우주를 변화시킬 수 있는 방식으로 세계를 형성하는 통치자의 힘을 보여주는 것이었다. 이러한 엄청난 유적지를 만들면서 사람들은 각자의 고유한 효능감과 이러한 특별한 마법적 세계에서 무엇이 가능한지에 대한 감각을 형성해나갔다. 석묘와 양저의 주민들은 매우 물리적인 우주론을 통해 작업하고 있었고, 이것에 대한 반향은 후대에 제작된 청동기나 병마용의 정교함에서 발견된다. 사실, 지금까지 살펴본 것처럼, 청동기 시대 의례에서 고도로 발전하게 된 일, 즉 조상에게 증기 형태의 액체를 제물로 바치는 일의 궁극적인 기원은 구석기 시대로 거슬러 올라갈 수 있다.

구석기 시대와 신석기 시대 생활에서 중국 마법의 깊은 역사를 찾아보았다. 이제 우리는 청동기 시대 우주론으로 되돌아가 그들의 과거에 대해 보다 더 많은 것을 알게 된 상태에서 그들의 미래에 대해 더 잘 생각할 수 있다.

청동기 시대의 조상들

이제 우리는 부호가 살다가 죽은 마법적 세계가 오랜 역사를 가지고 있다는 것을 알게 되었다. 상나라 사람들에게 죽음은 소멸과 서서히 잊히는 것이 아니라 오히려 살아 있는 사람의 세계에서 죽은 사람의 영역으로 이동하는 상태의 변화였다. 상나라 문화와 뒤이은 모든 중국 문화는 주로 죽은 사람을 참조하면서 살았다. 같은 혈통의 조상들은 같은 혈통의 살아 있는 사람의 안녕을 보장했다. 혈통이 보다 더 강할수록 조상들의 힘도 보다 더 강했다. 상나라와 주나라를 통치하는 가문은 약 1,000년 동안 두 가지 주요 수단을 통해 죽은 사람과 일상적으로 대화를 나눴다. 바로 갑골을 이용한 점복과 향연이었다. 향연에서는 음식과 음료를 담는 매우 정교하고 종종 고도로 장식된 일련의 청동 용기가 중심이 되었다. 중국의 문화적 삶에는 항상 복잡성이라는 또 하나의 층위와 차원이 존재한다. 예를 들어 죽은 사람은 자신의 무덤에서 그 밖의 다른 조상에게 향연을 베풀었다. 지금까지 살펴본 것처럼, 부호에게 일련의 의례용 용기가 제공된 덕분에 부호의 하인들은 부호가 향연을 베풀 수 있도록 준비할 수 있었다. 적어도 잠재적으로는, 상이한 시대의 그 밖의 다른 무덤에서도 훨씬 더 많은 대화, 연결, 간청이 유지되었을 가능성이 있다. 그렇게 때문에 다양한 세대의 죽은 사람들 사이에 불협화음이 발생했을 가능성이 있다. 살아 있는 사람도 부분적으로는 선의를 유지하기 위해 향연을 베풀었다. 따라서 점복을 통해 조상에게 질문을 할 때는 원하는 결과를 보장받을 수 있는 행동을 할 수 있었다.

역사의 마지막 조각은 후기 신석기 시대 거대 유적지의 붕괴와 새롭게 정교해진 청동기 세계 사이를 헤치고 나아가는 데 도움이 될 것이다. 이전에 있었던 대부분의 정치 조직과 비교해보면 황하 하곡(河谷, Yellow River Valley)을 중심으로 하는 청동기 시대의 정치 조직(이리두(二里頭), 이리강(二里崗), 상나라)은 모두 극적인 변화를 나타낸다. 주요 유적지는 후기 신석기 시대의 유적지보다 훨씬 더 크고 보다 더 인상적이다. 사원, 왕궁, 대규모 공예품 제작, 부장품이 엄청나게 풍부한 묘부터 부장품이 훨씬 더 소박한 묘에 이르는 다양한 묘를 볼 수 있다. 청동기는 스텝으로부터 이 세계로 들어왔다. 처음에는 인공물의 세계에서 작은 부분을 차지했던 청동기는 상나라 시대부터 (특히) 용기, 종(鐘), 무기를 제작하는 데 사용되었다. 그것들의 형태와 장식의 복잡성은 매우 큰 크기와 더불어 여전히 놀라움과 감탄을 자아낸다. 이러한 청동기 이면에 자리 잡고 있는 기술, 조직, 노력은 청동기가 엘리트의 문화적 삶의 중심이었음을 시사한다. 이것은 조상들의 힘뿐 아니라 그들과 중보하는 의례를 훨씬 더 잘 보여준다.

중국에서는 중국의 역사를 기록할 때 구석기 시대까지 거슬러 올라가는 중국 문화의 연속성을 강조한다. 특히 조상에게 음식과 음료를 제물로 바치는 일부 용기의 형태를 보면 그들의 주장은 분명 사실이다. 점토로 만든 후기 신석기 시대 용기는 상당한 제작 기술을 보여준다. 그러나 예를 들어 항아리를 청동으로 재주조할 때 같은 혁명적인 변화도 분명하다. 청동 용기(그림 4.7)를 만들기 위해서는 새로운 기술이 필요했고, 금속을 채굴, 무역, 제련, 합금, 주조하기 위해 상당한 조직도 필요했다. 2만 년 전 만빙기의 부글부글 끓는 항아리부터 약 1만 7,500년 후 청동기 시대의 후손에 이르는 진정으로 깊은 연속성을 확인하고 싶은 마음이 굴뚝 같지만, 마음을 다잡고 연속성뿐 아니라 참신함에도 주의를 기울여야 할 것이다.

향연과 점복을 통해 조상과 소통하는 것은 상 왕조의 힘과 생활의 중심이었고, 이것은 사회적 위계가 훨씬 더 낮은 사람들에게도 마찬가지였다. 후기 상나라(기원전 1200년-1046년) 무렵에는 조상과의 끊임없는 접촉을 유지하기 위한 복잡한 방법이 개발되었다. 이것은 고대 동아시아 전역에 널리 퍼진 관행인 점복을 통해 부분적으로 달성되었다.[3] 견갑골점(scapulimancy), 불뼈점(pyro-osteomancy), 불복갑(腹甲)점(pyro-plastromancy) 등 다양하고 이국적인 이름으로 불리는 이러한 점복 관행은 견갑골(어깨뼈)의 사용과 관련되었고, 때로는 단순히 살을 벗기는 방법과, 때로는 불(위에 나열된 용어에서 접두어 'pyro'는 '불'을 의미)에 태우는 방법과 관련되었다. 나중에는 거북이 복갑 역시 사용되었다. 이러한 형태의 점복에 대한 가장 오래된 확실한 증거는 기원전 3300년경 중국 북부, 현재의 내몽골(Inner Mongolia)에서 나왔고 이후 신석기 시대 용산 문화에서 더욱 흔하게 되었다. 이러한 초기에는 점복에 대한 체계가 거의 없었다. 조상에게 뼈의 표면에 대한 질문을 던졌지만 질문을 던진 뼈의 위치가 다양했다. 해답을 생성하는 데 기여하기 위해 뼈 자체에 아무런 전처리도 하지 않았다. 중국 북동부의 초기 청동기 시대(기원전 2000년-1600년), 이른바 하가점하층문화(夏家店下層文化, Lower Xia-jiadian Culture) 시기 동안 사람들은 뼈의 뒷면에 구멍을 뚫어 뼈에 미리 어떤 처리를 하기 시작했다. 암소, 양, 돼지 및 사슴 같은 사냥한 동물은 질문에 사용할 수 있는 뼈를 제공했다. 중국의 다른 지역, 심지어 곧 상나라가 탄생한 화북평원(華北平原, Central Plains)에서조차 다양한 관행이 흔하게 행해졌다. 초기 상나라에서 우리는 여전히 체계를 거의 볼 수 없지만, 질문과 해답을 선명하게 기록하는 보다 더 표준화된 방식으로 소뼈를 사용하고

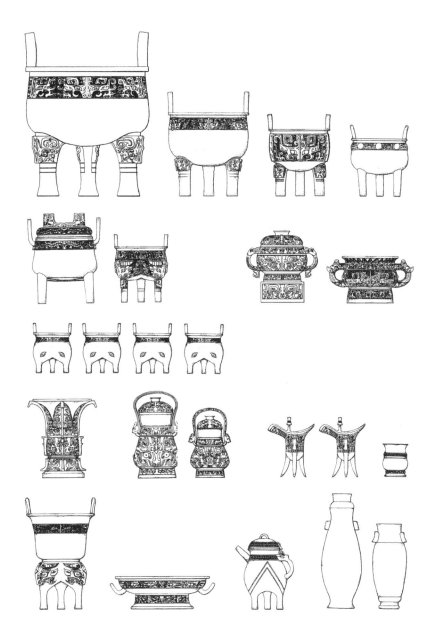

그림 4.7. 조상에게 향연을 베풀기 위한 일련의 의례용 청동 용기.

뼈에 구멍을 뚫기 위한 청동 송곳이 발견된 정주(鄭州, Zhengzhou) 유적지에
서는 변화를 확인할 수 있다. 우리는 남쪽에서 들여올 필요가 있었던 거북
이 복갑(腹甲)이 처음으로 사용된 것도 확인할 수 있다. 강력하고 안정적인
존재로 간주되는 거북이는 중국 신화에서 중요한 역할을 떠맡는데, 이것
은 궁극적인 안정성을 보장하는 존재인 거북이 위에 서 있는 코끼리의 등
위에서 세계가 균형을 이룬다고 간주했던 힌두교의 우주론과 유사한 방식
이다.

　기원전 1200년 이후, 특히 상나라 수도인 은허(殷墟, 상나라 수도의 최초의
이름은 은(殷). 은허(殷墟)는 은(殷)의 폐허(墟)라는 의미)에서 후기 상나라 체계가
시작된다. 이른바 이중 점복 표식이라고 불리는 두 개의 구멍이 도입되었
다. 이 두 개의 구멍이 뼈에 생기는 균열의 패턴에 제약을 가하여 균열의
패턴을 결정한다. 뼈에 균열이 만들어질 때 부(不, bu)라고 외치는 조상들의
목소리를 들을 수 있었다. 여기에서, 이것이 미래를 예언하려는 의미에서
의 점복인지, 아니면 오히려 조상의 영향력에 호소하여 미래를 건설하려
는 시도인지에 대한 중요한 질문이 떠오른다.

　후기 상나라 시대에는 아마 적어도 세 가지 수준의 점복이 있었을 것이
다. 우리에게 가장 가시적인 점복은 왕실의 점복으로, 훈련, 지식, 개인의
강직함에 의거하여 설득력 있는 해답을 내놓는 전문가들이 행했다. 점복을
행하는 경우에는 왕이 참석하여 점쟁이가 조상에게 제시할 질문의 틀을 짜
거나 전문가로부터 질문과 응답의 본질에 대한 조언을 받았다. 왕실은 조
상뿐 아니라 대단히 중요하고 훨씬 더 강력한 천명(天命, Mandate of Heaven)
에도 의존했다. 천명은 우주에서 일어나는 매우 많은 일의 이면에 자리 잡
고 있는 힘의 소유자인 초자연적인 절대자, 제가 제안하거나 철회하는 것
이었다. 일단 천명이 철회되고 나면 되찾아 오기가 매우 어려웠다. 귀족 가

문에서도 보다 더 서열이 낮은, 각자의 고유한 전문가를 두어 가문의 운수를 분간하고 조종하려 했다. 시골과 은허에서 멀리 떨어진 중심지에서는 왕실 점복이 보다 더 비공식적인 버전으로 방대하게 이루어졌는데, 이들은 종종 미리 아무런 처리를 하지 않은 견갑골을 사용했고 명사나 응답을 기록하지 않았다. 모든 사람이 미래를 보장받으려 했기 때문에 모순적인 주장과 열망이 많았을 것임에 틀림없다. 모든 가문이 성공할 수 있는 것은 아니었다. 살아 있는 사람과 죽은 사람이 모두 실수를 하거나 운명에 압도당해 작물이 병충해를 입고, 동물이 죽거나 하곡이 범람할 수 있었다.

마법의 여러 매력적인 측면 가운데 하나는 마법이 생성한 단어의 경이로움이다. 내가 가장 좋아하는 것 가운데 하나는 역학(曆學, hemerology)이다. 이것은 특정 사건이나 행동에 길한 날과 흉한 날의 패턴을 지칭하는 말로, 서양에서는 책력(冊曆, almanac)을 통해 희미하고 약한 형태로 보존되어 있다. 고대 중국에서는 일, 월, 년의 행렬을 통해 시간을 이해했는데, 이 시간은 보다 더 최근에 그러한 것처럼 측정할 수 있는 양(量)이 아니라 다양한 기간에 따라 일부 행동에는 길하고 그 밖의 다른 행동에는 길하지 않은 일련의 특성이었다. 상나라, 주나라, 그 이후의 집단들은 길한 날과 흉한 날의 패턴을 통해 과거, 현재, 미래를 엄청나게 상세하게 배치했다. 사람들은 이에 따라 그리고 조상의 조언에도 따라 자신의 행동을 조정하려고 노력했다.

> 기묘(己卯, jimao)일(16번째 날)에 점을 치며, 췌(Que)가 묻는다. '비가 내리겠나이까?' 왕이 예언했다. '만일 비가 내린다면 임(壬, ren)일에 내릴 것이다.' 실제로 임오(壬午, renwu)일(19번째 날)에 비가 내렸다.[4]

여기서 우리는 점복에서 제기되는 질문의 본질이 때로는 사소하다는 것과 함께 날짜와 숫자 체계의 복잡성을 확인할 수 있다. 상나라는 날짜를 기록하기 위해 두 가지 용어 체계를 결합했다. 하나는 10개의 천간(天干, Heavenly Stems)(갑(甲, jia), 을(乙, yi), 병(丙, bing), 정(丁, ding), 무(戊, wu), 기(己, ji), 경(庚, geng), 신(辛, xin), 임(壬, ren), 계(癸, gui))이다. 이것들은 왕의 이름에 사용되었을 뿐 아니라 상나라의 1주(週)에 해당하는 열흘의 이름을 형성했다. 10개의 천간은 12개 지지(地支, Earthly Branches)(자(子, zi), 축(丑, chou), 인(寅, yin), 묘(卯, mao), 진(辰, chen), 사(巳, si), 오(午, wu), 미(未, wei), 신(申, shen), 유(酉, you), 술(戌, xu), 해(亥, hai))로 보완되었다. 이것들은 갑자(甲子, jiazi)로 시작하여 순서대로 결합된다. 따라서 모든 숫자는 두 글자로 이루어지고 60일마다 반복된다. 위의 인용문에서 19번은 1번을 의미하는 갑자(甲子)에서 시작하는 순환에서 19번째 날이므로 임오(壬午)일이 된다. 각 날짜는 복잡하게 반복되는 숫자의 순환과 연계된 각자의 고유한 속성을 가지고 있었다. 숫자 덕분에 사람들은 세계의 규칙성을 파악하고, 모형으로 정립하며, 조작할 수 있었다. 따라서 숫자는 뒤이은 주나라 시대에 생겨난《역경》이라는 상이한 체계에서 발견할 수 있는 것처럼 우주에 대한 중국인들의 이해의 기본이 되었다.

이 사례에서처럼 상나라 점쟁이는 보다 더 중요한 명사를 제기하기도 했다.

> 계축(癸丑, guichou)일(50번째 날)에 점을 치며 정(Zheng)이 묻는다. '오늘부터 정사(丁巳, dingsi)일(54번째 날)까지 주나라에 해를 입히겠나이까?' 왕이 예언하고 다음과 같이 말했다. '정사(丁巳)일(54번째 날)까지는 [그들에게] 해를 입히지 않을 것이지만 다가오는 갑자(甲子)일(첫번째 날)에는 [그들에게] 해를 입힐 것이다.' 11번째 날인 계해(癸亥, guihai)일(60번째 날)에는 우

리 병거(兵車)가 [그들에게] 해를 입히지 않았지만 그날 저녁부터 갑자일 (첫번째 날) 사이의 더우(dou) 기간에는 정말 [그들에게] 해를 입혔다.[5]

이 명사는 주나라가 상나라와 경쟁하는 약소국이었을 때 제기된 질문이었다. 주나라가 최종적으로 패권을 거머쥐는 날이 오려면 여전히 날짜들의 순환이 여러 번 지나야 할 터였다. 이 두 가지 사례에서 점쟁이(췌(Que)와 정(Zheng))는 질문을 제기하고 왕은 미리 처리된 뼈를 보고 해답을 해석한다. 각각의 점복은 사소한 문제와 중대한 문제를 걱정하고 논의했던 약 3,000년 전 과거의 어느 순간으로 되돌아가는 작은 창을 형성한다.

우리는 점복을 행했을 당시의 물리적 여건을 알지 못한다. 그러나 우리는 적절하게 꾸며진 왕궁의 어느 방을 상상할 수 있다. 거기에는 청동 막대기를 달구는 용도의 화로와 견갑골이 배치되어 있었을 것이고 점쟁이는 긴장하고 있었을 것이다. 모든 일이 순조롭게 진행되어야만 직책과 목숨을 부지할 수 있을 터였기 때문이다. 당면한 문제의 중요도에 따라 왕도 불안감을 감추지 못했을 가능성이 있다. 이와 같은 점복은 수백 년 동안 여러 시대에 걸쳐 정기적으로, 어쩌면 매일 계속되었다. 세계의 다른 어느 곳에서도, 심지어 메소포타미아에서조차 이와 같이 우리와 시간적으로 아주 먼 과거에 존재하는 시대의 국가의 대소사에 대한 직접적이고 상세한 역사적 기록이 남아 있는 곳은 없다.

점복은 우주에 대한 특정한 체계적인 모형에서 발전한 것으로, 규칙성을 파악하는 주요 수단이었다. 나는 과거와 미래의 시간 표면에 길한 날과 흉한 날이 물결치는 것처럼 펼쳐져 있는 모습을 상상한다. 또한 뼈의 판독은 견갑골이라는 소우주에서 우주라는 대우주로 이동하는 해석의 기술을 촉진했고, 그 과정에서 사람들은 끊임없이 조상들을 불러내어 그들의 도움을 받았다. 우리가 과학이라고 부르는 것의 측면은 점복을 위해 뼈에 미리 어떤 처리를 하고 날짜의 행렬을 수학 모형으로 정립하는 과정에 존재한다. 우리는 마법을 전면에 내세워 조상과 대화를 나누려고 하고 뼈와 껍데기의 균열에서 유익한 미래의 행동을 인식하려고 하는 시도에서 왕실과 신성하고 창조적인 힘인 제를 연계하는 종교의 요소를 발견한다. 과학, 종교, 마법으로 구성되는 삼중 나선에 대한 중국의 구성은 문화적으로 특수하지만 세계의 물리적 본질, 그것의 신학적 차원, 마법적 속성을 조합하여 이해하려는 인류의 보다 더 광범위한 시도의 일부이기도 하다.

조상들에게 베푸는 향연

부분적으로는 살아 있는 사람이 조상에게 귀찮게 요구한 것에 대한 대가로서 되돌려주는 것이지만 조상들이 존경을 요구하기도 했기 때문에, 향연이라는 형태로 조상들에게 음식과 음료를 바쳐 조상을 기릴 필요가 있었다. 상나라의 조상은, 상나라의 궁극적인 조상일 가능성이 있고 (별자리가 회전하는 천상의 북극(Northern Pole)과 연관되어 있을 수 있는) 제에서부터 대지, 강, 산 같은 자연적 영혼 또는 신에 이르는 일련의 복잡한 우주론적 인물의 일부를 형성했다. 이러한 존재들 각각에게는 마땅히 특정한 희생을 바쳐야 했을 뿐 아니라 상나라의 경관에 생명을 불어넣는 보다 더 많은 지역의 영혼들에게도 마땅히 희생을 바쳐야 했다. 상나라 왕실의 조상에게는 이(yi), 지(ji), 짜이(zai), 셰(xie), 융(yong)이라는 다섯 가지 상이한 유형의 희생이 바쳐지고 향연이 베풀어졌다. 우리는 이러한 의례 각각의 내용과 형식을 알지 못한다. 그러나 아마도 인간과 동물의 희생뿐 아니라 음악, 춤, 그 밖의 다른 유형의 공연을 행하면서 음식과 음료를 제물로 바치는 것과 관련되었을 것이다.

특정 향연이 순조롭게 베풀어질 것인지를 확인하는 점복도 필요했다.

> 병인(丙寅, bingyin)일(세 번째 날)에 점을 치며 [왕]이 묻는다. '다음 날인 정묘(丁卯, dingmao)일에 왕이 다딩(Da Ding [조상 왕])을 모시고 짜이(zai) 향연을 베풀고자 하는데 해가 없겠나이까?'[6]

짜이(zai) 향연을 받은 각 조상에게는 그 밖의 다른 유형의 희생이 차례로 바쳐졌다. 상나라에게 1년은 희생 주기로 인식되었다. 따라서 모든 조상에게 모든 희생이 바쳐지면 1년이 되는 것이었다. 또한 이따금 왕의 치통이나 어깨 통증을 유발하는 것으로 판단될 수 있는 특정 조상을 위한 보호 희생이 바쳐졌다. 상나라는 마법적-종교적 국가로 묘사되어왔다. 혈통의 조상에게 일상적으로 희생을 바치는 것은 왕의 힘을 보장받는 길이었다. 뿐만 아니라 왕실이 바치는 희생은 국가 전체의 안녕도 보장했다.

상나라 시대에 가장 유명한 물건 가운데 일부는 정의된 형식에 따라 고도로 장식된 청동기이다. 나의 친구이자 중국 전문가인 제시카 로슨(Jessica Rawson)은 이러한 고대의 의례용 청동 용기 일습(一襲)을 이해하기 쉽게 설명하기 위해 다구(茶具) 세트를 예로 들었다. 영국 같은 곳에서 공식적인 대접을 위해 차를 준비할 때는 가정에서 관리할 수 있는 최고의 도자기로 만든 찻주전자, 우유 주전자, 설탕 그릇, 접시, 찻잔, 찻잔 받침이 필요하다. 이러한 도자 그릇들은 제공되는 차, 샌드위치, 케이크만큼이나 중요한데, 손님에 대한 존경심을 보여주고 깊은 인상을 남기기 위해 설계되었기 때문이다. 상나라와 주나라의 죽은 사람은 존경을 요구했고 기장주(酒), 물

및 기장, 쌀, 고기로 요리한 음식을 담은 그릇을 통해 이따금 깊은 인상을
받았을 수 있다. 가난한 가정에서는 귀족과 왕실의 청동 용기 일습보다 더
서열이 낮은 버전의 일습을 사용했다. 숫자도 보다 더 적었고 형태나 장식
의 정교함의 수준도 보다 더 낮았다. 그러나 음식과 음료를 담는 용기 유형
의 기본적인 문법은 동일했다.[7] 음식과 음료뿐 아니라 그것들을 담는 청동
용기도 조상과 연결하는 매개체였다.

　고대 중국 세계의 형식주의는 청동 용기 일습의 구조적 본질에서 드러
난다. 기본적인 용기 유형은 정(鼎, Ding)과 궤(簋, Gui) 두 가지였다. 정은 기
장, 쌀, 그 밖의 곡물을 요리하기 위한 용기였고 궤는 기장, 쌀, 그 밖의 곡
물을 담는 우묵한 그릇이었다. 가(斝, Jia)와 호(壺, Hu)처럼 높이가 더 높은
용기는 술을 담거나 술을 향신료와 혼합하는 데 사용되었다. 주나라 시대
청동기는 1만 점이 넘는 것으로 알려져 있다. 매우 정교하게 장식되어 있
었음에도 불구하고, 그 모양은 그 이전 시대나 그 이후 시대에 발견되는 어
느 청동기보다 더 표준적이다.

　청동기는 혈통 관계, 가문의 역사 또는 승리한 전투 같은 기록된 사건의
측면을 반영한 명문을 새기는 캔버스로도 사용되었다. 긍정적인 사건은 조
상들의 개입을 통해 일어났다. 따라서 용기는 조상들의 힘뿐 아니라 살아
있는 사람의 성공에 대한 기록을 형성했다. 우리는 무덤과 보고(寶庫)에서
발견된 청동기 일습에 대해 알고 있다. 두 경우 모두 종종 다양한 세대의
용기로 구성된 일습이었는데, 이것은 한 가문의 역사와 업적을 기록한 보
관소가 되었다. 이와 같은 기록 보관소는 사망한 사람이 성공을 보장했다
는 의미에서 과거를 바라보는 것이지만 후대에도 오랜 세월 동안 혈통의
이름과 평판을 유지하려는 시도를 통해 미래를 향하기도 했다.

　희생, 향연, 그들의 재료 문화는 시간이 흐름에 따라 변화하고 진화했

다. 아마도 새로운 형태의 효능을 추구했기 때문일 것이다. 기원전 900년 경부터 주나라의 역사가 전개됨에 따라 희생에 대한 주요 개혁이 일어났다. 이것은 용기의 형태와 크기의 변화 및 장식이 약간 단순화되는 변화를 통해 가장 잘 드러난다. 제시카 로슨이 지적하는 것처럼, 개혁 이후 용기의 크기가 보다 더 커졌다는 것은 이와 같은 의례에 참여하는 하인과 귀족들이 제물을 들어 올리고, 부으며, 제물의 위치를 바꾸는 방식으로 인체를 관여시키는 새로운 방식을 의미했을 수 있다. 중국의 점복과 향연은 모두 비물리적인 조상을 대상으로 행해졌음에도 불구하고, 심대한 신체적 경험이었을 뿐 아니라 달력, 숫자, 우주적 힘에 대한 복잡한 조작이었다.

　　상나라의 뒤를 이어 주나라가 등장했다. 그들의 통치는 특히 공자의 찬사를 받으면서 뒤이은 세대를 위한 질서정연하고 훌륭한 통치 모형을 제공했다. 주나라의 힘은 그 규모와 범위가 서서히 쇠퇴했고 기원전 771년에 전통적인 종말을 맞았다. 주나라가 멸망하면서 무덤에 안치되는 의례용 용기의 정교함이 쇠퇴했고 청동기는 도자기로 대체되었다. 뒤이은 춘추 시대(기원전 771년-475년)와 전국 시대(기원전 475년-221년)(이 둘을 합쳐 때로 동주(東周, Eastern Zhou)라고도 부름)에는 단일한 통치 중심지가 없고 일련의 소규모 경쟁 국가들이 존재했다. 중심이 되는 궁정이 없는 상황에서, 점쟁이, 의료 종사자, 그 밖의 전문가 고용 구조는 급격하게 바뀌었고 많은 사람들이 떠돌아다니게 되었다. 사람들의 이동은 우주론과 마법의 형태에 활기를 불어넣는 방식으로 영향을 미쳤다. 따라서 뼈와 거북이 복갑 점복의 빈도가 감소했고 다른 체계로 보완되었다. 그 가운데 가장 유명한 것은 《역경》이다.

　　여기에서는 서양 톱풀(또는 톱풀) 줄기를 던져 숫자를 생성하고 생성된 숫자를 6선형(六線形, hexagram) 도식에 연계한다. 6선형 도식은 6개의 가로

선을 차곡차곡 쌓은 작은 도식으로, 끊어지지 않은 선(양효(陽爻))과 끊어진
선(음효(陰爻))으로 구성된다. 이것들은 다시 8개의 3선형(三線形, trigram) 도식
팔괘(八卦)에 연계되는데, 8개의 3선형 도식은 끊어진 선과 끊어지지 않은
선 3개로 이루어지며 세계의 원소적 측면(하늘, 못, 불, 천둥, 바람, 물, 산, 땅[옮긴
이: 건(乾:☰, 하늘[天]), 태(兌:☱, 못[澤]), 이(離:☲, 불[火]), 진(震:☳, 천둥[雷]), 손(巽:☴, 바람
[風]), 감(坎:☵, 물[水]), 간(艮:☶, 산[山]), 곤(坤:☷, 땅[地])])을 나타낸다. 《역경》 점복
은 주나라 시대에 시작되어 음과 양에 연결되는 오행설(五行說)에 영감을
주었다. 《역경》의 이면에 자리 잡은 고대의 방법을 이해하지는 못하지만,
분명한 것은 그것이 음과 양의 변화하는 힘뿐 아니라 원소 및 인간의 처신
또는 행동과 연계되는 복소수(complex number) 패턴을 바탕으로 했다는 것
이다. 《역경》은 기원전 2세기에 (이전 세기에 끓어올랐던 지식과 논쟁을 집대성한)
이른바 오경(五經, Five Classics) 가운데 하나가 되면서 그 중요성을 인정받았
다. 이후 다른 많은 사고의 가닥이 탄생했는데, 무엇보다도 유교와 도교가
탄생했다.

한나라의 마법

생산적인 동시에 파괴적이었던 전국 시대의 동란(動亂)은 시황제(始皇帝,
First Emperor)의 무덤인 진시황릉(秦始皇陵)과 시황제를 수행하는 병마용으
로 가장 널리 알려진 진(秦)나라에 의해 잠시나마 중국 최초의 통일로 이어
졌다. 한나라에서는 수비학, 음과 양의 철학, 에너지(기(氣)), 오행, 도교 등
을 종합하는 이른바 한나라에서의 종합이 이루어져, 무엇보다도, 세계의
규칙성과 변화를 이해할 뿐 아니라 이러한 규칙성을 형성하는 데 있어 인

간이 수행하는 역할도 이해함으로써, 과거에 대한 이해뿐 아니라 미래에 대해서도 어느 정도 파악하는 데 기여했다. 한나라 시대에 이르러서야 비로소 보다 더 오래 지속되는 종류의 통일이 이루어졌고 완벽하게 관료화된 국가가 들어서면서 삶 대부분의 측면, 심지어 마법조차 집대성되었다.

살아 있는 사람과 죽은 사람 사이의 정보와 에너지의 상호적인 흐름은 한나라 시대에도 계속되었고 관료적 규제 대상이 되었다. 모든 규제 시도에도 불구하고, 이제 복잡하고 때로는 혼란스러운 마법적 경관이 펼쳐졌다. 한나라에서는 뼈와 거북이 껍데기를 이용한 점복이 서서히 종말을 고했고 대신《역경》점복이 보다 더 인기를 얻었다. 길한 날과 흉한 날의 구조가 정제되었고, 질병이 시작된 날을 바탕으로 질병의 경과의 예측이 가능할 수 있다는 점에서 질병과도 연결되었다. 한나라에서 정제된 이러한 역학은 오늘날 중국에서 여전히 지극히 인기 있는 책력으로 녹아들었다. 점성술은 궁정 정책과 사람들의 삶에서 보다 더 일상적인 측면에 영향을 미치는 데에도 사용되었다. 점복판도 알려져 있는데, 이것을 이용하면 점쟁이가 질문한 사람을 다양한 별과 행성의 배치에 연계할 수 있었다. 형태를 이해하는 것도 중요한 부분이었다. 얼굴의 구조에서 그 사람의 운명이 분명하게 드러날 수 있다고 생각했고 개나 말의 경우에도 그러하다고 생각했다. 이러한 사고 양식을 통해 관상학(觀相學, physiognomy)은 검, 용기 또는 도구에도 적용될 수 있었다. 관상학이 지구 표면에 적용되면서 지구의 모양에서 미래를 읽으려는 시도인 풍수학(風水學, geomancy)이 되었다.

한나라 사람들에게 꿈은 지극히 중요했다. 죽은 사람이 꿈에 끈질기게 등장한다는 것은 죽은 사람이 살아 있는 사람을 따라다니면서 괴롭힌다는 증거였다. 괴롭힘이 심한 경우 사망한 사람의 시신을 가루로 만들거나 산(酸)을 이용하여 녹여 버리기도 했다. 상나라와 주나라가 죽은 사람에 대해 긍정적이었던 반면, 한나라는 죽은 사람을 기리면서도 그들이, 그들이 존재하는 장소에서 벗어나지 못하게 만들기로 결정하는 등, 죽은 사람과 보다 더 소원한 관계를 키워나갔다. 그러나 죽은 사람도 정보를 제공할 수 있었다. 매뉴얼을 참고할 수도 있는 전문가들은 살아 있는 사람의 이익을 위해 꿈의 내용을 읽어냈다. 예를 들어 태양에 대한 꿈은 통치자를 알현하게 될 것임을 예고할 수 있다. 미래는 정해진 것이 아니었지만 사람들은 사건의 추세와 우주적 힘을 이해할 수 있었다. 따라서 적절한 행동을 신속하게 준비할 수 있었다. 능동적이고 지각을 지니고 있는 우주는 살아 있는 사람에게 메시지를 보냈는데, 그 가운데 가장 극적인 것은 오직 황제만이 해석할 수 있었다. 혜성의 출현, 피처럼 붉은색 비 또는 새나 동물의 특이한 움직임은 아마도 국가의 대소사에 관한 중요한 메시지로 이해되어야 했다. 반대로 통치자의 힘은 우주를 뒤흔들 수 있었다. 만일 형벌이 지나치게 가혹하거나 황실 내부에 불화가 있거나 나쁜 조언자에게 영향을 받으면 파급 효과가 나타날 것으로 예상되었다. 왜냐하면 우주의 조화가 훼손되기 때문이었다.

죽은 사람에게 희생을 바치는 사람, 영혼과 대화를 나눌 수 있는 영매(靈媒), 징조에서 패턴을 볼 수 있거나 황제가 타는 말의 얼굴에서 미래를 분간할 수 있는 텍스트를 학습한 사람 등 마법의 각 분야마다 전문가가 있었다. 일부 지역은 마법사를 배출하는 것으로 유명했다. 남동쪽에 자리 잡은 월(越, Yue)나라는 한나라 궁정에 가수(假睡) 상태에 빠지거나 무아지경에 빠져 춤을 추면서 죽은 사람을 소환할 수 있는 영매를 보냈다. 중국 북동부 출신으로 비술(祕術)의 대가였던 난대(欒大, Luan Da)라는 사람이 마법 전문성을 인정받아 황제로부터 관직과 2,000가구의 영지를 받자, 난대의 출신 지역의 모든 사람들이 영혼 및 불멸의 존재와 대화를 나눌 수 있다고

주장하고 나서기 시작했다고 알려져 있었다.[8]

언제나 그런 것처럼, 우리는 엘리트 영역의 마법에 대해 가장 잘 알고 있다. 그러나 마법은 어디에나 존재했고 모든 사람이 믿었다. 한나라 시대의 중국에는 죽은 사람의 영혼이나 죽음을 피한 불멸의 존재의 영혼이 지역과 지방 곳곳에 존재했다. 세계의 다른 지역에서는 이와 같은 영혼이 그장소에서 비롯된 존재였던 반면 중국에서는 대부분은 아니더라도 많은 영혼이, 설령 그들이 비롯된 인물이 잊혔더라도, 인간으로부터 비롯된 존재였다. 현지 전문가들은 풍수학, 점성술, 관상학 또는 연금술에 대한 지식이풍부했다. 이러한 지식은 텍스트를 통해 전수되었을 뿐 아니라 아마 구두로도 전수되었을 것이다.

한나라가 멸망한 뒤 1,800년 동안 중국에서는 마법이 발전했지만 그당시에 규정된 노선을 따라 발전하곤 했다. 《역경》과 책력은 일상적으로참조된다. 사람들은 신체 내부의 에너지 흐름뿐 아니라 인체와 인간을 둘러싼 세계 사이의 에너지 흐름에 대해서도 관심을 가진다. 일반적으로 이와 같은 관심은 풍수(風水, Feng Shui)를 통해 이해되는데, 풍수는 지금까지살펴본 것처럼, 인체의 장기(나무는 간(肝), 쓸개, 눈과 연계됨) 및 행성(나무는 목성과 연결됨)과 연결되고 이러한 것을 통해 정서적 특성 또는 정신적 특성(나무는 분노나 친절뿐 아니라 관념론 및 호기심과도 상관관계를 가짐)과 연결되는 오행과 연계된다. 오늘날 릴리언 투(Lillian Too) 같은 베스트셀러 작가들은 풍수를 근대적인 미학(美學)에 효과적으로 부합하는 형태로 발전시켰는데, 이것은 특히 보호 기능이 있는 실내 장식 형태와 관련된다. 오늘날의 풍수는중국계 공동체가 형성된 곳이라면 전 세계 어디에서나 행해지고 있지만그 밖의 다른 문화적 전통에도 효과적으로 적용되고 있다. 중국의 연금술은 다른 곳에서와 마찬가지로 금속, 특히 금의 조작에 관한 것이었지만 부

자가 되는 것보다는 건강이나 사실 영생을 증진하기 위한 묘약을 만드는
데 보다 더 초점을 맞췄다. 은과 금 같은 완벽한 물질은 신체를 완벽하게
만들어 죽음을 피하는 데 도움이 되었다. 아이러니하게도, 금속을 바탕으
로 만든 물약의 섭취로 인해 여러 사람들의 수명이 단축되었을 수 있다. 특
히 시황제가 그러했다. 사망한 시황제는 병마용과 그 밖의 다른 많은 수행
원들에게 둘러싸인 상태에서 묻혔다. 또 하나의 세계에서 치러질 수 있는
전투에서 황제를 보호하기 위해 전사들이 군대를 조직했을 가능성이 높은
것처럼 보인다. 묘 지구의 다른 곳에는 곡예사와 무용수가 존재한다. 따라
서 현재 진행 중인 발굴 작업은 진나라 궁정과 국가의 많은 요소가 죽은 황
제의 수행원으로써 함께 묻혔음을 보여줄 수 있다.

중국의 점성술은 주나라 시대에 시작되었고, 적어도 한나라 시대에 공
식화되었다. 한나라 시대에는 하늘에 대한 보다 더 체계적인 관측도 시작
되었다. 점성술은 오행설, 다양한 색 및 동물과 연계되었다(표 4.2 참고). 개
인이 태어난 사주(四柱)를 알면 삶의 경로와 그들의 특징의 본질을 이해할
수 있었다. 개인의 특징은 행성과 별의 배치와의 연결, 지배적인 행성과 원
소와의 연결뿐 아니라 특정한 색 및 동물과의 연결에서 비롯된다. 십이지
(十二支)는 한나라에서 공식화되었고, 각 해는 동물과 연계되었다. 이 십이
지는 세속적인 업적과 보다 더 실존적인 성취를 통해 한 사람이 어떤 사람
이 될 수 있는지를 훨씬 더 많이 조명했다. 사람은 지구에서 하늘로 이어지
는 촘촘한 실타래에 연결된 하나의 교점(交點)으로, 특정한 성향과 경향을
지니고 있었다.

중국의 우주는 인체, 하늘 아래 지구의 본질, 하늘의 본질 사이의 연계
에 근거를 두고 있는, 다(多)요인적인 것이었고 지금도 그러하다. 하늘은 저
너머의 영역이 아니라 지구의 영역 내에 존재하는 것이자 지구 에너지의

표 4.2 행성, 원소, 색, 동물을 연결한 중국 점성술의 단순화.

행성	원소	색과 동물
금성	쇠[金]	백호(白虎)
목성	나무[木]	청룡(靑龍)
수성	물[水]	현무(玄武)
화성	불[火]	주작(朱雀)
토성	흙[土]	황룡(黃龍)

일부였다. 고대 중동과 유럽에서 점성술 연구는 인간을 넘어서는 힘에 대한 연구였다. 여기에서 천체는 인간이 저항할 수 없는 방식으로 인간에게 영향을 미쳤다. 이와 대조적으로, 중국에서는 행성들이 지구의 원소, 색, (실제 및 상상 속) 동물과 상호적으로 영향을 미치면서 존재했다. 에너지는 이러한 우주의 모든 측면 사이에서 앞뒤로 흘렀고 전반적으로 어느 한 측면에 대한 인과적 우선순위는 없었다.

다음과 같이 요약할 수 있지만 언제나 그런 것처럼, 향후 증거를 통해 검증되어야 할 것이다. 후기 구석기 시대와 역사적으로 기록된 사회 사이에 의례적 연속성이 존재할 가능성이 있지만, 이것이 실제로 무엇을 의미하는지를 설명하기는 어렵다. 그러나 중국의 깊은 과거에도 많은 변화가 있었다. 세계의 많은 지역에서처럼 초기 신석기 시대에는 벼 같은 작물이 수천 년에 걸쳐 야생 형태에서 작물화되면서 농경이 서서히 발전했다. 후대 사회에서 발견되는 일부 요소와 함께 신석기 시대에 대규모 정착지가 출현하고 우리의 이야기에 중요한, 초기 점복의 흔적이 발견된다. 방금 언급한 후기 신석기 시대의 중심지는 새로운 감수성과 문화 형태를 시사하는데, 이것은 부분적으로 흙과 물의 방대한 조작을 바탕으로 하는, 심대하게 물리적인 것이다. 그리고 이러한 요소에 대한 관심은 세밀한 옥, 구슬, (일부는 조상에게 음식과 음료를 바치는 데 사용된) 믿을 수 없을 만큼 정교한 토기의 제작으로 확장되었다. 후기 신석기 시대의 대규모 중심지는 붕괴되었는데, 그 이유는 제대로 이해되지 않은 상태이다. 신석기 시대의 중심지가 무너지고 청동기 시대의 국가가 시작되는 것과 동시에 스텝으로부터 청동 기술이 중국으로 들어온다. 처음에 청동 물건은 칼, 귀걸이 또는 작은 종(鐘)으로 만들어져 개인의 소유물과 장신구의 범위를 소폭 늘렸다. 이것들은 오직 옥이 결정적이었던 화북평원(華北平原) 바깥 지역에서만 발견된다. 상나라가 시작되면서 조상에게 바치는 제물을 담았던 토기 용기가 이제는 청동으로 주조되는 등 극적인 변화가 일어난다. 청동기의 크기는 금세 커지고 믿을 수 없을 만큼 화려하게 장식되어, 이 시대에 세계 어디에서도 나타나지 않았던 정교한 주조 기술을 선보인다. 청동 용기의 장식은 각자의 고유한 힘과 특징을 가진 다양한 종류의 동물과 새를 일깨우고 실재화한다. 용기에 담긴 미주(米酒)와 음식은 조상에게 바치는 것이고 세계에서 가장 정교한 청동기를 제작하는 과정 그 자체에는 인간을 넘어서는 힘이 필요한 것으로 간주되었을 가능성이 높다. 각각의 청동 용기는 복잡한 마법 체계를 구현하여 마법의 힘의 산물이자 마법 활동을 위한 통로가 되었다.

상나라와 그 뒤를 이은 서주(西周)는 보다 더 광범위하고 원형적인 우주적 힘을 바탕으로 우주에 대한 정교한 이해를 발전시킨 정치 조직이다. (청동기 그 자체는 형태와 장식의 복잡성 덕분에 바로크 양식으로 변함에도 불구하고) 전국 시대를 거치면서 청동기 시대 세계의 철학과 문화는 해체된다. 유교와 도교의 철학을 통해 우주에 대한 새로운 접근법이 출현하는데, 이것은 한나라에서 실질적인 형태를 띠게 된다. 도교의 기원은 종종 '샤먼'으로 번역되는 용어인, 그러나 보다 더 제대로는 '점쟁이'로 여겨질 수 있는 인물인

무(巫, wu)와 연결된다. 도교의 핵심 개념은 무위(無爲)다. 우주적 에너지와 신체의 정렬, 명상과 평온을 통한 마음의 질서에서 비롯된 무위는 긍정적인 것으로 간주된다. 중요한 연금술 전통이 도교와 함께 발전했는데, 이것은 (음(陰)과 연관되는) 수은(水銀)과 (양(陽)과 연계되는) 진사(辰沙)를 조합하여 인간의 수명을 늘리거나 불멸을 추구하는 것과 관련된다. 도교에는 보다 더 난해하고 철학적인 차원이 있었지만 도교 덕분에 점복, 연금술, 조화 증진에 관한 많은 대중적인 형태의 마법이 탄생했다. 도교는 유교에 거의 적대적이지 않았고 불교와도 밀접한 관계를 공유했다. 도교 (및 사실 그 밖의 다른 많은 사고의 가닥)의 중심에는 음과 양의 반작용에서 비롯될 수 있는 기 또는 에너지라는 발상이 자리 잡고 있다. 전국 시대에는 음과 양에 대한 이해를 중심으로 하는 중요한 철학들이 나타났다. 도교와 유교는 그 자체로 음과 양의 특성을 가지고 있었다. 도교는 자연스러움 및 흐름의 허용과 연관되고 유교는 정확한 반복 행동 및 의례와 연관되는 형식주의와 관련된다.

한나라에서는 우주를 체계적으로 이해하려는 시도가 이루어졌다. 조상은 여전히 중요했지만 재료(흙, 공기, 불, 물, 나무)의 특성, 기의 힘, 우주를 움직이는 음과 양의 사이의 긴장에 대한 관측으로 보완되었다. 이러한 세계는 매우 정교하고 복잡한 세계이고, 그 핵심에는 세계에 대한 인간의 참여를 강조하는 일련의 믿음이 자리 잡고 있다.

종교에 대해 상상하지 않다

고대 중국에 종교가 없었다는 이야기는 엄격하게 말하자면 사실이 아니다. 그러나 중국인의 삶은 항상 이 세계와 그 안에 존재하는 힘을 강조했다. 결정적으로 중요한 것은 이러한 힘에는 죽은 사람이 포함되었고, 조상에게 간구하는 것은 살아 있는 사람의 안녕을 위한 일의 중심에 자리 잡고 있었다는 것이다. 가문과 혈통에 대한 강조는 오늘날에도 여전히 존재한다. 중국의 우주론은 삼중 나선이라기보다는 마법과 과학이 대부분의 문화적 공간과 지적 공간을 차지하는 이중 나선에 보다 더 가까웠다. 이것은 심지어 기원전 300년 무렵 시작되어 다음 1,000년에 걸쳐 전개되는 불교, 이슬람교, 그리스도교라는 중요한 외부 종교가 유입된 이후에조차 어느 정도 사실이다.

변형과 거래는 중국 마법과 생활의 핵심에 자리 잡고 있다. 중국은 세계를 나누는 것이 아니라 연속성, 긴장 또는 (물질, 색, 방향 등의) 유사성이 쌓여 있는 것으로 본다. 삶의 한 측면은 또 하나의 측면으로 변형될 수 있다. 따라서 정화된 화학적 화합물은 신체를 순수하게 만드는 데 기여했다. 만일 진정으로 성공하면 불멸을 창조할 수도 있었다. 서양 세계에서는 자연을 조사하기 위해 과학을 발전시켰다. 그러나 방대한 독창성을 가지고 있었고 온갖 부류의 재료를 놀랍도록 능숙하게 다루었음에도 불구하고, 중국에서는 과학이 동일한 형태를 취하지 않았다. 서양 세계에서 과학은 세계에서 한 발 물러나 있다. 보다 더 오래된 중국 문화에서는 그러기를 거부했다. 왜냐하면 과학이 깊이 관련되어 있다고 느꼈기 때문이다. 서양 세계에서 과학은 분화되지 않은 형태의 시간 같은 추상적인 양의 시간을 발전시켰다. 그 시간 안에서 각 1분의 길이는 지속이라는 측면에서 나머지 모든 시간과 동일하다. 이 과학은 시간을 방정식의 t로 나타내어 물리학자의 수학적 조작을 돕기 시작했다. 중국 문화에서 시간은 행동하기에 길한 순간 또는 흉한 순간과 관련된 일련의 특성이었다. 수학은 꽤 발전되었지만 시간의 형태와 선과 악의 위상을 지도화하는 데 기여했다.

중국 문화는 죽은 사람에 집착했다. 집착의 수준은 이집트의 수준에 도달했지만 매우 상이한 형태를 취했다. 액체를 부글부글 끓이는 용기를 이용하여 조상의 영역으로 증기를 뿜어 올리는 일을 통해 만빙기부터 한나라에 이르는 시대가 연결되어 있을 가능성을 생각해볼 수 있다. 부모는 조상이 됨으로써 불멸의 존재가 되지만, 마법과 의례를 통해 연결되는 추상적인 존재이기도 하다. 죽은 사람은 살아 있는 사람의 세계에서 멀리 떨어져 나온 것이 아니라 일상생활과 밀접하게 연결된 차원에 존재했다. 중국의 문화적 세계는 주나라가 멸망하면서 심대하게 변화했다. 그렇지만 청동기 시대와 한나라 시대 사이의 우주에는 유사성과 상관관계라는 연속성이 존재했다. 한나라 시대에는 최근의 중국인들의 사고라고 생각할 만한 사고방식이 형태를 갖추게 되었다. 여기에서 죽은 사람은 소원했고 보다 더 명백하게 위험했지만, 살아 있는 사람은 여전히 그들을 찬양하고, 달래며, 억제하기 위해 많은 노력을 기울였다.

중국의 마법에서 중요한 요소들은 오늘날에도 세계 곳곳에서 공명한다. 사람들은 《역경》을 풀이하기 위해 톱풀 줄기를 던지고 풍수나 신체와 우주를 통한 기의 흐름에 대해 걱정한다. 이러한 관행 가운데 대부분은 원래 중국의 문화적 맥락이 제거된 것이다. 대량 소비주의와 소셜 미디어가 중국의 거대한 인구를 휩쓰는 가운데, 고대의 뿌리에 의존하는 중국에서는 그 자체의 참신함이 폭발하고 있다. 이제 부호는 죽음 이후에 생명을 부여하는 근대적 수단인, 인기 있는 비디오 게임의 주요 등장인물이 되었다.

5

유라시아 스텝의
샤머니즘과 마법
(기원전 4000년경-현재)

샤먼의 재구성

샤먼이 북을 두드리기 시작했다. 처음에는 느린 박자로 여정이 전개되었고 그 다음에는 북을 두드리는 속도가 빨라졌다 느려지기를 반복했다. 샤먼의 손이 움직일 때마다 북은 공중으로 떠올랐다가 내려오면서 이야기를 형성해나갔다. 씨족 구성원들이 샤먼의 첨(chum)(예벤크족(Evenk)이 사용하는 단어로서, '천막'을 의미)에 꽉 들어찼다. 여정은 길었다. 따라서 들려주어야 하는 이야기도 길었다. 샤먼의 여정은 혼의 위험한 모험이었는데, 이것은 항상 집단이 느끼는 심각한 필요에 대응하기 위한 것이었다. 그것들은 원인 모를 순록의 죽음일 수도, 땅을 찾는 새로운 정착민들의 약탈일 수도, 또는 부족의 땅에 자리 잡고 있는 광산을 채굴하려는 외부의 위협일 수도 있었다. 이와 같은 모든 문제는 씨족과 대지의 영혼, 동물의 영혼 또는 죽은 사람의 영혼 사이의 관계에서 비롯된 영적인 문제였다. 영혼은 사람들을 돌보았다. 따라서 인간 세계에서 문제가 발생한다는 것은 영혼이 자신의 의무를 이행하지 못했다는 의미이거나 사람들이 마땅한 존경을 제공하지 않았음을 의미했다. 문제를 유발하는 불균형이나 잘못을 발견하여 바로잡아야 했다. 오직 샤먼만이 영혼과 소통할 수 있고 무사히 되돌아올 수 있는 기회를 가질 수 있었다.

　이야기는 길었고 공연의 요소는 오랜 기간에 걸쳐 준비되었다. 북에 사용되는 가죽은 봉헌된 사슴 (또는 순록)에서 가져왔고, 북에 사용되는 목조 틀은 살아 있는 나무에서 자르되, 나무를 죽이지 않는 방식으로 잘라낸 목재로 만들었다. 북에 사용되는 나무 틀을 만들고 남은 나무 조각은 늪지대나 강에 정성껏 안치했다. 집단에 따라 이 나무는 세계수(World Tree)의 후손으로서, 신성한 산에서 자란 나무일 수 있었다. 이 나무는 세 가지 세계, 즉 나무의 잎과 가지가 흔들리는 하늘의 세계, 나무의 몸통이 나타내는, 인간이 일상생활을 하는 중간 영역, 나무의 뿌리가 꿰뚫고 들어가는 (모든 것이 반전되었고 모든 생명체는 죽는) 지하 세계를 이어주는 존재였다. 작은 사람 모양이 조각된 널빤지가 북의 원형 틀의 중앙을 가로질렀다. 그 조각의 주인이 바로 그 북의 주인이었다. 그 널빤지를 붙잡고 있는 샤먼의 손은 북의 힘과 북이 생성하는 에너지를 연결했다. 이야기를 들려주는 과정에서 북은 샤먼을 태우고 여행을 떠나는 순록이 되었고, 북의 리듬은 짐승의 발굽 소리를 일깨웠다. 일부 북에는 종, 가죽 조각 또는 털 조각이 달려 있어 소리와 동물의 연관성을 더하기도 했다. 북의 수명은 약 15년 정도로 순록의 수명과 거의 같았다. 일단 북이 죽고 나면 의례적으로 희생된 순록이 제공하는 가죽으로 새로운 북을 만들 필요가 있었다.

샤먼의 의복은 샤먼의 변형에 기여했다. 망토는 사슴이나 곰 같은 동물 한 마리의 가죽 전체로 만들었다. 곰은 모든 동물 가운데 가장 강력한 동물로, 말을 할 수 있고 인간의 혼을 담고 있었다. 수년 전에 입문한 샤먼의 인간 혼은 골격의 뼈들이 새로운 배열로 조립되는 것처럼 파괴되었다가 재조합되었다. 그러고 나면 인간의 내면 깊숙한 곳에 동물의 혼이 숨겨졌다. 사람과 동물이 이어졌다. 때로 가운은 새의 깃털과 새의 꼬리가 달린 새 모양으로 재단될 수 있었다. 머리 장식, 장갑, 신발은 다른 동물을 일깨웠다. 샤먼은 머리에 사슴뿔을 쓰고, 곰의 발로 만든 장갑을 끼며, 깃털이 달린 신발을 신을 수 있었다. 가운에는 금속으로 만든 작은 새와 동물의 형상이 매달려 있어 발을 구르고 영창(詠唱)을 할 때마다 반짝거렸다. 이따금 남성 샤먼의 가운은 여성의 의복과 닮아 있게 만들어져 남성과 여성의 정체성을 누그러뜨리고 결합했다. 샤먼의 복장을 차려입고 있는 동안, 샤먼은 자신을 잃어버리고 여러 동물, 식물, 사람에 합쳐져, 다양한 행동과 힘을 융합했다(그림 5.1).

이와 같은 영혼의 여정에 대해 이야기할 때, 장대나 나무를 첨(chum)으로 가져왔는데, 이것은 영계(靈界)로의 상승을 시사할 수 있었다. 어쩌면 천막을 통해 피어오르는 연기가 높은 곳으로의 상승을 연상하는 데 도움을 주었을 것이다. 여정은 수직 방향, 즉 위나 아래로 이루어졌다. 그러나 대체로 남쪽에서 북쪽으로 흐르고, 여전히 원주민이 살고 있는 예니세이(Yenisei) 강 같은 시베리아의 큰 강들에서 이루어지는 여정에서는, 강들이 샤먼에게 중요한 기본 방향을 제공하기도 했다. 원정(遠征)은 샤먼을 북쪽 또는 남쪽으로 이끌 수 있었을 뿐 아니라 상승 또는 하강하는 특성을 가질 수도 있었다. 남쪽과 북쪽의 지리에는 집단이 알고 있는 다양한 영적인 인물이 존재했다. 그들은 남쪽으로부터 이동하는 새를 풀어주는 힘을 가지고 있

그림 5.1. 시베리아 샤먼에 대한 세계에서 가장 오래된 묘사. 1692년 사모예드(Samoyed) 민족과 퉁구스(Tungus) 민족 사이를 여행한 네덜란드 탐험가 니콜라스 비첸(Nicolaes Witsen)은 자신이 그린 그림에 〈악마의 사제*Priest of the Devil*〉라는 제목을 붙이고 그림 속 샤먼의 발에 발톱을 그려넣어 자신이 지은 그림 제목과 일치시켰다.

을 수 있거나 북쪽으로 향하는 예니세이강 하구의 얼음 같이 차가운 물속에 숨어서 인간, 새, 동물을 기다리고 있다가 깊은 곳으로 끌어내릴 수 있었다. 집단에 따라 여분의 도움을 주기 위해 인형과 동물 영혼의 조상을 천막 주변에 안치했다. 어쨌든, 이와 같은 의식에서는 대지의 영혼과 죽은 사람의 영혼이 가까운 곳으로 이끌려왔다. 샤먼의 결정적인 특징은 그들의 혼(또는 혼 가운데 하나)이 그들의 신체를 떠날 수 있다는 것과 인간 세계를 벗어나 하늘 세계나 지하의 보다 더 낮은 세계로의 여정을 떠날 수 있다는 것이다. 샤머니즘 관행은 정신적으로 위험했다. 정신이 이상해지거나 사망할 위험이 있고, 사실 샤먼이 되기 위해 필요한 힘은 가까운 가족 구성원의 생명력을 빼앗을 수 있었다. 샤먼이 죽으면 그들의 북과 가운을 인간 거주지에서 멀리 떨어져 있는 나무에 걸어두었다. 이것은 중요한 동물의 뼈를 나무에 매달아 생명체로 되돌아갈 수 있도록 도움을 주었던 방식을 상기시킨다. (20세기 초 러시아는 국가적인 차원에서 샤머니즘 신앙과 그것이 원주민 집단에 미치는 영향의 근절을 결연하게 시도했다. 오늘날 샤머니즘 관행은 밑바닥에서부터 재생되고 있다. 시베리아 동부의 크라스노야르스크(Krasnoyarsk)에 자리 잡은 박물관을 방문하면 한 세기 넘게 수집한 다양한 샤먼의 복장이 가득한 전시관을 볼 수 있다. 인간의 모습을 한 인물 모형 위에 샤먼의 복장을 입혀놓은 모습을 보면, 마치 일종의 샤머니즘의 묘지처럼 보인다.)

여기에서 나의 설명은 단일한 사건이나 심지어 하나의 집단에 대한 설명이 아니다. (예니세이강 중부에서 생활하고 현재 그 숫자가 1,000명에도 못 미치는) 케트족(Ket) 또는 (예니세이 동쪽 강둑에서 동쪽으로 가장 멀게는 아무르강(Amur River)에 이르는 광활한 지역에 엷게 퍼져나간 퉁구스어를 사용하는 집단인) 예벤크족 같은 민족에 대한 러시아 사람들의 기록을 결합하여 일반화한 것이다. 케트족에게는 세 가지 신앙 요소가 있었다. 그것은 바로, 가장 먼저 개별 씨족과 가정을 보호하는 영혼을 중심으로 한 신앙, 그 다음으로 보다 더 광범위한 부족의 땅 및 부족의 안녕과 관련된 신앙, 마지막으로 샤먼과 영웅적인 샤먼의 행동에 관한 신앙이다.[1] '샤먼'이라는 용어는 퉁구스어 집단의 한 계열인 예벤크어(Evenk)에서 유래했다. 이 언어에서는 마지막 음절인 '먼'에 강세를 두고 발음한다(shamán).

마법의 역사에서 샤먼이라는 인물은 눈에 띄고 위험한 존재였다. 샤먼은 여러 세계를 오고 갈 수 있는 트릭스터 같은 인물에 비길 만한 인물이다. 비록 샤먼과 샤머니즘 관행에는 보다 더 고대의 신앙 체계가 가득함에도 불구하고, 샤먼은 그들의 시대 문제에 대응하는 역사적인 인물이다. 그리고 여기에서 보다 더 흥미로운 이야기가 출현한다. 이제 우리는 샤머니즘보다 더 오래된 여러 층위의 신앙 체계가 있었다는 사실을 파악할 수 있다. 샤머니즘 관행은 아마도 지난 2,000년 동안 하나가 되었을 것이다. 그리고 일부 특징은 러시아 식민주의에 저항했던 지난 몇 세기에 걸쳐 형성되었을 것이다.

우리가 이 장에서 살펴볼 것처럼, 스텝의 역사는 마법을 통해 구조화되고, 스텝의 마법은 역사를 통해 형성된다. 스텝은 시베리아 동부에서 유럽에 이르는 지역이다. 남쪽의 초원과 숲, 북쪽의 툰드라 등, 다양한 생태계로 구성된 띠를 이루고 있다. 여기서는 우리는 유구한 역사가 출현하는 초원 스텝에 대해 집중적으로 살펴볼 것이다. 우리는 헝가리에서 시베리아 동부에 이르는 거대한 초원 지대를 살펴보아야 한다(지형적 특징과 유적지를 표시한 지도는 그림 5.2 참고). 우리가 검토하는 지역 대부분은 현재 러시아에 속하지만 남쪽의 이른바 '스탄' 국가들과 몽골에도 속한다. 시베리아에는 북쪽으로 흐르는 세 개의 거대한 강이 자리 잡고 있다. 바로 시베리아 서부의 오비(Ob)강, 시베리아 중부의 예니세이강, 시베리아 동부의 레나(Lena)강이다. 시베리아 남부, 몽골, 카자흐스탄(Kazakhstan) 동부에는 알타이(Altai) 산맥, 파미르(Pamirs) 고원, 천산(天山, Tien Shan) 산맥 같은 복잡한 산계가 자리 잡고 있다. 훨씬 더 서쪽으로는 이란 고원, 카스피해(Caspian Sea) 저편에는 캅카스(Caucasus)가 자리 잡고 있어 러시아와 중동을 나눈다. 산맥의 북쪽은 종종 우즈베키스탄(Uzbekistan)과 투르크메니스탄(Turkmenistan)에 자리 잡은 카라쿰(Karakum)과 키질쿰(Kyzylkum)(검은 사막과 붉은 사막) 같은 사막이다. 이러한 거대하고 도전적인 환경 속에서 훨씬 새로운 고고학적 증거가 출현하여, 심지어 몇 년 전만 해도 기록할 수 없었을 과거의 초기 농경 공동체의 그림을 우리에게 제공한다. 마법은 과거에 대한 이러한 새로운 이해의 필수적인 일부이다.

약 3,500년 전, 후기 청동기 시대에 장거리를 이동할 수 있는 기마 이동 사회가 출현하여 광활하게 열린 스텝의 거대한 공간에서 조직을 형성했다. 이 집단에서 가장 널리 알려진 후손이자 마지막 후손은 몽골(Mongols)족이었다. 상대적으로 소규모 땅에 보다 더 결부되어 있는 정주 생활과는 다르게, 기마 유목민들은 넓은 공간에서 조직을 형성할 필요가 있었다. 그들은 사람들이 대규모 말 떼를 동반하고 겨울을 나기에 가장 좋은 지역이 어디인지, 규모를 확장한 봄과 여름 목초지에 적합한 지역이 어디인지, 미리 준비해둔 마초(馬草)를 활용하여 가을을 보낼 좋은 피한지가 있는, 규모를 축소한 지역이 어디인지 파악하고 있었다. 이와 같이 복잡한 조직은 의례와 마법적 수단을 통해 구성되었다. 기원전 1500년경, 처음으로 많은 수의 말이 발견되었다. 이와 동시에 우리는 새로운 기념물의 발전을 확인할 수 있다. 몽골에서 처음 출현한 이 새로운 기념물은 키르기수르(khirigsuur)라고 불렸고, 그 이후 시베리아 동부에서는 사람과 말을 그 밖의 다른 제물과 함께 묻는 기념물이 생겨났다. 이와 같은 기념물은 많은 사람들이 함께 모인 대규모 집단에 의해 건설되었다. 가장 거대한 기념물에는 최대 1,000마리의 말이 묻혀 있는데, 동시에 도살된 것이 아니라 여러 해에 걸쳐 도살되었다. 사람들이 이러한 기념물로 되돌아와, 아마도 의식을 행하고, 향연을 베풀며, 다양한 사회적 교환에 관여했을 것으로 추정된다. 사람들은 거대한 초지 평원 지대에 가시적이고 고정된 지점을 형성하는 기념물을 통해 자신들의 세계를 지도화했지만 그곳은 집단의 기억에도 남아 있었다. 왜냐하면 그곳에서 삶과 죽음에 관련된 중요한 사건이 일어났기 때문이다.

시간이 흐르면서 키르기수르는 사람뿐 아니라 말과 그 밖의 다른 동물들도 함께 묻히는 매장 봉분으로 변형되었다. 기원전 800년 이후에는 가장 이례적인 일이 일어났다. 유라시아가 연결되면서, 시베리아에서 서유럽에 이르는 거대한 지역에서 관련된 미술 형식이 발견되었고, 건축적인 측면에서 눈에 띄게 유사한 봉분에 묻혔다. 동양에서 이러한 유형의 미술과 매장 방식은 현재 우리가 스키타이족(Scythians)이라고 알고 있는 집단과 연결된다. 스키타이족은 단일한 민족이나 문화가 아니라 이동을 주로 하는 다양한 종류의 집단이었는데, 그 사이에는 보다 더 정주 생활을 하는 농경민도 있었다. 스키타이족은 오늘날 우리가 때로 켈트족(Celt)이라고 부르는 집단과 서쪽에서 연결된다. 켈트족은 훨씬 더 정주 생활을 했지만 이른바 스키타이 미술과 눈에 띄게 유사한 미술 스타일을 발전시켰는데, 이것은 큰 봉분 아래에 죽은 사람을 매장하는 방식에서도 발견된다. 이 스타일은 호랑이, 사슴, 말 또는 환상 속 존재인 그리핀을 사람과 혼합하고 합치면서, 생물종 사이의 경계를 무너뜨린다. 스키타이 미술은 복잡하게 뒤얽힌 신체와 형태를 이해하려고 노력하는 과정에서 우리 눈이 그 표면 위에서 쉴 새 없이 움직이므로 살아 움직이는 미술이라고 할 수 있다. 그러나 여기에서 미술이라는 용어는 오늘날의 미술과 같은 의미가 아니다. 스키타이 미술은 오늘날의 미술과 다르게 세계를 나타내려고 시도하지 않기 때문이다. 따라서 오늘날 미술관에서 시도하는 것과 같은 방식으로 세계를 관조할 수 없다. 오히려 스키타이 미술에서 금이나 청동 인공물, 의복이나 마구(馬具)의 형태는 실재에 대한 일련의 실험, 즉 실재를 이해하고 변화시키려는 시도였다. 미술은 인지와 행동을 개조하여 사람들이 세계에서 새로운 방식으로 행동할 수 있게 만든다.

스위치를 눌러 전기 회로를 연결하는 것처럼, 기원전 800년 이후에는 스텝 전역에서 상이한 유형의 민족들, 즉 농경민뿐 아니라 기마 유목민들이 에너지를 주고받았다. 이를 통해 지구 표면의 거대한 부분이 연결되었다. 따라서 사람, 발상, 재료가 장거리에 걸쳐 이동하게 되었다. 장거리 연계는 적어도 지역의 정체성만큼이나 중요해졌다. 우리가 매장 기념물의 역사와 매력적인 미술 스타일의 역사를 추적하면서 살펴볼 것처럼, 마법은 그 뒤를 따르는 연결과 차이의 중심이었다. 후기 선사 시대 유럽은 이제 스텝의 미술과 마법의 일부를 연상시키는 것으로 여겨질 수 있을 뿐 아니라 각자의 고유한 현지의 마법 전통을 가지고 있는 것으로서 이해될 수 있다. 중국은 그 역사에서 내내 스텝과 경계를 맞대어왔다. 이 경계는 곳곳에 구멍이 뚫려 있었고 변화했지만 중요한 것이었다. 그 경계를 통해 상당한 규모의 발상, 사람, 물건이 스텝에서 중국으로 흘러들어갔다. 중국, 유럽, 스텝이라는 세 지역 모두에서 그들의 역사에서 비교적 늦은 시기에 세계 종교가 등장하기 전까지 초월, 즉 저 너머의 세계에 대해 거의 강조하지 않았다. 중국은 조상과의 거래를 강조한 반면, 스텝의 사람들은 변형에 초점을 맞췄고 유럽은 거래와 변형을 결합했다.

0년 무렵에는 이동 생활을 하는 민족들 사이에서 매우 새로운 유형의 국가 조직이 출현했다. 따라서 흉노족(Xiongnu), 위구르족(Uighurs), 튀르크족(Turks), 몽골족이 차례로 이어져 넓은 땅을 정복하고 그 어느 때보다 더 큰 제국을 건설했다(표 5.1). 몽골은 풍부한 초원과 중국과의 연결을 통해 사람, 말, 부를 축적한 뒤 그것들을 스텝 전역으로 퍼뜨렸던, 이러한 후기 순환 체계의 핵심이었다.

위에서 스케치한 새로운 역사를 감안할 때, 이제 우리는 샤먼의 일부 관행이 깊은 역사적 뿌리에 의존할 수 있는 것임에도 불구하고, 샤먼을 비교적 최근의 마법적 인물로서 이해할 수 있다. 지난 몇 세기 동안 알려진 대부분의 시베리아 샤먼은 비교적 소규모 집단에서 생활하고 마법을 행했는데, 종종 러시아 식민주의의 영향으로 심한 고통을 겪었다. 이와 같은 상황은 기원전 1500년부터 몽골족의 지배가 끝나는 기원후 1500년경까지 약 3,000년에 걸쳐 많은 수의 기마 민족이 스텝을 지배했던 상황과 매우 상이하다. 이 장의 마지막에서 논의될 보다 더 최근의 샤머니즘은 사람들이 살아가고 있는 차원에서 일어나는 잘못을 바로잡으려고 시도하기 위해 영혼의 세계로 여정을 떠나는, 저항하는 관행의 일부이다. 최근 샤머니즘의 발전을 주장한다면, 변형에 대한 깊은 철학적 관심이 적어도 스텝의 청동기 시대로 거슬러 올라간다는 것도 인정하는 것이 올바르다. 그리고 그것은 청동기와 그 밖의 다른 매개체를 통해 입증되었다.

괴이하고, 예측할 수 없으며, 창조적이고, 위험한 개인주의가 샤먼이라는 인물에 응축되었다. 카리스마 넘치는 마법사로서 매혹적인 면모를 갖춘 샤먼은 최근 대중의 상상력을 끌어들이는 힘을 행사했다. 샤먼은 영혼 세계로 들어가 영혼 세계의 주민들과 씨름할 수 있는데, 자신에게는 상당한 위험이 되지만 집단에게는 잠재적인 이익이 된다. 샤먼은 규칙을 어기는데, 그 이유는 부분적으로 각 샤먼의 고유하고 특이한 특징 때문이지만 그들이 마주치는 힘의 강함과 예측 불가능성 때문이기도 하다. 샤먼의 무정부주의적 마법은 형식을 따르는 사제의 행동과 본질적으로 전통적인 사제의 처신과 뚜렷한 대조를 이룬다. 샤먼은 의례의 규칙과 규정을 준수하고 전승의 글자를 따르면서도 그 정신을 잃지 않는다. 오늘날의 사람들은 세계와의 일체감에 대한 갈망을 느끼고 있는데, 이것은 샤머니즘에 대한 강좌가 열리고, 영혼에 관해 안내하는 앱을 다운로드할 수 있으며, 샤머니즘 여정에 대한 소개가 이루어지는 상황에서 표현된다.

선사 시대 스텝에서의 마법

마법의 고고학을 통해 우리는 사람들이 6,000년에 걸쳐 스텝에 퍼져나가면서 멀리 떨어져 있는 지역과 연결을 형성하는 과정에서, 스텝에서 발견되는 문화의 층위를 벗겨낼 것이다. 다음에 이어지는 설명은 일련의 단계로 나뉘는데, 이것은 역사적 시대를 명확히 정의하는 것이 아니라 우리가 가진 증거를 정리하기 위한 장치이다.

1단계–스텝이 채워지고 연결됨

구석기 시대부터 스텝 동부에는 고대 인구가 존재했다. 우리의 이야기는 기원전 3500년경부터 시작된다. 그 시기에 사람들은 서쪽에서 동쪽으로, 스텝 전역을 이동했지만(그림 5.2) 아마도 남쪽에서 성장하고 있었던 중국의 신석기 시대 집단으로부터의 인구 유입이 있었을 것이다(표 5.1). 이것으로 인해 애니미즘이 결정적인 요인으로 작용하는, 보다 더 완벽하고 보다 더 연결된 인간의 경관이 형성되었다.

우리는 스텝을 애니미즘의 역사로 생각할 수 있다. 애니미즘의 역사는 하나가 아니라 여러 가지이다. 왜냐하면 사람들이 경관, 식물, 동물과의 관계를 변화하는 방식으로 탐구하기 때문이다. 만일 주의해서 적용한다면, 애니미즘은 유용한 용어이다. 애니미즘이 (종교나 과학처럼) 일반적인 단어임에도 불구하고, 그것은 (종교나 과학처럼) 오직 특정한 문화적 맥락이나 특정한 역사적 여건 속에서만 이해될 수 있다. 논리적으로 앞선다는 의미로 또는 (그것이 무엇을 의미하든) 발전되지 않은 사회의 사람들이 믿는다는 이유로 애니미즘이 원시적인 것은 아니다. 애니미즘은 내면적인 신앙의 상태가 아니라 여러 종류 사이의 관계를 맺는 행동 양식으로 이해할 때 가장 잘

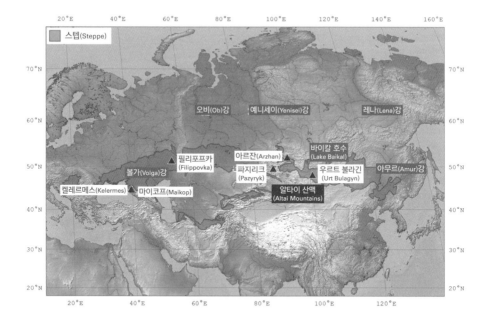

그림 5.2. 중앙 초원과 본문에 언급된 주요 유적지가 음영 처리되어 있는 스텝의 지도.

표 5.1 스텝의 주요 문화, 연대, 발전의 일부. 각 문화의 일부 연대가 겹치는 경우가 있다. 왜냐하면 여러 지역에서 발견되기 때문일 뿐 아니라 연대가 불확실하기 때문이다. 마법의 역사에 대한 몇 가지 사고는 표 5.2를 참고하라.

연대	시베리아 서부	시베리아 남부	몽골	중국
기원전 3600년	마이코프(Maikop) 기원전 3600년-3100년 최초의 말			초기 신석기 시대
기원전 3300년	얌나야(Yamnaya) 기원전 3300년-2200년	아파나시에보 (Afanasievo) 기원전 3300년-2500년	아파나시에보(증거가 거의 없음) 기원전 3300년-2500년	후기 신석기 시대 석묘 및 양저
기원전 2500년	세이마-톨비노 (Seima-Turbino) 기원전 2200년-1700년(북부)	오쿠네프(Okunev) 기원전 2500년-2000년 최초의 말	케메첵(Khemcek) 기원전 2600년-1800년 최초의 조각상 및 무덤	후기 신석기 시대 석묘 및 양저

기원전 2000년	신타슈타(Sintashta) 기원전 2100년-1800년	안드로노보(Andronovo) 기원전 2000년-900년 카라수크(Karasuk)를 포함 기원전 1500년-900년		초기 청동기 시대 -제가(齊家), 이리두(二里頭), 이리강(二里崗)
기원전 1500년	스루브나야 (Srubnaya) 기원전 1800년-1200년	카라수크 기원전 1500년-900년	키르기수르(Khirigsuur)와 사슴돌 기원전 1500년-1000년 최초의 말 기원전 1400년	상나라 시대 기원전 1600년-1046년
기원전 1000년	마지막 청동기 시대 기원전 1200년-800년	카라수크 기원전 1500년-900년 타가르(Tagar) 기원전 900년-200년 -최초의 쿠르간(kurgan)	판석묘 (板石墓, Slab grave) 기원전 1000년-400년	주나라 시대 기원전 1046년-기원전 771년 동주 시대 기원전 771년-221년
기원전 500년	스키타이족 (Scythians) 기원전 800년-	타가르 기원전 900년-200년-최초의 쿠르간 스키타이족 기원전 800년-타슈티크 (Tashtyk) 기원전 200년-기원후 300년	판석묘 기원전 1000년-400년 흉노족 최초의 국가 기원전 100년-기원후 200년	동주 시대 기원전 771년-221년 진나라 시대 기원전 221년-206년 한나라 시대 기원전 206년-기원후 220년
0년		타슈티크 기원전 200년-기원후 300년	흉노족 최초의 국가 기원전 100년-기원후 200년	한나라 시대 기원전 206년-기원후 220년
기원후 500년		위구르 튀르크(Uighur Turk) 국가 기원후 600년-900년	위구르 튀르크 국가 기원후 600년-900년	다양한 왕조 시대 기원후 220년-618년 당나라 시대 기원후 618년-907년
기원후 1000년	몽골 제국(Mongol Empire) 기원후 1160년대-1368년	몽골 제국 기원후 1160년대-1368년	몽골 제국 기원후 1160년대-1368년	송나라 시대 기원후 960년-1279년 몽골족의 통치 기원후 1279년-1368년

◦ 기원전 1500년경에서 현재-스텝 전역에서 러시아인의 침략과 계속되는 중국의 영향력
◦ 1990년 몽골 독립과 소비에트 연방(Soviet Union) 해체

드러난다. 이와 같은 관계에 대해 생각해볼 때, 그것은 만물, 즉 생명체와 비생명체를 사람으로 간주하는 것일 수 있다. 심지어 많은 집단은 만물이 바위, 맥(貘) 또는 태양처럼 보일 수 있음에도 불구하고, 만물은 인간이고 따라서 인격을 가진다고 생각한다. 사람들은 우호적 관계, 무관심한 관계, 적대적 관계를 맺는다. 1장에서 언급한 것처럼, 시베리아의 일부 사냥꾼들은 사냥꾼과 사냥감 사이의 성적 매력, 즉 사냥감이 자기 스스로 자신을 사냥꾼에게 제공하도록 만드는 매력 때문에 사냥이 작동한다고 생각한다. 북아메리카 대륙의 오지브웨족(Ojibwe)의 언어는 생물 명사와 무생물 명사를 구분한다. 그리고 오지브웨족에게 바위는 생물 범주에 속한다. 따라서 오지브웨족은 바위가 자력으로 움직일 수 있고 어떤 형태의 냉혹한 의도를 따를 수 있다고 생각한다.

　애니미즘은 인간이라는 존재의 발상을 멀리 그리고 넓게 확장하는 많은 문화를 지목하는 데 유용하다. 다른 용어와 마찬가지로 이 용어에는 즉각적인 평가와 구체화가 필요하다. 어떤 집단이 애니미즘을 믿는다고 말하는 것은 설명의 시작이지 끝이 아니다. 이 책에서 우리는 빙하기의 사냥꾼에서부터 아마존 열대우림에서 생활하는 사람들 또는 기계론적인 우주에 반발하는 서양의 이교도에 이르는, 애니미즘을 믿는다고 표현할 만한, 많은 사람들을 만나게 될 것이다. 그들은 모두 애니미즘을 믿는 사람들이다. 그리고 애니미즘을 믿는 사람들은 모두 각자의 고유한 방식을 가지고 있다.

　초원 스텝에서 결정적인 관계 가운데 하나는 인간과 말의 관계였다. 인류사는 그 자체로 복잡한 말의 역사와 밀접하게 뒤얽혀 있다. 말은 기원전 3500년경 카자흐스탄 북부와 러시아 남부의 보타이(Botai) 집단에서 처음 가축화되었다. 말은 탈 것이 되어주고, 짐을 끌어주며, 식량을 제공하고,

의례를 행하는 데 중요한 존재가 되었다. 오늘날에도 말은 카자흐스탄과 몽골 같은 장소에서 여전히 중요한 위치를 차지하고 있다. 신석기 문화가 금속을 사용하는 문화로 바뀌면서 말은 서쪽과 동쪽으로 퍼져나갔다. 따라서 서쪽으로부터는 청동, 밀, 보리가 들어오고 동쪽으로부터는 중국에서 작물화된 기장이 들어와 스텝으로 퍼져나갔다. 동쪽에서는 말이 다양한 방식으로 계승되었다.

고고학 유적지에서 발굴된 뼈를 분석한 결과 기원전 3500년경에는 말이 카자흐스탄 동부에, 그로부터 1,000년 뒤에는 시베리아 남부의 미누신스크 분지(Minusinsk Basin)와 알타이 산맥에 도달한 것으로 나타났다. 아마도 기원전 1400년경에는 몽골에 도달했을 것이다. 일부 집단에서는 비교적 많은 수의 말을 거느리고 있었던 것처럼 보이고 다른 유적지와 다른 지역에서는 양이나 염소 및 암소의 뼈가 보다 더 흔하다. 이와 같은 동물의 숫자의 가변성은 카자흐스탄, 시베리아 남부, 몽골에서 발견되는 광범위한 문화 형태의 모자이크의 일부이다. 또한 그것의 특징은 다양한 유형의 암면미술, 주택, 토기, 발전하는 금속 문화로도 표현된다.

우랄 산맥(Urals)의 동쪽 측면에 자리 잡은 이른바 신타슈타(Sintashta) 문화에서 두 바퀴로 움직이는 수레인 이륜마차가 발명되었다. 신석기 시대에 소를 이용하여 크고 느린 수레를 끌었던 것과는 대조적으로 이륜마차는 빠르고 가벼웠다. 이륜마차는 처음 등장한 우랄 산맥으로부터 금세 퍼져나가 수백 년 뒤에는 메소포타미아, 이집트, 지중해에 자리 잡은 도시 집단에 도달한다. 그리고 나서 중국으로 건너가 대량 제작되었고 아름답게 칠해졌다. 우랄 산맥의 뒤쪽에 자리 잡은 신타슈타 시대에는 이륜마차를 많은 수의 말과 함께 매장한 극적인 묘들을 볼 수 있다. 이것은 말의 의례적 중요성뿐 아니라 빈번하게 희생시킬 수 있을 만큼 많은 수의 말을 사육했음을 시사한다. 말은 삶과 죽음이라는 결정적인 문제를 협상하는 데 중요한 역할을 했다.

표 5.2 스텝에서의 개략적인 마법 역사.

연대	사건과 과정
기원전 2500년	시베리아의 오쿠네프(Okunev) 미술-보존되어 있는 모든 미술은 돌 위에 존재한다. 인간, 영적인 인물, 물건의 조합을 보여주는 오쿠네프 미술은 인간, 영적인 인물, 물건 사이의 관계를 다룬다.
기원전 1500년경	몽골에서 키르기수르(khirigsuur)와 사슴돌이 기원. -키르기수르는 사람들이 되돌아가는 죽은 사람에 관한 의례의 중심을 제공하고 사슴돌은 인간, 사슴, 물건 사이의 관계를 다룬다.
기원전 900년-300년	(아마도 키르기수르의 영향을 받은 것으로 보이는) 시베리아 최초의 투물루스(tumuli). 흙, 돌, 나무를 포함하는 투물루스는 경관의 원소적 속성과 인체와 풍부한 인공물을 포함하는 부장품이 풍부한 무덤들을 지도화한다.
기원전 800년경	스키타이족-이동 생활을 하는 민족. 인간, (사슴이 중심이 되어 다양한 동물을 서로 결합한) 동물, 때로 식물을 혼합하는 미술 형식. 모호성의 미술과 마법.
기원후 500년	위구르족 조각상과 의례 유적-몽골과 스텝의 경관 전역에서 돌에 새겨진 살아 있는 존재의 가능성.
기원후 1500년경	근대 샤머니즘이 기원했을 가능성. 부분적으로는 러시아의 침략에 대한 반응으로 훨씬 더 오래된 뿌리에 의존.

재료와 동물은 아마도 우리가 상상할 수 있는 방식으로 사람과 분리되어 있지 않았을 것이다. 미술은 관계를 시사하는 중요한 지표이다. 다양한 포식자와 피식자가 묘사된 이른바 동물 미술의 깊은 뿌리는 초기 청동기 시대인 기원전 3600년경 캅카스 북부(North Caucasus) 지역의 마이코프(Maikop) 문화로 거슬러 올라간다. 마이코프 문화에서는 부장품이 유난히 풍부한 무덤이 발견되는데, 부장품에는 물레 위에서 완성된 토기, 아프가니스탄(Afghanistan)의 청금석, 타지키스탄(Tajikistan)의 터키석, 인도의 홍옥

(紅玉)뿐 아니라 묘의 덮개를 지지하는 데 사용된 금과 은으로 만든 작은 황소 조각상, 표면에 오나거(아시아 야생 당나귀), 아이벡스, 포식자, 나무가 음각된 은으로 만든 용기가 포함되었다. 묘사된 동물들은 후대 미술에 등장하는 동물들 가운데 일부로, 동물과 인간이 맺은 중요하고 장기적인 관계를 시사한다. 일부 사나운 동물은 괴베클리 테페를 떠올리게 한다. 둘 사이에 역사적 관련성이 없는 것은 확실하지만, 어쩌면 힘과 위험에 대한 매력에 계속해서 빠져 있었음을 보여주는 것일 수 있다.

    기원전 2500년에서 2000년 사이 시베리아 남부 미누신스크 분지와 근처 지역에서 바이칼 호수(Lake Baikal) 지역과 연계되는 오쿠네프(Okunev)(때로 오쿠네보(Okunevo)) 문화에서 극적인 형태의 미술이 발견된다. 오쿠네프 시대의 고고학적 유적지에서는 사냥과 낚시에 소, 양, 염소(그러나 말은 많지 않음) 사육을 결합한 형태가 발견된다. 오쿠네프 유적지에서는 장식된 토기와 구리 및 청동으로 만든 나뭇잎 모양의 칼과 낚시 바늘 형태의 작은 물건도 제작되었던 것으로 확인된다. 오쿠네프 집단은 낮은 돌을 이용하여 작은 직사각형 모양으로 둘러싼 관에 죽은 사람을 묻었다. 오쿠네프 족의 미술은 암면, 붉은색 및 검은색으로 채색된 판석묘(板石墓) 내부, 선돌(standing stone)에도 음각되어 있어, 아마도 반(半)이동 생활 집단에게 중요한 장소를 스텝에 표시하기 위해 남긴 표식으로 추정된다. 지금까지 그들의 삶에서 가장 눈에 띄는 것은 현재 미누신스크와 아바칸(Abakan)의 박물관에서 볼 수 있는 선돌 조각인데, 넓은 스텝에 자리 잡고 있던 선돌들이 멀리 떨어진 박물관에 전시되어 있는 모습을 보면, 마치 박물관에 격리된 포로처럼 보인다.

    이러한 재현의 중심 요소는 항상 인간의 얼굴 및/또는 인체이다. 그 밖의 다른 다양한 종류의 모티프(예: 인간의 머리와 태양 사이의 연계를 시사할 가능

그림 5.3. 하카스(Khakassia)의 안카노프(Ankhanov) 유적지에서 발견된 오쿠네프 문화에 속하는 선돌. 이 선돌에는 머리가 광선으로 둘러싸인 인간의 모습을 하고 있는 존재가 묘사되어 있다. 그 인물의 몸은 뱀과 같은 덩굴손과 원형 모티프가 장식하고 있다. (역시 오쿠네프 문화에서 전형적인) 보다 더 작은 두 번째 얼굴이 인간의 모습을 하고 있는 존재의 왼쪽 어깨 옆에 추가되어 있었다.

성이 있는 광선)와 혼합되어 있다(그림 5.3). 또한 그것은 촉수, 뱀, 이따금 악몽 같은 포식자를 통해 그 밖의 다른 동물종과 아마도 식물종을 연상시킨다. 이 돌에서 (아마도 여성이고 임신했을 수 있는) 사람과 포식자는 확실히 모호한 상태로 존재한다. 따라서 정면에서 보면 인간의 젖꼭지일 수 있는 것이, 측면에서 보면 포식자의 눈이 된다. 이와 같이 여러 생물종을 합치는 것은 우리가 살펴볼 것처럼, 스키타이족의 미술 같은 이후의 미술 형식의 기틀이 된다. 당연하게도, 우리는 이러한 것들이 무엇을 나타내는지 알 수 없다. 그러나 그것들은 동물, 인간, 그리고 아마도 태양과 달 같은 천체의 특성을 다루는 것일 수 있다(그림 5.4). 우리에게는 조각에 새겨진 인간의 형상적인

그림 5.4. 하카스의 벨요 호수(Belyo Lake)에서 발견된 오쿠네프 시대의 보다 더 복잡한 석조 조각 가운데 하나. 여기에서 조각의 입체감이 느껴진다. 중앙에 자리 잡은 인간의 모습을 한 인물 위에는 보다 더 추상적인 인간의 얼굴을 포함하는 복잡한 머리 장식이 얹혀 있다. 이 석조 조각의 아래쪽 절반을 소비하는 것처럼 보이는 복부는 포식자의 머리로 변한다. 인물의 측면에 자리 잡고 있는 네 개의 돌출부가 있는 동심원 모티프는 오쿠네프 미술 작품에서 공통적인 특징이다. 동시대의 무덤의 배치에서도 반향을 발견할 수 있다. 여기에는 묘사되어 있지 않음에도 불구하고, 이 석조 조각에는 둥근 구멍이나 잔(盞) 모양의 표식이 많이 있다. 이 표식들은 이 석조 조각이 최초로 조각된 이후에도 오랫동안 인간이 방문하여 재사용한 흔적으로, 기나긴 역사의 일부이다.

요소와 살아 움직이는 요소들이 조각이 이루어진 돌의 견고한 수동성과 대조를 이루는 것처럼 보일 수 있지만, 조각을 하고 그것을 바라본 사람들에게는 반드시 그런 것은 아니었을 수 있다.

돌은 살아 움직이고 이동할 수 있고, 그것의 영속성은 스텝에 남긴 표식일 수 있을 뿐 아니라 각자의 고유한 의도와 행동을 담고 있을 수도 있다. 이와 같은 돌은 신과 인간을 수동적으로 재현한 것이 아니라 오히려 그 자체로 강력하고 위험한 신과 인간을 구현한 것일 수 있다. 시간이 흐름에 따라 보다 더 많은 모티프가 추가된 흔적도 존재한다. 이것은 사람들이 일상적으로 돌로 되돌아와서 제물을 바쳤고 의식을 행했으며 추가적인 표식을 남겼음을 함의한다. 이동 생활을 하는 사람들에게 이와 같은 영혼석은 광활하게 열린 거대한 경관에서 결정적인 표식이었다.

2단계-광범위한 연결이 구축됨

상상하기가 쉽지는 않지만, 스텝의 후기 청동기 시대 집단이 되어보자. 여름과 겨울은 두 가지 상이한 세계를 제공했을 것이다. 보다 더 온화한 계절에는 안장에 올라앉아 드넓은 초원에서 양과 염소를 따라 돌아다니다가 이따금 그 밖의 다른 인간 집단과 마주칠 수 있었을 뿐 아니라, 각자의 고유한 위험과 가능성이 도사리고 있는 신성한 경관의 요소인 선돌과 기념물 앞에서 잠시 멈춰서 있었을 가능성이 꽤 높다. 겨울에는 폭설과 혹독한 추위로 인해 아마도 사람들의 이동이 줄어들었을 것이고 사람들은 비교적 피한에 유리한 야영지에서 보다 더 영구적으로 생활했을 것이다. 초원 스텝을 헤치고 나아가면서 지도화하는 방법은 우리가 인지할 수 있는 것과 같은 공간이라는 측면에서 뿐 아니라 청동기 시대에 존재했을 가능성이 높은 살아 움직이는 영혼이 거주하는 공간을 인식해야 한다는 측면에서도 도전이었다. 사람들은 새로운 방식으로 공간에 표식을 남기기 시작했다. 그 가운데 가장 분명한 측면은 참신한 기념물 지구였는데, 이것은 죽은 사람과의 연계를 위한 것일 뿐 아니라 사람과 말의 관계를 탐구하기 위한 것이었다. 이 시대의 새로운 이동성은 집단이 보다 더 일상적으로 연결되어, 그것이 발상, 인공물, 사람, 동물의 흐름으로 이어졌다는 것을 의미했다. 동맹과 전투는 죽은 사람이 살아 있는 사람과 뒤섞여 있는 것처럼 보이는 상호적인 의존과 위험의 경관을 창출했다.

기원전 1500년경부터 몽골 서부와 중부에서 새로운 복잡한 기념물 유형이 등장한다. 중앙에 봉분이 자리 잡고 있고 돌로 만든 울타리가 그 주변을 원형 또는 직사각형 모양으로 둘러싸고 있을 뿐 아니라 그 외곽에는 많은 소규모 봉분들이 자리 잡고 있었다. 이것들은 키르기수르라고 알려져 있다. 몽골 중북부의 카누이강 하곡(Khanuy River Valley)에는 가장 큰 키르기수르 가운데 하나인 우르트 불라긴(Urt Bulagyn)이 있다(그림 5.5).[2] 중앙 광장은 한 줄의 돌을 사각형 모양으로 늘어놓아 형성되었는데, 한 변의 길이는 거의 400미터에 달하고 네 개의 모서리에는 봉분들이 자리 잡고 있다. 이 키르기수르의 중앙에는 5미터 높이의 중앙 봉분이 자리 잡고 있다.

그러나 여러 면에서 가장 인상적인 것은 동쪽과 남쪽에 집중된 1,700개의 위성 봉분들이다. 이러한 위성 봉분들은 수백 년에 걸쳐 키르기수르의 중심에서부터 바깥쪽으로 확장되면서 건설되었을 수 있다. 지금까지 발굴된 위성 봉분은 오직 7기에 불과하다. 각 봉분에는 두개골과 목의 가장 윗부분의 척추뼈 형태의 말 유골이 포함되어 있었지만 인공물은 발견되지 않았다. 그 밖의 다른 지형지물로는 누워 있는 커다란 돌로 만들어져 경로를 나타내는 것일 가능성이 있는 것과 이른바 판석묘 같은 것이 발견되었다. 판석묘 가운데 일부에는 사람의 뼈와 동물의 뼈가 혼합되어 있었고, 일부에는 동물의 뼈만 있었으며, 일부에는 아무것도 없었다. 단일한 집단이 자력으로 대규모 키르기수르를 만들었을 가능성은 높지 않다. 오히려 다양한 씨족의 노동이 필요했을 수 있다. 키르기수르는 규모가 보다 더 큰 이러한 집단을 정의하고 강화하는 데 기여했다. 기념물을 만드는 과정에서 규모가 보다 더 큰 집단이 창조되었다.

이와 같은 기념물에는 많은 양의 조직적인 노동력이 관련되었을 수 있

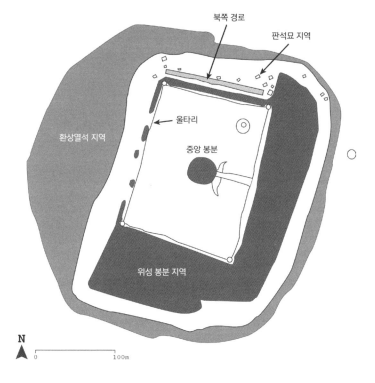

북쪽 경로

판석묘 지역

환상열석 지역

울타리

중앙 봉분

위성 봉분 지역

N

0   100m

그림 5.5. 우르트 불라긴 키르기수르의 사진 및 평면도. 사진은 중앙 봉분, 구조물, 주변의 일부 위성 봉분을 보여준다.

다. 전체로서의 우르트 불라긴의 건설에는 50만 개의 돌이 사용된 것으로 추정된다. 몽골 전역과 시베리아 남부에서 알려진 키르기수르는 수천 개에 달한다. 이것은 아마도 기원전 1500년에서 기원전 700년에 사이의 시대에 걸쳐 인류가 기울인 막대한 노력을 나타낸다. 이 기념비적인 경관이 중요한 필요를 충족시켰기 때문에 이와 같은 노력을 기울였을 것이다.

많은 키르기수르는 정확하게 북서쪽을 향하고 있다. 이것은 키르기수르가 현지 경관의 지형지물보다는 천체를 기준으로 정렬되었음을 시사한다. 늦가을에 떠오르는 태양에 대한 제물로 말을 희생했을 가능성이 꽤 있다. 또한 각 기념물은 오래되고 다양한 역사를 가지고 있을 가능성도 높다. 각 기념물은 아무 때나 다양한 종류의 마법과 의례 활동에 사용되었는데, 그것은 시간이 흐름에 따라 변화했을 수 있다. 후기 청동기 시대 몽골의 공간과 시간을 구성하는 핵심에는 마법 관행이 자리 잡고 있었다.

시간과 공간의 지도화는 의례에 의해 뒷받침되었다. 의례를 통해 인간 그리고 인간과 가까운 두 종인 사슴과 말의 경계가 혼합되고 합쳐졌을 가능성이 높다. 키르기수르에서 행해진 다양한 종류의 의례 활동은 의례에 대한 전반적인 통제가 부족했음을 시사한다.

약간 후대인 기원전 1200년경부터 사슴돌로 알려진 장식된 돌이 발견된다(그림 5.6). 높이가 2.5미터에 달하는 이 석조 조각의 가장 윗부분에는 귀걸이를 나타내는 원형 상징이 조각되어 있다. 그 아래에는 양식화된 사슴이 자리 잡고 있는데, 때로는 새 부리 같은 모양이 비스듬한 각도로 돌에 조각되어 있고 뒤쪽 방향으로 흐르는 사슴뿔과 다리는 종종 그 아래에 비집고 들어가 있다. 아마도 선은 도끼, 단검, 칼, 검, 전투용 곡괭이를 매달 수 있는 허리띠를 나타내는 것일 수 있다. 사슴 디자인은 문신을 한 인체를 나타낼 가능성이 있고 사람들은 사슴 패턴으로 뒤덮여 있었을 수 있다. 우

그림 5.6. 몽골의 카누이강 하곡(Khanuy River Valley)의 자르갈란틴-암(Jargalantyn-Am) 지구에서 발견된 23개의 사슴돌 가운데 하나의 전경. 즉각적으로 알아보기는 어려울 수 있음에도 불구하고, 이러한 사슴돌들은 인간의 모습을 한 인물의 재현이다. 전형적으로 얼굴이 없는 이러한 사슴돌들은 거기에 그려져 있는 다양한 장신구와 인공물을 통해 정체성을 얻는다. 사슴돌 윗부분의 원은 귀걸이를, 그 아래 부분은 구슬 목걸이를, 사슴돌 맨 아래 부분은 패턴이 있는 허리띠를 나타낸다. 허리띠의 위와 아래에는 다양한 인공물이 마치 허리띠에 매달려 있거나 인물의 보이지 않는 손에 들려 있는 것처럼 배치되어 있다(형상의 오른쪽에 묘사된 물건들을 참고). 사슴돌 표면의 나머지 부분에는 양식화된 사슴이 그려져 있어, 이 돌에 사슴돌이라는 이름을 부여한다. 사슴돌들은 장신구가 달린 의복, 문신 또는 (보다 더 난해하게도) 사회에서의 개인의 지위를 재현하는 것 등으로 다양하게 해석된다.

리가 오쿠네프에서 처음 보았던 것처럼, 인간과 사슴의 밀접한 관계뿐 아니라 사람과 돌 사이의 밀접한 관계도 분명하게 드러난다. 사슴돌은 기원전 800년경부터 스키타이족에서 풍부하게 발견되는, 이른바 동물 미술의 발전에서 중요한 단계를 나타내는 것이 확실하다.

말의 숫자와 키르기수르 건설을 통한 시간과 공간의 복잡한 지도화는 우리가 기원전 1400년경부터 스텝 최초의 기마 유목민을 볼 수 있음을 시사한다. 기원전 1000년경에 발견된, 말의 움직임을 보다 더 잘 통제할 수 있도록 지원하는 회전식 재갈 같은 새로운 형태의 마구는 이러한 결론을 강화한다. 항상 이웃과 가까운 곳에서 생활하는 도시 거주자들과 다르게, 이동 생활을 하는 사람들의 특징은 존재만큼이나 부재(不在)로 표현된다. 따라서 규모가 보다 더 큰 집단이 만나는 시기, 장소, 방법이 매우 중요했다.

키르기수르 덕분에 사람들은 일상적인 이동을 계획하고 실행할 수 있었을 뿐 아니라 중요한 죽음과 중요한 출산을 다루었을 수 있다. 키르기수르는 경관을 가로지르는 경로 위에 건설되어, 스텝을 가로지르는 결정적인 여행 경로를 표시하는 것일 수 있었다. 또한 시간이 흐름에 따라 사람들이 되돌아와 보다 더 많은 위성 봉분을 만들고 말을 추가적으로 희생하면서 키르기수르는 복잡한 역사를 축적하게 되었다. 위성 봉분과 위성 봉분이 덮고 있는 매장물은 수세기에 걸쳐 축적된 것으로, 전체로서의 이 집단의 역사를 지도화한다.

3단계-연결된 스텝

기원전 800년 이후 키르기수르는 더 이상 사용되지 않게 되었다. 우리의 관심은 몽골에서 북쪽의 시베리아 연방관구 투바 공화국(Siberian republic of Tuva)으로 이동한다. 투바 공화국에서는 두 개의 크고 인상적인 매장 봉분

(또는 쿠르간(Kurgan))이 발굴되어, 우리가 스키타이족이라고 부르는 사람들에 대한 비할 바 없는 통찰력을 제공한다. 묘에서 발견된 풍부한 부장품뿐 아니라 사람들이 관여했던 다양한 인간적 관계 및 영적인 관계도 눈에 띈다. 세계 고고학의 영광 가운데 일부를 나타내는 이러한 유물의 발견은 이제 막 러시아의 바깥 세계에 알려지고 있다.

마침내 예니세이강으로 흘러들어가는 우육강(Uyuk River)에 의해 나뉘고 사얀 산맥(Sayan Mountains)에 의해 경계가 형성되는 높은 고원에 투물루스(tumulus), 즉 공동체에서 죽은 인간의 시체와 동물의 사체 모두를 묻기 위해 흙, 돌, 나무로 건설된 고대 봉분이 줄지어 서 있다. 기원전 800년경 이 지역에 자리 잡았던 어느 집단이 대규모 프로젝트를 조직하여, 처음에는 길이 약 120미터, 최종적으로 높이 4미터의 낮은 원형 봉분을 메쌓기 방식으로 건설했다. 이 투물루스는 현재 아르잔 1(Arzhan 1)로 알려져 있다. 주변을 둘러싼 석벽 안은 반듯하게 편 낙엽송 통나무를 봉분의 중심으로부터 방사형으로 뻗어나가는 선 모양으로 배치하는 한편 봉분의 가장자리에 동심원 모양의 여러 선을 배치하여 70개의 묘실을 형성하는 독특한 구조이다(그림 5.7, 위). 봉분의 중앙에는 최대 15구(具)의 시신을 안치할 수 있는 관을 포함하는 정사각형 목조 구조물이 자리 잡고 있다. 이것들은 도굴로 인해 심하게 훼손되었다. 중앙의 묘 주변에 자리 잡은 묘실에는 숫자가 상당히 많았고 귀중한 가축이었던 말 160마리가 매장되어 있다. 봉분 동쪽에는 300개가 넘는 둥근 돌이 길이 대략 3미터의 초승달 모양으로 배치되어 있는데, 이것은 보다 더 많은 재료가 다루어졌음을 시사한다.

봉분이 약탈되었다는 것은 안타깝게도 우리가 원래 묻혀 있었던 풍부한 유물들에 대해 알 수 없게 되었다는 것을 의미한다. 발견된 일부 유물에는 초기 직물과 유리구슬뿐 아니라 청동 마구, 스키타이족 동물 스타일의

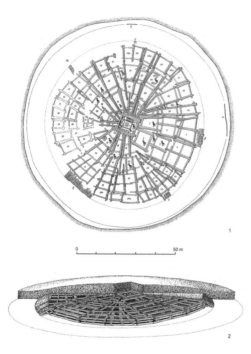

그림 5.7. 아르잔 1(위)과 아르잔 2(아래)의 매장 봉분 평면도. 이 봉분들의 이름은 근대의 아르잔 마을의 이름을 따라 명명한 것이다. 이 평면도는 중앙 무덤 주변에 자리 잡은 일련의 목조 묘실(일부 도식화된 말 묘가 표시됨)을 통해 아르잔 1의 구조를 보여준다. 아르잔 2에는 목조 구조가 존재하지 않는다. 평면도에 표시되어 있는 위치에 구덩이를 파고 그 안에 무덤을 배치했는데, 구덩이 안쪽에는 목재를 덧대었다. 글자와 함께 표시된 선은 봉분의 층서를 보여주는 고고학적 구획이다.

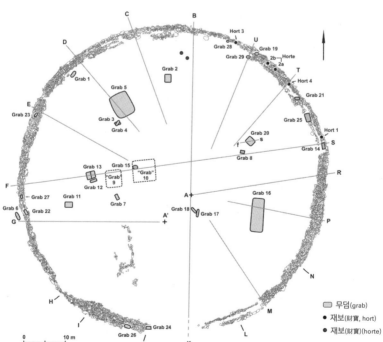

초기 사례(아마도 말 흉갑이었을 꼰인 모양의 포식자가 새겨진 청동 각판(刻板)과 이륜마차를 장식했을 수 있는 산양 형태의 다섯 개의 청동 안장 머리)가 포함된다. 금이나 청동으로 만든 사슴은 양식적인 측면에서 사슴돌의 후손이었다. 당연하게도 기념물 내부에는 두 개의 사슴돌이 재사용되었다. 단지 물건의 파생뿐 아니라 그것들의 안치도 중요했을 수 있다. 봉분 내부에 안치된 제물의 지리학은 보다 더 광범위한 집단의 연결의 지리학을 다루었다. 북쪽의 목조 묘실에는 카자흐스탄 동부, 알타이, 미누신스크(모두 이 지역의 서쪽과 북쪽)의 물건이 안치되어 있었던 반면 남쪽의 묘실에는 남쪽의 투바와 몽골의 물건이 안치되어 있었다. 봉분과 봉분 안의 내용물은 지역적 연결의 종합을 나타냈다. 그 안에서는 인간적 연계도 중요했지만 사물이 나온 방향도 우주론적으로 의의가 있었을 수 있다.

　인간과 말을 포함하고 있는 크고 복잡한 원형 건축물의 가장 좋은 선례는 몽골의 키르기수르에 자리 잡고 있다. 기원전 800년 직전에 건설된 아르잔 1(그림 5.7, 위)은 키르기수르 전통이 끝나는 기원전 700년경과 시기적인 면에서 중복된다. 두 지역 사이에서 이동하는 인공물은 한 지역이 나머지 지역에 대해 알고 있었음을 보여준다. 몽골은 건축이라는 측면에서 투바의 고대인들에게 영향을 미쳤을 수 있을 뿐 아니라 이와 같은 기념물들이 그 작동에 기여하는 우주론적 체계를 통해서도 영향을 미쳤을 수 있다. 아르잔 1은 어떤 키르기수르와도 동일하지 않지만, 어쨌든, 이것들은 매우 다양하다. 목조 묘실을 건설한 것뿐 아니라 전체 봉분을 흙으로 덮어 낮은 대를 형성한 것에서도 혁신이 이루어졌다. 아마도 잔디를 깎아 만든 형태의 흙으로 만든 구조물은 그 이후에도 계속해서 중앙아시아 전역의 봉분 건설의 토대가 되었다. 봉분을 쌓을 때는 대부분 원형으로 쌓았지만 때로 피라미드 형태로도 쌓았다. 아르잔 2(Arzhan 2)에서 추가로 발견된 이례적인 유물을 검토한 후에 이 모든 것의 잠재적인 의의에 대해 다시 살펴볼 것이다.

아르잔 2의 봉분(그림 5.7, 아래)은 아르잔 1에 늘어선 쿠르간들을 이은 선의 정반대편 끝에 자리 잡고 있는데, 이러한 선은 순차적으로 건설되었을 수 있다. 기원전 620년경에 아르잔 2가 세워졌다는 것은 아마도 단일한 씨족의 구성원에 의해 200년에 걸쳐 전개된 일련의 특정한 활동이 마무리되었음을 시사할 수 있다.

아르잔 1은 1970년대에 발굴된 반면 아르잔 2는 에르미타주 박물관(Hermitage Museum)의 콘스탄틴 추구노프(Konstantin Chugunov)와 당시 독일 고고학 연구소(German Archaeological Institute) 소속이었던 H. 파르징거(H. Parzinger)가 이끄는 러시아-독일 공동 조사팀에 의해 2000년에서 2004년 사이에 조사되었다.[3] 아르잔 2는 판석을 두꺼운 점토층으로 덮은 높이 2미터의 낮은 봉분이다. 외곽 둘레는 석벽으로 둘러싸여 있다. 이 석벽의 동쪽 면에서 암면미술이 새겨진 최대 15개의 판석이 발견되었다. 이것들은 적어도 아르잔 1이 건설되었을 무렵, 봉분에서 약간 떨어진 곳에 자리 잡은 암면에 처음 조각되었는데, 이 새로운 기념물에 통합하기 위해 암면에서 잘라낸 것이다. 이것은 동쪽으로부터 방문한 사람들이 가장 먼저 본 것이었을 수 있다. 사슴돌에 새겨진 조각을 연상시키는 정교한 뿔을 가진 사슴뿐 아니라 쌍봉낙타(Bactrian camel)도 묘사되어 있다. 쌍봉낙타는 기원전 2500년경 중앙아시아의 어느 곳에서 가축화되었다. 특히 춥고 건조한 지역에서 잘 견딜 수 있다는 점에서 쌍봉낙타는 짐을 운반하는 중요한 동물이었을 뿐 아니라 고기와 우유를 제공하는 중요한 공급원이 되었다. 다양한 종류의 용도로 활용할 수 있었기 때문에 쌍봉낙타는 여러 세기에 걸쳐 급속하게 확산되었고, 오늘날에도 많은 사람들의 삶에서 중요한 측면으로

그림 5.8. 아르잔 2 봉분의 5번 무덤에서 발견된 남성과 여성의 시신 및 부장품.

남아 있다. 또 다른 판석에서는 이륜마차와 말을 볼 수 있다. 이륜마차는 군사 목적뿐 아니라 의례용으로도 사용되었을 수 있다. 아르잔 2에서는 주요 무덤이 도굴당하지 않았기 때문에, 대부분은 약탈당한 이와 같은 많은 무덤들에 다양한 인공물이 안치되어 있었을 것임을 시사하는 흔적이 발견된다. (그림 5.7(아래)에서 무덤 5로 표시되고 그림 5.8에 제시된) 주요 무덤은 봉분 아래의 흙을 파서 만든 직사각형 구덩이에 놓여 있었고 내부와 외부에는 목조 묘실이 자리 잡고 있었다. 내부 묘실의 벽과 바닥은 펠트로 덮여 있었다. 이 묘실의 낙엽송 목재를 분석한 결과 나무를 벨 당시 나무의 나이는 90년에서 120년 사이였고 가을이나 겨울에 나무를 베었던 것으로 밝혀졌다. 묘실의 중앙에는 40세에서 50세 사이의 남성의 시신과 그보다 약 15살 정도 어린 여성의 시신이 자리 잡고 있었다. 두 사람이 동시에 자연사했을 가능성은 낮다. 두 사람 가운데 한 사람은 의도적으로 살해되어 나머지 한 사람과 함께 묻혔을 가능성이 꽤 높다.

　남성과 여성은 금으로 덮여 있었고, 약 5,600개의 금으로 만든 물건이 발견되었다(일반적인 인상은 그림 5.9의 복원도를 참고). 남성의 모습을 위에서부터 아래로 내려오면서 설명해보면, 남성은 꼭대기에 금박을 입힌 사슴이 달려 있고 그 아래에는 금으로 만든 말들이 자리 잡고 있는 높은 모자를 쓰고 있었다. 끝에 양 모양의 장식이 달린 금으로 만든 핀도 발견되었지만 이 핀이 어디에 꽂혀 있었는지는 불분명하다. 남성은 목에 금 목걸이를 걸고 있었는데, 목걸이의 사각형 모양 전면부에는 포식자의 문양이 새겨져 있었고 목걸이의 나머지 부분은 견고한 원환(圓環) 모양으로 멧돼지, 낙타, 사슴, 고양잇과의 포식자, 염소, 말을 포함하는 동물들이 나선형으로 새겨져 있었다. 남성이 두른 망토의 바깥쪽 표면에는 얇은 금판으로 주조한 약 2,600개의 흑표범 아플리케가 꿰매어져 있었다. 이것들은 수작업으로 대량 제작된 것들인데, 그 엄청난 반복 작업만으로도 충분히 인상적이다. 남성은 작은 채찍을 들고 있었는데, 채찍의 손잡이는 목조였고 금으로 덮여 있었다. 남성은 금으로 만든 부속품이 달려 있고 금으로 덮여 있는 허리띠를 차고 있었는데, 거기에는 금으로 상감 세공하여 동물과 나선형 장신구를 나타낸 철제 단검이 매달려 있었다. 철제 단검 칼자루의 머리는 금으로 상감 세공한 두 개의 구부러진 철제 원환으로 장식되어 있었다. 무덤의 벽에는 금으로 상감 세공하여 나선형 모양을 나타낸 뾰족한 전투용 철제 도끼가 매달려 있었다(이것은 아마도 허리띠에 매달려 있었을 수도 있다). 그 인근에는 이른바 고리토스(gorytos) 또는 화살통이 있었다. 화살통은 금빛 물고기 비늘로 장식되어 있었고 금으로 상감 세공하여 새와 그 밖의 다른 생물의 모양을 나타낸 철제 화살이 들어 있었다. 활에는 금으로 만든 화려한 사슴뿔이 부착되어 있었을 뿐 아니라 금으로 만든 불꽃이 새겨져 있었다. 무엇

그림 5.9. 아르잔 2에서 발견된 남성과 여성 및 그들이 치장한 금으로 만든 장식의 복원도.

보다도 가장 놀라운 것은 남성의 바지에 금으로 만든 수천 개의 작은 구슬이 꿰매어져 있어, 남성의 바지가 금으로 만들어진 것 같은 인상을 주었다는 점이다. 마지막으로 그리고 특히 확실히 남성의 신발도 금으로 만든 구슬로 덮여 있었다. 남성의 시신 근처에는 금으로 덮은 가죽 끈이 달려 있는 두 개의 청동 거울이 있었다. 단지 이러한 금을 모두 기록하는 것만으로도 복잡한 과정이다. 아르잔 2를 발굴한 러시아-독일 발굴팀은 묘실이 처음으로 모습을 드러냈을 때 탄성을 터뜨렸다고 한다.

여성은 약간 더 소박하게 치장되었지만 대부분의 기준에 따르면 여전히 매우 정교했다. 여성은 오래전에 썩어서 없어진 높은 모자를 쓰고 있었는데, 고고학자들은 앞쪽에 두 개의 긴 바늘이 달린 모자를 복원했다. 두 개의 바늘 가운데 하나의 윗부분에는 긴 뿔이 달린 사슴이 새겨져 있었고 바늘의 아래쪽 몸통에는 띠 모양의 동물 장식이 있었다. 나머지 하나의 바늘의 윗부분에는 날개 장신구가 달린 작은 그릇이 달려 있었다. 이 두 개의 바늘은 모두 금으로 만든 띠로 모자에 고정되어 있었다. 두 개의 바늘 아래, 여성의 이마 부분에는 양식화된 사슴뿔, 한 쌍의 금박 말, 얇은 금판에 각인된 작은 포식자가 모여 있었다. 여성은 목에 나선형 띠 모양의 동물 장식이 달린 견고한 금 목걸이를 걸고 있었는데, 목걸이의 뒤쪽에는 금으로 만든 두 개의 사슬이 달려 있어 목걸이를 고정했다. (귀걸이 몸통에 금으로 만든 아주 작은 구슬을 접합하여) 낟알 모양을 정교하게 표현한 두 개의 금 귀걸이도 발견되었다. 여성이 바깥쪽에 두른 망토에도 포식자가 금으로 각인되어 있었다. 여성은 왼쪽 손목에 금으로 만든 줄로 엮은 완장을 차고 있었다. 여성의 허리띠에도 역시 금으로 상감 세공한 철제 단검이 매달려 있었는데, 칼날의 중앙에는 나선형 장식이, 칼자루의 머리에는 고양이와 그 밖의 다른 동물이 얹혀 있었다. 여성은 금으로 만든 두 개의 다리띠와 금으로 만든 구슬로 덮인 신발을 신고 있었다. 동물이 음각된 작은 금 용기뿐 아니라 동물의 다리 모양을 한 금으로 덮인 손잡이가 달린 나무 그릇도 여성과 함께 발견되었다. 마지막으로 금으로 덮은 가죽 끈이 달려 있는 청동 거울도 여성과 함께 발견되었다.

다른 시신들도 발견되었다. 무덤의 동쪽에서는 남성의 시신이, 무덤의 북서쪽에서는 여성의 시신이 발견되었다. 이러한 시신의 경우에는 전투용 도끼 또는 곤봉으로 머리를 가격 당해 치명상을 입는 등, 폭력적인 죽음의 흔적이 선명하게 남아 있다. 말의 머리에 씌우는 마구와 (유전자 분석 결과에 따르면) 상이한 무리에서 나온 굴레를 쓴 말 14마리는 고유한 묘에 특별하게 매장되었다. 매장 봉분 주변은 불에 탄 뼈와 물건을 담은 최대 200개의 작은 환상열석이 둘러싸고 있었는데, 그 패턴은 키르기수르를 연상시켰다. 물건과 말은 사람의 시신이 묻힌 방식과 닮은 방식으로 묻혔다. 아르잔 주변 지역에는 여러 개의 사슴돌이 자리 잡고 있는 것으로 알려져 있다.

사람들은 자신의 몸을 통해 금속 및 옷감과의 매우 다양한 관계뿐 아니라 다양한 동물과의 매우 다양한 관계도 표현했다. 이러한 요소들 가운데 어느 것도 정적인 것은 없었다. 하나의 동물종은 변형 마법의 스펙트럼을 통해 또 하나의 동물종으로 변했다. 그러나 사람들이 세계와 뒤얽히는 방식으로 다루었던 것은 살아 있을 때의 인격만이 아니었다. 사람들은 죽은 뒤에도 매장 봉분을 통해 세계와 뒤얽혔다. 봉분을 구성하는 진흙, 잔디, 돌, 나무는 다양한 종류의 기원을 가지고 있었다. 우리는 보다 더 오래된 암면미술이 새겨진 판석이 원래 자리 잡고 있던 암면에서 잘려 나와 아르잔 2의 외부를 둘러싸는 갓돌에 포함된 것을 보았다. 그러나 보다 더 가까운 곳에 동일한 물리적 속성을 가진 점토의 공급원이 있었을 때에도 일부 점토는 봉분에서 약간 떨어진 곳에 자리 잡은 지역의 호수에서 가져온 흔적이 있다. 각각의 봉분은 경관의 응축된 지도를 나타낼 수 있다. 아마도 영적으로 충만한 경관의 측면을 한 지점에 집중시킴으로써, 그렇게 하지 않으면 땅의 곳곳에 흩어져 있게 될 영적인 에너지를 집중시켰을 것이다. 주제의 차이가 나타났다. 두 개의 아르잔 봉분은 본질적으로 낮은 언덕을 이루는 원형 모양, 갓돌의 사용 등에서 광범위한 유사성을 보이지만, 동일한 작곡가가 이전에 작곡한 작품을 바탕으로, 그것과는 다른 새로운 교향곡을 탄생시키는 것처럼, 각각의 봉분은 다른 모든 봉분과 달랐다.

봉분에는 많은 조직적인 노동력뿐 아니라 사고 및 계획도 필요했다. 사람들은 대규모 집단을 이루어 행동했지만 기계적으로 행동하는 대신 당시의 집단의 역사, 묻힌 사람과 말뿐 아니라 무덤에 함께 묻은 인공물의 유형과 역사에 따른 특수성을 감안하여 행동했다. 봉분과 그 안에 들어 있는 내용물은 그 집단의 관계를 탐구하고 그것들이 그 집단의 삶을 형성하는 데 가지는 의의를 파악하기 위한 실험으로 간주될 수 있다. 재료는 인도의 비단이나 호박 같이 이국에서 기원한 것에서부터 양모, 가죽 또는 목재 같이 보다 더 현지에서 기원한 것에 이르기까지, 먼 거리와 모든 방향으로부터 기원했다. 사람들은 뛰어난 기술을 발휘하여 금으로 정교하게 만든 단검이나 청동 도끼를 만들었다. 우리는 죽음을 활동의 끝이라고 생각한다. 이러한 관념으로 인해 우리는 무덤에 함께 묻힌 무기를 사람들이 살아 있을 때 사용했던 것으로, 그리고 죽은 뒤에는 휴지(休止)하는 것으로 가정해왔다. 그러나 당시의 사람들은 영혼 세계에서의 전투를 예상했을 수 있다. 죽음은 사람들의 실존을 끝내는 것이 아니라 오히려 사람들의 상태를 변형했다. 일반적으로 변형에 대한 강조는 사슴의 뿔이 새의 부리가 되거나 포식자가 사슴을 잡아먹어 또 다른 종(種)의 힘을 소화함으로써 자신의 일부로 만드는 동물 미술에서 확실하게 확인할 수 있다.

변형이라는 마법 관행은 세계의 많은 힘을 경관의 한 지점으로 모았다. 친족 관계를 이어주는 선을 시사할 수 있었던 아르잔의 쿠르간들은 우육강 하곡(河谷, Uyuk Valley)에서 이동 생활을 하는 민족에게 2,500년이 넘는 시간 동안 중요한 표식이었다.

투바의 아르잔 묘의 남쪽에서 우리는 우코크 고원(Ukok Plateau)을 찾을 수 있다. 주로 러시아에 속하지만 몽골, 중국, 카자흐스탄과 국경을 접하고 있는 우코크 고원의 초원은 해발 2,000미터가 넘는 곳에 자리 잡고 있으면서 오늘날 눈표범, 아르갈리 산양, 초원수리, 먹황새 같은 토착종의 서식지가 되어주고 있다. 우코크 고원의 땅은 일 년의 대부분 동안 얼어붙은 상태이고 짧은 여름철에는 녹아서 물이 흐르지만 오직 땅의 표면에서만 흐르는 수준이다.

　추위는 고대 유적지 보존의 핵심이다. 파지리크(Pazyryk)의 얼어붙은 무덤은 과거의 깊고 복잡한 마법적 세계를 드러낸다. 오늘날 대(大) 울라간강 (Great Ulagan River) 근처의 작은 하곡(河谷)에 자리 잡고 있는 파지리크 마을의 이름에서 1920년대와 1940년대 사이 소련의 고고학자 세르게이 루덴코(Sergei Rudenko)가 처음 발굴한 무덤의 이름이 유래했다.[4] 루덴코는 5개의 대규모 매장 봉분을 발굴했다. 거기에는 통나무 관이 안치된 목조 묘실이 포함되어 있었다. 각 봉분에는 다양한 인공물과 함께 남성과 여성의 시신이 들어 있었다. 일 년의 대부분 동안 땅이 얼어붙은 상태인 데다가 무덤 위에 봉분이 있어 추가로 단열이 이루어진 결과 무덤의 얼음이 녹지 않아 과거의 사람들이 모든 곳에서 사용했지만 거의 살아남지 못한 유기 재료가 자연스럽게 보존될 수 있었다. 파지리크 무덤에서 우리는 패턴이 그려진 평범한 펠트가 목조 묘실에 덧대어져 있는 것을 확인할 수 있다. 대부분의 무덤이 오래전에 도굴되었음에도 불구하고, 도굴꾼과 추위를 피해 보존된 펠트, 직물, 모피, 심지어 사람의 피부에 이르는 유물들은 여전히 장관을 이루고 있다. 우리가 살펴보게 되는 것처럼, 일부 무덤은 온전하게 보존되어 있다. 말과 마구는 인간 무덤의 바깥에 자리 잡은 묘 구덩이에 안치되어 있었다. 파지리크 무덤은 기원전 500년에서 220년 사이에 건설되어 오직 짧은 기간 동안만 별도로 존재했다. 그러나 이와 같이 비교적 짧은 기간 동안 이루어진 매장 활동은 오래 지속되는 놀라운 결과를 남겼다.

　　노보시비르스크(Novosibirsk)의 동료들에 의해 발굴된 무덤에서 스텝의 마법적 세계에 대한 추가적인 차원이 드러났다. 1990년과 1993년 사이, 나탈리아 폴로스막(Natalia Polosmak)은 우코크 고원의 알-알라카 3(Al- Alakha 3) 무덤에서 이제 막 30세가 넘은 젊은 여성의 묘를 발견했다. 오늘날 '우코크 공주(Ukok Princess)'로 알려진 이 여성은 기원전 500년경에 묻혔다. 이 여성은 살아생전에 다양한 질환으로 고통을 받았다. 젊었을 때는 골수염에, 생의 마지막 몇 년 동안은 유방암에 시달렸다. 오른팔이 심하게 부러진 적도 있었는데, 아마 말에서 떨어졌기 때문이었을 것이다. 화학 분석 결과, 이 여성의 머리카락에서는 대마의 흔적이 발견되었다. 이 여성은 대마를 진통제로서 흡입했을 수 있지만 의식(意識)의 상태를 개조하기 위해 흡입했을 수도 있다. 이 여성은 멀리 떨어진 곳에서 사망한 뒤 이곳에 묻혔을 가능성이 높다. 그 과정에서 이 여성의 시신은 미라화되었을 것이다. 이것은 우코크 지역이 매장 장소로서 중요하다는 것을 시사한다. 사람들은 이 여성의 시신을 이 지점으로 되돌려 보내야 할 필요성을 느꼈다. 이 여성의 무덤은 얼음으로 완벽하게 둘러싸인, 보다 더 작고 보다 더 훼손된 무덤 아래에서 인근에 있었던 말 여섯 마리와 함께 온전하게 보존된 상태로 발견되었다. 이 여성이 누워 있었던 통나무 관은 목조 조각과 가죽 아플리케로 장식되어 있었다. 이 여성의 어깨에는 다리를 뒤로 젖힌 사슴과 전투 중인 동물 문신이 새겨져 있었다. 이 여성의 문신은 매우 불가사의하고 매력적이어서, 근대에 전 세계적으로 다양한 문신 도안으로 다시 태어났다.

　　오른쪽으로 누워 있는 이 젊은 여성은 발목까지 내려오는 붉은색과 흰색 모직 치마 위에 중국의 비단으로 만든 수선한 블라우스를 입고 있었고 금으로 장식된 높은 펠트 부츠를 신고 있었다. 머리에는 높은 가발을 쓰고 있었는데, 가발 위에는 나무로 만든 아주 작은 새가 앉아 있었다. 이 여성은 금 귀걸이, 눈표범과 그리펀의 형상이 새겨진 나무로 만든 목걸이를 걸고 있었다. 이 여성의 무덤에는 여러 개의 토기 용기, 나무, 뿔이 있었다. 무덤에는 두 개의 목조 식탁도 포함되어 있었는데, 여기에는 고기 제물과 칼이 아직도 남아 있었다. 죽은 사람들을 위해 음식과 음료를 제공함으로써 향연을 베풀고 내세를 즐길 수 있도록 도와주었던 것으로 보인다. 펠트 가방에는 은으로 만든 거울과 몇 개의 유리구슬이 들어 있었다. 고대 세계의 다른 곳에서는 거울이 점복과 연관되었는데, 이것은 근대 시베리아 샤먼들에게도 마찬가지이다. 거울은 일상적인 세계를 반영하는 물건이 아니라 사람들이 또 하나의 세계, 아마도 미래를 들여다볼 수 있도록 도와주는 물건이었을 것이다. 이 고대의 젊은 여성의 시신과 물건은 보존과 연구를 위해 우선 노보시비르스크로 옮겨졌지만, 현재는 우코크 고원이 자리 잡은 알타이 공화국(Altai Republic)의 수도 고르노-알타이(Gorno-Altai)에 자리 잡은 박물관에 보관되어 있다. 우코크 원주민들은 이 시신을 옮겨 가는 바람에 지진과 그 밖의 다른 불운이 발생했다고 주장하면서 소송을 제기했고, 현지 법원은 재매장에 반하는 판결을 내렸다. 그렇지만 이와 같은 고대의 시신이 영적인 연속성과 마법에 대한 보다 더 최근의 관념과 혼합되면서 지속적으로 힘을 발휘하는 것이 분명하다.

일반적으로 고고학에는 과거의 삶을 엿볼 수 있게 하는 시신, 직물, 가죽, 목재 같은 유기적인 종류의 다양한 증거가 온전하게 남아 있는 경우가 드물다. 그러나 파지리크에서 우리는 사람들이 형상의 층서(層序)를 통해 자기들의 세계를 층층이 쌓아 올렸음을 확인할 수 있다. 가장 개인적인 층위는 피부가 제공하는 캔버스였고, 사람들은 그 위에 다양한 동물의 강렬한 형상을 문신으로 새겼다. 문신은 한 생물종의 힘을 또 하나의 생물종에

그림 5.10. 엘크를 공격하는 호랑이와 표범. 파지리크 매장 봉분 5에서 발견된 여성의 오른팔에 새겨진 문신.

게 전달하는 능동적인 행위자였을 수 있다. 덕분에 포식자, 사슴, 말 또는 새를 자신의 피부에 새긴 인간은 동물의 힘이 자신의 깊은 내면에 도달하는 것을 느낄 수 있었다. 보다 더 일반적으로 스텝의 동물 형상화에서와 마찬가지로 많은 문신이 사슴을 잡아먹는 포식자를 표현하고 있는데, 이것은 죽음을 통한 부활의 형상으로, 특히 인간의 시신이 무덤에 안치되어 있을 때 공명을 일으켰다(그림 5.10). 확신할 수는 없지만, 사람들은 자신의 삶에서 중요한 순간, 즉 모든 사람이 나이가 들고 죽음에 가까워지면서 경험하는 상태의 변화를 표식으로 남기기 위해 신체에 문신을 새겼을 수 있다. 문신한 점들이 이루는 일부 선들은 아마도 침술에 연계될 가능성이 있는 일종의 의료 관행을 시사할 수도 있고, 신체의 에너지 흐름에 관한 이론을 암시할 수도 있다. 특정 신체 부위에 특정한 생물종이 적용되었다. 수심(水深)과 연관되는 물고기 문신은 흔히 다리에서, 독수리는 모자에서, 새의 머리에서 끝나는 사슴뿔을 가진 발굽이 있는 환상적인 짐승은 어깨와 등에서 발견된다. 이와 같은 방식으로 일개 개인이 우주를 누비고 다녔다.

기원전 300년 직전에 만들어진 파지리크의 두 번째 매장 봉분에서 가장 놀라운 머리 장식 가운데 하나가 발견되었다(그림 5.11). (서양꼭두서니를 이용하여 붉은색으로 염색한) 펠트 후드에서 솟아오른 부채꼴 모양의 목조 조각에는 가죽이 부착되어 있다. 그 위에는 도드라진 눈을 가진 독수리의 머리가 있고, 활짝 벌린 독수리의 부리에는 사슴의 머리가 물려 있다. 사슴의 뿔과 독수리 갈기는 가죽으로 만들어졌다. 주요 독수리의 목 양쪽에는 거위를 들고 있는 또 하나의 독수리가 있다. 이러한 독수리 각각의 몸통은 부조(浮彫)로 되어 있지만 따로따로 부착된 머리는 평평한 표면에서 둥근 몸통이 출현하여, 마치 또 하나의 차원에서 나온 것 같은 입체적인 형태를 띠고 있다. 이와 같은 미술 작품이 새겨진 사람의 피부나 암면 같은 표면은 상이한 차원들이 접촉하는 장소로 간주되었을 수 있다. 따라서 평평한 표면에서 출현하는 입체적인 머리는 차원들 사이를 이동하는 생물을 시사할 수 있다. 주요 목조 장식 기단 부분의 양쪽에는 사슴을 들고 있는 독수리(또는 그리핀)가 있는데, 두 동물의 몸통은 두꺼운 가죽으로 만들어졌고, 두 동물의 머리는 나무로 만들어졌으며, 화려한 뿔, 다리, 날개는 가죽으로 만들어졌다. 오른쪽 측면은 손상되었는데, 이것은 이 시대에 전쟁에서 사용했던 뾰족한 전부(戰斧, 전투용 도끼)에 가격당했기 때문일 수 있다.

다음에 볼 파지리크 매장 봉분 2에서 발견된 머리 장식은 시베리아 남부에 자리 잡은 다른 무덤에서 발견되는 머리 장식의 정교한 형태를 보여

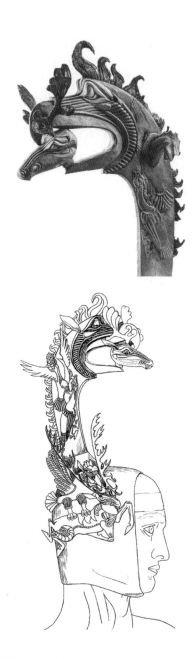

그림 5.11. 파지리크 매장 봉분 2에서 발견된 머리 장식. 부리에 사슴의 머리를 물고 있는 맹금류가 표현되어 있다(위). 이 머리 장식을 지지하고 있는 펠트 모자의 양쪽에는 사슴을 공격하는 맹금류의 형태를 표현한 가죽 아플리케가 장식되어 있다(아래).

주는 사례이다. 이와 같은 남성과 여성의 머리 장식은 일상적으로 착용하는 머리 장식이 아니었을 수 있다. 특히 말을 탈 때는 절대로 착용하지 않았을 것이다. 의례용 공연이나 전쟁은 그 자체로 의례적인 측면이 있었을 수 있으므로 특별히 영적으로 충만한 의복이 필요했을 수 있다. 동물과 새는 서로 대립하는데, 종종 새가 공격적이고 지배적인 요소이다. 때로는 큰 고양이와 새의 속성을 결합한 그리핀의 형태를 취하기도 한다. 이것은 하늘의 영혼이 대지의 영혼보다 더 거대한 힘을 가졌기 때문일 수 있다. 그러나 하늘의 생물과 지상의 생물 사이의 경계는 고정되어 있지 않다. 따라서 한 생물이 또 하나의 생물로 변하거나 그것들의 속성을 합성할 수 있다. 시간적으로 이토록 멀리 떨어져 있기 때문에, 이러한 각각의 요소들이 무엇을 연상시키는 것인지 우리는 정확하게 알 수 없다. 이와 마찬가지로 이 세계가 오늘날의 우리 대부분이 당연하게 여기는 세계, 즉 생물종들이 서로 뒤죽박죽될 수 없는 세계가 아니라는 것도 분명하다. 생물학의 법칙으로는 이해할 수 없는 과정을 통해 마법적 변형이 일어났다. 우리는 죽은 사람은 죽은 사람으로 인식한다. 우리 세계는 사물이 출현할 수도 있는 다른 차원과 내밀하게 접촉하지 않는다. 그러나 고대 스텝의 세계에서는 이러한 모든 것이 가능했다.

말과 그 밖의 다른 종류의 동물들 사이에는 뒤죽박죽된 관계가 흔히 발견되었다. 말 역시 모자와 가면을 썼고, 종종 말에게 사슴뿔이 달리기도 했다. 파지리크 2에서 발견된 하나의 정교한 사례에서, 우리는 말의 귀를 빼내는 용도의 구멍이 뚫린 모자를 발견했는데, 모자 위에는 펠트를 이용하여 매우 사실적으로 만든 숫양의 머리가 달려 있었다. 숫양의 머리에는 아름답게 구부러진 뿔이 달려 있었는데, 뿔들 사이로 목조 틀에 날개를 활짝 펼친 수탉 같은 새가 서 있었다. 모자 앞면에는 금박으로 만든 일곱 마리의 물고기가 있다. 또 다른 말 모자에는 화려한 사슴, 그리핀, 숫양 또는 심지어 뿔이 달린 포식자도 자리 잡고 있다. 굴레, 재갈, 고삐는 나무, 청동, 철, 가죽을 조합하여 만들어졌고 금박 장식이 추가되었다. 목조 장식은 숫양의 머리나 새로 구성된 추상적인 것일 수 있다. 우리는 가죽, 나무, 양모로 다양하게 만들어진 안장 주머니에 가죽 아플리케 장식으로 표현된 사슴, 그리핀 또는 그 밖의 합성 생물을 잡아먹는 포식자의 모습을 통해 말의 형상화에 대한 추가적인 층위를 발견할 수 있다. 파지리크 매장 봉분 1에서 발견된 안장 덮개에는 숫양의 머리를 입에 물고 있는 물고기가 표현되어 있어 다양한 종류의 형상화와 복잡함을 더한다.

스키타이족의 무덤에서는 각양각색의 관계가 출현한다. 힘을 가진 사람이 된다는 것은 단지 인간 세계에서의 활동만을 의미하는 것이 아니었다. 또한 그 밖의 다른 생물종과 음식, 음료 또는 교환 가치라는 측면에서만 가치를 평가하는, 순수하게 경제적인 관계를 맺는다는 것을 의미하는 것도 아니었다. 인간의 힘은 우주 전역에, 즉 쿠르간을 구성하는 바위 · 진흙 · 잔디에, 말과의 밀접한 연계에, 하늘 · 땅 · 지하 세계 같은 다양한 영역에 분포되어 있는 형태로 발견되는, 보다 더 광범위한 우주적 힘의 일부였다. 이 세계에서는 아마도 온갖 부류의 사물이 살아 움직였을 것이다. 그리고 우리가 보다 더 최근의 애니미즘 신앙에서 발견하는 것처럼 심지어 그것들은 다양한 형태의 인간으로 간주되었을 수 있다. 에너지, 영혼, 근육의 힘을 공유하는 것은 생물종을 넘어서는 상호적인 존경, 친족 관계의 인정, 복잡한 세계 내에서 자신의 위치를 확보하기 위한 많은 노력과 관련되었다. 아르잔 2와 파지리크 무덤들에서 발견된 부장품은 지금도 우리를 매혹시켜 우리의 감각을 현혹한다는 점에서 마법적이다. 그러나 금으로 만든 핀, 가슴 장식, 상감 세공한 단검(그림 5.12), 보다 더 오래된 마법적 세계에

그림 5.12. 금으로 동물과 추상적인 디자인을 칼날에 상감 세공한 철제 단검. 칼자루의 위 머리와 아래 머리에는 포식자가 마주보고 있다. 아르잔 2에서 발견.

존재했던 동물들은 현재 우리의 시대에도 보존되어 있어, 세계가 무엇으로 구성되고 사물이 어떻게 관련되는지에 대한 현재 우리 시대의 상식적인 관념에 직면한다. 스키타이 세계는 널리 퍼지고, 오래 지속되었으며, 이후 시대의 미술과 신앙 체계에서 반향을 불러 일으켰다.

　　마법적 물건은 스텝 전역에서 사소하게 변형된 형태로 발견된다. 지금까지 우리는 가장 동쪽에서 발견되는 가장 오래된 표현을 살펴보았다. (그 자체로 거대한) 카자흐스탄을 통과하여 시베리아 남부 지역, 우랄 산맥, 흑해(Black Sea) 지역에 이르는 스텝 전역에 걸쳐 분포되어 있는 매장 봉분은 충격적일 정도이다. 현지에서 정성껏 선정한 다양한 종류의 재료로 구성된 복잡한 쿠르간은 스텝을 가로질러 서쪽까지 이어질 수 있는데, 아르잔의 금을 연상시키는 부장품과 함께 인간의 시신이 안치되었다. 차이가 있음에도 불구하고, 기원전 800년경에서 200년경 사이에 발견되는 쿠르간과 인공물 모두가 전반적으로 유사하다는 점은 장거리 연계를 보여주는 눈에 띄는 증거이다. 기원전 800년 이후 처음으로 스텝 전역에 새로운 연결 네트워크가 형성되어, 공통적인 마법 이데올로기와 일련의 눈에 띄는 인공물을 공유하는 상이한 집단이 존재하는 거대한 지역을 연계했다.

기원전 300년 이후 우랄 산맥의 필리포프카(Filippovka)에서 지금까지 발견된 것과 대체로 유사한 형식의 다양한 인공물이 묻혔다. 특히 금으로 장식된 칼자루가 달린 철제 단검은 아르잔 2의 단검을 연상시킨다. 캅카스 북부에 자리 잡은 켈레르메스(Kelermes) 같은 대형 매장 봉분에는 많은 말이 포함되어 있다. 다시 보다 더 서쪽, 흑해의 북쪽 해안에는 대부분이 19세기에 발굴된 일련의 봉분들이 자리 잡고 있는데, 거기에는 이른바 스키타이 인공물 가운데 가장 장관을 이루는 인공물이 포함되어 있다. 기원전 800년경 이 지역에 그리스 식민지가 세워졌다는 것을 감안할 때, 금으로 만든 각판(刻板), 칼집 덮개, 금으로 만든 잔(盞)은 당연하게도, 그리스의 영향을 보여준다. 보다 더 동쪽의 재료, 즉 옥서스의 보물(Oxus treasure) 같이 장관을 이루는 발견은 아케메네스(Achaemenid)(페르시아(Persian)) 세계의 영향을 보여준다. 다음 장에서 우리가 살펴보게 되는 것처럼, 보다 더 서쪽으로 이동하여 유럽에 이르면 이러한 스텝 전통의 뚜렷한 반향을 발견할 수 있다.

쿠르간은 각자의 고유한 영적인 가치와 지역의 역사를 보존하는 장소로 만들어졌다. 그러나 봉분의 광범위한 유사성과 봉분 안에 안치되어 있는 재료의 광범위한 유사성은 훨씬 더 광범위한 연결을 시사하는데, 이것은 공유된 우주론과 일련의 마법 관행의 기초였다. 스텝의 마법은 동물, 사람, 물리적인 사물 간의 차이와 구분보다는 밀접한 관계가 강조되는 일련의 애니미즘 신앙을 바탕으로 하고 있다. 이것은 사물을 분리하여 구분하는 린네 분류법(Linnaean classification)과 정반대의 것이다. 지역에 따라 다양한 종류의 묘가 존재한다는 사실과 정주 생활에 대해 우리가 알고 있는 (많지 않은) 지식을 통해 우리는 이것이 단일한 민족에서 비롯된 것이 아니었다고 생각해볼 수 있다. 그리스 작가 헤로도토스나 페르시아 및 중국의 기록 같은 역사적 자료에는 스텝의 사람들이 자신들을 지칭하는 단일한 이름을 사용했다거나 전반적으로 통합되었다고 생각했다는 흔적이 없다. 대신 우리는 사람, 재료, 관행이 종종 동쪽으로부터 서쪽으로 흘렀을 뿐 아니라 남쪽으로부터 북쪽으로 흘렀던 일련의 연계된 집단을 볼 수 있다. 인간은 다른 종류의 존재와 다양한 관계를 맺었고 그들과의 관계를 다양하게 실험했다. 그 관계는 고정적인 것이 아니었고 온전하게 알려진 것도 아니었다. 0년 무렵에는 스텝의 사람들이 발전시킨 일련의 일반적인 관행과 신앙이 서쪽 멀리 자리 잡고 있는 아일랜드(Ireland)에서 종종 켈트족(族, Celt)의 것으로 알려진 변형된 형태의 미술 형식을 통해 발견되었다.

4단계-이후의 국가와 제국

스키타이족의 마법적 변형은 새로운 형태로 변형되었다. 스키타이족의 시대 이후, 우리는 비교적 단일한 집단을 이루고 광범위한 침략을 자행한 기마 유목민의 첫 번째 사례인 흉노족을 보게 된다. 사실, 흉노족은 아마도 기원전 200년경 신흥 세력인 중국의 한나라에 저항하는 과정에서 형성되어 기원후 100년경까지 지속되었던 연합체였을 것이다. 흉노족의 미술 스타일과 스키타이족의 미술 스타일 사이에 어느 정도 연속성이 존재한다는 점을 감안할 때, 아마도 그들은 일련의 유사한 신앙을 가졌을 가능성이 있다. 지금의 중국 북부와 몽골에 자리 잡고 있던 흉노족이 북쪽으로 확장하면서 그 밖의 다른 집단은 밀려나게 되었다.

예를 들어 오늘날에도 여전히 존재하는 케트족(Ket)은 흉노족의 침략으로 인해 예니세이강 중부 지역으로 이동했을 수 있다. 그때부터 줄곧 몽골은 여러 집단이 출현하여 연합한 뒤 다양한 수준에서 서쪽으로 이동하면서 중국으로부터 조공을 받거나 말을 중국의 음식 및 사치품과 교환하는 펌프로서 기능했다. 시베리아에서 기원하여 서쪽으로 이동한 튀르크족의 뒤를 이은 중앙아시아의 위구르족은 기원후 740년경 보다 더 오래된 애니미즘 신앙을 결합하였고 처음으로 불교로 개종했다. 그 뒤 14세기에는 이슬람교로 개종했다.

그 뒤 위구르족은 유목 집단 가운데 가장 유명하고 성공적이었던 몽골족에 동화되었다. 1206년 징기스칸(Genghis Khan)의 휘하에서 하나로 뭉친 몽골족은 그 어느 때보다 가장 거대한 육상 제국을 건설하여, 스텝의 서쪽 끝에 있는 부다페스트(Budapest)의 관문에 도달했고 중국을 정복했다. 몽골족은 다양한 신앙을 혼합했는데, 거기에는 부분적으로 의인화된 신일 뿐 아니라 우주적 질서를 구현한 초월적 신(텡게리(Tengerri))에 대한 관념도 포함되어 있었다. 현지의 장소와 관련된 일련의 영혼과 개인의 수호천사 외에도 보다 더 서열이 낮은 (아마도 99가지의) 신들이 있었다. 불의 신은 페르시아 조로아스터교(Zoroastrianism)의 영향을 받은 것으로 볼 수 있다. 몽골족에게 땅과 그 안에 있는 것들은 살아 있었고 강력했다. 따라서 그들과의 관계를 키워나갈 필요가 있었다. 그들은 청동기 시대는 아니더라도 스키타이족의 시대까지 거슬러 올라가는 스텝의 전통을 포함하는 다양한 종류의 전통으로부터 유산을 물려받았다.

현재 우리가 초원 스텝, 숲, 툰드라의 원주민으로 간주하는 집단들은 지난 2000년 동안 매우 다양한 종류의 정치 조직의 침략을 받았다. 그들은 종종 정복과 예속을 통해 토지를 점령했고, 자원을 추출했으며, 각자의 고유한 목표를 추구했다. 이러한 대규모 기마 정치 조직은 동쪽에서 시작하여 서쪽으로 확장했다. 또는 이따금 남쪽에 있는 중국으로 확장했다. 이러한 이동 방향과 반대 방향으로 이동한 하나의 정치 조직은 서쪽에서 온 러시아인들이었다.

마지막으로 침략한 러시아인들은 말을 타고 왔음에도 불구하고, 이곳에 정주하여 토지를 경작하려고 했다. 애니미즘 신앙과 사실 샤머니즘 신앙을 혼합한 신앙을 가지고 있었던 그 밖의 다른 모든 집단과는 다르게 러시아인들은 그리스도교도였다. 러시아인들은 교리, 멀리 떨어진 장소에 존재하는 유일신, 세계를 일련의 경제적 자원으로 보는 세계관을 가진 종교를 따랐다. 러시아는 토지를 점령했고, 마을과 도시를 건설했으며, 소비에트 시대에는 모든 것을 집단화했다. 이와 같은 점에서 러시아인의 침략은 보다 더 이전에 이루어진 유입과 달랐는데, 16세기부터 원주민 집단은 이러한 새로운 위협에 대처해왔다.

지난 1세기 남짓 동안 우리가 샤머니즘이라고 인식한 것의 초기 흔적이 약 2,000년 전 위구르족이 처음으로 침략했을 당시 발생한 것은 우연이 아니다. 기원전 1000년에서 0년 사이의 마지막 세기들에서 우리는 보다 더 최근의 샤먼들의 외투에서 발견되는 유형의 상징과 관련된 가장 오래된 직접적인 증거를 볼 수 있다(그림 5.13). 샤머니즘은 위구르족 같은 통일된 집단에 대한 저항의 정치를 중심으로 등장한, 보다 더 이전의 신앙 체계의 용도를 변경하는 과정에서 비롯되었고 그 이후로 이러한 맥락에서 발전해왔다.

에스더 제이콥슨-테퍼(Esther Jacobson-Tepfer)[5]는 스키타이족 세계의 사회적 스펙트럼에 걸쳐 일반적으로 발견되었던 사람과 동물 또는 동물과

그림 5.13. (러시아 연방인) 페름주(Perm Oblast)와 코미 공화국(Komi Republic)에서 발견된 특징적인 '페름 동물 스타일(Perm Animal Style)'의 청동 물건들. 글리아데노프스키 코스티슈(Glyadenovskij Kostishche, 기원후 1세기-3세기)(왼쪽 위), 비심(Visim, 기원후 7세기-8세기)(오른쪽 위), 우크타 우묵한 그릇 (Ukhta Basin, 기원후 8세기-11세기)(아래). 다른 유사한 인공물처럼 이것들은 역사적으로 입증된 샤머 니즘 전통과 연관된 주제를 보여준다.

동물을 연결하는 인공물이 보다 더 최근 시대에 샤먼 개인에게만 집중되어, 샤먼만이 동물의 영혼 및 그 영혼이 나타내는 힘과 상호 작용할 수 있었다고 지적했다. 샤먼은 집단이 직면한 문제, 즉 일상적인 현실에서 표출될 수 있는 문제를 해결하는 과업을 담당했지만, 항상 영혼 세계에 그 뿌리를 둔 존재였다. 식민주의의 문제가 확산됨에 따라 샤먼 역시 확산되었다.

5단계-샤머니즘과 애니미즘

오늘날의 샤머니즘은 구석기 시대에서 기원한 것이 아니다. 오늘날의 샤머니즘은 살아 움직이는 우주에서 생활한 사람들이 우주를 탐구한다는 매우 일반적인 의미로서만 샤머니즘이라고 이해할 수 있다. 최근의 샤머니즘은 저항이라는 특정한 문화적 맥락과 정치적 맥락에서 생겨났다. 샤먼은 침략과 강탈이라는 기본적인 사실을 바꿀 수 없었지만, 아마도 샤먼의 행동은 계속 이어지는 위협에 직면하여 문화적 연속성을 확보하는 데 도움이 되었을 것이다. 문화적 연속성은 전반적인 생활 방식이 위협받고 있는 사람들에게 중요하다. 자신이 살기 위해 남의 생명을 빼앗아야 하는 곳인 시베리아에서 샤머니즘 관행은 종종 사냥꾼의 세계관의 일부이지만, 이것은 사람들이 먹는 동물의 혼을 위해 영적인 대가를 치를 필요가 있다는 것을 의미한다. 샤먼은 동물의 영혼의 주인으로 알려진 존재와 중보하여 이러한 거래를 협상하는 데 도움을 줄 수 있다. 비록 외지인들에게 신비주의적으로 보일 수 있음에도 불구하고, 샤머니즘 신앙은 지극히 실무적이고 실용적이다. 17세기에 오비강 북쪽 끝에 자리 잡은 만시족(Mansi)이 자신들의 주요 영혼의 조각상의 의복을 벗기고 그것을 진흙 구덩이에 던져버린 뒤 부족을 위해 충분히 강력하게 일하지 않은 것에 대한 벌로 음식과 음료를 제공하기를 거부했다는 기록이 존재한다.

   지난 몇 세기 동안 기록된 샤머니즘 관행은 시베리아나 북아메리카 대륙의 식민주의라는 특정한 역사적 맥락에서 발전했다. 이러한 문화는 사회 구조 붕괴가 미친 영향 외에도 질병, 토지 수탈, 물고기와 모피를 가진 동물의 남획, 과도한 광산 채굴의 영향으로 인해 휘청거렸다. 보다 더 큰 국가 문화를 어쩔 수 없이 받아들여야 하는 상황에서 소규모 집단은 새로운 역할의 진화를 실험하고 시도했다. 17세기 후반부터 러시아 군대와 정착민들은 유럽 러시아와 시베리아를 가르는 장벽으로 기능해온 우랄 산맥 동쪽으로 이동했다. 스텝 숲의 북부에서 모피와 물고기를 얻을 수 있는 영토를 차지하려는 욕망은 보다 더 남쪽에서 농경지를 찾아내려는 욕망이 그러했던 것처럼 러시아 군대와 정착민들의 이동을 부추겼다. 그 결과 북아메리카 대륙에서 진행된 파괴적인 과정에 맞먹는 원주민의 대량 학살과 문화 파괴가 발생했다. 인간으로서 낯설고 위험한 이데올로기를 구현하는 샤먼은 17세기부터 20세기까지 러시아 식민주의와 선교사들의 열성 및 그 이후 이루어진 집단화 과정에서 비롯된 잔인한 폭력의 대상이 되어, 살해당하고, 박해받았으며, 탄압당했다.

   오늘날 샤머니즘은 오래된 관행으로 간주되는 것과 새로운 관행으로 간주되는 것을 혼합하면서 부활하여, 역사에 그 근거를 두고 있지만 사람들이 현재에 적절할 것이라고 희망하는 무언가를 형성해나가고 있다. 인류학자 데이비드 앤더슨(David Anderson)은 바이칼 호수 동쪽의 비팀강(Vitim River)에서 에븐키족(Evenki)의 언어를 사용하는 순록 목축민인 오로첸족(Orochen)을 방문했을 때를 묘사[6]한다. 여기에서 앤더슨은 니콜라이 아루네예프(Nikolai Aruneev)를 만났다. 몇 년 동안 소도시에서 살았지만 샤먼이 될 수 있다는 예언을 듣고 고향으로 되돌아간 니콜라이는 집단의 영토를 돌아다니면서 소비에트 시대 이후 고아가 된 영혼을 재입양하여 경관에 활기를 되찾아주기 위해 노력하고 있었다. 니콜라이가 기울인 노력은 논란의 여지가 있었다. 니콜라이의 행동이 니콜라이가 속한 작은 집단의 모두에게 좋은 평가를 받은 것도 아니었다. 그 이유는 부분적으로 니콜라이가 오래된 의식을 바탕으로 새로운 의식을 얼추 만들어냈기 때문이다. 앤더슨은 부분적으로 눈이 먼 순록의 뒤통수를 (보통 무례하다고 여겨지는 방식인) 도끼로 가격하여 죽인 다음 특이한 방식으로 가죽을 벗기고 도살하는 희생에 대해 묘사한다. 가죽은 나무에 기대어 세운 틀에 걸었는데, 이것은 죽은 사람의 의복과 소유물을 걸었던 방식을 연상시키는 방식이었다. 새로운 의식이었지만, 니콜라이가 얼추 만들어낸 의식은 인근의 소도시인 바그다린(Bagdarin)의 박물관에서 보았던 오래된 사진을 바탕으로 한 것이었다. 오래된 관행에서 새로운 관행을 탄생시키는 방법은 다양할 수 있다.

샤먼은 번개처럼 강력한 무언가를 지휘하고 조율하려고 노력한다는 특이한 의미에서 일종의 피뢰침이다. 샤먼은 사회에 생명을 불어넣는 가장 위험한 에너지와 힘을 모두 자신의 존재 안에 수용하고, 파괴적일 가능성이 있는 이러한 에너지를 창조적인 방식으로 전달한다.

스텝의 풍부한 마법 생태학

몇 년 전 나는 중국과 영국 고고학자 집단의 일원으로서 몽골의 동료 고고학자들과 몽골의 유적지를 방문했다. 이 특별한 날 우리는 몽골 중부에 자리 잡고 있는 커다란 청동기 시대 석조 기념물을 보러 갔다. 청동기 시대 석조 기념물 옆에는 약 1,500년 전 튀르크 시대에 세워진, 대체로 인간의 형태를 하고 있는 작은 조각상이 자리 잡고 있었다. 아마도 보다 더 오래된 시대인 청동기 시대의 유적지로부터 힘을 끌어내기 위해 청동기 시대 기념물 옆에 배치되었을 터였다. 우리 일행은 그곳에서 이야기를 나누고 사진을 찍으며 시간을 보냈다. 그 사이 한 가족을 태운 자동차가 도로에서 한참 떨어진 초원을 가로지르면서 달려왔고 마침내 그 작은 조각상 옆에 멈췄다. 자동차에서 나이든 할아버지, 부모, 어린 자녀 두 명으로 구성된 가족이 내렸다. 그들은 우리가 그곳에 있는 것을 보고 놀라움을 금치 못했기에 처음에는 다소 머뭇거렸다. 그렇지만 오프로드 주행에 적합하지 않은 자동차를 타고 다소 힘든 여정을 거쳐왔기에, 이내 그들은 자신들이 이곳에 와서 하려고 했던 일을 시작했다.

그들은 우유, 보드카, 쌀을 담은 작은 그릇을 꺼내들고 조각상 주위를 걸어 다니면서 액체와 쌀알을 그 위에 뿌리는 방식으로 조각상에 제물을 바쳤다. 우리는 그들에게 폐를 끼치고 싶지 않았기에 그들에게 무엇을 하고 있는지 묻지 않았다. 그들 역시 이국적인 모습의 불청객에게 자발적으로 정보를 제공해야 할 이유가 없었다. 가장 눈에 띄었던 것은 조각상에 경배를 드리는 그들의 행동이 일상적이면서도 단호하다는 것이었다. 우리의 몽골 동료 고고학자들은 여상한 태도로 특히 1990년 소련으로부터 독립한 이후 몽골 전역에서 조각상에 제물을 바치는 일이 흔해졌다고 설명했다. 이와 같은 조각상은 살아 있는 존재로 간주되고 종종 가족 집단과 연결된 것으로 여겨진다. 우리가 목격한 제물을 바치는 행위는 일상적인 패턴의 일부이거나 특정한 어려움에 처했을 때 도움을 요청하는 행위일 수 있었다. 오늘날 몽골에는 고대 조각상, 샤머니즘 활동이 이루어지는 장소로서 리본을 묶어놓은 나무, 영혼이 거주하는 자연적 장소 등 복잡한 마법적 경관이 존재한다. 시베리아 전역에서도 유사한 마법적 경관이 발견된다.

(우리가 예상할 수 있는 것처럼) 생태적인 측면에서 초원 스텝은 풀이 지배

하는 단순한 곳처럼 보인다. 그러나 수천 년 동안 사람들은 유라시아 중앙
의 경관에 영혼과 영적인 공명을 이식하여, 이곳을 영적인 측면에서 복잡
한 곳으로 만들었다. 이와 같은 영적인 씨앗은 우리와 시간적으로 아주 먼
과거에서 비롯된 것으로, 오늘날에도 여전히 힘을 발휘하고 있다. 우리는
파지리크에서 현지 주민들이 대경실색하는 모습을 보았다. 그들은 파지리
크 무덤을 발굴하고 시신을 옮긴 것이 지진과 그 밖의 다른 어려움을 유발
한 원인으로 여겼다. 대형 무덤, 키르기수르, 사슴돌은 사람들의 이동을 유
도하고 사람들이 모일 수 있는 장소를 제공한다. 경관과 영적인 힘에 대한
돌봄의 구조가 발전했는데, 오늘날 샤머니즘은 거기에서 중요한 부분을
차지하게 되었다. 샤먼은 어려움, 분노 또는 토지 수탈의 경우에서 영혼 세
계와의 매개자 역할을 수행할 수 있다.

　지난 2000년 동안 스텝의 역사는 흉노족에서 몽골족에 이르는 기마 이
동 민족의 지배에서 러시아와 중국에서 이주해온 정착민들이 고정된 지점
에 새로운 소도시를 건설하고 세계 종교를 도입하는 방향으로 변화해왔
다. 몽골을 제외한 지역에서는 원주민의 수가 적을 뿐 아니라 아마도 점점
줄어들고 있을 것이다.

　그러나 1990년대 이후 샤머니즘이 다시 합법화되었고 이제 이 지역을
여행하다 보면 신전, 나무가 우거진 숲, 보다 더 오래된 기념물의 사용에서
샤머니즘 활동이 활발하게 이루어지는 것을 볼 수 있다. 외지인들이 들어
오기 이전의 스텝에는 공식화된 과학이 거의 없었고 모든 종교는 다른 곳
에서 유래했다. 다른 곳에서는 우주에 대한 삼중 나선 접근법이 지배적이
었지만 이곳에서는 마법이 지배적이었다. 스텝에서 생활하는 기마 집단은
유구하고 복잡한 역사를 가지고 있는데, 아직 제대로 이해되지는 않았지
만 마법과 내밀하게 연결되어 있다. 지난 500년은 서쪽에서 온 러시아인

과 남쪽에서 온 중국인의 침략으로 인해 스텝의 민족들이 충격을 받은 시기였다. 새로 들어온 두 침입자들은 마법 관행과 샤머니즘 관행을 쓸어버리기 위해 다양한 수준의 노력을 기울였다. 그러나 그 마법은 가족들을 부추겨 자동차를 몰고 스텝을 가로질러 이동하여 오래된 조각상에 제물을 바치도록 만들 만큼 중요한 것으로 여겨지면서 꿋꿋이 살아 있다. 이것은 이와 같은 발상이 얼마나 중심적이었는지를, 그리고 여전히 중심적이라는 것을 보여준다. 스텝의 마법을 제대로 파악하지 못하는 한 우리는 과거와 현재의 스텝 문화를 완벽하게 이해할 수 없을 것이다.

선사 시대 유럽의 마법 전통

(기원전 1만 년-0년)

마법적 허구는 마법적 사실에 의해 뒷받침된다. 아서왕(King Arthur)의 전설은 초기 중세 시대에 처음 기록되었는데, 1136년경 몬머스의 제프리(Geo-ffrey of Monmouth)가 쓴《브리타니아 열왕사(列王史)Historia regum Britanniae(History of the Kings of Britain)》는 가장 오래된 그리고 가장 완벽한 기록 가운데 하나이다. 여기에서 우리는 아서왕과 마법사 멀린(Merlin)뿐 아니라 또 하나의 주요 등장인물인 아서왕의 검 엑스칼리버(Excalibur)(아마도 웨일스 설화에 등장하는 칼라드볼그(Caledfwlch)라는 이름을 가진 무기의 라틴어 버전일 것이다)를 만나게 된다. 그 이후에야 비로소 등장하는 호수의 여인(Lady of the Lake)은 아서왕 이야기뿐 아니라 서유럽의 여러 지역의 설화에도 등장한다. 호수에서 아서왕에게 검을 건네는 인물이 바로 호수의 여인이다. 이야기의 일부 버전에서는 아서왕이 죽은 후 엑스칼리버는 물속으로 되돌려 보내진다(그림 6.1). 선사 시대 유럽의 마법에 대한 우리의 이야기는 현재의 요크셔(Yorkshire)의

그림 6.1. 아서왕의 기사 가운데 한 명이 엑스칼리버를 호수로 되돌려보내는 모습과 엑스칼리버를 받는 손. 그림의 맨 앞에는 죽음을 눈앞에 둔 아서왕이 있다.

어느 호숫가에서 시작될 것이다. 약 1만 년 전 이곳에서 살았던 사람들은 사냥한 동물의 일부와 인공물을 플릭스턴 호수(Lake Flixton) 가장자리의 얕은 물속에 정성껏 안치했다. 우리와 시간적으로 아주 먼 이러한 과거에는 검이나 금속이 존재하지 않았지만 물의 유혹은 존재했다. 우리가 살펴보게 되는 것처럼, 유럽에는 깊은 선사 시대부터 중세 시대까지 지극히 오래 이어져온 전통이 존재했다. 바로 중요한 물건을 땅과 물에 정성껏 안치하는 전통이다. 엑스칼리버처럼, 물건은 기능을 넘어서는 힘을 가지는 것으로 간주되었다. 따라서 많은 물건들이 이름을 가지고 있으면서 사람과 유사한 방식으로 각자의 고유한 전기(傳記)를 누렸을 수 있다.

몬머스의 제프리는 영국 본토의 역사가 트로이족(Trojans)에서 시작되었다고 기록한다. 따라서 우리는 제프리가 기록한 역사를 사실로 받아들일 수 없다. 아서왕의 역사는 뒤를 이은 시대마다 다시 기록되었고, 그것들은 토머스 맬러리(Thomas Malory)에서 알프레드 테니슨(Alfred Tennyson), 그리고 할리우드 판타지 작품에 이르기까지 베스트셀러가 되곤 했다. 이 이야기들은 강력하고, 뒤얽혀 있으며, 논란을 불러 일으킨다. 그리고 사실과 환상이 얽히고설킨 그 이야기 속에는 고고학을 통해 그 깊은 역사가 발견되고 있는 오래전 소실된 마법 관행이 숨어 있다.

선사 시대 유럽에는 세 가지 일련의 마법 전통이 공존했다. 천체들 중에서도 특히 달과 태양을 바탕으로 하는 점성술, 장소의 영혼과 아마도 죽은 사람의 영혼과 거래하는 수단으로서 인공물과 시신의 매장물을 경관 곳곳에 정성껏 안치하는 일련의 행위, 재료를 끊임없이 다루는 행위에서 뿐 아니라 이후 철기 시대(Iron Age)의 이른바 켈트 미술(Celtic Art)에서도 나타나는 변형과 강력한 물건의 창조에 대한 관심이다. 이전 장에서 언급한 것처럼, 켈트 미술에서 우리는 스텝의 영향을 확인할 수 있다. 유럽은 초월, 거래, 변형의 조합을 제시하는데, 아마도 가장 중요한 것은 후자의 두 가지, 즉 거래와 변형일 것이다. 아서왕 전설의 두 가지 요소, 즉 가장 귀중한 검을 그 검이 처음으로 출현했던 물속에 던져 넣는 행위와 사물이 사람과 유사한 방식으로 힘과 생명을 가진다는 발상은 선사 시대 유럽에 깊은 뿌리를 두고 있다. 우리는 유럽의 역사를 부분적으로 기술의 역사와 기술 혁신으로 인한 변화의 역사로 생각하는 경향이 있는데, 아서왕 전설은 고대 유럽인들이 물건과 맺은 많은 관계가 과학적이라기보다는 마법적이었다는 것을 보여준다.

유럽은 고고학적으로 가장 많이 연구된 대륙 가운데 하나이다. 따라서 우리는 사람들이 다양한 시대에 식물, 동물, 생활 공간, 무덤, 인공물과 뒤섞인 방식을 확인할 수 있다. 지중해 세계가 영향을 미쳤다는 것에는 의심의 여지가 없지만, 스텝이 연결되고 이와 같은 연결에 유럽의 초원이 포함된 기원전 600년경부터 새로운 힘을 떠맡은 스텝과의 연계는 결정적이었다. 신석기 시대부터 서유럽에서는 돌, 나무, 흙을 복잡하게 사용하여 일련의 기념물을 창조하고 거기에 사람, 식물, 동물, 인공물의 매장물을 안치했다. 그것은 고도로 다시 패턴화하는 방식으로 이루어졌는데 많은 경우 천체와의 정렬이 결정적이었다. 스톤헨지 같이 가장 유명한 유적지는 종종 집중적으로 조사되어왔는데, 단순한 이야기는 아님에도 불구하고, 우리가 다룰 방대한 증거를 제공한다. 이 장의 출발점인 중석기 시대(Mesolithic)(약 1만 2,000년 전 수렵 채집 생활의 시대)부터 중세 시대에 이르기까지 중요한 인공물과 뼈의 안치에는 패턴이 존재한다. 이것은 세계의 힘들과의 거래가 패턴화되어 있었다는 증거이다. 때로 '미술'이라는 명칭이 부여되는 이 까다로운 증거의 범주는 사람들이 특히 철기 시대에, 물건의 모호성, 변형, 경이로움이라는 관념을 어떻게 다루었는지 보여준다. 이 거대한 지역에서 애니미즘은 물리적으로 다양하게 표현되었지만, 이제 우리는 유라시아가 공유한 이러한 애니미즘에 초점을 맞추면서 이러한 연계를 서양의 관점에서 탐구할 것이다.

선사 시대 유럽의 공간과 시간

2장에서 우리는 빙하기 유럽에서 비롯된 증거를 살펴보았다. 이 책이 다루는 연대기적 범위를 유지하기 위해 6장에서는 빙하기 말기, 즉 지난 1만

년의 절반을 차지하는 길고 신비로운 시기인 중석기 시대부터 검토할 것
이다. 빙하기가 끝난 뒤인 약 1만 2,000년 전 수렵 채집 집단은 해수면이
상승하고 생태계가 현재의 생태계와 보다 더 비슷해진, 온화해진 기후 조
건에서 계속해서 생활했다(개략적인 연대기는 표 6.1, 본문에 언급된 유적지는 그림
6.2 참고). 유럽 북서부에 자리 잡은 중석기 유적지에 대해 새로운 발굴이 이
루어지고 보다 더 오래전 다뉴브 협곡(Danube Gorges)에서 발견된 증거를
재고려한 결과 당시의 사람들이 근근이 먹고 살았던 사람들이 아니라 보
다 더 영적인 차원을 포함하여 세계에서의 자신의 위치를 정교하게 이해
한 집단이었음을 알게 되었다.

　기원전 6500년경 아나톨리아에서 유럽으로 들어온 최초의 농경민들
은 아마도 우리가 2장에서 만났던 차탈회위크의 주민들과 관련이 있을 것
이다. 오늘날의 그리스, 불가리아, 루마니아, 헝가리 및 훨씬 더 동쪽에 있
는 지역에서 사람들은 진흙 벽돌로 만든 주택에서 생활했다. 기존에 지은
주택 위에 뒤이은 층을 쌓아 올리는 방식으로 주택을 지었기 때문에 수년
이 지난 뒤에는 평원 위로 솟아오른 언덕, 즉 텔(tell)로 알려진 언덕이 형성
되었다. 지중해 본토와 섬 전역에서는 매우 다양한 종류의 농경 형태가 등
장했고, 바다 근처에서는 해양 식품이 보완물로서 중요하게 작용했다. 헝
가리 평원(Hungarian Plain)에서 황토 평원을 가로질러 프랑스 서부와 네덜
란드에 이르는 지역에서 특별한 문화 형태가 발전했다. 사람들은 목조 롱
하우스(longhouse)에서 생활했는데, 아마도 한쪽 끝에는 사람들이 그리고
나머지 한 쪽 끝에는 동물들이 살았을 것이다. 기원전 4200년경 최초의 농
경민들이 작물화된 밀과 보리 및 가축화된 암소, 양, 돼지와 함께 영국 본
토에 도착했다. 영국 본토와 아일랜드에서는 보다 더 유목민적인 생활 방
식이 생겨났는데, 이것은 보다 더 이전인 중석기 시대의 이동 생활 집단과

표 6.1 유럽의 주요 선사 시대부터 로마 제국(Roman Empire)까지. 농경과 최초의 금속이 출현한 시기는 유럽 남동부가 가장 빠르고 유럽 북서부가 가장 늦다.

연대	고고학적 시대	사건과 과정
기원전 5만 년 -1만 년	후기 구석기 시대[1] (Upper Palaeolithic)	최종 빙기가 한창일 때의 수렵 채집 생활 시대 -2장 참고. 매우 다양한 마법 관행.
기원전 1만 년 -6000년/3000년	중석기 시대 (최초의 농경민의 출현 시기에 따라 종료)	지구 온난화 이후의 수렵 채집 생활. 스타 카(Star Carr) 유적지에서 발견된 사슴 이마 장식에서 레펜스키 비르(Lepenski Vir)에서 발견된 사람, 주택, 경관의 반영에 이르는 풍부한 마법 관 행의 증거. 물건의 의도적인 안치가 시작됨.
기원전 6000년 /3000년-3500년 /2000년	신석기 시대 (최초의 금속의 출현 시기에 따라 종료)	작물화된 식물과 가축화된 동물, 정주 생활. 돌도끼 등의 물건의 의도적인 안치가 발전. 마법 관행이 주택, 인체, 식물과 연결됨. 대형 묘와 헨지 기념물 건설.
기원전 3500년 /2000년-1200년 /800년	청동기 시대 (유럽 전역에서 청동기의 출현 시기가 다름)	신석기 시대와 상당한 연속성을 가지면서 금속이 추가됨. 가장 거대한 헨지 기념물 (예: 스톤헨지). 많은 양의 청동기 및 인간의 시신을 땅과 물에 안치. 이 시대 말기에 고전 그리스(Classical Greece) 시대가 시작됨.
기원전 1200년 /800년-기원후 43년	철기 시대 (로마의 침략 시기가 다르기 때문에 철 사용의 시작은 매우 다름)	인구의 증가와 일부 도시화. 로마의 이탈리아 통일. 고전 미술과 켈트 미술의 발전. 켈트 미술은 사람, 동물, 영적인 인물 사이의 관계를 다룸.
기원전 120년 -기원후 410년	지중해와 북서부의 로마 시대	로마 제국의 확장. 혼종 문화의 창조 및 결합 형태의 발전. (예: 미술에서의 마법이나 저주 같은 것의 결합. 또한 여기 에서 마법은 종교와 새롭게 연계됨)

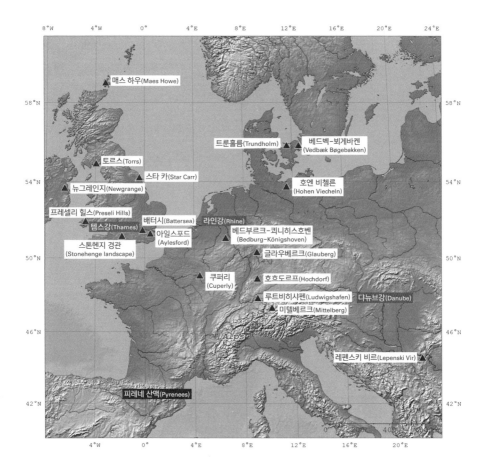

그림 6.2. 본문에 언급된 유럽의 지형과 유적지 지도.

어느 정도 연속성을 공유했을 가능성이 있다. 스칸디나비아에서는 수렵
채집 생활 방식이 끈질기게 지속되다가 기원전 2500년경 마지막 집단이
농경을 채택했다. 북쪽에 자리 잡은 사람들은 이동 생활 방식을 발전시켜,
종종 순록을 활용했다. 그들의 생활 방식 가운데 일부는 오늘날에도 여전
히 존재한다. 우리가 살펴볼 것처럼, 이 집단들은 모두 그들의 문화생활의
중심 요소로서 다양한 마법 관행을 발전시켰다.

마법에 대한 우리의 조사는 약 2,000년 전에 끝난 철기 시대까지 이어
진다. 중석기 시대 집단은 아마도 주로 빙하기 사냥꾼의 후손이었을 것이
고 우리는 이동 생활 방식, 소규모 인구, 집단 내에서 일반적인 평등을 통
해 보다 더 초기의 생활 방식에서 시작되는 연속성의 가닥을 확인할 수 있
다. 또한 중석기 시대 집단은 뒤이어 유입된 농경민을 위한 삶의 조건 가운
데 일부를 설정했다. 20세기에는 중석기 시대 집단을 어둡고 끝이 보이지
않는 원시림에 숨어 사는 수동적이고 원시적인 소규모 집단으로 간주했지
만, 오늘날 우리는 보다 더 광범위한 경관과 그 안에서 생활하는 인간 집단
모두의 역동성을 강조한다. 그렇게 된 이유는 부분적으로 잘 보존된 고고
학 유적지가 발굴되고 오늘날의 가장 높은 기준에 부합하게 분석되었기
때문이다.

중석기 시대, 영국 본토와 유럽 북서부의 마법

스카버러(Scarborough)에서 남쪽으로 약 8킬로미터 떨어진 노스요크셔(North
Yorkshire)의 스타 카(Star Car) 유적지는 놀라운 보존 상태를 보여준다. 스타
카 유적지에 대한 발굴은 오랜 역사를 가지고 있다. 가장 최근에는 니키 밀
너(Nicky Milner), 샹탈 코넬러(Chantal Conneller), 배리 테일러(Barry Taylor)가
이끄는 팀이 대규모 조사 및 발굴 작업을 탁월하게 수행한 바 있다(2003년-
2015년).[2] 최초의 발굴은 1949년에서 1951년 사이 그레이엄 클라크(Grah-
ame Clark)가 수행했다. 그레이엄 클라크는 과거에는 플릭스턴 호수(Lake
Flixton)였지만 지금은 퇴적물이 가득한 곳의 둑에 정착지가 자리 잡고 있
었다는 사실을 밝혀냈다.[3] 침수를 촉진하는 두꺼운 토탄(土炭)층 아래에 묻

그림 6.3. 의식용 목적으로 착용했을 가능성이 있는 스타 카의 사슴뿔 이마 장식 복원도를 수록한 로열 메일(Royal Mail) 우표(2017).

혀 있었던 목조 구조물뿐 아니라 잘 보존된 뼈와 사슴뿔 여러 점이 발견되었다. 여기에는 사슴뿔이 달려 있는 유명한 붉은 사슴 두개골이 포함되어 있었는데, 아마도 사람이 머리에 착용할 수 있도록 수정된 것으로 추정된다 (그림 6.3). 현재 총 33개의 사슴뿔 이마 장식이 발견되었다. 클라크는 자신이 스타 카의 정착지 전체를 발굴했다고 생각했다. 그는 이곳을 경관 전역을 이동하면서 생활하는 집단의 임시 정착지 체계의 일부로서, 그들이 계절에 따라 거주하는 야영지로 간주했다. 클라크는 근근이 먹고 살았던 존재에 대한 그림을 창조했는데, 이러한 그림은 (최근의 시베리아 샤머니즘과의 비교가 불가피한) 유적지에서 발견된 의례의 증거와 다소 모순된 그림이었다. 널리 알려진 20세기의 고고학자 모티머 휠러(Mortimer Wheeler)는 '상상력을

총동원해본 결과' 스타 카의 사람들은 '습지에 옹기종기 모여 식량을 채집
하는 궁상맞은 사람들'이었다는, 훨씬 더 지독하고 몹쓸 판단을 내렸다.[4]

시간이 흐름에 따라, 보존 조건이 보다 더 열악해졌다. 따라서 이제는
클라크가 발굴했던 20세기 중반만큼 유기물과 뼈가 잘 보존된 상태가 아
니다. 그 이유는 토양의 산성화 때문인데, 토양이 산성화되는 이유는 제대
로 이해되지 않은 상태이다. 그럼에도 불구하고, 최근의 발굴 작업을 통해
일부 놀라운 발견이 이루어져, 클라크의 결론을 의미 있는 방식으로 수정
할 수 있게 되었다. 이제 우리는 클라크가 유적지 가운데에서 유독 유물이
풍부한 지역을 발굴했다는 사실을 알고 있다. 그러나 기실 클라크는 훨씬
더 복잡한 일련의 유적지 내에서 하나의 일화와 안치 지역을 살펴본 것이
었다. 이제 우리는 이 유적지에서 나온 233개의 방사성 탄소 연대 측정 결
과의 도움을 받아 기원전 9300년경에 중석기 집단이 이 호숫가에 도착했
었다는 사실을 파악하게 되었다(그것보다 약 400년 앞선 시기의 일부 목공예 흔적
을 포함하는 후기 빙하기(Late Ice Age) 활동의 흔적도 존재한다).[5] 이 시대에 영국 본
토는 여전히 대륙과 연결되어 있었고(훨씬 더 많은 지구의 물이 얼음으로 되어 있
었기 때문에 해수면이 보다 더 낮았다.) 스타 카는 지금은 북해(North Sea)에 의해
침수된 평원으로 이어지는 지형에 자리 잡고 있었다(그림 6.4). 사람들은 호
수의 가장자리에 덤불을 깔았다. 작은 나무 조각을 이용하여 조성한 또 하
나의 지역에는 뼈, 돌, 그 밖의 다른 재료가 흩어져 있었다. 마른 땅에 자리
잡은 정착지도 있었지만 불가피하게도 보존 상태가 좋지 않았다. 아마도
마른 땅에서는 여러 인간 세대에 걸쳐 노 근처에서 석기를 제작하고, 동물
을 도살하며, 목재 및 그 밖의 식물성 재료를 가공하는 등의 일상적인 생활
이 규칙적으로 반복되었을 것으로 보인다.

이 집단은 생존에만 초점을 맞춘 것이 아니라 장소의 영혼과 맺는 관계

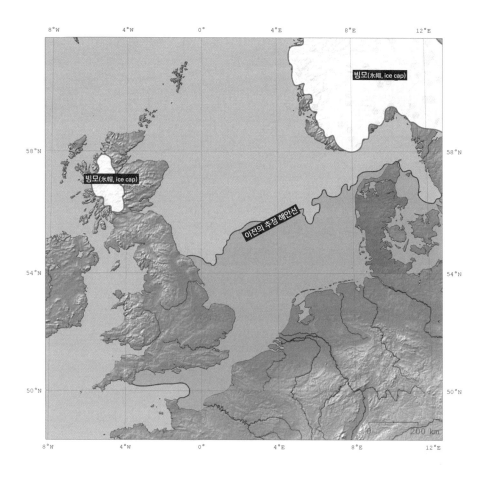

그림 6.4. 최종 빙기 극대기(Last Glacial Maximum)의 유럽 북서부−흰색 영역은 남은 빙상이다.

뿐 아니라 동물과 식물의 영혼과 맺는 관계에도 초점을 맞췄다. 그들은 초기부터 공식적인 안치 규칙에 따라 사물을 호수에 안치했다. 주로 붉은 사슴과 노루, 일부 야생 소에서 나온 동물 뼈는 가장 효율적인 방식으로 도살된 동물에서 비롯된 것이 아니었다. 동물의 다리 같은 특정 부위 전체를 얕은 물에 안치했는데, 이따금 동물의 온전한 사체가 물에 안치되는 경우도 있었다. 해석하기는 까다롭지만, 아마도 경관의 생산력에 대한 호혜적인 활동으로서 제물을 바친 것처럼 보인다. 뼈는 가죽으로 의복을 만드는 데 사용되는 바늘에서부터 목재를 쪼개는 쐐기에 이르는 크고 작은 도구로 가공되었다. 가공된 나무도 정성껏 안치되었을 수 있다. 석기 제작은 마른 땅에서 이루어졌지만 자주 사용되는 석기는 물속에 안치되었다. 석기는 그것들을 사람, 동물, 식물과 연결하는 중요한 역사를 가지고 있는 인공물일 수 있다. 그 외에도 이판암(泥板巖)과 호박이 발견되었는데, 이판암은 약 40킬로미터 떨어진 곳에서, 호박은 오늘날의 발트해(Baltic) 해안에서 비롯되었다. 한 납작한 이판암 조각에는 한쪽 모서리에 구멍이 뚫려 있었는데, 아마도 누군가의 목에 걸 목걸이를 만들기 위한 용도로 추정된다. 이판암 조각 위에는 이른바 미늘이 달린 일련의 선(線)이 새겨져 있었다. 이 선은 이곳을 제외하고는, 이 시대에는 동쪽으로 한참을 걸어가야 만날 수 있는 덴마크에서만 발견되는 장식이었다.

호숫가를 따라 잘 만들어진, 적어도 30미터 길이의 목조 대 또는 보행로가 있었다. 널빤지를 쪼개고 다듬어 만든 이러한 대는 북유럽에서 발견된 가장 오래된 목공품의 증거를 나타낸다. 보다 더 이전부터 그곳에 흩어져 있던 작은 나무 조각과 쓰레기는 나중에 안치된 목조 대와 동일하게 정렬되어 있어, 아마도 이 방향에 일종의 중요성이 있음을 보여준다. 그러나 어쨌든, 나중에 이루어진 활동이 보다 더 이전에 이루어진 활동을 따라 이루어졌음을 보여준다. 노(櫓)는 배가 사용되었음을 암시하지만, 배의 경우 아직 직접적인 증거는 발견되지 않았다. 호수에 더 잘 접근하기 위해 호숫가를 따라 나 있는 갈대밭을 반복적으로 불태웠는데, 이것은 여기에서의 생활이 얼마나 계획적이고 정교했는지를 입증한다. 마치 그것만으로는 충분하지 않다는 것처럼, 영국 본토에서 가장 오래된(기원전 9000년경) 주택의 증거가 밝혀졌다. 빈 공간 주변의 기둥이 여러 번 교체된 것처럼 보이는 재건축의 흔적도 발견되었다. 이 유적지는 기원전 8500년 무렵부터 더 이상 사용되지 않은 것으로 보인다.

주택과 대가 존재함에도 불구하고, 그리고 여러 인간 세대에 걸쳐 사람들이 이곳으로 되돌아왔었다고 분명하게 말할 수 있음에도 불구하고, 사람들은 스타 카에 영구적으로 살지 않았을 수 있다. 사람들은 이곳으로 되돌아올 때마다 각자의 고유한 활동이나 그 밖의 다른 사람이 활동한 흔적과 마주쳤을 수 있다. 이 유적지가 800년 동안 사용되면서 복잡한 역사가 축적되었고 호숫가에는 일련의 가치와 공명이 생겼다. 그것은 부분적으로 물과 토지 자체와 관련이 있지만 사람들이 그곳에서 수행했던 일과도 관련된다. 땅에서 물로 전환되는 호숫가의 습지는 대를 통해서 뿐 아니라 정성껏 안치한 일련의 매장물을 통해서도 증진되었는데, 이것은 영국 본토와 서유럽 전역에서 훨씬 나중에 발견되는 것들을 예고하는 것이었다.

이제 우리는 휠러가 생각한 습지에 옹기종기 모여 사는 궁상맞은 수렵채집인 대신 호수를 따라 잘 지어진 주택과 잘 만들어진 대, 기둥에 묶여 있는 카누, 아마도 사람들이 오갈 때 사용하려고 쌓아두거나 보관해둔 그물, 바구니, 그 밖의 다른 장비를 상상할 수 있다. 우리는 달과 태양의 운동 또는 중요한 동물의 도살 또는 사람들이 유적지로 되돌아올 때를 근거로 결정될 수 있는 올바른 순간에 사람들이 사슴의 후반신(後半身)이나 사슴 전체를 들고 얕은 물속으로 걸어 들어가 그것을 호수에 정성껏 안치하는 모습을 상상해볼 수 있다. 석기, 가공된 나무, 아마 식물도 모두 경관의 영혼에게 바치는 제물로 사용되었다. 사람들은 무언가를 그냥 가져간 것이 아니라 대지의 영혼과 호혜의 형태로 관련되었다. 각각의 재료와 생명체에는 각자의 고유한 의전(儀典), 발화(發話)되어야 할 단어, 또는 존경의 형태가 있었을 수 있다. 우리의 상상력을 보다 더 확장하면 사람들이 사슴 이

마 장식과 사슴 가죽을 입는 특별한 경우를 목격할 수 있다. 사람들은 전체 집단이 참여하거나 지켜보는 가운데 생물들의 움직임을 모방하려고 노력했을 것인데, 거기에는 이야기, 노래, 음악도 수반되었을 것이다.

이러한 그림을 그리다보면 휠러가 그려본 궁상맞은 수렵 채집인과는 정반대의, 낭만적인 모습을 떠올리기 쉽다. 그러나 이러한 초기 시대의 삶은 어려움의 연속이었다. 인간 집단은 곰, 늑대와 일상적으로 마주쳤고, 서로 싸웠으며, 질병으로 인해 금세 죽었다. 대지와 물의 영혼은 심술궂은 존재로 변할 수 있었고 땅이나 물의 특정 장소에서 일부 악성 영혼이 발견될 가능성이 있었다. 다시 한번 마법 관행은 사치가 아니라 사람들이 어려움에 대처하는 방법 가운데 하나였다. 이따금 사람이 사슴이 되어보는 것이 중요했다. 오늘날 우리는 그 이유를 완벽하게 알 수 없지만 아마도 사슴을 모방하면 사냥이 보다 더 쉬워지기 때문이 아니라 지적으로 그리고 정서적으로 중요한 어떤 이해나 친밀감을 전달했기 때문이었을 것이다. 세계는 사람들이 신체적 측면과 정신적 측면 모두에서 어려움을 겪는 신비의 연속이었다. 사람들은 이러한 마법적 경관을 조심스럽게 헤치고 나아갔다. 곰이나 멧돼지를 다룰 때처럼 영혼 세계를 다룰 때에도 적절한 행동이 필요했을 가능성이 높다. 따라서 그들의 일상생활은 마법적 의식과 의전으로 가득했을 것이다.

광활한 북유럽의 평원 전역에는 스타 카와 동시대에 인간이 거주한 흔적이 흩어져 있다. 일부에서는 정교한 생활 방식과 재료의 이동을 통해 널리 퍼진 연결의 증거와 함께 특정 지역을 강도 높게 사용한 흔적을 보여준다. 스타 카만큼 잘 조사된 유적지나 지역은 없지만, 스타 카와 비교하여 특히 호기심을 유발하는 것은, 오늘날의 뫼헨글라트바흐(Mönchengladbach)에서 남쪽으로 약 20킬로미터 떨어진 곳에 자리 잡은 라인란트(Rhineland)의

베드부르크-쾨니히스호벤(Bedburg-Königshoven) 유적지에서 발견된 두 개의 사슴뿔 이마 장식이다. 풍부한 오로크 유해, 석기, 가정적인 활동의 흔적과 함께 땅과 물이 다시 만나는 지역인 과거의 우각호(牛角湖) 가장자리에서 두 개의 사슴뿔 이마 장식이 발견되었다. 독일 북부, 현재의 발트해 근처에는 16세기 배수로로 인해 훼손되어 여전히 오직 부분적으로만 발굴된 호엔 비첼른(Hohen Viecheln) 유적지가 있다. 슈베린 호숫가(Lake Schwerin)에는 초기 중석기 시대의 집약적인 거주지가 있었다. 이곳은 사람들이 여러 단계에 걸쳐 거주지로 이용한 덕분에 제대로 이해되지 않은 복잡한 유적지이지만 중석기 시대의 유물이 풍부하게 발견된 것에서 그 특징을 짐작해볼 수 있다. 10,500개가 넘는 부싯돌 도구와 뼈와 사슴뿔로 만든 350개의 인공물이 발견되었고 그 가운데 일부는 상당히 정교했다. 여기에서 흥미로운 것은 스타 카의 사슴뿔 이마 장식과 직접적으로 비교할 수 있는 또 하나의 사슴뿔 이마 장식이다.

서로 수백 킬로미터 떨어져 있으면서 삼각형 모양을 이루고 있는 세 곳의 유적지에서 사슴뿔 이마 장식 투구가 등장한 것은 이 시대에 유럽 평원 전역에서 유사한 관행을 따랐음을 보여주는, 작지만 선명한 흔적이다. 평원, 강, 늪지대로 이루어진, 지금은 알려지지 않은 지형과 함께 오늘날 북해의 넓은 지역을 포함하는 이 거대한 땅덩어리 전역에서, 이 유적지들에 거주했던 사람들은 서로 접촉하고 있었다. 이러한 유적지들에 거주했던 사람들은 우리가 이해하지 못하는 방식으로 일종의 초(超)집단처럼 행동했다. 사슴뿔 이마 장식을 도대체 무엇에 사용했는지에 대해서는 일부 논의의 대상이 되어왔다. 그레이엄 클라크의 실용적인 설명(사람들이 사냥할 때 사슴으로 위장)에서부터 샤머니즘적 설명(이것들을 샤머니즘 관행과 의례에 사용)에 이르는 다양한 가능성이 논의되어왔다. 어느 설명도 그 자체로 진실일 가능성은 높지 않다. 어쨌든, 실용적인 것과 의례적인 것 사이의 대비는 대조를 위해 우리가 인위적으로 만든 가설 가운데 하나일 뿐, 초기 중석기 시대 집단은 전혀 이해하지 못할 수 있다. 인간 집단은 사슴과 밀접한 관계를 맺었다. 스타 카의 호숫가에 사슴의 일부 또는 거의 전부에 가까운 사체를 정성껏 안치했다는 것이 시사하는 것처럼 사람들은 사슴과 그 밖의 다른 생물종을 다루는 엄격한 규칙을 가지고 있었을 가능성이 높다. 이것은 아마도 그 밖의 다른 유적지에서도 마찬가지였을 것이다. 스타 카에 거주했던 사람이 만일 그렇게 먼 거리를 걷거나 배를 타고 이동할 수 있어서, 이러한 독일의 유적지들을 방문했다면 사슴 이마 장식을 사용하는 의식을 보고 고개를 끄덕였을 수 있고, 어쩌면 알려진 행동과 노래를 통해 의식에 참여할 수도 있었을 것이다.

얼음이 사라진 직후의 세계는 우리에게는 낯설고 상상할 수 없는 세계이다. 이 세계를 이해하기 위해서는 수준 높은 발굴, 분석, 종합뿐 아니라 (상상력이 지나치거나 우리의 상식에 과도하게 의존할 위험이 있음에도 불구하고) 상상력을 발휘한 추정도 어느 정도 필요하다. 가장 오래전에 스타 카에 거주했던 주민들에게 빙하기는 여전히 공동의 기억으로 남아 있었을 가능성이 높았다. 얼음이 후퇴하고, 빙하기의 가장 큰 동물들이 사라지며, 나무·초원·온대 동물종이 새롭게 등장하면서 일어난 대대적인 변화는 다양한 방식으로 논의되고 설명되었을 수 있다. 이와 같은 설명은 지구 온난화, 해수면 상승, 생태계의 변화에 대한 우리의 과학적 추적과는 매우 상이했을 수 있다. 아마도 새로운 영혼이 대지에 들어왔다거나, 태양이 참신한 힘을 얻었다거나, 추위와 어둠이 쫓겨났다고 생각했을 수 있지만, 우리는 어느 것도 확신할 수 없다. 우리가 합리적으로 확신할 수 있는 것은 후대의 기준으로 볼 때 이들이 소규모 인간 집단이었다는 점과 경관 전역에 엷게 퍼져 있었다는 점, 그리고 인간의 수와 동물의 개체수가 보다 더 동등한 수준에서 균형을 이루고 있었을 수 있다는 점이다.

현재 우리가 정의하는 중석기 시대는 영국 본토에서 적어도 4,000년 동안 지속된 어마어마하게 긴 시대이다. 지금까지 살펴본 것처럼, 증거는 희박하지만 때로 눈에 띈다. 덴마크 동부에 자리 잡은 베드벡-뵈게바켄 (Vedbæk-Bøgebakken)의 묘지에서 갓 태어난 아기가 백조의 날개에 싸여 있는 상태로 묻힌 무덤이 발견되었다. 백조는 물, 땅, 공중에서 모두 볼 수 있는 새이므로, 이 무덤은 이 세 가지 요소를 모두 연결하는 새와의 연계 가능성을 시사하는 가슴 아픈 흔적이다. 아기의 옆에는 출산 도중 사망한 것으로 여겨지는 여성의 시신이 있다. 스타 카에 인간이 거주하고 약 3,000년 후인 기원전 6000년경 베드벡에서는 총 23기의 묘가 발견되었다.

사람들은 식물종 및 동물종과의 내밀한 관계에 몰입했다. 아마도 그들은 우리가 생물종의 경계라고 정의하는 것을 넘어서는 일부 친족 관계를 보았을 것이다. 그들은 널빤지를 만들고 석기를 두드리며 식물을 채집하고 동물을 사냥하는 데 있어 상당한 신체적 기술을 보여주었다. 이와 같은 기술은 인과 및 우주론에 대한 깊은 구상으로 뒷받침되었을 수 있다. 세계에 대한 올바른 행동 규칙이 발전되어 광범위하게 공유되었을 것이지만, 그것은 우리가 이해하는 생물종의 구분과 관련이 없었을 가능성이 가장 높다. 그들은 생물과 무생물 사이의 차이도 강조하지 않았다. 손이 도구에 지시를 내리는 것과 마찬가지로 도구도 손을 움직였을 것이다. 여기에서 두 가지 평가를 추가적으로 제시할 수 있지만, 그 이유를 구체적으로 설명하기는 어렵다. 첫째, 사체와 도구를 정성껏 안치하는 것은 아마도 호혜의 윤리에서 비롯되었을 것이다. 만일 사람들이 세계로부터 무언가를 가져왔다면 당연히 되돌려주어야 한다. 따라서 사슴을 죽여서 먹었을 때 사슴의 사체 일부를 호수에 안치하는 것은, 이것들이 어떻게 생각되었든 관계없이, 세계의 생성하는 힘에 대한 인정일 수 있다. 둘째, 훨씬 더 이례적인 것은 이러한 호혜의 윤리와 그로 인한 정성스러운 안치는 유럽 북서부 선사시대의 대부분 및 역사에서 내내, 심지어 근대 시대에 이르기까지 이어져 온 것처럼 보인다는 점이다. 호수에 안치되어 있는 아서왕의 검의 기원이 중석기 시대로 거슬러 올라간다고 말하는 것은 분명 과장된 것이다. 그러나 우리는 수천 년 동안 사람들이 물(과 땅)에 무엇을 안치할 수 있는지 뿐 아니라 이와 같은 행위의 이점에 관심을 가졌다는 것을 확인할 수 있다.

사람이 경관이 되다

중석기 시대 유럽 북서부의 한 거대한 구석에서 우리는 사람들이 동물과의 연계를 탐구했다는 것을 확인할 수 있다. 다음의 사례에서 사람들은 땅 자체의 일부가 된다. 이제 다뉴브강(Danube)의 철문(鐵門) 협곡(Iron Gates) 지역으로 이동해보자. 그곳에서 다뉴브강은 북쪽에 자리 잡은 오늘날의 루마니아와 남쪽에 자리 잡은 세르비아(와 이전의 유고슬라비아)를 분리한다. 여기에서는 일련의 유적지가 발견되는데, 그 시기는 빙하기 말기와 신석기가 시작되는 대략 기원전 1만 년경에서 5500년경 사이로 거슬러 올라간다. 철문 협곡은 이곳이 아니었다면 중석기 시대의 유적지를 발견하기 어려운 유럽 남동부에서 소규모 활성 지역을 형성하고 있다. 강에서 공급받는 풍부한 어류 및 조류와 육지에서 얻는 식량이 결합된 고대의 요인들이 중석기 시대의 정착지를 끌어들였다. 그러나 이러한 유적지에 대한 우리의 지식은 근대에 이루어진 개발의 영향을 받았다. 특히 1960년대부터

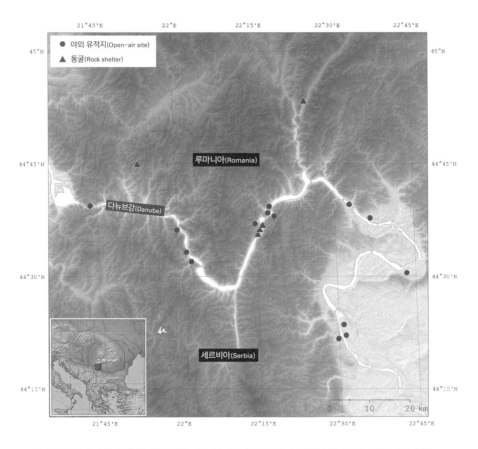

그림 6.5. 다뉴브강의 철문 협곡 지역. 중석기 시대 주요 유적지 가운데 대부분의 유적지가 보인다.

1980년대 사이에 루마니아 정부와 유고슬라비아 정부가 다뉴브강에 댐을 건설하기 시작했는데, 댐이 건설되기 전에 먼저 고고학 발굴 작업 진행하여 비교적 소규모 지역에서 중석기 시대의 증거를 간직한 20곳이 넘는 유적지를 발견할 수 있었다(그림 6.5). 철문 협곡에서 발견된 증거에 대해 생각해보면서 우리는 또 하나의 심대한 변화의 시기, 즉 기원전 6200년경 수렵과 채집에서 농경으로 이행한 시기에 집중할 것이다. 여기에서 관심의 대상이 되는 주요 유적지는 레펜스키 비르(Lepenski Vir) 유적지이다. 이 지

역의 다른 유적지들 가운데 레펜스키 비르를 선택한 이유는 가정용 구조
물, 무덤, 조각상이 조합되어 있기 때문이다.

레펜스키 비르는 다뉴브강의 세르비아 방향에 자리 잡은 몇 미터 높이
의 단구(段丘)에 건설된 정착지였다. 이 정착지는 많은 수의 주택으로 구성
되어 있다는 점에서 특이하다. 주택의 석회암 바닥이 정교한 사다리꼴 모
양이라는 점(그림 6.6(a))과 주택의 중앙에 돌로 둘러싼 노가 자리 잡고 있고
사암(沙巖) 표석(漂石) 조각이 많이 발견된다는 점(일부는 인간과 물고기의 혼종
을 묘사(그림 6.7))에서 주택들의 고고학적인 특징이 나타난다. 또한 주택들

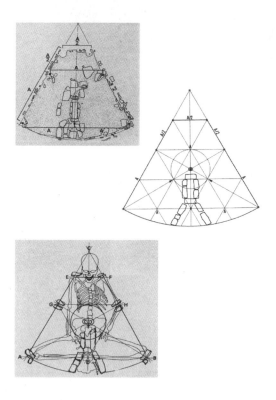

그림 6.6. (a) 사다리꼴 모양 주택의 평면도. (b) 기하학적 형태로 표현된 모습. (c) 인간의 시신의 다
리를 구부려 매장한 행위에 반영됨.

사이에서 인간의 묘가 발견된다. 이러한 특징의 대부분은 기원전 6200년에서 기원전 5900년 사이의 중석기/신석기 시대로 거슬러 올라간다. 이러한 주택과 특이한 미술의 조합은 1970년대 레펜스키 비르가 처음 발굴된 이후 많은 논의를 불러 일으켰다.

　　주택들의 크기와 모양은 매우 표준적인데, 주택의 모양에서 기하학적 속성이 뚜렷하게 드러난다. 주택은 긴 축을 중심으로 좌우 대칭을 이루는데, 중앙에 자리 잡은 노는 이러한 대칭을 강화한다. 전면의 벽은 구부러져 있다. 주택의 모양은 황금 분할(Golden Section)의 속성을 가지고 있다.[6] 사다리꼴 형태는 원에서 60도 각도에 대하는 부분을 바탕으로 한다. 따라서 측벽의 길이가 뒷벽의 길이와 1대 3의 비율을 이루고 앞 벽의 길이와 1 대 4 비율을 이루도록 만들었다. 그럼으로써 일련의 이등변 삼각형이 생성되는데, 그것을 이등분하면 보다 더 큰 삼각형과 동일한 속성을 가진 새로운 삼각형이 만들어진다(그림 6.6(b) 참고). 각각의 주택을 배치하기 위해 삼각 측량이 필요했을 수 있다. 레펜스키 비르의 주택들은 700년에 걸쳐 지어졌는데, 주택에 적용된 비율은 그 기간 내내 유지되었다. 레펜스키 비르의 다뉴브강 정반대편에 자리 잡은 트레스카벡산(Mount Treskavec)의 모양이 눈에 띈다. 트레스카벡산도 사다리꼴 모양을 하고 있는데 철문 협곡을 따라 솟아 있는 그 밖의 다른 봉우리에서는 사다리꼴 형태가 보다 덜 뚜렷하다. 아마도 사람들은 트레스카벡산의 모양을 모방하여 주택을 지었을 것이다. 나아가, 묘 가운데 하나에서는 시신이 다리를 접은 채 누워 있는데, 아마도 산과 주택의 모양과 비율을 반영하기 위해 이렇게 매장한 것으로 보인다 (그림 6.6(c)).[7] 경관과 인간이 거주하는 주택 사이의 이와 같은 연계는 둘 사이에 수학적 수단을 사용하여 공명을 일으킬 정도로 그 중요성이 분명했다. 사람들은 자신이 태어나서 살았던 땅과 분리된 존재로 여겨지지 않았을 수 있다. 오늘날 우리는 인간인 것과 인간이 아닌 것을 구분하지만 8,000년 전 철문 협곡에서는 이와 같은 구분이 존재하지 않았다.

훨씬 더 눈에 띄는 측면은 인간과 그 밖의 다른 실체를 혼합하는, 정착지 전역에서 발견되는 표석 조각이다(그림 6.7). 우리가 보기에 이러한 것들은 사람과 물고기의 조합처럼 보인다. 유적지에서 발견된 물고기 뼈의 수를 감안할 때 이와 같은 조합이 불가능한 것은 아니다. 인간 뼈의 화학적 분석을 통해 물고기를 많이 소비했다는 사실이 강화된다. 사실 이 유적지는 퇴적물을 휘젓는 강의 소용돌이 옆에 자리 잡고 있었다. 그곳의 물은 물고기에게 풍부한 영양을 제공했으므로 낚시하는 사람들에게는 그곳이 물고기가 풍부한 낚시터였을 것이다. 유럽 북서부의 사람들에게 붉은 사슴이 가장 중요한 그 밖의 다른 것이었다면, 중석기 시대 다뉴브강에 거주했던 주민들에게는 물고기가 가장 중요한 그 밖의 다른 것이었을 수 있다. 따라서 물고기 외의 다른 것은 전혀 중요하지 않았을 수 있다. 표석 조각은 인간과 물고기의 특징을 다룬다. 따라서 이것은 유체와 고체 사이의 긴장에 관여할 수 있었을 것이다.

이 유적지의 마지막 한 가지 측면을 염두에 두는 것이 바람직하다. 유럽의 (그리고 다른 곳의) 선사 시대를 크게 구분하는 요인 가운데 하나는 이동 생활을 하는 수렵 채집인과 정주 생활을 하는 농경민의 대비였다. 이러한 대비는 중요하게 여겨졌다. 그 이유는 부분적으로 그레이엄 클라크와 그 밖의 다른 연구자들이 수렵 채집인의 이동 생활을 낮잡아 보았기 때문이다. 즉, 수렵 채집인은 그들을 둘러싼 세계를 보다 더 잘 통제하는 농경민과 비교하여 심술궂고, 잔인하며, 모자란 존재였다. 그러나 지금까지 살펴본 것처럼, 중석기 시대의 수렵 채집인들은 세계와 매우 정교한 관계를 맺고 살았다. 그들은 새로운 방식으로 풍요로워진 세계에서 쉽게 번성하고 철학적 수단과 마법적 수단을 통해 자신들의 상황을 쉽게 탐구할 수 있었다. 따라서 수렵 채집 생활 방식과 농경 생활 방식 사이에 일부 연속성이 존재하는 것은 놀라운 일이 아니다. 바로 이것이 레펜스키 비르의 경우이다. 가장 오래된 주택과 묘에는 토기 같은 것이 없는 반면, 이후의 주택과 묘에는 이 지역의 가장 오래된 신석기 문화인 스타르체보(Starčevo) 도기(陶器)가 유입되었다는 증거가 있다. 그러나 주택과 묘의 형태는 동일하게 유지되었다. 다른 곳에서 이주해온 사람들이 이 경관에서 여러 세대에 걸쳐 생활해온 사람들과 뒤섞였을 수 있음에도 불구하고, 피할 수 없는 결론은 이 경관에서 여러 세대에 걸쳐 생활해온 사람들이 작물화된 식물과 가축화된 동물, 토기 등을 차츰 채택했다는 것이다. 적어도 이와 같은 사례에서는 농경의 도래를 통해 새로운 형태의 생활 방식이 보다 더 오래된 생활 방식에 통합되었는데, 이것은 결코 혁명적인 발전이 아니었다. 보다 더 젊은 세대가 농경으로 서서히 전환되었지만, 보다 더 오래된 우주관이 즉시 사라진

그림 6.7. 레펜스키 비르에서 발견된 조각상.

것은 아니었다. 보다 더 오래된 세계관은 주택과 산, 다뉴브강, 레펜스키 비르에서 발견된 조상의 조각상에 구현된 혼종 물고기/인간 사이의 연계를 유지했다.

농경 마법

수세기에 걸쳐 농경은 삶을 심대하게 변화시켰다. 두 시대 모두에서 정성껏 안치한 인공물, 뼈 등의 매장물이 발견되었음에도 불구하고, 농경은 지금 우리가 이동하고 있는 세계, 즉 신흥 신석기 세계의 마법도 심대하게 변화시켰다. 보다 더 이전 세대의 고고학자들의 견해와는 대조적으로, 중석기 시대는 뒤이은 신석기 시대 집단의 생활을 위한 조건 가운데 일부를 설정한 역동적인 시대였다. 어디에서 시작되었든 신석기 시대가 시작될 때는 뚜렷한 변화가 나타난다. 신석기 시대의 고고학적 증거는 사진을 현상할 때 사진 속 형상이 갑작스레 나타나는 것처럼 불쑥 등장한다. 철문 협곡의 바깥 지역에는 중석기 고고학 유적지가 없는 반면, 스타르체보 유적지는 관련된 다른 곳과 마찬가지로 유적이 비교적 풍부하다. 유럽 신석기 유적지는 기원전 6800년경 그리스에서 처음 발견되는데, 각 유적지는 다양성이 매우 뚜렷하다. 일부는 주택을 진흙 벽돌로 지었고 여러 세대를 거치면서 텔로 축적되었지만 나머지는 진흙 벽돌로 지은 마을이 좌우로 주택을 대체하면서 텔을 형성하지 않았다. 그러나 그 밖의 다른 곳은 목조 틀 위에 윗가지에 진흙을 발라 초벽(初壁)을 세운 주택으로 구성된다. 사실 동유럽 전역에서 우리는 진흙 벽돌 주택과 목조 틀 주택이 혼합되어 텔과 평평한 정착촌이 조합되어 있는 유적지를 발견한다. 농경은 부분적으로 식민지 개척자들에 의해 도입되었지만, 그들은 정해진 계획에 따라 작업을 수행한 사람들이 아니었다. 오히려 그들은 많은 실험을 수행했는데, 그 이유는 부분적으로 그들이 새로 도입된 방식과 중석기 시대의 기존 생활 방식을 결합했기 때문이다.

　이와는 대조적으로, 기원전 5500년경부터 다음 1,000년 동안 헝가리 평원에서 프랑스 동부에 이르는 지역에서는 큰 유사성이 나타난다. 여기에서는 선형(線形)토기문화(Linear-BandKeramik, 선형으로 장식한 항아리를 묘사하는 독일어 용어로, 종종 줄여서 LBK로 표시)로 알려진 눈에 띄는 생활 방식이 발전한다. 이곳의 사람들은 롱하우스에서 생활하면서 농경 생활 방식에 관여했고 죽은 사람은 정착지나 별도의 묘지에 묻었다. 1930년대 이후 유럽 중부와 서유럽 전역에서 대규모 발굴이 진행되어 매우 다양한 종류의 주택 형태와 정착지 배치 방식에 대한 방대한 정보를 제공했다. 유럽 본토의 북서부, 즉 영국 본토와 아일랜드에서는 그 밖의 다른 방식의 발전이 확인된다. 일부 지역에서는 사람들이 동물을 따라다니다가 이따금 곡물 작물을 재배하는 소규모 지역으로 되돌아오는, 보다 더 이동적인 생활 방식이 형성되었다. 여기에서 다양한 기념비적인 형태가 건설되었다. 초기 신석기 시대에 형성된 약 4만 개의 장형분(長形墳, long barrow)이 스페인 남동부와 북부, 프랑스 북부와 서부, 영국 본토와 아일랜드, 스칸디나비아 남부에 아직도 남아 있다. 기원전 4500년경 만들어진 가장 오래된 장형분은 남쪽과 서쪽에서 시작되고, 이후 북쪽으로 퍼져나갔다. 장형분은 선형토기문화의 롱하우스와 일부 닮은 점을 간직하고 있다. 롱하우스가 다소 적어지면서 장형분이 만들어지기 시작했다는 점에서, 이 둘은 시기적인 측면에서 뿐 아니라 분포의 측면에서도 대체로 상호 보완적이다. 나아가, 모든 것이 부분적으로 흙으로 건설되었음에도 불구하고, 일부 장형분에서는 석조 통로와 묘실이 발견되고 나머지의 기저에서는 목조 구조가 발견되었다. 그 외에도, 형태적으로 뚜렷한 종류의 다양성이 있고 발굴된 많은 사례에서 상이한 시대에 따른 다양한 종류의 구조가 발견된다. 전부는 아니지만 상당히 많은 수의 구조가 죽은 사람의 유해를 포함하고 있다. 그 밖의 다른 초기 신석기 시대 기념물에는 이른바 단속주구(斷續周溝) 구조물(causewayed enclosure)이 포함되는데, 이것은 원형 모양을 끊어진 도랑 형태로(끊어진 곳은 둑길) 변형한 것으로, 그 내부에서는 다양한 증거가 발견된다.

사람들이 새로운 생활 방식이 던진 문제와 씨름하면서 의례와 마법이 발전했다. 이러한 문제는 (후대의 기준으로는 여전히 인구가 희박함에도 불구하고) 보다 더 조밀하게 정주하는 경관, 많은 지역에서 주택과 마을에서의 생활에 대한 보다 더 큰 강조, 각자의 고유하고 참신한 요구 사항을 가진 새롭게 작물화된 식물과 새롭게 가축화된 동물과의 관계, 때로 죽은 사람과 보다 더 가까운 곳에서의 거주로 인해 발생한 것이었다. 많은 곳에서 주택은 생활의 중심이었다. 주택을 통해 주택과 인체 사이의 연계에 대한 탐구가 이루어졌다는 것은 놀라운 일이 아니다. 유럽 남동부 지역에서는 주택의 모형이 보존되어 있고 마케도니아(Macedonia)와 발칸 지역의 그 밖의 다른 지역에서는 이러한 주택의 모형에 머리, 팔, 복부, 가슴, 머리카락 같은 인간의 특징이 부여되어 있다. 마케도니아에서는 사람들을 주택 안이나 인근에 묻었다. 묻힌 사람의 대부분은 여성이었다. (주택 모형에 성별의 흔적이 없을 경우에는 남성이나 아동으로 간주될 수 있음에도 불구하고) 주택 모형에 성별의 흔적이 있을 경우에는 모두 여성의 속성을 가진 것으로 간주되었다. 따라서 아마도 여성이 묻힌 그 주택은 어떤 식으로든 여성이었을 것이다. 증거가 고르게 존재하는 것은 아니지만 여성의 신체와 주택 사이에 특히 강한 관련성이 있는 것처럼 보인다. 아마도 주택이 이 집단을 낳고 키웠을 것이다.

이 주택의 모형에는 화재의 흔적이 남아 있다. 따라서 이름과 정체성은 잊혔지만 집단의 조상으로 기려졌던 개인 또는 일반화된 조상을 기억하는 의례에 사용되었을 수 있다.[8] 프랑스 쥐라(Jura)에서는 기원전 3200년에서 기원전 3000년 사이, 즉 후기 신석기 시대에 주택 지붕이 당시 착용했던 모자 스타일과 닮아서, 늘어선 주택들이 서로 마주보고 있는 사람들의 행렬처럼 보였다는 주장이 제기되어왔다. 루트비히스하펜(Ludwigshafen) 유적지에서는 점토로 모형을 제작하고 점으로 채색한 네 쌍의 가슴이 발견되었다. 이것들은 주택 안의 특별한 구조물에서 나온 것일 수 있다. 독일의 훨씬 더 북쪽에서도 유사한 모형 가슴이 발견되었다.[9] 파리 분지(Paris Basin)에서는 선형토기문화의 주택이 20년에서 40년 정도 사용되다가 교체되었을 수 있다는, 따라서 당시 평균적인 사람의 수명과 유사한 수명을 가졌을 수 있다는 주장이 제기되어왔다.

　　지금은 많은 사람들이 주택에 애착을 가지고 있지만, 초기 농경 공동체에서는 주택과 사람을 구별하는 것이 불가능했을 수 있다. 즉, 주택은 곧 사람이었다. 주택은 살아 있는 실체로서, 아마도 탄생해서 성숙기를 보낸 뒤 죽는 존재로 간주되었을 것이다. 집단이 모여서 주택을 지으면 그 주택이 모여서 집단을 형성했다. 주택은 수동적인 형태의 피난처나 재산의 요소가 아니라 오히려 주택에서 생활했던 사람들과 마찬가지로 (그러나 사람들과는 상이한 방식으로) 성격, 의지, 의도를 가진 존재일 수 있었다. 능동적인 우주에서 내밀한 사회적 공간은 집단의 일부이고 역사에 필수적인 요소였다. 우리가 알고 있는 후기 중세 시대의 강당들이 그랬던 것처럼 주택에도 이름이 있었을 가능성이 꽤 높다. 물론 우리는 후기 중세 시대의 강당들의 이름인 '(…)의 집'이라는 용어가 인간 집단에 적용된다는 것을 알고 있다. 따라서 롱하우스의 형태가 기원전 4500년 이후 1,000년이 넘는 시간 동안 종종 죽은 사람을 묻었던 긴 봉분에 영감을 제공했을 수 있다는 것은 놀라운 일이 아니다.

긴 봉분 또는 장형분은 수많은 방식으로 건설되었다. 일부는 주택과 마찬가지로 일단 목조 구조를 만든 뒤 그 위에 봉분을 덮었다. 가장 눈에 띄는 것으로는 중앙 축으로 이어지는 석조 통로와 통로 양 옆으로 인간의 뼈를 안치한 묘실을 꼽을 수 있다. 그러나 우리는 이러한 구조물에 죽음과 매장에 대한 우리의 가정을 적용해서는 안 된다. 대부분의 경우 사람들은 몸 전체가 온전하게 묻히지 않은 상태에서 방치되었다. 오히려 일부 장형분은 사람과 동물이 드나들 수 있도록 개방된 상태였고, 그 결과 인간의 뼈가 근처와 보다 먼 곳에서 순환하게 되었다. 이와 같은 순환은 부분적으로는 어떤 의도에 의해 이루어진 것이었을 수 있다. 즉, 그 사회에서 죽은 다양한 구성원들이 능동적인 존재가 되도록 보장하기 위한 것이었을 수 있다. 수천 년이 지난 뒤인 기원전 800년경에 시작된 철기 시대에도 영국 본토 전역의 대부분의 시대와 장소에서 묘는 여전히 드물었고, 인간의 뼈는 주로 구덩이와 도랑에서 그 밖의 다른 쓰레기와 함께 한두 개씩 발견되었다. 우리는 이후의 시대에도 인간의 뼈의 이동이 계속되었다는 사실을 점점 더 많이 알게 되었다. 고고학자로서 우리는 이것이 무엇을 의미할 수 있는지에 대해 생각하고 있다. 인간의 온전한 시신이 너무 중요해서 한꺼번에 묻지 못한 것이었을 수 있다. 우리는 모두 혈연, 결혼, 우정, 의무의 관계로 이루어져 있다. 따라서 신석기 시대부터 철기 시대까지도 죽은 사람의 뼈를 분리하여 친족 집단의 살아 있는 후손에게 돌려보내면서 한 집단이 또 하나의 집단에게 진 빚을 인정하고 면제해주었을 가능성이 있다(예: 결혼으로 인한 사람의 교환). 이와 같은 경우 모든 관계가 인정되고 만족스러운 방식으로 다루어질 때까지 그 사람은 실제로 죽은 것이 아니었을 수 있다. 죽은 사람이라도 시신이 안치되기 전까지는 여전히 사회의 어엿한 구성원으로 대접받았다. 이와 같은 기나 긴 교환이 이루어진 뒤에야 비로소 사람들은 일반화된 조상이 되었을 수 있다.

　　장형분은 이따금 극적인 방식으로 그 밖의 다른 관계와 함께 작동했다. 유럽 북서부에서 가장 장관을 이루는 것으로 알려진 무덤 가운데 일부는 아일랜드의 드로이다(Drogheda)에서 서쪽으로 멀지 않은 곳에 자리 잡은 보인강 하곡(河谷, Boyne Valley)에서 발견된다. 여기에는 도스(Dowth), 노스(Knowth), 뉴그레인지(Newgrange)가 포함된다. 이 무덤들에는 복잡한 구조에 (정신이 개조되고 나서야 비로소 가장 잘 평가할 수 있을) 원형 모티프를 바탕으로 하는 암면미술이 결합되어 있다. 기원전 3200년경 건설된 뉴그레인지는 지름이 대략 80미터에 달하는 원형 무덤이다(그림 6.8). 봉분의 바깥 면은 흰색 석영으로 덮여 있어 몇 마일 떨어진 곳에서도 볼 수 있다. 봉분의 기단 주변은 고도로 장식된 출입구 돌(Entrance Stone)을 포함하여 97개의 갓돌로 이루어져 있다. 봉분의 무게는 약 20만 톤이고 별 모양의 묘실로 이어져 있는 19미터 길이의 석조 통로를 덮고 있다. 묘실의 바깥에는 세 개의 벽감(壁龕)이 있는데, 내쌓기 받침으로 떠받친 6미터 높이의 지붕으로 덮여 있다. 세 개의 벽감 각각에는 우묵한 그릇 모양의 돌이 있는데, 그 안에 인간의 시신의 유해가 들어 있었다. 발굴 결과 주로 화장(火葬)한 다섯 구의 시신 일부와 함께 연마한 석구(石球), 뼈 구슬, 분필 등이 드러났다. 이 다섯 구의 시신은 그동안 무덤에 안치된 모든 시신이 아니라 무덤이 최종적으로 봉인되었을 때 무덤 안에 있었던 사람들의 시신일 가능성이 높다.

　　통로 출입구 위에는 '루프박스(roofbox, 창문 모양의 틈구멍)'가 있다. 12월 21일과 그 전후 며칠 동안의 새벽에 태양이 이 루프박스를 통해 비춘다. 태양은 천천히 위로 올라가다가 뒤쪽의 돌에 부딪힌다. 뉴그레인지 건축

물의 육중함과 정밀한 정렬의 조합은 일 년 가운데 가장 짧은 날의 태양의
운동과 그 이후 지구 재생의 힘을 인식하려는 결의를 시사한다. 동짓날 새
벽에 수많은 사람들이 뉴그레인지에 모여 이 사건을 지켜보는데, 오직 일
년 가운데 이 시기에 희귀해지는 햇빛만이 이 경험을 방해하는 요인이다.
태양에 정렬되도록 지어진 기념비적인 건축물은 또 있다. 오크니(Orkneys)
에 있는 매스 하우(Maes Howe)의 거대한 통로 무덤은 뉴그레인지처럼 능숙
한 기술로 만들어진 기념비적인 석조 건축물로, 동지 방향을 향하도록 만
들어진 통로가 있다. 그 인근에 자리 잡은 반하우스(Barnhouse)는 하지에 맞
춰 정렬되도록 지어졌다. 기원전 2000년경인 초기 청동기 시대에는 뉴그
레인지 주변에 환상열석이 세워졌는데, 그 목적은 천문학적 또는 점성술
적인 것이었을 가능성이 높다. 이것은 이 지점에서 적어도 1,200년 동안
하늘에 대한 관심이 계속되었음을 시사한다.

기원전 3000년경 후기 신석기 시대 사람들은 천체의 운동을 1년의 순
환 및 인간의 삶과 죽음의 순환과 연계하고 있었다. 인간의 삶은 어떤 식으
로든 보다 더 광범위한 우주적 순환과 연계되어 있었다. 따라서 인간과 나
머지 현상 세계가 서로 엮여 있다고 여겼을 가능성이 가장 높다. 또한 우리
는 메소포타미아와 중국에서 수학이 천문학(및 아마도 점성술)에 대한 정교
한 지식을 뒷받침했다는 것을 살펴보았다. 유럽 북서부에도 상당한 수학
적 지식이 존재했을 가능성이 높다. 지상의 구조물과 하늘의 운동을 연계
시키기 위해 각도와 운동에 대한 이해가 필요했을 수 있기 때문이다. 그러
나 이 모든 지식은 구두로 또는 지금은 소실된 연상 부호 장치를 통해 발전
되고 전수되었을 수 있다.

1999년, 어느 불법 금속 탐지 전문가가 금박이 입혀진 청동 원반을 발
견하여 2002년 고고학계의 주목을 받게 되었다(그림 6.9). 이 발견의 본질

그림 6.8. 아일랜드 뉴그레인지. 석영을 입힌 표면과 통로로 이어지는 출입구가 보인다. 이 봉분은 최근에 재건축되었는데, 선사 시대에도 이와 같은 모습이었는지 여부를 두고 의문이 제기되는 등 논란의 여지가 있다.

을 둘러싼 불확실성 때문에 이 원반의 진위 여부는 일부 사람들에게 여전히 논란의 여지가 있다. 이것이 세계에서 가장 오래된 하늘에 대한 묘사라는, 과장된 주장도 제기되었다. 만일 진품이라면 이 원반의 연대는 기원전 1600년경으로 거슬러 올라갈 것인데, 아마도 독일 작센안할트주(Saxony-Anhalt)의 네브라(Nebra) 근처의 잘 보존된 청동기 시대 구릉지 꼭대기에 자리 잡은 미텔베르크(Mittelberg) 유적지에서 그 밖의 다른 청동기 무더기와 함께 구덩이에 묻혀 있다가 발견되었을 것으로 추정된다(결국 두 명의 금속 탐지 전문가가 체포되었고 발견 당시의 여건을 알려 경찰에게 알린 덕분에 고고학자들이 이 구덩이를 발굴하게 되었다). 지름이 32센티미터인 청동 원반의 초록색 녹청 (綠靑) 바탕에, 금박을 입혀 태양, 달, 별이 두드러져 보이게 묘사했다. 일곱 개의 별이 모여 있는 부분은 플레이아데스 성단(Pleiades)을 나타낼 수 있고

그림 6.9. 태양, 달, 별을 보여주는 네브라 원반.

금박을 입혀 묘사한 두 개의 호선은 부채꼴 모양을 그리면서 운동하는 일부 천체 또는 천체들의 운동 흔적일 수 있다. 네브라 원반(Nebra Disc)은 천체의 위치와 운동에 대한 지식을 부호화하여 기억을 자극하거나 하늘을 가로지르는 천체의 운동을 논의하는 수단으로 사용되었을 가능성이 높다. (아래에서 청동기 시대 우주론에 대해 다시 다룰 것이다.) 이와 같이, 네브라 원반은, 이것이 발견되지 않았다면 우리에게서 소실되고 말았을, 보다 더 널리 퍼진 일련의 기술의 일부였을 수 있다.

    고천문학이라는 주제는 오랫동안 상당한 열정을 불러일으켰다. 각자의 고유한 천문학 전문 지식을 가지고 있는 현재의 일부 연구자들은 환상열석, 묘실을 갖춘 무덤, 그 밖의 다른 기념물의 배치에서 정교한 천문학적 지식의 흔적을 찾을 수 있다고 주장한다. 저명한 천문학자인 프레드 호일

경(Sir Fred Hoyle)은 스톤헨지가 매우 정교한 천문학적 계산의 도구였다고 생각했다. 이러한 논쟁에 참여한 사람 가운데 가장 널리 알려진 인물은 알렉산더 톰(Alexander Thom)이었다. 저명한 공학 교수로서, 당시에는 은퇴한 상태였던 톰은 신석기 시대와 청동기 시대의 많은 기념물이 밤하늘을 관측하기 위해 세워졌다고 주장했다. 톰은 자신이 관측한 내용을 토대로 기념물을 배치하는 데 사용된 초기의 측정 단위를 정의할 수 있다고 생각했고, 그 단위를 '거석 야드(megalithic yard)'라고 불렀다(톰은 10진법이 도입되기 이전이었던 1950년대와 1960년대에 이 연구를 수행했다). 또한 톰은 자신이 관측한 내용을 사용하여 기념물에서 반복되는 방향을 토대로 선사 시대 달력을 복원했다. 이 달력에는 일 년 내내 여덟 번의 축제가 있었다. 그러나 톰은 자신의 연구를 당시 고고학자들 사이에 출현하고 있었던 이해, 즉, 신석기 시대 사회 및 청동기 시대 사회와 관련된 고고학자들의 연구를 반영한 이해와 연계하려고 시도하지 않았다. 반대로 고고학 전문가들은 수학이나 천문학에 능하지 못했기 때문에 톰의 연구를 톰 나름의 연구 방식을 활용하여 평가하고 비평할 수 없었다. 또한 톰은 동시대의 이교도 및 그 밖의 다른 집단과도 불편한 관계였다. 그들은 톰의 계산에서 고대의 정교한 지혜의 흔적을 찾기 위해 애쓰면서, 통로 무덤 및 환상열석을 배치한 뒤 그 안에서 복잡한 관측과 불가사의한 의례를 모두 행하는 초기 드루이드교 사제의 모습을 창조했다.

　고대의 지혜는 1925년에 출판된 책이자 그동안 브리튼의 선사 시대에 관해 기록한 가장 영향력 있는 책 가운데 하나로 자리 잡은 알프레드 왓킨스(Alfred Watkins)의《오래된 직선 경로*The Old Straight Track*》에서 영감을 받은 이른바 레이 라인(Ley lines)에서도 발견되었다. 왓킨스는 수많은 관측을 통해 장형분, 토(tor), 직선으로 뻗은 길, 철기 시대 구릉지 위 요새 사이를 지나가는 직선 경로의 네트워크를 볼 수 있다고 생각했다. 왓킨스에게 이러한 직선 경로는 로마인들의 효율적인 도로 네트워크가 구축되기 훨씬 전에 놓인 경로로, 고대 영국 본토 전역에서 이루어진 무역과 연결의 경로였다. 레이 경로는 전문가 집단에 의해 만들어졌다. 측량사들의 측량 막대기와 기하학적 지식은 마법의 힘을 소유한 것처럼 보였을 수 있다. (아마도 1935년 사망한 왓킨스는 경악했겠지만) 1970년대에 《오래된 직선 경로》에 대한 관심이 되살아났다. 한편, 존 미첼(John Michell)이 쓴 《아틀란티스에 대한 개관*The View over Atlantis*》은 그 책이 출판된 해인 1969년 히피들이 가졌던 관점과 결이 비슷했다. 미첼에게 레이 라인은 지구를 교차하는 힘의 선(線)이었다. 고대인들은 레이 라인을 느끼고 이해할 수 있었지만 과학으로 인해 직관적인 형태의 지식과 단절되어버린 근대의 도시 세계는 그 선을 잃어버리고 말았다. 미첼에게 서머셋(Somerset)의 글래스톤베리(Glastonbury)는 고대 브리튼의 종교 유적지를 우주적 격자로 연결하는 선 네트워크의 중심이었다. 세계는 물병자리의 시대로 이동하고 있었다. 천문학적인 의미에서 물병자리의 시대는 태양이 물병자리 앞에서 떠오르는 시대이고, 점성술적인 의미에서 물병자리는 의식의 확장과 진리에 대한 보다 더 큰 추구와 연관된다. 물병자리의 시대의 구원에는 근대 세계의 신체적 및 정신적 오염을 닦아낼 수 있는 고대의 힘의 재발견과 재활성화가 필요하다.

만일 우리가 영국 본토 지도에 무작위로 직선을 그린다면 (브리튼의 경관에 자리 잡은 고대 유적지의 수가 많다는 점을 감안할 뿐 아니라, 특히 각 유적지의 연대가 다양하다는 점과 그 선들이 유적지와 얼마나 가깝게 지나가는지를 염두에 두지 않는다면) 많은 선들이 고대 유적지를 가로지를 것이다. 따라서 고고학 전문가들은 왓킨스가 직선에 대해 처음으로 관측한 내용에 대해 회의적일 뿐 아니라 미첼이 사용한 직선에 대해서는 훨씬 더 회의적이다. 그럼에도 불구하고,

이 두 권의 책은 모두 브리튼의 경관을 주제로 삼은 시인, 소설가, 미술가들의 사상에 영향을 미쳤고, 그들의 이러한 발상에서 많은 매력적인 작품이 비롯되었다. 이와 같은 발상은 깊은 과거에 대한 대체로 낭만적인 관심에 양분을 공급하고 그것을 지탱해왔는데, 이것은 그 자체로 매우 긍정적이다. 그러나 고고학 전문가들은 증거를 기준으로 내밀면서 이러한 많은 주장에 결함이 있다고 생각한다. 이러한 해석의 차이는 증거에 대한 우리의 이해와 유럽 전역의 문화 및 반문화의 역사에서 비롯된다.[10]

　　고고학자들은 레이 라인을 완전히 묵살했다. 그러나 고천문학의 주장 대부분에 대해 회의적인 고고학자들도 고천문학의 전반적인 의도에는 공감을 표한다. 세계 전역에서 그러했던 것처럼, 선사 시대 유럽에서도 천체의 존재와 천체의 운동을 상당히 중요하게 여겼다는 것은 거의 모든 고고학자들이 인정할 수 있기 때문이다. 나아가, 현재 우리가 점성술과 천문학이라고 부르는 매우 정교한 형태의 지식이 선사 시대 유럽에 살았던 민족들 사이에도 존재했음은 분명하다. 심지어 우리는 기원전 2000년경 영국 본토에서 천체의 정렬에 대한 관심이 태양에서 달을 보다 더 강조하는 방향으로 이동하는 것처럼 보인다는 사실을 바탕으로 보다 더 긍정적인 평가도 내릴 수 있다. 그러나 현재 우리가 가지고 있는 과거에 대한 지식만으로는 이러한 형태의 지식을 상세하게 복원하기에 역부족이다. 우리가 스톤헨지 같은 유적지를 아무리 면밀하게 평가하고 분석한다고 하더라도 분명하고 신뢰할 수 있는 측정 체계 및 관측 체계를 밝혀내기는 어렵다(그림 6.10). 그 이유는 아마도 현재 우리에게 전해 내려오는 것이 복잡한 전체의 일부이기 때문일 뿐 아니라 (스톤헨지를 비롯한) 이러한 기념물들이 그 이면에 자리 잡은 상이한 관행과 발상을 토대로 수천 년에 걸쳐 건축 및 재건축되었기 때문일 것이다. 천문학적 지식은 시간이 흐름에 따라 변화했을 뿐만 아

니라 어느 시기든 논쟁의 대상이 되었을 수 있다. 천문학적 지식은 단순히
전통적으로 받아들여져왔던 지식의 집합체에서 비롯된 것이 아니었다.

이러한 관측과 논쟁에는 분명 지리적인 차이도 존재했다. 밤하늘은 유
럽 전역에서 거의 동일했지만 그것을 관측하는 사람들은 그렇지 않았다.
뉴그레인지의 정렬에 들어간 직접적이고 막대한 노력은 권력과 천문학이
연계되어 있었음을 보여준다. 따라서 기념물을 통해 태양의 운동을 통제
했던 집단은 그 밖의 다른 것들 역시 통제할 수 있었을 것이다. 태양, 달, 별
은 그것들을 관측하는 사람들에게 결코 중립적인 존재가 아니었다. 오히
려 그것들은 하늘 아래의 세계에서 펼쳐지는 힘으로, 가능하다면 통제하

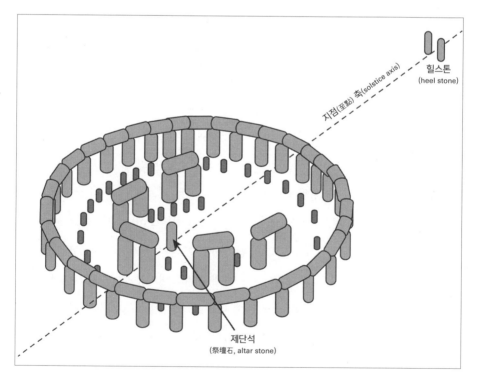

그림 6.10. 천문학적 정렬을 보여주는 스톤헨지의 평면도.

고 제약해야 할 대상이었다. 힘이 있는 곳이라면 어디에서나 전복, 의견 충돌, 논란이 일어난다. 고천문학에 대한 오늘날의 논쟁은, 과거 하늘에 대한 논쟁과 마찬가지로 세계에서 펼쳐지는 힘을 둘러싼 논쟁이다. 그래서 사회 내의 다양한 집단들이 우리에게 가장 널리 알려진 많은 기념물들을 두고 강도 높은 논쟁을 벌이는 것이다.

스톤헨지는 줄곧 마법과 연계되어왔다. 스톤헨지와 관련된 최초의 기록은 12세기에 나타났다. 거기에서 몬머스의 제프리는 스톤헨지가 마법사 멀린이 지은 사원이라고 설명했다. 반면 1740년대에 윌리엄 스투켈리(William Stukeley)는 스톤헨지가 드루이드교(Druid)의 사원이라고 생각했다. 무엇보다도 가장 통찰력 있는 주장은 20세기 고고학자 자퀘타 호크스(Jacquetta Hawkes)의 주장으로, 호크스는 모든 시대에는 그 시대에 걸맞은 스톤헨지가 있다고 기록함으로써 이 기념물이 그것에 대한 새로운 경험적 이해가 나타남에 따라 끊임없이 재해석되는 과정을 근사하게 포착했다.

스톤헨지는 이른바 헨지(henge) 범주로 분류되는 기념물 가운데 가장 널리 알려져 있는 기념물이다. 후기 신석기 시대의 영국 본토 전역에서 흔히 볼 수 있었던 헨지는 외부 둑과 내부 도랑으로 둘러싸인 원형 구조물을 의미한다. 기원전 3000년경 스톤헨지 건설이 시작되었고, 이후 1,500년에 걸친 건축과 재건축의 역사가 이어졌다. 원형 구조물 건설은 브리튼의 후기 신석기 시대에 시작되어 로마 시대까지 계속되었다. 초기 청동기 시대에는 막대한 수의 장형분이 원형으로 지어졌고, 기원전 1500년경부터 시작되는 중기 청동기 시대부터는 원형이 주택의 가장 흔한 모양이 된다. 따라서 대륙의 많은 지역에서 주택이 직사각형 모양인 것과 달리 영국 본토 사람들은 원형 공간에서 생활했다. 스톤헨지는 원형이며 이 원형이라는 속성이 중요하다. 원은 배치하기 쉽고 모서리에 낭비되는 공간이 없다는 점에서 중요한 실무적인 이점이 있다. 영국에서 가장 널리 알려진 고고학자 가운데 한 명인 리처드 브래들리(Richard Bradley)는 원형이 일 년 동안의 태양 경로를 반영한다는 점에서 기본적으로 규칙적인 전환과 변화를 은유하는 우주론적 함의를 지닌다고 지적한다. 너무 앞서가는 것은 위험하지만, 많은 사람들은 청동기 시대의 우주론에서 태양과 달이 순환 비행에 관여한다고 주장한다. 태양의 경우 낮에는 하늘 위에서 부채꼴 모양으로 이동하고 밤에는 지하 세계를 통과한 뒤 새벽에 다시 모습을 드러내기 때문이다. 현재 덴마크 국립박물관(National Museum of Denmark)에 소장되어 있는 트룬홀름 마차(그림 6.11)는 스톤헨지를 거의 사용하지 않게 된 기원전 1400년경 제작되었을 것이다. 트룬홀름 마차(Trundholm Chariot)(그림 6.11)는 두 개의 볼록한 청동 조각으로 만든 원반을 받쳐들고 있다. 두 개의 원반 가운데 하나는 금박으로 덮여 있고, 정반대편에 자리 잡은 다른 원반 하나는 보다 더 어두운 색을 띠고 있어, 낮의 태양과 밤의 태양을 나타내는 것으로 보인다.

스톤헨지는 이해하기 어렵다. 기념물 자체가 복잡할 뿐 아니라 훨씬 더 복잡한 의례 경관 안에 자리 잡고 있기 때문이다. 경관 안의 기념물들은 연계되어 있지만 결코 단일한 계획가가 고안한 단일한 계획에 따라 배치된 것이 아니었다. 스톤헨지의 지형지물들은 인간 집단이 삶과 죽음이라는 중요한 문제와 씨름했던 수천 년에 걸쳐 축적되었다. 최근 몇 년 동안 스톤헨지 자체뿐 아니라 북쪽의 더링턴 벽(Durrington Walls)과 에이번강(River Avon)에서 새롭게 발견되어 블루스톤헨지(Bluestonehenge)라는 이름이 붙은 헨지를 조명하는 많은 새로운 연구가 이루어졌다.[11] 가장 오래된 증거는 수수께끼 같아서 아주 많은 생각을 불러일으킨다. 그것은 스타 카가 종말을 고해가고 있던 무렵인 기원전 8500년에서 7600년 사이의 중석기 시대의 재료

그림 6.11. 1902년 덴마크 북부의 소택지(沼澤地)에서 발견된 트룬홀름 마차는 태양과 하늘을 가로지르는 태양의 경로를 묘사한 것으로 여겨진다.

를 포함하고 있는 4개의 말뚝 구멍(오래된 주차장 아래) 형태를 취하고 있다. 소나무로 만든 기둥(이 시대의 영국 본토에는 참나무가 대량 서식하지 않았다)의 크기가 어찌나 큰지, 동쪽으로 약 2킬로미터 떨어진 블릭 미드(Blick Mead, 기원전 7600년에서 4200년 사이의 중석기 시대 생활의 증거가 발견됨)에서 보아도 눈에 띌 정도이다. 스톤헨지에서 북서쪽으로 3킬로미터 정도 떨어진 곳에는 로빈후드의 무도회(Robin Hood's Ball)라는, 초기 신석기 시대의 단속주구(斷續周溝) 야영지가 자리 잡고 있고 거기에서 남쪽에는 어느 커서스(cursus)의 한 구획이 자리 잡고 있다. 커서스는 평행하게 달리는 둑과 도랑의 끝을 둥글게 연결한 기념물로, 때로는 수 킬로미터에 걸쳐 선형 장벽을 형성하는 불가사의한 기념물이다. 사람들은 커서스를 따라 일렬로 걸어다닐 수 있었지만 둑과 도랑을 건너갈 수는 없었다. 커서스가 일종의 장벽으로 기능했기 때문이다. 스톤헨지의 초기 단계와 동시대에 보다 더 큰 커서스가 건설되었는데, 이 커서스의 건설에는 상당한 노동이 필요했을 것이다. 완공된 후에는 사람들이 이 길을 따라 이동했을 가능성이 꽤 높다.

　마이크 파커 피어슨(Mike Parker Pearson)은 최근의 연구를 주도하는 사람 가운데 한 명이다. 마다가스카르 출신 동료 라밀리소니나(Ramilisonina)와 공동 연구를 수행하고 있는 피어슨은 나무를 삶과, 돌을 죽음과 연계하는 마다가스카르의 관점에서 영감을 얻어 보다 더 광범위한 스톤헨지 경관을 설명할 수 있는 해석의 기틀을 마련하려고 시도했다. 파커 피어슨은 스톤헨지 북동쪽에 자리 잡은 더링턴 벽과 우드헨지(Woodhenge) 모두 주로 나무를 사용하여 구조물을 지었다는 점에 주목한다. 이것은 돌로 지어진 것으로 널리 알려진 스톤헨지와 대비를 이룬다. 따라서 파커 피어슨은 더링턴 벽과 우드헨지를 살아 있는 사람과 관련된 구조물이라고 설명한다. 스톤헨지를 죽은 사람과 관련된 구조물이라고 설명한다. 만일 파커 피어슨의 주장이 올바르다면, 그는 이 경관이 인간의 생애 주기를 반영하기 위한 것이라는 해석의 기틀을 마련한 셈이다. 즉, 북동쪽에서는 살아 있는 사람에게 적절한 의식을 행하고 스톤헨지 내부에서는 죽은 사람을 기리는 의식을 행하는 집단이 존재했을 것이다. 마이크 파커 피어슨과 보다 더 광범위한 연구팀이 발견한 증거는 여러 면에서 이러한 해석을 뒷받침한다.

　신석기 시대의 영국 본토, 특히 남부의 신비 가운데 하나는 가정용 구조물의 증거가 눈에 띄게 많은 대륙에 비해 주택이 많이 발견되지 않는다는 것이다. 우리는 그 이유를 사람들이 고고학적 흔적이 거의 남지 않는 피난처에서 머물면서 이동 생활을 했기 때문이라고 추정한다. 그래서 우드헨지 내부를 발굴한 결과 총 1,000채에 달하는 주택이 있었을 가능성이 있는 대규모 마을이 드러났을 때 놀라움을 금치 못했다. 대부분의 주택은 통로를 따라 사분면으로 나뉘어 있었고 중앙의 열린 공간 주변에 군집해 있었다. 서쪽에는 보다 더 큰 주택들이 부채꼴 모양을 이루고 있었고 그 중앙에는 큰 주택이 자리 잡고 있었다. 큰 주택은 구조물로 둘러싸여 있었는데, 그 안에는 (스톤헨지의 중앙에 쌍으로 자리 잡고 있는 거대한 돌을 모방한 것처럼 보이는) 한 쌍의 목조 삼석탑(三石塔, trilithon)도 있었다. (스톤헨지의 삼석탑은 직립한 두 개의 큰 돌 위에 또 하나의 큰 돌이 얹혀있는 형태이다.) 더 작은 주택은 가로 5미터, 세로 5미터의 크기로, 중앙에는 노가 자리 잡고 있었고 목조 가구를 떠받들었던 지지대의 흔적이 남아 있다. 어느 주택에는 노 옆에 한 쌍의 눌린 자국이 남아 있었는데, 아마도 누군가가 노를 돌보기 위해 무릎을 꿇었을 때 남겨진 흔적일 가능성이 있다. 사람들은 더링턴 벽에 영구적으로 거주한 것이 아니라 의식을 행하기 위해 (이러한 의식이 주로 한겨울과 한여름에 행해졌을 가능성을 보여주는 흔적이 존재한다) 그리고 스톤헨지를 포함한 기념물을 건설하기 위해 이곳에 왔을 가능성이 가장 높다. 오늘날 보다 더 큰 D자 모양의 여러 주택들이 발견되고 있는데, 이것들은 주거를 위한 것이 아니라 의식을 행하기 위한 용도의 집회용 주택이었을 것이다. 동물 뼈는 약 8만 개가 발견되었지만 인간의 뼈는 오직 300개에 불과함에도 불구하고, 주택이 있었다는 증거뿐 아니라 향연을 베풀었다는 상당한 증거도 존재한다.

이것은 스톤헨지 그 자체와 대조를 이룬다. 살아 있는 사람의 흔적이 발견되지 않은 스톤헨지는 화장 묘지로서 시작되었을 것으로 보인다. (다양한 종류의 발굴을 통해 기원전 3000년에서 2000년 사이 대부분에 걸쳐 있는 63개의 화장의 흔적이 발견되었다.) 처음에는 둑과 도랑뿐 아니라 내부 둑 바로 안쪽에 블루스톤(bluestone)이나 목조 기둥으로 이루어진 원형 구조물로 둘러싸여 있었다가 기원전 2500년경 중앙의 돌들이 지금의 자리에 처음으로 배치되면서 근본적으로 재구성된 것으로 보인다. 중앙에는 커다란 삼석탑 쌍이 편자 모양으로 세워졌고 가장 오래된 건축물에서 가져온 일부 블루스톤이 그 주위에 원형으로 배치되었다. 그 너머에는 상인방(上引枋)을 연결하는 사르센석(石) 원(sarsen circle)이 동심원 모양으로 배치되었다. 많은 사람들이 지적한 것처럼, 사르센석은 이음새를 활용하는 목공예 기술을 연상시키는 데, 동일한 크기와 일반적인 배열로 더링턴 벽 내부에 자리 잡은 이른바 사우스 서클(South Circle)이라는 목조 건축물을 본떠 만든 것일 가능성이 있다. 또한 기원전 2500년경에는 처음에는 북동쪽으로 이어지는 애비뉴(Avenue)가 건설되었다. 그 후 중앙의 돌들의 배열이 세부적으로 조정되었고 기둥 구멍으로 이루어진 두 개의 바깥쪽 원환이 추가되었다. 스톤헨지는 기원전 1500년 무렵부터 거의 사용되지 않게 되었다. 우리가 아래에서 살펴볼 것처럼, 이 시기는 일반적으로 주요 변화가 일어났던 시기였다.

더링턴 벽, 우드헨지, 스톤헨지 같은 모든 주요 기념물은 태양의 운동, 특히 한겨울과 한여름의 새벽과 석양에 관한 태양의 운동을 다룬다. 앞에서 언급한 것처럼, 이것은 그저 추상적인 달력이 아니라 사람들이 향연을 베풀고 의식을 행하기 위해 모이는 시간을 가리키는 것일 가능성이 높다. 계절에 따라 활용 가능한 음식과 수행할 수 있는 활동뿐 아니라 행해지는 의식도 사람들이 보내는 일 년을 구성하는 요인이었다. 사람들은 의식적인 측면의 생활에 엄청난 노력을 기울였는데, 이것은 안녕을 보장하는 수단으로 기능했음에 틀림없다. 식물의 성장 주기뿐 아니라 새와 동물의 성장 주기도 태양년(太陽年)을 따르기 때문이다. 최근의 연구에 따르면 더링턴 벽과 스톤헨지 모두 지질학적으로 특이하게도 지점(至點)에 따라 자연적으로 정렬된 능선의 끝에 자리 잡고 있다. 그 이후 이것들은 공식화되었다. 스톤헨지의 경우 애비뉴라는 평행하게 달리는 둑과 도랑이 건설되었고 더링턴 벽에는 금속 통로가 건설되어 사람들이 일렬로 걸어다닐 수 있었다. 이러한 경관을 통한 이동은 태양을 따라 이루어졌다.

오래전부터 스톤헨지에서 매우 중요한 이른바 블루스톤의 출처에 대한 논쟁이 이루어졌는데, 이제 그 논쟁은 해결된 것처럼 보인다. 블루스톤은 사실 다양한 화성암(火成岩)으로 이루어져 있는데, 그 가운데 가장 중요한 것은 조립현무암(粗粒玄武岩)이라고 알려진 중간 입자의 경암(硬岩)이다. 스톤헨지 블루스톤을 화학적으로 분석한 결과, 온갖 종류의 블루스톤이 아마도 솔즈베리 평원(Salisbury Plain)에서 직선거리로 약 250킬로미터 떨어진 사우스 웨일스(South Wales)의 프레셀리 힐스(Preseli Hills)에 있는 다양한 종류의 노두(露頭)에서 비롯되었을 것으로 밝혀졌다. 훨씬 더 놀라운 것은 프레셀리 힐스에 자리 잡고 있는, 노두일 가능성이 있는 것을 발굴한 결과, 스톤헨지의 블루스톤과 크기와 모양이 유사한 돌이 채석되었다는 증거가 발견되었다. 즉, 스톤헨지의 다양한 돌 유형의 배열이, 그 돌들이 비롯된 프레셀리 힐스의 노두 배열을 반영했을 가능성이 있다. 돌의 출처가 확인되면서, 그 돌들의 유래와 관련된 실무적인 질문은 해결되었다. 그러나 이러한 돌들을 그토록 많은 노동력을 투입하여 그토록 먼 곳까지 운반한 이유에 대한 질문은 여전히 남아 있다. 운반이라는 실무적인 질문에 대해서는 강과 바다, 모든 물이 결정적인 운반 도구였던 것으로 보인다. 그럼에도 이러한 문제들은 여전히 해결되지 않았고 추측만 무성할 뿐이다. 팀 다빌(Tim Darvill)과 제프 웨인라이트(Geoff Wainwright)는 스톤헨지 자체와 프레셀리 힐스를 발굴했고, 그 결과, 선사 시대에는 블루스톤이 치료적인 속성을 가진 물질로 간주되었다고 주장한다. 두 사람은 기원전 2400년경의 유명한 '에임스베리 궁수(Amesbury archer)' 같은 스톤헨지 근처의 묘에서 특이한 수준의 질병과 상해의 흔적을 발견했다고 주장한다. 또한 다빌과 웨인라이트는 프레셸리 힐스에서 안녕과 치료 의례의 증거를 찾았다고 생각한다. 그들이 발견했다는 증거는 샘의 형태를 띠고 있는데, 일부 샘은 사람들에 의해 수정되었고 많은 샘의 인근에는 암면미술이 존재한다. 오늘날 사람들은 치유를 바라는 마음으로 루르드(Lourdes)[옮긴이: 성모 마리아가 발현했다고 전해지는 그리스도교의 주요 성지(聖地). 이곳의 동굴에 있는 샘물이 질병의 치료에 효험이 있다고 알려져 있다]를 방문한다. 다빌과 웨인라이트에게는 스톤헨지가 선사 시대의 루르드인 셈이다.

스톤헨지와 그 밖의 다른 기념물은 거대한 의식의 무대였다. 그것들은 돌과 나무를 옮기고, 새로운 시신을 태운 뒤 묻으며, 구덩이를 파는 등 오랜 시간에 걸쳐 조금씩 변형되어왔다. 때로는 사람들이 일렬로, 때로는 홀로 이와 같은 사회적 극장으로 걸어들어갔다. 따라서 그곳에 다가갈 것이라는 기대감이 실제로 그곳에 도착했을 때의 행동에 영향을 미쳤을 것이다. 이러한 드라마에는 인간이 아닌 배우도 등장했다. 희생과 향연에는 많은 수의 동물이 관련되었다. 지금까지도 우리는 동물을 모으고 죽이는 과정에서 발생한 냄새, 소리, 에너지, 혼란을 떠올릴 수 있다. 우리는 돌과 나무가 없었다면 이러한 기념물이 많은 힘을 발휘할 수 없었을 것이라고 생각한다. 그럼에도 불구하고 돌과 나무의 역할에 대해서는 거의 파악하지 못하고 있는 형편이다. 그저 신석기 시대와 초기 청동기 시대의 건축가들과 의식에 참여한 사람들이 나무와 돌을 살아 있는 존재, 선하게 또는 악하게 행동하면서 사람들에게 영향을 미칠 수 있는 존재로 받아들였을 것이라고 짐작만 해볼 뿐이다. 확실히, 프레셸리 힐스에서 때로는 무게가 수톤에 달하기도 하는 돌을 운반해오는 일에 투입된 노력은 이례적인 것이다. 이러한 돌에는 그 밖의 다른 돌, 즉 보다 편리하게 운반할 수 있는 돌에는 존재하지 않는 힘이 있었다. 즉, 이러한 돌에는 치료적인 속성이 있었던 것이다.

사람들이 이와 같은 기념물을 왜 세웠는지, 왜 재건축했는지, 왜 사용했는지를 한마디 말로 완벽하게 설명할 수는 없을 것이다. 스톤헨지와 관련하여 여러가지 설명이 난무하는 가운데, 어느 설명도 완벽하게 올바른 것은 아니지만, 이러한 상황에서 피어오르는 학문적인 열기는 흥미롭고도 생산적이다. 이와 같은 기념물은 크고 복잡한 기념물과 경관으로, 여러 인간 세대에 걸쳐 발전해왔다. 따라서 이러한 기념물을 마지막으로 재건축했을 기원전 1500년 직전에는, 처음 이 기념물을 세운 건축가들과 그들의 의도에 대한 기억이 이미 오래전에 사라지고 없었을 가능성이 있다. 오늘날의 사람들이 그러한 것처럼, 다양한 사람들이 매우 다양한 종류의 목적과 동기를 가지고 이러한 기념물들을 찾아왔을 수 있다. 그렇기는 하지만, 몇 가지는 분명하다. 스톤헨지의 경관은 (우리가 위에서 살펴본, 오크니에 자리 잡은 기념물들과 아일랜드의 보인 굴곡부(Bend of the Boyne, 보인강 하곡)에 자리 잡은 기념물들의 이례적인 조합을 포함하여) 영국 본토와 아일랜드 전역에 자리 잡고 있는 소수의 기념물 가운데 하나였다. 광범위한 지역의 사람들은 죽은 사람을 기념하고, 그들에게 향연을 베풀며, 그들을 묻기 위해 이러한 기념물을 찾았다. 이러한 경관에는 천체들 중에서도 특히 태양의 운동에 대한 평가, 상당한 기술이 요구되는 다양한 건축 기법, 삶과 죽음이라는 중요한 문제를 우주론적 수단을 통해 협상하는 등, 엄청난 양의 능숙한 노력이 투입되었다. 순례에 대해 이야기하는 것은 시대에 맞지 않지만, 이러한 건축물들은 중세 시대 유럽의 거대한 대성당만큼이나 저마다의 고유한 방식으로 인상적이었고 적어도 그만큼 오랫동안 살아남았다. 사람들에게 가장 중요한 관계가 여기에서 다루어졌다. 이와 같은 관계는 그 밖의 다른 사람들 사이에서 뿐 아니라 우주, 식물, 동물, 나무, 돌의 힘과의 사이에서도 맺어졌다. 이러한 기념물들은 매혹이나 공포의 장소로서, 먼 곳에 자리 잡고 있으

면서 사람들에게 영향력을 행사하는 천체와의 초월적인 관계를 맺는 장소
로서 기능했다.

　스톤헨지는 고고학 전문가들과 대중 모두에게 중요한 기념물이다. 따
라서 이 기념물을 이해하고 평가하는 두 가지 방식이 오래전부터 충돌해왔
다. 대중은 돌과 그 경관을 정서적인 것과 지적인 것을 결합하는 온전한 방
식으로 경험하고자 하는 반면, 고고학 전문가들은 돌과 그 경관을 객관적
이고 학문적인 방식으로 이해하고자 한다. 바로 여기에서 긴장이 유발되는
것이다. 특히 매년 개최되는 하지 기념행사를 둘러싸고 갈등이 불거졌다.
일반 대중의 환상열석 출입을 막은 1984년부터 '관리'를 전제로 일반 대중
에게 다시 '개방한' 2,000년 사이에 특히 긴장이 고조되어, 1985년에는 하
지를 기념하기 위해 환상열석을 찾아온 수백 명의 사람들이 경찰에 의해
강제로 쫓겨나는, 이른바 빈필드 전투(Battle of the Beanfield)가 벌어지기도
했다. 사람들은 새로운 형태로도 참여하기 시작했다. 그 가운데 가장 독창
적인 것은 〈신성 모독Sacrilege〉이라고 불리는 작품이다. 스톤헨지를 바운시
캐슬(bouncy castle)에 접목한 이 작품은 영국 미술가 제레미 델러(Jeremy
Deller)의 작품이다. 제레미 델러는 입 안에 삐뚤빼뚤한 회색 거석이 들어가
있는 그림을 티셔츠에 인쇄하기도 했다. 그림 밑에는 '스톤헨지, 영국의 이
빨(Stonehenge, English teeth)'이라는 캡션이 달렸다. 이 글을 쓰는 시점에서,
잉글리쉬 해리티지(English Heritage)는 한 해 동안 스톤헨지 주변의 하늘을
통과하는 태양, 달, 일부 행성의 운동을 추적할 수 있는 웹사이트를 개설했
다.[12] 덕분에 전 세계 어디에서나 천문학적/점성학적 연결과 정렬을 탐구
할 수 있는 길이 열렸다. 이제 고고학자들이 자신들만이 신석기 시대의 기
념물 및 그 밖의 다른 기념물을 이해하고 해석할 수 있다고 주장하기 어려
워졌다. 그리고 이것은 바람직한 현상이다.

희생적인 경관

상상력을 발휘해 또 하나의 순간을 재구성해보자. 지금 우리는 기원전 1400년경, 오늘날 벨기에 북부와 네덜란드 남부 어딘가에 자리 잡은 후기 청동기 시대 경관에 들어와 있다. 주변으로 질서정연한 경관이 보인다. 작물이 자라는 경작지, 숲, 강, 소택지(沼澤地) 및 롱하우스와 묘지를 갖춘 소규모 정착지가 점점이 흩어져 있다. 주택에는 담으로 두른 구조물이 있어 동물을 가두어 기르고 잘 운영되는 농경 경제에 유용한 다양한 물건(식량, 목재, 짚 등)을 저장해둔다. 근사한 복장을 차려입은 사람들이 일상적인 활동에 나선다. 그들은 다양한 종류의 머리 모양을 하고, 짜임새가 좋은 옷감으로 만든 의복을 청동 핀으로 고정해 입으며, 도끼, 낫, 그 밖의 다른 도구를 손에 들고 다니거나 허리띠에 매달고 다닌다. 일부는 검이나 창 같은 무기를 지니고 있다. (오늘날의 우리는 그들의 언어가 무엇인지 알지 못하지만) 이곳에 보다 더 오래 머물면서 언어를 배운다면 이러한 사회가 일련의 강력한 규칙을 가진 사회였다는 것을 분명하게 확인할 수도 있었을 것이다.

　사람이 죽으면 낫이나 장신구 같은 다른 개인적인 물건은 무덤에 함께 안치할 수 있었지만, 죽은 사람이 소유했던, 주로 창과 검 같은 무기는 무덤에 함께 안치할 수 없었다. 무기는 강, 개울, 소택지 같은 물속에 정성껏 안치되었다. 모든 세대 또는 모든 정착지 (또는 아마도 여러 정착지의 조합)에서 사람들이 죽은 후 매우 많은 무기를 가져다가 보다 더 작은 강과 보다 더 큰 강이 합류하는 지점에서 물속에 던져 넣었다. 이런 측면을 통해 그들이 매우 오랫동안 그곳에 거주했음을 확인할 수 있다. 이와 같은 대규모 행위에는 공동체 전체가 참여했을 것이다. 그 과정에서 향연을 베풀고 노래를 불렀을 것이다. 또한 이제는 조상이 되어, 어떤 식으로든 물 및 생명을 주는 물의 속성과 연결되었을 죽은 사람에 대한 대화가 오가고 그들이 참여한 전투, 그들이 사용한 무기, 그 무기가 주인을 어떻게 도왔는지 또는 배신했는지에 대한 이야기도 나눴을 것이다. 청동기 시대 물건들이 가졌던 이름은 오래전에 사라지고 말았지만, 엑스칼리버 외에도 이름을 가진 물건이 많았을 것이다. 경관에는 남성용 물건과 여성용 물건이 안치되어야 하는 자리가 따로 있었고 일련의 의전이 있었을 가능성도 매우 높다. 개인의 삶의 과정은 신체적 필요만큼이나 영적인 필요를 중심으로 구성되었다.

유럽 북서부 전역에서 기원전 2000년경 시작된 청동기 시대는 기원전 800년경까지 이어졌다. 이 기나긴 시간 동안 사물을 안치하는 방식이 광범위하게 패턴화되었다. 이것은 몇 년 전 리처드 브래들리가 파악한 것으로,[13] 물이든, 무덤이든, 마른 땅이든 관계없이, 보고에 사물을 안치하는 다양한 방식은 연계되어 있는 것처럼 보인다. 안치했던 물건과 안치했던 방법의 세부 사항은 지역에 따라 달랐음에도 불구하고, 청동기 시대 동안 유럽 북서부 전역에서 사람들은 강, 소택지, 마른 땅에 물건을 안치했다. 제물을 바치는 전통은 스타 카와 중석기 시대로 거슬러 올라가는 고대의 전통이다. 그러나 오늘날 우리는 그 전통이 중세 세계의 엑스칼리버에게로 이어졌다는 것을 알게 되었다. 우리가 중세 세계와 그것보다 수천 년 이전의 세계를 직접 비교할 수 있는 것은 아니다. 그러나 중세의 기록 덕분에, 우리는 우리가 대수롭지 않게 여기는 사물들, 즉 여기에서 우리가 초점을 맞추고 있는 청동기 시대와 철기 시대의 사물들에 대한 질문을 던질 수 있다. 대체로 말하자면, 무덤에 보다 더 많은 사물을 안치할수록 강과 소택지에 던져 넣어지는 물건은 보다 더 적어진다. 이러한 패턴이 존재한다는 것은 사물이 버려지는 방식에 인간이 적극적으로 관여하고 선택했다는 의미이다. 따라서 이것을 우발적인 소실로 간주해서는 안 된다.

물건을 제공함으로써 장소의 영혼과 거래하는 일은 '내가 주므로 너도 나에게 줄 것'이라는 의미의 라틴어 문구 '도 우트 데스(Do ut des)'를 통해 이해할 수 있다. 만일 영혼, 신 또는 힘에게 적절한 영양을 제공하거나 그들을 적절하게 기리면, 그들이 땅의 생식력이나 사람의 생식력을 유지함으로써 또는 일반적인 안녕을 보장하는 데 도움을 줌으로써 인간이 제공한 호의를 되돌려줄 것이라고 예상할 수 있다. 선물 교환은 제공할 의무, 받을 의무, 되갚아야 할 의무라는 세 가지 의무와 연관되어 있는 것으로 알려져 있다. 사람들이 선물을 제공하지 않으면 아무런 관계가 맺어질 수 없다. 선물받기를 거부한다면 관계를 거부하는 것이나 다름없다. 무언가를 받았다면 사회적으로 받아들여질 수 있다고 여겨지는 형태로 반드시 되갚아야 한다. 더욱이, 강력한 힘에게 선물을 제공할 때는 선물을 제공하는 사람이 중대한 희생을 치를 만한 선물을 제공해야 한다. 즉, 선물을 제공하는 사람이 아쉬워하지 않을 만한 사소한 선물은 선물로서의 가치가 충분하지 않다. 금속 가공품 같은 사물이나 인간의 시신 일부를 마땅한 정성을 기울여 올바른 장소에 안치했다는 것은, 이것들이 어떻게 생각되었든 관계없이, 세계의 힘에게 제공하는 선물이었을 것이라고 결론을 내리는 것이 합리적으로 보인다. 네덜란드 남부의 모든 청동은 유럽 중부나 대서양(Atlantic) 연안 지방에서 수입되었다. 보다 더 초기에는 완성된 물품을 수입했고 이후에는 청동의 구성 요소를 수입하여 현지에서 주조했다. (청동은 주요 성분인 구리와 그것보다 적은 양의 주석이나 납으로 이루어진 합금이다. 저지대 국가(Low Countries) 지역에는 이러한 금속 가운데 어느 것도 매장되어 있지 않다). 청동의 출처가 이국적이었기 때문에 청동기, 특히 힘을 상징하는 물건으로 만들어진 청동기는 중요한 선물로 평가되었다.

　네덜란드 남부에서는 매장물의 안치가 구조화되어 있었다. 정착지와

무덤에서는 낫과 그 지역에서 만들어진 장신구가, 개울, 습지, 소택지에서
는 창끝, 도끼, 낫이, 주요 강에서는 검, 낫, 창, 도끼, 외지에서 만들어진 개
인 장신구가 발견되었다. 사람들은 습지의 특정 부분을 선정하여 반복적으
로 제물을 바쳤다. 사람들은 습지의 어느 부분으로 되돌아가서 무엇을 제
공할 것인지 기억해두어야 했다. 습지의 흙탕물이 습지에 던져 넣어진 모
든 것을 즉각적으로 덮어버려, 습지의 가장자리에 선 사람들이 알아볼 수
있을 만한 흔적을 전혀 남기지 않았기 때문이다. 여기에서 나는 (벨기에 북부
와 (폰테인이 네덜란드 남부라고 부른) 홀란드(Holland) 남부의 청동기(낫, 검, 도끼, 창, 장
신구)를 분석한) 데이비드 폰테인(David Fontijn)[14]의 연구를 바탕으로 그 지역
의 모습을 재구성하고자 한다. 서쪽의 스켈트강(Scheldt)으로 흘러들어가는
데메르강(River Demer)이 이 지역의 남쪽 경계를 이루고, 이 지역을 가로지
르면서 북쪽으로 흘러가다가 서쪽으로 방향을 틀어 북해로 흘러들어가는
뫼즈강(River Meuse)이 이 지역의 동쪽과 북쪽 경계를 이룬다. 네덜란드 남
부에는 소택지, 강, 무덤, 정착지에서 발견된 청동 물건이 많을 뿐 아니라
청동기 시대의 대규모 유적지가 발굴되었기 때문에 우리는 4,000년 전에
서 2,500년 전 이곳에 살았던 사람들의 생활을 세밀하게 살펴볼 수 있다.
이 강들로 인해 중앙에는 모래로 이루어진 땅이 형성되었다. 그러나 이 지
역의 주요 지형지물은 강, 늪지대, 소택지였다. 그리고 이러한 지형은 근대
로 접어들어 배수가 이루어지기 이전의 과거에는 훨씬 더 널리 퍼져 있었
을 수 있다. 폰테인은 청동기가 발견된 영역 전체와 각 청동기가 발견된 장
소를 연구하기 시작했고, 그 결과 그것들을 종합적으로 정리한 일람표를
처음으로 만들었다. 폰테인은 버려진 청동기의 종류와 청동기가 버려진
장소를 통해, 당시 사람들이 청동기를 버리는 데 있어 매우 정교한 구조가
관련되어 있었을 것이라는 사실을 파악해냈다. 폰테인은 의도적으로 버려

진 청동기가 아무리 못해도 절반은 되었을 것이라고 추정했는데 실제로는 그것보다 더 많은 수의 청동기가 버려졌을 것이다.

각 지역마다 그 지역의 문화적 규범을 시사하는 안치의 지리학이 있다. 따라서 철기 시대(기원전 800년-기원후 43년) 영국 본토 남부에서는 강에 검을 일상적으로 던져 넣었지만 잉글랜드 북부와 스코틀랜드에서는 오직 마른 땅, 주로 무덤에서만 검이 발견된다. 여기에는 서로 다른 관습이 작용하는데, 지금까지 살펴본 것처럼, 영국 본토 남부의 관습은 나중에 엑스칼리버 신화 같은 중세 신화에서 반향을 발견할 수 있다. 검이 이름을 가진 도덕적인 행위자로서 전투와 폭력적인 행위에 능동적으로 참여한다는 사실만큼이나 저세상과 관련된 물의 특성은 중요하다.

홀란드 남부에서는 무덤에 무기를 안치하는 것을 금기시했던 것처럼 보인다. 무덤에 무기를 안치하는 일이 있기는 하지만 매우 드물기 때문이다. 이것은 아마도 무기를 개인적으로 소유하기보다는 집단을 대표하여 소유했음을, 따라서 무기가 집단에 의해 강에 안치되었음을 시사할 것이다. 이러한 관행은 기원전 800년경 이후 초기 철기 시대에 접어들면서 변화한다. 초기 철기 시대로 접어들면 남성의 무덤에 무기가 안치되는 경우가 보다 더 빈번하게 나타난다. 무덤에 안치된 검은 강에서 발견되는 무기와는 그 상태가 다른 경우가 많았다. 상당한 기술을 요하는 방식으로 변형되었기 때문이다. 예를 들어 검을 동그랗게 만들거나 콘서티나처럼 접어서 만드는 바람에 검이라는 용도로는 사용할 수 없는 부작용이 있었다. 검을 부러뜨리지 않으면서 구부리는 일에는 애초에 검을 만들 때 투입된 것만큼의 기술이 필요하다. 따라서 아무나 할 수 있는 일은 아니었을 것이다. 새로운 매개체에서 검이 훨씬 더 유용하게 사용될 수 있도록 보통 강에는 날카롭게 날을 세운 검을 던져 넣었다. 기원전 150년경 이후의 후기 철기 시대에는 훨씬 더 많은 변화가 일어났다. 청동기 시대의 검은 강줄기를 따라 분포했는데, 주로 주요 물줄기와 작은 물줄기가 만나는 지점에 집중되어 있었다.

후기 철기 시대에 처음으로 땅에 지은 신전이 출현했다. 매우 많은 수의 인공물이 한정된 구조물 안에 안치되었고, 아마도 향연의 잔해일 것으로 추정되는 동물의 뼈 덩어리와 일부 인간 뼈가 함께 안치되곤 했다. 이런 일은 프랑스 북부에서 흔한 일이었다. 이와 같은 신전은 청동기 시대나 초기 철기 시대에서 발견되는 것보다 더 구조화된 일련의 마법 관행이 존재했음을 시사한다. 어쩌면 그것들은 로마 세계와 로마 세계 만신전의 영향을 받은 결과, 보다 더 정의된 신들과 연계되어 있었을 것이다.

초기 철기 시대에는 그 시대 이름의 기원이 된 변화가 일어났다. 즉, 철이 도입되었고 청동의 사용이 쇠퇴했다. 그러나 청동기 시대 말기에 청동의 사용이 쇠퇴했다고 해서 유럽 북서부의 많은 지역에서 철이 즉시 흔해진 것은 아니었다. 기원전 400년경이 되어서야 비로소 철이 실제로 사용되기 시작했고, 이 시점에 청동도 금 및 은과 함께 다시 한번 흔해지기 시작했다. 철은 청동을 대체한 것이 아니라 철기 시대 사람들이 사용할 수 있는 일련의 재료 내에서 청동의 위상을 재배치했다.

재료로 사용되는 금속이 바뀌자 물건의 스타일도 극적으로 변화했다. 기원전 500년경에는 아일랜드와 러시아 서부 사이에서 켈트 미술이라고 불리곤 하는 새롭고 복잡한 물건 스타일이 출현했다. 켈트 미술은 유럽 전체를 일련의 공통적인 스타일로 연계했다. 나는 켈트 미술이 5장에서 논의한 스키타이 미술처럼 세계에 대한 애니미즘적이고, 마법적인 관여에서 비롯된다고 주장할 것이다.

켈트 미술: 모호성과 변형의 마법

의복을 고정하는 데 사용되는, 길이가 5센티미터도 안 되는 아주 작은 청동 브로치에는 사람과 동물의 얼굴이 적어도 10개나 조합되어 있다(그림 6.12). 어느 각도에서 보느냐에 따라 다른 사물이 보이는데, 모두 모호하게 표현되어 있다. 브로치를 위에서 내려다보면 둥글납작한 눈과 코를 가진 만화 같은 사람 얼굴이 양쪽 끝에 자리 잡고 있고, 브로치를 옆에서 보면 둥글납작한 눈을 가진 또 다른 생물들이 나타난다. 또한 그 생물들에는 돌출부가 있는데, 그것은 말의 몸통인 것 같기도 하고 말의 정강이부터 발굽까지를 표현한 것 같기도 하다. 내가 볼 때는, 반대쪽 끝에 곤충의 특징을 가진 얼굴이 두 개 더 자리 잡고 있는 것처럼 보인다. 브로치를 아래에서 올려다보면 브로치가 핀과 만나는 지점에 물고기 같이 생긴 몸체가 보인다. 이 브로치에 새겨진 형상들이 정확히 무엇인지 해석하기란 불가능하다. 오늘날의 우리는 모양이나 형태에 대한 선입견을 가지고 이와 같은 물건을 바라보기 때문에 철기 시대 사람들이 이와 같은 물건들을 어떻게 정의했는지 해석할 길이 없다.

아마도 어떤 모티프를 보았을 때 '저게 뭘까?'라는 질문이 떠오른다면 그야말로 최악의 질문일 것이다. 브로치에 구현된 사물들은 합성 생물이다. (사람의 얼굴을) 구성하는 요소들은 하나의 사물이 또 하나의 사물로 변형되는 방식으로 양식화된다. 따라서 어떤 생물종이라고 단순하게 정의할 수 없고 어떤 생물종이라고 묘사할 수도 없다. 방금 살펴본 브로치는 독일 헤센(Hesse)의 글라우베르크(Glauberg) 유적지에서 발견된 것으로, 기원전 450년경에 만들어졌다.[15] 이 시대에 유럽 중부 전역의 사람들은 유사한 유형의 브로치를 이용하여 망토나 속옷을 고정했다. 청동 브로치는 흔히 죽

은 사람의 무덤에 함께 안치되었는데, 브로치에 새겨진 생물종의 형태를
감안할 때, 그 브로치들은 죽은 사람이 새로운 세계에서 어떤 생물과 마주
쳤을 때 죽은 사람을 보호하는 역할이나 부적의 역할을 수행했을 것이다.
켈트 미술의 세계는 변형과 모호성, 형태 변화, 불확실성, 다양한 가능성의
세계이다. 근본적으로 그 세계는 객관적인 사고방식에 따라 고정된 세계
가 아니라 관찰하는 사람의 주관적인 인식에 따라 변화하고 그 인식의 영
향을 받는 세계였을 것이다.

　영국 본토에서는 다소 후대에 이른바 에일즈퍼드 들통(Aylesford Bucket)
이 만들어졌다. 세 개의 청동 띠가 하나의 목조 몸체를 에워싸고 있는 에일
즈퍼드 들통은 아마도 맥주, 벌꿀 술 또는 포도주를 담는 데 사용되었을 것
이다. 이 들통은 켄트(Kent)의 에일즈퍼드(Aylesford) 화장 무덤에서 수입한
로마식 팬 및 음료를 담았을 것으로 추정되는 주전자와 함께 발견되었다

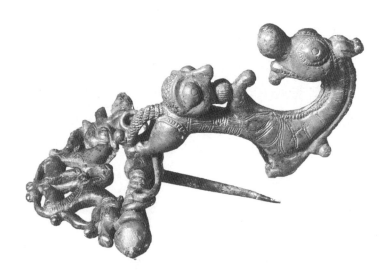

그림 6.12. 다양한 종류의 생물을 보여주는 글라우베르크 브로치(Glauberg Brooch).

(그림 6.13). 이 들통을 운반하는 데 사용되는 손잡이에는 정교한 머리 장식을 하고 있는 것처럼 보이는 양식화된 인간의 얼굴이 형상화되어 있다. 세 개의 청동 띠 상단에는 말의 몸과 다리, 사람의 발과 툭 튀어나온 큰 입술을 가진 이상한 생물이 자리 잡고 있고 그 주위에는 추상적인 회오리 모양 장식이 흩어져 있다(그림 6.13). 이것이 말의 복장을 차려입은 사람인지 아니면 인간의 이목구비(와 특이한 입술)를 가진 일종의 혼종 말인지는 불분명하다. 에일즈퍼드 들통은 기원전 75년-25년경 제작되었는데, 이 무렵 영국 본토 남부에서는 (궁극적으로는 그리스 주화에서 차용한) 말 형상을 새겨넣은 주화가 흔해졌다. 대체로 사실적인 방식으로 말을 묘사한 경우도 있지만 다양한 방식으로 변형된 말을 묘사한 경우도 있다.

그림 6.13. 에일즈퍼드 들통의 세부 사항. 일부는 사람이고 일부는 말인 실체의 모습을 보여준다.

철기 시대에는 상이한 종을 분리하여 구분하고 정의하지 않았다. (린네가 만족했을 리 만무하다.) 그들에게는 상호 연관성, 혼합, 흐릿함을 탐구하려는 욕망이 있었다. 혼종 생물은 그 생물을 구성하는 모든 실체의 힘을 한데 모아내어 하나의 종이 가진 능력을 뛰어넘는 능력을 가졌을 것이다. 과학적 분류 체계는 사물을 구분하지만 켈트 미술과 그 밖의 다른 형태의 미술은 사물을 혼합했다. 어느 쪽도 그 자체로 더 좋거나 더 나쁘다고 할 수 없다. 각자 서로 다른 갈래의 문화적, 지적 관심사를 추구하고 발전시켰을 뿐이다. 기원전 마지막 세기에 로마 제국이 북쪽의 갈리아(Gaul)로 진출하면서 로마 제국 국경 바깥의 사람들은 현지의 철기 시대 방식과 새로 들어온 로마 침입자들의 방식을 혼합하여 새로운 혼합 문화를 창조했다. 이와 같은 문화는 심지어 로마가 영국 본토를 공식적으로 침략한 기원전 43년 이후에도 계속되었다.

경계와 관련된 또 다른 형태의 활동도 발견된다. 스코틀랜드 토르스(Torrs)에서 발견된 이른바 포니 캡(Pony Cap)은 추상적인 소용돌이 모양(일부는 새의 머리와 닮았을 수 있다.)을 돋을새김(repoussé)으로 장식한 (즉, 뒷면에서 밀어내어 일부 요소를 나머지 요소보다 도드라져 보이게 장식한) 구부러진 청동판이다. 거기에는 조랑말의 귀를 빼내는 용도의 구멍이 있다(그림 6.14). 가장 눈에 띄는 것은 모자 앞쪽에 있는 두 개의 뿔이다. 아마도 어떤 용도(가장 가능성이 높은 것은 마차의 멍에)를 위해 만들어졌을 것으로 보이는 이 두 개의 뿔은 음각으로 장식되어 돋을새김으로 장식된 모자 부분과 대조를 이룬다. 이와 같은 음각 장식은 기원전 300년-200년경 동시대에 제작된 검집과 매우 유사하다. 아마도 인간의 얼굴을 암시하는 것으로 보인다. 한쪽 뿔에는 끝부분이 보존되어 있는데, 거기에는 새의 머리가 달려 있다. 토르스 포니 캡은 그 밖의 다른 여러 도구를 이용하여 제작 및 수리해야 하는 복잡한 물건

그림 6.14. 스코틀랜드 덤프리스 갤러웨이(Dumfries Galloway) 주(州) 토르스(Torrs)에서 발견된 포니 캡(Torrs Pony Cap). 아마도 뿔은 마차를 위해 만들어졌을 것으로 보인다. 뿐만 아니라 수리에 사용된 청동판 조각도 볼 수 있다. 토르스 포니 캡은 다양한 종류의 스타일의 장식을 결합하여 일련의 추상적이고 보다 더 구상(具象)적인 인상을 불러일으킨다. 전반적인 효과는 조랑말을 사슴(또는 용 같은 그밖의 다른 어떤 존재)으로 변형시키는 것이었을 수 있었다.

이다. 어쩌면 사슴의 울음소리를 내는 조랑말을 창조하려고 뿔을 추가했을지도 모를 일이다. 우리는 5장에서 말과 사슴을 합성한 시베리아의 사례를 살펴본 바 있다.

　　모호성의 마지막 사례는 분명 많은 것을 상징한다. 1857년 템스(Thames)강 남쪽 강둑에서 발견된 배터시 방패(Battersea Shield)는 아마도 후기 철기시대에 강에 던져 넣어졌을 것이다. 청동기 시대부터 유럽 북서부 전역에서 발견된 금속 가공 매장물 가운데 눈부시게 빛나는 배터시 방패는 중요한 제물이었을 것이다. 그림 6.15의 왼쪽 사진은 방패 전체의 전면의 모습

그림 6.15. 영국 본토 켈트 미술에서 가장 유명한 물건 가운데 하나인 배터시 방패. 제작 시기는 기원전 350년에서 기원전 50년 사이로 추정된다. 정확한 시기는 논란이 되고 있다. 왼쪽 사진의 형상은 방패 전체(길이 77센티미터, 너비 34센티미터)를 보여준다. 이 방패는 청동판 조각으로 구성되어 있는데, 그 안에는 돋을새김 및 붉은색 법랑으로 장식되어 있는 세 개의 원형 무늬가 삽입되어 있다. 오른쪽 사진은 가장 아래쪽에 자리 잡은 원형 무늬의 윗부분을 확대한 사진으로 인간일 가능성도 있고 뿔 달린 동물(또는 이 둘의 조합)일 가능성이 있는 모호한 존재를 보여준다.

이고, 오른쪽 사진은 방패의 가장 아래쪽에 자리 잡은 원형 무늬의 윗부분을 확대한 것이다. 오른쪽 사진은 두 눈 사이에 코가 있고 코 아래에 곡선 모양의 콧수염이 있는 것으로 미루어 볼 때, 인간의 얼굴을 암시하는 것으로 보인다. 이 사진을 이렇게 해석한다면, 사진 속 인물은 정교한 투구나 그 밖의 다른 머리 장식을 쓰고 있는 것으로 보인다. 아니면 이 사진은 뿔이 달린 어떤 생물, 예를 들면 양식화된 사슴을 묘사한 것일 수도 있다. 또는 돋을새김과 법랑(琺瑯) 작업을 하면서 의도적으로 모호한 형상을 만들어냈을 가능성도 있다. 이것은 사람일까? 사슴일까? 아니면 둘 모두의 일부분일까? 배터시 방패는 지나치게 작고 얇아서 방어 수단으로서는 그다지 유용하지 않을 뿐 아니라 전투에서 손상된 흔적도 보이지 않는다. 아마도 이 방패의 방어 기능은 물리적인 것만큼이나 우주적인 것이었을 것이다. 즉, 이 방패는 형태가 없지만 여전히 실재하는 종류의 위험을 막는 용도였을 것이다. 정교한 물건은 항상 이야기, 노래, 공연으로 이어졌을 가능성이 높다. 입을 통해 이루어지는 말장난 또는 시(詩)가 장식의 시각적 모호성과 함께 다루어졌다고 추측할 수 있다. 이러한 사례에서는 보다 더 많은 생각을 불러일으키는 장식일수록 더 좋은 장식이었을 것이다. 선사 시대에 있었을 것으로 보이는 풍부한 언어문화는 이제 사라져버렸다. 이제 우리는 이와 같은 물건들이 어떻게 다양한 차원, 의미, 행동 촉구를 연결하는 지점으로서 작용할 수 있었는지를 상상하려고 시도해볼 수 있을 뿐이다. 그러나 분명한 것은, 사람들이 세계 속에서 복잡하고 혼란스러운 방식으로 혼합되었다는 것이다. 그 과정에서 사람들은 실존에 대한 수수께끼를 풀어나갔을 것이고 그만큼이나 많은 수수께끼가 새로 생겨났을 것이다.

켈트 미술은 종의 구분뿐 아니라 시간과 공간도 다룬다. 유라시아 전역에는 암면미술에서 가장 흔하게 보존되어 있는 오랜 전통이 남아 있다. 바로 사물에 대한 다양한 관점을 보여주거나 사물들의 조합을 동시에 보여주는 전통이다. 유라시아의 정반대쪽 끝에서 마차와 수레를 묘사한 작품들을 확인할 수 있다. 하나는 (5장에서 논의한) 몽골 다르비 솜(Darvi Sum)의 사슴돌이고 다른 하나는 독일 슈투트가르트(Stuttgart) 근처 호흐도르프(Hochdorf)의 초기 철기 시대 묘에서 발견된 것이다(그림 6.16).

합성 형상은 여러 각도에서 바라본 관점을 보여준다는 점에서 공간을 다룬다. 합성 형상은 시간도 어느 정도 다룬다. 이러한 여러 관점을 동시에 볼 수는 없다. 따라서 형상은 연속적인 인지의 순간을 합성 또는 메타 인지

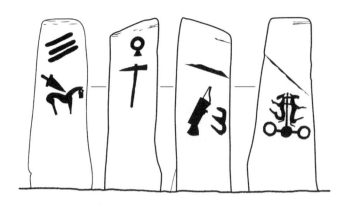

그림 6.16. (위) 몽골 홉드 아이막(Khovd Aimag) 다르비 솜의 후기 청동기 시대 또는 초기 철기 시대 사슴돌. 이 그림은 사슴돌의 네 면을 보여준다. 그 가운데 하나는 평면에서 본 마차의 모습과 위에서 본 마차의 모습을 마치 동시에 보고 있는 것처럼 묘사하고 있다. (가운데) 독일 호흐도르프의 묘에서 발견된 긴 의자의 등받이. 무엇보다도 이 그림은 마차를 부분적으로는 측면에서 그리고 부분적으로는 위에서 본 모습을 보여주고 있다. (아래) 마차의 세부 사항 확대.

로 결합한다. (보다 더 최근의 미술적 규범에서 이것에 상응하는 것이 있다면 시간을 바탕으로 하는 인지의 본질에 관심을 가지는 입체주의(Cubism)일 것이다.) 이러한 두 가지 예는 켈트 미술보다 더 오래되었지만, 우리가 켈트 미술에서 일상적으로 만나게 되는, 여러 가지 차원을 다루는 미술의 분명한 사례이다.

예를 들어, 프랑스 쿠퍼리(Cuperly)에서는 구멍을 뚫어 장식한 청동판이 발견되었다. 마차의 상자에 고정되었을 것으로 보이는 이 청동판에는 두 개의 머리를 가진 생물(아마도 용?)이 새겨져 있다. 용 한 마리를 왼쪽과 오른쪽에서 보았을 때의 모습을 각각 보여주는 것일 수도 있다. 우리가 용을 볼 수 있을까? 그렇다고 하더라도, 용과 만난 상황에서는 무슨 일이 일어나도 이상하지 않음에도 불구하고, 용의 왼쪽과 오른쪽 모습을 동시에 볼 가능성은 낮다. 쿠퍼리 청동판(Cuperly Bronze Plate)은 존재할 수도 있고 존재하지 않을 수도 있는 존재를 다룬다는 점과 우리가 인지할 수 있는 것의 경계를 넘어서는 이중적인 관점을 다룬다는 점에서 이중적이다. 여기에서 우리는 일상적인 감각과 인지의 세계를 넘어서는 세계로 들어선다. 그곳에서 세계에 대한 인간의 평가가 확장되고 마법적인 방식의 도전을 받는다.

대략 기원전 500년경부터 유럽 전역에서 이른바 켈트 미술이 발견된다. 아일랜드에서 러시아 서부에 이르는 지역에서 청동, 금, 은으로 장식된 풍부한 물건이 발견되는데, 모든 곳에서 동일한 수량으로 발견되는 것은 아니다. 일부 지역에서는 풍부하게 발견되고 나머지 지역에서는 그렇지 않다. 또한 이 미술이 모두 동일한 것도 아니다. 지역별로 뚜렷하게 변형된 형태로 나타난다. 그러나 유사한 감수성이 모든 곳에서 발견된다. 암면미술에서 본 것처럼 이것들은 초기 청동기 시대의 형태에서 비롯되었을 가능성이 꽤 높다. 이와 같은 묘사 양식은 우리가 일상생활에서 인지한다고 생각한 세계를 표현하려고 노력하지 않는다. 그리고 이러한 측면에서 켈트 미술은 기원전 500년경 그리스에서 시작된 시작된 고전 미술(Classical art) 과 대조를 이룬다. 그리스 미술은 인간과 세계 사이에 엄격한 경계를 제공 하는 반면, 켈트 미술은 복잡한 실재에 몰입하는 인간을 보여준다. 이 복잡 한 실재에서는 인간과 말이 항상 분리되어 있지 않고, 말과 사슴이 혼합되 고 합쳐진다. 또한 하나의 사물을 묘사한 경우도 많지 않다. 따라서 초기 철기 시대 브로치는 개별적으로는 모호하지만 하나의 사물에서 또 하나의 사물로 변형하는 행위에서 포착되곤 하는 온갖 생물을 일상적으로 결합한 다. 켈트 미술은 사람, 식물, 동물을 결합하지 않는다. 이것들이 애초에 분 리되어 있지 않기 때문이다. 오히려 켈트 미술은 많은 합성 생물이 속성과 힘을 공유할 수 있도록 만들기 위해 사물의 중심, 즉 세계의 생성하는 힘 안 에서 시작한다. 린네 이후 생물종의 차이는 두 종이 이종교배하여 생존 가 능한 자손을 탄생시킬 수 없다는 것으로 정의되었다. 이종교배의 부재를 통해 생물종은 분리된 상태를 유지한다. 이와 같은 경계를 찾아볼 수 없었 던 후기 선사 시대에 린네 같은 인물이 존재했을 것이라고 상상하기는 어 렵다. 이와 같은 사물의 혼합은 고정된 분류법과 유형학이라는 후대의 과 학적 사고방식에 반하는 것이다. 마법적 혼합은 세계의 생성하는 힘뿐 아 니라 사람들이 그것들과 연결될 수 있는 방식에 대한 탐구의 문을 열었다.

나아가 르네상스 시대 이후 서양 미술에서 발전한 발상, 즉 사물을 하 나의 시각에서 볼 수 있고, 하나의 시각에서 보아야 한다는 발상은 청동기 시대와 철기 시대 사람들에게는 매력적이지 않았다. 수레와 전차에 대한 묘사에서 뿐 아니라 동물 및 인간 같은 다른 많은 사물에 대한 묘사에서도 확인할 수 있는 것처럼, 인지는 관점의 변화 또는 다양한 관점의 가능성과 관련되었다. 켈트 미술이 세계의 작동 방식에 대한 우리의 관념을 알게 된

다면, 그 관념을 인정하지 않을 것이다. 이른바 스키타이 미술과 켈트 미술
을 비교해보면 기법과 모티프 수준에서는 그다지 동일하지 않다. 그러나
변형, 모호성, 차원, 시간, 공간을 다루는 행위에 대한 관심이라는 측면에
서는 서로 감수성을 공유하고 있음을 알 수 있다.

　이른바 켈트 미술은 시베리아에서 대서양 연안 지방에 이르는 지역에
서 발견되는 일련의 관련된 미술 형태 가운데 가장 서양적인 표현이다. 이
와 같은 미술 형태는 대륙 차원의 마법적 세계를 표현하는 것으로, 지중해
에서 서서히 출현하는 합리적인 존재의 양식과 비교되고 대조될 터였다.
합리적인 것과 마법적인 것은 수천 년 동안 창조적인 긴장 속에서 서로 공
존해왔고 유라시아 문화에 두 가지 전통을 형성했다. 후기 선사 시대 세계

그림 6.17. 후기 철기 시대의 데스버러 거울(Desborough Mirror). 후대의 중세 채식필사본에서 발견
된 유형의 장식이 음각되어 있다.

의 감수성은 서양에서 로마가 그리고 동양 도시 국가인 페르시아와 그리스가 침략했을 때에도 사라지지 않았다. 전통은 혼합되고, 반복되며, 재구성되었다. 예를 들어 브리튼의 로마 시대(기원후 43년~410년)에 켈트족의 감수성(그림 6.17)은 사라진 것이 아니라 로마의 속주 문화를 통해 재구성되었다. 이후 초기 중세 미술 형태에 영감을 주었고, 마침내 문신과 매듭 장식을 통해 오늘날의 세계에 녹아들었다.

로마 북부 속주의 혼종 문화

유럽 북서부에서는 로마 시대에(또는 아마도 로마 세계로부터 유입된 충동으로 인해, 철기 시대 말기의 어느 시기에) 처음으로 공식화된 종교와 사원과 신전 같은 종교 구조물이 등장했다. 새로운 사원과 신전에는 보다 더 공식화된 숭배 양식을 이끄는 사제가 도입되었다. 그러나 주화, 그 밖의 다른 형태의 금속 가공품, 아마도 유기 물질을 정성껏 그리고 고의로 사원 유적지에 안치하는 행위는 여전히 일상적으로 일어났다.[16]

사람들은 철기 시대와 그 이전에 확립된 돌봄의 규칙에 따라 여전히 강력한 물건을 강이나 소택지에 던져 넣고 정착지에 안치했다. 로마의 영향을 받으면서 많은 것이 변화했다. 인구가 증가했고, 재료의 사용 수준이 폭발적으로 증가했을 뿐 아니라(튜더 시대(Tudor Period)에 이르러서야 비로소 인구와 물리적인 사물의 수준이 다시 로마 시대의 수준에 도달했을 가능성이 있음) 마을이 형성되었고, 군사 주둔지와 요새가 건설되어 새로운 도로와 연결되었으며, 교외 저택(villa)이 건설되었다. 사람들의 기본적인 삶의 구조에서 많은 것이 변했지만, 놀랍게도 거의 동일하게 유지된 삶의 요소도 존재했다. 로마 제국 전역의 사람들이 새로운 로마의 방식을 채택하거나, 기존의 생활 방식을 유지하면서 저항하거나, 기존의 문화와 새로운 문화를 혼합하여 매우 새로운 무언가를 창조하려고 시도했기 때문이다. 로마 시대 영국 본토 같은 지역에서는 로마적인 요소가 분명하게 드러나는 혼합 문화(예: 직선 도로, 세금 부과와 관료제의 시행이 촉진한 보다 더 합리적인 계산 등)가 점점 더 출현했다. 그러나 경관과의 호혜적인 관계 및 안치를 통해서 또는 철기 시대 미술 스타일이 로마 시대와 그 이후까지 계속됨을 통해서 뿐 아니라 사람들이 새로운 스타일의 직사각형 건축을 거부하고 그 대신 원형 주택의 전통을 고수하는 것을 통해서도 브리튼의 기존 방식이 끈질기게 지속되었다.

훨씬 더 기본적인 수준에서는 로마적 경관의 상당한 요소가 철기 시대 정렬에 따라 배치되었다. 우리는 스톤헨지 경관과 초기 신석기 시대 기념물의 중요한 요소들이 한겨울과 한여름의 지점에 따라 정렬되었다는 것을 확인했다.

기원전 1500년경 스톤헨지가 사용되지 않게 되면서 처음으로 경작지 체계가 배치되었고, 이러한 경작지의 중심축은 종종 지점에 따라 정렬되었다. 영국 본토 같은 지역에서는 로마 시대 말까지도 경작지가 배치되고 재배치되었다. 경작지의 상세한 구조는 변했지만, 전반적인 정렬은 변하지 않았다. 농업 경관은 공간적인 배열이었지만 또한 아마도 한겨울과 한여름에 행하는 중요한 의식과 관련되어 부호화된 시간적 배치이기도 했다. 경작지는 실무적일 뿐 아니라 우주론적이었다. 이 우주론은 (영국 본토가 그리스도교 국가가 될 무렵까지) 거의 2,000년 동안 지속될 정도로 강력한 힘을 가지고 있었다. 마법을 시사하는 것은 경관에 안치된 사물뿐 아니라 경관의 배치 그 자체였다.

유럽의 이교도 과거

그리스도교 이전 유럽의 과거를 기록하는 사람들은 두 가지 경로 가운데 하나를 따르는 경향이 있다. 첫 번째는 아마도 요즘 가장 인기 있는 것으로, 로마의 등장으로 인한 최초의 급격한 단절과 로마 제국의 멸망 이후 완벽하게 출현한 그리스도교 세계를 강조하는 것이다. 두 번째 경로는 정반대 방향으로, 이른바 이교도 유럽과 현재 사이에 깊지만 숨겨진 연속성을 강조하는 것이다.

　이러한 두 가지 선택은 모두 정치와 관련된다. 그리고 각각의 중심에는 대조를 이루는 방식으로 마법이 자리 잡고 있다. 첫 번째 이야기에서는 마법이 수천 년에 걸쳐 세계에서 차츰 축출된다. 두 번째 이야기에서는 마법이 근대성의 다양하고 맹렬한 공격에 맞서 토착 신앙을 지탱하는 중심 실마리이다. 지점이 되면 스톤헨지 같은 유적지에 수천 명의 사람들이 모이는 현상이 보여주는 것처럼 근대의 이교(異敎)주의와 고대의 마법은 서로를 정의하는 데 도움이 된다. 모이는 사람들 가운데 자신들이 영국 본토 원주민의 후손이라고 주장하는 소수의 사람들은 그 유적지가 자신들의 것이라고 느낀다(이교주의에 대해서는 10장에서 추가로 논의할 것이다).

　유럽의 과거와 현재에서 마법은 변함없는 요인이다. 그러나 고대의 지혜가 수천 년에 걸쳐 선택된 소수의 원주민을 통해 전수되어온 것은 아니었다. 유럽의 주민들이 혼합되고 재혼합된 것처럼, 고대의 지혜는 발명되고 재발명되었다. 유럽의 사람들은 세계가 작동하는 방식이라는 철학적인 수수께끼를 해결하기 위해 오래 지속되어온 일련의 주제를 다루었다. 즉, 인간이 영향을 미칠 수 없는 하늘에 존재하는 힘, 생성하는 힘과의 호혜적인 관계, 변형과 모호성의 문제였다. 각 시대는 저마다의 방식으로 이러한 문제에 접근한다. 소규모 집단이 새롭게 온화해지고 풍부해진 경관에 직면했다. 인구가 희박한 중석기 시대의 연구가 희박한 인간 세계는 후대의 철기 시대와 시간적으로도 멀리 떨어져 있을 뿐 아니라 인구가 조밀한 철기 시대의 공동체와도 다르다. 그러나 중석기 시대와 철기 시대 모두에서 사람들은 중요한 인공물을 물에 던져 넣고, 사람이나 말에 사슴뿔을 달아 생물종의 힘을 혼란스럽게 하고 결합했으며, 나무, 돌, 금속을 다루는 인간의 기술을 발전시켜 주변 세계에 전파했다.

이와 같은 관계에 대한 실험은 로마의 등장이나 중세 세계의 부상으로 인해 멈춘 것이 아니었다. 우리가 9장에서 살펴볼 것처럼, 그리스도교 교회는 매장 행위를 금지하는 대신 매장물을 안치할 새로운 장소를 제공했다. 변형에 대한 오랜 실험은 처음에는 연금술이라는 형태로 나타났고 화학이라는 보다 더 객관화된 형태를 거쳐 궁극적으로는 과학으로 유입된다. 세계에 대한 인간의 참여와 인간에 대한 세계의 참여는 최종적인 답이 존재하지 않는 일련의 질문, 즉 오늘날의 우리가 여전히 씨름하고 있는 질문으로서, 오래 지속되어온 관심사를 형성한다.

호수의 여인은 엑스칼리버를 끌어내어 아서왕의 손에 넘겨주었다. 과거는 우리가 살아가는 현재의 일부로서 존재하게 된 자원을 끌어내는 호수이다. 그러나 사물은 힘을 가진다. 왜냐하면 그것들이 과거에서 비롯된 것이기 때문일 뿐 아니라 동시대의 문제를 해결하는 데 도움을 줄 수 있기 때문이다. 이러한 문제는 정체성과 관련된 것일 수도 있고, 우리와 우주의 연결에 관련된 것일 수도 있으며, 보다 더 일상적이고 실무적인 문제에 관한 것일 수도 있다. 과거의 마법은 각 시대에 따라 재작업된다. 마법이 아무런 쓸모가 없어질 때 비로소 마법은 사라진다.

7

유대, 그리스, 로마의 마법
(기원전 1000년-기원후 1000년경)

기적이라는 발상은 적어도 3,000년 동안 마법과 종교의 관계를 복잡하게 만들었다. 유대와 아랍 전통에서는 모세(Moses)에서 예수, 무함마드(Muhammed)에 이르는 종교적 인물들이 기적을 일으켰다. 이것은 그 인물들의 힘의 토대가 되었고 그리스도교와 이슬람교로 유입되었다. '기적'이라는 단어의 의미는 경이로운 것과 믿을 수 없는 것 사이의 범위를 아우른다. 기적에는 항상 세계의 정상적인 작동을 넘어서는 것이라는 관념, 즉 일부 신성한 힘 또는 마법의 힘의 영향에서 비롯된 것이라는 관념이 포함되어 있다. 모세, 선지자 엘리야(Elijah)와 엘리사(Elisha)뿐 아니라 예수와 무함마드는 모두 유사한 유형의 기적을 일으켰다. 즉, 그들은 악마를 축귀했고, 병자를 치료했으며, 죽은 사람을 되살렸다. 그들은 다양한 방법으로 적을 혼란에 빠뜨렸고, 바다를 가르거나, 바다 위를 걷거나, 더러운 물을 마실 수 있는 물로 바꾸는 등, 물리적인 세계에 극적인 변화를 유발했다. 개별적으로 기적을 일으키는 행위는 메소포타미아와 그 이전까지 거슬러 올라가는 중동의 유구한 문화사에서 등장했지만 이제 그것들은 단 하나의 유일신이라는 참신한 문화에 대한 신앙을 창조하는 데 사용되었다.

아마도 기적을 일으키는 행위에 집착하는 보다 더 오래된 신앙 체계의 일부 요소가 이 새로운 세계에 고대의 힘을 부여했을 것이다. (9장에서 보다 더 상세하게 살펴볼 것처럼) 훨씬 나중에, 즉 개신교가 가톨릭 그리스도교에 직면했을 때 개신교의 주요 비판은 보다 더 오래된 가톨릭 그리스도교가 마법적이라는 것이었다. 물질을 변형시키거나 물질에 사람들을 보호할 수 있는 힘을 부여할 수 있다는 믿음은 아마도 유일신만큼이나 악마의 에너지와 연관될 수 있는, 불합리한 것으로 여겨졌다. 마법과 기적에 대한 초기 근대의 부정적인 평가로 인해 초기 시대의 역사를 기록할 때 유대, 그리스, 로마의 삶에서 마법이 종종 긍정적인 특성이었고 끊임없이 존재했음을 확실하게 보여주는 방식으로 기록하기가 보다 더 어려워졌다.

우리는 중동과 지중해 동부의 세계를 3장에서 마지막으로 보았다. 기원전 4000년에서 1000년 사이 메소포타미아와 이집트의 청동기 시대는 왕궁과 사원의 세계, 즉 왕, 파라오, 사제의 세계였다. 그 세계에서 마법과 종교는 복잡한 이중 나선으로 뒤얽혀 있었고, 동등한 가치를 인정받았다. 이제 기원전 1000년에서 0년 사이의 철기 시대로 되돌아가보면 변화가 나타난다. 마법은 여전히 중요하지만 (때로는 단 하나의 유일신과 관련된) 새로운 종교적 감수성으로 인해, 거대한 제국들 사이에 자리 잡은 보다 더 소규모 민족 집단의 성장으로 인해, 그리스의 경우 보다 더 공식화된 과학이 마법, 종교에 추가되어 삼중 나선을 형성함에 따라 첫 번째 단계로서 서서히 발전한 기계론적인 우주라는 발상으로 인해 마법의 위상은 재배치되어왔다.

마법은 사회의 모든 계층에서 예외 없이 받아들여졌지만, 마법을 행하는 데에는 상당히 전문적인 마법적 지식이 필요했다. 아마추어 마법사가 이와 같은 힘에 손을 대는 것은 일반적으로 참사였다. 이러한 시대의 공식적인 수사학에서 마법은 강력하지만 모호한 특성으로, 때로는 전문가나 카리스마 넘치는 개인이 행하기도 하고 종교 전승에 의존하여 사제와 랍비가 행하기도 했다. 그리스인과 로마인에게 마법은 종교에 내밀하게 얽혀 있지만 유대인에게 마법은 종교와 다소 거리가 있다. 마법은 가치 평가, 논란 및 논쟁의 대상이 되기도 하고 위험한 것으로 여겨지기도 한다. 마법은 다양한 특성을 지니고 있지만 여전히 사회적, 문화적 힘의 중심일 뿐 아니라 그것들을 진단하는 좋은 척도가 되고 있다. 마법은 수천 년 전에 살았던 사람들에게 중요했던 것처럼 현재의 역사가에게도 중요하다. 우리가 마법을 이해하기 위해서는 오늘날 우리가 살고 있는 세계의 기초를 제공하는 보다 더 광범위한 문화적 전통과 역사를 간략하게 스케치해야만 한다.

후기 청동기 세계는 강대국들이 지배했다. 이집트는 레반트의 일부를 점령하는 과정에서 아나톨리아의 히타이트(Hittites)와 충돌했고 동쪽으로는 바빌로니아 제3왕조인 카시트 왕조(Kassite Dynasty)와 부딪혔다. 그 외에도 중동은 그리스의 미케네(Mycenaean) 왕궁과도 연계되어 있었는데, 이것에 대해서는 아래에서 보다 더 상세하게 다룰 것이다(아래에서 언급된 주요 유적지 지도는 그림 7.1 참고).

강력한 국가들 사이의 충돌의 바탕에는 그들이 공유한 일련의 방대한 무역 재료가 자리 잡고 있었다. 기원전 14세기 말, 튀르키예 남부 해안의 울루부룬(Uluburun)에서 배 한 척이 난파되어 해저에 가라앉았다. 화물을 온전하게 보존된 상태였다. 1980년대에 고고학자들이 이 배를 발견했을 때, 이 배는 한 세기쯤 뒤 사라지게 될 청동기 시대와 연결된 세계의 단면

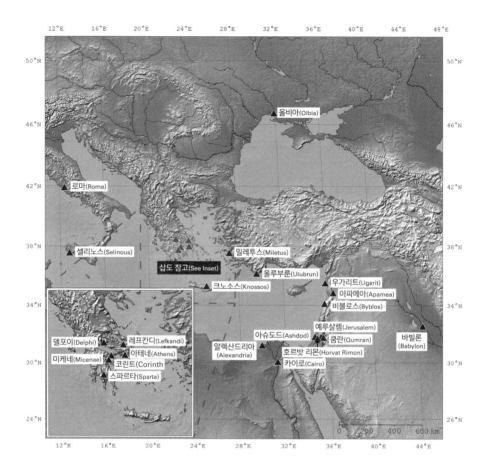

그림 7.1. 본문에 언급된 지역과 유적지 지도.

을 보여주었다. 다양한 모양과 다양한 출처를 가진 10톤의 구리 주괴(鑄塊)가 (함께 제련하면 11톤의 청동을 만들 수 있는) 1톤의 주석과 함께 쌓여 있었다. 현재 이스라엘 북부 어딘가에서 만들어진 149개의 가나안 단지(그리스, 키프로스(Cyprus), 레반트, 이집트 전역에서 광범위하게 사용된 유형)에는 (고대 테레빈유(油)의 한 형태인) 피스타치아 송진이 들어 있었다. 코발트 블루색, 청록색, 라벤더색 유리 덩어리 175개도 발견되었다. 북쪽 발트해의 호박과 남쪽 아프리카 대륙의 흑단 통나무를 포함한 귀중하고 이국적인 물건이 풍부했다. 그 밖에 아프리카 대륙에서 유래한 것으로는 코끼리와 하마의 상아와 이빨, 오리 모양의 상아 화장품 상자, 화장품용 상아 숟가락, 이집트 장신구, 키프로스의 기름 램프, 커다란 금 성작(聖爵), 네페르티티(Nefertiti)의 이름이 새겨진 금 펜던트, 마노(瑪瑙), 홍옥(紅玉), 금, 파이앙스(faience) 도자기 및 훨씬 더 많은 것을 꼽을 수 있다. 배 자체는 레바논의 삼나무로 건조되었다. 이집트의 알-아마르나(Al-Amarna)에서 발견된 아마르나 서신(Amarna letters)에는 지중해 동부의 모든 주요 강대국들이 일상적으로 교환한 왕실 선물이 기록되어 있다. 이 서신에 언급된 선물은 울루부룬 난파선에서 발견된 재료와 거의 유사하다. 이 배는 서쪽으로, 아마도 널리 알려진 수출입항인 로도스(Rhodes) 같은 곳으로 향하고 있었던 것처럼 보인다. 궁극적으로 그 화물은 아마도 그리스의 미케네 왕궁으로 향했을 것이다.

　여전히 많은 논란이 있지만 우리가 다루는 이야기와는 관련이 없는 이유로, 후기 청동기 세계는 기원전 1200년경 갑작스럽고 폭력적인 종말을 맞았다. 아슈도드(Ashdod), 비블로스(Byblos), 우가리트(Ugarit)를 포함하는 주요 도시가 파괴되었고 권력 구조가 대대적으로 재편되었다.[1] 파국 이후에는 언제나 그랬던 것처럼, 새롭고 상이한 세계가 형성되었다. 기원전 800년경부터 민족 정체성이 변화하기 시작했다 따라서 레반트와 그리스에서 새로운 국가 또는 도시 국가가 방대한 상호 작용 속에서 형성되기 시작했다. 이스라엘 민족과 이스라엘 국가는 나머지 민족과 공유하지 않는 단 하나의 유일신을 고수했다. 그들은 히브리어(Hebrew language)를 통해 구두로 전수되다가 나중에는 기록된 형태로 전수된 종교적 발상 및 사원과 일련의 의식을 통해 이웃한 민족들과 분화되기 시작했다. 거의 동시에 많은 도시 국가라는 매개체를 통해 그리스 정체성이라는 관념이 등장했다.

그리스 세계는 다양성이 풍부한 세계였다. 그러나 그리스 정체성은 언어, 미술, 일련의 정치적 관행을 사용하여 보다 더 오래 된 만신전을 유지했다. 덕분에 그리스인들은 그리스 본토나 에게해(Aegean Sea)의 바깥에 자리 잡은 집단과는 다른 존재로 정의되었다.

　그리스의 이야기는 단순하면서도 강력하게 전해졌다. 고전 그리스 시대의 도시 국가들은 당시 출현하고 있었던 민주적 과정의 일부로서 논쟁과 질문을 촉진했다. 기원전 5세기와 기원전 4세기의 르네상스 시대에 활동했던 소크라테스(Socrates), 플라톤(Plato), 아리스토텔레스(Aristotle) 같은 합리주의자들은 선명한 전제에서 시작하여 논리적으로 증명하는 원칙을 발전시켰다. 그리고 그것을 토대로 모든 신앙에 대해 회의적으로 검토했다. 환상을 닦아내는 이러한 회의주의의 첫 번째 피해자는 문맹인 사람들, 전통적인 소농민, 노예 문화 사이에만 남아 있던 믿음인 마법이었다. 그리스적 사고는 신화에서 논리로, 보다 더 그리스적인 어법으로 표현하자면 뮈토스(mythos)에서 로고스(logos)로 이동했다. 이것은 설득력 있는 이야기이지만 사실이 아니다. 모든 인간의 사고가 그러한 것처럼, 고대 그리스의 지적 세계는 매우 다양했고 신과 영혼뿐 아니라 보다 더 추상적인 힘으로 조밀하게 채워져 있었다. 고대 그리스인들의 우주는 살아 움직였을 뿐 아니라 지각을 지니고 있었다. 합리주의로 향하는 경향과 공존하면서 이러한 많은 힘들을 중보하기 위해서는 마법이 필요했다. 로마의 마법은 저주와 사랑의 마법을 강조한 그리스 마법을 반영했다. 그러나 제국이 확장됨에 따라 지중해의 마법과 동양 및 유럽 대륙의 마법이 결합되기도 했다.

　그리스, 로마, 유대의 사고는 다양했다. 그 이유는 그리스, 로마, 유대가 기원전 2000년에서 0년 사이 지중해 동부와 중동이라는 복잡하고 다문화적인 세계, 즉 방대한 언어, 문화 형태와 관행이 존재했던 세계에서 파생되어 때로는 고도로 분화되고 때로는 보다 더 큰 제국으로 지도화되었기 때문이다. 기원전 1000년에서 0년 사이의 유다(Judah)와 이스라엘이라는 두 개의 작은 국가는 그 전형이다. 그들은 다른 많은 국가 가운데 특히 이집트, 아람, 바빌로니아, 아시리아, 그리스 세계와 연결되어 이러한 모든 국가와 그 너머에서 영향을 받는 동시에, 이러한 흐름에서 유대인 특유의 것을 추출하여 이후의 세계에 중요한 영향을 미쳤기 때문이다. 우리는 유대교, 그리스도교, 이슬람교 같은 아브라함 종교(Abrahamic religions)라는 측면에서 이 지역의 세계사적 영향력을 생각하는 경향이 있지만, 마법과의 연결에 초점을 맞추지 않고는 이 종교들 가운데 어느 것도 이해할 수 없다.

기원전 1000년에서 0년 사이의 지중해 동부 지역을 살펴보고 있는 우리는 오늘날에도 여전히 반향하는 문화적 발전을 다루고 있다. 따라서 오늘날 이러한 시대를 유대교, 그리스도교, 이슬람교, 르네상스, 계몽주의(Enlightenment)로 이행하는 과정에 있는 하나의 단계가 아니라 그 시대 나름의 방식으로 평가하기는 어렵다. 중세 시대와 근대 세계의 그토록 많은 측면이 유대, 그리스, 로마 문화에서 비롯된 것으로 간주될 뿐 아니라 우리가 이러한 기원과 전수에 관한 이야기에 익숙해져 있기 때문이다. 과거의 어느 시대에 대한 것이든, 우리의 관점이 중립적인 경우는 없지만 유대, 그리스, 로마 문화에 접근할 때는 특별한 주의가 필요하다. 우리는 먼저 유대 마법과 그것의 역사를 살펴본 다음, 그리스 마법의 형태와 그들의 직계 후손인 로마 마법의 형태를 살펴볼 것이다.

유대의 역사

이제 후기 청동기 시대(기원전 1200년경) 이후의 레반트 남부 세계에 초점을 맞춰보자(표 7.1). 지금까지 살펴본 것처럼, 과거부터 계속되어온 이집트와 수세기 후 새롭게 형성된 아시리아 제국 및 아케메네스 제국 같은 보다 더 거대한 강대국들의 틈바구니에서 새로운 민족들이 출현했다. 이와 같은 민족 가운데 하나가 유다와 이스라엘이라는 국가를 통해 출현한 유대인이었다. 유대인이 어떻게 민족이 되었는지를 이해하지 않고 유대 마법에 대해 이야기하는 것은 불가능하다.

우리에게 깨달음을 주기도 하고 혼란을 주기도 하는 두 가지 주요 자료, 즉 히브리 성서(Hebrew bible)와 고고학은 항상 논란의 여지가 있다. 기원전 1200년, 후기 청동기 시대 세계가 파괴될 무렵 히브리어는 그 밖의 다른 셈어족의 언어와 분리되었고 (예수가 사용했던 언어인) 아람어 및 페니키아어(Phoenician)와 가장 밀접한 관계를 맺었다. 여담이지만 중요한 사실은 페니키아인들이 소리를 나타내는 글자를 사용하는 최초의 알파벳 문자를 발전시켰다는 점이다. 따라서 설형문자와 신성문자 같은 회화문자(繪畵文字)와 정반대로 소리를 눈으로 볼 수 있게 되었다. 알파벳 문자는 지중해 동부 전역에서 다양하게 변형되면서 발전했는데, 그 이유는 부분적으로는 이 문자를 초기에 채택한 아람어의 광범위한 분포뿐 아니라 페니키아인들의 무역 활동 때문이었다. 기록된 히브리어를 포함한 새로운 문자들이 등장한 결과 설형문자와 아카드어의 사용은 차츰 제한되었다. 우리가 살펴볼 것처럼, 히브리어는 소리와 기록된 형태 모두를 통해 주문의 본질에 결정적이다.

표 7.1 유대의 역사에서 일부 관련된 시대와 연대

연대	일부 중요한 사건
기원전 1200년 이전	보다 더 광범위한 가나안(Canaanite)의 문화적 환경에서 존재
기원전 1200년경	이집트가 레반트에서 철수. 히브리어(Hebrew language)에 대한 최초의 증거
기원전 1000년경	통일 왕국(United Monarchy) 하의 이스라엘 왕국(Kingdom of Israel). 예루살렘(Jerusalem)은 사원을 갖춘 고지대의 소규모 마을
기원전 930년경	왕국이 남쪽의 유다(Judah) 왕국과 북쪽의 이스라엘 왕국으로 쪼개짐
기원전 721년	아시리아 인들이 이스라엘을 침략하여 이스라엘 사람들을 노예로 삼음
기원전 587년	바빌로니아 인들이 유다를 침략하여 제1성전(First Temple)을 파괴하고 유다 사람들을 노예로 삼음
기원전 539년	이스라엘 사람들이 바빌론으로부터 돌아와 제2성전(Second Temple)을 건축
기원전 2세기	하스모니아 왕국(Hasmonean kingdom)
기원전 63년	로마에 의해 정복됨
기원후 70년	로마에 대한 반란 이후 로마가 예루살렘을 빼앗고 제2성전을 파괴함. 회당(會堂, Synagogue)과 랍비(rabbi)가 보다 더 중심으로 자리 잡음
기원후 136년	시몬 바르 코크바(Simon Bakokba)의 반란이 진압되고 유대인이 유대(Judaea)에서 추방됨. 유대 디아스포라가 여분으로 촉진됨. 유대교의 중심지가 바빌론과 카이로로 이동
기원후 390년–634년	비잔틴 시대(Byzantine Period)
기원후 634년–1099년	초기 아랍 시대(Early Arab Period)–유대인 집단은 북아프리카 대륙을 통해 이베리아(Iberia)로 보다 더 흔하게 이동
중세 시대	3곳의 유대인 중심지–이베리아와 북아프리카 대륙(세파르디(Sephardi)), 유럽(아시케나지(Ashkenazi)), 중동. 이러한 지역 내부 및 사이에서 상이한 전통이 발전했지만 일상적으로 접촉
근대 시대 (기원후 18세기부터)	특히 유럽에서 중요한 계몽주의 사고
1940년–1945년	유대인 대학살(Holocaust)
1948년	근대 이스라엘 성립

이스라엘은 이 지역에서 보다 더 광범위한 가나안 문화의 영향을 받은 작은 국가들로 구성된 모자이크 가운데 하나였다. 기원전 10세기경 사울(Saul) 왕, 다윗(David) 왕, 솔로몬(Solomon) 왕의 통치하에 이스라엘 왕국, 이른바 통일 왕국(United Monarchy)이 형성되었다. 성서가 시사하는 바에 따르면 아마도 이전에 이동 생활을 하던 사람들에 의해 형성되었을 가능성이 있다. 이 새로운 작은 국가의 중심인 제1성전(First Temple)은 예루살렘에 세워졌다. 고고학이 시사하는 바에 따르면, 기원전 10세기와 9세기 초 예루살렘은 고지대 마을이었고 8세기 말에야 비로소 도시로 성장했는데, 아마도 도시가 되고 나서야 비로소 성전이 전체로서의 국가에 진정한 중요성을 가지게 된 것으로 추정된다. 솔로몬이 죽은 뒤 통일 이스라엘 국가는 두 개의 국가로 쪼개져, 남쪽에는 유다가 북쪽에는 이스라엘이 자리 잡았다. 기원전 721년 아시리아가 이스라엘을 무너뜨렸고 이스라엘 사람들을 아시리아로 강제 이주시켰다. 유다는 아시리아 무역 네트워크에 식량과 원자재를 공급하면서 잠시 동안 번성했다. 그러나 기원전 587년 네부카드네자르 2세(Nebuchadnezzar II)가 통치하는 바빌로니아가 유다를 침략하여 예루살렘의 성전을 파괴했고 제례 용기를 약탈했으며 왕과 이스라엘 민족을 바빌론으로 추방했다.

기원전 539년 아케메네스(페르시아)의 키루스 대왕(Cyrus the Great)이 바빌론을 정복한 후 이스라엘 민족에게 고국으로 되돌아가라고 선언했다. 그 후 예루살렘에 이른바 제2성전(Second Temple)이 건설되었다. 제2성전은 유대인들이 로마의 통치에 반대하여 반란을 일으킨 기원전 70년 티투스(Titus) 치하에서 파괴되었고 다시는 재건되지 못했다. 추방당했던 바빌론에서 상당히 엄격한 일신교가 처음으로 발전하여 제2성전에서 이루어진 Y-H-W-H(야훼(Yahweh)) 숭배의 토대가 되었다는 점에 주목하는 것이

중요하다. 조로아스터교(Zoroastrians)의 아후라 마즈다(Ahura Mazda) 숭배와
이집트의 아케나텐(Akhenaten) 등 일신교를 향한 다른 경향이 있었다. 그러
나 제2성전의 유대인들은 단 하나의 유일신에 대한 신앙을 그 이전의 어
떤 집단보다 더 완벽하게 포용했을 가능성이 높다. 신은 특이점, 즉 독특한
유일자로서, 그 밖의 모든 것의 원인이 되었다. 서로 경쟁하는 힘이 없는
상황에서, 단 하나의 유일신은 논쟁의 여지가 없고 이탈할 수 없는 단일한
교리를 주장할 수 있다. 교리를 엄격하게 따르는 종교는 정치적으로 강력
하고 그들과 논쟁을 하려는 사람들에게 잠재적으로 위험하다. 종교가 보
다 더 제한적이 되면서 이단이라는 관념이 발전되었고 공표되었다. 일신
교에서는 유일신 이외의 힘은 존재할 수 없기 때문에, 일신교에서는 마법
이 존재할 수 없다고 알려져왔다. 이 책에서 나는 이 주장의 진위 여부를
따져볼 것이다.

유대인 문화는 (거의) 항상 다원적이고 디아스포라적이었다. 적어도 기
원전 539년 바빌로니아에 의해 정복된 이후부터 바빌론이라는 도시와 그
주변 지역에 대규모 유대인 공동체가 형성되었고, 이와 같은 공동체는 성
기(盛期) 중세 시대(High Medieval Period)와 그 이후에도 지속되었다. 다양한
시대에 이집트, 특히 알렉산드리아(Alexandria)와 카이로(Cairo)는 대규모 유
대인 인구를 포함하여 수많은 추방자 또는 그곳을 고향으로 여기는 사람
들의 거주지였다. 후기 로마 제국 이후, 즉 기원후 4세기부터 유대인들은
유럽으로 이동하여 아시케나지 유대인(Ashkenazi Jews)으로 알려지게 되었
다. 이들은 히브리어, 독일어, 슬라브어를 혼합한 이디시어(Yiddish)를 발전
시켰다. 세파르디 유대인(Sephardic Jews) 다수가 북아프리카 대륙과 이베리
아(Iberia)에 정착하여 이슬람교의 통치 아래에서 종종 번성했다. 유대 공동
체는 어디에서나 보다 더 광범위한 인구와 관계를 맺었고, 이러한 관계는

집단 학살의 공포와 건전한 공생 사이를 오갔다. 유대인 문화는 보다 더 광범위한 문화적 형태와 다소 별개로서 존재했지만 여전히 주변의 사람들과 활발하게 주고받는 생활을 누렸다. 유대인들은 자신들의 고유한 정체성을 유지하면서, 동쪽에서는 페르시아와 바빌로니아 문화로부터, 유대교의 중심부에 보다 더 가까운 곳에서는 그리스와 이집트 문화로부터, 훨씬 먼 서쪽에서는 유럽으로부터 영향을 받았다. 기원후 7세기 이후에는 아랍 문화와도 유사한 측면을 보이는데, 그 시대에는 유대인과 아랍인이 서로의 차이를 상호 인정하는 상태에서 생활했다. 유대인들은 중세 세계로 흘러들어온 다양한 종류의 고대의 영향을 인정하면서 공간뿐 아니라 시간을 초월하여 마법 문화를 연결했다.

　기원전 1000년에서 0년 사이 초반의 이스라엘은 지중해 동부에 자리 잡은 그 밖의 다른 작은 국가들과 비슷했다. 언어, 종교, 공유된 관행, 영토가 새로운 국가의 토대가 되었다. 이는 민족 국가의 세계에서 생활하는 우리에게는 당연하게 여겨지지만 당시에는 참신한 방식이었다. 통일 국가였을 때조차 보다 더 거대한 권력들, 즉 강대국에 둘러싸여 주기적으로 침략과 약탈을 당하는 작은 국가였던 이스라엘은 내부 갈등으로 인해 유다와 이스라엘이라는 훨씬 더 작은 두 개의 국가로 분열되었다. 그러나 또한 이스라엘은 다른 작은 국가들과 상이했다. 파괴, 추방, 부활은 이스라엘의 자아에 대한 감각에서 중요한 요소가 되었다. 따라서 고대 시대와 그 이후의 모든 시대에서 회복력은 유대인의 자아 이미지에서 결정적인 측면이었다. 유대인들이 추방에서 풀려났을 때 최초로 유대 일신교가 탄생했고, 수세기 후 그리스도교가 그 뒤를 이었다. 두 종교 모두 세계사적 결과를 가져왔다. 이중 나선의 두 번째 가닥처럼, 두 신앙에는 마법이 뒤얽혀 있다. 그러나 그것이 세계사에 가지는 함의는 줄곧 과소평가되어왔다.

유대 마법
: 카이로 게니자 및 그 밖의 다른 자료의 출처

수행되어야 할 연구가 아직 많이 남아 있음에도 불구하고, 유대 마법에 대한 관심이 크게 되살아나고 있다. 그것은 내가 연구를 수행하는 동안 운이 좋게 알게 된 기드온 보학(Gideon Bohak)의 《고대 유대의 마법*Ancient Jewish Magic*》이라는 밀도 있고 훌륭한 책이 가장 잘 보여주고 있다. 기드온의 학식은 상당하다. 몇 가지만 꼽아보자면 보학은 영어와 히브리어로 글을 쓰는데, 히브리어로 기록된 고대 텍스트를 참고하고, 추가적으로 그리스어와 아랍어 저술도 참고하며, 다른 언어 가운데 무엇보다도 고대 아람어와 만다야어(Mandaic)로 기록된 텍스트도 읽는다. 거기에 더해 보학은 다양한 종류의 언어가 다양한 종류의 문자로 기록되었다는 사실과도 씨름해야 했다. 예를 들어 중세 시대에는 아랍어가 히브리어 알파벳으로 기록되었다. 또한 (이 분야의 전문가들 사이에서는 JPA로 통하는) 유대 팔레스타인 아람어(Jewish Palestinian Aramaic) 같이 이국의 영향을 받아 변형된 형태의 언어도 존재한다. 이것은 히브리 문자의 변형으로 표현된 아람어였다. 고대 지중해 동부의 매력적인 특징 가운데 하나는 개방적이고 국제적이며 다양한 많은 전통에서 출발한 믿음과 관행이 혼합되어 있었다는 것이다. 지리적으로 레반트 남부에 자리 잡고 있으면서 주기적으로 그곳에서 추방당한 탓에, 보다 더 너른 유대 문화가 그러한 것처럼, 유대 마법에는 다른 세계 가운데 특히 이집트, 바빌로니아, 아시리아, 그리스, 아람 세계의 영향이 결합되어 있었다. 유대 마법은 이러한 모든 요소를 추출하여 독특한 것으로 바꿨다. 화학 반응에 상응하는 이 문화적 구성 요소의 기원을 추적하기 위해서는 수십 년에 걸친 언어 연구를 통해 다양한 문화적 배경을 이해할 필요가 있다.

가장 오래된 자료가 가장 빈약하다. 그 결과 우리는 후대의 지식을 토대로 시간을 거슬러 올라가 제1성전 시대와 제2성전 시대의 마법을 재구성해야 한다. 유대 마법에 대한 이해는 기원후 300년에서 700년 사이 후기 로마 시대와 비잔틴(Byzantine) 시대를 아우르는 후기 앤틱 시대(Late Antique Period)에 갑자기 뚜렷해진다. 그 이유는 상당 부분 한 가지 놀라운 자료 때문이다. 중세 유대교의 특별한 특징은 회당 내에 신성한 문자 보관소를 만들었다는 것인데, 개별적으로는 게니자(genizah)('기록 보관소' 또는 '저장소')로 알려져 있다. 히브리어는 신성한 문자로, 유일신의 말씀을 새기는 데 사용되었다. 히브리어 필사본은 불경한 것이 아닌 한 함부로 버릴 수 없었다. 따라서 신성한 보관소에 영원히 보관되었다. 초기 중세 시대의 카이로는 매우 거대한 유대인 공동체가 자리 잡은 곳이었고, 카이로 게니자(Cairo Genizah)는 중세 시대 문서 컬렉션 가운데 단일한 것으로서는 가장 큰 것으로 묘사되었다. 19세기 후반 영국 여행자들이 우연히 게니자를 발견하여 그것의 대부분을 영국으로 옮겼다. 오늘날 그것들은 케임브리지 대학 도서관(Cambridge University Library), 영국 도서관(British Library), 옥스퍼드 대학교의 보들리언 도서관에 소장되어 있는데, 다른 곳에도 소규모의 자료 컬렉션이 소장되어 있다. 아미타브 고쉬(Amitav Ghosh)의 저서 《고대의 땅에서 In an Antique Land》에는 카이로 제니자와 거기에서 비롯된 일종의 중세 역사에 대한 흥미로운 이야기가 등장한다. 바로 인도양 건너 동쪽에서 이루어진 중세 직물 무역 덕분에 유대인들이 인도 남부 케랄라(Kerala)에 유대인 공동체를 세울 수 있었다는 이야기이다. 케랄라에는 기원후 4세기에 세워진, 인도에서 가장 오래된 회당이 자리 잡고 있다.

　게니자에는 전체 필사본도 일부 있고 매우 파편화된 필사본도 있지만, 오늘날 그것들을 세심하게 연구한 결과, 중세 시대와 그 이전 시대의 유대 역사에 대한 이해가 크게 바뀌었다. 꽤 많은 텍스트가 마법 관행을 언급하고 있는데, 역사의 보다 더 정통적인 측면에 관심이 있는 사람들은 이 부분을 무시하거나 경시해왔다. 이 텍스트들을 종합하면 로마 제국이 멸망한 뒤, 그러나 아랍인들이 이집트를 정복하기 이전인 기원후 6세기에서 7세기 사이의 후기 앤틱 시대에 대한 일련의 직접적이고 상세한 기록을 파악할 수 있다. 또한 제2성전 시대와 아마도 그 이전 시대로 거슬러 올라가는 시대를 엿볼 수 있는 기록도 존재한다. 쿰란(Qumran)에서 발견된 사해문서(死海文書, Dead Sea Scrolls)는 (아마도 기원전 600년까지 거슬러 올라가는) 보다 더 초기 시대의 직접적인 증거로서 이 자료를 보완한다. 사해문서는 남아 있는 다른 자료, 예를 들어 초혼을 기록한 금속 태그나 (우리가 아래에서 보다 더 자세하게 마주치게 될) 바빌로니아에서 비롯된 주문 그릇 같은 자료와 결합될 수 있다. 물론 풍부하지만 논란이 분분한 자료는 히브리 성서와 신약 성서이다. 유대 마법을 이해하는 것은 비교적 널리 알려진 후기 앤틱 세계에서 제대로 이해되지 않은 기원전 1000년에서 0년 사이의 상황으로 거슬러 올라가는 문제이다. 따라서 이와 같은 재구성 작업은 학문적으로 매우 주의를 기울여 신중하게 수행해야 한다.

유대 마법은 다른 시대와 다른 장소에서도 친숙한 방식으로 크게 나눠 볼 수 있다. 유대 마법은 일상생활에서 발생하는 걱정거리와 문제뿐 아니라 그 시대의 커다란 우주론적 질문에도 대처하기 위해 다양한 기법을 발전시켰다. 유대 마법에서는 두 가지 특징이 두드러진다. 첫 번째 특징은 악마, 유령, 영혼으로부터의 보호를 강조한다는 것이다. 그리스와 로마의 저주와는 대조적으로 유대 마법에서는 공격적인 마법이 비교적 덜 발전했다. 둘째, 특히 중세 시대 유대 마법은 난해하고, 신비주의적이며, 복잡한 것을 강조했는데, 이것은 종종 글자와 숫자 사이의 연계, 유일신의 이름,

축귀를 위한 노력과 관련되었다. 지나치게 단순한 분석일 수 있지만, 우리
는 보호와 복잡성에 대한 강조는 모두 외부적인 위협과 내부적인 논쟁을
꾸준히 경험하는 문화가 보인 반응이었다고 간주할 수 있다. 유대의 문화
와 마법은 결코 단순하지 않았다.

유대 마법의 역사

선사 시대에서 제2성전의 종말 (기원전 1000년 이전에서 기원후 70년)

유대 마법은 고유한 역사를 가지고 있다(표 7.2). 유대 마법은 다신교 세계
에서 처음 진화했던 제2성전 시대 이전에는 거의 엿볼 수 없었다가, 기원
전 500년에서 200년경 사이의 제2성전 시대 동안 조금 더 뚜렷해지기 시
작했다. 우리는 인간에게 부마되기 쉬운 악마 집단과 마주친다. 일부 유대
인들은 악마가 하늘에서 추방된 타락한 천사와 여성의 결합에서 유래되었
다고 생각하여, 악마에게 저세상의 특성과 지상의 특성을 모두 부여했다.
나머지 사람들에게 악마는 후기 유대교 신앙에서 디북(dybbuk)과 유사한
악한 사람들의 유령이었다.

그것의 기원이 무엇이었든 관계없이, 악마는 여러 가지 방법을 통해 축
귀할 수 있었다. 거기에는 동물, 식물 또는 광물성 물질의 조작, 마법사의
주문, 적절한 용품과 의례의 사용, (전부는 아니지만 대부분 남성이었던) 카리스
마 넘치는 축귀사(逐鬼師)의 존재감과 타고난 힘이 포함되었다. 마법사와
축귀사가 누구였는지는 불분명하다. 일부는 이와 같은 작업을 전문으로
하는 사원의 사제였지만 다양한 종류의 마법 관행을 통해 생계를 유지하
는 사람들도 있었다.

악마의 부정적인 본성은 천사의 긍정적인 특성으로 평형이 맞춰졌다. 〈토비트*Book of Tobit*〉의 이야기에서 볼 수 있는 것처럼, 천사의 도움을 받는 것은 효과적이었다. 천사 라파엘(Raphael)은 사라(Sarah)의 결혼식 전날 밤 그녀의 예비 남편들을 살해했던 악마 아스모데오(Ashmedai)를 속박하는 데 도움을 준다(아스모데오로 인해 사라의 남편이 될 뻔했던 7명이 목숨을 잃었다). '진노(震怒)의 악마'인 이란의 아에즈마 데바(Aêsma daeva)에서 비롯된 것으로 추정되는 아스모데오는 유대 악마학에서 끊임없이 등장하는 존재이다. 아스모데오를 제거하는 데는 티그리스강에서 잡은 특정한 물고기의 심장과 간을 훈제하는 기법이 사용되었다. 사라의 경우, 냄새를 맡은 아스모데오가 이란의 엑트바나(Ectbana)에서 상(上)이집트로 도망쳤고 (나중에 아스모데오가 탈출하게 됨에도 불구하고) 그곳에서 라파엘이 아스모데오를 속박했다(기드온 보학은 아스모데오의 탈출과 관련하여 아스모데오가 앞으로 수세기 동안 유대 악마학의 "'스타' 가운데 하나'가 될 존재이기 때문이라고 언급했다).[2]

악마가 냄새에 민감하다는 사실은 유대인과 이방인 모두에게 널리 알려져 있었다. 특정 악마를 쫓아낼 수 있는 냄새를 발산할 수 있는 특별한 식물과 동물에 대한 지식을 습득하는 것이 악마를 쫓아내는 요령이었다. 이러한 식물과 동물을 획득하는 과정은 까다롭고 위험할 수 있었다. 보다 더 이른 시기의 유대 전승에는 중세 세계에서 맨드레이크(mandrake)라고 알려진 식물의 뿌리에 대한 이야기가 등장한다. 유대 전승에서 바아라스(ba'aras) 뿌리라고 알려져 있었던 맨드레이크 뿌리는 사람에게 위험한 존재이다. 기원후 75년경 요세푸스(Josephus)는 마카에루스(Machaerus)라는 소도시 근처에서 발견되는 이 뿌리가 불꽃 색깔을 띠고 있다고 묘사하면서 저녁 무렵이면 찬란한 빛을 발산한다고 덧붙였다. 이 뿌리는 '그것을 뽑으려는 의도를 가진 사람이 접근하면 움츠러들어 사람이 붙잡지 못하게 피한

표 7.2 도식화된 유대 마법의 역사.

연대	사건과 과정
기원전 1000년 이전	정보 부족-모세와 카리스마 넘치는 인물들이 기적을 행함. 아마도 악마, 천사, 점성학, 보호 마법에 대한 믿음이 존재했을 수 있음
기원전 1000년-587년경	제1성전. 다신교 신앙. 마법에 대한 믿음과 종교 신앙의 구두(口頭) 전수. 아마 부적과 신명사문자(神名四文字, Tetragrammaton)를 사용했을 가능성이 있음. (위에서처럼) 보다 더 이전의 신앙과 카리스마 넘치는 인물들의 연속
기원전 539년-기원후 70년	제2성전. 일신교. 지식의 구두(口頭) 전수. 일부 기록된 축귀용 찬가(讚歌). 예수를 포함하는 카리스마 넘치는 인물. 부적, 보호 마법 및 공격 마법
기원후 70년-634년	유대 마법이 뚜렷해진다-훌륭한 기록 자료인 카이로 게니자(Cairo Genizah)가 중요하다. 바빌로니아 주문 그릇과 부적이 흔하다. 보호 마법. 의학과 연계. 디아스포라가 점점 더 촉진되어 마법 관행을 확장된 유대 세계 전역으로 전파
중세 시대의 마법	기록 자료-《세페르 라지엘 하-말라크Sepher Raziel ha-Malakh》, 《세페르 하-라짐Sepher ha-Razim》, 《모세의 검Sword of Moses》이 중요하다. 이것들은 아마도 보다 더 이전의 자료에 의존할 것이다. 특히 세파르디 유대인 사이에서. 실무적이고 신비주의적인 카발라(Kabbalah)의 발전. 0일부 점성술. 유일신의 이름(Names of God)과 게마트리아(Gematria)가 중요한 조작 및 방법. 성가(聖歌)의 마법적 사용. 부적이 중요. 아시케나지 유대인 사이에서 골렘(Golem)
근대 시대의 마법	중세 시대의 신비주의적인 전통과 실무적인 카발라의 연속. 그러나 또한 마법에 대한 계몽주의적 비판. 최근 유대 마법이 유명인을 포함한 비유대인에게 영향을 미침

다. 여성의 소변이나 생리혈을 뿌린 뒤에야 비로소 움직이지 못하게 된다'.[3] 맨드레이크 뿌리를 붙잡을 수 있는 상황이라고 해도 그 뿌리를 직접 붙잡는 것은 치명적이었다. 따라서 또 하나의 뿌리를 손에서 늘어뜨리거나 다음과 같은 수상쩍은 절차에 관여할 필요가 있다. 식견이 풍부한 사람들은 맨드레이크 뿌리를 발견하면 '뿌리를 덮고 있는 흙을 아주 조금만 남기고 그 주위를 모두 파낸 다음 개를 묶어둔다. 개가 자기를 묶은 사람을 따라가기 위해 달려 나가면, 뿌리를 쉽게 뽑을 수 있다. 대신 개는 즉시 죽는다. 그

러고나면 이 뿌리를 만져도 더이상 위험하지 않다. 말하자면, 개는 이 식물을 뽑으려는 사람 대신 죽는 것이다'[4](그림 7.2). 만일 이 식물을 환자에게 묶어두거나 악마의 코앞에 가져다 대면 악마는 도망칠 것이다. 그리스 세계에서도 이와 유사한 뿌리가 알려져 있다. 유대인들은 나일강에서 가져온 돌을 이용하여 악마에게 겁을 주거나 시끄러운 개가 더는 짖지 않게 만들었다. 보학이 주목한 것처럼, 가짜 뿌리, 가짜 돌 또는 그 밖의 다른 가짜 물질을 판매하는 방식으로 사기를 칠 가능성은 상당했지만 지중해 동부에 자리 잡은 시장(市場)에 참여하는 모든 사람들이 사기의 가능성을 차단하려는 노력을 기울이지 않았을 가능성이 높다.

　제2성전 마법의 결정적인 측면 가운데 하나는 그것이 구두로 전수되었다는 점이다. (부족한 증거가 이와 같은 결론에 영향을 미쳤을 가능성이 있지만) 문자 기록과 그 이후에 기록된 문자와 이후에 발견되는 숫자가 일상적으로 사용되는 경우는 드물었다. 우리가 살펴보게 되는 것처럼, 후대의 유대 마법에서는 무언가를 기록한 부적을 매우 흔하게 사용했다. 고대에 부적을 사용한 흔적은 보다 더 불분명하지만, 제2성전 시대와 아마도 심지어 제1성전 시대에서도 모든 단어 가운데 가장 강력한 힘을 가진 유일신의 이름을 사용하는 등의 부적 관행이 있었음을 암시하는 흔적이 존재한다. 기원전 2세기 유다 마카베오(Judas Maccabeus)가 셀레우코스(Seleucid) 왕조의 군대에 패배한 이유를 현지 지휘관들이 유다의 명령을 따르지 않았기 때문이라고 보는 사람도 있지만, 죽은 병사들이 토라(Torah)에서 금지한 '이아메네이아(Iameneia) 우상의 형상'이 새겨진 부적을 착용했기 때문이라고 보는 사람도 있다.

　엘리야, 엘리사, 모세 같은 카리스마 넘치는 성자들로 이루어진 중요하지만 모호한 마법사 집단이 있었다. 그들은 마법사로서, 종교 신앙의 발전에 중요한 역할을 수행했다. 홍해를 가른 모세의 기적은 널리 알려져 있다.

그림 7.2. 개의 도움을 받아 맨드레이크 뿌리를 수확하는 남자. 맨드레이크에는 수컷 또는 암컷이 있다. 이 삽화 속 맨드레이크는 수컷이다. 이 삽화는 16세기 필사본에서 비롯된 것으로, 일부 마법 관행의 끈질긴 지속성을 보여준다.

엘리야와 그의 후계자 엘리사는 특히 가뭄을 시작하거나 끝내고, 죽은 사람을 되살리며, 식량의 공급원을 생산하고, 요르단(Jordan)강을 둘로 갈라 건너며, 오염된 물을 정화할 수 있었다. 성자들의 이러한 힘은 다소 불분명하지만, 유일신으로부터 비롯되었을 가능성이 꽤 높다. 그들의 힘은 공익(또는 해)를 위해 사용될 수도 있었고 사익을 위해 사용될 수도 있었다.

유대교 전통과 그리스도교 전통 사이에 겹치는 부분이 예수라는 인물 속에 존재한다. 예수는 보다 더 이전의 유대 성자들이 지녔던 대부분의 속성을 지니고 있다. 예수는 빵과 물고기의 수를 늘려 5,000명을 먹일 수 있었고, 물을 가르지 않고도 물 위를 걸을 수 있었다. 예수는 병자를 치료할 수 있었고, 죽은 사람을 되살릴 수 있었다. 무엇보다도 가장 인상적인 것은 죽은 뒤 죽은 사람들 가운데에서 살아났다는 것이다. 이 모든 것은 기적과 마법을 행하는 유대의 전통에 딱 들어맞는다. 후대 교회사가들이 설명하기 어려워하는 부분은 예수가 자신의 기적을 바탕으로 자신의 정당성을 주장했다는 것이다. 마법에 대한 모호한 태도는 그리스도교 기원의 핵심에 자리 잡고 있었다. 이후 그리스도교는 이 문제와 계속 씨름해왔지만 이 문제는 여전히 미해결 상태로 남아 있다. 마법사들이 싸움에 활용했던 힘이 유일신에게서 직접 비롯된 것인지 아니면 악마에게서 비롯된 것인지 여부는 불분명하지만, 보다 더 오래전부터 존재해온 영적인 존재가 종교적 어법으로 번역되었을 가능성이 꽤 높다.

축귀와 유일신의 이름을 사용하는 것 외에도 매우 잘 발전된 형태의 점복이 있었다. 여기에는 점성술, 손금 보기(chiromancy)(손바닥 읽기), 관상학, 수상학(手相學, palmomancy)(사람들에게 있을 법한 씰룩거림과 경련을 통해 그들의 미래 읽기), 고랄롯(gorallot)(제비를 사용하여 미래 점치기), 풍수학, 달력 연구, 역학(특정 행동에 길한 날 찾기), 서적점(bibliomancy), 천둥이나 지진 같은 자연 현상을 사용한 미래 예측, 해몽(解夢), 연금술이 포함된다. 대부분의 기법은 다양한 징후를 민감하고 정확하게 읽어낼 수 있는 훈련, 따라서 오랜 시간 동안 축적되어 한 세대에서 다음 세대로 전수되는 지식의 집합체를 민감하고 정확하게 읽어낼 수 있는 훈련과 관련되었다. 다른 지중해 동부의 신앙과 비교하여 무엇이 없는지에 대해 주목하는 것이 바람직하다. 다른 문화권에서는 조각상이 종종 신성한 힘의 살아 있는 구현으로 간주되었지만, 유대교에서는 조각상에 대한 제물과 봉헌이 금지되었다. 유대 마법은 이러한 성상파괴주의(聖象破壞主義, iconoclasm)를 후대의 이슬람교와 공유했지만, 성인의 조각상과 성모 마리아(Virgin Mary)의 조각상에 기적의 가능성이 있다고 인정하는 비개신교적 형태의 가톨릭 그리스도교와는 성상파괴주의를 공유하지 않았다.

제1성전에서 제2성전으로 이행하면서 다신교에서 일신교로의 이동이 일어났다. 전능한 신이 하나뿐인 세계에서 어떻게 마법이 작동할 수 있는지에 대한 의문이 제기되었다. 광범위하게 대답하자면, 마법은 단일한 유일신이 아니라 오히려 보다 더 서열이 낮은 방대한 존재들의 활동과 관련된다. 이러한 존재들은 부정적일 수도 있고 긍정적일 수도 있는 존재로서 악마와 천사의 형태로 나타났다.

후기 로마 시대와 후기 앤틱 시대 (기원후 70년-700년)

기원후 7세기에 아랍이 확장하기 직전의 수세기 동안 유대 마법은 후기 앤틱 시대라는 새로운 맥락 속에서 다시 발전했다. 이 시기에 대부분의 유대인은 이스라엘 바깥, 즉 이집트, 바빌론 또는 유럽에서 생활했다. 기원전 167년에서 160년 사이 셀레우코스 왕조에 대항한 마카베오 전쟁(Maccabean revolt) 이후 유대인의 대량 학살과 강제 이주가 일어났다. 그러나 기원후 70년 제2성전이 파괴되면서 새로운 종교 기관, 즉 건축 형태로서는 회당이, 인간적인 형태로서는 랍비 공동체가 성장했다.

후기 앤틱 시대의 마법은 다양한 관행에 대한 필사본 증거를 통해 훨씬 더 완벽하게 알려져 있다. 그러나 주문이 기록된 여러 종류의 마법적 물건도 존재한다. 후기 앤틱 시대 유대의 마법에는 두 가지 광범위한 영역이 존재한다. 하나는 바빌로니아를 중심으로 하는 동쪽 영역이고 다른 하나는 팔레스타인을 중심으로 하는 서쪽 영역이다. 동쪽 영역은 궁극적으로 메소포타미아의 유산으로부터 물려받은 영향에 뒤얽혀 있었고 서쪽 영역은 그리스, 로마, 이집트, 유대 세계 사이의 깊은 상호 연관성에 뒤얽혀 있었다. 동쪽 영역의 마법적 세계를 가장 잘 들여다볼 수 있는 창 가운데 하나는, '바빌로니아 주문 그릇'이다(그림 7.3). 바빌로니아 주문 그릇이 1,500여 개 발견되었으나 지금까지 다양한 학술 연구를 통해 조사된 것은 300여 개에 불과하다. 어쩌면 최대 1,000년 이전으로 거슬러 올라가는, 훨씬 더 이전의 사례가 일부 알려져 있음에도 불구하고, 이러한 그릇들은 기원후 5세기에서 8세기 사이라는 짧은 기간에 제작되었다. 이 그릇들을 통해 오늘날의 이란 서부와 이라크 같은 한정된 지역에서조차 고대의 종교 관행 및 마법 관행의 변동성이 높았음을 알 수 있다. 주문 그릇의 사용은 기원후 7세기 아랍의 침략과 함께 종말을 고했다. 우리는 주문 그릇이 기원후 5세기에 인기를 끌기 시작했던 이유를 알지 못한다. 그러나 보다 더 썩기 쉬운 매개체에 기록되어 우리에게 전해 내려오지 못한 것일 뿐, 보다 더 이전에도 유사한 주문이 기록되었을 가능성이 있다.

주문 그릇은 오늘날 사용하는 시리얼 그릇 정도의 크기로 대량 생산된 평범한 점토 그릇이다. 안타깝게도 대부분의 주문 그릇이 불법 발굴에서 유래했다. 따라서 우리는 주문 그릇의 고고학적 맥락에 대해 알지 못한다.

그림 7.3. 아람어 명문(銘文)이 새겨진 주문 그릇. 메소포타미아, 기원후 5-6세기경.

우리가 맥락을 알고 있는 주문 그릇 가운데 대부분은 주택 내부나 문지방 아래에서 뿐 아니라 묘지에서도 발견되었다. 주문 그릇은 작업장으로 추측되는 곳에서도 많이 발견된다. 주문 그릇들은 일반적으로 주택의 다양한 위치, 아마도 특정한 방 또는 방의 네 귀퉁이 같은 곳에 위와 아래가 뒤집어진 상태로 안치되었다. 때로 주문 그릇은 쌍으로 존재하고 잉크로 주문을 기록한 달걀 껍데기 같은 사물과 함께 발견되기도 한다. 주문 그릇 안쪽에는 문자(실제 문자이거나 또는 글자처럼 보이도록 디자인된 보다 더 무작위적인

낙서-제작자 또는 의뢰인이 문맹이었음을 시사하는 것일 수 있음)가 기록되어 있고
종종 족쇄에 묶인 악마 같은 형상이 그려져 있다. 사용된 그림과 신의 도
상, 공식, 주문은 메소포타미아의 문화적 형태를 상기시킨다. 주문 그릇의
주요 목적은 악마나 요술을 막아내고 사람을 보호하는 것이었다. 주문 그
릇은 개인, 가족 또는 보다 더 광범위한 집단을 악마의 공격으로부터 방어
할 수 있도록 디자인될 수 있다. 지명된 개인을 특정 질병으로부터 보호하
거나 지명된 개인이 앓고 있는 특정 질병을 치료하기 위한 경우도 있다. 이
와 같은 경우, 우리는 병상 아래에 주문 그릇을 안치했을 수 있다고 상상할
수 있다.

　　보호 주문은 가장 흔하게는 아람어와 만다야어로, 훨씬 더 드물게는 시
리아어(Syriac)로 기록되었다. 적은 수는 번역되지 않은 팔라비어(Pahlavi) 문
자로 기록되었고 (아직 공개되지 않은) 한 개나 두 개는 이슬람교적 요소가 있
는 아랍어로 기록되었다. 정사각형 아람어 문자로 기록된 그릇에는 히브리
성서의 구절이 담겨 있다. 만다야어 문자로 기록된 그릇들에는 만다야교의
특정 용어가 사용되는데, 이것은 하나의 표현 양식 내에도 지역적 가변성
과 문화적 차이가 존재함을 시사한다. 이러한 그릇에는 그리스어가 지극히
드물게 쓰인다. 이는 동쪽 영역의 문화적 환경에 대한 추가적인 흔적이다.
반대로 서쪽 영역의 유대 마법 전통에서는 외래어인 페르시아어가 거의 발
견되지 않는 것으로 알려져 있다. 보학은 주문이 특정한 목적과 의뢰인을
위해 일반적인 비결들을 맞춤화했던 전문가 집단 사이에서 구두로 전수되
었다고 주장한다. 주문은 마법사의 언어로 기록되었던 것처럼 보이는데,
이따금 그릇 겉면에 (아마도 의뢰인이 사용하는 언어로 추정되는) 상이한 언어로
'부엌에서' 같은 내용을 기록한 지침이 있기 때문이다. 다양한 사람들이 이
그릇을 제작했다는 것은 이러한 관행이 본질적으로 만연해 있었음을 보여

준다. 동일한 주문이 여러 그릇에서 발견된다는 점으로 미루어볼 때, 대량 작업도 존재했을 것으로 보인다.

유대 마법의 서쪽 영역은 이집트, 그리스, 로마 세계에 딱 들어맞는다. 이 세계에는 부적과 음각된 보석을 포함하여 몸에 착용하거나 몸에 가까이 두는 일련의 작은 물건들이 있었다. 우리가 알고 있는 부적은 납, 청동, 금 또는 은으로 만든 얇은 판에 새겨져 있다. (라멜라(Lamellae)라고 알려진) 가로와 세로 모두 몇 센티미터의 크기로 된 이러한 직사각형 금속 조각에 뾰족한 첨필을 사용하여 주문을 새겨 넣었다. 그런 다음 라멜라를 말거나 보다 더 드물게는 접어서 금속 관, 상자 또는 가죽 주머니에 넣었다(그림 7.4). 라멜라를 목에 걸거나 팔이나 다리에 묶을 수도 있었다. 주로 사용된 언어는 아람어와 히브리어 또는 이 두 언어의 조합이었다. 부적이 사용된 시기는 기원후 5세기와 6세기에 한정되지만 지리적으로는 시칠리아(Sicily)에서 조지아(Georgia)에 이르는 유대인 디아스포라 전역에 퍼져 있었고, 대부분은 팔레스타인에서 발견되었다. 적어도 40개의 부적이 알려져 있는데, 더 많은 부적이 계속 발견되고 있다. 부적은 무덤, 주택, 공공장소에서 발견되었다. 회당에서 무더기로 부적이 발견된 것으로 미루어볼 때, 아마도 이 관행은 공식적으로 인정받았을 것이다. 우리가 발견한 부적은 금속으로 만들어진 것으로, 아마도 엘리트 시장을 겨냥한 것이었을 것이다. 비어 있는 부적 용기가 발견되는 것으로 미루어 볼 때, 썩기 쉬운 파피루스나 가죽에 기록된 부적은 훨씬 더 많았을 것이다.

예를 들어 어떤 부적은 열병처럼 흔한 질환으로부터 의뢰인을 보호하기 위해 대량 생산되었다. 나중에 그 부적에 의뢰인의 이름을 추가할 수 있었다. 대부분의 부적은 환자에게 괴로움을 유발하는 악마를 쫓아내거나 부마와 악령의 눈으로부터 의뢰인을 보호하기 위한 것이었다. 질병의 원

그림 7.4. 금박에서 잘라낸 직사각형 판(라멜라)으로 만들어진 로마의 금 부적. 짧은 축을 따라 텍스트 16줄이 새겨져 있다. 1~3줄에는 12개의 마법 문자가 새겨져 있고 3~16줄에는 주요 텍스트가 그리스 필기체로 기록되어 있다. 테렌티아(Terentia)의 딸, 파비아(Fabia)의 안전한 출산을 기원하는 부적이다. 말리고 주름이 지고 퇴적된 이후에 구겨졌음에도 불구하고, 라멜라는 온전한 상태였다. 옥스퍼드셔 콜시(Cholsey)에서 발견되었다. 명문은 다음과 같다. '당신의 성스러운 이름으로, 어머니 테렌티아가 낳은 파비아가 온전하고 건강하게 태아를 다스리고 낳을 수 있기를. 주님과 위대한 하나님의 이름이 영원하기를.'

인이 매균설의 범위를 벗어나는 경우가 있지만, 우리는 많은 부적이 대체로 의학적인 목적으로 사용되었다고 간주할 수 있다. 우리가 살펴보게 되는 것처럼, 그리스와 로마 세계에서는 (종종 라틴어 용어인 저주 판(tabulae defixiones)으로 알려진) 납판에 기록된 저주가 흔했다. 저주 납판은 팔레스타인에서 발견되지만 그리스어로 기록되었다. 따라서 유대의 문화적 배경에서 직접 유래한 것은 아니다. 그리스인과 로마인은 저주한 반면, 유대인은 보호했다는 점이 두 마법의 중요한 차이점이다.

현재 이스라엘 남부 네게브 사막 북동부에 자리 잡은 호르바트 림몬(Hor-vat Rimmon)에서 기원후 5세기에서 6세기에 지어진 회당 지구가 발굴되었다. 이곳에서 무언가가 새겨진 일련의 파편이 발견되었다. 젖은 점토에 기록한 텍스트를 불에 구워 보존한 것이었다. 점토를 굽는 것은 실제 불의 열기가 열정의 불꽃에 불을 지피는 공감 마법의 결정적인 요소였다. 이 발견에 대해 논의하면서 보학이 언급한 것처럼, 근대 학자들은 후기 중세 시대에 사용된 비슷한 주문을 토대로 이 텍스트를 복원해왔다. 다음은 보학이 인용한 복원된 텍스트이다. '성[스러운 (⋯)] 천사들아, [내가] 너희들에게 [명하노라]. [이 파편이 불타는 것]처럼, [마(Ma)]린[의 딸?] 라[헬?]의 심장[도 마땅히] [Y의 아들인] 나[X]를 따라 타오르리라.'[5] 이 주문은 1,500년 넘게 유행했다. 아마도 많은 사람이 그 효과를 인정했던 것으로 보인다.

몸에 착용하는 보석, 반지, 펜던트는 고대 세계 전역에서 흔했다. 이집트어와 그리스어로 기록되어 때로는 그 지역의 신을 불러오기도 했던, 보체 마기카(voces magicae)[옮긴이: 마법의 이름 또는 마법의 단어라는 의미로, 발음은 가능하지만 이해할 수 없는 마법 공식을 지칭] 또는 공식이 새겨진 후기 앤틱 시대의 마법 보석은 전 세계적으로 적어도 5,000개가 넘을 것이다. 특히 유대의 상징이나 히브리어를 사용한 경우는 거의 없다. 일곱 가지로 갈라진 촛대인

메노라(Menorah)가 새겨져 있는 것이 일부 존재하지만 천사나 그 밖의 다른 성스러운 이름이 새겨진 경우는 없다. 성서 구절을 묘사한 장면들(말을 탄 솔로몬 왕이 여성 악마를 창으로 찌르는 장면이나 다니엘(Daniel)이 바빌로니아 뱀 신에게 먹이를 주는 장면)이 그려진 보석은 아마도 그리스도교에서 비롯한 것이었을 것이다. 적은 수의 보석에서는 단어가 다뤄진다. 예를 들어 히브리어 알파벳의 앞 글자와 뒷 글자를 엇갈리게 배치한 다음 (영어로는 AZBYCXDW처럼 보일 것이다) 각 자음 쌍 사이에 모음을 추가하여 단어와 닮은 무언가를 형성하는 것이다. 글자를 거꾸로 기록하기도 했다. 다른 문화적 배경을 가진 사람들과 더불어 살았기 때문에 유대인들은 보석을 보다 더 쉽게 사용할 수 있었을 것이다. 그럼에도 불구하고 유대의 전통에서는 무언가를 새긴 보석이 거의 나오지 않았다. 이것은 희귀하고 당혹스러운 사례이다.

(후대의 많은 전통에서 중요하게 여긴) 마법 파피루스와 마법 책은 마법을 위한 언어를 신중하게 사용했다. 아람어 마법 파피루스는 흔하지 않다. 그러나 이것은 아마도 오늘날 남아 있는 것이 거의 없기 때문일 것이다. 여기에는 종종 파편화된 상태의 마법 비결이 담겨 있다. 콥트어 마법 고문서의 파편, 그리스어 마법 파피루스, 다섯 개의 아람어 파편으로 구성된 '다국어 마법서'로 알려진 책에서 일람 하나가 발견되었다. 다양한 종류의 전통에서 출발한 마법 텍스트가 나란히 존재하고 한 문화가 그 밖의 다른 문화에 영향을 미쳤을 가능성이 매우 높은 이 발견을 통해 마법의 국제적인 차원이 드러난다. 한 아람어 텍스트에는 이른바 신명사문자(神名四文字, Tetragrammaton), 즉 히브리 성서에서 유일신의 이름을 이루는 네 글자 Y-H-W-H(영어로는 종종 야훼(Yahweh) 또는 보다 더 오래된 용법으로 여호와(Jehovah)로 음역됨)가 포함되어 있다. 신명사문자의 사용은 제1성전 시대로 거슬러 올라간다. 모세의 지팡이에 새겨져 있었다고 알려져 있었기 때문에 훨씬 더 이전으

로 거슬러 올라갈 수도 있다. 모세가 요셉(Joseph)의 관을 되찾기 위해 금판에 유일신의 이름을 새겨 나일강에 던졌을 때 마법에 의해 관이 떠올라 이집트에서 탈출할 수 있게 된 것이 그 시작일 수 있다. 신명사문자는 사제가 이마에 착용하는 금으로 만든 각판(刻板)인 지즈(ziz)에 가장 흔하게 사용되었다. 지즈는 매우 상당한 마법의 힘과 점복의 힘이 담겨 있는 물건으로 알려져 있다. (기원후 200년경 작성된 랍비 텍스트인 탈무드(Talmud)에서는) 문신을 금지했음에도 불구하고, 영적인 보호의 궁극적인 형태로 신체에 유일신의 이름을 기록하는 일이 흔하게 나타났다.

그리스인들의 영향으로 글자를 보호 수단 및 점복의 수단으로 다루는 경우가 상당히 많았다. 여기에서 중심은 신비로운 카라크테레스(charactêres)이다. 카라크테레스는 고대 마법의 본질을 둘러싼 수많은 논쟁을 불러일으켰다. 원환 글자로 알려진 카라크테레스의 기원은 분명하지 않지만, 그리스에서 비롯되었거나 그리스 이집트 시대의 전통에서 비롯되었을 가능성이 높다. 카라크테레스는 끝에 원환을 가지고 있는 준 알파벳 기호이다. 그러나 카라크테레스를 간단한 방법으로 이해하기 위한 모든 시도는 실패했다. 우리는 고대 작가들과 마찬가지로 카라크테레스가 천사의 언어를 나타낸다고 결론지을 수 있다(그림 7.5). 카라크테레스는 후기 앤틱 시대와 초기 중세 시대의 모든 마법 전통에서 발견되는데, 그 증거는 에티오피아(Ethiopia)에서 아르메니아(Armenia), (카라크테레스를 카라테라스(carateras)라고 불렀던) 이슬람교 스페인(Moorish Spain) 전역에서 발견된다.

중동에서는 카라크테레스가 부적, 주문 그릇에서부터 유명한 유대 마법 텍스트인《세페르 하–라짐Sepher ha-Razim》 같은 필사본에 이르는 다양한 매개체에서 발견된다.《세페르 하–라짐》은 아마도 유대의 텍스트일 것인데, 우리가 가진 현재 자료가 본질적으로 합성된 것이라는 이유로 인해

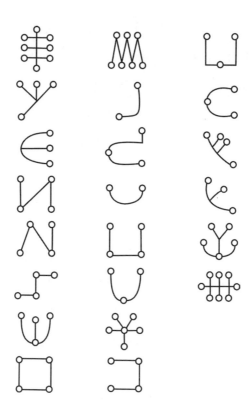

그림 7.5. 천사 메타트론(Metatron)의 알파벳 카라크테레스.

부분적일 수 있음에도 불구하고, (특히 카라크테레스를 사용했다는 점에서) 그리스 이집트 시대 세계의 영향을 보여준다. 《세페르 하-라짐》은 노아(Noah)가 방주에 들어간 해에 천사 라지엘(Raziel)이 노아에게 준 신비의 책으로 추정된다. 이 텍스트의 일부 히브리어 파편은 카이로 게니자에 그리고 이후에 라틴어와 아랍어를 포함하는 다양한 언어로 번역된 번역본에 존재한다. 《세페르 하-라짐》에는 일곱 하늘에 대한 묘사, 하늘의 각 구획에 자리 잡은 천사의 명단, 특정한 문제에 대해 특정한 천사의 도움을 받는 방법에 대한 상세한 지침이 포함되어 있다. 사람들은 왕이 자신을 길한 존재로 생각하게 만들 수 있기를 바라거나, 구혼자의 관심을 끌기를 바라거나, 사자를 잡을 수 있기를 바라는 것 같이 가능성이 낮은 어떤 일을 해내기를 바랄 수 있다. 《세페르 하-라짐》의 중요성은 천사 세계의 매우 복잡한 본질, 천사가 제공할 수 있는 도움의 범위, 천사의 도움을 얻는 데 필요한 다양한 종류의 마법에 자리 잡고 있다.

　　많은 마법 단어가 외국에서 비롯되었고 내재된 의미가 거의 없음에도 불구하고, 유대의 전통에서는 마법 단어가 흔하다. '아브라카다브라(abraca-dabra)'는 이러한 두 가지 측면 모두에 대한 대표적인 예이다. 다른 언어의 단어를 히브리어로 음역할 때 문제는 히브리어에 모음이 없다는 것이었는데, 우연하게도 여기에는 어떤 이점이 있었다. 그리스의 태양신 헬리오스(Helios)는 히브리어로 HLYWS이다. 이것은 유일신의 이름을 이루는 네 글자(Y-H-W-H)에 몇 글자를 더한 것과 같다. 이 울림의 힘으로 인해 헬리오스는 천사에 상응하는 존재로 여겨졌을 수 있다. 그리스-이집트 시대의 마법은 종종 단어의 의미보다는 소리나 인지된 숫자적 연결에 집중했다. 그리스에서 글자에 숫자 값을 배정하는 방식에 따라 천사 아브라삭스(Abrasax)에 사용된 글자는 최대 365라는 숫자로 치환되었다. 덕분에 천사 아브라삭스는 태양년의 날들과 연계되었다. 그 밖의 다른 이름들은, 때로 단어의 합성이라는 장치를 통해 3,663 또는 9,999의 숫자로 치환되게 되었다. 나머지 이름들은 의미가 있는 것이 아니라 소리를 다루는 것이었다. 프호르 보프호르바 프호르바보르 바프호르바(phôr bôphorba phorbabor baphorba)는 널리 알려진 배열이기 때문에 그 소리가 중요한 영향을 미친다고 생각했을 가능성이 있다. 초기 (및 후기) 그리스도교 교회에서 방언으로 말하여 해독할 수 없었던 로마 살리족 사제들의 영창과 페르시아 마법사가 발화하는, 들리지 않는 말들은 의미와는 관련이 없고 오히려 소리나 분위기 연출을 통해 그 밖의 다른 효과를 유발하려는 시도와 관련된다.

단어를 이용하여 만든 도형(특히 아브라카다브라(ABRACADABRA) 삼각형)도 영향력을 행사했다. 많은 자료 가운데 특히 카이로 게니자 문서에서 볼 수 있는 것처럼 기원후 3세기 이후 발견되는 아브라카다브라 삼각형은 하나의 단어를 여러 줄에 걸쳐 반복적으로 기록하는데, 한 줄 내려갈 때마다 단어에서 한 글자를 뺌으로써 삼각형 모양이 된다. 사람들은 질병의 이름이 줄어들면 질병의 힘도 감소한다고 여겼다. 이라크 키시(Kish)에서 발견된 주문 그릇에는 마마(Mama)의 아들인 아카르코이(Akarkoi)가 자신이 겪고 있는 괴로움을 보낸 사람에게 되돌려 보낼 의도로 작성한 주문이 기록되어 있었다. 이것은 아마도 그리스어 케팔라르기아(kefalagia)('두통')의 음역에 바탕을 두고 있을 것이다.

QPRGYH

PRGYH

RGYH

GYH

YH

H[6]

또한 이와 같은 단어 삼각형은 질병을 일으킨다고 여겨지는 악마의 이름을 기록(하고 축소)할 수 있었다. 모양을 통해 느낄 수 있는 단어의 심미적인 특성은 주문 효능의 일부였다.

유대 마법에서 일반적인 점성술의 역할은 논란의 여지가 있는데, 일부에서는 그것의 중요성을 주장하고 있다.[7] 아마도 기원후 1세기에서 3세기 사이에 시리아어로 기록되었을 것이지만, 더 이전의 자료를 활용했을 것으로 보이는 판본 가운데 지금까지 보존되어 있는 '셈의 논서(Treatise of Shem)'에는 책력이 포함되어 있다. 누군가가 한 해를 어떻게 보내게 될 것인지는 황도 12궁을 통해 설명되는데, 춘분점(春分點)에 떠오르는 별자리에서 시작하는 그 예측은 놀라울 정도로 구체적이다. '만일 한 해가 처녀자리(Virgo)에서 시작되면 이름에 유드(Yudhs) 또는 셈카트(Semkat) 및 베트(Beth)와 눈(Nun)이 포함되어 있는 사람은 모두 사망할 것이고 강도를 만나 집을 떠나게 될 것이다. (…) 첫 곡식은 번성하지 못할 것이고 (…) 대추는 풍성하지만 말린 완두콩은 가치가 떨어질 것이다.' 이와 같은 전문성은 바빌로니아 세계에서 수세기에 걸쳐 이루어진 관측과 예측에서 비롯되었을 수 있고, 그리스어나 히브리어로 된 이름에서 비롯된 글자의 상징체계에도 영향을 미쳤을 수 있다. 오늘날 우리는 그저 당시 사람들이 이와 같은 예측에 따라 곡물을 덜 심었는지 또는 완두콩을 덜 심었는지 여부가 궁금할 뿐이다.

　천문 전승에 대한 지식을 가지고 있었을 가능성이 있는 동방박사(Wise Men)들은 그리스도가 탄생할 장소를 시사하는 별을 따라왔다. 바빌로니아와 그리스의 점성술은 수많은 천체와 당시 존재했던 수많은 신들을 쉽게 연결했다. 히브리 일신교에서는 이와 같은 연결이 불가능해졌다. 덕분에 천체가 신의 지위를 가지지 못한 인간에게 영향력을 행사할 수 있는 힘을 가지게 되었다. 이 새로운 일신교적 점성술에서 유대의 사고는 이후 유럽 그리스도교 점성술 관행의 모형이 되었다.

중세 시대와 근대 시대의 마법 (기원후 700년-현재)

지난 1,300년 동안 유대 마법은 중동, 북아프리카 대륙, 이베리아뿐 아니

라 유럽 전역과 가장 최근에 식민화된 세계, 특히 북아메리카 대륙의 디아
스포라에서 생활했던 유대인의 복잡한 역사와 내밀하게 연계되는 거대한
주제이다. 마법은 특히 점복을 금지하는《할라카*Halakha*》또는 종교법에서
공통적으로 복잡하게 성장하면서 발전했다. 이는 마법이 행해졌음을 암시
한다. 마법에 대한 여러 책과 비결이 영향을 미쳤다. 위에서 언급한《세페
르 하-라짐》은 비잔틴 시대의 팔레스타인(Byzantine Palestine)에서 기록되었
을 것이지만 후대에 상당한 영향을 미쳤을 것으로 보인다. 종교 저술은 보
다 더 마법적인 목적을 위해 사용될 수 있었다. 예를 들어, 중세 텍스트인
《심무쉬 테힐림*Shimmush Tehillim*》에는 상이한 성가(聖歌)의 마법적 사용이
나열되어 있는데, 이 텍스트는 가톨릭 교회에서 작성한 금지 도서 목록인
《인덱스 라이브러룸 프로보토룸*Index librorum prohibitorum*》에 등재되기도
했다.《세페르 라지엘 하-말라크*Sepher Raziel ha-Malakh*》는 이른바 실무적
인 카발라(Kabbalah)(카발라의 보다 더 마법적인 측면)로 구성된 마법서였다. 중
세에 히브리어와 아람어로 기록된 실무적인 카발라에는 후기 앤틱(Late
Antiquity) 시대로 거슬러 올라갈 수 있는 구절이 포함되어 있었다. 바빌로
니아가 유대 문화에 미친 영향을 감안할 때 점성술을 강조한 것을 이해할
수 있다. 우리가 위에서 마주친, 오랜 친구 천사 아브라삭스는 후기 앤틱
시대 그리스 이집트 세계에서 유래한 천사로, 그리스어 7글자로 된 이름을
가졌는데, 아브라삭스의 이름은 365라는 숫자로 치환할 수 있어, 태양년
과의 연계를 시사한다. 이 한 가지 예는 중세 시대 마법적 사고의 복잡성을
즉각적으로 보여준다. 기록된 (및 발화된) 언어가 숫자의 능력과 연계되어
실재의 모양을 형성하고 모형을 구현할 수 있는데, 이것은 다시 천체의 운
동과 천체의 특성으로 연결된다. 이와 같은 난해함을 추구하는 것은 전문
가들의 영역이었다. 따라서 일반인들은 과학이 아니라 마법에 눈이 멀어

당혹감을 느끼거나 경외심을 느끼곤 했다.

　　유대 마법은 오늘날에도 여전히 존재하는데, 유대인이 아닌 사람들이 유대 마법을 행할 때 가장 유명하다. 그것은 거의 모든 문화적 맥락이 제거된 마법으로, 진정으로 근대 시대를 위한 마법이다. 잠시 동안 유대의 카발라에 반했던 마돈나(Madonna)가 런던 중심부에 자리 잡은 큰 주택을 카발라 센터(전 세계적으로 50개인 카발라 센터 가운데 하나)로 전환한 일은 널리 알려져 있다. 13세기에 토라에 대한 주석을 기록한 조하르(Zohar)를 매우 선별적으로 참고한 형태의 근대 카발라는 유일신의 이름, 우주의 본질, 선과 악의 문제, 우주적 에너지의 형태 및 훨씬 더 많은 것을 다시 한번 다룬다. 비평가들은 이와 같은 신앙을 '유대교의 아류'라고 조롱했다. 카발라에 대한 관심은 많은 사람들에게 일시적인 유행이었을 가능성이 꽤 높다. 반면, 이와 같은 관심은 오늘날의 세계에 널리 퍼진 결핍감을 시사한다. 그 결과 우리는 우리 주변 세계와 보다 더 깊고, 보다 더 의미 있는 연결, 즉 우주론적이고 도덕적인 토대를 바탕으로 하는 연결을 시도하게 된다.

　　유대 마법에 대해 이야기할 것이 아주 많지만, 나는 과거에 존재했던 매우 다양한 종류의 관행 가운데 많은 것이 오늘날에도 다양한 방식으로 영향을 미치고 있다는 점을 지적하고 싶다. 우리가 방금 검토했던 마법의 가닥들은 유대적이라는 특징으로 표현되는데, 이러한 특징은 레반트 남부에 이스라엘 국가를 세우려고 했던 초기 시도와 디아스포라에서 겪었던 다양하고 어려운 경험에 대응하면서 형성되었다. 이제 우리는 고대 그리스와 로마라는 매우 상이한 일련의 문화적 맥락으로 이동하여, 그들이 언제나 그랬던 것처럼, 중동과 지중해라는 보다 더 광범위한 문화적 배경을 바탕으로 창조한 마법을 살펴볼 것이다.

그리스와 로마의 마법

고전 그리스 시대의 마법적 경관은 종교의 경관과 겹쳐졌다. 이것은 규모
가 큰 사원에서 나온 신탁은 두 가지 요소를 모두 가지고 있었다는 것을 의
미했다. 또한 매우 다양한 마법 서비스를 제공하는 변화무쌍한 전문가들
도 있었다. 가정에서 가정으로 또는 인상적인 기관에 신탁 같은 서비스를
제공하는 사람들은 선견자(만테이스(manteis) 또는 크레스몰로이(chresmologoi)), 주
문을 노래하는 사람(에포도이(epodoi)), 경이(驚異)를 행하는 사람(타우마토포이
오이(thaumatopoioi)), 경이(驚異)를 해석하는 데 능숙한 사람(테트라스코포이(tetras
-kopoi))이었다. 이들은 죽은 사람의 혼을 되살리는 전문가(고에토이(goetoi))
뿐 아니라 보다 더 세속적일 수 있는 뿌리 자르는 사람(리조토모이(rizotomoi)),
약초 전문가이지만 기적적인 치료를 할 수 있었을 것으로 보이는 파마케이
(pharmakeis)와 경쟁했다. 마법사를 이와 같이 선명하게 분류해두면, 어쨌든,
깔끔하지만, 사실 많은 사람들이 다양한 마법 기술을 혼합하여 현재의 수
요에 부응했을 수 있다. 만일 국가의 통치자가 전쟁과 평화라는 무거운 문
제에 대한 조언을 원하거나 개인이 보다 더 개인적인 조언을 필요로 할 때,
조언을 의뢰할 수 있는 마법사 집단은 (특정한 마법 기술로 유명한 가문의 후손부
터 우연히 신탁의 책을 발견하여 새롭게 전문가로 자리 잡은 사람에 이르기까지) 당혹스
러울 정도로 다양했다.[8] 그러나 미래를 예측하기란 어려웠다. 예를 들어, 선
견자들은 기원전 413년/412년에 아테네(Athens)가 시칠리아에서 전쟁을
해야 하는지 여부를 묻는 질문에 반대했다(아테네 함대가 파괴되었을 때 이 전쟁
에 대해 경고했던 사람들이 옳았다는 것이 증명되었다). 선견자들은 많은 도시 국가
에서 공식적인 직책을 가지고 정책과 행동에 대한 상담을 의뢰받았고, 국
가의 행동에 마법적 차원을 부여했다.

마법이 고대 그리스와 로마 사회의 모든 측면에 영향을 미친 방식을 살펴보기 전에 우리는 새로운 형태의 민족성을 지닌 그리스 도시 국가의 세계와 우리가 주로 관심을 가지게 될 로마의 제국적 발전을 보다 더 긴 역사적 배경에 자리매김해두고 파악할 필요가 있다. 언제나 그랬던 것처럼, 그리스와 로마의 마법은 역사적으로 큰 변화를 겪었음에도 불구하고, 겹치는 부분이 막대하기 때문에 나는 그리스와 로마의 마법을 함께 다룰 것이다.

유대인 세계의 발전과 마찬가지로 고전 그리스 세계의 발전도 후기 청동기 시대의 국제적 상황 변화와 함께 출현했다. 앞서 우리는 오늘날의 튀르키예 남부 해안의 울루부룬에서 난파된 배가 미케네의 항구나 왕궁으로 향하고 있었을 것으로 추정된다는 것을 살펴보았다. 이와 같은 왕궁은 보다 더 이전의 미노스의 크레타(Minoan Crete)섬에 뿌리를 두고 있었다. 거대한 크레타섬은 마지막 빙하기 말의 어느 때에 초기 선원들이 처음 정착했던 섬이었다. 신석기 시대와 초기 청동기 시대를 거치면서 크레타섬의 농경민들은 올리브와 포도를 작물화했고 그것을 경작했다. 그들은 올리브를 기름의 형태로 또는 통째로, 포도를 포도주의 형태로 저장하면서 에게해와 지중해 동부 생활 방식 발전에 기여했다. 이러한 작물과 곡물, 가축화된 일반적인 동물들 덕분에 인구가 정착하고 성장할 수 있었다. 저장된 식량은 식물이 성장하는 계절 이외의 시기에 중요한 식량이었다. 기원전 2000년경부터 크레타섬에 최초의 왕궁이 등장하는데, 그 가운데 가장 유명한 것은 크노소스(Knossos)이다. 미노스의 왕궁들 각각에는 수천 명의 사람들이 거주했다. 미노스의 왕궁은 농산물과 무역품을 기록하는 서기관과 행정관들의 도움을 받는 왕과 귀족의 거처이기도 했다. 여러 문자가 차례로 기록에 사용되었다. 가장 초기의 문자는 신성문자이고, 그 뒤를 이어 이른바 선형문자(線形文字) A(Linear A)가 사용되었으나 어느 것도 번역되지 않았다.

반면, 선형문자 B(Linear B)는 번역되었고 일종의 그리스어 기록으로 입증
되었다. 미노스 크레타섬에서 생활한 사람들은 어떤 의미에서 그리스인이
었지만 그 이후 시대의 그리스를 통해 우리가 알고 있는 그리스인은 아니
었다. 우리가 왕궁과 후대 도시 국가 사이의 연계를 살펴볼 때는 매우 세심
한 주의가 필요하다.

크노소스와 다른 왕궁들은 작물을 재배하고 가공하는 소규모 농장에
둘러싸여 있었다. 이 세계가 여러 면에서 매우 상이한 세계였음에도 불구
하고, 우리는 올리브 나무, 포도, 곡물, 양, 소, 돼지가 있는 이 세계의 경관
이 오늘날의 경관과 닮았다고 생각할 수 있다. 구릉지와 산 꼭대기에는 치
유를 위해 제공되었을 수 있는 신체 부위의 봉헌을 포함하여 제물을 바치
는 봉우리 성소(聖所)가 자리 잡고 있었을 것이다. 기록을 통해 고전 그리
스 시대의 만신전에 자리 잡았던 신들과 동일한 이름을 가진 신성한 인물
이 있었다는 것을 알 수 있지만, 당시에는 사원과 사제가 없었으므로, 이
시대의 종교적 감수성은 후대의 종교적 감수성과 매우 상이했을 것이다.
기원전 1800년 이후부터 국제적인 연계가 점점 더 많이 발견되는데, 오늘
날 시리아 해안에 자리 잡은 우가리트 유적지는 모든 시대의 이집트가 그
랬던 것처럼 무역과 연결의 중심지로서 중요했다. 중동의 왕궁 사회에는
크레타섬과의 무역을 시사하는 기록이 있는데, 그리스와 동양과의 연계는
당시뿐 아니라 그 이후에도 중요했다(지도는 그림 7.1 참고).

초기 왕궁들은 기원전 1700년경부터 제대로 이해되지 않은 이유로 쇠
퇴하지만 곧 다시 부흥한다. 크레타섬의 왕궁 외에도 이 시대부터 우리는
그리스 본토에서 우리가 미케네 인으로 알고 있는 사람들이 건설한 최초
의 궁전을 발견한다. 하인리히 슐리만(Heinrich Schliemann)은 트로이(Troy)
를 발굴했을 뿐 아니라 1870년대와 1880년대에 유명해진 미케네 왕실의

수갱(竪坑)식 분묘를 발굴하여 매우 다양하고 정교한 인공물들을 발견했다. 정점을 찍은 크레타섬의 왕궁은 쇠퇴하기 시작했고, 기원전 1200년경에는 보다 더 광범위한 후기 청동기 시대 붕괴의 일부로 미케네의 궁전도 쇠퇴하기 시작했다. 기원전 1200년에서 800년 사이에는 '암흑 시대(Dark Age)'로 알려진 시대가 이어지는데, 이 시대에는 인구가 감소하면서 남은 사람들이 보다 더 작은 개별 농장으로 이주했다. 그러나 (나의 동료인 이레네 레모스(Irene Lemos)가 가장 최근에 발굴했던) 유보이아(Euboea)섬의 레프칸디(Lefkandi) 유적지가 보여주는 것처럼 모든 것이 암흑에 휩싸여 있었던 것은 아니다. 여기에는 기원전 1000년 직후에 커다란 직사각형 구조물이 세워졌고, 그 바닥에는 부장품이 풍부한 묘들이 배치되었다. 이러한 묘들 가운데 한 곳에 묻힌 여성은 매장 당시 적어도 1,000년이 넘었을, 금으로 만든 바빌로니아 가슴 장신구를 가지고 있었다. 이것은 청동기 시대에서 살아남아 철기 시대로 넘어간 것으로 보이는데, 청동기 기술이 철기 기술로 변화하는 속도가 더뎠음을 보여준다. 이 기술 변화는 한때 생각했던 것만큼 빠른 변화도 아니었고 혁명적인 변화도 아니었던 것으로 보인다.

　기원전 800년경부터 아테네, 스파르타(Sparta), 코린트(Corinth) 같이 비교적 인구가 적고 유명한 고전 도시 국가 또는 폴리스(polis)(복수형은 폴레이스(poleis))가 출현한다. 기원전 800년 아테네의 인구는 아마 5,000명 정도였고 플라톤과 아리스토텔레스가 살았던 기원전 4세기에는 4만 명으로 증가했다. 얼마 지나지 않아 시칠리아, 이탈리아 남부, 프랑스 남부, 흑해 북부 해안 주변에도 유사한 도시 국가가 생겨났다. 지금은 이러한 도시 국가와 그리스 도시 국가와의 관계가 복잡했었을 것으로, 그리고 이러한 도시 국가가 아마도 상당히 독립적이었을 것으로 간주하지만, 과거에는 이러한 도시 국가를 단순히 그리스의 식민지로만 생각하곤 했다. 기원전 800년부터는 궁극적으로 페니키아 문자로부터 영감을 받았지만 근동(Near East)의 셈어족 문자에는 없었던 모음을 추가한 그리스 알파벳도 영향을 주었다. 이것은 그리스어를 사용하지 않는 사람들도 그리스어를 읽고 발음할 수 있게 되었음을 의미했다.

그리스 문화는 알렉산드로스 대왕(기원전 323년 사망, 어린 시절 아리스토텔레스의 가르침을 받음)의 정복을 통해 인도 국경과 북아프리카 대륙 전역으로 퍼져나갔다. 그리고 그곳에서 우리가 나중에 살펴볼 그리스 이집트 시대의 문화 같은 혼종 문화 또는 미술, 과학, 마법 분야에서 그리스와 인도의 영향을 결합한 그리스 박트리아(Graeco-Bactrian) 생활 방식 같은 다양하고 흥미로운 혼종 문화가 탄생했다.

기원전 800년경 폴리스의 등장과 동시에 이탈리아 북부에서 에트루리아(Etruscan) 문화가 진화했다. 먼저 존재하고 있었던 철기 시대 문화인 빌라노바인(Villanovans)에서 진화한 에트루리아인은, 도시적이었고 그리스와 긴밀한 연계를 유지했을 뿐 아니라 자신의 고유한 문화를 발전시켰다. 에트루리아어는 인도-유럽어족이 아니고 오늘날에는 부분적으로만 이해되기 때문에 고고학이 우리의 주요 증거 자료가 되고 있다. 에트루리아인들의 신의 본질은 다소 이해하기 어렵지만, 에트루리아인들은 만신전을 믿었다. 로마와의 관계는 논란의 여지가 있다. 일부에서는 에트루리아인들이 로마를 건국했다고 주장하고, 나머지 사람들은 에트루리아인들이 로마 문화에 영향을 미쳤다고 보는 시각을 선호한다. 로마는 기원전 4세기 초에 에트루리아를 제압했고 삼니움인(Samnites) 같은 그 밖의 다른 경쟁자들을 점진적으로 줄여나갔으며 기원전 218년에 이탈리아를 통일했다. 로마는 지중해 남부에 무역 연계를 구축한 페니키아인의 후손인 카르타고인(Carthaginians)과도 전쟁을 벌여 마침내 기원전 146년에 카르타고인을 물리쳤다. 이탈리아 영토는 단일한 국가로 결합되었다. 로마는 군사 조직 덕분에 이탈리아 너머의 영토를 예속할 수 있었다. 예를 들어 기원전 120년에는 프랑스 남부를 예속했고, 뒤이어 기원전 70년대와 60년대에는 폼페이우스(Pompey)가 이베리아와 중동 원정(遠征)에 나섰으며, 기원전 50년대에는 카이사르(Caesar)가 (잠시간의 영국 본토 원정과 더불어) 갈리아(Gaul)를 정복했다. 기원전 31년에 이집트가 합병되었고, 기원전 27년에 옥타비아누스(Octavian)가 첫 번째 황제인 아우구스투스(Augustus)가 되어 다음 천 년 동안 다양한 모습으로 지속되었던 제국의 시작을 알렸다.

　영토가 가장 넓었던 시기에 로마 제국은 북아프리카 대륙과 유럽에서 라인(Rhine)강에 이르는 지역을 포함하여 페르시아 세계와 영국 본토 사이에 펼쳐져 있었다. 제국에 대한 보다 더 오래된 관점은 제국을 다양한 원주민, 특히 유럽의 원주민에게 문명을 가져다준 존재로 간주했다. 오늘날 우리는 로마인들과 그들이 정복한 다양한 원주민들 사이에 일련의 영향이 흐르고 있었다고 보는, 보다 더 미묘한 관점을 채택할 수 있다. 그 과정에서 (로마 영국 본토 문화 같은) 새로운 문화가 형성되었지만 로마인들 역시 제국적 연계를 통해 로마화되었다. 제국은 사람, 재료, 발상을 이동시키는 거대한 순환 체계로 간주할 수 있다. 이러한 문화적 흐름의 가장 중요한 사례 가운데 하나는 팔레스타인에서 서양으로 그리스도교가 도입된 것이었다. 기원후 312년 콘스탄티누스(Constantine) 황제가 그리스도교도가 되면서 처음으로 로마에 도입된 그리스도교는 기원후 391년 제국 전체의 공식 종교가 되었다.

그리스와 로마의 마법, 종교, 철학

마법의 위치를 자리매김하기 위해서는 이 시대의 마법, 종교, 철학을 간략하게 스케치할 필요가 있다. 마법은 종교가 창조했던 매질(媒質) 속에 존재했지만 기계론적인 우주와 특정한 종류의 합리적 사고 모두에 관련된, 최초의 희미한 빛이 보이는 곳에 자리 잡고 있었다. 이러한 사고는 지적 도식의 전제와 그것들의 논리적 일관성에 대한 비판적인 질문에 바탕을 두고 있었다. 처음 등장한 지 1,200년이 지난 뒤에야 비로소 이와 같은 발상은 유럽에서 과학적 합리성의 토대로서 지배적인 위치를 차지할 수 있었다.

그리스 종교에는 교의도, 공식적인 신조도, 성서도, 사제직도, 교회도 없었다. 우리에게 친숙한 올림피아(Olympian) 만신전을 토대로 한 그리스 종교는 기원전 800년경 시작되었다. 종교 의식은 폴리스의 공식적인 업무로 간주되곤 했다. 그러나 델포이(Delphi)에서 이루어진 아폴론(Apollo)의 범(汎)그리스 신탁이나 제우스(Zeus)를 기리는 올림픽 경기가 시사하는 것처럼 국제적인 차원이 중요해짐에 따라 오늘날에는 보다 더 다양한 종류의 종교가 인지되고 있다. 이제는 각 폴리스에서 이루어지는, 소규모 가족 신전에서부터 씨족과 혈통을 위한 축제에 이르는 다양한 종류의 종교 의식도 종교로 인정된다. 그리스 종교에 대한 우리의 관점이 확대되면서 마법이 믿음과 관행의 스펙트럼에 추가될 수 있는 가능성이 열렸고, 신비의 범위와 무아지경에 빠져 이루어지는 제례의 범위가 뚜렷해졌다. 그리스 종교를 재검토한 줄리아 킨트(Julia Kindt)에 따르면, 마법 공식과 그리스 기도문 사이의 밀접성에서 증명되는 것처럼, 마법은 오직 종교의 맥락에서만 이해될 수 있다. 더욱이, 동일 인물들이 폴리스 안팎의 종교와 마법에 관련되었다. 그리스 신은 사람들이 참여했던 우주에 대한 지식을 실체화한 힘이었다. 사람들은 신에게 고기나 물건을 제공하거나 행동을 약속함으로써 신과 연결되고 교섭하는 방식으로 우주에 참여했다. 로마 세계에는 우리가 앞서 만나보았던 도 우트 데스('내가 주므로 너도 나에게 줄 것')라는 용어가 있었다. 이것은 신을 대함에 있어서도 동일하게 거래하려는 자세를 시사했다. 마법과 종교는 모두 후대의 과학에는 낯선 방식으로 우주적 힘과 교섭했다. 적절한 방식으로 신에게 접근하면 신이 응답을 내려줄 터였다. 즉, 신탁에 질문하고 답을 얻지 못한 사람은 없었다. 필멸하는 존재는 신이 무슨 말을 할지 알 수 없었다.

　　그리스 사회는 개인주의적이고 경쟁적이었다. 많은 사람들은 그리스 마법을 각자의 고유한 이익을 위해 우주적 힘을 활용하려는 시도로 간주해왔다. 그러나 그리스 마법 전문가인 에스더 에이디노우(Esther Eidinow)는 관점이 약간 다르다. 그는 그리스 마법을 세계와의 관계 그리고 사람 사이의 관계를 본질적으로 불가능한 것으로 이해하는 불안의 문화로 간주한다. 타인에게 대항하는 주문 역시 프토노스(phthonos)('시기(猜忌)') 같은 부정적인 정서에 의해 주도된다.[9] 사업, 사랑, 스포츠 경기 또는 전쟁에서 사람들은 암암리에 또는 공개적으로 경쟁했다. 프토노스에서는 샤덴프로이데(Schadenfreude)(그 밖의 다른 사람들의 불운을 즐김)의 정서가 엿보인다. 이보다 더 은밀한 형태의 경쟁은 자신에게 가장 좋은 경로가 무엇인지를 이해하는 마법을 통해서도 추구되었다. 시기, 경쟁, 불안이 널리 퍼지면서 마법의 기술이 크게 발전되고 많이 사용되었다.

　　그리스도교 이전의 로마 제국 전역에는 수많은 의례, 신앙, 신들이 표출되었다. 사람들이 반드시 각자의 고유한 종교를 가져야 하는 것은 아니었다. 지역의 신들에 대한 숭배가 받아들여졌을 뿐 아니라 실제로 행해졌다. 이집트를 침략한 알렉산드로스 대왕은 그 지역의 신전에서 그들의 신들에게 숭배했다. 이제 학자들은 그리스 종교처럼 로마의 종교 관행도 종류의 다양성과 창조성을 보다 더 강조하는 방향으로 재고한다. 여러 면에서 오늘날의 분석가들은 암묵적인 그리스도교적 사고방식에서 벗어나려고 노력하고 있다. 그리스도교적 사고방식은 종교라면 교리가 있고, 나쁜 신앙 또는 이단에 제약을 가할 것이며, 국가 권력과 병행하여 운영되는 제도적 교회가 존재할 것이라고 가정한다. 이러한 요소는 오직 그리스도교 (및 유대교와 이슬람교)와 더불어 서서히 등장한 것이다. 보다 더 개방적이고 다원적인, 보다 더 초기의 종교 세계에서는 마법이 그 밖의 다른 신앙 및 관행과 더불어 그 존재를 인정받았다. 마법은 로마 세계의 구조에 엮여 있었다.

우주에 대한 관점이 우주가 신성한 힘의 영향을 받는 것이 아니라 자신의 고유한 힘과 질량을 통해 예측할 수 있는 방식으로 운동한다는 기계론적인 우주관으로 이행하면서 마법은 차츰 밀려나게 되었다. 이러한 발상의 중심에는 소크라테스 이전의 철학자들(소아시아(Asia Minor)에 자리 잡은 소도시 밀레투스(Miletus) 출신의 탈레스(Thales), 아낙시만드로스(Anaximander), 아낙사고라스(Anaxagoras))이 있었다. 아낙사고라스는 에우리피데스(Euripides)와 페리클레스(Pericles)를 가르친 인물이었지만 태양이 신이 아니라 바위라고 말하여 (기원전 437년/436년) 아테네에서 불경죄로 재판을 받고 람프사코스(Lampsakos)로 추방당했다. 후대의 소크라테스에게도 불경죄가 적용되어 사형이 선고되었는데, 그 이유는 소크라테스가 신들의 존재를 부인해서가 아니라 신들과 관계를 맺는 데 있어 부적절한 것으로 간주되는 것을 촉구했다는 데 있었다. 소크라테스의 철학은 기원전 4세기에 플라톤과 그의 제자 아리스토텔레스에 의해 계승되었다. 플라톤과 아리스토텔레스는 대체로 세계에 대한 신비주의적인 감각을 유지했지만 소크라테스가 사용했던 변증법적 질문 방법의 영향을 받아 세계의 구조와 작동 원리를 밝히는 경험적 접근법을 마음에 새기게 되었다.

언제나 그랬던 것처럼, 마법은 복잡하고 역동적인 철학적 환경 속에서 작동했다. 마법 또한 이러한 환경에 기여했다. 이제 우리는 신탁과 저주의 형태로 나타나는 그리스와 로마의 마법에 주목할 것이다.

신탁

그리스와 로마 세계 전역에서 사람들은 미래에 대한 지식을 얻기 위해 신탁 상담을 의뢰했다. 신탁은 지역의 소규모 신전에서부터 델포이의 아폴론 신탁(Oracle of Apollo) 같은 대규모 국제 센터에 이르는 다양한 곳에 의뢰되었고, 그곳들은 개인적인 문제부터 국가의 대소사에 이르는 광범위한 질문을 받았다. 신탁 상담을 의뢰하는 것은 고대의 관행이었다. 이집트의 범선(帆船) 신탁은 깊은 역사를 지니고 있다. 아문(Amun)의 신성한 배가 지나가면, 배가 지나가는 순간 구경꾼들이 질문을 던졌다. 기원전 8세기에 그리스 도시 국가들이 등장하면서 신성한 경관이 심대하게 재조직되어, 보다 더 오래된 신성한 장소에 새로운 건물이 들어섰을 뿐 아니라 이전에는 사용되지 않았던 장소에 사원과 성소가 건설되었다. 봉헌 제물도 증가했다. 많은 신성한 장소가 해당 지역에서 서비스를 제공했지만 일부는 국제적인 지위를 얻었다. 이러한 장소 가운데 대표적인 장소는 델포이였다. 사람들은 모든 것을 보는 신, 아폴론에게 답을 구하기 위해 델포이를 찾아왔다. 사람들이 델포이를 찾아오기 시작했던 처음부터 멀리 떨어져 있는 장소에서 비롯된 작은 청동 전사(戰士) 입상이나 항아리 같은 봉헌 제물을 바쳤다는 증거가 있지만, 델포이의 성소는 기원전 8세기에 지역을 위한 성소로 시작했다. 다음 세기에 성소가 확장되었지만 기원전 6세기에 갑자기 이 지역을 통제하던 권력이 사라지고 그 대신 델포이 안보동맹(Delphic Amphiktiony)이라고 불리는 국가 연맹이 형성되어 제례 활동을 감독했다. 기원전 331년 알렉산드로스 대왕의 정복 이후 헬레니즘 시대(Hellenistic Period)가 열리면

그림 7.6. 카밀로 미올라(Camillo Miola)(비아카(Biacca))의 그림 〈신탁*The Oracle*〉에 등장하는 델포이 신탁(Delphic Oracle).

서 그리스는 보다 더 통합된 면모를 보이게 되었고 델포이의 역할은 줄어들기 시작했다. 이것은 델포이가 독립적인 도시 국가의 정치와 이로 인해 발생한 경쟁과 연계되어 있었음을 시사한다.[10] 우리가 살펴볼 것처럼, 델포이는 후기 로마 시대까지 계속해서 사용되었다.

    델포이를 방문하는 사람들은 아폴론에게 직접 상담을 의뢰하지 않았다. 그들은 훨씬 많은 논란의 대상이 되는 인물인 여사제이자 영매인 피티

아(Pythia)를 통해 상담을 의뢰했다(그림 7.6). 질문자는 모두 남성이었고 일
년 가운데 9개월 동안 한 달에 오직 하루만 질문을 던질 수 있었다. 보다
더 이전에는 아폴론의 여사제를 사원의 권력 정치에서 무기력한 호구로
간주해왔다. 그러나 다양한 국가에서 온 대표단이 질문을 제기하고 답을
받은 뒤 그들의 행동 과정을 바꿨기 때문에, 오늘날 일부 사람들은 아폴론
의 여사제를 고대 세계에서 가장 강력한 여성으로 여기기도 한다. 멀리에
서 왔든 가까운 데서 왔든, 델포이 신전을 찾아온 사람들은 신탁을 구하는
질문을 던지기 전에 먼저 자신을 정화하고, 다양한 선물과 희생을 바칠 필
요가 있었다. 정화를 하고 신에게 선물을 바친 후 나쁜 징조가 나타나면 상
담이 중단될 수 있었다. 만일 상담이 진행되면 질문자들은 사원으로 안내
되었다. 피티아는 사원 아래에 자리 잡은 작은 방의 (다리가 3개인) 의자에 앉
아, 아마도 지면의 갈라진 틈 사이로 올라온 연기를 흡입했을 것이다(연기
가 존재했었는지 여부와 그것이 무엇이었는지(어쩌면 그 기원이 화산일 수 있는지)에 대해서
는 많은 논란이 있다). 피티아는 사람들이 자신에게 던진 질문에 답할 수 있었
다. 오늘날에는 피티아가 제공한 답의 본질에 대한 의견이 충돌한다. 어떤
사람들은 피티아가 운문(韻文)과 수수께끼로 답했다고 생각하고 나머지
사람들은 그 운문들이 나중에 지어졌다고 주장한다. 어쨌든, 수수께끼 같
은 답이 주어졌다는 것은 널리 알려져 있다. 사람들은 질문에서 언급되었
던 행동이 일어난 후에야 비로소 피티아가 내놓았던 답의 의미를 완벽하
게 이해하곤 했다.

　신탁 앞에 제기되는 질문은 보다 더 큰 문제부터 보다 더 개인적인 문제
까지 다양했다. 알렉산드로스 대왕은 그의 아버지 필리포스 2세(Philip II)가
그랬던 것처럼 피티아에게 자신의 원정 성공 여부에 대해 질문했다. 아테
네의 장군 밀티아데스(Miltiades)는 트라키아(Thrakian)의 돌론코이(Dolonkoi)

부족이 요청한 것처럼, 자신이 그들의 대소사에 대해 조언해야 하는지 여부에 관심을 가졌다. 소아시아에 자리 잡은 리디아(Lydia)의 왕은 자신이 신성 모독적인 행위를 저질렀다고 두려워하면서 이것이 자신이 앓는 질병의 원인인지 물었다. 일부는 하지 않은 질문에 대한 답을 받았다. 바토스(Battos)('말더듬이'를 의미하는 그리스 단어)라는 별명을 가진 테라(Thera)의 귀족 폴림네스토스(Polymnestos)는 자신의 언어 장애에 대해 질문했지만 리비아(Libya)의 도시 키레네(Kyrene)를 찾아가라는 답을 들었고 그렇게 했다. 리디아의 왕 크로이소스(Croesus)는 페르시아인과 그들의 왕 키루스를 공격하면 무슨 일이 일어날 수 있는지에 대해 질문했다. 그는 그가 큰 왕국을 파괴할 것이라는 답을 들었지만, 공격에 실패한 후에야 비로소 파괴될 왕국이 바로 자신의 왕국이라는 사실을 깨달았다. 많은 사람들이 결혼, 후계로 삼을 자녀의 부족 또는 금전적인 문제에 대해 궁금해했다. 일부는 살인을 하고도 벌을 받지 않을 수 있을 것인지 여부부터 위증을 할 수 있는지 여부에 이르는, 도덕규범을 어기려는 불경한 질문을 제기하여 신을 분노하게 만들었다.

피티아(그리고 사실 아폴론)는 꾸준히 답해주었다. 그러는 사이 다양한 걱정거리로 가득한 인간 생활의 대부분이 피티아를 거쳐갔다. 다양한 자료에서 발췌한 600여 개가 넘는 질문 기록이 남아 있지만, 질문이 어떤 틀로 구성되었는지 또는 주어진 답의 본질이 무엇인지 정확하게 파악된 경우는 드물다. 그리스인들은 이와 같은 세속적인 용어로 사물을 바라보지 않았다. 그리스인들은 세계의 모든 것을 볼 수 있고 전지(全知)한 능력을 통해 적절한 조언을 제공할 수 있는 신으로부터 신성한 말을 듣고 있다고 생각했다. 그들은 질문을 구성하고 답을 해석하는 데 상당한 노력을 기울였다. 다시 한번, 우리의 용어로, 이것은 사람들이 자신이 처한 곤경이나 미래에 대한 희망을 생각해보는 데 도움이 되었을 수 있다. 따라서 피티아는 연관성이 있고, 문화적으로 용인되며, 개인에게 도움이 되는 방식으로 답의 틀을 구성할 수 있는 정치적 조언자이자 개인 상담자의 조합으로 간주될 수 있다.

신탁과 점복은 처음에는 로마 이탈리아에서, 그 다음에는 제국 전역에 널리 알려졌다. 특히 기원전 146년 그리스가 제국에 통합된 이후부터는 그리스 신탁이 로마인들에게 인기를 끌었다. 말로 표현된 모든 예언 가운데 가장 유명한 예언 가운데 하나는 '3월 15일을 조심하라!(Beware the Ides of March!)'이다. 오늘날에는 셰익스피어(Shakespeare)를 통해 가장 잘 알려져 있지만, 수에토니우스(Suetonius)에 따르면 이 예언은 스푸리나(Spurrina)라는 선견자 또는 창자 점쟁이를 의미하는 하루스펙스(haruspex)가 율리우스 카이사르(Julius Caesar)에게 조언한 내용에서 비롯된 것이다. 로마 세계에서 하루스펙스는 동물의 내장, 종종 양의 간을 검사한 뒤 그 모양의 이상 징후에 집중하여 미래를 예언했다. 우리는 이 과정을 메소포타미아 세계에서 처음으로 만나본 바 있다(3장 참고). 그리스도교가 제국의 공식 종교로 채택됨에 따라 테오도시우스(Theodosius) 황제는 이교도 제례를 종식시키려고 시도하면서 기원후 390년/391년에 모든 신탁과 신전을 폐쇄했다. 이 노력은 성공적이지 못했을 가능성이 높지만, 델포이와 그 밖의 다른 신탁이 공식적으로 종결되는 계기가 되었다.

저주

가장 성스러운 주님, 카라크테레스(Kharaktêres)여, 가운데 왼쪽에 있는 포르피라스(Porphyras)와 합시크라테스(Hapsicratês)의 발, 손, 힘줄, 눈, 무릎,

용기, 도약, 채찍, 승리, 대관식을 속박하고 에우게니우스(Eugenius)의 마구
간에서 그들의 청색 공동 마부들을 속박하소서 (…)[11]

시리아의 그리스 도시 아파메아(Apamea)에 자리 잡은 히포드롬(Hippo-
drome)에서 경주를 펼친 청색 전차 팀과 녹색 전차 팀 간의 경쟁은 고대 세
계 전역에서 이어졌다. 말이나 마부의 신체적 능력에 영향을 미치려는 시
도 가운데 전형적인 것은 저주이다. 기원후 5세기 또는 6세기에 작성된 이
저주 판은 청색 팀의 마부나 말(우리는 어느 쪽인지 알지 못함)을 포괄적으로
겨냥하여 작성된 것이다. 경주에는 많은 판돈이 걸렸다. 따라서 청색 팀을
대상으로 작성된 이 저주 마법에는 사기적인 측면이 있다. 녹색 팀 역시 대
항 마법에 시달렸을 가능성이 높기 때문이다. 또한 이 저주 판에는 우리의
오랜 친구인 카라크테레스(kharaktêres)(지금은 라틴어 철자보다 그리스어 철자로
표현됨) 또는 원환 문자도 등장한다. 이 판에는 36개의 카라크테레스가 있
는데, 이집트 점성술에서 하늘을 36개로 구분하는 것과 연계될 수 있다는
추측이 제기되었다. 또한 카라크테레스가 마치 살아 움직이고 자기의 고
유한 의도를 가지고 있는 존재인 양, 카라크테레스의 이름을 부른다는 점
에 주목하는 것이 바람직하다. 만일 그렇다면, 카라크테레스는 이 게임에
서 다른 무언가를 재현하는 것이 아니라 (그것이 무엇일 수 있었든 관계없이) 이
게임에 참여하는 행위자이다. 아래에서 우리는 생물성(animacy)에 대한 문
제를 다시 다룰 것이다.

　그리스와 로마 세계 전역에서 적어도 1,700개의 저주 판이 발견되었으
며, 보다 더 많은 저주 판이 계속해서 발견되고 있다(그림 7.7). 알려진 저주
판 가운데 가장 오래된 것은 시칠리아의 그리스 식민지인 셀리노스(Selinous)
에서 발견되었다. 이것은 기원전 6세기 말로 거슬러 올라간다. 기원전 5세기

그림 7.7. 기원전 4세기 초 그리스 저주 판.

중반 무렵에는 아테네와 흑해의 올비아(Olbia)에서 저주 판이 등장한다. 기원전 4세기 중반부터 저주는 그리스 로마 세계 전역으로 퍼져나갔다. 모든 고전 시대 저주 판의 주요 주제는 (그 시대 이후로는 비교적 드물어지는) 소송인 것처럼 보인다. 로마 제국 시대 이전의 저주 판 가운데 가장 많은 수의 저주 판은 아티카(Attica)에서 발견되었는데, 그 대부분은 아테네의 아고라(Agora) 뿐 아니라 케라메이코스 묘지(Kerameikos Cemetery)에서 발견되었다. 로마 제국 시대에는 저주 판이 지중해 전역으로 퍼져나갔고 영국 본토에서도 발견된다. 지리적으로 분산되어 있다는 점을 감안할 때 저주 판은 양식적인 측면에서의 유사성이 특징이고 기원후 2세기부터는 이집트와 유대 세계로부터 받은 상당한 영향도 발견된다.

　당연하게도, 라틴어로 기록된 판은 주로 제국의 서쪽 지역에서 발견된다. 가장 최근에 사용된 저주 판은 기원후 6세기에서 8세기 사이의 것이다. 유대인의 보호 부적과 마찬가지로 저주는 납판에 가장 흔하게 기록되었고, 일부 귀금속을 사용한 경우도 있지만 와륵(瓦礫), 석회암, 보석, 파피루스, 밀랍, 도기 그릇에서도 저주가 발견되었다. 오늘날 라틴어로 기록된 저주는 종종 라틴어 이름인 데픽시오네스(defixiones)(단수형은 데픽시오(defixio))로 알려져 있다. 이것들은 밀랍, 점토, 양모, 때로는 납이나 청동 또는 매우 이따금 대리석으로 만든 사지(四肢)가 묶이거나 뒤틀린 작은 입상과 더불어 속박 마법의 일부이다. (이러한 판에 대해 언급한 몇 안 되는 사람 가운데 한 사람인 플라톤은 이러한 종류의 마법은 속박 저주인 카타데스모스(katadesmos)(복수형은 카타데스모이(katadesmoi))를 사용했다고 기록했다.) 따라서 피해자가 저주를 거는 사람의 의지에 속박되었다. 사람들은 판을 감싸거나 말았고, 드문 사례에서는 못을 이용하여 판에 구멍을 뚫었다. 흔히 핀이나 못으로 구멍을 뚫는 방식으로 고문당한 작은 입상은 종종 불안감을 조성한다. 기본적인 속박 공식이 존재했는데, 이것은 법, 운동 경기, 드라마, 사업, 복수와 정의 구현, 성행위 또는 결혼 같은 분야에서 사용하기 위해 조정할 수 있었다. 일부 저주 판에는 문자가 제대로 쓰였지만, 그렇지 않은 것도 있었다. 이것은 때로 전문 서기관이 저주를 통해 여분의 수입을 얻었음을 시사한다. 인간 생활의 많은 부분이 저주로 덮여 있었다. 이것은 저주 판의 높은 인기를 설명하는 근거가 될 수 있을 것이다.

　저주를 기록하기 위해서는 4중 관계가 필요했다. 바로 저주를 의뢰한 의뢰인, 종종 구축된 공식에 의존하여 저주를 작성하는 전문가, 저주를 실행하는 신(또는 때로 죽은 사람의 영혼), 저주로 고통을 받는 피해자이다. 저주의 이면에 자리 잡고 있는 인과적 행위자는 (단 한 순간도 속박될 수 없는 존재인) 신 또는 분노로 가득차 세계가 화(禍)를 입기를 희망하면서 세계를 배회하는, 죽었지만 묻히지 못한 사람들이었다. 속박의 실행을 위해 가장 흔하게 불러냈던 신은 지하 세계에 거주하거나 지하 세계와 살아 있는 사람의 세계를 오가는 지하의 신들인 헤르메스(Hermes), 페르세포네(Persephone), 헤카테(Hecate)였다. 여분의 힘을 부여하기 위해 저주 판을 무덤에 안치하기도 했고 (부두 인형(voodoo doll)을 떠올리게 하는) 작은 인형이 들어 있는 아주 작은 관에 저주를 기록한 뒤 무덤 안에 안치하기도 했다. 선택된 무덤에 묻힌 죽은 사람들은 저주의 당사자와 아무런 연결이 없었을 수도 있다. 그러나 연관을 통해 저주에 악성 힘을 빌려주기 위해 심각한 범죄를 저지른 뒤 죽은 사람들의 무덤을 선택했을 가능성이 있다. 다이몬(daimon)('실체가 없는 혼')은 저주 판에서 빈번하게 언급되었지만, 반드시 판이 안치된 무덤에 묻힌 사람의 혼인 것은 아니었다. 예를 들어 대규모 스포츠 경기에서는 저주와 역(逆)저주를 주고받았기 때문에 결과가 불확실했다. 회문(回文)은 특히 로마 제국 시대의 판에서 흔히 볼 수 있었고, 때로는 상당한 길이를 자랑하기도 했다. 바로 이와 같은 것이 마법의 위험한 창조성이었다.

어떤 저주는 본능에서 비롯되었다. 그런 저주는 그 내용이 상세했다. 저주가 개인과 그들의 신체에 대해 구체적으로 언급했다는 것은 우리에게는 가장 건전하지 못한 집착인 것처럼 보이는 것을 시사한다.

나는 케베이라(Kebeira)의 아내이자 에레트리아 사람인 조이스(Zois)를 지구와 헤르메스에게 배정한다. 나는 그녀의 음식과 음료, 그녀의 잠과 웃음, 그녀의 만남과 키타라 연주, 그녀의 출입, 그녀의 즐거움, 그녀의 작은 엉덩이, 그녀의 사고, 그녀의 눈을 지구에 속박한다.[12]

이 저주는 조이스를 지하 세계의 신들에게 배정하여, 그 신들이 조이스의 신체 일부와 조이스의 행동에 대해 힘을 행사하게 만든다. 에스더 에이디노우가 주장하는 것처럼, 조이스는 남성들의 술 파티에서 흥을 돋우기 위해 고용된 헤타이라(hetaira)로, 키타라 연주와 관련된 조이스의 음악적 재능은 조이스가 지니고 있는 매력 가운데 일부에 불과했을 가능성이 높다.[13] 이 저주가 조이스의 성공을 억제하기 위한 것인지 아니면 조이스를 의뢰인에게 사랑으로 속박하기 위한 것인지는 분명하지 않다.

사랑의 마법은 고전 시대 이후에 흔해진다. 우리는 마법의 파피루스에서 에로스(Eros)를 형성하고 그것에 생명을 불어넣는 다음과 같은 주문을 발견했다.

> 뽕나무로 만든 조수를 획득하는 의례가 있다. 날개 달린 에로스가 만들어진다. 망토를 두른 에로스는 오른발을 앞으로 내밀고 있고 등은 비어 있다. 냉간 단조(冷間鍛造)한 구리 첨필(尖筆)로 금박에 아무개의 이름을 기록하[고] '마르사부타르테(MARSABOUTARTHE) – 나의 조수이자 조력자, 꿈의 발신자가 되어라'라고 기록한 뒤 비어 있는 등 속에 금박을 안치한다. 밤늦은 시간에 원하는 여성이 사는 집으로 가서 에로스를 들고 문을 두드리면서 '보라, 아무개야. 아무개가 여기에 산다. 그녀 옆에 서서 그녀가 숭배하는 신이나 다이몬의 모습으로 나타나서 내가 제안하는 것을 말하라'고 말한다. 그러고 나서 집으로 돌아가서 탁자를 준비하고 그 위에 깨끗한 아마포(亞麻布)를 펼친다. 탁자 위에 그 계절에 피는 꽃과 그 작은 입상을 올려놓는다.[14]

늦은 밤, 신의 조각상을 가지고 연인이 될 가능성이 있는 상대방이 사는 거처로 찾아가 신인 척해야만 한다니, 당황스럽게 느낄 수도 있겠지만, 나는 당황스러움보다는 흥미로움을 느낀다. 이 마법이 성공하는 전략이 되기 위해서는 마법을 행하는 사람이 이 마법을 진지하게 받아들여야만 할 터였다. 특정 재료는 행동의 효능에 중요한 것으로 등장하는데, 이러한 재료(조각상을 위한 뽕나무, 금박, 차갑게 벼린 구리 첨필(尖筆))에 대해서는 세심한 설명이 뒤따랐다. 만일 모든 것이 순조롭게 진행된다면 에로스는 애인이 될 가능성이 있는 상대방에게 도저히 저항할 수 없는 꿈을 보낼 것이다. 에로스는 수동적인 욕망의 수단이 아니라, 다시 한번, 게임에 참여하는 능동적인 행위자였을 수 있다. 후기 앤틱 시대에는 조각상이 독립적인 자유 의지나 에너지를 가지고 사실상 움직일 수 있었는지 여부에 대한 많은 논의가 이루어졌다.

널리 알려진 사례가 아니었다면, 조각상이 자력으로 행동하는 것처럼 보인다는 이야기는 공상적인 이야기로 간주되었을 수 있었다. 타소스(Thasos)의 테아게네스(Theagenes)는 운동선수였다. 매우 무거운 청동 조각상을 시장에서 자신의 주택까지 옮겼다가 다시 시장으로 옮기는 것이 테아게네스가 자신의 강함을 보여주는 방법 가운데 하나였다. 테아게네스가 죽은 후 그의 청동 조각상이 세워졌다. 테아게네스의 적은 테아게네스를 때리는 대신 밤마다 테아게네스의 조각상에 채찍질을 했다. 테아게네스의 조각상이 넘어지면서 그 남자가 죽었고, 테아게네스의 조각상을 때리는 일도 중단되었다. 그리스인들은 우리처럼 선명하게 생명이 있는 것과 생명이 없는 것 사이의 경계를 구분하지 않았다. 테아게네스의 조각상은 우리가 무생물 물건으로 간주할 수 있는 존재에 대한 재판을 위해 마련된 특별 법정인 프뤼타네이엄(Prytaneum)에서 살인 혐의로 재판을 받았다. 이 조각상에게는 유죄 판결이 내려졌고 추방형에 처해졌다. 이 경우에는 바다에 던져졌다는 의

미였다. 타소스에 기근이 닥쳤을 때 델포이의 신탁(Oracle of Delphi)은 추방당한 모든 사람들에게 되돌아오는 것을 허락해야 한다고 말했다. 결국 추방당한 사람들이 되돌아왔을 뿐 아니라 테아게네스의 조각상도 바다에서 건져지게 되었다. 그 이후 기근은 약화되었다.

로마법에는 마법에 대한 중요한 금지 조항이 포함되어 있었고 그것은 시간이 흐름에 따라 점점 증가했다. 마법은 제국 시대에 이르러 말레피키움(maleficium)('화' 또는 '해로운 마법'－또한 후대의 마녀에 대한 고발에서 흔히 사용되는 용어)이라는 보다 더 광범위한 발상과 융합되었고 이때부터 모든 마법은 부정적인 어조로 얼룩지기 시작했다. 그리고 그것은 그리스도교의 영향 아래에서 보다 더 강화되었다. 베네피키움(veneficium)이라는 용어는 약물 또는 독을 의미할 수 있었는데, 그리스어 단어인 파마르콘(pharmakon)처럼 보통 말레피키움을 가능하게 만드는 마법 물질, 즉 활성 성분을 지칭하는 데 사용되었다. 사람을 늑대로 변하게 만들거나 한 농부의 작물을 다른 농부의 밭으로 옮기게 만드는 약초는 분명 해로운 마법이었다. 누군가 중독되었다면 사용된 베네피키움의 종류가 논의의 핵심이었다. 그것이 중요했던 이유는 그것을 토대로 독을 사용한 사람의 힘이 어느 정도인지 판단할 수 있기 때문이었다.

로마의 저주는 제국 전역에서 발견되지만 그 형태는 지역에 따라 다양하다. 특이하게도, 영국 본토에서는 발견된 150개의 저주 판 가운데 적어도 3분의 1이 강도에 관한 것이었다. 이것은 다른 곳에서는 찾아볼 수 없을 정도로 집중된 것이었다. 저주 판은 기원후 43년 클라우디우스(Claudian) 황제의 영국 본토 침략 이후 수십 년이 지난 기원후 2세기에 처음 발견되었다. 영국 본토에서 발견된 저주 판 가운데 약 130개는 바스(Bath)의 로마 목욕탕과 사원에서 발견되었고, 나머지는 그 밖의 다른 성소나 물속에 안치되었다. 바스에서 발견된 판 가운데 오직 두 개만 동일한 사람의 손에서 만들어진 것이었다. 이것은 아마도 사람들이 전문가에게 의존하지 않고 자신의 고유한 판을 기록했음을 시사하는 것일 수 있다. 이것은 저주에 대한 지식과 아마도 그 밖의 다른 형태의 마법에 대한 지식이 인구 내에 널리 퍼져 있었거나 적어도 글을 읽을 수 있는 사람들 사이에 널리 퍼져 있었음을 보여줄 수 있다. 영국 본토에서 발견된 이러한 저주 가운데 일부에는 피해자의 이름이 기록되어 있고 훨씬 더 적은 수의 저주에는 저주를 기록했거나 의뢰한 사람의 이름도 포함되어 있다. 신에게 제공된 정보의 수준이 다양하다는 것은 신이 얼마나 많은 것을 알 수 있는지에 대한 상이한 관념을 시사할 수 있다. 일부 신은 모든 것을 알고 있어서, 사건의 상황을 스스로 깨달을 수 있었지만 나머지 신은 보다 더 많은 배경 지식과 도움이 필요할 수 있었다.

로마 제국의 마법은 부분적으로는 그리스 로마 시대라는 시대적 배경에서 비롯되었지만, 지역 속주의 문화의 영향도 받은 혼종 형태로 발전했다. 처음에는 그리스에, 그 다음에는 로마에 정복되는 이집트에서는 상당한 마법적 혼합이 일어났다. 이것은 상당한 공명을 불러일으키면서 미래의 이집트에서 추가적인 혼종 마법을 발전시킬 터였다.

그리스 이집트 시대의 마법

이 텍스트는 번역되지 않은 채로 두어 그리스인들에게 이러한 비밀이 숨겨진 상태로 남아 있도록 하라. 그럼으로써 그들의 불경하고, 연약하며, 과장된 말투가 우리 언어의 존엄과 활력, 그리고 이름의 에너지를 훼손하지 않도록 하라. 겉으로는 인상적임에도 불구하고, 그리스인들의 담론은 공허하고 그들의 철학은 장황한 소음에 불과하다. 대조적으로, 우리는 말이 아니라 에너지로 가득한 소리를 사용한다.[15]

기원전 332년 알렉산드로스 대왕이 이집트를 정복한 후 이집트에서는 합성 마법 전통이 서서히 발전했다. 처음에는 그리스와 이집트의 형태가 혼합되었지만 유대, 페르시아, 로마, 결국에는 아랍 문화의 영향도 받았다. 이와 같은 지식의 집합체는 그 자체로도 중요하지만, 주로 이른바 헤르메스 문서(Hermetic corpus)를 통해 중세 시대의 마법에 미친 영향이라는 측면에서도 중요하다. 헤르메스 문서는 기원후 2세기부터 시작된 일련의 텍스트로, 이것을 통해 고대의 지혜가 오늘날의 세계로 전수된 것으로 여겨진다. 그리스 학자들은 알렉산드리아 도서관(Library of Alexandria)에 매료되었고, 일부 이집트 사제들은 헬레니즘 시대부터 기원전 31년 옥타비아누스(Octavian)가 이집트를 로마에 합병할 때까지 국제 언어였던 그리스어를 말하고 읽는 법을 학습했다. 지금까지 살펴본 것처럼, 알렉산드리아와 카이로에 유대인 공동체가 세워졌고, 많은 퇴역 로마 군인들도 이집트에 정착했다. 초기 그리스도교와 (플라톤 학파적 발상, 그리스도교, 유대교, 페르시아의 지적 전통을 융합한) 영지주의(靈知主義, Gnosticism)가 모두 발전하고 번성했고, 특히 기원후 42년 이후에는 이집트에서 콥트 그리스도교(Coptic Christianity)가 발전했다. 이와 같은 다양한 영향의 혼합은 이국적인 사고의 양식을 낳을 수밖에 없었고, 그 종류의 다양성은 예나 지금이나 많은 사람들의 관심을 끌었다.

그리스 이집트 시대의 마법과 관련하여 가장 중요한 자료는, 그리스어로 기록되어 (아마 테베(Thebes)에서 발견된 단일 텍스트 무더기에서 비롯한 소수의 텍스트는 이집트어로 기록되었을 것이다), 오늘날 그리스 마법 파피루스(Greek Magical Papyri)로 알려져 있지만, 사실 이집트 로마 시대에 기록된 일련의 파피루스이다. 일반적으로 이집트 마법은 죽은 사람을 보호하거나 죽은 사람에 관한 것이었지만, 그리스 이집트 시대의 마법은 저주와 속박을 강조하는 그리스 마법의 경쟁적인 요소를 가지고 있다. 그러나 지역의 신을 초혼(招魂)하고, 동물을 미라로 만들며, 때로는 미라를 감싸면서 그 안에 저주판을 안치하는 관행을 통해 이집트 마법의 가닥도 선명하게 발견된다. 환상이나 꿈을 통해 신을 소환한 다음 신에게 질문하는 것은 공통적인 특징이었다. 파피루스에는 특히 이따금 그리스어 모음 일곱 개를 원이나 삼각형 모양으로 배치한 마법 기록이 등장했다. 그리스어 단어, 글자, 이름을 보석에 새기면 단어, 형상, 돌의 색깔이 복잡하게 상호 작용했다. 예를 들어 흰색 돌에 기록하면 모유가 촉진될 수 있고 포도주색 자수정은 중독을 방지하는 등의 효과를 나타냈다.

후대의 필사본만 남아 있음에도 불구하고, 헤르메스 문헌은 기원후 1세기에서 4세기 사이에 기록된 그리스어 텍스트의 집합체를 통해 특히 영향력을 발휘했다. 헤르메스 문헌은 현자(賢者) 헤르메스 트리스메기스투스(Hermes Trismegistus)(기원전 2세기에 토트에게 부여되었던 '세 번째로 위대한'이라는 의미의 이집트 용어의 그리스어 버전)의 저술로 알려져 있다. 헤르메스 텍스트는 이론적인 부분과 기술적인 부분을 아우르는데, 후자는 마법, 점성술, 연금술에 대해 가르친다. 이 시대의 점성술은 그리스적 사고와 수학을 이집트 및 메소포타미아의 천문 전승과 조합한 것으로부터 발전했다. 황도 12궁은 그리스의 발명품일 가능성이 있다. 어떤 형태의 마법은 각자의 고유한 별자리 아래에서 보다 더 잘 작동했다. 보다 더 일반적으로, 별이나 행성의 에너지와 보석, 귀금속 및 신체 부위가 연계되었다.

초월적인 차원이 중요했는데, 가수(假睡) 상태에 빠진 사람들은 신체의 영향에서 벗어나 신과 소통할 수 있었다. 일부 버전에서 연금술은 주로 비금속(卑金屬)을 귀금속으로 바꾸는 것이 아니라 혼을 물리적인 신체에서 해방시키는 것이었다.

이러한 관점에서는 마법이라는 기예가 우주의 신비로 들어가는 통로가 될 수 있었다. 그리스도교가 보다 더 지배적인 종교가 되어감에 따라 기원후 4세기에는 대부분의 오래된 사원이 사라지고 교회가 흔해졌다. 그리스도교도들은 종종 헤르메스 트리스메기스투스를 이교도로 간주하면서도 중요하게 여겼는데, 그 예로는 히포(Hippo)의 아우구스티누스(Augustine)를 꼽을 수 있다. 7세기 아랍의 침략은 새로운 문화적 영향을 가져와, 가장 유명한 헤르메스 텍스트인《에메랄드 판*The Emerald Tablet*》을 탄생시켰다. 아마도 기원후 9세기에 작성되었을 것으로 보이는《에메랄드 판》은 후대의 연금술에 상당한 영향을 미쳤다.

중세 시대 내내 아랍어와 그리스어 텍스트가 라틴어로 번역되었다. 1462년 마르실리오 피치노(Marsilio Ficino)가 그의 후원자인 코시모 데 메디치(Cosimo de' Medici)를 위해 14개의 헤르메스 텍스트를 번역하면서 헤르메스 문서가 유럽 르네상스 시대에 영향을 미치기 시작하는 계기가 되었다. (S. J. 패리스(S. J. Parris)의 역사 소설을 통해 잘 연구된) 조르다노 브루노(Giordano Bruno) 같은 철학자들은 자연의 힘에 대한 이해가 자연 철학의 새로운 토대를 마련할 수 있다는 발상에 매료되었다. 이 이야기는 9장에 등장할 것이다.

지중해의 마법

마법 양탄자를 타고, 기원전 시대가 끝나고 기원후 첫 번째 천년이 시작될 무렵의 어느 시점의 로마 제국에 잠시 들러 둘러본다면, 여기에서 논의한 신탁과 저주 외에도 많은 유형의 마법을 볼 수 있었을 것이다. 연금술에 대한 시도는 흔했고, 점성술은 바빌로니아 및 아시리아 세계의 영향을 받았지만 이 지역에 전달되면서 변형되었다. 그리스 의학에서는 사체액설(四體液說, Theory of Humours)이 발전했다. 사체액설은 신체가 (인간을 행성에 연계하기도 하는) 흙, 공기, 불, 물의 조합으로 이루어진다고 간주했다. 사체액설은 유럽 중세 시대 의학의 토대를 마련했다.

　두 가지 철학적 발전이 서서히 부각되었다. 첫 번째는 지식의 본질과 다음과 같은 질문, 즉 우리가 살고 있는 세계를 우리가 아는 방법은 무엇인지, 우리의 지식은 얼마나 확실할 수 있는지, 우리의 주장에 모순이 있는지, 같은 질문에 관한 철학이었다. 두 번째는 어쩌면 우리가 우주를 살아 있는 실체로 간주하는 대신 힘, 질량, 속도 같은 보다 더 추상적인 용어로 이해할 수 있지 않을까? 하는 특이한 사고 실험으로 시작되었다. 두 번째 철학의 발전은 인간의 이익을 위해 세계를 변화시키고 조작하는 데 도움이 되었다. 그것은 그리스인들이 구상했던 발상을 이용하여 다리, 육교, 도로, 하수도를 건설함으로써 그리고 뒤이은 로마인들의 거대한 프로젝트를 통해 실현되었다. 이보다 더 추상적인 세계관은 소크라테스 이전 시대부터 시작되었고 약 2,000년 동안 살아 있는 우주와 공존했다. 추상적인 접근법은 일을 처리하는 토대가 되었고, 지각을 지니고 있는 우주는 보다 더 원만하고 만족스러운 삶을 살아갈 수 있는 틀거리를 제공했다. 이후 기계론적인 우주는 과학에 필수적인 요소가 되었고 살아 있는 우주는 마법에 필수적인 요소가 되었다. 훨씬 이후인 초기 근대 시대가 되어서야 비로소 과학과 마법이 서로 대립하는 것으로 간주되게 된다. 이와 같은 대립은 필요하지 않다. 논리적인 추론은 과학의 친구도 아니고 마법의 적도 아니다. 그것은 세계를 이해하고 세계 안에서 번성하려는 모든 시도에 유용한 것이다.

 카리스마 넘치는 개인은 그 밖의 다른 사람들은 사용하지 않는 방식으로 우주적 힘을 전달했다. 수많은 승리를 거둔 알렉산드로스 대왕의 생애 말기에 사람들은 알렉산드로스 대왕의 의복에 접촉하여 그의 힘 일부를 자신에게 전달하려고 경쟁했을 수 있다. 사람들은 세계와 분리된 존재가 아니라 좋든 나쁘든 세계와 합일된 존재였다. 신성한 힘은 인간의 힘을 보다 더 강력하게 실체화한 것이었다. 나아가 사람들은 능동적인 사물의 세계에서 행동했다. 분노한 조각상은 사람을 죽일 수 있었고 납판은 해를 유발할 수 있었다. 도덕적 책임은 물리적인 세계로 확장되었다. 따라서 그것을 함부로 사용하거나 남용하면 처벌받을 수 있었다. 기근은 신의 불만에서 비롯된 것이었다. 따라서 도시는 신의 호의를 되찾기 위해 행동해야 했다. 유대인의 단 하나의 유일신은 다신교와는 정반대로 이러한 게임의 규칙을 바꿨다. 왜냐하면 이론상으로는 적어도 단 하나의 유일신은 전능했고 변덕스럽지 않았기 때문이었다. 다신교와 일신교 사이의 구분은 스스로의 의지로 행동하는 천사와 악마라는 기발한 존재로 인해 완화되었다. 사람들은 천사와 악마를 다룰 필요가 있었고 그들을 다루는 일에는 종종 마법적 수단이 사용되었다.

 유대, 그리스, 로마의 마법은 문화적 배경과 의도는 달랐지만 상호적으로 영향을 주고받았다. 적어도 우리에게 전해지는 자료에 따르면 유대 마법은 공격적이라기보다는 보호적인 것처럼 보인다. 그리스와 로마처럼 개인주의적이고 경쟁적인 사회에서는 공격적인 저주를 걸었고 종종 사람들의 삶에서 가장 중요한 많은 것들을 건드렸다. 마법의 대차대조표를 보면 유대 마법에 대해서는 지극히 긍정적인 기록이 많았지만 그리스와 로마의 마법에 대해서는 훨씬 더 부정적인 기록이 많았다. 이와 같은 부정적인 측면은 마법의 평판이 열악해지는 데 기여했다. 뒤이은 로마 시대 이후 세계에서는 이와 같은 마법의 평판이 보다 더 나빠져, 마법은 의심스럽고 위험한 것으로 간주되었다.

8

아프리카 대륙, 아메리카 대륙, 호주 대륙의 마법

전쟁은 두려움, 희망, 자기 자신이 속한 집단에 대한 사랑 또는 적에 대한 증오 같은 인간의 가장 고조된 정서를 불러일으킨다. 따라서 전쟁이 종종 특별한 형태의 마법을 만들어내는 데 도움이 되었다는 것은 놀라운 일이 아니다. 때로 공격적인 요술이라고 알려진 전쟁 마법은 남아메리카 대륙, 아프리카 대륙, 동남아시아를 포함한 세계 여러 지역에서 흔히 볼 수 있다.[1] 이와 같은 마법은 종종 식민지 폭력으로부터 사람들을 보호하는 수단이나 식민지 개척자들을 은밀하게 공격하기 위한 수단으로 발전했다. 대체로 탈식민화된 20세기 후반과 21세기의 세계에서는 이러한 마법 전통이 새로운 갈등 해결에 동원되어왔는데, 이러한 갈등에는 적의 신체와 재산을 물리적으로 폭력적인 방법으로 공격할 뿐 아니라 그들의 혼과 영혼도 공격하는 일이 수반되었다. 보호 마법은 집단의 혼과 신체를 보호하기 위해 흔히 사용되었다.

1903년 네덜란드의 침략을 받은 인도네시아는 네덜란드 식민지가 되었다. 인도네시아의 큰 섬 수마트라(Sumatra)에서는 과거의 식민지 시대와 현재 모두에서 여러 형태의 마법이 행해진다. 그 가운데 하나는 일무 케발(ilmu kebal)이라고 알려진 마법으로, 사람을 불사신으로 만들었다. 케린치 산(Mount Kerinci)을 둘러싸고 있는 케린치 지구(Kerinci District)에 자리 잡은 롤로(Lolo) 마을의 데파티 파르보(Depati Parbo)라는 사람은 장기간 치러진 네덜란드 군과의 전투에서 부상을 입지 않았다고 알려져 있다. 현지 주민들은 네덜란드 군의 총알이 파르보가 입고 있던 옷에 구멍을 냈지만 파르보의 신체는 꿰뚫지 못했다고 말한다. 데파티 파르보는 (인도네시아 무술인) 펜칵 실랏(pencak silat)을 훈련하고 현지 샤먼과 함께 공부하면서 자신을 보호할 수 있는 힘을 얻었다. 인근 화산에서 수행한 명상은 파르보의 마법 능력을 특이한 수준으로 끌어올렸다. 파르보는 이 마법을 사용하여 네덜란드에 저항하는 사람들을 지원했지만 실패한 것으로 밝혀졌다. 여성 무용수들도 일무 케발을 습득한다. 따라서 그들은 못 위나 검날 위에서 또는 타오르는 불 속에서도 맨발로 무사히 춤을 출 수 있다.

조상의 영혼에 부마되면 전쟁에서 필요한 불사의 힘을 얻는다. 보다 더 최근의 분쟁인 스리랑카 내전(1983년~2009년)에서 주요 반군 세력 가운데 하나인 타밀 타이거스(Tamil Tigers)는 죽은 전쟁 영웅을 화장하는 것이 아니라 매장하는 새로운 관행을 만들었다. 죽은 사람은 유령이나 보다 더 서열이 낮은 악마 같은 존재로 전환되어, 전쟁에 나서는 살아 있는 사람을 도울 수 있는 힘을 가지게 되었다. 또한 타밀 타이거스는 삭발을 하거나 결혼할 때 여성이 처음 착용했던 목걸이를 연상시키는 목걸이에 시안화물 한 병을 매달아 착용하는 것 같은 보호 조치를 취했다. 그들은 이러한 조치가 자신들을 해로부터 구해주리라는 바람을 가지고 있었다. 타밀 타이거스의 경우 목걸이는 대의에 대한 영적인 전념을 보여주었다. 즉, 목걸이는 목걸이를 착용한 사람이 자살 임무를 통해 죽음을 기꺼이 받아들이도록 유도할 수 있었다.

　이러한 유형의 마법은 보다 더 오래된 신앙 체계를 바탕으로 새롭고 도전적인 여건에 맞게 참신한 방식으로 만들어졌다. 지금까지 살펴본 것처럼, 타일러와 프레이저 같은 서양 저술가들은 비서양적 마법이 전통에 의해 엄격하게 규정된 방식으로 추구된다고 여겼다. 그러나 우리가 앞으로 살펴볼 세계의 많은 지역에서는 식민주의가 주요 영향을 미쳤다. 다양한 형태의 침략, 토지 수탈, 강탈이 자행되는 동안 사람들은 가능한 모든 수단을 동원해 저항했고, 그 과정에서 보다 더 오래된 관행과 보다 더 새로운 목표를 결합한 참신한 형태의 많은 마법을 만들어냈다. 서양에서 일어난 전쟁 역시 마법의 혁신을 유발했다는 사실에 주목하는 것이 바람직하다. 예를 들어, 제1차 세계 대전에서 군인들은 많은 보호 장치를 창조했다. 거기에는 자신을 겨냥한 총알이 빗나가기를 기원하면서 자신의 이름을 새긴 총알과 보호 기능이 부여된 총알 십자가가 포함된다. 이와 같은 물건과 보다 더 많은 것들은 데파티 파르보가 네덜란드에 저항한 이후 불과 몇 년이 지나지 않아 만들어졌다.[2]

　3개 대륙, 즉 아프리카 대륙, 아메리카 대륙, 호주 대륙 사람들은 식민주의가 자행한 많은 약탈로 고통을 받으면서 인간이라는 존재의 의미에 대한 실무적이고 철학적인 성찰을 방대하게 발전시켜왔다. 막대하게 다양한 종류의 반응이 나왔다는 사실은 분명하지만 인간이라는 존재의 의미를 묻는 질문에 대한 광범위한 대답은 서양적인 관념과 매우 상이했다. 그들에게 인간이라는 존재는 분리되거나 분해될 수 있는 것이 아니라 물리적인 세계 및 영적인 세계에 내밀하게 엮여 있으면서 복잡한 방식으로 사물과 관련되어 있는 것이었다. 인간은 경관에서 또는 경관에서 벗어난 곳에서 살아가는 것이 아니라 경관 안에서 살아간다. 우리가 아프리카 대륙, 아메리카 대륙, 호주 대륙의 세계를 들여다본다는 것은, 우리 자신이 가지고 있는 상식적인 관점을 면밀한 검토의 대상으로 삼음을 의미할 뿐 아니라, 인간이 바위 및 그 밖의 다른 사물과 관련될 수 있다는 사실 자체를 믿지 못하는 우리의 기본적인 회의주의를 극복하려는 노력을 의미할 것이다. 만일 우리가 이와 같은 관념을 진지하게 받아들인다면 우리의 삶은 어떻게 전개될까? 바위가 가족사에 포함될 수 있다는 발상은 곤혹스럽다. 그러나 만일 우리가 동일한 가족이 여러 세대에 걸쳐 살아온 주택, 관련된 사람들이 오랫동안 생활했던 땅이나 거리에 대해 생각해본다면 이러한 발상을 보다 더 쉽게 받아들일 수 있을 것이다. 이와 같은 경우에서 우리는 결국 인간과 재료가 그렇게까지 분리되지는 않았다는 것을 확인할 수 있다.

아프리카 대륙, 아메리카 대륙, 호주 대륙의 원주민들은 15세기 이후 서양 식민주의의 결과로 막대한 고통을 받아왔다. 토지 점령, 질병으로 인한 대량 학살, 막대한 수의 사람들의 노예화, 질서와 신앙 체계의 고의적인 해체가 흔하게 일어나곤 했다. 그리고 마법은 식민주의의 수사학의 중심에 자리 잡고 있었다. 이른바 근대 이전과 근대를 구분하는 잣대는 마법에 대한 믿음이었다. 결정적으로, 마법을 행하는 전통적이고, 쉽게 속일 수 있으며, 변하지 않는 사회와 그렇지 않은 개방적이고, 질문을 제기하며, 민주적인 문화에 대한 구분이 여러 세기에 걸쳐 이루어져왔다. 막스 베버의 저술이 등장한 이후 그 구분은 새로운 형태를 취하게 되었다. 아프리카 대륙의 여러 사회와 아메리카 대륙, 호주 대륙, 태평양 지역의 원주민들은 마법에 의해 부과된 부정적인 짐의 무게에 짓눌려왔다. 그들의 사회는 역동적이고 활기찼지만 마법에 대한 믿음을 지녔다는 이유로 마치 살아 있는 화석처럼 행동하는 존재로 치부되면서 선사 시대로 밀려나, 보다 더 이전의 그리고 (피할 수 없는 단어인) 원시적인 유럽인의 모습으로 남게 되었다. 그렇게 된 원인과 그 증상을 제거하기 위한 처방은 성서와 과학을 통한 구원이었다. 이러한 집단이 겪은 모든 신체적 및 문화적 약탈 가운데 마법이라는 꼬리표가 붙은 것의 피해가 가장 적은 것처럼 보일 수 있다. 그러나 이와 같은 꼬리표의 영향은 심대하고 지대했다. 방대한 범위의 인간 행동(여기에서 내가 그저 스케치만 할 수 있을 정도의 깊이를 지닌 인간 행동의 독창성)이 무시되거나 주변으로 밀려났다. 그런 일은 그것들이 사회적 행동의 핵심에 자리 잡고 있었을 때조차 종종 일어났다.

아프리카 대륙에서 시작하여 아메리카 대륙, 호주 대륙을 차례로 검토할 것이다. 이야기할 내용이 매우 많기 때문에 각 대륙이 지닌 유구한 역사의 맥락에서 오직 우주론적 믿음에 대한 맛보기만 제공할 수 있을 뿐이다.

아프리카 대륙

옥스퍼드 피트 리버스 박물관의 아래층 전시관(Lower Court)에는 마분구(Mavungu)라고 불리는 조상(그림 8.1)이 전시되어 있다. 원래 마분구는 중앙아프리카(Central Africa) 대륙에서 거대한 지역을 이루는 콩고강 유역(Congo River Basin)에 자리 잡은 콩고 족(Kongo people)에게 속한 것이었다. 마분구는 은콘디(nkondi)라고 불리는 목조 조상으로, 유럽인들에게는 때로 못 애호(nail fetish)라는 이름으로도 알려져 있다. 마분구의 얼굴은 눈에 띈다. 마분구는 입을 벌리고 눈을 크게 뜨고 있는데, 눈동자는 아주 작다. 한쪽 팔을 들어올리고 있는 마분구의 다리는 붉은색이다. 마분구의 몸통 앞쪽에는 작은 상자가 두 개 달려 있고 상자의 앞쪽에는 거울이 달려 있다. 가장 눈에 띄는 것은 마분구의 몸에 못과 금속 조각이 박혀 있다는 것이다. 마분구를 만들고 마분구와 상호 작용했던 콩고 족에게 마분구는 물건이 아니라 일종의 사람이었다. 그들에게 마분구는 세계를 상대로 행동하고 세계에 영향을 미칠 수 있는 존재였다. 망가아카(Mangaaka)라고 불리는 또 하나의 유명한 은콘디는 족장처럼 가마를 타고 이동했다. 은콘디는 다른 사람처럼 신체와 살아 움직이는 영혼으로 구성된 존재로 간주되었다. 그들의 영혼은 또 하나의 몸으로 옮겨질 가능성이 있었다.[3]

　　자연의 영혼은 네 가지로 범주화되는 강력한 존재들 가운데 하나이다. 나머지 세 가지 범주의 존재는 유령, 인간의 조상, (섬유, 점토 항아리 또는 나무로 만든) 다양한 유형의 의례용 조상이고, 마분구는 다양한 유형의 의례용 조상의 강력한 예이다. 콩고 족에게 물의 영혼은 때로 인체에 깃들 수 있고, 자신이 지닌 물의 본질로 인해 인체에 질병을 유발할 수 있다. 물의 영혼은 인체에 자연적으로 깃들 수 있지만 또 한 사람의 악성 의도를 통해 인체에 깃들 가능성이 보다 더 높다. 영혼을 쫓아내려면 영혼을 부마시킨 주술을 물리쳐야만 했다. 마분구 같은 조상에 생명을 불어넣고 명령을 내리기 위해 점쟁이가 동원된다. 일반적으로 점쟁이가 사용하는 방법은 마분구의 몸에 못을 박는 것뿐 아니라 마분구의 몸통 앞쪽에 달려 있는 상자들 속에 관련 물질(무덤에 있었던 흙이나 마법적 속성을 지닌 특별한 약물)을 넣어두는 것이다. 이러한 상자의 앞쪽에 달려 있는 거울 덕분에 점쟁이는 상자에 비친 모습을 통해 위험이 도사리고 있을 가능성이 있는 곳을 파악할 수 있다. 못을 박는 것은 이 의례에서 가장 극적인 측면인데, 여기에는 말장난의 힘도 포함될 수 있다. 예를 들어, 마분구의 몸통 앞쪽에 달려 있는 상자 가운데 하나에 카즈(kazu) 열매의 부스러기를 넣어 두는 것은 마분구가 ('깨물다'

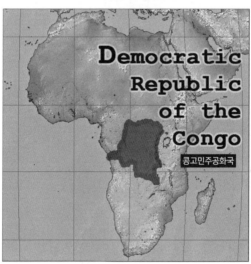

그림 8.1. 콩고민주공화국 카콩고(Kakongo) 은간자(Nganza) 마을의 은콘디(nkondi)의 사례인 마분구
(Mavungu).

라는 의미의) 카즈와(kazuwa)라는 주술을 행하는 데 도움이 될 수 있었다. 마분구는 종종 보이지 않는 죽은 사람들의 땅을 여행하면서 조상에게 영혼과의 중보를 간청하곤 했는데, 이 여정이 진행될수록 마분구의 눈동자는 점점 더 작아졌다. 마분구의 눈동자가 사라진다는 것은 마분구가 죽은 사람들의 영역을 완벽하게 바라볼 수 있게 되었다는 것을 의미했다.

　마분구에 박힌 못이나 금속 판은 분쟁, 질병 또는 어려움을 나타낸다. 마분구의 몸은 은간자(Nganza) 마을의 역사와 사회관계에 대해 알려준다. 많은 소규모 공동체가 그러한 것처럼 그들의 사회관계는 종종 걱정거리로 가득하다. 보다 더 세속적인 관점에서 마분구는 지역 내 인간관계의 온도를 살피고 바로잡는 중요한 기술이었다. 주술에 대한 고발을 통해 분쟁과 긴장이 고조되었고 때로는 해결되기도 했다. 주술사로 유죄 판단이 내려진 사람들은 자신이 보다 더 광범위한 힘을 비자발적으로 대리하는 행위자라고 합법적으로 주장할 수 있었다. 그리고 만일 이러한 항의를 사람들이 믿어준다면 위법 행위에 대한 처벌이 상당히 완화될 수 있었다. 콩고 족은 마분구가 이러한 차원에서 작동한다는 것을 인정할 뿐 아니라 조상, 유령, 자연의 영혼, 의례용 조상과의 복잡한 관계에 말려들어 있는 사람들의 삶의 모든 요소에서 영적인 측면을 강조했다.

　마분구가 중요하고 능동적인 부분을 차지했던 콩고 족의 세계는 다차원적이었다. 이러한 차원 가운데 일부는 사람들의 눈에 보이는 차원이었지만 나머지는 보이지 않는 차원이었다. 일부 인간적인 측면을 가지고 있는 강력한 사물들을 다양한 물질 및 창의적인 언어 사용과 결합하는 것은 사람들이 복잡한 영적인 영역 및 생태적인 영역을 헤치고 나아가는 데 도움이 되었다. 마분구는 19세기 후반 은간자 마을에서 멀리 떨어진 곳으로 옮겨졌다. 그러나 이와 같은 콩고 족의 복잡성에 식민적 차원이 들어오기 시작한 것은 더 오래전부터였다. 포르투갈인들이 처음으로 서아프리카 대륙과 중앙아프리카 대륙의 해안을 따라 항해한 시기는 1480년대였다(북쪽으로부터 훨씬 더 많은 고대의 항해사들이 고전 시대 그리스인의 모습으로 이 여정을 수행했을 가능성이 있지만 입증되지는 않았다). 1491년 콩고 왕국의 은징가 왕(King Nzinga)은 그리스도교로 개종했다. 콩고 왕국은 군주제와 강력한 귀족 계층을 중심으로 구성된 크고 위계적인 국가였다. 귀족 계층은 각자가 관리하는 지방으로부터 상아, 목조 조각, 직물, 구리, 소금, 나중에는 (급성장하는 노예 무역에 공급할) 노예를 포함한 조공을 받았다. 은징가 왕의 아들은 아폰소 1세(Afonso I, 1506년–1543년)라는 이름으로 즉위하여 15세기 중앙아프리카 대륙의 영혼과 신에 대한 기존 관념과 밀접하게 지도화되는 양식의 그리스도교를 발전시켰다. 아마도 그리스도교는 새로운 종교로 간주된 것이 아니라 오히려 이미 받아들여진 신앙의 구조에 외부의 발상을 접목한 것으로 간주되었을 것이다. 아폰소 1세는 바티칸(Vatican) 로마 교황청뿐 아니라 포르투갈의 종교 지도자 및 세속적인 지도자들과도 일상적으로 서신을 주고받았다. 아폰소 1세는 그의 아들 엔리케(Henrique)를 유럽으로 보내 종교 교육을 받게 했다. 새로운 종교인 그리스도교는 기존의 마법과 결이 비슷했다. 두 종교 모두 인간 세계가 영적인 세계에 둘러싸여 있고 영적인 세계에 깊은 영향을 받는다는 발상을 가지고 있었기 때문이다. 많은 식민지 상황에서 마법과 종교는 강력한 이중 나선을 형성했다.

지금까지 살펴본 것처럼, 마분구는 콩고의 역사 발전 단계에서 매우 상이한 단계인 19세기 후반에 수집되었다. 1892년에 몰수된 마분구는 포르투갈 무역상의 손에 들어갔다. 그 뒤 유명한 영국의 여행가이자 탐험가인 메리 킹슬리(Mary Kingsley)에게 팔렸다. 마분구는 콩고에서 가장 강력한 목조 조상 3개 가운데 하나로 알려져 있었다. 우리는 마분구가 수집될 당시의 정확한 여건을 알지 못한다. 그러나 19세기 말은 중앙아프리카 대륙과 서아프리카 대륙 전역에서 신전과 성지가 해체되던 시기였다. 가장 악명 높고 가장 부끄러운 사건은 1897년 베냉시(Benin City)를 약탈한 베냉 토벌 원정대(Benin Punitive Expedition) 사건이었다. 이 사건은 일부 영국 무역상들에 대한 공격에 대응하여 발생한 사건이었지만 이 지역의 신전에서 인신공희(人身供犧)가 이루어졌다는 (허위) 소문으로 인해 발생한 사건이기도 했다. 이러한 습격의 결과로 많은 애호 조상이 시장에 나오게 되었다. 그 수혜자 가운데 한 명은 1889년 파리 만국 박람회(Exposition Universelle in Paris)에서 애호 조상 두 개를 구입한 미술가 폴 고갱(Paul Gauguin)이었다. 고갱은 애호 조상에 추가로 채색하고 콩고인들에게 잠재적인 충격을 안길 수 있는 그 밖의 다른 방식으로 애호 조상을 수정했다.

마분구는 런던에 있는 메리 킹슬리의 주택에 전시되었다가 1900년 메리 킹슬리가 사망하자 메리 킹슬리의 남자 형제에 의해 피트 리버스 박물관에 기증되었다. 처음에 마분구는 나이지리아(Nigeria)에서 온, 대체로 유사한 조상들과 함께 피트 리버스 박물관에 전시되었다. 그 조상들은 1880년대 나이지리아 남부를 '개방'하기 위한 토벌 목적의 다양한 습격 과정에서 멀리 떨어진 곳으로 옮겨지게 된 조상들이었다. 당시 영국인들은 이와 같은 조상들을 현지 주민의 원시주의와 야만성을 보여주는 사례로 간주했지만 당시 서아프리카 대륙과 중앙아프리카 대륙에서 야만성은 현지 주민이 아닌 식민지 세력의 행동에서 분명하게 나타났다.

마분구 덕분에 우리는 식민 관계와 현지의 신앙 체계의 복잡한 본질을 조금이나마 엿볼 수 있다. 15세기부터 아프리카 대륙 전역의 사람들은 자신들의 고유한 생활 방식을 조정하고 그리스도교 같은 외지의 영향을 선택적으로 받아들임으로써 창백한 피부를 가진 외지인들과 새로운 관계를 협상하기 시작했다. 현지 사람들과 처음에는 포르투갈인, 그 다음에는 그 밖의 다른 유럽인들 사이의 초기 관계는, 적어도 이러한 집단의 상류층 사이에서는 양측 모두에서 비교적 서로 존중하면서 호기심을 보이는 관계였다. 인종을 경멸하는 관점은 아직 굳어지지 않았는데, 아마도 16세기 이후 노예 무역이 이루어지는 동안 아프리카 대륙의 사람들을 비인간화하는 과정을 통해서야 비로소 인종 차별적인 형태가 형성되게 되었을 것이다.

20세기에 들어서면서 유럽인들의 태도는 다시 서서히 바뀌었다. 여기에는 인류학이 영향을 미쳤다. 거기에는 1장에서 우리가 이미 마주쳤던 E. E. 에번스-프리처드의《아잔데족의 주술, 신탁, 마법》이라는, 가장 유명한 마법에 대한 저술 가운데 하나가 포함된다. 분쟁의 여지가 있는 사건은 아잔데족 사이에서 가장 강력한 신탁인 독(毒) 신탁(벤지(benge))에 맡겨졌다. 에번스-프리처드가 아잔데족의 영역에 머물렀던 당시에는 닭에게 독을 먹였다(이전에는 고발된 사람에게 독을 먹였을 수 있다). 독을 먹은 닭에게 사건과 관련된 질문을 던지고 만일 닭이 특정한 기간 안에 죽는다면 답이 나온 것으로 간주되었다. 그 질문은 궁극적으로 주술에 관한 것이었다. 주술사가 된다는 것은 오직 동일한 성별의 부모로부터만 물려받을 수 있는 장(腸) 내 물질로 인해 발생하는 유전적인 상태이다. 주술사로 유죄 판결을 받은 아들의 아버지는 남성의 혈통을 통해 그 조건을 물려받은 주술사임에 틀림없었다. 때로 사람들은 자신의 주술 능력을 악의적으로 사용할 수 있지만, 그 밖의 다른 경우에는 부주의로 인해 발생한 해에 대해 일부 사람들이 사과하도록 자극하기 위해, 비자발적으로 사용하는 경우일 수 있었다. 주술과 그 행위에 책임이 있는 사람을 찾아내기 위한 노력을 다룬 에번스-프리처드의 이야기에서 신탁은 분쟁을 밝혀내고, 해결하며, 그 결과 마을이나 지역의 정치를 규제하는 데 도움을 주는 민감한 기술로 간주될 수 있다.

주술 혐의로 고발당한 사람의 가족은 자신의 고유한 의례 전문가를 동원하여 항소의 양식으로서, 판결에 반박할 수 있었고, 그 과정에서 보다 더 많은 관계, 불만, 분쟁이 밝혀질 수 있었다. 주술사로 유죄 판결을 받은 사람이 죽으면, 그 사람의 배를 갈라 그 사람의 장을 막대기에 감음으로써 기실 그 사람에게 죄가 없음을 증명하려고 시도했다. 이것은 주술사와 직계인 모든 남성 구성원에게 안도감을 주는, 일종의 친절 행위였다.

　에번스-프리처드의 연구는 일반적으로 그 밖의 다른 문화권에 대한 그리고 특히 주술과 마법 같은 문제에 대한 서양의 사고방식을 서서히 변화시키는 데 기여했다는 점에서 중요했다. 에번스-프리처드는 사고와 죽음에 관한 아잔데족의 사고 과정이 자신의 사고 과정만큼이나 논리적이고 일관적이라고 주장했다. 아잔데족은 단지 상이한 전제에서 시작했을 뿐이다. 만일 모든 주요 질병, 사고, 죽음에 주술을 통한 인간적인 원인이 있는 것이라면, 일반적으로 받아들여지지만, 개별 결과에 대한 논란을 허용하고 보다 더 상세한 의문을 제기할 수 있는 조사 양식이 필요했다. 여러 가지 기술 가운데 신탁의 기술은 일반적으로 효과가 있다고 믿어졌을 뿐 아니라 특히 기득권을 가진 사람들이 제기하는 결과에 대한 반박을 통해 비판적으로 검토될 수 있었다. 신탁은 수용과 비판 모두에서 서양의 과학적 접근법과 크게 상이하지 않았다. 두 경우는 모두 비판하기 어려운 핵심 가정에서 출발하여 개별 사례의 다양하고 많은 세부 사항을 통해 체계적이고 논리적으로 소송을 진행했다.

아프리카 대륙의 선사 시대와 역사 시대

아프리카 대륙 전역의 마법 관행에 대한 보다 더 광범위한 관점을 얻기 위해 아프리카 대륙 전역과 보다 더 오랜 기간에 걸친 추세 일반에 대해 검토

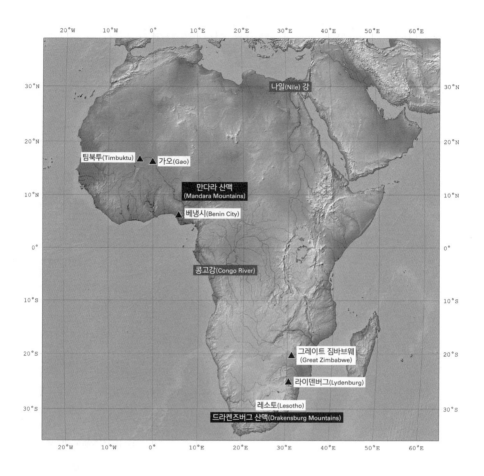

그림 8.2. 본문에 언급된 아프리카 대륙의 지역 및 유적지 지도.

해보자(그림 8.2는 본문에 언급된 지역과 유적지의 지도를 보여준다). 최근에는 아프리카 대륙의 보다 더 유구한 역사에서 비롯된 점복과 주술에 대한 현지의 관점이 이슬람교 및 그리스도교라는 고대의 신앙에 복잡하게 접목되는 것을 볼 수 있다. 이러한 세 가지 가닥 각각은, 두 가지 가닥 또는 보다 더 많은 가닥이 모임으로써 그 수가 상당히 증가하는 인간의 창조적인 행동과 관련된다.

우리가 2장에서 잠깐 살펴본 것처럼, 인류의 기원은 아프리카 대륙에 있다. 우리의 가장 오래된 조상은 700만 년 남짓 이전으로 거슬러 올라간다. 거기에서도 역시 가장 오래된 형태의 마법이 행해졌을 가능성이 높지만, 이 기간의 대부분에 대한 고고학 기록에는 우리가 마법으로 인식할 수 있을 만한 것이 거의 없다. 매우 다양한 종류의 변화를 지속적으로 겪었음에도 불구하고, 오늘날 존재하는 삶의 형태에 보다 더 직접적인 원형(原型)이 되는 삶의 형태는 약 5,000년 전에 등장하기 시작했다(광범위한 연대기는 표 8.1 참고).

아프리카 대륙은 세계의 많은 환경을 전시하는 소우주이다. 동아프리카 대륙과 남아프리카 대륙의 비교적 보다 더 높은 고원은 일반적으로 건조 지역 또는 반(半)건조 지역이다. 세계에서 가장 넓은 사막 지역인 사하라(Sahara) 사막에서는 기실 훨씬 미묘한 차이뿐 아니라 보다 더 습한 조건과 보다 더 건조한 조건이 주기적으로 나타난다. 일반적으로 덥고 습한 서아프리카 대륙과 중앙아프리카 대륙은 특히 남쪽으로는 사막과 접해 있을 뿐 아니라 북쪽으로는 다양한 사헬(Sahel) 지역(사하라 사막과 남쪽의 사바나 사이에 자리 잡은 경계 지역으로, 대서양에서 홍해에 이르는 지역)과 접해 있는 거대한 콩고 분지(Congo Basin)를 중심으로 세계에서 가장 거대한 열대우림 지역 가운데 일부를 지탱하고 있다. 아프리카 대륙 생태계의 깊은 역사는 아직 기록되지 않았지만, 우리는 지난 1만 년 동안에도 보다 더 습하고 보다 더 추운 시기와 보다 더 덥고 보다 더 건조한 시기가 주기적으로 번갈아 나타나면서 많은 변화가 일어났음을 확인할 수 있다. 사하라 사막은 주기적으로 녹화(綠化)되었다. 그런 시기는 (최근에는 기후 변화와 인간이 환경에 미치는 영향이 조합된 결과로 나타나는) 진정한 사막의 시기 사이사이에 흩어져 있다.

아프리카 대륙은 두 개의 큰 바다, 즉 인도양 및 대서양을 접하고 있다.

표 8.1 최종 빙기 이후 아프리카 대륙의 광범위한 연대기. 시대를 쉽게 정의할 수 없는 지역이 많다. 이 표에서는 아프리카 대륙을 서아프리카 대륙, 동아프리카 대륙, 남아프리카 대륙으로 구분하여 아프리카 대륙 내의 일부 가변성을 반영했다.

연대	주요 시대	사건과 과정
기원전 700만 년 –20만 년	전기 구석기 시대 (Lower Palaeolithic)	인류의 기원부터 현생 인류의 등장까지
서아프리카 대륙		
기원전 1만 2000년 –5000년	말기 석기 시대 (Late Stone Age)	유목 생활 및 일부 초기 가축화. 사람과 동물의 관계를 다루는 암면미술의 기원
기원전 5000년–3000년	초기 신석기 시대	정주 농경 집단과 유목민 집단의 혼합
기원전 3000년–2000년	초기 금속 시대 (Early Metal Ages)	최초의 구리 사용 및 주요 이주. 금속 가공과 관련된 마법의 기원 가능성
기원전 2000년–1000년	초기 도시 시대 (Early Urbanism)	최초의 대규모 소도시, 사하라 횡단 무역
기원전 1000년–500년 –기원후 500년	철기 시대	국가의 발전–녹(Nok), 가나(Ghana), 말리(Mali) 등 조상 신전 및 조상과 관련된 관행의 기원 가능성
기원후 500년–1480년경	중세 시대	보다 더 이전의 일부 국가의 계속 및 새로운 국가의 발전. 북쪽에서 이슬람교가 도래하여 이슬람교와 관련된 마법을 형성
기원후 1480년–1950년대	유럽 식민지 시대	유럽인의 침략 및 제국과의 통합. 정복 체계 및 노예와 함께 아메리카 대륙으로 건너간 보둔교(Vodún) 체계의 발전
기원후 1950년대–현재	독립 국가 시대	민족 국가의 형성. 정복 및 주술의 추가적인 발전
동아프리카 대륙		
기원전 4만 년–1만 년	만빙기, 수렵 채집인	새로운 석기 기술. 고도의 이동 생활 집단
기원전 1만 년–2000년	홀로세 시대, 수렵 채집인	식량 생산의 집약화 및 인구 증가
기원전 2500년	아프리카의 뿔(Horn of Africa) 및 홍해 해안의 왕국들	

기원전 2500년경-현재	유목 생활	소 목축. 이후 작물 재배
기원전 1000년경	반투 팽창기 (Bantu expansions)	반투어 사용자들이 서아프리카 대륙 바깥으로 이동. 금속 가공과 연결된 마법의 기원 가능성 및 제철 작업
0년-현재	스와힐리 해안 (Swahili coast)	지역과 아랍 무역상 간 연결 및 인도양 전역의 연결
기원후 1490년대 -1960년대	유럽 식민지 시대	유럽인의 침략 및 제국과의 통합. 아잔데족에게서 발견된 것 같은 주술의 발전 및 점복의 발전
기원후 1960년대	독립 국가 시대	민족 국가의 형성-주술 및 점복의 추가적인 발전

남아프리카 대륙

기원전 2만 년-1만 년	만빙기(晩氷期)	코이산족(Khoisan)의 조상의 출현 가능성. 암면미술을 통해 인간과 영혼 세계를 연결하고 인간과 동물과의 관계를 다룸
기원전 1만 년-현재	홀로세 시대	식량 생산의 집약화 및 수렵 채집인 암면미술의 증가
0년-기원후 1000년	농경민 및 목축민	금속 가공과 연결된 마법의 기원 가능성 및 제철 작업. 식량 생산. 점복 형태의 발전 가능성
기원후 700년-1300년경	국가와 도시	그레이트 짐바브웨(Great Zimbabwe)로 가장 널리 알려진 도시의 부상
기원후 1490년대 -1960년대	유럽 식민지 시대	유럽인의 침략 및 제국과의 통합
기원후 1960년대	독립 국가 시대	민족 국가의 형성: 1980년 짐바브웨 민족 (Zimbabwean) 독립, 1994년 남아프리카공화국(South Africa)에 최초의 민주주의 정부 수립

아프리카 대륙이 그 바다들의 역사의 일부인 것처럼 그 바다들은 아프리카 대륙의 역사의 일부이다. 적어도 지난 5,000년 동안 동남아시아 및 아시아 본토에서 아프리카 대륙으로 사람, 식물, 동물이 이동했고, 아프리카 대륙에서 식물, 동물, 광물 자원이 역류하여 평형을 맞췄다. 로마는 약 2,000년 전부터 인도와 무역을 시작했지만, 훨씬 더 고대에 아프리카 대륙과 맺은

연계에 입각한 것이었다. 지난 500년 동안 등장한 검은 대서양의 시작은 유럽의 식민주의와 노예 무역으로 인한 것이었지만, 콩고의 역사에서 이미 엿본 것처럼 아프리카 대륙 사람들은 능동적인 협력자로 참여했다.

아프리카 대륙의 후기 선사 시대는 세계의 그 밖의 다른 지역과 뚜렷한 차이를 보인다. 최근 시대에 우리는 사막이나 열대우림에서 야생 자원으로 생활하는 수렵 채집 집단, 반(半)건조 환경에서 흔히 볼 수 있는 유명한 마사이족(Masai) 같이 양이나 소를 전문으로 키우면서 이동 생활을 하는 유목민 집단, 대부분 아프리카 대륙 자체 내에서 작물화된 매우 다양한 종류의 작물을 재배하면서 생활하는 정주 농경민 집단을 확인할 수 있다. 이러한 생활 방식은 약 5,000년 전부터 등장했다. 금속은 여러 지역에서 중요한 물질이었다. 그러나 아프리카 대륙에서 금속이 등장한 순서는 종종 유라시아에서 금속이 나타난 순서와 상이하다. 유라시아에서는 다양한 종류의 금속을 오랫동안 실험하면서 구리로, 그 다음에는 청동으로 물건을 만들다가 나중에 제철(製鐵) 작업이 도입되었다. 아프리카 대륙에서는 기원전 500년경부터 제철 작업이 시작되었는데, 아프리카 대륙 바깥의 제철 기법에 의존한 것이 아니라 아프리카 대륙 내에서 제철 기법이 발명되었을 가능성이 매우 높다. 그리고 나서 청동 가공 및 금 가공으로 발전해나갔을 것이다. 우리가 살펴보게 되는 것처럼, 금속 가공은 뚜렷하게 구분되는 일련의 마법을 탄생시켰다. 지난 1,000년 동안 아프리카 대륙 전역에서 도시가 발전했다. 서아프리카 대륙과 아프리카 대륙의 중앙에 자리 잡고 있는 사헬 지역에서 매우 다양한 도시 국가와 왕국이 등장했고 아프리카 대륙의 남동쪽에는 오늘날 그 자리에 자리 잡고 있는 국가의 이름이 된 그레이트 짐바브웨(Great Zimbabwe)가 자리를 잡았다(표 8.1).

세계 종교 가운데 두 개의 종교는 아프리카 대륙에서 깊은 역사를 가지고 있다. 기원후 642년 아랍의 이집트 정복으로 북아프리카 대륙에 이슬람교가 자리를 잡았고 이후 아프리카 대륙 최북단 국경을 따라 빠르게 확산되면서 그리스도교 같은 그 밖의 다른 종교 공동체를 대체했다. 기원후 9세기 초 무렵에는 이슬람교가 동아프리카 대륙의 해안과 사헬 지역 서부까지 전파되었고, 12세기 무렵에는 무역상들이 사하라 사막을 건너 남쪽의 가오(Gao)와 팀북투(Timbuktu) 같은 곳까지 이슬람교를 전파했다. 모든 지역에서 이슬람교는 현지의 색채를 띠면서 상당한 종류의 다양성을 보여주었다. 또한 이슬람교는 매우 다양한 마법을 탄생시켰다. 거기에는 악령의 눈이나 파티마의 손(Hand of Fatima) 같은 보호 장치부터 건물, 종종 가옥에 악령이 들어오지 못하도록 막기 위해 문지방이나 출입구 아래에 항아리, 뼈, 그 밖의 다른 물질을 안치하는 것에 이르는 조치가 포함된다. 그리스도교는 기원후 4세기에서 6세기 사이에 누비아(Nubia)와 에티오피아에 도입되었고 현지 건축 형태의 영향을 받으면서 자신만의 풍토 건축 형태를 가지게 되었다. 이러한 지역에서 그리스도교는 이슬람교와 항상 적대적이었던 것이 아니라 오랫동안 복잡하게 상호 작용해왔다. 아프리카의 뿔(Horn of Africa)에서 두 종교는 그리스도교 성인에 관련된 매우 능동적인 제례를 발전시켰다. 그리스도교 성인은 기적을 일으킬 수 있는 자신만의 조각상과 신전을 가지고 있었다. 지금까지 살펴본 것처럼, 1491년부터 유럽적인 형태의 그리스도교가 중앙아프리카 대륙에 도입되었다. 이후 서아프리카 대륙으로 전파된 그리스도교는 거기에서 현지의 신앙 형태와 상호 작용했다. 아프리카 대륙은 수천 년 동안 사람들이 선택적으로 의존해온 복잡한 패턴을 통해 아프리카 대륙 전역에 걸쳐 엮여 있는 다양한 신앙의 가닥을 보여준다.

아프리카 대륙 마법의 역사 엿보기

가장 오래전에 시작되었고 가장 오래 이어져온 마법 가운데 하나는 암면
미술을 통한 마법이다. 적어도 아프리카 대륙의 후기 빙하기까지 거슬러
올라가는 암면미술은 오늘날에도 여전히 일부 지역에서 만들어지고 있다.
아프리카 대륙 전역에서 기록된 암면미술 유적지는 5만 곳 정도로 추정되
는데, 어림짐작해볼 때 이것은 전체의 약 10퍼센트를 나타내는 것으로 보
인다.

　외지인들의 해석 양식이 아니라 현지의 신앙 체계에 바탕을 두고 암면
미술을 이해하는 경우가 점점 더 늘고 있다. 현지의 현재 사고 형식을 포용
하려는 시도는 우리의 상식을 바탕으로 세계를 이해하는 방식에서 벗어나
는 데 도움이 되지만 과거 관행의 본질을 파악하지 못할 위험을 안고 있다.

　암면미술이 널리 퍼져 있음에도 불구하고, 집중적인 연구와 논의가 이
루어진 몇 가지 영역이 있다. 그 가운데 하나는 남아프리카 대륙과 레소토
(Lesotho)의 미술이다. 그것은 그 자체로도 눈에 띄는데, 종종 19세기부터
시작되는 코이산족(Khoisan)의 기록을 통해 그것에 대한 해석이 활기를 띠
게 되었고 여분의 깊이를 이해하거나 논의해볼 여지가 생겨나게 되었다.
드라켄즈버그 산맥(Drakensburg Mountains) 같은 지역의 미술은 적어도 지난
2,000년에 걸쳐 코이산 제어(諸語)를 사용해온 사람들(Khoisan speakers)에 의
해 형성되었다고 여겨지는데, 아마도 수렵 채집 집단이었던 코이산 족이
북쪽에서 들어오는 목축민 및 농경민과 종종 까다로운 상호 작용을 하던
시기에 형성되었을 것이다. 코이산 족은 이른바 흡착음(吸着音)을 사용하는
언어(click languages)를 사용하는 사람들인데, 오늘날 흡착음은 느낌표로 표
현된다. 19세기와 20세기 초 킹(Qing)과 디아!콰인(Diä!kwain)이라는 이름
의 두 남성을 포함한 여러 코이산 족 사람들이 자기들에게 흥미를 느낀 서

양인들과 대화를 나눴다. 코이산 족 사람들의 설명과 코이산 족에 대한 서양인들의 표현은 논란의 여지가 있지만, 그럼에도 불구하고, 상이한 세계를 들여다볼 수 있는 작은 창을 제공한다. 코이산 족에게 그림은 사람과 동물을 묘사하는 행위가 아니라 생명을 불어넣으려는 시도였다. 완성된 형상보다는 그림을 그리는 행위가 중요했다. 그림은 종종 노래, 춤, 이야기 같은 보다 더 광범위한 공연의 일부이곤 했다. 이러한 공연은 사냥, 지역에 비를 내리게 만드는 일, 인간의 생식력 문제의 해결뿐 아니라 코이산 족과 현지 농경민 사이의 관계 같은 중요한 문제를 다루기 위해 고안되었다. 그림은 일을 처리하는 방법이자 사물의 표면에 드러나는 외양의 기저에 자리 잡은 사물의 근본적인 본질을 꿰뚫어 보는 방법이었다. 거기에는 코이산 족이 힘에 대한 광범위한 관념을 가지고 있었다는 흔적이 남아 있다. 예를 들어 (특히 뱀일 수 있는) 동물의 지방은 영양적인 측면의 가치를 넘어서는 잠재력을 제공했다. 특정 인간 개인은 사회적 역할을 가지고 있었다. 여기에는 치료사 또는 (선할 수도 있고 악할 수도 있는) 요술쟁이(!기:텐(!giːten)), 사냥감을 통제할 수 있는 사람(프와이텐–카!기:텐(pwaiten-ka!giːten)) 또는 비를 통제할 수 있는 사람(!크화–카!기:텐(!khwa-ka!giːten))뿐 아니라 해를 입히려는 악의적인 의도를 지닌 개인(!기:텐(!giːten))이 포함되었다.

데이비드 루이스–윌리엄스는 이들을 샤먼이라고 묘사했다.[4] 이러한 사람들과 시베리아에서 이 이름으로 불리는 사람들 사이의 차이점을 감안할 때, 이 묘사가 특별히 도움이 되는 것 같지는 않다. 그러나 우리가 영혼의 세계로 간주하는 것과 이른바 실재가 코이산 족에게는 흥미로운 방식으로 흐릿해진다는 것은 분명하다. 암면은 두 세계가 만나는 지점으로 간주될 수 있다. 따라서 그림은 암면에 나타나는 영혼 세계를 가시화하여 그 세계의 힘을 우리 자신의 세계로 가져오는 방법이었을 것이다. 우리는 바

위를 모든 재료 가운데 가장 견고한 재료로 간주하지만, 다른 사람들에게
는 바위가 (대부분의 경우) 여러 세계를 가로지르는 문제들을 해결하는 데 필
요한, 다른 세계들을 투영하는 장막일 수 있다. 또한 루이스-윌리엄스는
개조된 의식 상태가 가지는 힘에 대해서도 주장했다. 코이산 족의 의례에
참여하는 모든 사람, 특히 의례 전문가들은 약물을 복용함으로써 뿐 아니
라 음식과 물을 거의 먹지 않은 상태에서 몇 시간 동안 춤을 춤으로써 가수
(假睡) 상태에 빠지게 되었다. 루이스-윌리엄스에게 이것은 실재의 다양한
버전이 가능해지는 방법과 이유를 설명하는 데 도움이 된다. 우리가 특정
상태에 빠지면 일상생활에서 그리 쉽게 접근할 수 없는 유령의 존재와 발
산을 볼 수 있다. 보는 것이 믿는 것이다. 따라서 영혼에 대한 감각적 증거
를 통해 영혼을 받아들이게 된다. 이것은 매우 설득력 있는 지적이다. 그러
나 우리는 일반적으로 문화가 (사람들이 세계가 작동하는 방식에 대한 상식적인 이
해의 일부로 받아들이는) 실재의 다양한 버전을 제공하고 발전시키는 데 도움
이 된다는 점도 인정해야 한다. 강력하고 주기적인 경험은 일반적인 믿음
을 강화하지만, 그것이 믿음의 유일한 원천은 아닐 수 있다.

　암면미술은 이집트에서 리비아, 말리(Mail), 알제리(Algeria)를 거쳐 모로
코(Morocco)에 이르는 거대한 부채꼴 모양의 지역에서 수렵 채집인뿐 아니
라 유목민에 의해서도 행해졌다. 사람과 동물을 믿을 수 없을 만큼 아름답
게 묘사한 그림이 10만 점에 달할 가능성이 있다(그림 8.3). 예를 들면, 거기
에는 다산과 생식력의 기원으로서 여성 인물을 중요하게 묘사한 그림이
포함된다. 미술은 여유롭게 관조할 수 있는 일련의 형상이 아니라 제작의
형태로 간주하는 것이 가장 바람직하다. 따라서 암면미술은 강력하고 만
연해 있는 마법의 양식이 된다.

　명백하게 생산적인 그 밖의 다른 많은 활동은 일련의 중요한 마법에 대

한 믿음으로 둘러싸여 있다. 말리의 만디족(Mandi)은 만물에 만연해 있는
생명 에너지 또는 열을 의미하는 냐마(nyama)라는 관념을 가지고 있다. 점
토를 구워 항아리를 만드는 것은 항아리에 여분의 냐마를 불어넣기 위한
행위이다. 오래된 항아리를 갈아서 새 항아리에 섞어 넣는 행위는 점토의
속성을 유익한 방식으로 바꾸는, 순수하게 기술적인 행위가 아니라 조상
들이 사용하던 항아리의 힘을 현재 세대의 그릇에서 재활용하기 위한 수
단이다. 이와 같은 항아리에서 발견된 음식에는 고대의 잠재력뿐 아니라
근대의 노력이 고스란히 담겨 있다. 지난 2,500년 동안 대체로 인간의 모
양을 하고 있는 점토 가면이나 작은 점토 입상을 만드는 전통이 이어져왔

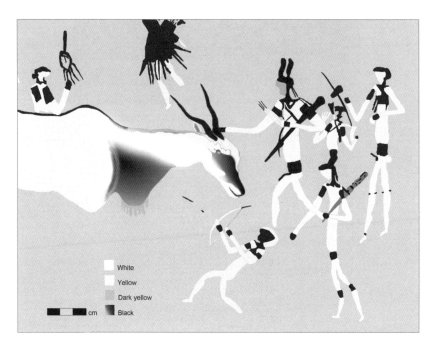

그림 8.3. 귀가 달린 모자를 쓴 인간의 모습을 한 인물이 사냥당할 목표물로서 자신의 모습을 '멋
지게' 뽐내고 있는 일런드 영양의 뿔을 잡고 있다(프리스테이트주(Free State Province)).

그림 8.4. 라이덴버그(Lydenburg)에서 발견된 보다 더 큰 두상 가운데 하나.

다. 그 기원은 적어도 기원전 500년경 나이지리아의 작은 입상인 녹(Nok)
으로 거슬러 올라간다. 남아프리카공화국(South Africa) 트란스발(Transvaal)
의 라이덴버그(Lydenburg)에서는 점토로 모형을 제작한 7개의 눈에 띄는
두상(頭像)이 발견되었다. 기원전 500년경에 함께 묻힌 이 두상들은 남아
프리카 대륙에서 가장 오래된 인간 조각상이 되었다(그림 8.4). 두상의 속은
비어 있고 그 가운데 2개는 적어도 아동이 착용할 수 있을 정도로 크기가
커서 입문 의례에 사용되었을 가능성이 제기되고 있다. 정성껏 모양을 만

든 머리카락과 (후대에 흔히 볼 수 있는) 난절(亂切)일 가능성이 있는 흔적은, 이것이 발견되지 않았다면 우리가 전혀 알지 못했을 특정 문화적 배경을 시사할 수 있다. 적철석(赤鐵石) 결정으로 표면을 덧칠하여 햇빛이나 불빛에 의해 반짝이므로 매력적인 공연의 형상이 창조되었을 것이다.

조형 전통은 주로 점토로 만들어진 물건을 통해 알려져 있다. 고고학적인 측면에서 볼 때, 목조 조각상은 거의 보존되지 않기 때문이다. 추측임에도 불구하고, 11세기에서 15세기 사이에 말리의 젠네-제노(Jenné-Jeno) 주에서 알려진 것 같은 작은 점토 입상의 전통은 이 장을 시작하면서 소개한 마분구 같은, 못을 박은 목조 조상으로 이어지는 보다 더 광범위한 전통의 일부였을 가능성이 있다.

라이덴버그에서 발견된 두상이 입문 의례에 사용되었을 것이라는 발상은 최근의, 그리고 우리의 짐작에 따르면, 가까운 과거의 아프리카 전역에서 모든 통과 의례가 중요하게 여겨져왔다는 사실에서 비롯된다. 조상은 아프리카 대륙의 매우 많은 사회에서 중심이다. 조상을 만드는 것은 가볍게 여겨서는 안 되는 결정적인 과정이다. 조상은 강력한 인물로 일반화되어, 살아 있는 사람의 편에서 영혼과 신을 중보할 수 있다. 이와 같은 중보 과정은 복잡하고 지난하다. 조상을 만든다는 것은 개인에게서 개별적인 성격과 특색을 벗겨낸다는 것을 의미한다. 이것은 그들이 기억에서 멀어지고 그들을 알고 있던 사람들이 죽게 되면서 결국에는 벌어지는 일이지만, 작업이 필요한 일이기도 하다. 조상은 생식력과 안녕을 통제하는 강력한 힘과 연계되어 있음에 틀림없었다. 예를 들어, 카메룬(Cameroon)의 중앙에 자리 잡은 만다라 산맥(Mandara Mountains)에서는 모든 집단이 조상 제례를 행한다. 여기에서 무덤의 형태는 보다 더 광범위한 함의를 가진다. 캅시키족(Kapsiki)이나 캄웨족(Kamwe)의 종 모양 또는 술병 모양의 무덤은 오두막,

곡식 창고, 항아리 또는 자궁 등 다양한 의미를 지닌다. 따라서 개인은 발
효, 발아, 임신, 출산의 양식을 통해 조상이 되어, 세계의 이러한 측면에 관
여할 수 있는 어떤 힘을 부여받게 된다. 죽음은 수동적인 상태나 무의미한
상태가 아니라 생명력을 가진 능동적인 요소로서 현지 생활과도 연결되는
새로운 활동 양식이다.

　　일부 지역에는 조상을 위한 신전이 있다. 특히 가나(Ghana) 북부의 탈렌
시족(Tallensi) 같은 집단은 조상 및 지구의 영혼과 연결되는 장소로서 다양
한 종류의 신전과 신성한 숲을 창조하고 정리했다. 마을 안이나 마을 근처
에 자리 잡고 있는 신전의 중심에는 흙기둥이 세워졌다. 조상과 연관된 중
요한 개인적인 물건을 흙기둥 주변에 안치하거나 두개골이나 턱뼈를 포함
할 수 있는 개인적인 물건을 흙기둥에 매달았다. 지구와 관련된 관행의 요
소에는 종종 동굴 및 샘 같은 자연적인 특징뿐 아니라 사람들이 돌보는 숲
도 관련된다. 뉴 신전(Nyoo Shrine) 같은 일부 숲에는 현재 탈렌시 족의 기억
을 넘어서는 어느 시점에 세워진 선돌[5]과 온전한 또는 깨진 항아리가 있
다. 과학적 연대 측정에 따르면 뉴 신전에 자리 잡은 선돌에서 이루어진 활
동은 기원후 3세기까지 거슬러 올라가는데, 그 뒤 몇 세기에 걸쳐 사람들
이 지속적으로 선돌을 세운 것으로 밝혀졌다. 사람들은 관목과 나무를 심
고, 관목과 나무가 자랄 수 있는 환경을 조성했을 것이다. 이와 같은 신전
은 1,500년동안 사용되었을 것으로 보이는데, 물론 그 사이에 신전에서 행
해졌던 행위뿐 아니라 신전의 의의도 변했을 것이다. 오래된 교회, 회당,
사원 또는 모스크에서 느껴지는 역사의 무게와 다르지 않은 방식으로 기
억의 범위를 벗어난 조상들은 이와 같은 신전에 압축되어 있다. 보다 더 오
래된 신전 가운데 일부는 아마 공연의 형태로 그리고 돌과 그 밖의 다른 재
료와 더불어 다양한 조상과 그 밖의 힘을 중보하는 형태로, 그 밖의 다른

신전에 재료를 보냈을 가능성이 있다.

우리가 알고 있는 것처럼, 삶은 마지막뿐 아니라 시작도 중요하다. 삶의 시작과 마지막은 모두 성행위의 생성하는 에너지뿐 아니라 탄생이라는 행위를 통해 이루어진다. 가장 강력한 재료의 변형 가운데 하나인 금속의 제련은 사람의 탄생과 직접적으로 연계될 수 있다.

지금까지 살펴본 것처럼, 기원전 500년경 서아프리카 대륙에서 철 야금술(冶金術)이 확립되면서 제철 작업이 청동 가공 및 금 가공보다 먼저 시작되었다. 특히 암석 형태의 광석에서 철을 떼어내는 제련을 통한 변형의 행위로서의 제철 작업은 종종 인간과 사물을 결합한다. 오늘날 많은 지역에서 금속 가공은 남성이 수행하고 용광로는 여성으로서 건설된다. 예를 들어, 치싱가족(Chisinga)의 경우 용광로는 제련공의 아내이고 제련 작업에 관여하는 동안 남성은 반드시 인간 아내와의 성행위를 삼가야만 한다. 짐바브웨(Zimbabwe)의 쇼나족(Shona)과 남아프리카 대륙의 그 밖의 다른 지역에서는 가슴과 배꼽 모양으로 용광로를 건설한다. 멀리 떨어진 곳에 자리 잡은 토고(Togo) 및 바사리족(Bassari) 역시 가슴과 배꼽 모양으로 용광로를 건설한다. 제련이라는 뜨거운 활동은 성행위와 연계된다. 두 경우 모두에서 새로운 창조라는 기적이 가능해진다. 오늘날에도 여성과 아동은 제련이 이루어지는 장소에서 배제되곤 한다.

금속 가공을 하는 사람들은 강력한 변형의 힘과 파괴의 힘을 통제할 수 있는 능력을 가지고 있었기 때문에 종종 사회 전반에서 중요한 역할을 담당하면서 다양한 종류의 분야에서 마법을 행할 것을 요구받는다. 거의 보편적으로 제련은 영적인 의미뿐 아니라 신체적인 의미에서, 정착지 바깥에서 이루어지는 위험한 활동으로 간주된다. (적어도 화재의 위험은 그만큼 더 커짐에도 불구하고) 흥미롭게도, 금속을 뜨겁게 달구거나 주조하는 관행인 대장장이의 작업은 제련만큼 위험하지는 않은 것으로 간주된다. 아프리카 대륙 전역에서 남성은 주로 금속을 가공하는 반면 여성은 항아리를 만든다. 각 활동은 모든 사회에서 중요한 그 밖의 다른 일련의 강력한 생산 및 소비 활동, 즉 동물 돌보기에서 식량의 가공과 요리에 이르는 활동을 연상시킨다.

나이지리아 이그보족(Igbo)의 이켄가(ikenga), 즉 개인 신으로 알려진 이 물건 같은 다양한 물건이 제련과 대장장이의 작업에 연관된다. 이켄가는 금속 뿔이 달린 양식화된 인물로 구성된다(그림 8.5).

이 이켄가는 인간의 모습을 한 인물로, 머리에는 숫양의 뿔이 달렸고 손에는 칼과 코끼리 엄니를 들고 있다. 이켄가의 형태는 다양하지만 보통은 뿔이 있고 종종 크기가 작다. 따라서 쉽게 들고 다닐 수 있다. 이 특별한 이켄가는 대장장이에게 의의가 있었던 것처럼 보인다. 수집가는 이켄카가 '대장장이의 마스코트'로 묘사되어왔고 금전적 번영을 가져올 수 있을 뿐 아니라 악한 힘으로부터 보호할 수 있는 존재였다고 보고했다.

우리는 이미 많은 점복 사례를 살펴보았는데, 아프리카 대륙의 집단들은 미래를 예견하는 매우 다양한 방법을 개발해왔다(그림 8.6). 고도의 형식성을 갖춘 요루바족(Yoruba)의 이바(Iba)에서부터 서아프리카 대륙 전역에 자리 잡은 쿠랑코족(Kuranko)의 다양한 관행에 이르기까지, 아프리카 대륙 전역에 점복 양식이 거대한 스펙트럼처럼 펼쳐져 있다.[6] 일반화하기는 어렵지만 몇 가지 공통적인 특징이 두드러진다. 점쟁이들은 종종, 아마도 꿈을 통해 전해진 메시지를 통해, 외부적 힘에 의해 선택되었다고 느낀다. 즉, 그것은 그들이 선택한 직업이 아니다. 이와 유사하게, 점쟁이들은 자신이 의뢰인에게 제공하는 조언이 자신에게서 비롯된 것이 아니라 그 밖의 다른 힘(전형적으로 영혼 또는 신)에게서 비롯된 것이라는 것을 종종 강하게

그림 8.5. 나이지리아 이그보족(Igbo)의 이켄가(ikenga) 조상. 대장장이로 유명한 도시인 아카(Awka) 의 아모비아(Amobia) 지역에서 발견되었다. 이켄가 조상은 대장장이의 작업을 포함하여 이그보족의 개인적인 업적, 강함, 힘을 구현했던 영혼을 묘사한다. 이 조상은 칼을 들고 있는 오른손의 힘을 기념 한다. 코끼리 엄니는 왼손에 들고 있다. 숫양의 뿔은 힘과 사나움을 추가적으로 시사한다. 특히 강함 이 필요한 과업을 수행하려고 할 때는 이켄가에게 콜라 술(kola wine)을 제공하여 먹일 필요가 있다.

감지하곤 한다. 통로가 된다는 것은 주관적인 요소를 제거한다는 것으로 여겨진다. 따라서 마을 또는 공동체의 정치에 대한 점쟁이의 지식이 점쟁이가 말하는 것에 연루되어서는 안 된다. 만일 점복의 결과가 정확하지 않았다면, 그 이유는 점쟁이가 메시지를 잘못 해석했거나, 아마도 그 과정에 주술이 영향을 미쳤거나, 매우 이따금, 점쟁이가 상담한 영혼이 악의를 가지고 점쟁이에게 혼동을 일으키는 대답을 내놓았기 때문일 수 있다. 오늘날의 의사들이 이따금 오진한다고 해서 그것이 근대 의학의 포기로 이어지는 것이 아닌 것처럼 부정확한 점복으로 인해 전체로서의 체계가 의심받게 되는 것은 아니다. 점복의 결과는 점쟁이가 의뢰인에게 특정한 형태의 행동, 즉 일종의 희생을 바치거나 정화 의례를 치를 것을 권유할 것임을 의미한다. 이와 같은 권유를 완벽하고, 정확하며, 지체 없이 따르지 않으면 나쁜 결과로 이어질 수 있었다. 일부 지역에서는 점쟁이가, 이상적인 경우 남성과 여성으로 구성된 쌍둥이 또는 한 쌍으로 활동한다. 또는 한 명의 점쟁이가 아마도 남성과 여성의 힘을 결합하기 위해 양성(兩性)의 특징을 가진 습관과 복장을 채택할 수 있다.

　　나이지리아 요루바 족의 이파(Ifá) 점복은 아프리카 대륙 어디에서나 발견되는 가장 공식적인 점복 가운데 하나로, 이파 점복에 대한 훈련은 까다롭다. 또한 이파 점복은 주로 노예 무역을 통해 생겨난 요루바 디아스포라를 통해 카리브해(Caribbean)와 남아메리카 대륙에서도 행해진다. 이파 점복에 대한 훈련은 어린 나이에 시작되고 에세 이파(ese Ifá)('이파의 지혜')라고 불리는, 구두로 전수되는 방대한 전승의 집합체를 학습한다(에세 이파와 관련하여, 일부 해석에서는 이파가 신을 지칭하는 것으로 간주되고 나머지 해석에서는 전승이나 지식의 집합체를 언급하는 것으로 간주된다). 예를 들어, 중요한 의례 행사에서 왕이 바치는 희생의 유형과 본질뿐 아니라 이러한 희생의 결과를 누가 받아야 하는지 같은 국가의 대소사에 대해 영혼에게 조언을 구할 수 있다. 또한 이파 점복은 일상적인 의례의 수행에 대해 알려주거나 일상적인 문제를 조명할 수 있다.

　　이파 점복의 주요 기법은 부채꼴 모양의 물건에 사슬을 이용해 야자 열매를 매단 뒤 그것을 넘어뜨리는 방식과 관련된다. 야자 열매 4개는 사슬의 왼쪽에, 야자 열매 4개는 사슬의 오른쪽에 떨어진다. 각각의 야자 열매

Les magiciens.

그림 8.6. 19세기 후반 콩고민주공화국 루바족(Luba) 빌룸부(Bilumbu) 점쟁이들의 음각화.

는 위쪽 또는 아래쪽을 향하여 떨어진다. 그 결과 오두(odu)라고 알려진 256가지 경우의 수를 얻을 수 있다. 각 오두에는 고유한 이름이 있고 많은 구절(에세)이 첨부되어 있다. 이파의 일부 버전에서는 점쟁이가 특정 점복에서 야자 열매의 구성과 관련된 에세를 선별하여 암송하면 의뢰인은 자신의 문제에 도움이 되는 에세를 선택한다. 야자 열매의 가능한 조합이 많다는 점을 감안할 때, 이파 점복은 복잡한 수학적 토대를 가지고 있다. 그리고 어떤 숫자 조합이 무엇을 전달하든 관계없이 말로 표현된다. 오늘날에는 256개의 오두 전부와 거기에 첨부된 구절의 일부를 나열한 앱이 개발되어 있다. 이 구절은 사제가 역사의 문제와 동시대의 정치 문제를 참고하여 시적인 언어 형태로 영창(詠唱)하는 것이다. 2008년 유네스코(UNESCO)는 이파 점복을 인류무형유산(humanity's intangible heritage) 목록에 추가했다.

아프리카 대륙에 널리 퍼져 있는 점복은 미래를 예측하려고 시도한다. 언제나 그런 것처럼, 예측은 어렵다. 그러나 잘 발전된 방법들이 발견된다. 아잔데족의 독 신탁 같은 신탁은 과거를 조사하려고 시도한다. 나는 마지막 사례로 코트디부아르(Côte d'Ivoire)의 바울레족(Baule)과 구로족(Guro)의 쥐 신탁(Mouse Oracle) 용기를 살펴보고자 한다. 이 용기의 외부는 야행성 생물인 호저(豪猪)의 꼬리와 붉은 다이커 영양의 뿔로 장식되어 있다(이 두 종류의 생물은 모두 소리를 내지 않는 특징을 지니고 있는데, 이 생물들의 또 하나의 빈번한 특징은 점복에 연계된다는 것이다). 한편, 사람들은 쥐가 '지구의 소리'를 들을 뿐 아니라 '절대로 거짓말을 하지 않는다'고 믿었다.

쥐 점복은 복잡한 과정을 거친다(그림 8.7). 쥐 한 마리를 포획해서 금속 그릇의 아래쪽 공간에 넣는다. 위쪽 공간에는 점복 장치인 작은 거북이 껍데기를 두고 그 안에 닭 날개 뼈, 박쥐 날개 뼈 또는 막대기 10개를 넣어 둔다. 10개의 뼈 가운데 왼쪽에 자리 잡은 5개는 살아 있는 인간의 유형을 나

그림 8.7. 바울레족의 쥐 신탁(Mouse Oracle), 코트디부아르(1990).

타내는 반면 오른쪽에 자리 잡은 5개는 조상과 다양한 위험을 나타낸다. 이웃 부족인 요후레족(Yohure) 사이에서는 쥐가 소리를 낼 수 없게 되었다고 알려져 있다. 따라서 쥐는 오직 뼈를 통해서만 소통할 수 있다. 옥수수 알갱이를 접시에 흩어놓고 그릇의 위쪽 공간에 접시를 올려놓는다. 쥐가 그릇의 위쪽 공간으로 기어 올라가 옥수수를 먹는 과정에서 뼈가 재배치된다. 그러면 위쪽 공간에 올려 놓은 접시를 제거한 뒤 점쟁이가 결과 패턴을 읽는다. 다른 지역에서는 게가 점쟁이가 읽어낼 패턴을 만들어낸다(그림

그림 8.8. 응감(nggàm)을 행하는 남자. 민물 게가 유발하는 물건의 위치 변화를 해석하여 미래를 예측한다(카메룬 룸시키(Rhumsiki)).

8.8). 점복에서는 소리를 내지 않은 동물의 예가 흔하다. 도곤족(Dogon)은 말리 중부의 높은 절벽과 고원을 따라 형성된 마을에서 생활한다. 석양에 점쟁이들은 마을 가장자리에 자리 잡은 모래밭에 상징으로 이루어진 복잡한 격자를 준비한다. 옥수수 알갱이를 점쟁이의 도식 위에 흩어놓는다. 다음 날 새벽 점쟁이들이 돌아와 여우의 발자국 패턴을 읽어 질문에 대한 신

탁의 답을 구한다. 아프리카 대륙의 많은 점복 체계의 공통적인 특징인 공간과 시간의 경계성(境界性)에 주목해야 한다. 점복은 낮도 아니고 밤도 아닌 경계의 시간에, 마을 안도 아니고 관목 숲도 아닌 경계의 장소에서 이루어지는 것이 아니다.

　　포르투갈이 서아프리카 대륙의 해안으로 이동한 것과 거의 동시라고 할 수 있는 1492년, 크리스토퍼 콜럼버스(Christopher Columbus)가 아메리카 대륙으로 향하는 첫 항해를 떠났다. 뒤이어 대서양을 가로질러, 서아프리카 대륙 또는 중앙아프리카 대륙과 남아메리카 대륙 또는 중앙아메리카 대륙을 잇는 새로운 연결이 이루어졌다. 이와 같은 연결은 바람과 해류에 의해 물리적으로 활성화되었는데, 사탕수수(원산지: 파푸아 뉴기니)가 도입되면서 새로운 모습을 띠게 되었다. 아프리카 대륙의 해안의 섬에 자리 잡은 소규모 플랜테이션에서 재배되던 사탕수수는 아메리카 대륙에 자리 잡은 훨씬 더 큰 플랜테이션에서 재배되게 되었다. 오늘날까지도 설탕은 심고, 수확하고, 가공하는 데 매우 많은 인간 노동력이 필요하다. 16세기부터 아프리카 대륙의 사람들은 노예로 팔려 대서양을 건너갔다. 노예로 팔려간 아프리카 대륙의 사람들은 아프리카 대륙의 식물과 관습을 가져갔고, 노예무역상들은 고추, 토마토, 감자, 옥수수 같은 남아메리카 대륙의 식품을 서아프리카 대륙으로 가져왔다. 검은 대서양의 교환에는 신앙 체계가 포함되었다는 것이 중요하다. 그 가운데 가장 유명한 것은 서아프리카 대륙의 보둔교(Vodun)였다. 보둔교는 아이티 보두교(Haitian Vodou)를 포함하는 다양한 종교를 탄생시켰다. 그다지 잘 알려져 있지 않지만, 중요한 것은 가톨릭 그리스도교와 아프리카 대륙의 관행을 보다 더 명백하게 혼합한 칸돔블레(Candomblé)라고 불리는 일련의 신앙이다. 오늘날 칸돔블레는 브라질 및 남아메리카 대륙의 다른 지역에서 중요하게 자리매김하고 있다.

이제 우리는 인류사 초기에 시베리아의 영향을 받았고 수천 년 후 이러한 아프리카 대륙과의 연결의 영향을 받은 아메리카 대륙으로 향한다.

아메리카 대륙

북아메리카 대륙, 중앙아메리카 대륙, 남아메리카 대륙을 막론하고 아메리카 대륙 전역의 과거와 현재에서 사람들은 우리가 살아 있는 것으로 간주할 수 있는 사물과 우리가 살아 있지 않은 것으로 간주할 수 있는 사물 사이를 연결하는 실타래를 파악하면서 세계에 대한 인간의 몰입을 탐구해 왔다. 이와 같은 관점은 종종 '애니미즘을 믿는 사람들'이라는 용어로 불리며 아메리카 대륙의 마법적 사고의 대부분을 관통한다.

아메리카 대륙은 알래스카(Alaska)와 캐나다의 북극권에서 남쪽의 아남극(亞南極) 조건에 이르는 지역에 자리 잡은, 지구상에서 남북으로 가장 긴 땅덩어리다(본문에 언급된 지형과 유적지를 보여주는 지도는 그림 8.9 참고). 이 위도 범위는 북극 빙상부터 중앙아메리카 대륙과 남아메리카 대륙에 자리 잡은 열대우림에 이르는, 전 세계 대부분의 생태계를 나타낸다는 것을 의미한다. 서부 해안의 대부분을 가로지르는 대산맥은 이러한 다양성을 증가시키는데, 로키 산맥(Rocky Mountains)과 안데스(Andes) 산맥은 운무림(雲霧林)과 높은 초원을 포함하는 매우 다양한 종류의 동식물상(動植物相)을 보여준다. 또한 서부에 자리 잡은 산맥은 가장 거대한 많은 강들이 대체로 서쪽에서 동쪽으로 흐른다는 것을 의미하는데, 거기에는 지구상에서 가장 거대한 강 유역 가운데 2개를 나타내는 남쪽의 아마존(Amazon)강과 북쪽의 미시시피(Mississippi)강이 포함된다. 또한 북아메리카 대륙은 동부 해안의

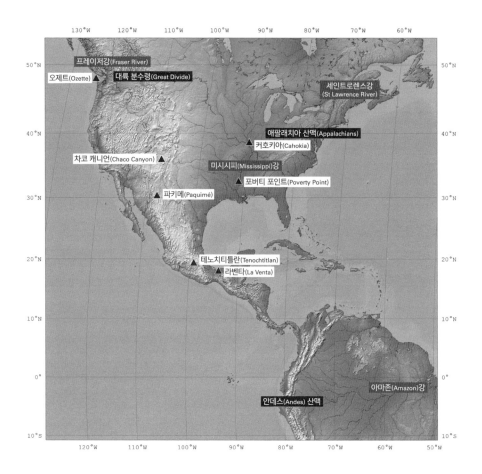

그림 8.9. 본문에 언급된 아메리카 대륙의 지형과 유적지를 보여주는 지도.

대부분을 따라 산계가 자리 잡고 있어, 초원과 사막 사이에 자리 잡은 중앙의 평원을 둘러싸고 있다. 남아메리카 대륙의 식물과 동물은 그것들이 기원한 곤드와나 대륙(Gondwanaland)(남극 대륙, 인도, 호주 대륙으로도 구성되는 거대한 대륙)의 영향을 여전히 간직하고 있다.

아메리카 대륙 자연 생태계의 다양성은 적어도 1만 5,000년에 걸쳐 풀을 태우고, 개간하며, 식물을 심고, 사냥을 수행해온 인간 행동에 영향을

표 8.2 인류의 개척부터 백인 정착에 이르는, 아메리카 대륙의 광범위한 연대기.

연대	시대	사건과 과정
북아메리카 대륙		
아마도 기원전 1만 5000년	선(先)클로비스 (Pre-Clovis)	초기 거주에 대한 논란
기원전 1만 1500년 -9500년경	클로비스(Clovis) 및 폴섬(Folsom)	가장 오래된 거주지로 인정받음-폴섬 말기에 매머드가 사라짐. 초기 이주민들은 시베리아에서 샤머니즘을 가지고 들어왔을까?
기원전 8000년 -1000년	지역별로 시대가 다양	생활 방식이 매우 분화됨. 포버티 포인트(Poverty Point) 같은 대규모 중심지와 강도 높은 의례적 생활
기원전 1000년 -기원후 1492년	지역별로 큰 다양성	다양한 종류의 생활 방식, 일부 높은 인구, 대규모 의식 및 정착지, 문화기술지적으로 알려진 미술 스타일 발전. 점성술과 천문학에 대한 관심
기원후 1492년 -현재	콜럼버스의 항해, 백인 정착의 시작	원주민 거주자에 대한 대규모 강탈 및 학살. 원주민적 형태와 아프리카 대륙의 형태를 혼합한 다양한 마법 관행. 널리 퍼진 애니미즘
중앙아메리카 대륙 및 남아메리카 대륙		
아마도 기원전 1만 5000년	선클로비스 (Pre-Clovis)	초기 거주에 대한 논란
기원전 1만 5000년 -7000년	수렵 채집 집단	다양한 종류의 현지 생활 방식 출현
기원전 7000년 -2000년	식물의 작물화 및 동물의 가축화 시작	마을의 정착 생활이 출현하기 시작
기원전 2000년 -1000년	메소아메리카 (Mesoamerica)에서 국가로의 이행	기념물 및 대규모 정착지의 출현. 피라미드와 구기(球技) 경기장 주변에서 이루어진 강도 높은 의례와 마법
기원전 1000년 -기원후 1492년	올멕인(Olmecs)에서 아즈텍인(Aztecs) 및 마야(Maya)로 국가가 차례로 이어짐	여러 지역의 복잡한 정착지, 기념물 및 재료 문화. 아마도 애니미즘뿐 아니라 안데스 산맥의 잉카(Inka)인 아마존강 유역의 대규모 인구 인신공희와 고통도 강조했을 가능성. 전조(前兆) 풀이와 점복이 중요
기원후 1492년 -현재	다양한 종류의 유럽 식민지 개척자 집단	원주민의 대량 학살, 현지 국가 형태의 붕괴 및 대규모 토지의 상실. 아프리카 대륙의 영향에서 새로운 마법의 형태가 발전. 널리 퍼진 애니미즘

받았다. 사람들은 적어도 기원전 2만 1000년부터 거주했던 현재의 시베리아 동부에서 북아메리카 대륙으로 걸어서 들어왔을 가능성이 가장 높다.

1만 5,000년 전에는 시베리아 북동부, 알래스카, 캐나다 서부에 나뭇잎 모양으로 아름답게 만들어진 석기가 분포했다(연대기의 개요는 표 8.2 참고). 빙기(氷期)로 인해 지난 6만 년 동안 적어도 네 번 해수면이 보다 더 낮아져 베링해(Bering Sea)를 가로지르는 땅이 드러나 다리(이른바 베링 육교(Beringia)) 가 형성되었다. 이로 인해 다양한 동물종들이 아시아에서 아메리카 대륙으로 이동했다. 사람도 이러한 경향 가운데 일부로서 아메리카 대륙으로 이주해왔을 가능성이 꽤 높다.

초기에는 사냥이 중요했을 수 있다. 인간에게 길들지 않은 일련의 큰 동물들이 있었으므로 사냥은 위험했을 것이다. 원주민들이 유럽인을 통해 말과 소총을 도입한 17세기 이후에야 비로소 주로 들소 사냥은 사냥감에게 보다 더 치명적인 것이 되었다. 그 사이에는 식물성 식품이 결정적이었다. 감자, 고구마, 각종 유형의 콩, 토마토, 옥수수, 고추, 피망, 초콜릿을 포함하여 오늘날 전 세계에서 재배되는 식물 작물의 약 40퍼센트가 아메리카 대륙에서 유래한 것으로 알려져 있다.

초기 이주와 인구 증가로 인해 일단 대륙이 가득 찬 이후에도 대륙 내부에서의 이동이 계속되었다. 아메리카 대륙 내에서 나타나는 언어의 커다란 다양성은 지역적 분화와 복잡한 이동, 두 가지 모두를 시사한다. 따라서 예를 들어, (유럽에는 4개 어족이 존재하는 것에 비해) 캘리포니아(California)에는 18개 어족 및 약 74개의 언어가 존재한다. 문화적 중력을 가진 상이한 중심지가 형성되어, 상이한 언어를 사용하는 민족들을 통합했다. 이것은 종종 초기 국가 또는 제국의 탄생을 중심으로 이루어졌다. 안데스 산맥에서 잉카 왕국(Inka Kingdom)으로 발전하는 집단을 중심으로 여러 집단들이 통합되었고 올멕인(Olmecs)부터 아즈텍인(Aztecs)에 이르는 중앙아메리카 대륙의 여러 국가에서는 다양한 집단이 강압적으로 통합되었다. 보다 덜 강압적인 통합이 일어났을 가능성이 있는데, 미국 남서부의 원주민 집단과 미시시피강 주변에 자리 잡은 민족들을 그 예로 꼽을 수 있다. 그 후 서로 영향을 주고받았다. 따라서 올멕인으로부터 시작된 중앙아메리카 대륙의 연결은 미국 남서부와 미시시피강 유역(Mississippi Basin)으로 이어졌고, 중앙아메리카 대륙의 피리와 석조 조각은 멀게는 북쪽의 오대호(Great Lakes)로 전파되었다. 여전히 놀라운 발견이 진행되고 있다. 그 예로는 기원후 800년에서 1400년 사이 아마존강 하구 근처에서 경작과 의례 활동을 위해 지어진 이른바 마라조아라(Marajoara) 집단의 토루를 꼽을 수 있다. 마라조아라 집단은 고고학이 시작되기 이전에는 구두로 전수되는 역사나 전설로만 알려졌던 집단이다. 태평양에 자리 잡은 섬의 주민들이 이스터섬(Easter Island)에서 칠레 해안(Chilean coast)으로 항해하면서, 2000년 전부터 외지의 영향을 받았을 가능성이 있다. 스칸디나비아인(Scandinavian)이 그린란드(Greenland) 및 캐나다 서부 연안 지방까지 연계되었다는 보다 더 분명한 증거는 기원후 10세기 후반부터 존재한다. 그러나 1492년 이후, 즉 콜럼버스 시대 이후(post -Columbian era) 원주민들은 토지 점령 및 학살로 인한 대대적인 혼란을 겪었다. 이러한 만남은 물리적으로 뿐 아니라 이념적으로도 심대한 영향을 미쳤고, 오늘날까지도 전 세계적으로 파문을 일으키고 있다.

수천 년 동안 이 거대한 대륙 전역에서 인간의 생활 방식은 대부분 이동 생활 방식이었을 가능성이 높다. 약 3,000년 전부터 멕시코(Mexico) 저지대, 미국 남서부, 미시시피 지역에 인구가 모여드는 대규모 중심지가 등장했다. 기원전 1200년부터 미시시피 강변과 올멕인이 거주했던 멕시코 지역 모두에서 크고 세심하게 구조화된 유적지가 발견된다. 토루 건축 자체는 6,000년 남짓 전으로 올라감에도 불구하고, 북아메리카 대륙에서 이와 같은 유적지의 초기 사례 가운데 가장 인상적인 것은 포버티 포인트(Poverty Point)라고 불리는 유적지이다. 미시시피강 하곡(河谷) 하류(Lower Mississippi Valley)에 자리 잡고 있는 포버티 포인트의 핵심부는 대략 200헥타르에 달하는 영역을 뒤덮고 있다. 거기에는 동심원 모양으로 건설된 6개의 능선과 그 위에 지어진 주택뿐 아니라 5개의 토루도 자리 잡고 있다(그림 8.10). 사람들은 무엇보다도 물고기, 사슴, 견과류를 먹으며 생활했다. 따라서 이 경우에는 정착이 완벽한 농경보다 먼저 이루어졌다.

포버티 포인트는 보다 더 오래된 토루 건축의 전통에 의존하여 기원전

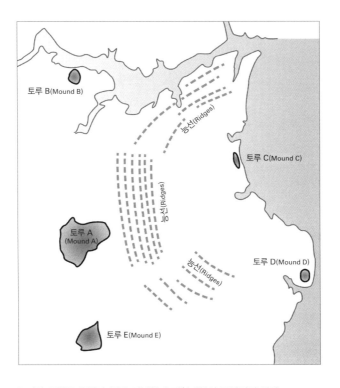

그림 8.10. 포버티 포인트 유적지. 주요 기념물과 지형지물이 표시되어 있다.

1600년경 건설되기 시작했다. 토루 B와 주택이 건설된 능선은 이 유적지
가 조성된 뒤 약 200년에 걸쳐 건설되었고, 그런 다음 늪지대에 토루 A가
세워졌다. 늪지대에 토루를 건설하는 일은 어려웠을 것이다. 이것은 사람
들이 흙과 물 같은 기본적인 물질에 대한 관심을 가지고 있었음을 보여준
다(그림 8.10). 토루를 건설하는 데 사용된 퇴적물은 세심하게 선정되었다.
이것은 자신들의 기원에 대한 신화를 구체화하기 위한 것으로 생각되었을
수 있다. 이 유적지에서 눈에 띄는 또 하나의 특징은 석재(石材)가 부족했
던 미시시피강 하곡((河谷, Mississippi Valley)에서 도구를 만들기 위해 대대적
인 규모의 돌을 가져왔다는 점이다. 일부 돌은 500킬로미터, 많은 돌은
1,000킬로미터 떨어진 곳에서 가져왔다. 실용적인 물건과 비실용적인 물
건 모두에 돌이 사용되었다. 이러한 양의 돌은 기능적 필요를 초과하는 것
이었다. 따라서 우리는 그 대신 순례, 즉 사람들이 성지를 여행하고 이러한
장소와 연결된 정교한 돌, 깃털, 인공물 같은 재료를 가지고 돌아왔다고 생
각할 수 있다. 포버티 포인트의 건설은 사람들이 주거 공간뿐 아니라 사람
들이 우주론을 다룰 수 있도록 지원하는 복잡한 제례 중심지를 조성하기
위해 대대적인 노력을 기울였음을 나타낸다.

　유사한 시기, 즉 기원전 1000년이 조금 넘은 시기에 멕시코의 올멕(Ol-
mec) 지역에서는 사람들이 복잡한 지형지물을 건설했다. 세로로 홈을 판
라벤타(La Venta)의 피라미드는 이 지역의 침식된 화산을 연상시킬 수 있다.
이 유적지는 세심하게 정렬되어 있다. 따라서 피라미드에서 이어지는 광장
은 북쪽을 향하고 있다(올멕인의 흔적은 기원전 1200~400년으로 거슬러 올라간다).
현무암으로 조각된 거대 두상, 구기 경기장, 사원, 동굴과 소택지 같은 자
연적인 장소가 서로 연계되어 신성한 경관이 되었다. 복잡한 미술적 도상
과 더불어 일련의 복잡한 믿음을 강화하는, 문자일 것으로 추정되는 것도

발견되었다. 올멕인에게 신이 있었다고 알려져 왔지만 이러한 신은 선명
하게 정의된 신이라기보다는 오히려 일련의 경향이나 힘으로 간주하는 것
이 보다 더 타당하다(아래에서 우리는 후대의 아즈텍인들에게서도 유사한 경향이 있
음을 살펴보게 될 것이다). 사제들은 복잡한 의식을 채택하고 그것의 도움을
받아 하늘의 세계, 지구의 세계, 지하 세계를 매개할 수 있었다. 수천 년 동
안의 실험에서 비롯된, 옥수수, 콩, 호박을 바탕으로 하는 농경의 지원을
받은 올멕 마을이 넓은 유적지를 둘러싸고 있었다. 올멕은 후대의 마야
(Maya)에 상당한 영감을 제공한 반면 미시시피강 유역에 자리 잡은 사회들
에 영향을 미친 흔적은 거의 없다. 미시시피강 유역에 자리 잡은 사회들은
각자의 고유한 역사적 자극에 따라 촉진된 것처럼 보인다.

　　메소아메리카의 영향은 미국 남서부에서 보다 더 분명하다(현재의 국가
구분은 도움이 되지 않는다). 이곳에서는 1,800년 전부터 조성된 많은 수의 정
착지뿐 아니라 키바(Kivas)라고 알려진 인상적인 의례 구조가 발견되었다.
1200년 전에는 특히 차코 캐니언(Chaco Canyon) 같은 일부 대규모 유적지
가 건설되었고, 200년 후 이곳이 정점에 달했을 때는 원형 구조물을 바탕으
로 하는 복잡한 건축 양식을 갖추게 되었다. 이른바 그레이트 하우스(Great
Houses)는 왕궁에 비견되었고, 동일한 지역에 자리 잡은 후대의 마을과 마
찬가지로 대체로 종교적 목적을 지니고 있었음에도 불구하고, 그 조직 및
의도 측면에서 후대의 마을과 매우 상이하다. 파키메(Paquimé)에 자리 잡은
대규모 지구는 기원후 1200년에서 1450년 사이에 오늘날의 멕시코에서
번성했다. 그리고 토루 사이에 많은 운하를 건설하여 흙과 물의 요소를 결
합한 정교한 상징체계를 보여주었다. 미술을 통해 표현되는 깃털 뱀
(Plumed serpent)은 구기 경기장이 그러한 것처럼 메소아메리카의 영향을 보
여주지만, 의례를 행하면서 아마도 희생을 위해 사육되었을 것으로 보이

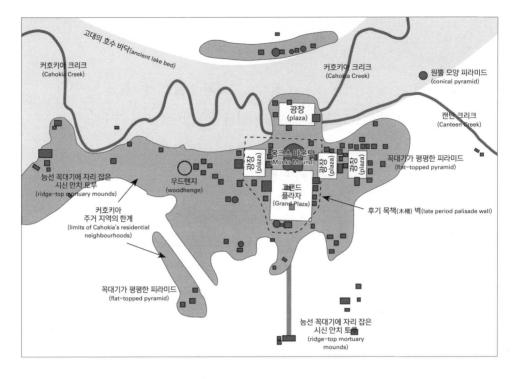

그림 8.11. 커호키아의 주요 지형지물과 정렬.

는 금강앵무 300마리를 덤불 칠면조와 더불어 죽이는 지역적인 특색이 드러난다. 우주론적 발상은 단순히 사람들의 머릿속에 들어있는 발상으로서 존재하는 것이 아니라 강렬한 형상화에 의해 강화된 양육과 살육의 과정을 통해 실제적이고 피비린내 나는 변형을 일으켰다.

이른바 아메리칸 바텀(American Bottom)이라고 불리는, 미주리(Missouri) 강과 미시시피강이 만나는 지점 근처에 자리 잡은 커호키아(Cahokia)라는 주요 중심지를 비롯한 후대의 미시시피강 유역의 유적지를 조사하는 데 많은 노력이 기울여졌다(그림 8.11). 여기에 자리 잡은 몽크스 마운드(Monks Mound)는 고대 북아메리카 대륙에서 가장 큰 구조물이다. 몽크스 마운드보다 더 큰 규모의 구조물은 가장 거대한 건축물인 마야 피라미드와 이집트 피라미드 또는 중국 시황제의 무덤 정도뿐이다. 커호키아에서는 천문학적 정렬이 매우 눈에 띄는데, 이 유적지가 여러 호수 주변에 건설되었기 때문에 흙과 물의 관계도 매우 눈에 띈다.[7] 버려진 주택 바닥에 안치된 물건과 사람들 뿐 아니라 구덩이에 들어 있는 (자연적인 원인으로 인해 사망했을 것으로 보이지 않는) 젊은 여성들의 시신은 극적인 의식과 희생이 행해졌음을 시사한다. 유사한 유적지가 훨씬 멀리 떨어진 미시시피강 북쪽에서도 발견되는 것으로 미루어볼 때 커호키아는 식민지였을 것으로 보이는데, 이러한 유적지 네트워크 사이에는 무역이 이루어졌다.

커호키아 자체는 기원후 1050년경 이른바 '빅뱅(big bang)'을 통해 형성되었다. 이 시기에 약 1,000명이던 커호키아의 주민이 1만 명에서 1만 5,000명 사이로 갑작스레 늘어났다. 갑작스런 인구 증가의 이유에 대해서는 알려진 바가 없다. 커호키아는 정점에 달한 뒤 한 세기 동안 지속되었고 또 한 번의 백 년이 지나간 이후에는 완전히 버려져 잊히고 말았다. 커호키아에는 아마도 위계적인 사회 조직이 존재했을 것으로 보이는데, 커호키아 유적지 주변에서는 옥수수, 호박, 콩을 재배하는 경작지를 포함하여 집약적인 농경이 이루어졌을 것이다. 농경에 종사하지 않는 인구를 부양하기 위해 많은 농산물을 저장해야 했을 수 있다. 커호키아는 짧고 극적이며 신비로운 일화이지만 이러한 급격한 번영과 쇠퇴는 다른 곳에서도 반복된다.

지난 3,000년 넘는 시간동안 적어도 현재의 멕시코에서 오대호에 이르는 아메리카 대륙의 북부는 종교적 연결들이 교차해온 지역이었다. 사람들은 영적인 여행을 떠나면서 많은 중요한 물건들을 옮겼겠지만, 실제로 남은 것은 썩지 않는 요소뿐이다. 이 오랜 기간 동안 토루, 묘, 물의 조합을 통해 연결의 틈바구니에서 이따금 이례적인 중심지가 형성되었고 많은 사람들은 종종 천체의 정렬 및 아마도 천체의 변화를 중심으로 세심하게 조직되었을 것이다.

경관을 조각하는 일에는 막대한 신체적 노력이 필요했다. 짐을 나르는 동물이 없었던 시기에는 모든 노동이 인간에 의해 수행되었다. 이러한 공동체의 대부분은 평등했고 일부는 수렵 채집인이었다. 이것은 많은 경우 강압이 아니라 확신과 믿음을 통해 노동이 수행되었음을 의미했다. 커호키아 같은 유적지는 오랫동안 조사되어왔지만 새로 발견된 유적지들의 충격적인 본질은 최근에야 비로소 평가되기 시작했다. 그 유적지들의 총체성(유적지와 그것들의 연결은 공간과 시간에 따라 서로 다르지만 분명히 서로 비교할 수 있다는 점에서) 역시 최근에야 비로소 평가되기 시작했다. 지역의 경관에서 선택한 재료를 사용하여 정성껏 토루를 건설하는 모습에서 우리는 5장에서 살펴본 유라시아의 쿠르간을 떠올릴 수 있다. 왜냐하면 그 과정에서 사람들이 인간과 재료의 중요한 연결, 특히 커호키아에서는 인간과 다양한 형태의 흙의 연결을 전면에 내세우면서 경관의 물리적인 측면을 세심하게 지도화했기 때문이다.

유럽 식민지 시대 직전, 현재의 멕시코 지역에는 오늘날 아즈텍인으로 알려진 사람들이 살고 있었다. 1519년 멕시코 분지(Valley of Mexico)를 따라 올라온 스페인인들은 자신들이 목격했던 모든 것, 특히 아즈텍 왕국의 수도인 테노치티틀란(Tenochtitlan)의 복잡함과 질서정연함에 큰 충격을 받았다. 아즈텍 세계의 엄격한 질서 이면에는 의례적, 심미적, 군사적 관행이 크게 뒤얽혀 있었다. 아즈텍은 중앙아메리카 대륙에 자리 잡았던 일련의 거대한 국가 가운데 마지막 국가였다. 그 시작은 올멕인(기원전 1500년-400년)으로, 올멕인의 석조 조각, 기념비적인 건축물, 유혈 의례, 메소아메리카의 구기 경기는 강력한 의례적 의미를 함의하고 있었다. 아즈텍인 직전에는 톨텍인(Toltecs)(기원후 900년-1168년)이 있었다. 아즈텍인은 톨텍인에게서 문화적 영감을 받았고 국정 운영 기술과 미술 분야의 경우에는 톨텍인이 자신들보다 다소 우수하다고 생각했다.

아즈텍인은 이동 생활을 하는 사람들이었을 수 있다. 북쪽으로부터 이동해온 아즈텍인은 기원후 12세기에 멕시코 분지에 도착하여 텍스코코 호수(Lake Texcoco) 주변에 정착했다. 1325년 아즈텍인은 그곳에 수도인 테노치티틀란을 건설했고 멕시코 분지에 자리 잡고 있던 일련의 도시 국가 가운데 가장 큰 도시 국가가 되었다. 이곳에 자리 잡고 있던 일련의 도시 국가들은 처음에는 자율적인 국가였지만 14세기부터 아즈텍인의 지배를 받게 되었다. 1519년 스페인인들이 멕시코 분지에 도착했을 무렵에는 아즈텍 인구가 아마 100만 명에 달했을 것이고 테노치티틀란 자체의 인구는 20만 명에 달했을 가능성이 있다(당시 스페인에서 가장 큰 도시였던 세비야(Seville)의 인구는 약 7만 명이었다). 이 도시는 자연적인 섬 위에 건설되었는데, 아즈텍인들은 이 섬을 인공적으로 크게 확장했다. 이 도시는 복잡한 우주적인 질서를 가지고 있었다. 섬의 해안으로부터 섬으로 3개의 단속주구(斷續周溝)가 4개의 방위 기점 가운데 3개로 이어졌다. 한편, 이 도시는 주요 사원 지구로부터 이어지는 행진로(路)에 따라 네 개의 구역으로 나뉘어 있었다. 이 네 개의 구역은 다시 20개의 구역 또는 (아즈텍인의 언어인 나우아틀어(Nahuatl)의 용어에서 비롯된 것으로 칼풀리(calpullis)라고 불리는) 구(區)로 나뉘었다. 각 칼풀리에는 사원, 사제용 주택, 전사용 주택, 어린 소년과 소녀를 교육하는 '청소년의 집(House of Youth)'이 자리 잡고 있었다. 각 칼풀리는 지역 노동력을 조직하여 구(區)의 거리와 운하를 유지했다. 사람들은 칼풀리의 지역 사원에서 숭배를 드리고 도시의 중앙 사원에서 대규모 의식을 행했다.

테노치티틀란의 장엄함의 중심에는 주요 사원 구역이 있었다. 한쪽 측면이 약 500미터에 달하는 주요 사원 구역에는 80개가 넘는 구조물이 들어차 있었고, 이 구조물에는 신과 신들에게 봉사하는 남성과 여성들이 거주했다. 중앙에는 약 60미터 높이의 대피라미드(Great Pyramid)가 있었고 그 위에는 전쟁의 신(God of War) 위칠로포치틀리(Huitzilopochtli)와 비의 신(God of Rain) 트랄로크(Tlaloc)를 위한 쌍둥이 사원이 있었다. 주요 사원 구역 뒤에는 통치자, 즉 틀라토아니(tlatoani)('말하는 자')의 주요 왕궁이 자리 잡고 있었다. 왕궁의 건물들은 정원과 수영장으로 둘러싸여 있었고 아즈텍 제국(Aztec Empire) 전역에서 이 도시에 바친 조공이나 전쟁 전리품으로 가져온 보물이 보관되어 있었다. 이 도시에서 구체화된 신성한 우주론은 보다 더 작은 도시에 보다 더 소박한 형태로 반영되어, 멕시코 분지 안팎에 걸쳐 일관된 믿음과 행동의 바탕이 되었다.

아즈텍의 믿음과 관행을 이해하는 문제의 일부는 16세기에 프란체스코회(Franciscan) 수사 베르나디노 데 사아군(Bernadino de Sahagún)이 집대성한《신(新)스페인 문물의 일반사 The Universal History of the Things of New Spain》라는 문헌의 영향을 받았다. (때로 가장 잘 보존된 사본의 이름을 따서 피렌체 코덱스(Florentine Codex)(현재 디지털 버전이 온라인에 공개되어 있다.)라고 알려진) 이 문헌은 정복이 이루어지고 나서 약 30년 후에 편찬되었다. 사아군은 그리스도교로 개종한 나우아족(Nahua) 남성들의 도움을 받았다. 텍스트는 나우아틀어와 스페인어로 기록되었지만 나우아 족 미술가들이 그린 삽화 2,000여 점도 수록되어 있다. 모든 것이 주로 유럽인의 시각에서 이해된 것임에도 불구하고,《신스페인 문물의 일반사》는 아즈텍의 우주론, 문화, 사회, 자연사에 대한 놀라운 설명을 제공한다.

침략자들은 그들이 본 것의 많은 측면에 깊은 인상을 받았다고 널리 알려져 있다. 코르테스(Cortés)가 이끄는 군대의 보병이었던 베르날 디아즈(Bernal Díaz)는 '물 위로 솟아 있는 이 거대한 소도시, 피라미드, 건물들은 아마디스(Amadis) 설화에 나오는 매혹적인 환상인 것처럼 보였다. 사실 우리

군인들 가운데 일부는 이 모든 것이 꿈이 아닌지 물었다.'고 기록한 뒤 다음과 같은 가슴 아픈 문구를 덧붙여 글을 맺었다. '그러나 오늘날 내가 보았던 모든 것은 전복되고 파괴되어 아무것도 남아있지 않다.'

아즈텍 국가는 꿈과 같은 특성을 가지고 있었지만, 그 꿈은 가혹하고, 큰 부담이 따르며, 갈피를 잡을 수 없는 것이었다. 종종 관객의 참여를 요구하는 의식과 공연이 규범이었던 극장(劇場) 국가에서 산다는 것이 어떤 것일 수 있는지, 오늘날의 우리 대부분은 상상하기 어렵다. 살아 있든 죽었든 인체는 의식 행사의 중심에 자리 잡고 있었다. (올멕인 또는 보다 더 이전 시대까지 거슬러 올라가는) 유혈은 흔한 일이었다. 사람들은 흑요석 칼날이나 용설란의 가시로 혀, 귀 또는 허벅지를 찢어 신이 간절히 바라는 인간의 피를 신에게 공급했다. 테노치티틀란의 중앙 사원에서는, 보통은 막대한 전쟁 포로들을 인신공희하여 보다 더 많은 양의 피를 신에게 공급했다. 사제가 피를 담은 그릇을 도시의 주요 신들의 조각상에게 들고 가서 그 입술에 발랐을 수 있었다.

아즈텍 세계에서는 사람들이 우주적 힘과 관계를 맺는 방법이 결정적인 문제였다. 지구의 힘과 영적인 세계의 힘은 인간 세계와 신성한 세계 사이에서 불러일으켜지는 일련의 반향을 통해 서로에게 스며들어 있었는데, 인간 세계의 동물과 사람들은 신성한 영역에서 보다 더 강력한 측면을 발견했다. 《신스페인 문물의 일반사》와 아즈텍 텍스트 모두에는 시우아코아틀(Cihuacoatl)('여성 뱀(Woman Snake)/대지의 어머니(Earth Mother)'), 위칠로포치틀리('태양/전쟁의 신(SUn/War God)'), 트랄로크('비의 신(Rain God)') 같은 신들의 이름이 등장한다. 오늘날에는 고정된 만신전처럼 신이 선명하게 정의된 형태로 존재했는지 여부에 대한 의혹이 제기되고 있다. 우리는 아마도 신성한 힘, 연계된 특성과 상호 작용의 묶음, 이름의 군집이 시사하는 일련의 가능

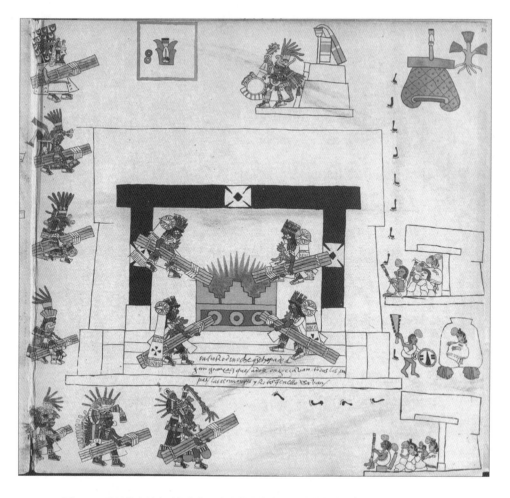

그림 8.12. 이 삽화의 상단 가운데에 표시된 태양의 신 또는 전쟁의 신, 위칠로포치틀리.
출처: 코덱스 보르보니쿠스(Codex Borbonicus).

성이라는 측면에서 보다 더 많이 생각해야 할 것이다. 신들의 형상은 신들의 속성이 얼마나 과도하게 많은지 보여준다. 위칠로포치틀리는 벌새와 연관되어 있고 때로는 벌새로 묘사된다. 인간의 모습을 취할 때는 머리에 청록색 벌새 깃털이 달린 투구를 썼고 얼굴은 검은색이거나 줄무늬가 있었으며 손에는 파란색 뱀인 시우코아틀(Xiucoatl)을 들고 있다(그림 8.12). 청록색 뱀 또는 불 뱀으로 알려진 시우코아틀은 그 자체로 아즈텍 도상에 공통적

인 요소이고 위칠로포치틀리가 들고 있을 때는 창 발사기 또는 아틀라틀
(atlatl)의 형태를 취하면서 위칠로포치틀리의 창을 번개와 연계했다. 터키
석으로 만들어 아즈텍 통치자가 착용했던 왕권을 상징하는 머리띠는 시우
코아틀의 꼬리였고 장관을 이루는 어느 의식에서는 종이로 만든 시우코아
틀이 자신의 불을 나타내는 횃불을 들고 주요 피라미드에서 춤을 추었다.

또한 위칠로포치틀리는 독수리 깃털로 장식된 거울과 방패를 들고 있
다(독수리는 테노치티틀란의 정초와 관련된 이야기에서 테노치티틀란이 자리 잡고 있어
야 할 위치를 시사한다). 주요 사원에 자리 잡은 위칠로포치틀리 조각상은 면
직물로 감싸져 있었고 금과 보석으로 장식되어 있었다. 이러한 석조 조상
은 그것이 신을 재현한 것이 아니라 바로 신인 것처럼 대우받았다. 12월에
열리는 위칠로포츨리의 주요 의식이 행해지는 동안에는 아마란스와 꿀로
위칠로포츨리의 작은 조상을 만들었고 의식에 참여한 사람들은 조상을 쪼
갠 뒤 먹었다. 또한 이시프틀라(ixiptlas)로 알려진 의식에 복잡한 존재의 범
주도 있다. 이시프틀라는 사람, 조각상 또는 빵의 형태를 취하고 있는 신의
대역 또는 신의 현현이었다. 이시프틀라는 신의 힘을 일부 누리는 능동적
인 존재로 간주되었다. 신들의 대역인 인간 아바타는 의례가 끝날 때 희생
되었다. 신, 석조 조각상, 인간 또는 식물 같은 다양한 범주의 실체 사이의
경계가 흐릿해지는 것은 우리가 무생물이라고 간주할 수 있는 사물, 인간
을 포함하여 살아 있는 것으로 간주할 수 있는 사물, 신성한 것으로 간주할
수 있는 사물을 가로지르는 우주의 연속성을 보여주는 생생한 사례이다.
아즈텍의 지적 생활의 상당 부분은 세계 전역에서 닮은 점과 변형을 추적
하여 유리하거나 위험을 막을 수 있는 새로운 연계나 의의를 추구하는 것
과 관련되었다. 신성한 힘은 세계 내에 존재했을 뿐 아니라 분리되어 있지
만 연계된 차원에서도 존재했다.

많은 민족에게 그러했던 것처럼, 미래를 점치는 일은 어렵지만 중요한 일이었다. 그 밖의 다른 중앙아메리카 대륙의 민족, 특히 마야처럼 아즈텍인들도 중국 상나라의 달력과 유사한 방식으로 서로 맞물리는, 시간의 순환이 뚜렷한 복잡한 달력을 발전시켰다. 한편에는 태양력인 시우틀(xiuitl)이 있었다. 시우틀은 18개의 '달[月]'로 구성되었는데, 각 달은 20일로 구성되었고 마지막 5일은 흉한 날이었다. 이것은 의례 달력인 토날포알리(tonalpoalli)와 연계되었다. 토날포알리는 1부터 13까지의 숫자에 고정된 순서로 연결된 20개의 기호로 이루어져 있었고 개별 날짜에 '한 도마뱀(One Lizard)' 또는 '열두 죽음(Twelve Death)'같은 이름을 부여했다. 이것은 전조(前兆) 풀이에 사용되었던 '신성한 날들의 책'인 토날라마틀(tonalamatl)의 토대가 되었다. 각 날짜의 이름과 숫자는 특정 신이 관장했고 그 덕분에 문제가 훨씬 더 복잡해졌다. 이와 같이 복잡한 체계로 인해 아즈텍인은 (다른 곳과) 상이한 인과에 대한 구상을 가지게 되었다. 즉, 또 하나의 기간에 앞선 기간에 발생한 사건이 반드시 다음에 이어지는 기간의 원인으로 간주되어야 하는 것은 아니었다. 두 개의 달력 덕분에 '연도 묶음(Bundle of Years)'으로 알려진 52년 주기에 걸친 순열이 완성되었다. 긴 간격을 두고 반복되는, 동일한 이름을 가진 날들은 유사한 특징과 유사한 결과를 가지고 있었고, 그 덕분에 오랜 기간에 걸쳐 유사한 반향이 울려퍼졌다. 하나의 연도 묶음으로부터 또 하나의 연도 묶음으로 넘어가는 시기는 위험한 경계의 시기였다.

예를 들어 사제들은 아기가 태어날 때 아기의 인생이 취할 수 있는 경로에 대해 말해주기 위해 전조 풀이를 수행했다. 그러나 《신스페인 문물의 일반사》에서는 종종 '요술쟁이'라고 불렸던) 그 밖의 다른 의례 전문가들도 많았다. (이것은 그리스도교적 편견일 수 있다. 왜냐하면 이와 같은 요술쟁이가 공식적으로 승인되었다는 흔적이 있기 때문이다.) 일부는 치료사였지만 나머지는 미래에 대해 점을 치거나 주술의 형태로부터 보호를 제공했다. 전조 풀이나 점복에는 흔히 연마한 흑요석으로 만든 거울이 사용되었다. 물을 담은 그릇도 사용되었다. 전문가는 자신이 들여다보고 있는 물의 표면에서 미래의 요소를 알아내려고 시도했다. 거울은 메소아메리카에서 오랜 역사를 가지고 있는데, 초기의 형태는 연마한 황철석으로 만든 것이었다. 철 또는 흑요석 거울은 태양과 연계되고 위칠로포츨리와도 관련되었다. 텍스카틀리포카(Texcatlipoca)라는 신의 이름은 '연기를 내뿜는 거울(Smoking Mirror)'을 의미한다. 텍스카틀리포카는 한 발이 거울로 대체되고 또 하나의 발은 자신의 머리 뒤에 자리 잡고 있는 모습으로 묘사된다. 흑요석 거울은 힘과 통치에 대한 은유였고, 테노치티틀란의 대사원(Great Temple)에서는 흑요석 거울과 연마한 금 거울이 모두 발견되었다. 다음 장에서 우리가 살펴보게 되는 것처럼, 아즈텍의 흑요석 거울은 엘리자베스 여왕 시대의 마법사 존 디(John Dee)가 사용했던 용품의 일부가 되어 미래에 대한 점을 치고 천사와 연결하는 데 사용되어, 두 마법 세계를 연결하는 역할을 수행했다.

아즈텍인들이 발전시킨 다양한 종류의 마법은 오랜 메소아메리카 역사의 일부였다. 아즈텍인의 지적 세계는 추상적인 이론이나 세계의 작동 방식에 대한 일반적인 명제를 바탕으로 하는 세계가 아니었다. 그 대신 우리는 인체에 초점을 맞춘 조밀한 물리적인 세계와 마주친다. 많은 경험의 중심에는 고통이 자리 잡고 있었는데, 모든 형태의 신체적 고통에 대한 감각을 잃어버린 오늘날의 우리 대부분에게는 심히 낯설 뿐이다(예를 들어 혀에 구멍을 뚫고 그 구멍에 작은 흑요석 칼날이 달린 밧줄을 넣었다가 잡아 당겼을 때 느낄 수 있는 고통이 어떤 것인지 우리는 상상할 수 없다). 강렬한 신체적 감각은 정서적 및 지적 차원과 더불어 경험의 실재를 신체에 각인시킴으로써 사람들을 그 실재에 참여시키고 그 실재의 마법적 일부로 만들었다.

1521년 코르테스가 이끄는 군인들에 의해 테노치티틀란이 피비린내를 풍기면서 무너진 것은 아메리카 대륙 전역에서 일어나게 되는 대량 학살과 토지 수탈의 초기 일화였다. 그러나 그럼에도 불구하고 그것들은 원주민 문화를 쓸어내 버리지 못했고, 그 대신 대대적인 변화를 일으켰다. 사람들은 그리스도교 같은 새로운 형태의 신앙을 과거의 시각을 통해 이해하게 되었다. 따라서 신과 사람이 빵의 형태로 화체(化體)하여 쪼개진다는 개념은 가톨릭 미사(Catholic Mass)의 빵과 포도주에서 우연히 그러나 강력한 반향을 불러일으키게 되었다.

보다 더 최근의 마법: 애니미즘

아메리카 대륙의 많은 사람들은 모든 것이 인간인 세계에 살고 있다. 아메리카 대륙의 애니미즘은 수렵 채집인 사이에서 가장 잘 알려져 있지만 아메리카 대륙 전역의 모든 사람들 사이에서도 어느 정도 발견된다. 예를 들어, 아마존강 유역의 많은 집단은 만물이 인간이라고 생각한다. 수많은 신화에서는 인공물, 개울, 바위 등을 포함하는 모든 것이 인간이었던 보다 더 초기의 조건을 상정한다. 다양한 낯설어짐의 과정을 통해 겉으로 드러나는 형태가 다양해지면서 사물은 상이하게 보이게 된다. 그렇다고 해서 내면의 인간다움이 사라지는 것은 아니었다. 중요한 것은 생물종으로서의 인간이 아니라 조건으로서의 인간성이었다. 나아가 만물이 인간 세계의 사회적 영역에 속한다면 (인간의 산물로서의) 문화와 (비인간 힘의 작용으로서의) 자연을 구분할 수 없다. 모든 것은 자연인 동시에 문화이다. 맥(貘)이나 재규어는 자신의 몸보다 그 존재의 핵심에 자리 잡고 있는 인간을 더 귀하게 여긴다. 물웅덩이에 가득한 물은 맥에게 카사바가 발효된 즙과 같고 쓰러진 나무는 맥의 집이다. 재규어에게는 피가 카사바가 발효된 즙과 같다. 반대로 사냥에는 능숙하지만 평화로운 마을에서 공격적인 사람은 재규어와 친밀한 존재라고 의심받는다. 서양의 관점에서는 신체적 차이를 결정적인 것으로 간주하지만 아마존강 유역의 많은 사람들은 신체의 형태로 인해 전체 세계에 걸친 내적 유사성이 감춰져 있을 뿐이라고 생각한다.

　여담이지만 주목해야 하는 것은 서양의 관점에서는 사람을 유인원으로부터 진화한 동물로 간주한다는 것이다(사실 물질은 살아 있는 것으로 여겨지지 않는 것들을 포함하여 그 밖의 다른 사물과 공유하는 원자와 분자로 구성되는 것으로 간주된다). 그러나 또한 우리는 혼이나 정신을 가지고 있어, 도덕적인 측면과 지적인 측면에서 그 밖의 다른 모든 동물과 상이하다. 프랑스의 위대한 인류학자 클로드 레비스트로스가 들려준 일화에 따르면,[8] 스페인 식민주의 초기에 아메리카 대륙으로 간 선교사들은 인디언들에게 혼이 있는지 여부, 따라서 그들이 완벽한 인간인지 여부를 궁금해했다. 이와는 대조적으로 인디언들은 사로잡은 유럽인들을 물에 빠뜨려 익사시킨 뒤 그들의 시신이 썩도록 내버려두어 그들의 몸이 자신의 몸과 동일한지 여부를 확인했다. 유럽인들은 자신들과는 상이하게 덜 부패할 수 있는 신체를 가졌을 가능성이 있었고 이것은 아마도 그들이 영혼이라는 것을 시사할 수 있었다. 어느 쪽이든 겉으로 드러나는 외양은 허상에 불과할 수 있었다.

　아메리카 대륙의 모든 곳에서 철학적 질문이 제기되었다. 오대호의 서쪽, 지금의 미국과 캐나다인 곳의 국경에서 생활하는 오지브와족(Ojibwa)은 만물을 인간으로 간주한다. 그것들은 '다양한 종류의 동물의 모습으로, 천둥이나 바람 같은 기상 현상으로, 태양 같은 천체로, 심지어 우리가 주저하지 않고 무생물로 간주할 수 있는 돌 같은 유형의 물건으로도 나타날' 수 있다.[9] 비인간 사람 가운데 가장 강력한 존재는 태양, 네 가지 바람(Four

Winds), (천둥이나 매의 형태를 취하는) 천둥 새(Thunder Bird), 개별 동물에게서 표출되는 특성을 정제되고 영원한 형태로 구현하는 이른바 모든 동물종의 주인이라고 불리는 존재이다. 인간 가운데 인간에서 동물로 변형되었다가 되돌아올 수 있는 존재는 오직 샤먼뿐이고 심지어 샤먼에게도 이것은 위험하고 걱정스러운 과정이다. 비인간 사람은 친족 관계에서 사용하는 용어인 '할아버지'로 지칭된다. 할아버지는 일종의 영혼의 안내자 또는 보호자로서의 역할을 수행하면서 인간을 도울 수 있다. 인간이 힘을 가지려면 이와 같은 할아버지의 도움이 필요하다. 올바른 영적인 안내는 사춘기의 소녀나 소년이 유폐, 금식, 기도를 통해 비전 퀘스트를 수행하는 과정에서 발견되었다. 비전 퀘스트는 다양한 집단에서 약간 상이한 형태를 취하면서 대평원(Plains) 전역에서 광범위하게 행해졌다.

사람이 죽으면 그들의 신체는 작동을 멈춘 뒤 부패할 것이지만 그들 내면의 영혼은 동물로 또는 훨씬 더 종종 새로 환생할 것이다. 신체는 의복으로 간주되고 의복은 사람들에게 힘을 줄 수 있다. 샤먼의 복장은 그들을 마법적인 존재로 만드는 데 도움을 준다. 반대로 사람들 또한 의복에 힘을 주고, 신체의 움직임으로 옷에 생명을 불어넣는다. 남아메리카 대륙과 카리브해 원주민의 언어에서는 의복과 신체를 지칭하는 단어가 서로 연결되어 있다. 두 경우 모두에서, 의복이나 신체는 겉으로 드러나는 외양과는 상이한 내면의 본질을 숨길 수 있다. 그러나 또한 두 경우 모두에서, 의복과 신체는 능력을 제공할 수 있다. 예를 들어, 재규어의 몸을 입은 사람은 재규어만큼 빠르고 격렬하게 움직일 수 있을 것이다. 재규어의 복장을 차려입은 사람 또한 그 정도는 덜하다고 하더라도 그러할 수 있었다.

이와 같은 존재 방식은 우리 대부분에게 낯선 것처럼 보인다. 그러나 어쩌면 완전히 낯선 것은 아닐 수 있다. 우리는 반려동물에게 이름을 지어

주고, 그들을 가족의 구성원으로 간주하며, 그들이 고유의 성격을 가지고 있다고 간주한다. 보다 더 제한적인 의미에서 자동차 같은 사물에 이름을 붙일 수 있고, 그들의 성격을 통해 그들에 대해 파악할 수 있다. 한편, 장인의 도구 같이 우리에게 매우 친숙한 사물도 이름은 없지만 개별적인 특징을 가지고 있는 것으로 이해될 수 있다. 동물이 등장하는 우화와 그 밖의 다른 허구는 사실이 아닌 것으로 간주되지만 그럼에도 불구하고 그것은 인간이라는 존재의 의미를 이해하는 데 도움이 된다는 측면에서 유용하다. 사실 상이한 동물들이 일상적으로 인간의 특징을 구현하는 것으로 간주된다. 따라서 여우는 교활하고, 돼지는 탐욕스러우며, 개는 충성스럽다. 중요한 허구가 동물을 감싸고 있어 동물이 아닌 우리 자신을 이해하는 데 도움을 주는데, 이것은 오지브와 족의 관점에서 그렇게 멀리 떨어져 있는 것이 아니다.

무생물 물건은 우리에게 보다 더 많은 도전을 제기한다. 오지브와 족의 언어에는 생물인 사물과 무생물인 사물의 차이가 부호화되어 있다. 매니토바(Manitoba) 베런스강(Berens River)에서 생활하는 오지브와 족을 연구했던 인류학자 어빙 할로웰(Irving Hallowell)은 다음과 같은 질문과 대답을 기록했다. '나는 어느 노인에게 물었다. "여기 보이는 돌들은 모두 살아 있습니까?" 그러자 노인은 한참을 생각하다가 대답했다. "아니요! 하지만 일부는 살아 있어요." 나는 노인의 대답을 오랫동안 기억했다.'[10] 그 밖의 다른 알곤킨족(Algonquian)의 언어에서 그러한 것처럼 오지브와 족의 언어에서도 돌은 문법적으로 생물이다. 할로웰은 그 이유를 알아내기 위해 애썼다. 서양의 세계관에서는 본질적이고 불변하는 속성을 토대로 사물을 범주화해왔다. (바이러스 같이 결정하기 약간 까다로운, 일부 경계선에 있는 사례도 있지만) 우주는 살아 있는 사물과 그렇지 않은 사물로 나누어질 수 있다. 오지

브와 족의 분류는 경험에서 비롯되는 상이한 토대를 가지고 있다. 일부 돌
은 움직였던 것으로 알려져 있다. 할로웰은 인간 '소유자'를 따라 굴러다니
면서 입 같은 표식을 가지고 있어 발화하는 입모양을 흉내 내는 방식으로
움직일 수 있었던 돌에 대한 이야기를 반복한다. 그 밖의 다른 돌은 움직이
지 않을 수 있거나 적어도 돌이 움직이는 것을 본 사람이 아무도 없었던 반
면, 이와 같은 돌은 확실히 살아 있었다. 일반적인 분류 원칙을 토대로 결
정할 수 없었기 때문에 생물인 사물과 그렇지 않은 사물을 구분하기 위해
서는 세심한 주의를 기울일 필요가 있었다. '살아 있는' 또는 '생물'과 가장
밀접하게 닮은 오지브와 족의 용어는 베마.디지와.드(bema.diziwa.d)로, '살아
있는 상태의 지속'으로 번역될 수 있다. 아마도 살아 있었더라도 죽을 수
있고 죽었다고 여겨졌던 사물이라도 살아 있는 것으로 밝혀질 수 있었을
것이다.

　　외지인들에게는 이것이 이상한 관점처럼 보일 수 있다. 그러나 오지브
와 족은 분류보다 평가를 더 강조한다. 이것은 또한 그 밖의 다른 인류의
전통에서도 분명히 중요하다. 움직이는 돌들은 능동적이고, 성장하며, 변
화하는 세계의 일부이다. 그것들은 그렇게 이해될 필요가 있다. 서양적 사
고에서는 돌이 그렇게 움직인다는 것을 인정하기 어렵다. 그러나(우리 대부
분은 원자의 운동을 직접 경험하지 못함에도 불구하고) 우리는 원자 수준에서 만물
의 운동을 인식하고 있고 지각이 순환하는 힘으로 인해 대륙이 이동한다
는 것도 이해하고 있다. 이러한 아주 작은 운동과 아주 큰 운동 사이에서
우리 모두는 돌이 물과 바람에 의해 침식된다는 것과 이와 같은 힘의 영향
을 받아 돌의 형태와 아마도 위치가 변화한다는 것을 인정한다. 서양인에
게는 자연이라는 개념이 중요하지만 아메리카 대륙의 원주민을 포함한 전
세계의 많은 사람들에게는 그렇지 않다. 원주민들은 사물이 할 수 있는 것

이 무엇이고 할 수 없는 것이 무엇인지를 사전에 알 수 있다고 생각하지 않는다. 그것은 오직 그들과 함께 존재하면서 함께 행동해보아야만 알 수 있는 것이다. 우리가 이것을 받아들이기는 어렵다. 그러나 또한 이것은 우리가 취해 봄직한 완전히 합리적인 자세인 것처럼 보인다.

세계는 사람들과 멀리 떨어져 있는 저 너머 바깥에 존재할까 아니면 세계가 우리 안에 그리고 우리가 세계 안에 존재할까? 이것은 아메리카 대륙의 원주민의 관행과 철학에서 제기하는 크고 결정적인 질문이다. 그리고 그 해답은 일반적으로 사람과 세계의 본질이 엮여 있음을 강조한다. 엮임의 형태는 다양하다. 다양한 엮임에 대해 알아보기 위해 아메리카 대륙 전역과 그들의 역사를 보다 더 폭넓게 살펴보자.

캐나다와 미국의 서해안을 따라 알래스카와 브리티시 컬럼비아(British Columbia)주 사이에 자리 잡은 국경에서 캘리포니아 주 북쪽 끝에 이르는 지역에는 야생 식량으로 생계를 유지하는 인간 집단이 살고 있다. 연어를 특별히 중요하게 여기는 그들은 롱하우스에서 생활하면서 복잡한 우주론을 탐구하고 극적인 미술을 실천한다. 이러한 문화 형태는 기원전 2500년경 등장하기 시작했다. 그 증거는 프레이저강(Fraser River) 하구에 자리 잡은 침수된 유적지에서 발견되는데, 여기에는 보다 더 최근의 형태와 일부 유사성이 있는 직조(織造) 및 바구니 공예가 보존되어 있다. 기원전 800년경부터 이른바 폼라인 미술(formline art)(사물의 모양을 정의할 뿐 아니라 내적 장식 요소로 기능하는 연속적으로 흐르는 선을 바탕으로 하는 미술)의 흔적이 처음으로 발견되었다. 워싱턴주(Washington State) 오제트(Ozette)에 자리 잡은 유적지는 기원후 1500년경 산사태로 인해 흘러내린 이류(泥流)로 덮였는데, 그 덕분에 널빤지로 지은 주택 4채와 약 5만 개의 물건이 보존되었다. 그 물건 가운데 일부에는 식민지 시대 후기 미술에서 발견되는 모티프가 사용되었다.

유럽인들과의 첫 접촉은 1778년 제임스 쿡 선장(Captain James Cook)의 배 디스커버리(Discovery)와 레졸루션(Resolution)이 누트카 사운드(Nootka Sound)에 한 달간 머물렀을 때였다. 쿡 선장이 태평양과 대서양 사이에서 북서항로(North-west Passage)를 발견할 수 있는지 여부를 확인하러 가는 길이었다. 쿡 선장과 그의 선원들이 마주친 사회들은 씨족과 혈통을 바탕으로 하는 정주 사회로, 마을에 큰 주택들을 짓고 생활하고 있었다. 18세기 후반에는 1,500킬로미터에 달하는 해안을 따라 20만 명의 사람들이 13개 어족의 약 45개 정도의 상이한 언어를 사용하면서 살았던 것으로 추정된다. 1900년에는 인구가 약 4만 명으로 줄었는데, 이것은 주로 유럽에서 들어온 질병으로 인한 것이었다. 이곳은 80퍼센트가 넘는 인구가 감소하는 일이 끔찍할 정도로 흔했던 유럽 대륙의 인구 감소를 고스란히 반영하는 소우주였다. 각 씨족 또는 혈통에는 (문장 장치와 비교되어온) 문장이라고 알려진, 그들에게 고유한 일련의 형상을 가지고 있었다. 그것은 과거로부터 물려받은 것으로, 가면, 상자, (때로 외지인들에게는 토템 기둥(totem poles)으로 알려진) 의례용 기둥, 망토, 그 밖의 물건에서 발견된다. 문장(紋章)은 씨족의 기원에 대한 이야기를 자극했다. 기나긴 겨울에는 영혼의 춤을 추어 씨족에게 중요한 힘과 연결했다. 이러한 일들은 종종 샤먼이 주도했는데, 여기에는 이야기, 노래, 춤, 궁극적으로 아메리카 대륙 민족들의 뿌리인 시베리아로 거슬러 올라갈 수 있는 전통에 대한 토론이 포함되었다. 이야기판 같은 중요한 물건에는 동물 모양과 영적인 힘을 불러일으키는 데 도움을 주는 보다 더 추상적인 형태를 그려 넣었다. 어떤 물건은 너무 강력해서 의식이 끝날 때마다 의례적으로 파괴했다. 겨울 의식들은 매년의 순환의 일부였는데, 여기에는 매년 봄 바다에서 현지의 강으로 회유하는 연어 떼의 이동을 보장하기 위해 열리는 첫 연어(First Salmon) 의식이 포함되었다. 또한 사람들이 자신의 부(富)를 강조하기 위해 많은 양의 재료를 파괴하는 경쟁적인 포틀래치(potlatch)도 중요했다. 포틀래치는 (중국 시장과 유럽 시장 모두를 겨냥한) 유럽인들과의 모피 무역이 새로운 부를 가져온 이후 특히 중요해졌다.

　　샤먼들은 그들에게 고유한 도구 일체를 구비하고 있었다. 틀링잇족(Tlingit) 같은 일부 집단에서는 이러한 도구의 정교함이 매우 높은 수준에 달했다. 거기에는 북, 딸랑이, 상아, 뼈 부적, 그리고 가장 중요하게는 수달, 곰, 강꼬치고기를 포함하여 영혼을 구현한 가면이 포함된다. 가면을 쓴 샤먼은 그저 영혼의 흉내를 내는 것이 아니었다. 샤먼은 그 영혼이 되어 영혼이 가진 힘을 공유했다. 샤먼은 동물의 영혼과 직접 소통하여 인간 세계의 문제에 관심을 기울이라고 촉구할 수 있었다. 또한 일부 여건에서는 병자를 치료할 수 있었을 뿐 아니라 다양한 종류의 불운을 유발하는 주술사를 찾아내어 쫓아낼 수도 있었다. 내륙 지역에 영향력을 행사했던 살리시족(Salish) 같은 남부의 집단은 영혼 퀘스트를 수행했다. 평범한 사람들은 자신이나 보다 더 광범위한 집단을 돕기 위해 수호영혼을 불러내 샤먼의 행동을 보완할 수 있었다.

　　이 해안에서는 까마귀가 특히 강력하고 영향력 있는 영혼이었다. 까마귀는 북아메리카 대륙에서 발견되는 여러 트릭스터 문화 영웅 가운데 하나로, 거기에는 대평원의 코요테와 오대호 주변에 자리 잡은 오지브와 족 같은 집단에서 (많은 변형된 이름으로 불리는) 나나보조(Nanabozo)라는 인물이 포함된다. 이와 같은 인물들은 세계와 인간의 창조에 도움을 주었을 수 있지만 또한 예측할 수 없고 까다로우며 쉽게 지루함을 느끼는 인물이다. 따라서 재미와 자극을 추구하다가 화를 불러오기도 한다.

　　그림 8.13에 소개된 상자는 추상과 구상을 결합한 디자인으로, 폼라인

그림 8.13. 옥스퍼드 피트 리버스 박물관이 소장하고 있는 하이다족(Haida)의 조각 및 채색 상자. 이것은 연필향나무 한 조각을 구부려서 만든 상자이다. 목재를 먼저 찐 뒤 구부려서 모양을 만들고 그런 다음 바닥과 뚜껑을 추가했다. 1미터가 조금 넘는 길이에 70센티미터 정도 높이의 이 상자는 씨족의 포틀래치 예복을 보관하는 데 사용되었다. 1874년 이전에 수집된 이 상자는 1884년 피트 리버스 장군(General Pitt Rivers)의 최초 컬렉션과 함께 피트 리버스 박물관으로 들어왔다. 이 상자는 피트 리버스 박물관을 방문했던 하이다 족 집단에 의해 연구 대상이 되었다. 이 방문에 대한 보다 더 상세한 내용은 https://www.prm.ox.ac.uk/haidabox를 참고하자.

미술의 뛰어난 사례이다. 아래쪽부터 보면, 우리는 붉은색으로 채색한 손 가락을 곧게 편 두 개의 손이 있고 손바닥에는 눈이 있는 것을 확인할 수 있다. 이 손 사이에는 전통적인 안내자인 쿠긴 자드(Kuugin Jaad), 즉 쥐 여인 (Mouse Woman)이 재현되어 있다. 쿠긴 자드는 인간이 그들의 세계에서 벗어나 영혼의 땅으로 이동할 수 있도록 안내하는 존재이다. 중앙 상단의 요소는 얼굴과 얼굴의 특징의 조합으로 구성되어 있다. 쥐 여인이 그려진 구획 안, 쥐 여인의 바로 위에는 파란색 이빨이 아래쪽을 향하고 있는 입이 자리 잡고 있다. 그 위 칸에는 두 개의 콧구멍으로 구성된 코가 납작하게 펼쳐져 있다. 콧구멍의 양쪽 끝에는 검은색 눈동자를 가진 파란색 눈이 있다. 콧구멍 위, 주황색 선으로 테두리를 표시하고 파란색으로 채운 구획에는 양쪽에 두 개의 눈이 있는데, 이것은 아래 자리 잡은 코에 속할 수 있다. 두 개의 눈 각각의 사이에는 작은 주황색 점이 있고 그 아래에는 주황색 선으로 테두리를 표시하고 교차하는 붉은색 평행선으로 채운 부분이 있다. 따라서 이 작은 주황색 점은 작은 코를 나타내고 교차하는 붉은색 평행선으로 채운 부분은 도식화된 입을 나타낼 수 있다. 주요 콧구멍 위에는 또 하나의 다른 코로 간주될 수 있는 또 하나의 큰 주황색 점이 있다. 이 구획의 왼쪽과 오른쪽에는 두 개의 얼굴 측면이 자리 잡고 있다. 얼굴에는 아래쪽을 향하고 있는 입과 검은색 눈동자를 가진 눈이 있는데, 눈 위에는 아마도 귀로 보이는 것이 있다. 이러한 얼굴 측면의 위와 아래 모두에는 물고기 머리로 해석되어온 것이 자리 잡고 있다. 여기에서 직접 확인할 수 있는 것처럼, 내가 말한 것보다 더 많은 요소를 지적하는 사람도 있을 것이다.

북서해안에서 발견된 모든 것이 그러한 것처럼, 하이다 족의 디자인은 면밀하게 검토하여, 가능한 수많은 조합, 결과적으로 그 가능성이 무궁무진한 조합을 드러내볼 만한 가치가 있다. 가까이에서 바라보는 것도 좋지만, 가까이에서 바라보는 것으로는 절대로 최종적인 해답이 드러나지 않을 것이다. 모티프의 조합이 가능하다는 것은 동일한 요소가 상이한 구상(具象)에 기여할 수 있다는 의미이다. 따라서 두 가지 상이한 사물이 동일한 공간에 자리 잡을 수 있다. 또한 여기에서는 차원도 다루고 있다. 중앙에 있는 가장 큰 코는 심지어 평평한 표면에 표현되었음에도 불구하고 입체적인 느낌을 준다. 가면 같은 입체적인 물건에서는 이와 같이 차원을 다루고 있다는 것이 훨씬 더 확연하다. 가면의 경우 장인이 (얼굴 같은) 디자인을 2차원에서 구상하여 3차원적으로 표현한 것처럼 보이는 경우가 종종 있다. 만일 이러한 작품을 만드는 데 있어 물리적인 기술이 충분하지 않다면, 그것들은 엄청난 철학적 유희와 철학적 재주에서 비롯될 수도 있다. 작품을 보는 사람은 시간과 공간의 단일한 지점에서, 역설적으로 다중의 진실이 존재하는 상황에서 외양의 기만성, 끊임없이 지속되는 변형의 과정, 세계의 모호성에 직면하게 된다. 만일 외지인인 우리가 이와 같은 유희, 역설, 깊이를 평가할 수 있다면, 태어날 때부터 이러한 신화의 이야기를 보고, 이해하고, 말의 재미난 본질과 형상의 재미난 본질을 일치시킬 수 있는 방법을 알고 있는 집단이 볼 수 있는 것은 훨씬 더 많을 것이다.[11]

이러한 문화의 많은 요소들이 소실되었지만 다행히도 많은 것들이 살아남아서, 예를 들어, 세계 전역의 많은 박물관에 전시되어 있는 위대한 하이다 족 조각가 빌 레이드(Bill Reid)의 작품을 통해 새롭게 만들어지고 있다. 시간, 공간, 궁극적인 감수성이 훨씬 멀리 떨어져 있음에도 불구하고, 여기에서 우리는 5장과 6장에서 살펴본 켈트 미술이나 스키타이 미술에서 발견한 모호성, 과도함, 변형을 연상할 수 있다. 이러한 모든 미술은 세계에 대한 그 밖의 다른 사고방식을 구체적인 형태로 제시한다.

아메리카 대륙의 많은 지역에서 새로운 것과 마주치면서 창조적인 변형이 나타났다. 그 중심에는 우주론이 있었다. 17세기 후반부터 오대호 지역 전역에서 프랑스 무역상들은 다양한 알곤킨 족을 만나기 시작했다. 프랑스인들은 유럽으로 돌아가 모자로 만든 뒤 판매할 비버 가죽에 관심을 가졌다. 그들은 구슬, 구리 주전자 또는 거울 등 식민지 무역상들이 취급했던 일련의 전통적인 무역품을 가져왔다. 공교롭게도 이와 같은 많은 물건은 현지의 가치와 공명했다. 성인이 되는 중요한 측면 가운데 하나는 중요한 물건을 발견하기 위한 영혼 퀘스트를 수행하는 것이었다. 영혼 퀘스트를 수행하고 나면 의복을 착용하여 퀘스트에서 획득한 힘을 나타냈다. 현지 사람들에게는 색깔이 중요했다. 붉은색, 흰색, 청록색, 검은색은 중요한 방식으로 공명했다. 빨간색은 폭력이나 전쟁 같은 반사회적 행동을, 청록색은 정신, 지식, 광대한 존재의 형태의 목적성을, 검은색은 인지나 생물성(animacy)의 부재를 함의했다. 흰색 조개껍데기, 구슬공예에 사용할 보다 더 어두운 색의 호저(豪猪) 가시털, 수정(水晶), 자연동(自然銅) 또는 유색석(有色石) 같이 특정한 색깔을 가진 물질은 (흑표범, 용 또는 뿔 뱀 같이) 물이나 지구 아래에 자리 잡고 있는 존재와 연계되었다. 그들은 다양한 치료사들의 수호 영혼이었다. 현지 물건에 부여된 가치는 유럽의 무역품으로 확장되었다. 프랑스인들이 금전적 수익이라는 측면에서 생각했다면, 현지 사람들은 우주의 주요 힘과 자신들을 연계하는 가치에 관심을 가졌다. 그들은 프랑스인들이 비버 가죽 같은 비교적 사소한 물건에 대한 대가로 영적으로 충만한 물건을 기꺼이 내어주는 것에 대해 다소 의아해했다. 균형이 맞지 않는 가치 체계를 바탕으로 한 이러한 교환은 아메리카 대륙의 원주민과 유럽인 사이에 이루어진 일련의 실용적인 교환의 토대가 되었다. 이것은 19세기 초 유럽인들이 대규모로 원주민의 토지를 전유하기 시작하면서 무너졌다.

아프리카 대륙과 아메리카 대륙은 유구한 역사 대부분 동안 역사적으로 연결되지 않았지만, 지난 몇 세기 동안 서아프리카 대륙의 사람들이 노예가 되어 브라질, 카리브해, 미국으로 대규모로 이동하면서 극적으로 연계되었다. 뻔한 이유로, 강제로 이동한 사람의 수는 분명하지 않지만 16세기 이후 1,000만 명에 달했을 것임을 쉽게 추정할 수 있다. 이와 같은 대규모 연결은 아프리카 대륙의 신앙과 관행을 아메리카 대륙에 도입하는 효과를 가져왔는데, 마법에 대한 믿음과 종교 신앙이 눈에 띄게 나타났다. 중앙아메리카 대륙과 남아메리카 대륙에서는 서아프리카 대륙의 전통이 그곳에서 지배적인 그리스도교 형태인 가톨릭 그리스도교와 융합되었다. 많은 이동이 논의될 수 있다. 칸돔블레는 서아프리카 대륙의 신과 그리스도교의 성인을 혼합하면서 브라질 전역에서 변형된 형태로 존재하게 되었다. 또는 쿠바의 산테리아(Santeria)는 요루바족(Yoruba) 및 그리스도교의 인물 또는 신앙을 융합했다. 따라서 천둥의 신(God of Thunder) 샹고(Shango)와 점복의 신(God of Divination) 오룬밀라(Orunmila)는 새로운 형태를 찾아 각각 성녀 바르바라(Saint Barbara)와 성 프란치스코(Saint Francis)가 되었다. 동아프리카 대륙의 영향 가운데 하나는 라스타파리아니즘(Rastafarianism)이다. 라스타파리아니즘이라는 명칭은 1930년 11월 에티오피아의 하일레 셀라시에(Haile Selassie) 황제로 즉위한 라스(Ras)(왕자) 타파리(Tafari)의 이름에서 유래한 것으로, 흑인 왕의 즉위와 더불어 낙원과도 같은 천년왕국 에티오피아로의 귀환을 염원하는 의미를 담고 있다.

가장 유명한 또는 사실 가장 악명 높은 것은 특히 악랄한 플랜테이션 경제가 자리 잡고 있었던 아이티에서 주로 발견되어 저항을 촉발했던 (부두교(Woodoo)를 포함하여 다양한 철자로 표기되는) 보두교였다. 베냉(Benin)에서 비롯된 보두교는 저항을 자극하여 1804년 아메리카 대륙에서 최초의 흑인 독립국가가 탄생하는, 그 자체로 놀라운 이야기에 기여했다. 보두교는 살아 있는 사람과 죽은 조상의 관계 및 현지의 여러 영혼과 신과의 관계를 강조한다. 삶과 죽음은 하나의 순환으로 간주되어 세계에서 인간의 존재를 총체적으로 바라보는 관점으로 이어진다. 영혼 부마, 동물 희생, 음악 및 춤은 모두 눈에 띄는 특징이다. 보두교는 서양 의학에 접근할 수 없는 가난한 사람들이 관심을 가지는 치료사 전통을 발전시키는 데 기여했다. 보두교에서 가장 악명 높은 측면이자 가장 많이 모방된 측면은 살아 있지만 죽은 존재, 즉 좀비이다. 좀비는 주술에 의해 혼을 빼앗겨 삶과 죽음 사이의 중간 상태에 존재하는 사람들을 의미한다. 좀비는 두려움의 대상이 었지만, 더 큰 두려움은 좀비로 변하는 것이었다. (모든 신앙 체계가 그러한 것처럼) 보두교에는 사람들을 두려움에 떨게 하는 측면이 있다. 그러나 중요한 것은 보두교가 아주 작은 수의 부유층이 지배하는 아이티 같은 사회에서 가난한 대중에게 희망을 제공했다는 점이다. 그러므로 보두교의 중요한 특징은 두려움이 아니라 희망이다.

최근에 이루어진 마법의 도용

아메리카 대륙에서 논란의 여지가 가장 많은 마법의 측면 가운데 하나는 비원주민 집단이 토착 마법의 형태를 사용하는 것이다. 인터넷에서 잠깐만 검색하면 북아메리카 대륙의 샤머니즘, 마야 마법, 그 밖의 다른 많은 마법을 다루는 강좌를 찾을 수 있다. 수강료를 지불하고 강좌를 수강한 학생은 자신이 선택한 마법에 대한 자격 증명서를 받고 졸업할 수 있다. 당연하게도, 원주민 집단은 이와 같은 오용에 대해 지극히 분노한다. 이 마법이 발전해온 문화적 맥락은 대부분 빠진 채 비원주민이 자신들의 고유한 문화 및 지식재산이 아닌 것을 활용하여 돈을 벌기 때문이다.

　가장 많은 논란을 불러일으킨 사례 가운데 하나는 20세기의 영향력 있는 작가 카를로스 카스타네다(Carlos Castaneda)이다. 카스타네다는 자신이 톨텍의 지식을 공표했다고 주장하여 상당한 논란을 불러일으켰다. 수백만 명의 다른 사람들과 마찬가지로, 나도 카스타네다의 책을 읽었고, 매력을 느꼈으며, 호기심이 발동했고, 신비로움을 느꼈다. 그러나 궁극적으로는 확신을 가지지 못했다. 카스타네다가 제공한 내용은 유혹적이었다. 카스타네다는 나왈(nagual, 나왈(na'wal)로 발음함) 지식을 들여다볼 수 있는 창을 제공했는데, 그가 글을 쓰기 전에는 숨겨져 있어 외지에서는 알 수 없었던 지식이었다. 카스타네다는 캘리포니아대학교 로스앤젤레스 캠퍼스(UCLA)에서 인류학 박사 과정을 밟고 있었다. 미국 남서부에서 현장 조사를 하는 동안 카스타네다는 야키족(Yacqui) 마법사 돈 후앙 마투스(Don Juan Matus)의 제자가 되어 가르침을 받았다고 주장했다. 돈 후앙은 '평범하지 않은 실재'라는 평행 우주에 접근할 수 있었다. 거기에서는 우리의 고유한 세계에 자리 잡고 있는 많은 신비를 이해할 수 있고 비행 같은 불가능한 기량을 달성할 수 있었다. 이러한 다른 우주에 접근하기 위해서는 페요테 선인장, 흰 독말풀 또는 버섯을 복용해야 했고 다양한 형태의 신체적 금욕이나 명상을 행할 필요가 있었다. 또한 보다 더 즉각적이고 신체적인 존재의 양식을 위해 세계에 대한 지적이고 분석적인 접근법을 포기해야 했다. 카스타네다의 책을 읽은 서양의 독자들은 윌리엄 블레이크(William Blake)의 시에서 제목을 착안한 올더스 헉슬리(Aldous Huxley)의 책《인지의 문The Doors of Perception》을 떠올렸다. 이 책에서 헉슬리는 페요테 선인장을 복용한 자신의 경험에 대해 이야기했다. '만일 인지의 문이 정화되면 모든 것이 있는 그대로 무한히 드러난다.' 짐 모리슨(Jim Morrison)은 헉슬리의 책을 읽은 뒤 거기에 착안하여 자신의 록 그룹 이름을 '더 도어스(The Doors)'로 지었고, 카스타네다가 로스앤젤레스에서 박사 학위를 받기 위해 공부하고 있을 때 동일한 도시에서 도어스의 첫 번째 트랙을 제작했다.

1960년대와 1970년대에 초월적인 경험을 탐색하고 있던 사람들에게 카스타네다는 전통적인 마법적 지식의 기초를 제공했다. 그것은 지극히 유혹적이었다. 카스타네다의 책에는 그 밖의 다른 많은 매력도 있었다. 카리스마 넘치지만 근심이 많은 어느 학생이 단순하지만 매력적인 문장으로 삶을 변화시키는 일련의 경험에 대한 글을 썼다. 그 경험은 그만큼 카리스마 넘치는 원주민 스승, 즉 깊은 문화적 뿌리를 지닌 지식의 형태에 의존하는 스승에게서 가르침을 받으면서 얻은 것이었다. 그가 쓴 글에는 그 지식이 현재의 관심사와 직접적으로 연결됨을 의미하는 사례가 포함되어 있었다. 근대성의 선봉에 서 있는 것으로 간주되는 미국의 국경 안에는 주류와 전혀 상이한 논리를 가진 사람들과 전통이 살아 있었다.

카를로스 카스타네다라는 인물과 카스타네다와 야키 족의 만남을 둘러싼 많은 신비가 존재한다. 카스타네다의 책에는 야키 족이 사용하는 용어가 전혀 사용되지 않았고 아무도 돈 후앙의 실존을 검증하지 못했다. 돈 후앙이 말했다는 가장 현명한 발언 가운데 많은 것은 프로이트(Freud)와 비트겐슈타인(Wittgenstein) 같은 인물을 포함한 그 밖의 다른 사람들의 경구와 닮은 점이 상당히 많다. 반면, 중앙아메리카 대륙 전역에 존재하면서 미국까지 올라온 나왈리즘(nagualism)은 모든 인간에게는 그 상대가 되는 동물이 있고 올바른 힘을 가진 일부 사람들은 스스로를 동물로 변형시킬 수 있다는 사실에 보다 더 관련되는 신앙의 집합체이다. 이러한 신앙은 아마도 아즈텍의 세계에 그리고 어쩌면 톨텍의 세계에 뿌리를 두고 있을 것이다. 카스타네다에 대한 감정은 다양하다. 어떤 사람들은 카스타네다가 캘리포니아대학교 로스앤젤레스 캠퍼스 도서관에서 야키 족에 대한 모든 지식을 얻은 뒤 상상의 나래를 펼쳐 책을 썼다고 말하고 어떤 사람들은 카스타네다가 일종의 개인적인 경험을 한 후, 그것을 동시대의 초월주의의 형태와 그 시대의 마약 문화에 걸맞게 상당히 윤색했다고 말한다. 예를 들어, 카스타네다는 아마도 올더스 헉슬리의 책을 읽었을 것이다.

원주민에게 카스타네다는 원주민의 발상으로 알려져 있는 것을 오용한 또 하나의 사례이다. 이는 상당한 수익을 얻기 위해 오용한 사례이기도 하다. 카스타네다의 책은 엄청나게 많이 팔렸다. 많은 사람들은 카스타네다의 책을 불교와 다양한 신비주의적인 전통의 발상을 혼합하여 결합한

것으로 간주하지만 카스타네다의 책에는 미국 남서부에서 멕시코에 이르
는 지역에서 일반화된 토착 마법도 포함되어 있다. 돈 후앙이 핵심 인물로
서 중심을 잡아주지 않았다면 카스타네다가 받았다는 '가르침'은 과거에
인정받았던, 그리고 지금도 여전히 인정받는 권위와 힘을 가질 수 없었을
것이다. 만일 카스타네다가 이러한 사색을 자신의 고유한 사색으로서 기
록했다면 아마 우리가 지금 카스타네다에 대해 논의하고 있지 않았을 것
이다. 원주민에게 있어, 공식적인 식민지 전유는 끝났을 수 있다. 그러나
그들의 문화에서 온갖 부류의 도용이 이루어지고 있고, 그것으로 막대한
양의 돈을 벌어들일 수 있는 것이 현실이다. 이와 같은 수익을 얻기 위해
나머지 사람들이 재사용하는 것의 중심에는 토착 마법이 자리 잡고 있다.

　아메리카 대륙은 고유하고 강력한 마법 전통을 발전시켜왔지만, 외지
의 영향도 받아왔다. 고대 시대에는 시베리아의 전통이, 보다 더 최근에는
아프리카 대륙과 유럽의 전통이 영향을 미쳤다. 다양한 변형을 거쳤음에
도 불구하고, 아메리카 대륙 사람들의 믿음의 핵심에는 우주와의 일체감,
우주가 지닌 창조적이고 파괴적인 힘에 대한 믿음이 자리 잡고 있었다. 원
주민이 살았던 시대의 호주 대륙은 인간과 세계의 뒤얽힘과 관련하여 매
우 상이한 점을 강조한다. 호주 대륙은 외지의 영향을 받았지만 6만 년 전
으로 거슬러 올라가는, 뚜렷하게 구분되는 문화적 궤적을 발전시켜왔다.

호주 대륙

(주로 호주 원주민 용어인 쭈쿠르파(Tjukurrpa)로 알려진) 몽환로(夢幻路, dreaming
track) 또는 노랫길(songline)은 7,000킬로미터에 걸쳐 호주 서부의 북쪽 해

안과 호주 대륙의 중앙을 구불구불 가로지른다(그림 8.14). 이 몽환로는 일곱 자매 별(Seven Sisters), 즉 플레이아데스 성단과 연결된다. 일곱 자매 별은 호주 대륙을 가로질러 여행하는 여성 조상의 영혼이다. 부분적으로는 유를라(Yurla) 또는 와티 니루(Wati Nyiru)라는 욕정에 휩싸인 노인을 피해 도망치는 중이다. 이 남성은 자신의 모습을 변형할 수 있는 변신술사로, 자신의 모습을 먹음직스러운 식물이나 그늘을 드리우는 나무로 변형하여 여성을 유혹했다. 처음에는 일곱 명 이상의 여성이 있었지만, 지형을 실제 존재로 만들어내는 고된 노동으로 인해 그 수가 점점 줄어들었다. 일부 여성이 지쳐서 바위로 변형되면 나머지 여성들이 그들의 자리를 대신했다. 극적인 사건도 일어났다. 호주 서부 해안에서 내륙으로 약 600킬로미터 떨어진 곳에 자리 잡은 마르투족(Martu)(사막에서 완벽하게 생활하는 마지막 호주 원주민 가운데 하나)의 영토에 존재하는 판갈(Pangal) 물웅덩이에서는 여성들이 유를라의 머리 위로 날아와 자신들의 생식기를 드러내면서 유틀라를 조롱했다. 유를라의 성기는 스스로 분리되어 물웅덩이를 뚫고 나갔다. 그 흔적은 오늘날에도 그 구멍을 눈으로 확인할 수 있을 정도로 생생하게 남아 있다. 여성들이 남쪽에 자리 잡은 또 하나의 바위 구멍으로 도망치자 유를라의 성기는 개울 바닥을 따라 그들을 뒤쫓는다. 자매들은 북쪽에 자리 잡은 언덕의 안전한 곳으로 앞다투어 달려간다. (오늘날 언덕을 따라 일렬로 서 있는 바위들은 이 자매들로 간주될 수 있다.) 유를라는 자신의 성기(또는 아마도 뱀)를 몸에 감은 채 인근에 숨어서 기다린다. 자매들은 선수를 치지만 유를라를 따돌리기에는 역부족이다. 유를라는 남성일 수도 있고 지구 자체로부터 비롯된 일종의 생성하는 힘일 수도 있다. 이것은 매우 불분명하다. 유를라는 자신의 욕정에 못 이겨 모든 전통과 예의를 짓밟는 존재이다. 그럼으로써 그는 사람들이 생활하면서 지켜야 하는 사회의 규칙을 미묘한 방식으로

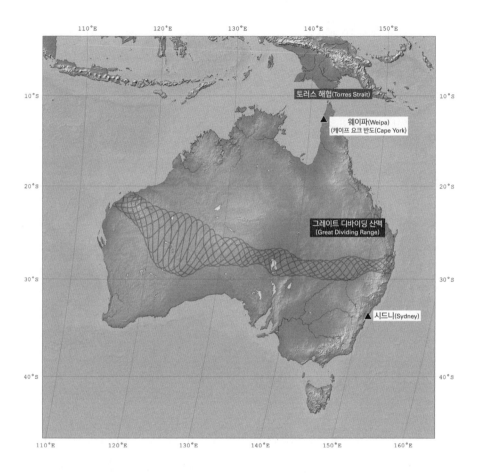

그림 8.14. 본문에 언급된 호주 대륙의 지형과 유적지를 보여주는 지도. 또한 호주 대륙을 가로지르는 일곱 자매 별(Seven Sisters) 노랫길을 묘사한 일곱 개의 사인파.

강화한다. 수천 킬로미터를 여행한 자매들은 유를라를 피해 밤하늘로 날아올라 플레이아데스 성단이 된다. 플레이아데스 성단은 일 년 중 특정 시기에 남쪽 하늘에 등장하여 지구의 계절의 변화, 새로운 식물의 성장, 동물의 출생을 알린다.

호주 대륙을 가로지르는 일곱 자매 별의 경로가 어족사이의 경계를 넘

나뉘기 때문에, 일곱 자매 별은 호주 원주민 사이에서 다양한 이름으로 알려져 있다. 어족에 따라 여기에 연계된 이야기가 존재하는데, 그것은 인간 집단을 연결하는 동시에 분화한다. 보다 더 습하고 보다 더 비옥하며 인구 밀도가 보다 더 높은 호주 남동부보다는 호주 대륙의 광활한 사막에서 보다 더 널리 퍼져 있었음을 시사하는 흔적이 있지만, 일곱 자매 별 몽환로는 호주 대륙을 가로지르는 많은 경로 가운데 하나이다.

  호주 원주민이 아닌 사람들은 몽환과 몽환로라는 관념의 매력에 빠지지만 이와 같은 경로가 가지는 실제 의미를 파악하기는 어렵다. 호주 원주민이 아닌 사람들이 기록한 설명 가운데 가장 잘 알려진 기록은 브루스 채트윈(Bruce Chatwin)의 《노랫길Songlines》이다. 우리가 아래에서 살펴볼 것처럼, 채트윈의 《노랫길》은 가장 매력적인 설명이지만, 사람을 끌어들이는 동시에 사람들에게 혼동을 일으키는 허구를 포함하고 있다. 다양한 고전 문화기술지 기록에서는 호주 대륙 전역에서 발견되는 방대한 노래 주기에 대해 서술한다. 호주 원주민들은 노래를 통해 이 영토의 리듬을 불러일으키거나 보다 더 정확하게는 언덕, 평지 또는 개울 바닥을 가로질러 걷는 리듬을 노래한다. 노래 리듬은 춤과 공연으로 쉽게 변환된다. 사람들은 자신이 태어난 영토를 춤으로 표현한다. 이와 같은 노래는 그 영토 자체에서 출현한 것으로 여겨지는데, 그 나라의 인간 주민들은 오늘날 호주 대륙의 많은 지역에서 토지 수탈로 인해 위협을 받고 있는 서사시적인 노래 주기의 후견인이자 전수자가 되었다.

  모든 매력적인 허구가 그러한 것처럼, 이 이야기에도 일말의 진실 이상의 것이 있다. 그러나 노랫길은 연속적인 경로를 묘사하지 않는다. 우리가 방금 살펴본 것처럼, 하나의 물웅덩이에서 다른 물웅덩이로 건너가는 자매들은 물웅덩이 사이에 있는 땅을 지나가는 것이 아니라, 이 물웅덩이에서 저 물웅덩이로 바로 날아갈 수 있다. 몽환로는 조상과 우주론이라는 측면에서 사람들에게 가장 중요한 경관의 측면에 초점을 맞출 뿐 아니라 호주큰도마뱀 또는 야생 얌을 찾을 수 있는 곳 같은 보다 더 일상적인 관심사에도 초점을 맞추는 신성한 지도를 묘사한다. 몽환로는 호주 원주민들이 법으로 간주하는 것을 강화한다. 몽환 이야기는 일상적인 것에서부터 가장 광범위한 우주론적 관심사에 이르는 그리고 물웅덩이 주변의 삶에서부터 하늘의 별에 이르는 삶의 모든 스펙트럼을 완벽하게 횡단한다. 이와 같은 이야기를 구성하는 요소에는 도덕성뿐 아니라 소유권 문제, 토지에 대한 후견인의 의무가 포함된다. 또한 거기에는 항해의 요소도 포함된다. 몽환 이야기에는 많은 층위가 있다. 외지인들은 그 이야기에서 가장 피상적인 부분만을 경험할 뿐이다. 사실 말과 노래는 보다 더 광범위한 전체의 일부에 불과하다. 완벽한 감각은 오직 그 영토를 돌아다니는 사람이나 그곳에서 살다가 죽는 사람만이 얻을 수 있는 것이다. 세계에 대한 지적 평가는 모든 인간의 삶에서 발견되는 완벽한 감각적 경험과 정서적 경험, 즉 수수께끼, 갈등, 만족, 상실에 결부되어야만 한다. 부분적으로 땅을 가격이라는 측면에서 이해하고, 살아가는 동안 이곳저곳을 옮겨 다니는 세계에서 생활하는 우리 대부분은 많은 호주 원주민들이 느끼는 땅의 정체성이 지니고 있는 깊은 뿌리를 파악하기 어렵다.

몽환은 과거에 관한 것처럼 보일 수 있지만 호주 원주민에게는 그렇지 않다. 호주 원주민에게 몽환로는 시간에 대한 선형적인 구상으로는 이해하기 어려운 방식으로 과거와 현재가 융합되는 '영원한 현재'이다. (알곤킨어, 아마도 친족 관계를 나타내는 오지브와어 용어에서 유래했을 것으로 보이는 영어 단어인) 토테미즘(totemism)이라는 개념을 통해 (좋든 나쁘든) 민족들의 연관성이 증가된다. 호주 원주민 집단 각각은 식물이나 동물을 토템으로 삼는다. 예를 들어 검은앵무새나 바위 왈라비를 토템으로 삼은 사람은 검은앵무새나 바위 왈라비의 특징을 어느 정도 가지게 될 것이라고 여겨진다. 이와 같은 연결은 문자 그대로 사람들에게 세계와의 연속성을 부여함을 의미한다. (이러한 관행을 가장 희미하게나마 반영하고 있는 사례는 동물이나 새의 이름을 따라 지은 스포츠 팀의 명칭이다(예: (베어스(Bears)와 비버스(Beavers)의 경기)).) 호주 원주민에게 인간과 그들을 둘러싼 세계 사이의 이러한 연속성은 인간을 일종의 분리된 상태로 간주하는 우리의 발상에 의문을 던진다. 내 생각에는 이것이야말로 가장 깊고 가장 매혹적인 의미의 마법이다. 생명의 힘은 서로 연결되어 있고 뒤얽혀 있다. 따라서 유를라는 남성이 될 수도 있고 욕정에 휩싸인 생성하는 힘이 될 수도 있다. 자매는 여성이 될 수도 있고 바위가 될 수도 있다.

여기에서 검토하고 있는 몽환로의 훨씬 북쪽으로 가면 아넘랜드(Arnhem Land) 북쪽에 율응우족(Yolngu)이 살고 있다. 율응우족을 통해 우리는 조상과 영혼에 대한 믿음이 현지에서 작동하는 방식에 대해 보다 더 상세하게 확인할 수 있을 것이다. 오늘날 약 5,000명에 달하는 율응우족은 오래된 선교 기지나 보다 더 소규모 중심지에서 생활하고 있다. 호주 대륙의 다른 지역처럼, 율응우족은 서양 문화의 요구와 자신들 문화의 요구를 절충하고 있다. 율응우족의 삶은 아마도 '신성한 법'으로 가장 잘 번역될 것으로 보이는 마르다인(mardayin)을 중심으로 이루어진다. 마르다인은 토지 소유권과 토지에 대한 책임을 규제하는 동시에 법을 구현하는 노래와 춤, 물건과 그림의 주기도 규제한다. 하워드 모피(Howard Morphy)가 율응우족의 생활과 미술에 대한 매력적인 설명에서 기록한 것처럼, '씨족의 구성원들이 땅을 돌보는 일을 그들에게 맡긴 조상이 되는 존재에 대한 의무를 이행하려면 씨족의 마르다인에 대한 지식이 필요하다.'[12]

마아르(maarr)라고 알려진 힘은 땅의 비옥도와 사람의 생식력에 중요하다. 마아르는 왕가르(wangarr) 또는 조상이 되는 존재가 새벽 무렵에 경관을 가로질러 이동하면서 부여한 것이다. 마아르는 항상 유익한 힘으로, 사냥이나 채집이 성공할 수 있도록 도와주고 일반적인 안녕을 보장한다. 각 율웅우 씨족에는 나름의 왕가르가 있다. 왕가르는 종종 악어, 데스애더(death adder), 다양한 상어종 같이 강력하거나 위험한 생물로 존재한다. 사망한 사람의 피부나 관 뚜껑에 조상이 되는 인물의 모습을 그려 넣는 것은 그 인물의 모습을 나타내는 것이 아니라 그 자체가 조상**임을 의미한다.** 그럼으로써 사망한 사람은 그들의 모든 힘을 가진 존재가 된다. 이와 같은 믿음은 조상이 살아 있는 사람에게 심대한 영향을 미치는 세계의 많은 지역에서 반향을 불러일으킨다. 또한 조상의 힘은 강력한 물건에 포함되어 있는데, 종종 비밀로 유지되고 대부분의 시간 동안 노인들에게만 알려진다. 일생동안 많은 중요한 의식에 참여한 노인들은 매우 많은 힘을 축적한다. 따라서 그들은 그 자체로 거의 신성한 대상이 된다. 이와 같은 노인들은 일상과 조상의 세계 사이의 경계를 흐릿하게 만든다.

각 씨족 영토의 특정 부분은, 조상으로부터 유래한 잉태의 영혼과 연관된다. 사람이 죽으면 그들의 영혼은 적절한 의식과 물건을 통해 이러한 영적인 힘의 저장소로 되돌아갈 것이다. 조상이 되는 존재는 생명을 창조하고 성장시키는 힘을 주는데, 그 생명이 다하면 그 힘은 반드시 조상의 세계로 되돌려보내져야 한다. 호주 원주민들이 땅에서 쫓겨나거나 살해당하여 의식, 미술, 공연을 행할 수 없게 되면, 호주 원주민들은 그 지역이 고아가 되었다고 여긴다. 돌봄을 받지 못하는 곳에서는 의식을 재개할 수 있는 때가 되기 전까지 영적인 힘의 흐름이 멈춘다. 호주 원주민이 아닌 사람들이 주로 거주하는 도시 지역에서는 (불가능하지는 않더라도) 의식을 재개하기가 어려울 것이다.

호주 원주민들은 역사라는 발상에 의구심을 가지면서 장소에 깊이 뿌리를 내리고 있는 그들의 믿음과 이해가 본질적으로 영원하다고 이해하기를 선호하지만, 이와 같은 믿음에는 깊은 역사가 있다. 1788년부터 백인들은 호주 대륙을 점령하고 호주 대륙의 남동부 지역, 즉 오늘날의 뉴사우스웨일스(New South Wales)주, 빅토리아(Victoria)주, 태즈메이니아(Tasmania)에 가장 큰 규모의 인구를 정착시켰다. 우리가 아메리카 대륙에서 보았던, 원주민에게는 말로 다 할 수 없는 불행한 이야기가 여기에서 다시 펼쳐졌다. 80퍼센트가 넘는 원주민이 면역력이 없었던 천연두, 독감 또는 평범한 감기로 사망했기 때문이다. 자신들의 종교와 과학이 마법에 대한 호주 원주민의 믿음보다 우월하다고 생각한 백인들은 호주 원주민은 원시적이고 자기들은 우월하다고 느꼈다. 질병은 종종 하나의 호주 원주민 집단에서 또 하나의 호주 원주민 집단으로 이동하면서 백인들이 정착하기도 전에 먼저 호주 원주민 집단을 휩쓸었다. 원주민은 이러한 질병에 저항할 수 없었다. 따라서 많은 지역에서 호주 원주민 집단의 생활에 대한 최초의 기록은 이미 질병의 영향에 시달리고 있는 집단에 대한 것이었다. 이것은 호주 원주민들은 그저 생존하기에 급급한 생활 방식을 가진 존재라는 발상을 강화했다. 그러나 역사 기록을 주의 깊게 종합해보면 호주 원주민의 생활이 어떤 모습이었는지 어느 정도 짐작할 수 있다.

호주 대륙에 대한 유럽인 최초의 기록은 공원 같은 경관이었다. 즉, 나무가 점점이 흩어져 있는 열린 초원에 관한 것이었다. 호주 원주민에게 초원은 씨앗뿐 아니라 구근과 덩이줄기 작물도 제공하는 유용한 곳이었다. 캥거루와 왈라비 같은 주요 육류 공급원도 풀을 먹이로 삼았다. 풀을 태움으로써 초원이 촉진되었다. 그러나 이러한 경관은 순수하게 또는 주로 실용적인 것만은 아니었다. 최근의 설명에 따르면 사람들은 불을 통해 영토를 청소했다. 불은 친구 같은 존재였고, 불의 사용 이면에는 그것에 고유한 의식과 위대한 지식이 숨어 있었다.

백인과의 접촉으로 인해 호주 원주민이 빠르게 사라지면서, 백인이 개간을 시작한 19세기 중후반 무렵에는 호주 대륙 경관의 대부분이 숲으로 되돌아갔다. 덕분에 유럽인들은 호주 대륙의 과거 모습에 대해 잘못된 감각을 가지게 되었다(호주 원주민의 토지 돌봄 관행에 대한 탁월한 설명은 빌 개미지(Bill Gammage)의 《지구상에서 가장 큰 영지The Biggest Estate on Earth》에서 확인할 수 있다). 그러나 호주 원주민이 호주 대륙을 차지하고 살아온 6만 년 동안 불을 사용했다는 훌륭한 증거가 존재한다. 이것은 오늘날 호주 대륙의 경관이 기본적으로 자연적인 것이라는 발상, 즉 자연이 제공하는 것만을 활용하면서 생활했던 수렵 채집 집단으로부터 이어져 내려온 것이라는 발상이 거짓임을 입증한다(개략적인 연대기는 표 8.3 참고). 호주 원주민이 작물을 심고 수확을 하거나 동물을 기르는 방식으로 농경에 종사하지는 않았음에도 불구하고, 호주 원주민의 토지 돌봄은 장기적이고 체계적으로 이루어졌다. 그들은 신체적인 측면과 영적인 측면을 모두 지탱할 수 있는 방식으로 땅과 관계를 맺으려 했다.

호주 원주민에게는 땅뿐 아니라 바다도 중요했다. 호주 대륙의 대양은 믿을 수 없을 만큼 생산적이고 다양하다. 따라서 고고학에서 가장 눈에 띄는 특징 가운데 하나가 시드니(Sydney), 노던 준주(Northern Territory), 퀸즐랜드(Queensland)주 주변에서 잘 조사된 대형 조개껍데기 무더기 또는 패총(貝塚)이라는 것은 놀라운 일이 아니다. 패총에 대한 초기 연구는 매우 기능주의적인 자세에서 이루어졌다. 즉, 어떤 종을 채집했는지, 이러한 패총이 지난 4,000여 년 동안 해수면이 안정화되면서 변화한 해안과 하천 체계의 조건에 대해 얼마나 많은 정보를 제공할 수 있는지, 조개에서 얼마나 많은 식

표 8.3 최초의 개척부터 백인 정착에 이르는 호주 대륙의 광범위한 연대기.

연대	사건과 과정
기원전 6만 년경	동남아시아로부터 온 사람들이 최초로 개척을 시작하여 호주 대륙 전역으로 급속하게 확산
기원전 6만 년–8000년	이 지역에 걸맞은 생활 방식의 확립, 다양한 연대를 반영하는 스타일의 암면 미술이 후대에 알려지지 않은 의례와 마법의 형태를 보여줌
기원전 8000년–2000년	특히 호주 대륙 동부에서 해수면 상승으로 인한 인구 증가와 집약화의 가능성. 의례적, 마법적, 역사적 관행의 증거가 되는 최초의 조개껍데기 무더기. 암면미술은 사람, 동물, 식물 사이의 관계를 시사한다. 구두로 전수되는 역사에 따르면 몽환 신앙의 일부 요소는 이 시대로 거슬러 올라감
기원전 2000년 –기원후 1788년	일부 지역에서 식량 생산이 크게 집약화되고 인구가 증가. 암면미술, 조개껍데기 무더기뿐 아니라 몽환로의 지속
기원후 1788년–현재	최초의 백인 정착이 시작됨, 호주 원주민을 대량 학살하고 그들에 대한 강탈이 이루어짐

량을 얻었는지 등에 관심이 모아졌다. 이러한 질문은 모두 유효한 질문이다. 그러나 보다 더 최근에는 부분적으로는 고고학자들이 원주민과 보다 더 긴밀한 관계를 맺고 연구하거나 원주민이 고고학자로 훈련을 받게 되면서, 패총 같은 사물에 대한 재고가 이루어지고 있다.

토러스 해협(Torres Strait)에서 이안 맥니븐(Ian McNiven)이 최근 수행한 연구는 조개껍데기 무더기에 대한 재고를 자극했다. 호주 대륙과 뉴기니(New Guinea)섬을 분리하는 폭 150킬로미터의 바다와 섬으로 이루어진 토러스 해협은 산호초의 미로로 이루어져 있고 물고기, 조개, 거북이, 듀공(무게가 약 400킬로그램에 달하는 해양 포유류)이 풍부한 열대 지역이다. 주로 듀공의 뼈, 그 밖의 다른 조개껍데기와 물고기 뼈로 이루어진 많은 조개껍데기 무더기가 발견되었는데, 광범위한 잔해만 남아 있는 무더기도 많이 발견된다. 맥니븐은 많은 상이한 관계가 조개껍데기 무더기의 구성에 기여했다고 지적한다. 이러한 관계로는 토템적 또는 우주론적으로 충만한 측면을 지닌 인간과 비인간 생물종 사이의 관계, 채집, 요리, 음식 섭취 시 남성과 여성 사이의 관계, 입문 과정에서 개인과 집단 사이의 관계를 꼽을 수 있다. 전반적으로 패총에서 발견되는 재료는 이 집단의 역사의 모든 중요한 측면을 조명한다.

조개껍데기 무더기는 쓰레기나 불필요한 재료를 폐기한 장소가 아니라 결정적인 역사와 관계를 담고 있는 문화적으로 충만한 장소로서 조심스럽게 다루어져야 한다. 토러스 해협의 마부야그(Mabuyag) 같은 섬의 마을에서 사람들은 일상적인 과제를 처리할 때 패총을 통해 과거의 중요한 사건을 끊임없이 떠올리면서 다가올 의식에 대해 인지한다. 그리고 이와 같은 중요한 사건은 일상생활에서 반복적으로 수행하는 과제와 연계된다. 케이프 요크(Cape York) 반도 서쪽 해안에 자리 잡은 웨이파(Weipa)에는 수미터 높이의 조개껍데기 무더기가 쌓여 있어 인간과 비인간, 조상 사이의 중요한 관계를 떠올리게 만드는 기념비로 작용한다.

또한 호주 대륙은 세계에서 가장 거대한 암면미술의 집합체 가운데 하나를 보유하고 있다. 열대 지역인 북부와 사막 중심부에 대부분이 모여 있기는 하지만, 암면미술은 호주 대륙 전역에서 등장한다. 고고학적 증거에 따르면 암면미술 모티프 가운데 일부는 아마도 3만여 년이 지난 오늘날에도 여전히 사용되고 있을 정도로 유구한 연결을 시사한다. 호주 대륙에서 발견되는 증거의 주요 원천인 석기에는 색상, 광채, 그 석기의 재료였던 돌의 잠재력을 통해 심미적이고 영적인 특성이 가득 채워져 있었다. 선사 시대 사람들에게는 돌을 박리하고 돌을 절단하는 속성을 이해하는 것이 돌의 우주론적 의의를 이해하는 것보다 더 큰 도전이었다.

암면미술은 시간이 흐름에 따라 변화하지만 수천 년에 걸쳐 출현하는 상이한 스타일과 더불어 연속성도 보여준다. 암면미술은 기하학적인 것과 구상적인 것을 결합한다. 연대를 측정하기는 어렵지만 변화하는 스타일에 대한 분석, 형상의 중첩, 일부 절대적인 연대를 조합하면 적절한 순서로 배열할 수 있다. 아넘랜드 예술의 초기 단계에서는 오래전에 멸종한 생물이 드러난다. 뒤이은 '동적(動的)' 단계에서는 무기를 들고, 의복을 착용했으며, 종종 뛰거나 달리는 인간의 모습을 보여준다. 이후에도 여전히 얌의 특징을 가진 인간을 보여준다. 이러한 모든 스타일은 아마도 빙하기가 끝나기 전에 그려졌을 것이다. 빙하기가 끝난 뒤에는 드디어 고대의 미술가들이 오늘날 발견될 수 있는 악어와 민물고기 같은 생물을 그리게 되었다. 가장 초기의 스타일은 당시의 우주론적 시각을 통해 플라이스토세 시대의 호주 대륙의 생활을 들여다볼 수 있는 창을 우리에게 제공한다. 이른바 동적 스타일이라고 불리는 크고 정교한 머리 장식은 후대에 알려지지 않은 개인 장식과 의식의 형태를 시사하는데, 이것은 원주민이 살았던 고대의 호주 대륙과 최근의 호주 대륙의 복잡한 역사에 대해 우리가 얼마나 많은 것을 잃어버렸는지를 보여준다.

오늘날의 노랫길

와티 니루는 영리한 남자였다. 그는 자신의 모습을 덤불에서 얻을 수 있는 먹음직스러운 식량이나 그늘을 드리우는 나무로 변형하여 여성을 유혹할 수 있는 변신술사였다. 때로 그의 강력한 욕정은 하늘을 가로지르는 놀라운 색채의 부채꼴 모양을 창조했다. 그 욕망의 무지개는 여성들의 위에서 부채꼴 모양을 그리면서 여성들을 감시했다.

— 2013년 캔버라(Canberra)에서 열린 쿵카랑칼파 인마(Kungkarangkalpa inma) 공연에

서 아난구 피트잔트자트자라 얀쿠니자트자라 랜드(Anangu Pitjantjatjara Yankunyj-
atjara Lands)의 이나윈지 윌리엄슨(Inawintji Williamson), 2013[13]

백인에게는 몽환이 없다. 그는 또 하나의 길을 간다. 백인은 다른 길을 간
다. 그는 자신에게 속한 길을 간다.

－ 무타(Muta), 무린바타(Murinbata)의 남자

호주 원주민 집단과 비원주민 집단은 종종 고정관념을 가지고 서로에
게 접근한다. 이러한 고정관념의 남용 또는 오용으로 인해 진실은 묻혀버
린다. 비원주민 집단의 관점은 인종적 편견에서 비롯된 진부한 관점인 경
우가 지나치게 많다. 호주 원주민 집단은 스스로를 조직할 수 없다. 따라서
그들은 오늘날의 세계에 대처할 수 없는 존재로 간주된다. 이러한 관점은
2세기 이상 지속된 강탈과 토지 수탈의 영향을 무시한 것이다. 흥미롭게
도, 보다 더 광범위한 호주 사회가 호주 원주민의 생활 방식에서 높이 평가
하는 부분은 호주 원주민들의 영성과 그것의 결과물인 미술이다. 오늘날
호주 원주민 미술은 국제 시장에서 매우 상당한 금전적 가치를 지닌다. 원
주민 미술은 시각적으로도 눈에 띄지만 이야기로 충만하고 영토와 몽환에
연계되어 있다.

시인 레스 머레이(Les Murray)는 호주 대륙이 수만 년 동안 시의 지배를
받았다고 썼는데, 위에 소개한 첫 번째 인용문에서 이 진술의 진실을 확인
할 수 있다. 그러나 '노랫길'이라는 일반적인 용어가 땅에 대한 호주 원주
민의 애착을 나타내는 약칭으로 쓰이게 된 과정은 아이러니하다. 이 용어
는 (평범한 백인뿐 아니라) 세련된 영국인인 브루스 채트윈에 의해 대중화되
었기 때문이다. 채트윈은 독서와 토론을 통해 호주 대륙 전역에 호주 대륙
의 특징, 자원, 위험을 묘사하는 길이 있다는 사실을 인지하게 되었다. 그

이후 채트윈은 노래와 몽환로를 융합하여 노랫길이라는 관념을 창조했다. 채트윈에게 노랫길은 사람들이 한 번도 본 적 없는 영토에 대한 가사를 담은 노래를 부르면서 호주 대륙을 헤치고 나아가는 길이었다.

　호주 원주민에게 백인은 몽환이 없는 존재이다. 그들에게 이것은 충격적인 사실이다. 그 결과 호주 원주민들은 호주 사회 대부분에 그들이 왜곡된 영성으로 간주하는 것이 존재한다는 사실에 놀라곤 한다. 세계에 대한 지식은 풍부하다. 그러나 학교와 대학에서 가르치는 지식은 땅에 중심을 두지 않는 추상적인 지식이다. 또한 학교와 대학에서는 지식이나 지식의 도덕적 함의에 대한 책임감을 가르치지 않는다. 몽환로나 노랫길에는 단순히 창조에 대한 이야기뿐 아니라 사람들이 땅과 연계되는 방식, 사람들이 가지는 책임감의 종류, 이러한 것들을 이행하는 가장 좋은 수단에 대한 이야기도 들어 있다. 호주 원주민 사회의 마법은 사람과 땅을 하나로 묶어준다. 땅에는 흙, 바위, 물뿐 아니라 모든 식물과 동물이 포함된다. 그것들은 하나의 나눌 수 없는 전체로 엮여 있다. 노랫길은 호주 대륙 전체에 대한 이야기일 수도 있고 한 지역에 존재하거나 한 씨족의 영지에 대한 상세한 이야기일 수도 있다.

　자신들이 살았던 세계와 하나가 된 인간 집단에 대한 동경을 가진 외지인들은 과거 호주 원주민의 생활 방식을 낭만적으로 묘사하기 쉽다. 사실, 대부분의 경우 호주 원주민은 자신들을 둘러싼 주변 세계, 즉 환경만큼이나 자신들의 내부 세계에도 많이 관여했다. 사람들은 사막의 가뭄, 집단 내부 및 집단 간의 갈등, 뱀의 독 등 세계의 파괴적인 힘뿐 아니라 세계의 창조적인 측면에도 열려 있었다. 영토와의 관계는 그저 낭만적이고 양호한 합일 같은 관계가 아니었다. 오늘날의 호주 대륙에서 호주 원주민이 된다는 것이 무엇을 의미하는지 정의하는 문제는 시급하지만 까다로운 문제다. 이것은 호주 원주민 문화가 자신에 대해 느끼는 감각에 무언가를 추가할 수 있는 방법 및 그 감각을 변화시킬 수 있는 방법의 문제와 밀접하게 결부되어 있다. 호주 원주민의 관행과 신앙은 종종 그 깊이와 미묘함을 완벽하게 파악하기 어려운 존재의 추가적인 차원을 시사하지만, 현재 호주 대륙의 주류 사회와 사실 세계의 그 밖의 다른 많은 부분에서의 생활 방식에 가장 근거 있는 대안을 제공한다는 것에는 의심의 여지가 없다. 아무튼, 세계와의 깊은 뒤얽힘이 창조적 가능성을 제공한다는 것과 지난 2세기 동안 호주 원주민의 마법을 약탈하는 바람에 세계가 많이 축소되었다는 것은 분명하다.

강탈의 시대의 마법적 참여

파푸아 뉴기니 필릴로섬(Pililo Island)의 한 노인은 나에게 여러 인간 세대를 거슬러 올라가는 현지 씨족의 역사에 대해 말해주었다. 말을 마치기 전에 그 노인은 해변에 자리 잡은 매우 큰 표석을 가리키면서 '우리 모두 저 바위에서 나왔다'고 말했다. 이 말은 비유적인 표현이 아니라 문자 그대로 받아들여야 하는 표현이었다. 그 이후로 이 말은 나의 마음속에 계속 남아 있게 되었다. 사람들은 바위나 식물의 형태를 취하고 있음에도 불구하고, 어떤 면에서는 인간일 수 있는 지각을 지니고 있는 존재들에게 둘러싸인 상태에서 살아간다. 현재의 정체성은 인간 세대를 연계하지만 보다 더 광범위한 세계 안에 사람들을 고정시키는 일련의 계보, 즉 연결의 사슬을 추적함으로써 확인된다.

아프리카 대륙, 아메리카 대륙, 호주 대륙 전역에서 과거와 현재의 사람들은 매우 다양한 종류의 참여 양식을 키워나갔다. 우리는 아메리카 대륙, 아프리카 대륙, 호주 대륙에서 비교적 평등한 수렵 채집 집단부터 후기 철기 시대와 중세 아프리카 대륙의 고도로 구조화된 정치 형태 또는 아즈텍, 잉카 및 그들에 앞서 존재했던 세력의 정치 형태에 이르는 다양한 스펙트럼을 상정할 수 있다. 평등한 집단이라고 해서 무조건 평등한 것은 아니어서, 노인이 젊은이보다, 남성이 여성보다 의식을 보다 더 많이 통제했다. 또한 집단의 참여적 마법에 대해서는 비밀이 유지되어야 했다. 따라서 외지인들, 즉 현지 지식의 형태에 완벽하게 입문하지 못한 사람들에게는 알려주지 않는 것이 많았다. 그들은 전체를 보지 못한 상태에서 총체적 세계관의 오직 일부만을 이해할 수 있었기 때문이다. 물건과 그림은 의식에서 영적인 힘이 나타나게 만드는 데 사용되었다. 그것들은 영적인 세계로 연결되는 수단 또는 관문으로서의 역할을 수행했다. 어떤 경우에는 일단 의식이 끝나면 영혼이 떠나갔다. 호주 원주민들은 불과 조금 전까지만 해도 매우 경배했던 모래 그림을 지나쳐 가버릴 수 있었다. 결정적인 것은 힘의 흐름이었다. 일단 사물에서 영혼이 떠나면 인공물은 그들의 신성한 기운을 잃게 되기 때문이었다.

아프리카 대륙과 아메리카 대륙의 국가 사회에서 마법의 관계는 매우 상이했다. 통치자들은 부분적으로는 그들의 우주적 힘과의 우월한 연계 덕분에 권력을 쥐고 있었고, 때로는 신으로 의인화되었다. 이러한 힘을 달래기 위해서는 끊임없는 희생이 필요했다. 아즈텍인들 사이에서는 인간의 피가 대대적으로 흐를 필요가 있었다. 고통은 마법의 힘을 끊임없이 일깨웠다. 우리 대부분은 실행에 옮기기는커녕 상상조차 하기 어려운 방식으로 자해하는 경우가 매우 자주 일어나곤 했다. 잉카인은 새로운 통치자가 즉위할 때와 희생의 필요성이 매우 컸을 때 사람들을 희생시켰다. 보다 더 광범위한 힘들과의 이와 같은 거래는 지속적이고 잘 발전되었다. 아프리카 대륙의 일부 지역에서는 이와 같은 거래가 일상적으로 발생했지만 호주 원주민에게서는 이와 같은 거래가 발견되지 않는다. 그 이유는 아마도 이와 같은 거래가 정치적 위계와 권력에 필수적인 마법의 형태였기 때문일 것이다.

그 형태가 매우 다양했음에도 불구하고, 이러한 광활한 지역에서 사람들은 일반적으로 애니미즘을 믿었다. 사물은 행동하고 움직이며 의도를 가질 수 있었다. 또는 의식을 통해 이와 같은 힘을 부여받을 수 있었다. 주체와 객체를 구분하고 사람과 비활성 사물을 별개의 존재로 파악하는 일이 과학에서는 본질적인 것인지 몰라도 많은 토착 철학에서는 쉬운 일이 아니었다. 모든 세계는 나름의 방식으로 지식을 습득했고 그 밖의 다른 인간에게 부여된 존중의 형태를 식물, 동물, 경관으로 확장할 필요가 있을 수 있었다. 존중하는 태도가 항상 조화로운 관계를 위한 것은 아니었다. 사람을 폭력적으로 다룰 수 있는 것과 마찬가지로 그 밖의 다른 사물도 폭력적으로 취급할 수 있었다. 그러나 폭력은 부주의하거나 그 밖의 다른 존재에 대한 인식이 없는 상태에서 비롯되는 것이 아니라 고의적으로 그리고 신중하게 행해져야 했다.

아메리카 대륙, 아프리카 대륙, 호주 대륙에서 행해지는 철학적, 마법적 관행의 범위, 깊이, 미묘함을 검토하기 시작하면 이러한 것들이 서양 사회에 의해 그토록 철저하게 주변화되고 이국적인 것처럼 보이게 된 이유가 무엇인지 알기 어렵다. 이와 같은 무지는 식민주의의 문화적, 지적 결과로 키워진 것이다. 우리가 이것을 극복하는 데 오랜 시간이 걸리는 이유는 부분적으로는 우리 각자가 우리 자신에게 고유하고 깊이 자리 잡은 신앙 체계에서 벗어나는 일이 어렵고 때로는 불가능하기 때문이다. 다른 사람들의 신앙을 처음 접하면 이상해 보일 수 있다. 그러나 그들의 신앙은 세계의 힘의 본질, 인간적인 것과 그렇지 않은 것뿐 아니라 우리를 둘러싼 세계와 그 안에 포함될 수 있는 힘에 대해 존경심을 가지고 행동하는 방법에 대해 우리가 가지고 있는 상식적인 관점에 의구심을 가지게 만들 수 있다.

9

중세 시대와 근대 시대
유럽의 마법
(기원후 500년-현재)

1872년 4월 16일, 일요일 오후 서머셋의 웰링턴(Wellington) 외곽에 자리 잡은 아주 작은 마을인 록웰 그린(Rockwell Green)의 발리 모우(Barley Mow)에서 남자 한 무리가 술을 마시고 있었다. 4월이었음에도 불구하고, 여전히 쌀쌀한 날씨였음이 분명했다. 남자들이 벽난로 주위에 둘러 앉아 있었기 때문이다. 갑작스럽게 불어온 돌풍에 선술집의 낡고 넓은 굴뚝이 덜컥거렸고 여러 물건이 바닥으로 굴러 떨어졌다. 무슨 물건인지 눈치챈 남자들은 그 물건들을 주워서 버렸다. 그러나 이 이야기는 (우리가 1장에서 만났던) E. B. 타일러(그 당시에는 현지 행정장관이었고 나중에는 옥스퍼드 대학교의 인류학 교수가 됨)에게까지 알려지게 되었다. 조사에 착수한 타일러는 그 물건들 가운데 네 개를 찾아냈다. 그것들은 몸통을 종이로 감싼 양파였다. 양파를 감싼 종이는 핀으로 고정되어 있었다. 그 가운데 한 개는 아직도 옥스퍼드 피트 리버스 박물관의 컬렉션에 포함되어 있다(그림 9.1). (타일러는 나중에 이 박물관의 관리자가 되었다.) 공교롭게도, 양파들 가운데 하나를 감싸고 있던 종이에는 타일러의 아내 안나 폭스(Anna Fox, 결혼하기 전의 이름)의 사촌인 조셉 호일랜드 폭스(Joseph Hoyland Fox, 1833년-1915년)의 이름이 기재되어 있었다. 폭스 가문의 나머지 구성원들처럼 조셉은 퀘이커 교도였다. (타일러 자신도 인생의 첫 번째 절반을 퀘이커 교도로서 보냈다.) 따라서 음주에 반대했고 맥주 및 그 밖의 주류를 판매하는 시설에 반대했다. 양파는 음주의 해악에 대한 확신을 가진 사람들과 주류를 판매하고 소비하기를 바라는 사람들 사이에 벌어진 싸움에서 크기가 작고, 별로 쓸모가 없는 무기였다.

이러한 사건이 일어났던 1870년대 당시 웰링턴은 인구 약 6,000명의 소규모 소도시였다. 아서 웰슬리(Arthur Wellesley)가 공작위에 오르면서 가지게 된 웰링턴 공작(Duke of Wellington)이라는 명칭은 이 소도시의 이름에서 유래한 것이다. 웰링턴의 주요 고용주는 톤데일(Tonedale)에 자리 잡은 양모(羊毛) 공장으로, 폭스 가문의 소유였다. 또한 폭스 가문은 자기만의 고유한 지폐를 발행할 수 있었던 영국의 마지막 상업 은행도 일부 소유하고 있었다. 1845년 조성된 하이 스트리트(High Street)에는 성공회 교구 교회(Anglican parish church)와 프렌즈 미팅 하우스(Friends' Meeting House)가 있었다. 1843년 웰링턴에는 자체 기차역이 들어섰고 타일러 부부는 기차를 이용하여 옥스퍼드와 웰링턴 사이를 정기적으로 오갔다. 웰링턴에서는 안나의 가문이 소유한 린든 하우스(Linden House)에 살았다. 19세기 후반 웰링턴은 잉글랜드의 소우주였다. 멀리 떨어진 웰슬리 가문, 지역을 지배하는 가문인 폭스 가문, 발리 모우에서 술을 마시는 남성들을 포함하는 산업 노동자와 농업 노동자로 구성된 주민 대다수에 이르는 집단으로 계층이 구분되어 있었다. 종교는 성공회교와 퀘이커교로 분명하게 구분되어 있었지만

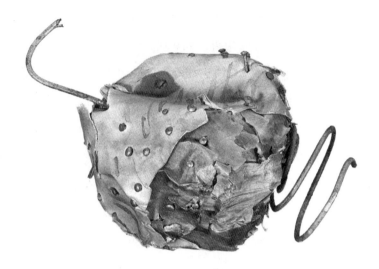

그림 9.1. 1917년 E. B. 타일러가 사망한 후 타일러 여사(Lady Tylor)가 피트 리버스 박물관에 기증하여 그곳에 소장되어 있는 양파.

양파 자체는 그 밖의 다른 신앙 체계도 존재했음을 시사했다. 타일러뿐 아니라 이 소도시에서 보다 더 존경받는 다른 주민들은 이러한 신앙 체계에 때로는 매료되기도 했고 때로는 경악하기도 했다. 타일러가 '작고 천한 선술집'이라고 묘사한 발리 모우는 건물의 소유주인 사무엘 포터(Samuel Porter)가 1869년 새롭게 도입된 포도주 및 맥줏집 법(Wine and Beerhouse Act)에 따라 면허를 신청하면서 1870년 문을 열었다. 포터의 첫 번째 면허 신청은 그곳에 품행이 부적절한 사람들이 모인다는 이유로 거절당했고, '품행이 나쁜 여자들'이 근처에 있는 두 집을 이용한다는 의혹이 더해졌다. 새로운 법령의 형태로, 중간 계층의 가치관이 법을 통해 강화되면서 상이한 도덕적 가치관이 충돌했고, 이것은 사무엘 포터의 삶을 보다 더 어렵게 만들었다. 사무엘 포터는 1870년과 1871년 두 차례에 걸쳐 면허를 다시 신청했고 그것들은 문제없이 통과되었다. 그러나 우리는 발리 모우가 음주와 성행위를 둘러싼 현지의 계층 정치 및 종교 정치의 중심지였다는 것을 확인할 수 있다.

우리는 타일러가 삼촌에게 보낸 편지를 통해 굴뚝에서 양파가 발견된 사실을 알게 되었다.[1] 이 편지에서 타일러는 사무엘 포터가 현지에서 누렸던 약간 수상쩍은 평판에 대해서도 언급했다. 포터는 일곱 번째 아들이었고 (행운의 숫자인 7이 중요하다는 추정에 착안하여 일곱 번째 아들은 종종 오컬트 능력이나 마법 능력을 누리는 것으로 간주되었으므로) 특이한 힘을 소유하고 있는 존재로 여겨졌다. 따라서 사무엘 포터가 굴뚝에 물건들을 안치했다는 것을 아무도 의심하지 않았다. (우리가 살펴볼 것처럼, 발리 모우에서 발견된 양파는 굴뚝에 안치된 훨씬 더 큰 범주의 물건 가운데 일부였다.) 타일러의 편지를 인용해보자. 굴뚝에서 물건이 발견되자 '마을에 상당한 파장이 일었다. 사람을 형상화한 것으로 보이는 물건들에 핀을 꽂고 그것들을 굴뚝에 매달아 말리는 것이 마법적 공감을 통해 조상 속에서 찔리고 말려진 사람에게 해를 입히는 방법이라는 사실이 오두막에 거주하는 주민들 사이에 알려졌기 때문이다.'[2] 사무엘 포터는 '마법사'라는 평판을 가지고 있었기 때문에 술을 팔아 생계를 유지하는 데 반대하는 것으로 여겨지는 사람들을 상대로 자신만의 작은 전쟁을 벌였을 수 있다. 타일러의 편지가 시사하는 것처럼 타일러의 사촌인 조셉 폭스는 이와 같은 측면에서 분명 능동적으로 행동했다. '그 집은 천한 집이고 조셉은 그 집을 매입하거나 면허를 박탈하기를 원했다. 그렇게 된 것은 (…) 이 소송 과정에서 그 사람이 조셉에 대한 분노를 표출했기 때문이다. 설령 해가 없다고 하더라도 추하지 않는 것은 아니다.'[3] 조셉 폭스는 자신이 지닌 퀘이커교의 신앙을 추구하는 과정에서 그의 아버지가 설립한 웰링턴 절제 협회(Wellington Temperance Society)를 계속 운영했다. 그

1869년 록웰 그린에 절제회관(Temperance Hall)을 세우고 커피를 마실 수 있는 공간(Coffee Room)을 마련했다. 매일 저녁 20명 내지 30명가량의 사람들이 이곳을 방문했다. 커피를 마실 수 있는 공간이 없었다면 이 사람들이 발리 모우를 방문했을 것인지 여부에 대해서는 생각해볼 만한 일이지만, 알 수는 없는 일이다. 그러나 우리가 타일러의 편지를 통해 알게 된 것처럼, 포터의 사업은 살아남았고 조셉 폭스는 그를 상대로 마법이 행해졌음에도 불구하고 전혀 해를 입지 않았던 것처럼 보인다. '나의 친구는 절대로 보다 더 나빠진 것처럼 보이지 않았다. 그러나 이듬해 그의 아내가 열병에 걸렸을 때 알 만한 사람들은 모두 고개를 저었다.'

뒤이어 양파와 그 밖의 다른 여러 마법적 물건이 발견되자 타일러는 충격을 받았다. 이러한 양파가 굴뚝에서 굴러 나오기 1년 전, 타일러는 《원시문화》(1871)를 출판했다. 이 책은 19세기 후반의 인류학 서적으로, 영국 안팎에서 가장 광범위하게 읽혔고 큰 영향력을 행사했다. 타일러는 인류학자들의 관심을 끌었던 소규모 사회에 살고 있는 전 세계 사람들의 관습과 신앙에 대해 그동안 알려진 내용을 종합했다. 특히 타일러는 신앙 체계에 관심을 가졌다. 《원시문화》의 핵심에는 인간의 지적 문화가 마법에 대한 믿음에서 종교에 대한 믿음으로 그리고 나서 과학에 대한 믿음으로 이동했다는 발상이 자리 잡고 있었다. 연속적으로 진행되는 각각의 신앙 체계는 그것에 앞서 존재했던 신앙 체계보다 더 합리적이었고, 제도적인 기반을 갖추고 있었으며, 효과적이었다. 이와 같은 역사적 도식 속에서 사람들은 자신에게 가장 좋은 것으로 여겨지는 신앙 체계를 선택해야 했다. 그리고 합리적인 사람이라면 과학을 선택하기 마련이었다. 이 책에서 나는 삼중 나선이라는 발상, 즉 마법, 종교, 과학은 삼중 나선의 요소로서, 인간 경험의 다양한 측면에 공명하기 때문에 모두 중요하다는 발상을 발전시켜왔는데, 타일러의 역사적 도식은 나의 발상과 정반대되는 것이다. 타일러는 스스로를 과학자라고 칭하기 시작했고 인류학을 '해방적 과학'이라고 불렀다. 이것은 인류학이 그 밖의 다른 사회에 존재하는 시대에 뒤떨어지고 비합리적인 신앙을 기록함으로써, 타일러 자신과 그 밖의 다른 사람들이 자신에게 고유하게 남아 있는 이와 같은 신앙의 잔존하는 흔적을 발견하고 그것의 뿌리를 뽑을 수 있도록 지원한다는 의미였다. 타일러에게 마법은 19세기 후반의 합리적이고 과학적이며 산업적이고 제국주의적인 영국에 속하는 것이 아니라, 인간 지성사의 보다 더 이른 단계에 속하는 것이었다. 타일러는 영국이라는 맥락에서 발견되는 마법을 살아남은 것, 즉 화석을 통해 세계에 알려지게 된 그리고 세계의 외딴 구석에서는 여전히 살아 있는 상태로 발견될 수 있는 어떤 존재 같은 것으로 간주했다. 서머셋 같은 시골은 어떤 식으로든 외딴 곳이었지만 타일러의 삶에서 여전히 중심적인 부분을 차지하고 있었다. 주술과 연결된 물건인 양파를 발견한 이후 또는 다양한 형태의 마법적 의학과 더불어 열정 넘치는 수맥 탐사가와 영매를 접한 이후 타일러는 이러한 모든 사건을 지나간 시대로부터 살아남은 것으로 주변화하기가 어려워졌다. 그러나 이러한 경험은 타일러에게 약간의 인지적 불편함을 야기했을 뿐, 타일러의 기본적인 태도를 바꾸지는 못했다.

이제 우리는 과거와 현재의 모든 시대에서 영국과 사실 유럽 마법에 대해 매우 상이한 관점을 가질 수 있다. 사무엘 포터가 행했던 대중적인 마법은 사회의 공식적인 기관이나 법에 쉽게 의지할 수 없었던 사람들이 자신들의 삶과 생계에 관련된 문제를 다루기 위해 시도할 수 있었던 거대하고 변화무쌍하며 혁신적인 장치의 일부였다. 발리 모우의 양파는 굴뚝과 주택의 그 밖의 다른 부분에서 발견되는 많은 사물 가운데 한 가지 사례이다. 우리가 살펴보게 되는 것처럼, 우리가 알고 있는 대부분의 주술은 보호적

인 것이었지만 포터는 연기를 피워 양파를 말림으로써 양파를 감싸고 있
던 종이에 이름이 기록된 사람들의 신체와 목숨도 말라버리기를 바라는
마음으로 실험한 것처럼 보인다. 이러한 유형의 마법 관행은 여러 세대에
걸쳐 구두로 전해져 내려왔음에 틀림없었다. 그러나 마법은 순수하게 전
통적인 것이 아니었다. 마법은 쉽게 속일 수 있고 교육을 제대로 받지 못한
사람들이 동일한 행위를 아무 생각 없이 반복하는 것이 아니었다. 굴뚝에
사물을 안치하는 마법을 통해 우리는 대중적인 마법의 영역에 들어서게
된다. 그리고 이것은 우리가 다음에 검토할 학문적 마법으로 연계되었을
수 있다.

중세 시대와 근대 시대의 마법의 궤적

이 장이 관심의 대상으로 삼고 있는 시대의 끝에 가까운 19세기에서 시작
했지만, 이 장에서는 로마 제국이 멸망한 기원후 5세기부터 오늘날에 이르
는 시대의 마법을 살펴보고(광범위한 연대기는 표 9.1 참고) 중세 시대와 근대
시대가 고대 세계의 마법적 유산에 의존했던 방식과 그것이 변형되어간
방식을 살펴볼 것이다. 1,500년 동안 이어진 마법은 처음에는 종교적 맥락
즉, 그리스도교적 맥락에서 존재하다가 점점 더 과학의 영향을 받은 문화
속에서 존재하게 되었다.

중세 세계는 사람들을 세계 안에 완벽하게 위치시키면서 깊은 참여의
형상을 발전시켰다. 지구는 동심천구(同心天球)에 둘러싸인 우주의 중심에
자리 잡고 있었다. 보다 더 낮은 천구(天球)에는 다양한 천체가 자리 잡고
있었는데, 그 천체들의 운동은 사람들의 기분, 건강, 운명에 영향을 미쳤다.

표 9.1 초기 중세 시대부터 현재까지 유럽의 문화 변화의 광범위한 연대기.

연대	사건과 과정
기원후 410년	로마 제국의 멸망과 중세 시대의 시작. 고대 세계의 다양한 가닥으로부터 물려받은 마법 유산
기원후 597년	잉글랜드에 재도입된 그리스도교와 교회에 연결된 마법의 추가적인 발전- 무덤과 경관에 안치한 매장물을 통해 입증됨
기원후 약 1000년	성기(盛期) 중세 시대 시작-고대 전통을 바탕으로 한 점성술과 연금술의 추가적인 발전. 저주와 보호 장치가 모두 발견됨. 사체액설
기원후 약 1350년-1600년	초기 근대 시대-르네상스 시대-마법, 종교, 과학이 혼합된 시대. 새롭게 번역된 그리스어 텍스트의 영향을 받아 점성술과 연금술이 추가적으로 발전. 디의 활발한 활동-천사와의 대화를 통해 예측을 발전시킴. 교회의 보호 장치. 마녀에 대한 최초의 광범위한 박해
기원후 약 1600년-1750년	근대 과학의 발전-뉴턴은 과학적 발상과 마법적 발상을 결합한다. 가정의 보호가 많이 강조되었다. 동유럽에서는 마녀에 대한 박해가 보다 더 널리 퍼짐
19세기	기계론적인 우주의 지배. 그러나 모든 형태의 마법(점성술, 연금술, 주술, (굴뚝에 양파 등을 안치하는 행위를 포함하는) 토착 마법)이 지속됨
20세기	새로운 물리학의 탄생-양자역학과 상대성 이론. 새로운 마법 조직의 발전(10장 참고). 매우 다양한 마법 관행의 지속. 근대 과학의 일부 측면은 마법적 발상을 반영(10장 참고)

　　그리스 사상에서 비롯된 사체액설은 인간이 흙, 공기, 불, 물로 구성되어 있다는 발상에 기초를 두고 있었고 인간이 지구와 동일한 물질로 구성되어 있다는 것을 강조했다. 또한 사체액설은 행성의 영향을 추가적으로 설명했는데, 다양한 행성이 네 가지 원소와 연계되어 있었기 때문이다. 인간을 구성하는 흙, 불, 물, 공기가 조화를 이루게 만들기 위해 다양한 종류의 기법이 사용되었다. 약초, 팅크, 그 밖의 다른 화합물은 신체의 불균형을 치료하는 데 도움이 되었다. 여기에서 마법 치료법이 점차 의학으로 발전했다. 변형은 결정적인 관심사였는데, 그것은 우리가 오늘날 화학으로

여길 수 있는 것으로 녹아들어갔다. 보다 더 많은 비물질을 고귀한 물질로
바꾸려는 시도가 이루어졌는데, 그것은 완벽을 향해 나아가려는 우주의
보다 더 광범위한 욕망의 일부였다. 기적을 펼치고 성인을 숭배하는 교회
는 낯선 마법의 중심지였다. 또한 사람들의 삶에서 지속적으로 인정되어
왔던 측면인 악마와 천사를 품고 있었기 때문에 두려움과 경외심을 불러
일으켰다. 초인적인 존재와는 교섭할 필요가 있었고 오직 올바른 지식이
나 힘을 가진 사람들만이 여분의 교섭을 이끌어낼 수 있었다. 되살아난 망
령 또한 두려움의 대상이었고 마녀와 사악한 마법사 역시 두려움의 대상
이었다. 세계의 다른 지역에서도 많은 위험한 마법을 발견하고 대항하기
위한 기술과 기법이 존재했다.

　　이러한 복잡한 지형 속에서 사람들은 그리스도교적 발상과 고대 세계
에서 비롯된 발상, 일차적으로는 플라톤과 아리스토텔레스에 대한 이해를
혼합했다. 우주를 움직이는 영혼과 힘, 우주에서 지구의 위치, 우주적 전체
내에서 인간의 위치라는 측면에서 우주가 작동하는 방식에 대한 질문은
모두 결정적이었다. 이단 및 불경죄 혐의는 이러한 질문들을 삶과 죽음의
문제로 만들 수 있었다.

　　가장 매력적인 시대는 15세기부터 17세기에 이르는 르네상스 시대이
다. 이 시대에는 오늘날 우리가 마법과 과학으로 분리하는 것이 복잡하게
조합된 상태로 존재했고, 심지어는 그 시대의 가장 위대한 지성들 사이에
서도 생산적으로 공존했다. 나는 보통 마법사로 묘사되는 존 디와 보통 과
학자로 묘사되는 아이작 뉴턴을 대조할 것이다. 존 디는 중세의 세계관에
의존하여 마법 관행을 발전시켰지만, 또한 예를 들어 연금술에 대한 관심
을 통해 우리가 과학으로 간주할 수 있는 것에도 접근했다. 뉴턴 또한 독실
한 연금술사이자 점성술사였을 뿐 아니라 약간 비정통적인 그리스도교도

였다. 심지어 뉴턴에게 우주는 힘, 질량, 운동량을 통해 움직이는 일련의 지각이 없는 물체가 아니라 지각을 지니고 있는 물체였다. 그럼에도 불구하고, 뉴턴은 근대 물리학의 기초가 되는 발상을 발전시킬 수 있었다. 점성술과 연금술은 공격적인 형태의 마법과 보호적인 형태의 마법이 그러했던 것처럼 초기 근대 세계 내내 발견되었다. 당시에는 이러한 범주들이 완전히 분리된 것으로 여겨지지 않았음에도 불구하고, 우리는 이 시대에 마법, 종교, 과학으로 구성되는 삼중 나선이 근대적인 모양을 갖추기 시작했다는 것을 확인할 수 있다.

18세기 계몽주의 시대에 과학은 마법을 예의 바른 지성계에서 몰아내기 위해 힘을 모았다. 왜냐하면 그 당시에는 마법이 순수하게 물리적인 힘이 무감각한 형태의 물질에 작용함으로써 우주를 움직인다는 신흥 기계론적 모형에 부합하지 않았기 때문이다. 마법은 사물 사이의 닮은 점을 강조한 반면, 과학은 인과를 추구했는데, 인과에 대한 강조는 매우 새로운 것이었다. 나아가 마법은 새로운 과학과 대조적으로 객관적인 척하지 않았다. 과학은 자신이 한 발 물러서서 세계를 객관적으로 이해할 수 있다고 주장했다. 따라서 적절한 훈련을 받은 과학자라면 누구나 동일한 실험이나 일련의 정리를 통해 동일한 결론에 도달할 수 있다고 주장했다. 사상 처음으로 마법은 주변부로 쫓겨났고 종종 계층 구조의 아래로 밀려나곤 했다. 비록 그 밖의 다른 사람들처럼 동시대의 마법에 대한 매력에서 벗어날 수 없었음에도 불구하고, 타일러는 19세기에 과학이 스스로 주장한 새로운 문화적 역할을 물려받은 인물 가운데 한 명이 되었고 여전히 마법을 묵살했다. 이러한 태도를 당연한 것으로 여기는 오늘날의 우리는 그 밖의 다른 모든 시대와 장소에서 인간의 삶에 마법이 결정적이었다는 평가를 내리지 못한다.

과학의 발전과 마법의 쇠퇴에 대한 방대한 문헌은 초기 중세 시대에서부터 오늘날에 이르는 시기에 굴뚝에 안치된 양파, 교회나 주택에 그려진 보호적 차원의 기하학적 디자인, 벽 속에 가둔 고양이, 병 속의 마녀를 통해 발견되는 대중적인 마법에 대한 열정 넘치는 설명의 증가에서 한 발 물러나 있다.

대중적인 마법에 대한 기록은 종종 이러한 다채롭고 흔한 활동을 기념하는 차원에서 과거의 마법에 공감하는 사람들에 의해 작성된다. 이따금 학문적인 차원에서 마법을 바라보는 사람들은 그것을 대중적인 믿음에 연결하려고 시도한다. 왜냐하면 그것들이 일목요연하게 정리되지 않은 상태에서 서로 영향을 주고받았기 때문이다. 그 말에 공감하는 이유는 거대하고 지속적인 인간 행동의 영역의 존재를 인식하기 때문이다. 그것은 바로 한편으로는 평범한 사람들이 과학에 녹아들어가는 발명품을 내놓는 동시에 다른 한편으로는 난해한 형태의 마법을 뒷받침하는 방식으로 영혼에 대한 실험을 수행하고 죽은 사람이나 천사와 대화를 나눈다는 것이다.

모든 경우에 사람들은 우주에서 인간의 위치뿐 아니라 인간이 우주와 관계를 맺는 방식이 가지는 도덕적인 함의와 신체적인 함의에 대해 생각하고 실험했다. 이와 같은 사고는 세계에서 인간의 주관적인 위치에 대한 강조와 보다 더 객관적이 되려는 시도를 결합했다. 우리는 모두 객관적인 동시에 주관적인 존재이다. 주관성과 객관성은 상호 배타적인 것이 아니라 상호 보완적이다.

중세 시대의 마법

종교개혁(Reformation)이 이루어지던 시기에 가톨릭 교회에 대한 개신교의 주요 비판 가운데 하나는 가톨릭 교회가 마법적이라는 것이었다. 키스 토 머스가 기록한 것처럼, '중세 시대 교회는 (…) 다양한 종류의 세속적 목적을 위해 사용될 수 있는 마법력의 거대한 저장소처럼 보였다.'[4]

　중세 시대의 마법은 교회와 중세 시대 사회라는 맥락 안에 존재했다. 그 것을 인정하지 않는다면 중세 시대의 마법을 이해할 수 없다. 제도적 구조 와 문화적 형성은 모두 로마 제국에서부터 지속적으로 이어져온 구조, 동 쪽으로부터 유럽으로 유입된 게르만(German)민족과 슬라브(Slav)민족이 유 발한 영향의 대대적인 혼합, 우리가 6장에서 살펴보았던 선사 시대에서 비 롯된 전통을 가진 보다 더 오래된 유럽 민족으로부터 물려받은 유산이 복 합적으로 작용하여 생겨났다. 이것은 복잡한 문제이므로 여기에서는 오직 간략한 요약만 가능하지만, 그렇더라도 몇 가지 중요한 점이 두드러진다. 전통적으로 서로마 제국의 멸망한 시기는 고트족(Goths)이 로마를 약탈했 던 기원후 410년이다. 로마 제국은 멸망했지만 유럽 전역에서 그 결과는 상이하게 나타났다. 영국 본토의 모든 지역이 그런 것은 아니었지만, 많은 지역에서 로마 제도가 비교적 빠르게 사라졌다. 기원후 5세기는 신비의 시 대이자 논란이 분분한 시대가 되었다. 심지어 브리튼의 시골에서는 농경 과 식량 생산, 로마 경작지와 로마 경관이 지속되기도 했다. 몇 세기에 걸 쳐 산업과 소비가 크게 감소했다. 영국 본토는 후기 로마 시대에 그리스도 교를 받아들였음에도 불구하고, 교회와 그리스도교의 예배가 지속된 지역 은 오직 서부 지역뿐이었다. 다른 지역에서는 기원후 600년경 앵글로색슨 족(Anglo‑Saxon)의 세계에 그리스도교가 재도입되었다. 정반대편 끝에 자리 잡은 이탈리아, 스페인, 그리스의 지중해 세계에서는 교회가 그 시대의 학문 및 여러 로마 제도와 더불어 계속 유지되었다. 이것은 기원후 7세기 아랍의 침략이 이루어지기 전의 북아프리카 대륙에서도 동일했다. 그리스 도교적 어법 내에서 고전적 지식에 의존하여 이루어졌던 철학 논쟁은 이후의 마법의 본질과 지속에 중요한 영향을 미쳤다. 라인강 서쪽에 자리 잡은 프랑스와 독일은 지중해의 연속성과 브리튼의 붕괴 사이 어딘가에 위치해 있었는데, 로마의 기반 시설과 농업의 수준은 후기 중세 시대의 발전에 영향을 미쳤다.

물리적, 사회적 의미에서 로마 세계와의 진정한 단절은 서유럽 전역에 중세 시대 마을이 세워진 기원후 850년부터(일각에서는 그 시기를 기원후 1000년경으로 보는 것을 선호하지만) 시작되었다. 이 시대에 세워진 마을 대부분은 오늘날에도 여전히 남아 있다. 이러한 마을은 교회를 중심으로 형성되었는데, 세속적인 권위를 제공하는 장원(莊園)이 넓게 펼쳐진 경작지 한가운데 자리 잡고 있었고 경작지는 길쭉한 띠 모양으로 나누어져 개별 가족들이 경작했다. 우리는 이러한 마을 공동체를 당연하게 여긴다. 왜냐하면 그것이 여전히 오늘날 유럽에서 우리의 생활의 일부이기 때문이다. 그러나 처음 정초되었을 당시 마을 공동체는 독특하고 참신한 특징을 가지고 있었다. 마을은 교회의 신성한 힘을 중심으로 한 장소에 모인 살아 있는 사람과 죽은 사람의 공동체를 나타냈다. 보다 더 이전의 선사 시대와 로마 시대에는 마을이 별로 흔하지 않았고 살아 있는 사람 사이에 죽은 사람을 묻는 일도 매우 드물었다. 일부는 더 자유로웠음에도 불구하고, 많은 마을 사람들은 돈이나 농산물로 세금을 내야 하는 의무를 통해 교회나 세속 영주에게 얽매여 있었다. 이와 같은 기본적인 사회적 사실이 중세 시대의 마법의 바탕을 이루는 조건을 창조했다. 그것은 바로 근본적으로 불평등하고, 불평등이 증가하는 경향이 있는 사회, 살아 있는 사람과 죽은 사람이 하나의 공간에 복잡하게 조합되어 있는 사회, 식량이 부족할 수 있고 아동이 어린 나이에 사망하며 사람들이 신체적, 심리적, 또는 심지어 영적 질환으로부터 구제받지 못하는 등 생활이 어려운 사회였다. 사람들은 자신들이 할 수 있는 모든 개선 방법을 발전시켰다. 필요는 정기적인 발명으로 이어졌다. 대중적인 마법은 궁핍한 생활에 대한 창의적인 대응책이었다.

　　많은 사람들이 중세 시대의 마법이 보다 더 이전의 이교도 관행의 연장선상에 있었다고 주장했다. 일부 측면에서 볼 때 이것은 진실일 수 있다. 예를 들어, 사람들은 선호하는 장소에 물건, 동물, 식물을 지속적이고 의도적으로 안치했다.[5] 그러나 중세 시대 마을 생활의 모습은 유럽의 보다 더 이전의 시대의 생활의 모습과 매우 상이했고 따라서, 우리가 살펴보게 되는 것처럼, 마법도 마찬가지였다. 그 외에도 교회의 역할이 있었다. 아마도 어리석게도, 교회의 권위에 대한 주장의 상당 부분이 효과적인 마법에 의존하고 있었을 것이다. 성인들은 예수가 행했던 마법에 반향하여 기적을 일으켰다. 기적을 일으킬 수 있다는 것은 신성이 있다는 것이었다. 따라서 (많은 경우 자신들의 신전을 통해 계속 힘을 행사했던) 성인을 정의하는 요인은 바로 기적이었다. 교회가 기적과 마법을 분리하려고 애썼다. 교회는 기적을 특히 의로운 사람들을 통한 유일신의 작용으로, 마법을 영혼, 점성술적 천체, 악마, 천사 등을 통해 작용하는 것으로 구분했다. 그러나 많은 사람들에게 이것은 별다른 의미가 없는 구분이었을 것이다. 가톨릭교의 핵심은 미사를 드리는 도중에 이루어지는 화체, 즉 빵이 살로 변형되고 포도주가 피로 변형되는 것이었다. 숭배를 드리는 사람들에게 이러한 두 가지 물질이 여전히 빵과 포도주처럼 보이고 맛을 느낄 수 있다는 것은 기적의 일부였다. 우리가 살펴볼 것처럼, 미사는 토착 마법의 토대를 제공했고 교회의 바깥에서 이루어지는 실험을 촉진했던 관행에 마법적 색조를 더했을 수 있다.

중세 시대는 마법 전통을 포함해 후대 유럽의 생활의 기초를 마련했다. 오늘날 그것은 우리에게 보다 더 친숙한 세계인 것처럼 보일 수 있다. 그러나 중요한 것은 당시에는 이 문화를 여러 면에서 그리고 매우 다양한 이유로 낯설게 여겼다는 사실을 인정하는 것이다. 선사 시대의 세계와 유입된 게르만 족의 세계는 모두 대체로 애니미즘적인 세계였지만, 게르만 족의 세계의 경우에는 신도 존재했다. 일반적으로 신들은 중력, 신체적 힘 또는 삶과 죽음의 힘 등 인간을 제약하는 세계의 규칙을 무시했고 수많은 장소의 영혼과 결합하여 우주론적 문제에 현지의 질감을 부여했다. 훈족(Huns)이나 고트족 같은 민족은 스텝의 민족으로서 동쪽으로 멀리 떨어진 곳에서 기원했을 수 있다. 그리고 우리가 5장에서 탐구했던 보다 더 광범위한 유라시아의 마법과 애니미즘 유산의 일부였을 수 있다. 우리가 바이킹족(Viking)과 아이슬란드의 영웅 설화에서 확인할 수 있는 것처럼 변덕스럽고 종종 인간의 필요에 부주의한 것이 신들의 습성이었다.

중세 세계의 학문적 마법

철학적 체계가 등장했다. 이것은 학문적인 형태와 보다 더 대중적인 형태 모두로 나타났다. 사체액설에서 우주라는 대우주와 인체라는 소우주 사이의 연계를 발견할 수 있다. 아리스토텔레스의 사고에 의존하는 사체액설은 전체로서의 세계를 서로 보완적인 동시에 대립하는 흙, 공기, 불, 물로 구성되는 것으로 간주했다. 흙의 견고함은 그 밖의 다른 원소의 운동성과 대조를 이루었다. 예를 들어 물은 불을 끌 수 있었다. 이러한 네 가지 원소는 또한 인체도 구성했다. 뜨겁고 건조한 불은 노란색 담즙을 생산하여 담즙적 성향을, 차갑고 습한 물의 본질은 점액을 만들어 점액적 성향을, 차갑고 건조한 흙은 검은색 담즙을 촉진하여 우울한 경향을, 뜨겁고 습한 공기는 혈액을 생성하여 다혈적 태도를 유발한다. 신체적 건강과 정신적 건강은 사혈, 식이요법 및 다양한 활동을 통해 달성될 수 있는 체액 사이의 조화와 연관되어 있었다. 그러나 또한 체액의 구성에는 성별과 연령에 따른 자연적인 가변성이 있었다. 남성은 보다 더 뜨겁고 보다 더 건조한 반면 여성은 보다 더 차갑고 보다 더 습했다. 남성 배아는 자궁에서 보다 더 빠르게 성장했고, 남성은 음식을 보다 더 빨리 소화시켰으며, 여성보다 더 쉽게 머리카락과 손톱에 영양을 전달할 수 있었다. 여성은 상대적으로 열이 부족했기 때문에 신체와 정신이 보다 더 약할 수 있었고, 여성은 본질이 습했기 때문에 변덕스러웠다. 반면, 여성은 남성 보다 더 움직임이 굼떴기 때문에 보다 더 오래 살았다. 고고학자 로베르타 길크리스트(Roberta Gilchrist)가 논의했던 것처럼, 남성과 여성 모두는 나이가 들면서 신체가 건조해지고 차가워졌다. 인생의 여섯 단계(유아기(출생에서 7세), 순결기 또는 아동기(7세에서 14세), 청소년기(14세에서 21세), 청년기(21세에서 49세), 장년기(49세에서 72세), 노년기(72세 이상)) 각각에는 그 단계를 지배하는 행성이 있었다. 사람들은 지구에서 물리적 수단을 통해 자신의 삶과 그 밖의 다른 사람의 삶을 바꿀 수 있었지만, 행성의 활동과 개입에 대해서도 인식할 필요가 있었다.[6]

　우주는 일련의 천구로 구성되어 있고 그 중심에 지구가 자리 잡고 있다고 간주되었다. 달은 지구의 위에서 회전했다. 원소들과 체액은 오직 달 아래에 자리 잡은 천구만을 지배할 수 있었다. 왜냐하면 달 아래에 자리 잡은 천구 위에는 부패할 수 없는 천상의 영역이 자리 잡고 있었기 때문이다. 부패할 수 없는 천상의 영역에는 일곱 개의 행성천구와 (고정된 별이 자리 잡은 여덟 번째 천구인) 항성천구(恒星天球)가 자리 잡고 있었다. 그리고 아홉 번째 하늘인 수정천구(水晶天球)가 그것들을 둘러싸고 있었다. 아홉 번째 하늘 위에는 그 밖의 다른 모든 것을 움직이는 열 번째 천구인 원동천구(原動天球, primum mobile)가 자리 잡고 있었다. 가장 바깥쪽에 자리 잡은, 움직이지 않는 원환은 유일신, 천사, 축복받은 사람들이 거하는 청화천(淸火天, Empyrean Heaven)으로 이루어져 있었다. 우리 세계의 불완전함과 변덕스러움은 우리의 위에 자리 잡은 천구에서 발산되는 복잡한 영향 아래에서 나타나는 것으로, 오직 유일신과 천사만이 우주의 복잡성을 완벽하게 이해할 수 있었다. 사람들은 천사와 대화를 나누려고 시도했지만 일반적으로 지나치게 불순하여 천사와 대화를 나누는 데 성공할 수 없었다. 대화를 나누는 데 성공하려면 천사가 수정(水晶) 같은 물질의 일부 형태 내부에 갇혀 있어야 했다. 로버트 그로스테스트(Robert Grosseteste, 1168년–1253년경) 같은 사상가들은 우주가 유일신의 신성한 빛의 발산으로 창조되었고 천사(또는 때로 지능)가 이 빛의 요소라고 주장했다. 일부 사상가는 이 빛을 수정이나 거울 같이 반짝이거나 반사되는 표면을 가진 물건 안에 가둘 수 있고, 그러면 천사와의 소통이 가능할 수 있다고 생각했다. 악마의 교활함은 인간의 능력을 훌쩍 뛰어넘었기 때문에 악마와 대화를 나누는 것은 보다 더 위험했다. 자신이 속고 있는지 또는 그릇된 길로 이끌려가고 있는지 인간은 알 수 없었기 때문이다. 절망은 악마학으로 이어졌다. 심지어 악마와 계약을 맺는 사람들도 있었다. 그들은 자신들이 살아 있는 동안 지식과 힘을 제공받는 대가로 자신들의 혼을 걸고 악마와 교섭했다.

인체, 기본적인 물질, 행성을 연계하는 관점은 대체로 사회의 모든 측면에서 발견되었을 뿐 아니라 보다 더 학문적 형태의 담론에서도 발견되었다. 물론 플라톤도 심대한 영향을 미쳤다. 플라톤은 우리가 살고 있는 현상의 세계의 그림자 너머에 자리 잡은 본질의 세계 및 완벽한 형태의 세계를 상정했다. 그리고 플라톤의 발상은 플로티누스(Plotinus, 기원후 203년–270년) 같은 후대의 철학자들을 통해 새로운 영향력을 가지고 촉진되었다. 플로티누스는 플라톤의 발상과 그리스도교의 발상을 연결할 수 있는 신플라톤주의(Neoplatonism)로 알려진 접근법을 발전시켰다.

　플로티누스가 초기 중세의 사상에 미친 영향과 그 이후 르네상스 세계에 다시 미친 영향은 아무리 강조해도 지나치지 않다. 또한 플로티누스는 우리가 인지할 수 있는 세계 너머에 자리 잡은 완벽하게 조화로운 세계를 주장했다. 우리 세계에서의 닮은 점, 예를 들어 호두의 형태와 인간 두뇌의 형태 사이의 닮은 점은 우리의 경험 너머에 자리 잡은 보다 더 완벽하게 구조화된 세계의 공명이었다. 우리의 경험의 세계에서 이와 같은 닮은 점을 추구함으로써 우리는 사물과 과정 사이에 예상하지 못한 효과적인 연계를 찾아내어 도움을 받을 수 있었다. 예를 들면 호두 섭취는 뇌 질환의 치료에 도움이 될 수 있었다. 개별적으로 닮은 점을 찾아낸 이와 같은 사례들은 궁극적으로 서로 결합되어 그 너머의 완벽한 세계에 대한 이해를 창조할 수 있었고 그러한 이해에 진정한 지혜가 자리 잡고 있을 수 있었다. 우리에게는 사물 사이의 우연적이고 이상한 연계처럼 보일 수 있는 것들이 고전 세계와 그들의 중세 후손들에게는 유일신의 창조와 창조 과정에 대한 훨씬 더 기본적인 이해의 가능성을 제시했다. 대응설(theory of correspondences)은, 우주에서 가장 작은 입자의 작용과 중력 및 그 밖의 다른 힘의 효과를 가장 큰 규모로 설명할 수 있는 이론적 구조를 탐색하고 있는 근대 물리학의 방식과 동일한 방식이라는 점에서, 거대한 만물이론에 다름 아니었다. 우리가 살펴보게 되는 것처럼, 마법의 중요한 가닥은 신플라톤주의적 발상에서 발전했다.

세계와 세계를 에워싸고 있는 우주를 이해하고 그것들에게 영향을 미치려는 시도는 매우 다양했다. 따라서 중세 시대의 마법을 지나치게 엄격하게 분류하는 것은 위험하다. 그러나 사람들이 세계의 힘과 대응 관계를 이해하고 그것을 다루려고 시도한 이른바 자연 마법과, 천사와 악마와의 연결에 의존하는 마법 형태를 구별하는 것은 유용하다. 자연 마법 관행은 후기 중세 시대에 점점 더 합법적인 것으로 간주되면서 보다 더 흔해졌다. 이와 같은 학문적 관행은 그리스어, 아랍어, 유대어로 기록된 텍스트를 라틴어 또는 모국어로 번역하면서 활성화되었다. 카스티야이레온(Castile and León)의 알폰소 10세(Alfonso X, 재위: 1252년~1284년)가 운영한 필사실은 마법 텍스트 수집과 번역의 중요한 중심지였다. 이곳에서 유대교, 그리스도교, 이슬람교 학자들이 아랍어와 히브리어로 기록된 텍스트가 라틴어와 카스티야어로 번역되었다. 여러 주요 문헌이 번역되었는데, 거기에는《라피다리오*Lapidario*》(다양한 돌이 지니고 있는 마법의 힘을 탐구),《피카트릭스*Picatrix*》(11세기 스페인에서 편찬된 아랍어 마법 개요서),《리브로 데 라스 포마스 에 이마게네스*Libro de las formas e imagenes*》(형태와 형상을 마법적 목적을 위해 사용하는 방법에 대한 지침서),《리브로 데 아스트로마기아*Libro de astromagia*》등이 포함된다.《피카트릭스》의 저자는 마법사를 완벽한 철학자라고 극찬했다. 마법사는 우주에 대한 나름의 연구와 책을 통해 지식을 습득했을 뿐 아니라 영혼과의 연결과 출생하는 순간의 행성들의 결합에 의해 부여된 힘을 통해 지식을 습득했다.

천사 및 악마와의 연결은 자연 마법을 보다 더 위험하고 보다 더 난해한 것에 가깝게 만들었다. 이것은 성서에서 영감을 얻은 것이지만 궁극적으로는 청동기 시대부터 메소포타미아와 지중해 동부에 자리 잡고 있었던

신앙에서 비롯된 것이다(3장). 천사 및 (그리스도교에서는 타락한 천사로 간주하
는) 악마를 통해 선과 악의 의인화가 이루어졌다. 특히 능숙한 마법사는 이
러한 힘과 대화를 나누거나 이러한 힘을 회유하여 선을 촉진하거나 악을
예방할 수 있었다. 아우구스티누스는 지구상에 존재하는 모든 것에는 각
자의 고유한 천사가 있다고 주장했다. 즉, 인간의 실무적인 목적을 위해 무
수히 많은 천사가 존재할 수 있었다. 천사와 악마는 지구 위 천구에 자리
잡은 우주에 생명을 불어넣는 힘과 지구 아래에 자리 잡은 영역이 연결되
도록 지원하는 존재였다. 부분적으로 천사와 악마는 지상의 신체와 관련
되었지만, 특히 혼과의 관련성이 보다 더 중요했다.

중세 세계의 일상적인 마법

부적이나 저주를 다루는 마을의 교활한 남자나 여자부터 종교 의식만으로
는 삶과 죽음의 모든 긴박함을 해결하기에 충분하지 않다고 생각한 지역
사제, 《피카트릭스》에서 극찬하는 학식을 갖춘 마법사에 이르기까지 매우
다양한 스펙트럼의 사람들이 마법을 행하고 있었다. 마법은 종종 교회 의
식에 기생했고 사제들이 행했지만, 사제들이 설파한 것과 같은 방식으로
행해지지는 않았다. 예를 들어, 출산 시 보호를 위한 부적은 흔했는데, 종
종 임신한 여성의 몸에 두르는 두루마리의 형태를 취했고 사제들이 공급
했다.

　15세기의 이른바 할리 롤(Harley Roll)은 고통스러운 출산, 불면증, 물에
빠져 사망하거나 전투에 나섰다가 사망하는 일에서 보호해준다고 주장하
는 다목적 부적이었다. 할리 롤에는 십자가에 박혔던 세 개의 못, 그리스도

의 상처, 네 개의 원형 보호 그림이 그려져 있었다. 사람들은 이와 같은 두루마리를 몸에 지니고 다니거나 영적 붕대인 양 몸에 두르고 다녔다. 도서관에서 마법을 대출하는 것처럼, 사제로부터 빌려서 사용한 뒤 필요성이 줄어들면 사제에게 반납할 수 있었다. 부적의 속성을 가진 필사본은 많았고 종종 성스러운 단어나 상징과 마법의 단어나 상징이 결합되었다. 대부분은 보호용이었지만 소수의 필사본은 보다 더 광범위한 목적을 가지고 있었다. 예를 들어 아브라함의 눈(Abraham's eye)이 그려져 있는 필사본은 도둑을 잡는 데 사용될 수 있었다. 이러한 필사본은 고대 세계로부터 중세 세계로 전해진 것이었는데, 가장 오래된 것은 4세기의 그리스 파피루스였다. 눈은 천사의 이름, 열쇠, 망치 또는 칼 같은 그 밖의 다른 형상 및 단어와 함께 원 내부에 그려졌다. 도둑이 있을 것으로 예상되는 공공장소로 필사본을 가져간 뒤 필사본 위에 기도문을 올려놓고 영혼의 이름을 부른다. 그런 뒤 눈에 칼을 찔러 넣(거나 눈에 열쇠를 박아 넣)으면 이론상으로는, 그 순간 도둑이 고통을 느껴 비명을 지를 것이기 때문에 도둑을 체포할 수 있었다.[7]

교회는 마법에 참여했지만 또한 신성한 물질이 마법적으로 오용될 수 있다는 것을 두려워했다. 13세기 이후 잉글랜드에서는 성수반을 뚜껑으로 덮고 뚜껑을 잠그는 일이 흔했다. 따라서 사람들은 성수를 불경한 관행에 악용할 수 없었다. 세례를 받는 아동의 머리를 감쌌던 흰색 리넨 천인 크리섬(chrisom)은 오용을 방지하기 위해 신속하게 교회에 반납해야 했다. 성수반 자체가 신성한 것은 아니었지만 세례수(洗禮水)와 오랫동안 접촉하면서 신성함의 요소가 부여되었기 때문에 더 이상 사용하지 않게 된 성수반이라고 해도 함부로 버릴 수 없었다. 잉글랜드에서는 오래된 성수반을 교회 본당의 회중석 밑이나 뒤이어 사용될 성수반 근처에 묻은 사례가 40여 건 알려져 있다.[8] 미사에서 사용한 제병(祭餠)은 교회 밖에서도 사용될 수 있었다. 사람들은 제병을 자신의 혀 아래에 보관해두었다가 여러 가지 목적에 사용했다. '중세에는 제병을 불을 끄고, 돼지 콜레라를 치료하며, 밭을 비옥하게 만들고, 벌이 꿀을 생산하도록 부추기는 세속적인 일에 사용되었다는 이야기가 전해진다.'[9] 보다 더 심각하고 보다 더 악명 높은 것은 전체 미사를 전복할 수 있다는 점이었다. 아직 살아 있는 사람들의 죽음을 앞당기기 위해 죽은 사람을 위한 미사가 드려졌다. 일반적으로 흰색인 제대포(祭臺布)가 검은색 제대포로 교체되었고 제단이나 십자가 주변에 가시가 놓였으며 불이 꺼졌다. 이와 같은 행위에 성직자들이 참여했음을 분명하게 함의하는 기록이 남아 있다.

또한 마법은 교회와 교회 경내 안팎에서 행해졌다. 때로는 성직자들의 방조하에 마법이 행해졌다. 이따금 살아 있는 사람들은 되살아난 망령을 두려워했다. 보통 살아생전에 수상쩍은 평판을 가졌던 사람들이 되살아난 망령이 되어 밤에 무덤에서 일어나 떠돌아다니거나 살아 있는 사람들을 공격할 수 있었다. 뉴버그의 윌리엄(William of Newburgh, 1136년-1198년)은 살아생전에 평판이 좋지 않았던 어느 사제가 밤에 무덤에서 일어난 이야기를 들려준다. 현지에 자리 잡은 멜로즈 수도원(Melrose Abbey)의 사제들은 경각심을 느꼈고 어느 날 밤 이 '악마'가 무덤으로 돌아가기 전에 전투용 도끼로 이 '악마'를 공격했다. 나중에 무덤을 열었을 때 시신에서 선혈이 흐르는 상처가 발견되었다. 노팅엄셔(Nottinghamshire) 사우스웰 민스터(Southwell Minster) 동쪽에 있는 중세 시대 무덤에서 발견된 해골의 오른쪽 어깨, 왼쪽 발목, 심장에는 철제 스터드가 관통되어 있었다. 아마도 시신이 무덤을 떠나지 못하도록 막으려는 조치였을 것으로 추정된다. 그 밖의 다른 경우에는 시신의 두 다리가 부러져 있거나 심지어 제거되어 있기도 했다. 1125년경 맘스베리의 윌리엄(William of Malmesbury)이 글로스터셔(Gloucestershire)

의 '버클리의 마녀(witch of Berkeley)'에 대해 전한 이야기가 있다. 자신의 죽음을 예언한 이 여성은 자신이 시신이 일어날 것을 걱정하여 자녀들에게 다음과 같은 유언을 남겼다. '나의 시신을 사슴 가죽으로 꿰맨 다음 돌로 만든 석관(石棺) 안에 얼굴이 위를 향하게 안치한 뒤 납과 철로 뚜껑을 봉인해라. 그리고 육중한 쇠사슬 세 개로 돌을 묶어라.'[10] 사람들은 되살아난 망령을 문자 그대로 받아들이고 그에 따른 실무적인 조치를 취한 것처럼 보인다.

미사 같은 종교 관행뿐 아니라 보다 더 많은 마법적 수단이 사용되었다. 내세로 가는 길을 돕기 위한 부적이 무덤에 안치되었다. 관이나 무덤에는 흔히 다양한 종류의 순례자 토큰이 추가로 안치되었지만 주문이나 성스러운 구절을 기록한 납판도 안치되었다. 대체로 사람들은 자신들이 죽은 사람들과 호혜적인 관계를 맺었다고 느꼈다. 그 관계는 상호적인 원조와 이익 가운데 하나가 될 수 있었다. 1215년에는 죽은 사람들을 장기간 수용하는 공간인 연옥(Purgatory)의 교리가 공식화되었다. 죽은 사람들은 연옥에서 세계의 종말에 이루어질 심판을 기다리게 되었다. 살아생전의 행실이 천국에 갈 것인지 아니면 지옥에 갈 것인지 여부를 최종적으로 결정하는 주요 요인이었지만, 살아 있는 사람이 드리는 기도와 죽은 사람들을 위한 미사도 유익한 영향을 미칠 수 있었다. 그 대가로 죽은 사람들은 살아 있는 사람들에게 도움을 주려고 시도할 수 있었다. 이 호혜 관념은 유럽의 선사시대(6장)에서 발견되었던 것과 유사하지만, 그리스도교적 어법으로 재구성되었을 수 있다.

천사와 대화를 나누는 것은 중세 시대의 마법을 행하는 사람들의 주요 관심사였다. 천사의 순수성을 감안할 때, 천사와 교섭할 수 있는 잠재적인 인간 상대방은 몇 달이 걸릴 수 있는 정화 과정을 거쳐야 했다. 어떤 경우에는 마법사의 몸이 지구에 머물러 있는 상태에서 마법사의 혼이 하늘로 올라갔고, 그 밖의 다른 경우에는 천사가 내려와 마법사에게 지침을 줄 수 있었다. 천사론에서 가장 중요한 지침서 필사본 가운데 하나는 기원후 12세기에 이탈리아 북부에서 작성된《아르스 노토리아*Ars notoria*》이다. 천사의 계시를 통해 인간 지식의 모든 중요한 영역에 대한 이해를 약속하는《아르스 노토리아》는 그리스도교의 기도문과 (도식처럼 보이는 단어, 도형, 마법 문자를 결합한 그림인) 일람표(notae)의 검사를 결합했다. 사실, 의례 공간을 배치하거나 마법적 물건을 구성하는 데 유사한 도식이 사용되었다. 만일《아르스 노토리아》를 머리 밑에 두고 잠을 자면 계시의 꿈으로 이어질 수 있었다. 천체 및 천사와의 소통을 위해 특별히 설계된 재료 문화가 발전되었다. 수정은 순수하다고 여겨졌다. 따라서 순수한 영혼을 끌어당기고 사실 영혼을 포획할 수 있었다. 수정 구슬은 그리스도교 이전의 유럽의 무덤에서 발견되고, 우리가 살펴볼 것처럼, 중세 시대부터 르네상스 시대에 이르는 시대에 많이 사용되었다. 마법사와 영혼 사이의 매개자로서 영매를 사용할 수 있었는데, 영매로는 종종 어린 소년들이 선호되곤 했다.

강령술(降靈術)을 통해 악마를 불러낼 때는 보다 더 큰 위험과 마주쳤다. 악마에게 질문을 던지는 동안 그리스도의 이름과 성인의 이름을 사용하여 질문에 답하도록 보장하고 답의 진실성을 보장하려고 시도했다. 유명한 악마 가운데 하나인 플로론(Floron, 때로 플로렌(Floren)이라고 표기하기도 함)은 거울에 나타나게 만들 수 있었다. 그러기 위해 순수한 강철로 만든 거울을 밝게 빛나고 반짝일 때까지 연마해야 했다. 거울을 만드는 사람은 순결한 사람이어야 했는데, 그는 깨끗하게 씻고 청결한 복장을 차려입어야 했다. 순결한 소년만이 거울을 사용하여 점을 칠 수 있었다. 이 의례의 일부 버전에서는 플로론이 말을 탄 기사로 등장해 과거, 현재, 미래를 모두

드러낼 수 있었다.[11] 세간의 이목을 끄는 마법사들은 상당한 판돈을 걸고 도박을 했다. 그들은 힘, 영향력, 부를 얻을 수 있었지만 불의의 죽음을 맞이할 수도 있었다. 점성술사 세코 다스콜리(Cecco d'Ascoli)는 1327년 피렌체(Florence)에서 화형에 처해졌는데, 그 이유는 부분적으로 그가 악마 플로론과 맺은 관계 때문이었다.

마법은 주문, 저주, 약초를 다루는 마을의 교활한 남자나 여자부터 왕이나 주교에게 조언하는 사람에 이르는, 중세 사회의 각계각층에 걸쳐 있었고 많은 문헌과 전통에 의존하여 행해졌다. 중세 시대의 마법은 중세 시대 유럽의 일반적인 문화와 마찬가지로 메소포타미아, 고전 그리스 시대, 로마 세계의 많은 자료와 영향을 결합했다. 때로는 아랍의 자료를 통해 굴절되었지만 아랍 사상 자체의 영향뿐 아니라 현지 관행도 보여주었다. 마법은 그리스도교와 모호하고 밀접하며 위험하지만 생산적인 관계를 맺었다. 기적이 멈추고 마법이 시작되는 곳에는 항상 논란이 분분했다. 사제의 역할은 결코 단순하지 않았고 악마나 천사를 불러내는 것은 그리스도교 및 고대 사상과 동시대의 관행이 결합된 것이었다. 중세 시대의 마법은 결코 정적인 것이 아니었다. 그것은 시간이 흐름에 따라 르네상스 문화의 풍부한 혼합물 속에 녹아들어 새로운 마법 관행과 근대 과학의 형태로 발전했다.

르네상스 시대의 마법

나는 계몽주의 이전의 서양에서는 교육받은 사람들이 거의 항상 마법을 믿었다고 주장한다.

　　― 브라이언 코펜하버(Brian Copenhaver),《서양 문화에서의 마법*Magic in Western Culture*》(2015)[12]

　　학문적인 형태의 마법과 대중적인 형태의 마법 모두 중세 세계에서 벗어나 오늘날 우리가 근대적이라고 부르는 형태의 마법으로 이행했다. 우리는 마법의 두 가지 형태 모두에 대해 대대적이고 어려운 텍스트 증거 자료뿐 아니라 점점 더 증가하는 물리적, 고고학적 자료에 의존할 수 있다.

　　학문적 마법은 두 가지 주요 자료에서 비롯되었다. 하나는 헤르메스 트리스메기스투스의 저술이고 다른 하나는 신플라톤주의적 사고와 밀접하게 관련된 것이다. 하늘에 자리 잡은 영원한 형태의 계층 구조와 달 아래 세계의 변화무쌍한 본질이라는 중세의 세계관에서는 상당한 연속성을 찾을 수 있다. 인체에 대한 혐오가 생겨났다. 인간은 문자 그대로 육체적 형태에 갇혀서 우리의 위에 자리 잡은 영역과의 연계를 갈망하고 그 연계를 필요로 하는 존재였다. 지구가 중심에 자리 잡고 있던 우주는 차츰 태양계로 바뀌었지만, 그 과정에서 조르다노 브루노(Giordano Bruno)는 1600년 로마에서 화형에 처해졌다. 지구가 태양을 중심으로 돈다는 코페르니쿠스(Copernicus)의 주장이 옳았을 뿐 아니라 우주가 무한하다고 주장했기 때문이다. 두 번째 진술은 적어도 첫 번째 진술만큼이나 파격적인 것이었다. 그 덕분에 동심천구의 구조뿐 아니라 부패할 수 있는 지구에서 영원한 하늘에 이르는, 존재의 대사슬과의 연계도 지탱할 수 없게 되었다.

　　이 시점에서 마법은 사라진 것이 아니라 새로운 것으로 변모했다. 많은 르네상스 사고의 기저에는 숨겨진 것에 대한 탐색과 상이하게 보일 수 있는 사물 사이의 우화적 연계에 대한 탐색이 자리 잡고 있었다. '오컬트'라는 용어에는 많은 마법사들이 실재의 숨겨진 측면을 드러내고 밝혀낸다는 의미에서 긍정적인 요소가 있었다. 마법은 다양한 노선을 따라 발전했다. 거기에는 훨씬 더 이른 시기에 플로티누스가 느꼈던 것 같이 우주의 진정한 힘과 일체가 되는 광범위한 신비주의적인 감각에 접근하려는 시도로부터 점성술, 비물질을 보다 더 고귀한 물질로 바꾸는 연금술, 화학물질을 사용하여 질병을 치료하는 의화학(醫化學, iatrochemistry)에 이르는 노선이 포함된다. 여기에서 학문적 마법은 유럽 전역에서 행해진 보다 더 대중적인 관행, 즉 보호하거나 치료하거나 해를 입히려는 방대한 실험에 연계되었다. 1492년 콜럼버스가 처음으로 아메리카 대륙을 향해 항해를 시작했고 1497년에서 1499년 사이 바스코 다 가마(Vasco da Gama)가 아프리카 대륙을 일주한 뒤 인도에 도착했다. 그 이후 유럽인과 그 밖의 다른 대륙에서 생활하는 사람들 사이의 수많은 접촉은 유럽의 마법에 잠재적으로 중요한 영향을 미쳤는데, 이것은 아직 제대로 연구되지 않았다.

학문적 사고의 주요 집합체는 헤르메스주의 철학(hermetic philosophy)에 담겨 있었다. 헤르메스 트리스메기스투스는 존재하지 않는 인물이었지만 그럼에도 불구하고 그는 마법에 대한 르네상스 시대의 접근법에 큰 영향을 미쳤다. 아마도 헤르메스 문서는 그리스 이집트 시대에 보다 더 이전의 전통의 풍부한 혼합에 의존하여 작성되었을 것이다(7장). 헤르메스 트리스메기스투스(세 번째로 위대한 헤르메스)의 영향에 결정적인 역할을 수행한 사람은 그것을 번역하고 주석을 기록한 마르실리오 피치노(1433년~1499년)였다. 피치노는 메디치 가문의 후원 아래 1456년 그리스어를 학습했고 1462년부터 그리스어 텍스트들을 라틴어로 번역하기 시작했다. 가장 중요한 것은 플라톤의 저술이었지만 신비로운 헤르메스 트리스메기스투스의 저술은 말할 것도 없고 플로티누스, 이암블리코스(Iamblichus), 포르피리오스(Porphyry) 같이 영향력이 막대한 신플라톤주의자들의 저술도 번역되었다.

헤르메스 트리메기스투스는 고대의 인물로 추정되었기 때문에 피치노와 그 밖의 다른 많은 사람들을 흥분시켰다. 헤르메스 트리메기스투스를 둘러싼 소문도 많았는데, 그 가운데 가장 끈질긴 소문은 헤르메스 트리메기스투스를 모세와 동시대의 인물로 만든 소문이었다. 헤르메스 트리메기스투스와 모세는 모세가 이집트에서 추방당했을 때 만났을 것으로 추정되는데, 만일 이 소문이 사실이라면, 유대-그리스도교 전통의 기원에 관련된 주요 인물인 모세와 플라톤의 사고에 많은 영감을 준 인물로 여겨지는 헤르메스 트리메기스투스가 만났다는 의미이다. 헤르메스 트리메기스투스의 저술 덕분에 르네상스 시대의 사상가들은 당시의 지성계에 영향을 미친 두 가지 주요 사고의 기원, 즉 그리스도교와 고대 그리스 철학으로 되돌아갈 수 있었다. 헤르메스 트리스메기스투스가 작성한 것으로 알려진 저술에는 사실 이 두 가지 사고의 가닥 모두의 흔적이 포함되어 있다. 왜냐하면 그 저술들이 아마도 기원후 2세기 또는 3세기에 작성되었을 것이기 때문이다. 그리고 이러한 사실은 피치노의 시대 이후 1세기가 넘는 시간이 지난 뒤 헤르메스 문서에 사용된 그리스어 문체 분석을 통해 드러났다.

헤르메스 트리스메기스투스의 저술에는 세계에 새로운 신을 창조하기 위해 조각상에 생명을 불어넣는 방법 외에는 마법에 대한 명시적인 언급이 거의 없다. 헤르메스 트리스메기스투스의 저술에 포함되었던 것 및 여기에서 신플라톤주의와 연계되었던 것은 우주의 연결과 연계에 대한 보다 더 광범위한 사고방식이었다. 헤르메스 트리스메기스투스는 신들이 인간을 위해 마법, 철학, 의학을 제공했고, 각각은 공감이라는 관념, 특히 하늘의 영원한 형태와 지구에서의 보다 더 평범한 반향 사이의 공감을 바탕으로 하고 있다고 기록했다. 우주는 서로 연계된 존재의 사슬로 구성되어 있었다. 예를 들어, 지구의 일부 사물은 태양과 연계되어 있었다. 거기에는 태양이 뜨면 꽃잎을 열고 태양이 지면 꽃잎을 닫는 연꽃이나 새벽에 우는 수탉이 포함된다. 따뜻함과 빛 같은 태양의 유익한 특성 가운데 일부는 연꽃이나 수탉에게서 발견될 수 있었다. 그러므로 연꽃은 어두운 조건과 우울한 조건을 치료하는 약으로 사용될 수 있었고, 후자인 수탉은 태양 에너지의 활용이 유익할 수 있는 시간대에 희생될 수 있었다. 지구에 얽매이지 않고 공중의 보다 더 높은 영역으로 갈 수 있다는 점으로 미루어볼 때, 어떤 의미에서 수탉은 꽃보다 우월했다. 사자는 수탉을 두려워한다고 알려져 있었는데, 각각의 상대적인 힘을 감안해보면 이해가 되지 않겠지만, 이 설명이 태양과 수탉의 연결을 바탕으로 한다는 점을 고려하면 이해가 될 것이다. 또한 피치노와 그 밖의 다른 학자들은 인간의 감각에 위계가 있다고 주장했다. 그 위계는 촉각, 미각, 후각, 청각 같은 기본적인 감각에서 시작하여 시각, 상상력, 이성 같이 사람들이 실재의 다양한 수준에 접근할 수 있도록 지원하는 감각으로 올라간다.

마법과 철학은 모두 즉각적으로 명확하지 않은 사물들 사이를 물리적으로 연결하는 실타래를 경험적으로 파악하기 위해 수행된 실험이었다. 많은 존재의 사슬이 존재했다. 이것들은 지구의 특정한 사물을 지구의 위에 존재하는 사물과 연결하고 태양 너머 그 위에 존재하는 사물과 연결했다. 태양 너머 그 위에 존재하는 사물과 연결하는 경우는 모나드(Monad), 즉 '일자(一者)'로 융합되는 것이었다. 인간의 감각이 닿지 않는, 그러나 지구에서 일어나는 모든 것에 중요한 저 너머 위의 영역인 천상의 특성을 이해하기 위해서는 신비주의적인 차원도 필요했다. 피코 델라 미란돌라(Pico della Mirandola)는 '원소의 불은 타오르고, 천체는 생명을 주며, 초(超)천체는 사랑한다'[13]고 기록했다. 사슬로 연계된 사물들은 개인적인 행위자로서의 특성을 가지고 있으면서 상호 공감하거나 심지어 사랑에 이끌렸다. 예를 들어 목성은 풍요, 관용, 확장뿐 아니라 보다 더 높은 지식과 연결되어 있었다. 이와 같은 목성의 유쾌한 특성은 이웃 행성인 토성의 보다 더 차가운 본질과 대조를 이룬다.

중세 시대와 근대 시대 학문적 마법의 두 가닥인 연금술과 점성술은 매우 중요하고 널리 퍼져 있어 그것들을 각각 검토하는 것이 바람직하다.

연금술

우리는 연금술이 고대 중동 문명으로 거슬러 올라가는 기나긴 역사를 지녔다고 말하는데, 이것은 기록된 역사가 그렇다는 것이다. 실제 연금술의 역사는 금속을 다루기 시작했을 때와 아마도 그 이전으로 거슬러 올라갈 것으로 보이는데, 연금술적 사고가 기록된 것은 오직 지난 몇 천 년에 불과하므로 연금술의 역사가 기록된 역사보다 훨씬 더 길다는 것은 거의 분명하다. 연금술이라는 단어는 아랍어에서 비롯되었을 수 있다. 이것은 아랍 세계가 연금술의 발전에 중요한 역할을 수행했고 선례가 된 그리스에서 비롯된 연금술 가운데 일부는 기원후 13세기 이후 아랍어 필사본의 번역을 통해 유럽에 전파되었다는 점에서 적절할 수 있다. 동양과 서양 사이의 연계는 여전히 완벽하게 탐구되지 않았음에도 불구하고, 연금술은 메소포타미아와 이집트 사이뿐 아니라 인도와 중국 사이를 연계하는 일련의 혼합 문화로 구성되었다.

서양적인 전통에 대한 결정적인 필사본은 다시 한번 헤르메스 트리스메기스투스의 것으로 밝혀졌다. 이 필사본은 《녹색 판*The Green Tablet*》으로 알려져 있다. 저자가 누구이든 관계없이 《녹색 판》은 기원후 2세기경 이집트에서 그리스어로 작성되었다. 금속은 재료의 위계의 정점에 자리 잡고 있는 것으로 여겨져 특별한 관심의 대상이 되었고 납에서 금에 이르는 다양한 유형의 금속 자체에는 지위가 정해져 있었다. 또한 대응 관계의 사슬을 통해 지구의 물질은 하늘의 물질에 연계되었다. 납은 토성, 금은 태양, (퀵실버라고도 부르는) 수은은 동일한 이름의 행성인 수성과 짝을 이루었다. 구리와 주석 같은 금속을 합금하여 청동을 형성하는 것은 금속의 물리적 특성을 결합하는 것이 아니라 행성의 영향을 녹여내는 것이었다. 온갖 부류의 혼합물은 바로 이러한 이유로 힘을 가진 것으로 간주되었다. 세계가 기반 상태에서 훨씬 더 완벽한 상태로 서서히 진화하고 있다는 관념이 존재했다. 납은 결국 금이 될 수 있었다. 그리고 연금술은 그저 부자가 되는 방법이 아니라 그것의 보다 더 우주론적 형태에서 세계가 완벽함으로 나아가는 속도를 높이는 수단이 될 수 있었다. 연금술은 돈에 눈이 먼 사람과 철학자가 어깨를 나란히 하는 장을 형성한다. 이것이 연금술의 수수께끼이자 힘이다.

아랍 세계는 자비르 이븐 하이얀(Jābir ibn Hayyān) 같은 여러 결정적인 인물을 배출했다. 유럽인들에게 라틴어식 이름인 게베루스(Geberus) 또는 게베르(Geber)로 알려진 자비르는 이후 화학에 결정적인 역할을 수행하는 통제된 실험을 발전시켰다. 또한 자비르는 아랍어로 된 물질의 이름의 어근 문자가 숫자와 연계되어 있고 수비학이 다양한 원소의 물리적 속성에 대한 핵심을 제공한다고 생각했다. 1144년 체스터의 로버트(Robert of Chester)는 《연금술의 구성에 관한 책Book of Composition of Alchemy》을 아랍어에서 라틴어로 번역했고, 이는 유럽에 보다 더 체계적인 틀거리를 제공했다. 보다 더 이전의 유럽에서는 재료에 대한 실험이 다양한 형태로 이루어졌다. 12세기에는 톨레도(Toledo)가 아랍어 번역의 중심지가 되었고 결과적으로 영어에 묘약, 알코올 같은 새로운 단어가 등장하게 되었다. 13세기에는 쾰른(Cologne)의 알베르투스 마그누스(Albertus Magnus)와 옥스퍼드의 로저 베이컨(Roger Bacon) 같은 중요한 인물들이 이러한 새로운 자료를 종합하여 그것을 보다 더 아리스토텔레스적인 틀거리 안에 배치했다. 로저 베이컨은 대학이라는 발상에 관심이 있었다. 베이컨에게 연금술과 점성술은 모든 대학이 포용해야 할 중요한 지식의 분야였다. 보다 실무적인 수준에서 베이컨과 그 밖의 다른 많은 사람들은 새로운 실험실에서 실험했다. 연금술은 순수하게 이론적인 문제가 아니었다. 실험의 일부 영역에 중요한 것은 증류였다. 증류는 끓이고 응축하는 연속적인 과정을 통해 액체의 구성 요소를 추출하는 방법으로, 기원전 12세기에 증류를 사용하여 향수를 만들었던 아카드인 사이에 알려져 있었다. 고대 그리스와 아랍 세계에서는 알코올을 정제하고 다양한 의료용 팅크를 창조하는 데 증류를 적용했다. 증류는 연금술 관행의 결정적인 측면으로서, 물질을 정화하거나 본질로 환원하는 방법으로 광범위하게 간주되었다.

이와 같은 실험의 이면에는 순수성에 대한 보다 더 우주론적인 차원이 자리 잡고 있었다. 많은 사람들은 세계의 다양한 사물의 기저에는 보다 더 순수하고 보다 더 단일한 물질이 자리 잡고 있고 거기에서 개별적인 특성이 분화되어 나온다고 생각했다. 그러자 이와 같은 근원(Ur) 재료를 찾기 위한 탐색이 시작되었다. 철학자의 돌(Philosopher's Stone)로 알려지게 된 이와 같은 물질의 파편을 어느 개인이 소유하고 있다는 소문이 끊임없이 돌아다녔다. 이와 같은 돌의 조각을 가지고 기반이 되는 어떤 것(예: 납)에 추가하면 그것은 보다 더 높은 금속으로 변형될 수 있었다. 그리고 그 가운데 가장 귀중한 것은 금이었다. 인체도 이와 같은 방법으로 완벽해질 수 있었다. 물론 완벽한 신체는 늙거나 죽지 않을 수 있었다. 철학자의 돌의 파편을 곱게 갈아 물에 추가하거나 능숙한 증류를 통해 얻은 지극히 정제된 액체는 영생의 묘약(Elixir of Life)으로 작용할 수 있었다. 중세와 근대 세계의 많은 사기꾼들이 철학자의 돌과 영생의 묘약에 이끌렸다. 그들은 부유하고 힘이 있으며 쉽게 속일 수 있는 사람들 앞에서 자신들이 발견한 기적을 시연해보였고 그 가운데 일부는 성공한 것으로 간주되었다.

르네상스 시대에는 대응설을 통해 연금술의 완벽한 헤르메스주의적 및 신플라톤주의적 토대가 이해되었다. 여기에서 연금술은 이른바 의화학 (醫化學, iatrochemistry)(그리스어 이아트로스(iatros)는 '의사'를 의미) 관행을 통해 의학에 접근했다.

중요한 영향을 미친 인물은 파라켈수스(Paracelsus, 1493년~1541년)였다. 파라켈수스는 진단 수단으로서의 점성술적 계산과 대부분 중세 시대 연금술에서 비롯된 화학 지식을 바탕으로 하는 다양한 종류의 치료 양식을 결합했다. 파라켈수스는 중세 시대의 사체액설을 재공식화하여 인체에 결정적인 균형은 안정성을 촉진하는 소금, 유황(연소성), 수은(유동성)의 체액 사이에 존재한다고 주장했고 하나의 체액이 그 밖의 다른 두 체액과 분리되면 질병이 발생한다고 말했다. 파라켈수스가 의학에 대한 연금술적 접근법과 점성술적 접근법 방식에서 갈라져 나오기 시작한 것은 일부 유형의 질병이 신체의 바깥에 있는 행위자의 공격으로 인한 결과라는 생각이 커지면서부터였다. 이를 통해 파라켈수스는 매균설의 기틀을 마련했다. 파라켈수스는 비교적 최근에 아메리카 대륙에서 유입된 매독에 관심을 가졌고 아편을 원료로 하는 아편제(劑)를 개발하여 통증을 완화하는 데 도움을 주었다. 대응설을 적극적으로 추종했던 파라켈수스는 '무기 연고(軟膏)'로 유명해(또는 오히려 악명 높아)졌다. 파리켈수스는 우선 단검에 찔린 사람의 상처를 화합물로 치료한 다음 상처의 치유 속도가 빨라지기를 바라는 마

음으로 상처에 바른 것과 같은 연고를 그 사람을 찌르는 데 사용된 단검에
도 발랐다. 파라켈수스가 어리석은 사람이 아니었다는 것은 확실했다. 단
검에 연고를 바르는 것이 우리에게는 기괴한 행위처럼 보임에도 불구하고
그것은 15세기와 16세기에 그토록 많은 사람들이 따랐던 대응 관계의 논
리가 가졌던 힘을 보여준다.

　　연금술은 이해하기 어렵고, 암시적이며, 암호화된 언어로 기록되어 있
는 것으로 악명이 자자했다. 이것은 보다 더 진지한 숙련자들이 자신들의
발견이 비입문자들에 의해 도용되는 것을 원하지 않았기 때문이기도 하지
만 이른바 지식을 갖추지 못한 연금술사들이 자신들이 이해하지 못하는
사물을 이해하는 척할 수 있었기 때문이기도 하다. 예나 지금이나 이 둘을
구분하기는 어렵다. 연금술은 부자가 될 수 있는 기회를 제공했고 그것의
바탕을 이루는 위대한 지식은 종종 보다 더 미숙하고 보다 더 글을 잘 읽지
못하는 사람들에 의해 악용되었다. 중세 시대와 초기 근대 시대 마법의 그
밖의 다른 위대한 분야인 점성술도 그러했다.

점성술

셰익스피어가 가장 위대한 희곡을 남긴 16세기 말부터 1660년 잉글랜드
의 왕정복고(Restoration of the monarchy) 시대 사이에, 주로 두 명의 점성술사
가 행한 8만 건이 넘는 점성술 상담 기록이 존재한다. 그들은 우리가 1장
에서 살펴본 것처럼, 사이먼 포먼과 리처드 네이피어이다. 포먼은 1597년
네이피어에게 점성술 과학의 원리를 가르쳤고, 포먼이 런던에서 상담을 행
하는 동안 네이피어는 자신이 교구 목사를 지내고 있던 버킹엄셔의 그레이

트 린포드(Great Linford)로 돌아갔다. 네이피어는 (포먼의 기록이 포함된) 자신
의 기록을 조카인 리처드 네이피어 경에게 남겼다. 역시 점성술을 행했던
리처드 네이피어 경은 자신의 고유한 상담 기록을 추가하면서 1660년대까
지 공동 연구의 역사를 이어나갔다. 이러한 모든 기록은 엘리아스 애쉬몰
(Elias Ashmole)(1683년 자신의 이름을 담은 애쉬몰 박물관(Ashmolean Museum)을 설
립)의 손에 넘어갔는데, 1677년 애쉬몰이 그 기록을 옥스퍼드 대학교에 기
증하면서 현재 그 기록은 옥스퍼드 대학교의 보들리언 도서관에 소장되어
있다. 대부분의 기록은 최근 디지털화되었고 우리는 21세기에 걸맞은 형
태로 변모한 기록들을 웹을 통해 새롭게 참조할 수 있다. 인터넷에서는 점
성술, 포먼 및 네이피어에 대한 유용한 배경 정보, 포먼을 바탕으로 만든 비
디오 게임을 포함한 부가 정보도 함께 제공되고 있다.[14] 초기 근대 시대 유
럽에서 이루어진 점성술 연구에 대한 단일한 기록으로서는, 가장 방대한
기록인 이 모든 기록은 당시의 사람들이 점성술을 얼마나 진지하게 바라
보았는지를 보여준다.

　　이 기록물에 포함된 8만 건의 기록은 오늘날 우리가 전문가를 찾아가
는 것과 동일한 방식으로 포먼과 네이피어를 방문하여 돈을 지불하고 조
언을 받은 6만 명 이상의 사람들로부터 비롯된 것이다. 의뢰인들의 질문
가운데 약 90퍼센트는 질병과 관련된 것이었고 나머지는 결혼, 직업 전망,
실종자, 주술, 법적 소송 등에 관한 것이었다. 의뢰인은 하인부터 귀족, 어
린이부터 노인에 이르는 동시대 사회의 스펙트럼을 나타낸다. 포먼을 방
문한 의뢰인의 대부분은 런던에서 온 사람들이었다. 예를 들어 우리는 셰
익스피어가 세 들어 산 집의 여주인이 포먼에게 자신의 천궁도를 점쳐달
라고 의뢰했다는 것을 알고 있다.[15] 반면 네이피어를 방문한 사람들은 주
로 잉글랜드 중남부에서 온 사람들이었다. 포먼은 질문, 진단, 답변을 기록

하는 체계를 발전시켜 충실하게 기록했다. 네이피어는 동일한 체계를 채택했지만 조금 더 다양한 내용을 기록했다. 기록에는 환자의 이름, 나이, 그들의 상태에 대한 몇 가지 세부 사항, 의뢰인의 질문, 질문이 제기되었을 때 행성과 황도 12궁의 위치에 대한 천궁도가 포함된다(그림 9.2). 대부분의 사례에서는 치료법이나 반응도 시사된다. 따라서 질병의 경우 약초, 사혈, 하제(下劑)가 필요했다. 약 25퍼센트의 사례에서는 환자의 소변이 묘사되어 있는데, 포먼에 비해 네이피어는 소변을 진단 도구로서 보다 더 중요하게 여겼다. 아주 이따금 혈액 샘플도 채취했다. 때로는 천궁도와 그 밖의 다른 수단(예: 주사위 던지기를 통한 점복)이 결합되었다. (대천사에게 어떤 방법으로 질문을 던졌는지는 불분명함에도 불구하고) 1,000건이 넘는 사례에서는 대천사에게 질문을 던지기도 했다. 건강과 관련된 문제를 살펴볼 때, 정신적 건강과 신체적 건강을 구분하지는 않았다.

포먼과 네이피어는 다양한 형태의 점성술을 행했다. 지금까지 가장 흔한 형태는 별자리 상담으로, 질문을 하는 순간의 행성과 별의 위치를 구체적으로 알려주는 것이었다. 당시에 알려진 행성은 (많은 사람들이 행성이 아닌 것으로 이해했지만 행성계는 태양과 달의 존재를 바탕으로 하므로) 태양과 달, 수성, 금성, 화성, 목성, 토성, 이렇게 7개였다. 이 무렵에는 다양한 날짜와 시간에 대한 행성의 위치 기록이 천체력(天體曆, Ephemerides)이라고 불리는 표에 수집되어 점성가가 참조할 수 있었다. 그 밖의 다른 형태의 점성술도 행해졌지만 흔한 것은 아니었다. 거기에는 병에 걸리거나 잠자리에 드는 순간의 천체의 위치를 파악하여 불운의 원인을 밝히는 의학 점성술, 미래의 어느 시점에 대한 행성의 위치를 예측하여 원하는 행동 과정을 취하기에 길할 수 있는 순간을 확인하는 데 필요한 제비뽑기, 이미 일어난 행동의 원인이나 결과를 예측하기 위해 천궁도에 질문을 던지는 점성술이 포함되었

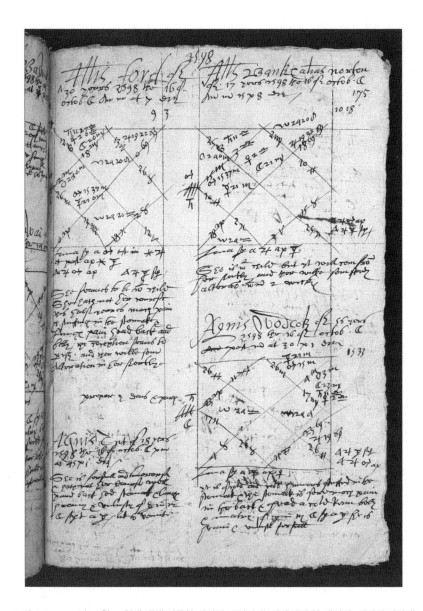

그림 9.2. 1598년 10월 16일에 대해 기록한 사이먼 포먼이 쓴 사례집의 한 페이지. 의뢰인 각각에 대한 천궁도가 다이아몬드 모양과 도형의 형태로 그려져 있고 질문과 진단에 대해서도 기록되어 있다.

다. 상담을 의뢰한 사람의 출생 당시 별자리를 도표화하여 그들의 인생의 전반적인 과정을 조명하는 탄생 천궁도도 인기가 있었다. 훨씬 더 광범위하고 보다 더 비인격적인 것은 이른바 자연 점성술이었다. 자연 점성술은 (태양 광선과 비슷하게 보이는) 천체의 광선이 지구의 일반적인 상태에 미치는 영향에 대한 과학이었다. 자연 점성술은 악의적인 행성이나 혜성의 결합으로 전쟁, 기근, 전염병, 지진이 발생할 수 있다고 생각했다. 포먼과 네이피어는 자연 점성술에 대해 특별한 관심을 가지지 않았던 것으로 보인다.

포먼과 네이피어의 기록이 제공하는 사람들의 내밀한 삶에 대한 방대한 세부 사항에서 보다 더 광범위한 몇 가지 결론을 도출할 수 있다. 네이피어는 44년 동안 그레이트 린포드의 교구 목사였고 독실한 그리스도교도였다. 존 오브리(John Aubrey)는 '그의 무릎에는 기도하느라 배긴 굳은살로 가득했다'고 말할 정도였다.[16] 교회에서는 점성술 관행을 삐딱한 눈으로 보았음에도 불구하고 네이피어가 책망을 받았던 흔적은 없다. 점성술을 행하는 것도 여전히 크게 금지되지 않았다. 덕분에 네이피어는 유용한 여분의 수입을 얻었다. 또한 네이피어는 부적을 처방했고 이따금 축귀를 수행했다. 포먼은 보다 더 논란이 분분한 특징을 가진 인물로, 다양한 공식 기관과 마찰을 빚기도 했지만 마찰의 원인이 점성술이었다는 흔적은 없다. 인상적인 것은 포먼이 자신이 죽을 날을 정확하게 예측했다는 것이다. 훨씬 더 중요한 것은 그들에게 상담을 의뢰한 사람들의 수가 눈에 띌 정도로 많다는 것이다. 상당히 많은 사람들이 또 다른 문제를 해결하기 위해 포먼과 네이피어를 다시 찾아와 새로 상담을 받았다. 분명하게도 점성술은 17세기와 그 이후에도 사회의 각계각층에 있는 사람들에게 당연한 것으로 받아들여졌다. 점성술은 많은 사람이 아프거나, 곤경에 처하거나, 중요한 결정을 앞두고 있을 때 최후의 수단이 아닌 최초의 수단으로 채택하는 관행이었다. 교회는 이를 묵인했을 뿐 아니라 사제들이 점성술사로 활동하는 것을 비교적 흔쾌하게 받아들였다. 우리는 네이피어 외에도 점성술사로 활동했던 그 밖의 다른 사제에 대해 알고 있다. 포먼과 네이피어는 자신들의 방법을 진지한 태도로 대했다. 때로는 사례 간의 상호 참조를 통해 어떤 것이 효과가 있고 어떤 것이 효과가 없는지 확인했다. 특히 네이피어는 질병의 발병 시점, 상담 시점 등 상이한 시기를 포괄하는 여러 도표를 만들어, 자신의 기술과 절차를 연마하고 싶어 했다는 느낌을 준다. 두 사람이 모두 자신들이 믿지도 않는 관행을 통해 사람들을 속여 이득을 취했다는 것은 어불성설이다.

그들의 관행은 비정상적인 것이 아니라 정상적인 것이었다. 그들이 남긴 기록에는 그 밖의 다른 점성술사들의 이름이 기재되어 있다. 적어도 (11세기에서 14세기까지의) 성기 중세 시대로 거슬러 올라가는 이러한 유형의 관행은 18세기와 그 이후에도 이어졌다. 이러한 시대에 잉글랜드에서는 많은 사람들이 점성술사를 아마도 정기적으로 방문하여 자신들이 삶에서 직면한 가장 중요한 문제를 논의했을 것이다. 포먼과 네이피어의 점성술에서 특이한 측면이 있다면, 그것은 그들의 기록이 현재까지 살아남아 오늘날의 연구자들이 훌륭한 기술을 이용하여 정리하고 분석할 수 있다는 것이다.

점성술은 오랜 역사를 가지고 있고 어떤 면에서는 그 발전과 전수에 있어 연금술과 유사하다.[17] 우리가 3장에서 살펴본 것처럼, 메소포타미아인들은 수천 년에 걸쳐 점성술적 목적으로 천문을 관측했다. 이것은 그리스와 로마 세계로 유입되었고 아랍의 지식으로 이어졌다. 12세기와 13세기에 진행된 번역 프로젝트는 아랍어로 기록된 점성술 텍스트를 라틴어로 바꾸어, 고대 세계의 텍스트에 합류시켰다. 그 가운데 가장 중요한 것은 프톨레마이오스의《테트라비블로스*Tetrabiblos*》였다. 프톨레마이오스는 출생 시신체의 체액적 기질은 그 당시 지구의 대기에 영향을 미치는 행성의 특징에 의해 영향을 받는다고 주장했다. 이러한 발상은 행성과 천체의 영향을 결정하는 데 필요한 수학적 계산과 더불어 중세 유럽으로 흘러들어갔고, 포먼과 네이피어 같은 일상적인 점성술사들에게 직접적인 영향을 미쳤다.

인체는 점성술과 연금술이 만나는 지점이다. 중세 시대와 초기 근대 시대의 안녕에 대한 구상에서, 인간의 건강에 미치는 다양한 영향은 오직 사체액설을 바탕으로 하는 신체의 화학 작용과 더불어 출생 순간, 상담 당시 또는 보다 더 장기적인 운동을 통해 결합되는 행성과 별자리를 통해서만 완벽하게 이해될 수 있었다. 당시에는 오늘날의 우리가 정신적 건강과 신체적 건강으로 간주하는 것을 구분하지 않았고 당시에는 아직 정신과 신체를 분리하지 않았다. 사람들은 전체로서 그리고 우주의 일부로서 취급되었다. 이것은 가장 광범위한 의미의 총체적인 의학이었고 근대적인 구상과 관행을 돋보이게 한다. 특히 우리는 인간의 전인성(全人性)과 우리를 둘러싼 세계와 우리의 관계의 중요성을 점점 더 많이 의식하고 있다.

이제 우리는 초기 근대의 세계에 대한 관념의 복잡성 가운데 일부를 이해할 수 있게 되었다. 초기 근대의 사람들은 오늘날 우리가 과학적이라고 생각하는 요소와 보다 더 마법적이라고 생각하는 요소를 결합하고 있었다. 그들의 작업에서는 삼중 나선의 세 가지 측면인 마법, 종교, 과학이 모두 분명하게 결합되어 드러난다. 종종 마법사라는 꼬리표가 붙는 존 디(1527년-1609년)와 이성의 시대(Age of Reason)의 탄생에 기여한 인물로 간주되는 전형적인 초기 과학자인 아이작 뉴턴(1643년-1727년)은 동시대의 사고의 온갖 영역을 아우르는 인물이다. 존 디의 탄생부터 아이작 뉴턴의 죽음에 이르는 200년이라는 기간은 우리를 중세 시대 말부터 계몽주의 시대로 데려간다.

학문적 마법과 과학
: 존 디와 아이작 뉴턴

엘리자베스 여왕 시대의 '마술사'라는 수상쩍은 평판으로 오늘날까지 논쟁의 대상이 되고 있는 존 디와 근대 과학의 창시자인 아이작 뉴턴을 비교하는 것은 많은 사람들에게 의미 없는 비교이거나 심지어 불경스러운 비교처럼 보일 것이다. 존 디의 죽음과 뉴턴의 탄생 사이에는 한 세대 정도의 시간적인 차이가 있다. 존 디는 헨리 8세(Henry VIII)의 통치와 종교개혁이 유발한 격동의 시대를 겪으면서 성인이 되었고 인생의 어느 시점에 가톨릭교에 공감했다. (개신교도들이 가톨릭교를 비판하는 결정적인 이유가 가톨릭교가 마법적이라는 점에 있었다는 것은 중요하다.) 뉴턴은 우주의 작동을 이해하는 이성의 힘을 보여주는 패러다임적 사례인 계몽주의적 사고의 모형을 탄생시키는 데 기여했다. 그러나 두 사람은 보기보다 훨씬 더 유사했다. 세 가지 법칙으로 아인슈타인(Einstein)이 등장하기 이전까지의 물리학의 기초를 제공했지만 그럼에도 불구하고 연금술, 점성술, 성서의 예언에 많은 시간을 할애했던 뉴턴은 당대의 수학, 지도 제작, 천문학에 매우 정통했던 마법사 존 디를 반영하는 인물이었다. 존 메이너드 케인스는 뉴턴이 최초의 과학자가 아니라 오히려 최후의 마법사라고 말했다. 오늘날 사람들은 존 디에 대해 보다 더 긍정적인 측면에서 관심을 보이고 있다. 영국 박물관의 계몽주의 갤러리(Enlightenment Gallery)에서는 존 디의 마법 장비를 전시했고, 런던에 자리 잡은 왕립 외과 협회(Royal College of Physicians)에서는 존 디의 서재와 그 밖의 다른 자료를 특별 전시했으며, 데이먼 알반(Damon Albarn)과 루퍼스 노리스(Rufus Norris)가 창작한 오페라 〈닥터 디Dr Dee〉가 공연되었다.

　나는 존 디와 뉴턴의 관행과 사고에서 반향을 탐구할 것이다. 여기에는 보다 더 광범위하고 중요한 요점이 있다. 우리는 르네상스 시대를 구성하는 다양한 사고와 영향을 절충주의적으로 혼합한 것 가운데 오늘날의 원형이라고 느껴지는 몇 가지 가닥을 선택하는 경향이 있다. 이때 우리는 근대 과학의 기원을 우선시하여 선택하고 마법적 사고는 괴이하고 시대에 맞지 않는 것으로 치부하는 경향이 있다. 우리가 보기에 뉴턴은 소중한 과학의 조상이고 존 디는 마법이라는 막다른 길을 추구했던 인물이다. 그러나 존 디와 뉴턴의 두뇌와 신체 내에는 과학과 마법을 풀어낼 수 없는 방식으로 뒤섞는 믿음과 가설이 존재했다. 예를 들어, 두 사람 모두 빛의 본질에 관심이 있었고 수정과 거울의 굴절 특성을 오늘날의 우리에게 호소력을 가지는 물리적인 측면에서 사고했다. 반면 오늘날의 우리는 공감할 수 없는 사고도 있었다. 즉, 그들은 빛을 천사의 작용에서 발산한 것으로 간주했다. 뉴턴의 중력 관념은 존 디가 기틀을 마련한 것이었다. 존 디는 별과 행성이 인간에게 미치는 영향을 설명하기 위해 힘을 상정했고 이것은 점성술의 토대가 되었다. 르네상스 시대는 지금보다 더 정통적인 시대였다. 그러나 매우 풍부하고, 비옥하며, 이것저것이 뒤섞인 특징 덕분에 모순이 겉으로 드러나는 불안정한 시대였고, 덕분에 사고의 생산성이 높아졌다.

물론 존 디와 뉴턴은 문화적으로 다른 시대를 살았고 다른 사고를 가지고 있었다. 존 디는 격동기였던 16세기를 살아간 인물이었다. 헨리 8세의 시대부터 왕실 궁정의 언저리에 머물면서 군주에게 마법 조언을 제공했던 존 디는 높은 지위에 올랐던 것만큼이나 큰 좌절을 겪었다. 정치적으로 불안정했을 뿐 아니라 왕실의 호의를 얻기를 바라는 마음으로 자신의 사고와 접근법을 끊임없이 수정해야 했기 때문에 존 디는 일관된 노선의 사고나 연구를 발전시킬 수 있는 안정적인 여건을 확보하지 못했다. 덕분에 존 디가 기록한 작업의 내용은 방대하지만 압도적으로 이질적이다. 존 디는 헨리 8세가 비교적 최근에 설립한 케임브리지에 자리 잡은 트리니티 칼리지의 펠로우였지만 생활하는 데 필요한 충분한 수입을 얻지 못했던 반면, 뉴턴은 학생 신분으로 트리니티 대학에 입학하여 펠로우십을 통해 자신의 연구를 성숙시키는 데 필요한 안정적인 여건을 마련했다.

뉴턴은 찰스 1세(Charles I)에 맞선 반란으로 인해 불안정한 정치적 세계에서 태어났지만 왕정복고 시대에 성인이 되었다. 평생 동안 군주들로부터 끊임없는 지원을 받았고 군주제의 보루인 왕립학회(Royal Society)를 통해 《자연철학의 수학적 원리*Philosophiæ naturalis principia mathematica*》를 출판했다. 마법사로서 추정되는 평판만큼이나 불안정했던 존 디의 삶과 경력은 존 디의 지적 발전을 저해했을 수 있다. 여기에서 뉴턴의 삶과의 대비가 중요해진다. 뉴턴은 보다 더 일관된 자연철학을 구축할 수 있었고, 후대의 사람들은 그 가운데 과학적인 측면을 강조했다. 존 디의 사고와 저술이 뉴턴의 것보다 더 혼란스러워서 후대에 그 의의가 퇴색된 것은 사실이지만, 존 디의 사고에서 보다 더 마법적인 부분이 존 디가 미쳤던 영향을 압도한 탓에, 존 디는 후대의 지성사와는 별다른 관련이 없는 인물로 인식되었다.

존 디의 연구와 그의 사상을 간단히 요약하는 것은 불가능하다. 우주의 작동을 이해하고자 하는 욕망뿐 아니라 처음에는 잉글랜드에서, 그 다음에는 유럽 대륙에서 왕실 궁정에 한 자리를 마련해야 할 필요성이 존 디에게 동기를 부여했다. 마법 관행과 힘은 연계되어 있었다. 군주들은 연금술을 통해 또는 철학자의 돌을 창조함으로써 부의 새로운 원천을 찾는 데 관심을 가졌고, 천사의 개입을 통해 군사력을 획득하기를 희망했으며, 개별 사건의 형태나 개인의 전기 및 경력에 대한 예지를 통해 미래를 예측하는 능력을 갈망했다. 존 디는 자신이 이러한 모든 영역과 그 밖의 다른 영역에 대해 어느 정도 숙달했다고 주장했다. 존 디가 사기꾼이어서 이와 같은 주장을 펼쳤던 것은 아니었다. 존 디는 효과가 있다고 믿었던 이론의 집합체와 관행의 집합체를 바탕으로 연구를 수행했다. 존 디의 관행에는 언제나 실험적인 측면이 있었다. 존 디의 철학을 뒷받침하는 것은 그리스도교와 협력하여 작용하는 당시의 신플라톤주의였다. 신플라톤주의와 그리스도교를 종합하면 허상에 불과한 삶의 외양의 기저에 자리 잡은 궁극적인 실재의 일체감을 강조하는 데 도움이 되었다. 철학자의 돌은 흙, 공기, 불, 물이라는 네 가지 기본 원소를 하나로 결합하여 세계 속에 존재하는 만물의 속성을 지닌 단일한 요소를 만들어낼 수 있는 존재로 여겨졌다. 철학자의 돌은 납을 금으로 변형하는 연금술을 가능하게 할 수 있었지만 우주에 대한 근본적인 이해를 촉진할 수 있는 존재로도 여겨졌다.

모든 세계 종교의 기저에 자리 잡고 있는 합일을 탐색했던 유대교 사고, 즉 그 자체로 무한의 지혜에 가까울 수 있는 비롯된 카발라의 가르침이 추가적인 영향을 미쳤다. 카발라 가르침의 한 분야는 언어에 대한 연구를 촉진하는 것이었다. 그러기 위해 글자, 특히 히브리 알파벳의 기하학적 구조를 채택하고 그 밖의 다른 문자에서 발견할 수 있는 보다 더 기본적인 모양을 탐색했다. 목표는 인간 문자의 기본적인 기하학적 구조를 창조하는 것이었다. 또한 우리가 7장에서 살펴본 것처럼 글자에는 숫자 값이 부여되었다. 따라서 단어를 숫자로 치환할 수 있었다. 유일신의 말의 마지막 조용한 울림은 모든 인간의 언어에서 여전히 희미하게 들릴 수 있었고, 유일신의 말은 우주의 실제 모양과 일치했다. 존 디 및 이 무한히 복잡한 사고의 가닥을 따르는 그 밖의 다른 많은 사람들에게 지식은 경험적으로 발견되거나 정리나 공식으로 증류되는 것이 아니라 유일신이 적절하게 호의를 베푼 사람들에게 드러내지는 것이었다. 계시를 탐색하는 것은 영적이고 도덕적인 노력이었다. 계시는 지식만을 통해 얻을 수 있는 것이 아니었다.

벨기에 루뱅(Louvain)에서 공부한 존 디는 1548년 8월에 대학에 입학하여, 무엇보다도 케임브리지에서 획득한 산술, 기하학, 원근법, 천문학을 바탕으로 지도 제작자 헤르하르뒤스 메르카토르(Gerardus Mercator)(가장 많이 사용되는 지도 투영법의 창시자)와 함께 점성술에 집중했다. 존 디는 일반적으로 '세계의 이러한 원소적인 부분에서 실제로 일어나는 천상의 영향과 작용'에 관심이 있었고, 특히 별에서 빛과 함께 발산되는 '천상의 미덕 광선'을 측정하는 데 많은 관심을 보였다.[18] 하늘에 떠 있는 별의 각도, 별의 운동, 별과의 거리를 계산하면 변화하는 별의 영향을 설명하는 데 도움이 될 수 있었다. 가장 강력한 광선은 수직 광선이었다. 1555년까지 루뱅에서 개발한 도구를 사용하여 수천 번의 측정을 수행한 존 디는 자신이 점성술에 새롭게 확보한 경험적 근거를 제공하고 있다고 느꼈다. 존 디가 행한 가장 유명한 점성술은 엘리자베스 1세의 대관식에 가장 길한 날짜를 결정하는 것이었다. 존 디는 오랜 계산 끝에 그 날짜를 1559년 1월 15일로 정했다. 불안정한 군주이자, 개신교도이자, 여성이었던 엘리자베스 여왕에게 대관식의 본질과 그 무대는 지극히 중요했다. 점성술에 의해 대관식 날짜가 결정되었다는 것은 (다소 짧은 기간이었음에도 불구하고) 존 디가 그랬던 것처럼 점성술이라는 기법이 얼마나 존중받았는지를 알려주는 표식이다. 영국 박물관에는 존 디와 연결된 다섯 개의 물건이 소장되어 있다. 거기에는 수정 구슬, 수학 및 마법 장치가 음각되어 있는 밀랍 인장, 아즈텍에서 유래한 흑요석 거울, 금으로 만든 부적(존 디와의 연계는 다소 수상쩍음), 천사들이 존 디의 동료인 에드워드 켈리(Edward Kelley)에게 보여준 환상의 한 장면이 음각되어 있는 밀랍판이 포함된다.

존 디는 평생 동안 계시를 추구했다. 그것은 존 디를 그의 활동에서 가장 논란이 분분한 측면으로 이끌었다. 바로 천사와 대화를 나누는 것이었

그림 9.3. 존 디가 소유했던 밀랍판, 수정 구슬, 흑요석 거울, 금으로 만든 원반.

다. 존 디는 어머니로부터 물려받은 템스강 모트레이크(Mortlake)에 있는 커다란 주택에 연구소를 설립하기 위해 애썼지만 귀족과 왕실의 지원을 받는 데 실패했다. 그럼에도 불구하고 모트레이크에 자리 잡은 주택에는 유럽 전역에서 유명해진 존 디의 도서관뿐 아니라 다양한 유형의 실험실이 갖춰져 있었다.

　그림 9.4에서 우리는 존 디의 구체적인 모습을 확인할 수 있다. 키가 크고, 수염을 길렀으며, 검은색 의복을 차려 입은 존 디가 모트레이크에 자리 잡은 자신의 주택에서 실험을 하고 있는 모습이다. 존 디는 연소를 유발하거나 불을 끄기 위해 두 가지 요소를 결합하는 실험을 '행동'이라고 불렀을 수 있는데, 둘 중 어느 것을 위한 실험을 진행하고 있는지 우리는 알 수 없다. 엘리자베스 1세 여왕과 여왕의 궁정에 소속된 다양한 권력자들이 이

그림 9.4. 모트레이크에 자리 잡은 자신의 주택에서 엘리자베스 1세 여왕이 지켜보는 가운데 실험을 시연하는 존 디.

실험을 열심히 지켜보는 모습이 보인다.

존 디의 뒤에는 논란의 대상이 된 존 디의 조수 에드워드 켈리가 앉아 있다. 켈리는 위조 범죄에 대한 형벌로 잘린 두 귀를 숨기기 위해 긴 두건을 쓰고 있다. 1580년대부터 존 디는 주로 그의 수석 점쟁이인 켈리를 통해 다양한 영혼 및 천사들과 대화를 나누려고 시도했고 이러한 실체들과 나눈 대화는 존 디가 《신비로운 다섯 권의 책*Mysteriorum libri quinque*》이라고 부른 책에 기록되었다. 존 디와 켈리는 유일신의 언어로 기록된 외경 《에녹서 *Book of Enoch*》를 재현하려고 시도했는데, 이 책은 세계 내에서 막대한 힘을 가진 책이었다. 켈리는 수정 구슬과 아즈텍에서 유래한 거울을 통해 많은 영혼과 대화를 나눴다. 거기에는 대천사 미카엘(Michael)뿐 아니라 우리엘 (Uriel)과 아나엘(Anael) 같은 보다 더 서열이 낮은 영혼도 포함되었다. 이들은 모두 상이한 시기에 단어뿐 아니라 존 디가 재현하려고 시도했던 일련의 도식과 표식도 드러냈다. 존 디의 궁극적인 관심은 존 디가 '순수한 진리'라고 언급했던 것, 즉 가시적인 세계의 기저에 자리 잡고 있는 신성한 형태와 물질이었다. 존 디는 유클리드 기하학, 헤르메스주의 철학, 신플라톤주의, 연금술을 모두 사용하여 겉으로 드러난 것 아래에 존재하는 영원한 것에 도달하고자 했다. 존 디와 켈리는 함께 유럽 전역을 여행하며 프라하 성(Prague Castle)에서는 루돌프 2세 황제(Emperor Rudolf II)를, 크라쿠프(Kraków) 근처의 니에포워미체 성(Niepołomice Castle)에서는 폴란드 왕 스테판 바토리(Stephan Báthory) 왕을 알현했다. 프라하(Prague)에서 켈리는 서머셋의 글래스톤베리 수도원에서 가져온 흙을 이용하여 금을 창조한 공로를 인정받아 존 디보다 높은 위치에 올랐다.

존 디는 셰익스피어의 《템페스트 *Tempest*》에 등장하는 인물인 프로스페로(Prospero)의 모형일 가능성이 높다. 프로스페로는 섬에 갇혀 오지도 가지도 못하게 된 사이 요술을 익힌 이탈리아 귀족이다. 《템페스트》 1막에서는 프로스페로를 따르는 영혼인 에어리얼(Ariel)이 폭풍을 일으켜 (이 희곡의 제목은 이 내용에 착안하여 지은 것이다.) 프로스페로를 무너뜨리려는 사람들의 뜻을 꺾는다. 16세기 후반 영국 본토와 유럽의 복잡한 지적, 종교적, 정치적 조류를 헤치고 나아가기 위해 평생을 고군분투했던 존 디는 런던에서 아마도 자신이 소장한 책을 팔아 끼니를 해결해야 했을 정도로 가난하게 살다가 사망했다. 존 디가 사망한 뒤에도 존 디의 평판은 살아생전과 유사하게 낮았다. 오직 지난 수십 년 사이에 존 디에 공감하는 학자들이 전체로서의 존 디의 관행과 지식에 대해 어느 정도 이해하게 되었다. 덕분에 존 디의 위치는 초기 근대 유럽에서 기이한 것으로 치부되는 것들을 모아둔 변방에서 (여전히 논쟁의 여지가 있음에도 불구하고) 보다 더 중심적인 위치로 옮겨가게 되었다. 살아생전과 죽은 뒤 모두에서 존 디의 평판은 뉴턴의 평판과

극명한 대조를 이루었다. 뉴턴의 경우 마법 관행만이 유일한 오점인 것처럼 보였다 마법 관행만 아니었다면 계몽된 지성으로 남았을 평판에 마법 관행이 어두운 그림자를 드리웠기 때문이다.

뉴턴은 점성술을 제한적인 범위에서 행했지만, 뉴턴의 주요 열정 가운데 하나는 연금술이었다. 뉴턴은 존 디 및 그 이후의 많은 사람들과 유사한 방식으로 세계에서 겉으로 드러난 다양성의 기저에 자리 잡고 있는 물질과 인과의 합일을 추구했다. 그리고 그 밖의 다른 많은 사람들이 그랬던 것처럼 뉴턴도 우주의 기저에 자리 잡고 있는 이루는 합일의 핵심으로서 철학자의 돌(그림 9.5)을 추구했다.

위에서 언급한 것처럼, 뉴턴의 연금술 연구에 대한 최근의 사고는 급격하게 변화했다. 과거에는 뉴턴의 연금술 연구를 일종의 탈선이나 위대한 인물인 뉴턴의 부끄러운 결함으로 보았다면 최근에는 연금술을 뉴턴의 작업과 사고에 중심적인 것으로 여긴다. 뉴턴은 실험실 연구에 많은 시간을 할애했는데, 처음에는 트리니티 칼리지의 자기 방에서 두 개의 용광로를 가동했고(오늘날 트리니티 칼리지의 보건 및 안전 책임자가 여기에 어떻게 대응했을지 상상해 보면 흥미롭다.) 나중에는 트리니티 칼리지 출입문 근처에 자리 잡은 작업장을 빌려 활동의 범위를 확장했다. 수년간의 강도 높은 실무 작업은 헤르메스주의 철학에서 데카르트(Descartes)에 이르는 매우 광범위한 텍스트를 읽으면서 보완되었다.

뉴턴에게 물리학 및 연금술 사고는 모두 우주에 대한 근본적인 진리에 도달하기 위한 도구였다. 뉴턴은 우주의 전체 작동을 이해할 수 있도록 지원할 수 있는 기본 이론을 찾고 있었을 가능성이 있다. 이와 같은 이론은 인류사에서 가장 이른 시기부터, 아마도 타락(Fall) 이전부터 알려져온 이론일 것이므로 뉴턴은 새로운 무언가를 발전시키는 것이 아니라 고대의 지

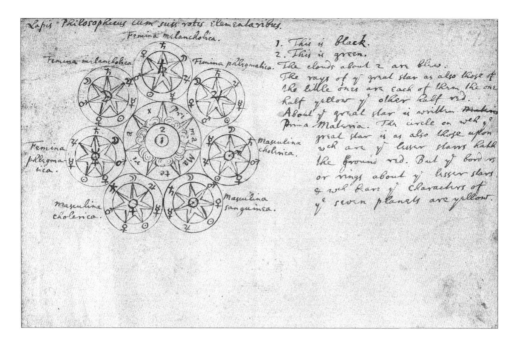

그림 9.5. 뉴턴이 철학자의 돌의 속성을 스케치한 그림.

혜를 발견하는 것이라고 느꼈을 것이다. 이러한 관심사를 추구하면서 뉴턴
은 부분적으로 변모에 초점을 맞췄다. 뉴턴은 기계적 과정과 식물적 과정
을 구분했다. 후자는 목표 지향적인 과정으로, 식물이 성장하고 성숙하며
죽는 과정에 필요한 구성 요소를 동원할 수 있었다. 뉴턴과 그 밖의 다른 연
금술사들은 물질의 미세 구조 수준에서 일어나는 재료의 변모를 통해 식물
의 성장을 반영하고 구성 요소를 완전히 새로운 형태로 동원할 수 있는 방
법을 찾고 있었다. 연금술은 생명과 신흥 기계론적 우주를 동일한 관점에
서 이해할 수 있다는 가능성을 견지했다. 즉, 식물이 씨앗에서 자라나는 것
처럼, 어쩌면 물질 속에 아주 작은 '씨앗'이 내재되어 있어, 화학물질의 성
장을 유도하고 질적인 차이로 이어지도록 지원할 가능성이 있었다.

　뉴턴 연구를 선도하는 윌리엄 뉴먼(William Newman)은 다음과 같이 논
평했다. '사실 뉴턴은 "만물이론"을 발전시키는 데 이르렀다. 만물이론은

금속성 증기, 대기, 다양한 매질의 상호 작용과 관련되는 순환 과정에 호소함으로써 유기 생명체, 열과 불꽃의 기원, 중력, 응집력, 금속과 광물의 생성 등의 기계적 원인을 설명할 수 있는 이론이다.'[19] 새롭게 수집되었거나 새롭게 입수한 문서를 토대로 뉴턴의 연금술을 자세히 살펴보면 '뉴턴의 다양한 모습이 동시에 드러난다. 그는 연금술 암호의 수수께끼를 풀려고 애쓰면서 텍스트에 매달리는 학자이자, 연금술의 가장 불가사이한 비결을 모사하려는 실험 과학자이자, 화학적 즉, 연금술적 설명을 자연 전반에 대한 자신만의 이론에 통합하겠다고 결심한 이론가이다.'[20] 뉴턴이 추구한 보다 더 마법적인 측면은 뉴턴의 실제 사고의 이면에 자리 잡은 기이한 배후를 드러내는 것이 아니라 오히려 뉴턴의 모든 탐구가 만나고 혼합되는 중심 무대를 드러낸다. 처음에는 양립할 수 없었던 오래된 발상과 새로운 발상의 결합은 뉴턴이 아인슈타인이 등장하기 이전까지의 과학의 근본이 된 중력, 운동, 광학 이론에 박차를 가하는 계기가 되었을 수 있다. 뉴턴이 사망한 뒤 뉴턴의 연구가 어떻게 활용되었든 관계없이, 뉴턴의 의도가 기계론적 우주의 모형을 창조하는 것은 아니었다는 것은 분명해 보인다. 뉴턴의 마음 속에서 우주의 작동은 신의 작용뿐 아니라 인간도 필수적으로 결부되어 있는 보다 더 거대한 목적에 확고하게 내재되어 있는 것이었다. 연금술과 마법적 사고는 뉴턴이 우주를 총체적이고 완벽하게 이해하기 위해 시도했지만 실패한 틀거리를 형성했다. 존 디의 사고와 뉴턴의 사고는 흔히 생각하는 것만큼 멀리 떨어져 있지 않았을 수 있다.

주술

뉴턴이 마법적 사고의 밝은 측면을 나타낸다면 주술이라는 형태의 명백하고 여전히 논쟁의 여지가 있는 어두운 측면이 있었다. 주술은 많은 마법이 악성이라는 사실을 함의함으로써 마법의 평판을 훼손했다. 15세기부터 18세기까지 유럽 내부에서는 마녀에 대한 광기 어린 숙청이 이루어졌다. 그로 인해 마법이 악마와의 계약에서 비롯되었다는 사람들의 생각을 불식시키기가 더 어려워졌다.

　　유럽의 마을과 소도시에서는 많은 마법이 매일 행해졌다. 그 범위는 점성술이라는 학문적인 기예에서부터 운수 풀이 같은 비공식적인 수단을 통한 미래 예견뿐 아니라 사람, 동물, 작물을 위한 치료약의 조제, 잘 발전된 보호 방법, 이따금 행해지는 저주에 이른다. 마법의 밝은 측면은 유일신이 만든 것으로서의 우주에 대한 이해에서 비롯되고 체액이라는 발상 및 위의 세계와 아래의 세계 사이의 공감과 대응 관계라는 관념을 통해 발전했다. 흑마법은 자신들의 힘을 파괴, 살인, 혼란에 사용하기를 원했던 초기 근대 사회의 무정부주의 세력이 이와 같은 이해를 왜곡한 것으로 간주되었다. 여러 면에서 주술에 대한 두려움은 이 풍요롭지만 혼란스러운 세기들 동안 무정부 상태가 이어질 것을 염려하는 사람들의 공포에서 비롯되었다. 이 시대의 많은 사람들은 세계의 질서가 재정립되어가고 있다고 느꼈다. 악마에 대한 공감은 악성 주술의 중심에 자리 잡고 있었다. 모든 마녀가 여성이었던 것은 아니었음에도 불구하고, 거기에는 상당한 여성 혐오의 요소가 관련되어 있었고 마녀가 작은 도깨비 및 악마와 어울리는 내용의 음탕한 이야기에 대한 성적인 관심도 포함되어 있었다.

　　일부 과장된 추정치만큼 많은 것은 아니었음에도 불구하고, 마녀 재판으로 인한 사망자 수는 막대했다. 확신을 가지기는 어려움에도 불구하고, 유럽과 그 식민지에서 약 8만 명이 사망했다는 수치는 증거를 통해 검증 될 수 있다.[21] 아동이 고발되어 처형된 경우도 있었고, 아동이 자신을 부마 시켰다는 혐의로 마녀를 고발한 경우도 있었다. 유럽의 모든 지역에서 마 녀를 박해한 것은 아니었다. 마녀에 대한 고발이나 재판이 거의 없었던 지 역도 있었고 마녀에게 끔찍한 고통을 안긴 지역도 있었다. 독일 아이펠 (Eifel) 북부에 자리 잡은 슈미트하임(Schmidtheim) 사법권에는 약 50가구가 사는 마을이 있었다. 1597년부터 1635년 사이 61명의 여성과 남성이 마 녀라는 혐의로 처형되는 바람에 이 소규모 공동체가 치른 신체적, 정신적 비용은 막대했다. 이러한 재판에 대한 완벽한 기록이 원래 기소를 담당했 던 귀족 가문의 개인 기록 보관소에 남아 있다. 보존된 기록 역시 지역에 따라 불균등하지만, 최근 다양한 부류의 기록이 분석되면서 주술에 관한 대중적인 문헌 및 학술 문헌도 많아지는 추세이다.

초기 근대 유럽에서는 인쇄 문화가 출현하여 (여러 유럽 언어들로 번역된 팸 플릿, 신문, 포스터를 통해) 무시무시한 흑마법에 대한 이야기를 퍼뜨리는 한편 고문, 재판, 처형을 매우 강렬하게 묘사하는 데 기여했다. 1589년 쾰른 근 처에서 요술쟁이이자 늑대 인간인 피터 스텀프(Peter Stumpp)가 체포되었다. 이 사건에 대한 재판과 장시간에 걸친 스텀프의 처형은 네덜란드뿐 아니 라 런던(1590년)과 코펜하겐(1591년)에서도 팸플릿을 통해 소개되었다. 쾰 른은 최근 가톨릭교 지역이 되었고 피고인은 개신교도였다. 따라서 스텀 프의 남색, 근친상간, 강간, 식인 행위에 대한 기록에는 정치적 요소가 개 입되어 있을 수 있다.[22] 개신교와 가톨릭교가 분열되면서 상대방을 문자 그대로 악마화하게 된 것이다. 랭커셔(Lancashire)의 펜들(Pendle) 마녀들 사 건은 법원 서기인 토머스 포츠(Thomas Potts)가 작성한 팸플릿을 통해 유명해졌고, 후대의 판사와 배심원들은 이 기록을 참고했다. 특히 동물과 친숙하게 지내는 모습이나 마녀의 표식(악마적인 실체나 친숙한 존재가 젖을 빨 수 있는 여분의 젖꼭지)의 존재는 그 자체만으로도 유죄 판결을 내릴 수 있는 충분한 증거로 여겨졌다. 누구나 고발될 수 있었다. 고발은 다양한 형태로 이루어졌고 그만큼 다양한 유형의 증거가 제시되었다. 고발이 이루어진 뒤에는 일반적으로 신체적 고문과 정신적 고문이 뒤따랐을 뿐 아니라 마녀의 몸무게를 재거나 마녀를 물에 띄우는 악명 높은 행위가 이어졌다. 놀라울 정도로 많은 수의 마녀가 자백했는데, 아마도 교수형이나 화형만이 고통을 끝낼 수 있는 유일한 방법이었기 때문이었을 것이다. 가장 무시무시하지만 가능성이 낮은 이야기는 마녀의 안식일에 관한 이야기였다. 보통은 여성인 여러 명의 마녀가 안식일에, 동물이 보는 앞에서 악마와 어울리면서 주문이나 매혹을 계획하고 실행에 옮겼다는 이야기였다. 이와 같이 여러 사람이 정상적인 질서를 전복하는 행위는 대규모 재판과 처형으로 이어질 수 있었다.

　서유럽에서는 17세기 중반부터 마녀 재판의 빈도가 감소하지만 동유럽에서는 이 시기에 마녀 재판이 확산했다. 헝가리에서는 1650년경 대부분의 기소가 이루어져 다음 세기까지 이어졌다. 그러나 주술의 가능성은 이후 수세기 동안 계속해서 유럽을 떠돌았다. 1735년 제정된 주술법(Witchcraft Act)에 따라 영국에서 투옥된 마지막 여성은 스코틀랜드의 영매 헬렌 던컨(Helen Duncan)이었다. 던컨은 논란의 여지가 있는 인물로, 던컨의 사후인 오늘날에도 여전히 재심을 요구하며 로비를 벌이는 집단이 존재한다. 던컨의 사건은 이상한 사건이다. 투시술사로 활동을 시작한 던컨은 최근에 사망한 사람의 영혼과 소통할 수 있다고 주장하는 영매로 발전했다. 또한 던컨은 코에서 심령체를 압출했다. 던컨과 던컨의 주장은 과학적인 방법으로 시험되었고 심령체는 달걀 흰자위와 휴지 또는 때로 비단의 혼합물로 밝혀졌다. 죽은 사람과 소통하는 동안 던컨은 표백제 공장에서 시간제로 일하기도 했다. 1933년 던컨은 사기죄로 유죄 판결을 받았다. 던컨이 이미 죽은 페기(Peggy)라는 아동의 현현이라고 주장한 것이 천쪼가리로 채워진 조끼로 밝혀졌기 때문이다. 제2차 세계 대전 중이던 1944년에는 영국 군함 바햄(Barham)이 침몰했을 때 사망한 해군을 현현시켰다고 주장해 훨씬 더 심한 비난을 받기도 했다. 군함 바햄의 침몰은, 군사적인 이유로, 승조원들의 친척과 해군 공직자들에게만 알려지고 비밀에 부쳐졌다. 그러나 많은 사람들은 이 사건에 대한 소식이 생각보다 빠르게 알려진 것 같다고 느꼈다. 따라서 던컨도 항간에 떠도는 소문을 통해 이 사건에 대한 정보를 쉽게 입수했을 것이다.

던컨과 일부 조력자들은 여러 혐의로 기소되었다. 결국 사기적인 영적 활동을 배심원 재판에 회부되는 범죄로 규정한 주술법(1735년) 제4조에 따라 던컨은 유죄 판결을 받았다. 판사는 던컨이 변호의 일환으로 법정에서 자신의 능력을 시연하는 것을 금지했다. 던컨은 9개월의 징역형을 선고받았고, 많은 사람들은 걸맞지 않은 처벌이라고 생각했다. 전쟁 중에 생길 수 있는 자연스러운 수준의 두려움 덕분에 던컨을 재판에 회부해 투옥할 명분이 생겼다. 그토록 많은 사람들을 마녀로 몰아, 훨씬 더 심각한 운명을 맞게 했던, 과거의 두려움이 뒤늦게, 이상한 방식으로 나타난 것이었다. 주술은 오늘날에도 여전히 행해지고 있고 이제는 합법적인 행위가 되었다. 오늘날의 마법계에서는 종종 주술을 여성 원칙의 한 측면으로 기념한다.

초기 근대 시대의 대중적인 마법
: 물질적 증거

중세 시대 유럽과 초기 근대 시대 유럽에 다양한 두려움이 존재했음을 감안할 때, 악마나 마녀의 공격으로부터 교회와 주택을 보호하기 위해 일련의 다양한 재료와 관행이 유럽 대륙 전역에서 진화했다는 사실은 놀라운 것이 아니다. 이러한 것들 가운데 많은 것들이 이제 막 다시 조명되고 있다. 지난 수십 년 동안 중세 시대와 초기 근대 시대의 마법에 대한 일련의 새로운 주요 증거들이 출현했고, 고고학자들과 역사가들은 마법에 대한 증거들이 널리 퍼져 있는 것과 이러한 시대 동안 마법에 대한 증거들이 신앙에 대해 가지는 의미에 대해 이해하기 시작했다. 마법에 대한 증거들은 두 가지 주요 형태를 취한다. 하나는 교회와 주택에서 발견되는 보호 표식이고 다른 하나는 악마의 공격에 취약한 것으로 간주되는 주택의 일부에 신발, 동물, 수정, 병을 포함한 재료를 안치하는 것이다.

　다양한 종류의 악한 영혼이 선에 마음을 빼앗겨 그 선을 따라가지 않고는 배길 수 없다는, 기원을 알 수 없는 믿음이 널리 퍼져 있다. 만일 선에 시작과 끝이 없으면 악마, 영혼 또는 마녀가 선에 갇혀서 끝없이 선을 쫓아다니게 된다. 중세 시대부터 유럽 전역에서 일련의 원형 디자인이 발견된다. 처음 발견된 곳은 교회 안이었다. 보다 더 이른 시기에는 그것을 구조를 계획하는 데 도움을 받으려는 석공의 표식으로 여겼다. 최근 영국 교회의 그래피티를 대규모로 그리고 체계적으로 조사한 결과, 한 전문가가 '거의 전적으로 새로운 중세 자료집'이라고 부른 것이 드러났다.[23] 일부 그래피티는 기도문이나 주문의 형태를 띠는데, 이따금 바다에서 위험에 처한 사람들을 보호하는 것 같은 특별한 목적을 위한 것도 있다. 그러나 다소 혼동을 일으키는 표현인 '마녀의 표식'으로 알려진 의례적 제액(除厄) 표식이 훨씬 더 흔하다. 교회의 스타일은 유럽 전역에서 다양함에도 불구하고, 스페인 북부의 석조 교회나 노르웨이 및 동유럽 전역의 목조 통널 교회에서 발견되는 원, 데이지 바퀴 및 이와 같은 것 등은 그 형태와 빈도가 일정하다. 이러한 표식이 편재되어 있음을 감안할 때, 이와 같은 상징이 역사 기록에 언급되지 않았다는 것은 놀라운 일이다. 이것은 지금까지 알려지지 않았지만 지극히 널리 퍼진 민속 활동의 증거를 제공한다.

표식 가운데 가장 단순한 것은 단일한 원이다. 그러나 대부분은 (육엽(六葉) 무늬로도 알려져 있는) 데이지 바퀴로, 이것은 선을 원형으로 그려 구획을 나눔으로써 6장의 꽃잎[葉] 모양을 형상화한 표식이다(그림 9.6). V자 모양을 두 개 겹쳐 추가적인 표식이 창조되기도 하고, 때로는 그것을 뒤집어서 'M'자 모양을 만들기도 한다. 각 모서리에서 그려진 선이 중앙을 가로지르는 정사각형 또는 직사각형도 있는데, 이것은 이른바 '메렐(merel)'이라고 부른다. 만(卍)자, 복잡한 매듭 디자인(이른바 솔로몬의 매듭(Solomon's Knots)), 오각별로 알려진 다섯 개의 꼭짓점을 가지는 별 모양은 보다 덜 흔하다. 브리튼의 로마 시대 요새에서 발견되는 데이지 바퀴는 로마 세계에서 비롯되었을 수 있지만 그것들의 목적은 매우 상이했을 수 있다. 분명하게, 11세기부터 15세기까지는 데이지 바퀴가 교회에서 흔하게 발견된다. 그것들이 교회 내의 특정한 구역에 모여 있었는지 여부는 분명하게 말하기 어렵다. 보호 표식은 돌, 나무, 회반죽 위에 새겨졌을 가능성이 높다. 그러나 초기의 회반죽은 남아 있지 않거나 남아 있더라도 후대에 그 위에 회반죽을 다시 바르거나 채색한 것이다. 보다 더 광범위한 패턴을 분간할 수 있는 경우에는 흔히 성수반 주변에 집중되어 있다. 노픽의 스와닝턴 교회(Swannington Church)에는 명문과 기하학적 디자인을 포함하는 많은 형태의 그래피티가

그림 9.6. 다양한 종류의 육엽 무늬 및 다른 보호 표식.

있는데, 후자인 기하학적 디자인의 대부분은 성수반의 원래 위치 주변에 모여 있고[24] 동앵글리아(East Anglian) 지역의 다른 교회에서도 유사하게 분포되어 있다. 기하학적 표식은 종종 컴퍼스를 이용해 그려진 것으로 묘사되지만, 이러한 표식이 편재되어 있음을 감안할 때, 두 개의 칼날을 금속 고리로 연결한 큰 가위 같은 일반적인 도구를 이용해 그려졌을 가능성이 있다. 하나의 칼날을 한 점에 배치한 뒤 나머지 칼날을 이용하여 원의 일부 또는 전부를 묘사했을 수 있다. 큰 가위는 흔한 가정용 물건이었는데, 종종 그림이나 묘에서 여성과 연관되었다.

중세 시대 교회의 내부는 오늘날의 교회에서 볼 수 있는 외양과 매우 상이했다. 벽을 자세히 살펴보면 벽의 아래쪽은 빨간색, 검은색 또는 노란색의 밝은 색으로 칠해져 있고 벽의 위쪽에는 성인이나 그리스도의 생애를 그린 그림이 그려져 있었음을 분명하게 알 수 있다. 오늘날 흰색 교회 벽을 배경으로 그려진 그래피티는 보기가 어려울 수 있지만 채색한 회반죽에서 돌에 이르는 재료에 새겨진 많은 육엽 무늬와 그 밖의 다른 표식은 색채 배경과 대비되어 도드라져 보였다. 중세 시대 교회의 본당은 예배를 드리는 데 사용될 뿐 아니라 그 밖의 다른 다양한 공동체적 활동에 사용되는 개방적인 공공 공간이었다. 아마도 성수반을 기준으로 구분되어 있었을 것이다. 15세기 후반이 되어서야 비로소 교회 전체에 의자를 배치하거나 성단 칸막이를 추가하기 시작했다. 이 공간 내에서 5세기가 넘는 세월 동안 사람들은 모든 사람이 볼 수 있었던 교회 벽에 디자인을 새겼고, 그 후 얼마 동안은 표식을 새긴 사람과 표식의 정확한 목적을 알았을 가능성이 꽤 높다. 교회의 보다 더 광범위한 힘과 마법이 이러한 표식을 통해 동원되어, 여분의 효능과 보호적인 힘을 부여했다. 교회의 공식적인 의례의 일부가 아니었지만(그리고 라틴어 예배의 대부분은 어떤 경우에도 대다수가 이해할 수 없었을 것이지만), 이와 같은 표식의 제작은 교회의 사용과 영향력에서 받아들여지고 인식된 요소였고 많은 사람들에 의해 행해졌다.

물론 종교 개혁으로 인해 많은 것이 변화했다. 종교는 공동체의 문제에서 유일신과의 보다 개인적인 관계로 바뀌었다. 그리고 교회의 내부 공간은 상이한 사회 계층에 속한 사람들이 각자의 영역으로 제한되도록 분할되는 방식으로 재구성되었다. 가정용 건물의 건축도 변화했다. 16세기에

서 17세기 사이에 일어난 것으로 여겨지는 이른바 대개조(Great Rebuilding)
는 장소와 시간에 상당한 변동성이 있었기 때문에 지나치게 문자 그대로
받아들여서는 안 된다. 그러나 많은 가옥이 윗가지에 진흙을 발라 초벽을
세운 구조(넓은 중앙 공간과 보다 더 적은 개인 공간)에서 목재, 석재, 벽돌로 지어
진 더 영구적인 건물로 이동했다. 덕분에 가정용 공간에 보다 더 많은 개인
공간이 만들어졌고 이층집이 흔해졌다. 견고한 구조는 종종 현재까지도
지속된다. 우리는 건축 형태 자체뿐 아니라 집을 영적으로 보호하기 위해
취한 조치도 볼 수 있다. 개구부(開口部)는 취약했다. 굴뚝, 문, 창문 또는 심
지어 열쇠 구멍을 통해 마녀나 영혼이 침입할 수 있었다. 15세기 이후에는
교회가 아니라 주택에서 원, 육엽 무늬, 양식화된 글자가 발견된다. 표식의
형태는 동일했음에도 불구하고 그것들의 용도와 효능은 달라졌다. 우리가
이해하지 못한 이유로, 악마와 그 밖의 악성 세력으로부터 보호해야 할 필
요성이 교회에서 가정적인 공간으로 바뀌었다.

　초기 근대 시대에 이와 같은 표식은 중세 시대의 마법의 잔재가 아니라
진화하고 변화하는 일련의 보호 관행의 일부였다. 이러한 관행은 이제 가
정 공간에 초점을 맞춘 보다 더 사적이고 가족적인 보호 관행이 되었다. 그
것들은 무작위로 분포하는 것이 아니라 문, 창문, 굴뚝 등 주택의 입구 주변
에서 주로 발견된다. 글자는 종종 라틴어로 성모 마리아의 라틴어 이름인
마리아(MARIA)에서 비롯된다. 대문자로 쓸 경우 직선으로 그릴 수 있다.
이것들은 원과 육엽 무늬 같은 다양한 원형과 결합된다. 이와 같은 표식은
목조 문, 창틀, 벽난로뿐 아니라 장롱과 찬장 같은 중요한 가구에서도 발견
된다. 계단 아래 같은 어두운 공간에도 표식이 있었다. 서픽(Suffolk)에 있는
베드필드 홀(Bedfield Hall)은 15세기의 구조로 지어진 주택이지만 뒤이은
몇 세기에 걸쳐 개조되었다. 1620년경 만들어진 부엌 천장은 어두운 색으

로 칠해져 있었는데, 그 중앙을 떠받치는 목조 들보 양쪽에는 단순한 것부
터 복잡한 것에 이르는 다양한 원형 상징이 새겨져 있었다. 그 가운데 일부
는 점성술적 믿음에서 비롯된 별자리표를 나타낼 수 있다. 이와 같은 상징은
음식을 저장하고 준비하는 주방을 일상적으로 일어나는 화재의 위협으로부
터 보호하는 역할을 수행했다. 악마와 그의 하수인에 대한 보호는 주택 전체
와 토지로 확대되었다. 당시 베드필드 홀은 토머스 던스턴(Thomas Dunston)이
소유하고 있었다. 던스턴은 쟁기질로 대결하는 형태로 악마에게 결투를
신청한 것으로 알려져 있는 인물이었는데, 대결은 쟁기의 철제 날 부분을
끌고 가면서 작물을 재배하는 토양을 갈아엎는 방식으로 이루어졌다. 그
토양은 악마가 불러오는 화를 입기 쉬운 토양일 수 있었다.[25] 또한 표식은
헛간과 창고에서도 발견된다. 이것은 보호 범위가 동물과 저장 식량으로
확장되었음을 의미한다.

　　마녀와 악마가 식민지 개척자와 동행하면서 마법이 수출되었다. 17세
기부터 북아메리카 대륙뿐 아니라 지난 200여 년 동안 호주 대륙에는 다
양한 마법 관행이 백인 식민지 개척자들과 함께 도착했다. 그 가운데 가장
중요한 것은 보호 표식이었다. 19세기 태즈메이니아 중부의 헛간 벽에 초
기 근대 시대 영국의 관행에서 비롯되었음이 분명한 육엽 무늬가 그려져
있다는 사실은 놀라운 일이다. 후대인 19세기에 1만 2,000마일이나 떨어
진 곳에서도 육엽 무늬가 여전히 유효하게 사용되었다는 의미이기 때문이
다. 육엽 무늬는 필라델피아(Philadelphia)의 헛간뿐 아니라 노바스코샤(Nova
Scotia) 주의 묘비에서도 발견된다. 필라델피아에서 발견된 육엽 무늬는 아
마도 필라델피아로 이주해온 독일 이민자들과 연결될 것이다. 이와 같은
증거는 이제 막 인식되고 있으므로 앞으로 이와 같은 사례가 더욱 확산될
가능성이 매우 높다.

　　보호 마법의 거대한 영역 가운데 두 번째 영역은 주택의 다양한 위치에 물리적인 사물을 숨기거나 묻어두는 것이었다. 이러한 것들 가운데 가장 장관을 이루는 것은 이른바 '영적 무더기'라고 불리는 것이다. 이와 같은 무더기는 때로는 수년에 걸쳐 굴뚝 옆이나 벽 안의 빈 공간 같은 주택의 곳곳에 일상적으로 안치된 물건들의 컬렉션으로 형성된다. 이와 같은 무더기가 어떤 방식으로 작동했는지는 불분명하다. 아마도 취약한 사람들, 즉 무더기에 물건을 안치함으로써 일부 보호를 받을 수 있었던 사람들과 연결된 사물을 포함시키는데 초점을 맞췄을 것이다. 뉴욕의 몽고메리(Montgomery)에서는 회반죽 벽 안에서 무엇보다도 짝이 맞지 않는 신발 다섯 짝, 상이한 켤레에서 한 짝씩 가져온 양말 두 짝, 여성용 장갑, 칼, 깨진 항아리, 성서에서 찢어온 페이지가 발견되었다. 호주 태즈메이니아 미들랜드(Midlands)의 19세기 주택에서는 다양한 사람들이 신어서 닳아버린 신발과 장화 서른여덟 켤레가 쌓여있는 무더기가 발견되었다. 이와 같은 관행은 적어도 16세기 유럽으로 거슬러 올라간다. 16세기 유럽에서는 흔히 벽돌 굴뚝 주위에 윗가지와 회반죽으로 만든 틀을 만들었는데, 사람들은 굴뚝과 틀 사이의 빈 공간에 매우 다양한 개인적인 물건과 그 밖의 다른 물건을 일상적으로 안치했다. 서펵의 발리 하우스 팜(Barley House Farm)에서는 굴뚝 옆 빈 공간에서 1650년대에서 1730년 사이 어느 시점에 안치된 신발 스무 짝이 발견되었는데, 모두 지극히 오래 신었던 신발이었다. 또한 돼지의 발, 돼지의 등뼈, 거위 날개, 새끼 고양이 두 마리, 쥐 한 마리를 포함한 동물 유골이 하나의 무더기에, 그리고 성인의 날을 표시하는 이른바 나막신 책력으로 사용되었을 것으로 추정되는, 홈을 파서 쪼갠 나무 조각도 발견되었다.

　　단독으로 등장하는 물건도 있었다. 턱수염을 기른 사람의 성난 얼굴을 원 안에 양각하여 묘사한 이른바 벨라민(Bellarmine) 병 또는 (독일어로 '턱수염

을 기른 남자'를 의미하는) 바르트만(Bartmann) 병이 선호되었다. 독일에서 제
조된 이러한 병은 17세기 후반부터 잉글랜드 같은 곳으로 흔하게 수입되
기 시작했다. 벨라민 병은 보호를 위해 다양한 종류의 방식으로 사용되었
다. 버크셔(Berkshire)의 의사 조셉 블래그레이브(Joseph Blagrave, 1610년~1682
년)는 《의술의 점성술적 실무 Astrological Practice of Physick》(1671)라는 책에서
자신이 주술에 걸렸다고 생각하는 사람은 병에 소변, 머리카락, 깎은 손톱
을 넣은 다음 못, 가시, 핀을 추가로 넣어야 한다고 조언했다. 그러면 후자
의 물건인 못, 가시, 핀이 마녀에게 찔리는 것 같은 고통을 유발하여 그들
이 모습을 드러내게 하고 주술을 멈추게 할 수 있을 터였다.[26] 이와 같은 병
을 보다 더 장기적인 보호 양식으로서 정원에 묻거나 주택 안에 숨겨둘 수
있었다. 피트 리버스 박물관에 소장되어 있는 병의 경우처럼 마녀를 잡아
병에 가둘 수 있는 것처럼 보인다. 이 물건을 소개한 박물관 카탈로그의 항
목에는 다음과 같이 기록되어 있다. '작은 유리병, 안쪽이 은색이고 마녀가
들어 있다고 한다.' 이 병은 브라이튼(Brighton) 근처의 호브(Hove)에서 발견
된 것으로, 1915년경 저명한 이집트 학자이자 이교(異敎)주의에 관한 글을
쓰는 작가인 마거릿 머레이(Margaret Murray)에게 넘겨졌다. 머레이는 초기
근대 시대의 마녀가 선사 시대까지 거슬러 올라가는 길고 지속적인 주술
전통의 마지막 단계라는 이론을 공표했다. 이러한 발상은 1920년대에 올
더스 헉슬리와 로버트 그레이브스(Robert Graves) 같은 작가들에게 영향을
미쳤음에도 불구하고, 오늘날에는 대부분의 사람들이 그것을 뒷받침할 토
대가 없는 것으로 간주할 수 있다. 왜냐하면 머레이의 이론은 오늘날의 마
법이 고대 전통으로부터 살아남은 것이라는 가정에 뿌리를 두고 있기 때
문이다. 이것은 사실이지만 오직 부분적으로만 사실이다. 또한 머레이는
자신이 승인하지 않은 교수 임용을 되돌리려고 시도하기 위해 이상한 주

문을 행했을 수 있다. 그러나 이와 같은 행동은 그렇게 되기를 바라는 마음으로 수행한 것이라기보다는 보다 더 장난에 가까운 행동이었을 것이다.

대중적인 마법과 더불어 의례의 형태를 발전시키려는 시도가 이루어졌다. 가장 악명 높은 마법사는 1875년 레밍턴 스파(Leamington Spa)에서 태어난 알리스터 크롤리로, 유럽 신비주의, 이집트 종교, 여러 토착 신앙을 절충주의적으로 혼합한 텔레마교를 창시한 인물이었다. 2002년 BBC 방송국이 수행한 여론 조사에서 크로울리는 역대 가장 위대한 영국인 가운데 73번째 인물로 선정되었다. 크로울리가 참여했던 황금 여명회(Golden Dawn)는 인종차별, 여성 혐오, 초자연적인 존재에 대한 믿음을 뒤섞은 불미스러운 잡탕을 발전시킨 조직이었다. 크로울리는 연금술에 관심이 많았고 존 디의 마법 관행 가운데 일부를 되살리는 일에 관여했지만, 이것이 존 디가 근대에 얻었던 평판을 보다 더 높이지는 못했다. 크로울리는 '마법(Magick)'이라는 용어를 '의지에 순응하여 변화를 일으키는 과학이자 기예'로 정의한 뒤, 이 용어를 중심으로 삼은 일련의 잡다한 믿음을 견지했다. 크로울리의 사고와 삶은 사이언톨로지(Scientology)와 위카 운동(Wiccan movement) 모두에 영향을 미쳤다. 크로울리에 대해 어떻게 생각하든 관계없이, 우리가 다음 장에서 살펴볼 것처럼 크로울리의 영향력은 마법을 둘러싼 문화에 상당한 영향을 미쳤다.

대중적인 마법의 많은 형태에 대해 훨씬 더 많은 것을 이야기할 수 있다. 예를 들어 양파는 동물의 심장이나 심지어 두꺼비처럼 굴뚝에 고정되거나 안치된 훨씬 더 큰 범주의 사물 가운데 일부이고, 연기를 피워 양파를 말리는 행위는 아마도 종종 마녀에게 위해를 가하려는 목적에서 행해졌을 것이다. 살아남아 기록된 대중적인 마법의 증거는 깊이 숨겨진 훨씬 더 많은 일련의 마법적 사물과 행위의 일각에 불과한 것임에 틀림없다. 아마추어들과 전문가들이 신발, 고양이, 병, 표식이 우연하게 일회성으로 사용된 것이 아니라 패턴과 목적이 있는 활동이라는 것을 인식하는 법을 터득해 온 세월이 오직 지난 수십 년에 불과하기 때문이다.

유럽 전역에서 매우 다양한 최근의 활동이 기록으로 남아 있다. 1970년 대에 프랑스 인류학자 잔느 파브레-사다(Jeanne Favret-Saada)는 프랑스 서 부의 노르망디(Normandy)에서 연구를 수행했다.[27] 파브레-사다는 마법에 서 사용하는 단어에 특히 관심을 가지게 되었고 함께 생활했던 마을의 사 람들이 종종 말하기를 꺼려했던 주제에 대한 아름다운 이야기를 기록했 다. 마침내 마을 사람들은 마법 종사자를 다섯 부류로 구분한다는 사실을 털어놓았다. 바로 수맥봉과 그 밖의 다른 기법을 이용하여 숨어 있는 물길 을 찾아내는 수맥 탐사가, 사마귀, 뱀에 물린 상처, 건선 또는 딱지 같은 일 련의 질환을 치료하는 데 필요한 지식을 물려받아 사용하는 투슈(toucheur) 또는 세르뉴(cerneur), 질병이나 불운의 원인을 찾아낼 수 있지만 반드시 치 료법을 찾아낸다는 보장은 없는 점쟁이, 내면의 힘을 통해 사람이나 동물 을 치료하는 최면술사(magnétiseur), 주술과 마녀를 물리치는 데셍보슈 (désenvoûteur)이다.

파브레-사다는 이와 같은 믿음이 순수하게 자신이 연구했던 공동체에 국한될 수 있는 것이 아니라는 점을 분명하게 지적했다. 즉, 이와 같은 믿 음은 훨씬 더 널리 퍼져 있음에 틀림없지만 종종 외지인들에게는 숨겨져 있는 것이다. 다시 한번 우리는 마법에 대한 우리의 지식이 지독하게도 부 분적이라는 것을 확인할 수 있다.

양파의 마법

1872년 발리 모우 굴뚝에 양파가 숨겨져 있었을 무렵에는 마법이 이미 오래전에 사라진 것으로 추정되었다. 과학은 지배적인 위치에 올랐고 근대 의학은 매균설을 중심으로 힘을 보탰다. 사람들이 병에 걸리거나 건강해질 수 있다는 발상에는 채소가 말라서 쪼그라들면 그 채소와 연계되었던 사람들도 그렇게 될 수 있다는 가능성은 포함되지 않았다.

보다 더 이른 시기에 키스 토머스의 중요한 저작인 《종교와 마술, 그리고 마술의 쇠퇴》가 출판되었음에도 불구하고, 마법의 죽음에 대한 역사는 완벽하게 기록된 적이 없다. 이제 많은 사람들은 마법이 복잡한 삼중 나선의 형태로 오늘날까지 종교 및 과학과 공존해왔다고 주장하는 대신 세계가 어느 정도까지 탈마법화되었는지에 대해 궁금해한다. 초기 근대 시대에 주술과 마녀를 박해하면서 태도와 행동에 대대적인 변화가 일어났다는 사실에는 의심의 여지가 없다. 농촌과 도시 문화에는 크고 번성하는 '교활한 민중'의 네트워크가 존재했다. 때로는 사제들의 도움을 받거나 사제들의 사주를 받기도 했고 때로는 사제들과 갈등을 빚기도 했다. 사소한 오한(惡寒), 주술에 걸렸을 가능성, 병든 암소는 모두 마을이나 그 지역에서 진단을 내릴 수 있는 사람을 찾아가 올바른 물질을 혼합한 약물과 의식을 처방받아야 하는 경우였다. 수만 명의 사람들이 처형되고 훨씬 더 많은 사람들이 고발당하면서 교활한 민중 계층은 급격하게 얇아지거나 자신이 가지고 있는 지식을 숨겼다. 두려움으로 가득 찬 분위기는 실제 재판과 처벌만큼이나 마법에 큰 피해를 주었음에 틀림없었다. 그러나 17세기 이후 기적적으로 공포가 가라앉았고 마법 종사자들이 다시 출현하여 자신들의 역할이 얼마나 중요한지 보여주었다. 오늘날 우리에게는 19세기와 그 이후에 활동한 수많은 마법사의 이름을 기록한 다양한 문서가 남아 있다. 마녀가 들어 있는 병, 신발 또는 죽은 고양이의 안치는 20세기까지 이어졌는데, 아마도 부분적으로는 '현자(賢者)'의 조언 때문이었을 것이다.

숨겨진 역사가 드러나고 있다. 심지어 공감하는 기록에서조차 여전히 사람들이 마법에 '의지'했다고 언급하는 경향이 있는데, 이것은 마치 마법이 무능한 사람들의 마지막 피난처인 것처럼 묘사하는 것이다. 마법의 매력 가운데 하나는 마법이 기괴한 물건을 사용하면서 수상쩍은 태도를 견지하는 기이한 사람들의 전유물로서 변방에 존재하는 것처럼 보인다는 것이다. 그러나 우리는 아주 최근까지 마법이 모든 시대에서 중심적인 존재임을 그리고 심지어 오늘날에도 오늘날의 대중적인 수사학에서 허용되는 것보다 더 많은 마법이 존재한다는 것을 확인할 수 있다.

마법을 문화사와 지성사의 중심에 두는 것은 르네상스부터 계몽주의, 그리고 성기 근대 시대에 이르는 과정에서 지배적인 위치를 차지했던 합리주의를 중심으로 정리된 서양의 설명에 의문을 제기한다. 합리주의는 마법이라는 표제어 아래에 수월하게 묶여 있었던 미신과 민간 신앙으로부터의 해방으로 공표되었다. 뉴턴이라는 인물의 모습에서 우리는 고도로 민감하고 지적인 인물이 기계론적 우주 모형과 생명, 인간의 감정, 유일신을 포함하는 우주 모형을 조화시키는 방법을 찾기 위해 씨름하는 모습을 확인할 수 있다. 아인슈타인에 의해 이러한 이론들의 위상이 재배치될 때까지 '뉴턴적 우주'라는 용어가 힘과 질량을 통해 우주의 모든 중요한 측면을 이해할 수 있는 학문의 약칭이 되었다는 것은 아이러니한 일이다. 1920년대부터 양자역학이 발전하기 시작했다. 그리고 그것은 다른 무엇보다도 관찰자가 자신이 관찰하고 있는 아원자 입자에 미치는 영향을 탐구한다. 이것을 통해 우주에 주관적인 차원이 존재한다는 새로운 가능성이 열렸다.

뉴턴의 죽음과 양자역학의 부상 사이에는 200년이라는 시간적 간격이 존재한다. 이것은 이 책에서 다루는 시간 척도에 비하면 매우 짧은 기간이다. 근대 세계로 이행하는 복잡한 상황 속에서도 마법은 사라지지 않았다. 마법은 기본적으로 중세 시대 가톨릭 교회라는 맥락에서 17세기 이후 과학적이고 심리적인 환경으로 그 위상이 재배치되었을 뿐이다. 뉴턴은 힘과 질량에 대한 보다 더 수학적이고 추상적인 관점이 자신의 보다 더 광범위한 종교적, 연금술적 믿음에 미치는 복잡한 함의와 씨름하면서 이와 같은 변화를 구현했다. 뉴턴은 최초의 과학자였을 수 있다. 그러나 분명 최후의 마법사는 아니었다.

10

근대 시대와
미래의 마법

1920년 아서 코난 도일(Arthur Conan Doyle)과 해리 후디니(Harry Houdini)가 처음 만났다. 그들이 만나게 된 계기는 심령주의라는 공통의 관심사였다. 그들의 우정은 오래가지 못했다. 처음부터 두 사람의 관계에는 아이러니가 있었다. 가장 합리적이고 경험주의적인 탐정인 셜록 홈즈(Sherlock Holmes)의 창조자는 많은 영적 현상에 대한 확신을 가졌던 반면 당대 최고의 일루셔니스트는 심령주의가 속임수라는 것을 입증하기로 마음먹었던 것이다. 코난 도일은 후디니가 뛰어나고 능숙한 탈출 전문가일 뿐 아니라 실제로 마법의 힘을 소유한 사람이라고 생각했다. 그리고 코난 도일만 이러한 믿음을 가지고 있었던 것은 아니었다. 아이러니하게도 후디니는 심령주의와 그 밖의 다른 다양한 '마법'이 능숙한 속임수를 바탕으로 행해진다는 것을 보여주는 데 열심이었다. 따라서 특히 코난 도일처럼 처음부터 자신을 존경했던 사람이 자신을 마법사라고 여긴다는 사실이 지극히 괴로웠을 것이

다. 후디니는 코난 도일에게 자신에게 마법의 힘이 없다는 사실을 납득시
키지 못했다. 이로 인해 두 사람의 관계에 균열이 생겼고, 그 밖의 다른 여
러 사건에 대한 의견 충돌로 인해 그들의 관계는 더욱 악화되었다.

   심령주의의 바탕은 인간이 물리적 측면인 신체와 신체와 분리되어 있
는 영혼으로 구성되어 있다는 발상이었다. 후자는 신체가 죽은 뒤에도 살
아남아 인간의 보다 더 본질적인 요소인 실존을 연장시킬 수 있었다. 심령
주의자들은 다양한 방법을 동원하여 죽은 사람의 영혼과 접촉함으로써 내
세와 그리고 아마도 미래에 대한 소식을 얻으려고 시도했다. 그러나 또한
그들은 영혼의 도움 없이는 불가능한 기량을 수행하기 위해 영혼의 협조
를 구하기도 했다. 모든 영혼이 죽은 사람의 유령은 아니었다. 일부 영혼은
장소의 영혼이거나 보다 더 추상적인 힘이었다. 또한 나쁜 영혼은 살아 있
는 사람의 내부에 거주할 수 있었다. 따라서 심령주의자들은 일부 형태의
정신 질환은 부마에 의해 유발되었을 수 있다는 가능성을 제기했다.

   심령주의는 많은 사람들이 보다 더 전통적인 종교 신앙에 대해 의심하기
시작하던 1840년대부터 미국 동부 해안에서 시작된 운동이었다. 코난 도일
은 1880년대에 심령주의에 관심을 가지게 되었고 이후 10년에서 20년이 지
나는 동안 심령주의에서 차츰 멀어졌다. 그러다가 제1차 세계 대전이 일어
나 사람들이 대량으로 사망하면서 많은 사람들이 죽은 사람의 영혼을 찾
으려고 시도하던 시기에 심령주의에 대해 보다 더 확신하게 되었다. 코난
도일은 고스트 클럽(Ghost Club, www.ghostclub.org.uk)과 심령연구협회(Society
for Psychical Research, www.spr.ac.uk) 회원이었다(이 두 조직은 여전히 존재한다). 심
령연구협회는 스스로를 '오늘날의 과학 모형에 도전하는 인간 경험에 대해
조직적인 학술 연구를 수행한 최초의 협회'라고 묘사한다. 심령연구협회의
그 밖의 다른 회원으로는 찰스 디킨스(Charles Dickens), W. B. 예이츠(W. B.

Yeats), 시그프리드 서순(Siegfried Sassoon), 앨프리드 러셀 월리스(Alfred Russel Wallace), 아서 밸푸어(Arthur Balfour) 등을 꼽을 수 있는데, 그들은 빅토리아 시대 말기와 에드워드 시대의 설립자들로서, 영혼과 심령 연구에 대한 관심을 진지하게 받아들였다.

아이라 데이븐포트(Ira Davenport)와 윌리엄 데이븐포트(William Davenport) 형제는 자신들의 무대 공연을 구성하는 활동에 영적인 도움을 받았다고 주장했는데, 무대 공연은 그들에게 수익성 있는 사업이었다. 그들의 무대 공연은 심령주의 초창기인 1854년에 시작되었는데, 처음에는 고향인 뉴욕주에서 시작하여 영국을 포함한 여러 곳으로 확대되었다. 데이븐포트 형제의 공연 가운데 가장 유명한 공연은 마호가니 나무로 만든 커다란 캐비닛과 관련된 공연이었다. 그들은 그 캐비닛을 영혼 캐비닛(Spirit Cabinet) 이라고 불렀는데, 두 사람은 다양한 밧줄로 몸을 묶은 상태에서 영혼 캐비닛 안으로 들어갔다. 영혼 캐비닛에는 소 방울, 탬버린, 기타, 바이올린도 들어 있었다. 심지어 캐비닛의 문을 열어보면 데이븐포트 형제가 여전히 밧줄에 묶여 있는 상태인 것이 확인되었음에도 불구하고, 캐비닛의 문이 닫히면 곧바로 악기 연주가 시작되었다. 여러 일루셔니스트들이 이러한 종류의 무대 공연을 했지만, 데이븐포트 형제는 자신들은 일루셔니스트가 아니라 영혼의 도움을 받는 사람들이라고 주장하면서 논란을 키웠다. 버펄로(Buffalo) 출신의 전직 경찰관인 데이븐포트 형제의 아버지가 북아메리카 대륙에서 생활하면서 알곤퀸어를 사용하는 집단 사이에 흔하게 이루어지는 이른바 '천막을 흔드는(Shaking Tent) 의식'을 보았고 형제의 매니저가 된 뒤 그 의식을 형제의 공연에 모형으로 삼았을 가능성이 있다. 그 의식은 이누이트족(Inuit)과 이누이트족보다 훨씬 더 남쪽에 있는 원주민 집단에서 흔하게 행해지는 강령회 같은 여러 공연 가운데 하나이다. 그 공연에서 샤먼은 악기 소리가 들려오는 천막 안에 묶여 있다. 의식을 마쳤을 때 샤먼은 여전히 묶여 있는 상태일 수도 있고 아니면 자유롭게 풀려난 상태일 수도 있었다. 그러면 관객은 그 순간 영혼이 소환되었다고 믿었다. 영혼 캐비닛을 사용한 데이븐포트 형제의 무대 공연은 19세기 후반 대서양 양쪽에서 흔하게 행해졌던 강령회와 같은 형태를 취했지만, 그들의 무대에 걸맞게 훨씬 더 큰 형태로 확대된 것이었다.

후디니는 1910년 뉴욕 메이빌(Mayville)에서 데이븐포트 형제 가운데 생존해 있었던 아이라를 만났다(윌리엄은 1877년 젊은 나이에 사망). 아이라는 후디니에게 영혼 캐비닛 안에 있는 동안 밧줄을 풀 수 있도록 매듭을 묶는 방법뿐 아니라 보다 더 중요하게는 밧줄을 다시 묶을 수 있도록 매듭을 묶는 방법도 알려주었다. 이후 1924년 후디니는 강령회에서 영매와 영매의 활동을 폭로하는 책인 《영혼들 사이에 존재하는 마법사 A Magician among the Spirits》를 저술했다. 후디니의 입장은 복잡하고 흥미로웠다. 지난 세기의 가장 위대한 일루셔니스트가 환상을 깨뜨리는 위대한 폭로자로 변신한 셈이었기 때문이었다(그림 10.1). 반대로 후디니는 자신의 행위의 토대를 형성하는 신체적 기술과 힘을 강조하는 한편 속임수를 사용하지 않는다고 주장하는 다른 사람들이 사용하는 속임수를 드러내기 위해 애썼다. 후디니 자신은 신화를 창조하는 주체가 되었고 일부 사람들은 후디니를 샤먼의 힘을 가진 인물로 간주했다. 코난 도일은 자신의 저서 《미지의 가장자리 The Edge of the Unknown》(1930)에서 후디니를 마법사라고 간주한다는 관점을 표현했는데, 코난 도일만 이러한 관점을 가지고 있는 것은 아니었다. 두 권으로 구성된 《심령주의의 역사 The History of Spiritualism》(1926)에서 코난 도일은 심령주의 운동의 진실성과 타당성을 논의했는데, 특히 데이븐포트 형제와 영혼 캐비닛을 사람들이 영혼을 소환할 수 있었던 사례로 언급했다.

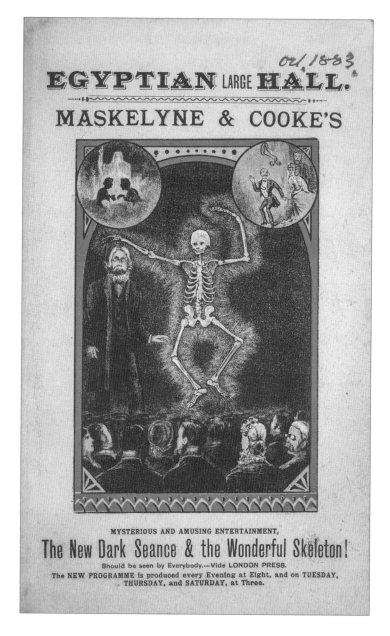

그림 10.1. 많은 강령회는 분명 오락과 이윤을 목적으로 열렸다. (켄싱턴(Kensington)에서 고대 이집트
에 대한 존경을 표현한) 이집트 홀(Egyptian Hall)은 많은 공연의 본거지였다. 마스켈린(Maskelyne)과 쿡
(Cooke)은 19세기 말과 20세기 초에 가장 성공한 사업가였다. 1883년 공연의 전단지.

후디니와 코난 도일 사이의 의견 충돌에는 다른 곳에서도 불거졌던 중
요한 문제가 포함되어 있었다. 첫 번째는 증거의 문제와 (데이븐포트의 영혼
캐비닛 내부에서 벌어진 활동 같은) 일련의 정확하게 동일한 사건에 대해 서로
다른 사람들이 확신하는지 또는 회의적인지 여부의 문제였다. 경험주의자
를 대표하는 인물이자 논리지상주의자인 셜록 홈즈를 창조한 코난 도일은
쉽게 속일 수 있는 사람인 것으로 유명했지만, 후디니는 저세상에 관련된
현상에 대한 확신을 얻기 위해 많은 노력을 기울였다. 보다 더 깊은 두 번
째 문제는 인간의 본질과 실재의 본질이라는 보다 더 너른 문제였다. 사람
은 신체와 영혼으로 나누어질까? 영혼은 신체가 죽은 후에도 살아남을
까? 종교 신앙에 관련된 회의주의가 커지면서 죽음 이후의 삶에 대한 의
심도 덩달아 커졌다. 그것은 결국 사람의 구성 요소에 대한 의심으로 이어
졌다. 즉, 어쩌면 사람에게는 혼 또는 어떤 형태의 비물질적 실재가 없었던
것 아닐까? 나아가 만일 영혼이 존재한다면 영혼은 반드시 일상적인 실재
너머의 어떤 영역에 거주해야만 한다. 이것은 일련의 평행 세계가 존재할
수 있고 특정 여건에서 그들과 소통이 가능하다는 것을 함의한다. 우리가
매일 보고, 듣고, 느끼고, 냄새 맡는 세계는 실재의 일부일 뿐 전부가 아니
다. 그 밖의 다른 영역에 거주하는 존재들은 우리는 가지지 못한, 세계에
대한 지식을 가지고 있을 가능성이 있다. 영혼은 미래를 볼 수 있는 능력을
가지고 있을 수 있거나 필멸하는 존재는 인지할 수 없는 사건의 보다 더 깊
은 원인을 이해할 수 있다. 숨겨진 영역이라는 관념은 (프로이트의 무의식이라
는 발상 같은) 신흥 심리학뿐 아니라 (우리가 거주하고 있는 실재의 형태와는 매우 상
이한 형태의 실재를 스케치했던) 양자역학 모두에서 중요해졌다.

프로이트도 심령주의의 문제 및 마법의 문제와 씨름하면서 유령의 존
재와 텔레파시의 가능성 같은 다양한 현상에 대해 점차 확신하게 되었다.

1909년 프로이트는 빈(Vienna)에서 어느 영매를 방문했다. 이 만남을 통해 프로이트는 도저히 묵살할 수 없는 의문을 가지게 되었다. 1910년 프로이트는 빈 정신분석학회(Vienna Psychoanalytic Society)에 심령주의에 대한 논문을 제출했다. 그리고 대부분의 사람들이 영매가 텔레파시의 힘을 가졌다는 것을 납득하지 못했음에도 불구하고, 심령 영매를 대동하고 학회의 회의에 참석했다. 1911년 프로이트는 영국 심리연구학회(British Society for Psychical Research)에 가입했고, 이번에는 강령회를 통해 보다 더 큰 확신을 가지게 되었다. 나중에 프로이트는 직접 영매의 역할을 수행하기도 했다. 프로이트의 친구들 가운데 일부가 프로이트에게 그의 강연과 글에서 심령현상에 대한 긍정적인 언급을 자제할 것을 촉구했지만, 1920년대 무렵 프로이트는 꿈과 깨어 있는 생활 모두에서 텔레파시의 가능성을 진지하게 검토하고 있었다. 전반적으로 정신분석과 심령주의의 관계는 복잡하다. 프로이트는 우리의 보다 더 합리적인 정신의 기저에는 종종 성적인 다양한 충동 및 그것에 대한 억압과 씨름하는 보다 덜 합리적인 정신이 작동한다고 광범위하게 지적했다. 이러한 지적은 심령주의의 숨겨진 세계에서 반향하고 어쩌면 그 세례로부터 영감을 얻을 수 있다. 프로이트적인 형태의 심리학과 그 밖의 다른 변형된 형태의 심리학은 표면에 드러나는 외양 아래에서 보다 더 깊은 실재를 추구하면서 서양 세계에서 마법이 존재했던 환경을 변화시켰다.

프로이트와 동시대 인물이면서 보다 더 젊은, 매우 상이한 인물도 성적인 에너지를 통해 숨겨진 힘을 추구했다. 그 인물은 바로 지난 장에서 잠깐 만났던 알리스터 크롤리(그림 10.2)였다. 크로울리는 반영웅이 되는 것을 즐겼다. 심지어 그의 어머니는 그를 야수(The Beast)라고 불렀다. 크로울리는 악마적 힘에 공감했다. 그것은 자신을 둘러싼 신앙 체계와 부르주아 및

그림 10.2. 알리스터 크롤리(Aleister Crowley)의 초상화. 서명이 되어 있다. 원래 〈분점(分點)*The Equinox*〉(1913)에 게재되었다.

귀족적 삶의 형태에 혼란을 일으키고 그것을 파괴하려는 욕망의 일부였다. 크로울리의 믿음은 다양하고 혼란스러웠다. 따라서 크로울리가 발전시켰거나 지지했던 철학을 한마디로 요약하기는 어렵다. 상속받은 재산을 다 쓰기 전까지 부유했던 크로울리는 많은 일을 자유롭게 시도했다. 거기에는 등산, 요가, 회화, 마약 복용, 시와 산문 쓰기, 연극 공연, 마법 관행 등이 포함된다. 만일 크로울리의 사고와 활동을 관통하는 실마리가 있다면 그것은 의지와 속박을 받지 않는 의지의 실현에 대한 강조일 것이다.

니체(Nietzsche)에게서 영감을 받은 크로울리는 사회적 규범이나 예의 범절에 제약을 받지 않고 의지를 행사하는 초인(그의 마음속에서 초인은 남성이었다)의 등장을 고대했다. 크로울리가 말했던 의지가 무엇을 의미했는지는 불분명하지만, 크로울리가 말했던 의지는 크로울리가 모든 인간의 자연스러운 부분이라고 생각했던 충동과 에너지의 추구를 의미했을 가능성이 가장 높다. 여기애서 크로울리의 사고와 관행은 보다 더 광범위한 형태의 성적 마법에 의존했다. 성적 마법을 통해 사람들은 성행위를 하는 동안, 특히 오르가즘을 느끼는 동안 때로 출산으로 이어질 수 있는 보다 더 광범위한 우주적 에너지를 가장 분명하게 전달했다고 느꼈다. 인간의 에너지는 부분적으로는 신성한 힘의 거주를 통해 지구의 보다 더 광범위한 에너지와 결합될 수 있었고 결합되어야 했다. 크로울리는 로즈 켈리(Rose Kelly)와 결혼한 후 1904년 카이로에서 신혼여행을 즐기던 중 아이와스(Aiwass)라고 불리는 영적 존재와 접촉했다고 주장했다. 아이와스는 크라울리에게《법의 서 *The Book of the Law*》를 드러냈다.《법의 서》의 계율은 텔레마교라고 불리는 새로운 종교를 바탕으로 호루스의 이온(Æon of Horus)의 시작을 알릴 수 있었다. 텔레마는 그리스어로 '의지'를 의미하고《법의 서》의 주요 명령은 '네 뜻대로 하라'이다. 크로울리는 자신의 관행을 기본적으로 이렇게 정의했다. '마법(Magick)은 의지에 순응하여 변화를 일으키는 과학이자 기예이다.' 크로울리는 속박을 받지 않는 의지의 추구를 바탕으로 '마법'을 공표하기 위해 A∴A∴라는 이름의 마법 교단을 설립했다. 크로울리는 플리머스 형제단(Plymouth Brethren)의 일원으로 성장했다. 플리머스 형제단은 역사는 다양한 시대로 나누어지고, 각 시대는 저마다 그 시대의 문제를 해결하는 데 필요한 각자의 고유한 도전과 과제가 있다고 생각했다. 자연스럽게 크로울리는 자신이 세계를 호루스 시대의 도전으로 이끌도록 임명된 구세주라고 생각하게 되었다. 호루스 시대의 도전의 중심에는 대중사회에 속박된 인간의 의지의 해방이 자리 잡고 있었다. 이른바 뉴에이지 운동이, 가장 널리 알려져 있는 물병자리의 시대를 통해 새로운 가능성이 열리는 시대의 변화를 고대한다는 점에 주목하는 것이 바람직하다. 또한 우리는 '뉴에이지'라는 용어가 일반적으로 이와 같은 운동을 따르는 신자들보다는 오히려 비평가들에 의해 사용된다는 점을 염두에 두어야 한다.

그 이전과 그 이후의 그 밖의 다른 많은 사람들처럼, 크로울리는 공감 마법의 토대를 형성할 수 있는 사물 사이의 연결과 대응 관계를 찾았다. 많은 사물들 사이에 일련의 대응 관계가 잠재적으로 존재할 수 있다고 여겨졌지만 이러한 연결은 그것들의 상징이나 개념을 통해 가장 완벽하게 드러나는 것이었다. 이러한 상징이나 개념은 크로울리의 사고에 관념론적이고 신비주의적인 차원을 부여하여 마법에 대한 보다 유물론적인 접근법과 대조를 이룬다. 크로울리는 미술가 프리다 해리스(Frieda Harris)와 함께 새로운 타로 카드 한 벌을 개발하는 데 기여했다. 그것은 사람들의 특징을 일련의 제한된 유형으로 범주화하는 데 도움을 주었다. 그런 다음 사람들은 자신에게 특히 적합한 검, 지팡이 같은 다양한 물건에 연결할 수 있었다. 카드에 사용된 상징은 유럽과 이집트의 신앙 체계뿐 아니라 전 세계의 신앙 체계와도 공명하여 전 세계적인 연결과 행동의 토대를 제공할 것으로 기대되었다. 또한 마법사들은 보다 더 오래되고 보다 더 순수한 형태의 관행으로 되돌아갈 필요가 있다는 감각도 존재했다. 따라서 크로울리는 '마법'이라는 용어를 표기할 때 Magick이라는 철자를 사용했다. 이 고풍스러운 철자는 고대 이집트의 신의 부류에 속했을 수 있는 아이와스가 크로울리에게 전수해준 것과 같은 보다 더 오래된 신념의 재창조를 시사하는 것이었다. 본질적으로 무작위적인 철학 및 사람들과 마찰을 빚는 성향 때문

에 크로울리는 수년에 걸쳐 많은 조직의 일원으로 활동했고, 매우 역설적
이게도 후대의 마법 조직, 특히 황금 여명회와 동방의 성당 기사단(Ordo
Templi Orientis) 같은 보다 더 위계적인 조직에 상당한 영향을 미쳤다.

마법에 관여하는 조직의 수와 다양한 종류를 살펴본다면 알게 되겠지
만, 오늘날 마법은 살아 있을 뿐 아니라 빠른 속도로 새로운 형식으로 변모
하면서 특히 젊은 청중들에게 마법적 가능성을 선사하는 소셜 미디어와
앱을 활용하여 활발하게 활동하고 있다.

오늘날 서양의 마법

19세기부터 막스 베버 같은 사회학자들은 산업화, 교육, 합리주의의 발전
이 서양 사회의 세속화를 가져왔고 마법에 대한 믿음과 종교 신앙 모두를
쇠퇴하게 만들었다고 주장했다. 종교 신앙은 복잡하다. 유럽에서는 과거보
다 무신론이 보다 더 널리 퍼져 있지만, 사실 최근 몇 년 동안 과학에 대한
의구심이 커지고 있는 미국에서는 솔직하게 말해 그렇지 않다. 마법은 분
명 오늘날의 세계관의 일부이다. 서양 세계의 성인 인구의 약 75퍼센트가
마법이나 초자연적인 현상에 대한 믿음을 가지고 있는데, 이것은 수억 명
의 사람들이 주류 바깥에 자리 잡고 있는 것으로 추정되는 믿음을 가지고
있다는 것을 의미한다. 2007년 퓨 리서치 포럼(Pew Research Forum)이 미국
인 3만 5,000명 남짓을 대상으로 실시한 설문 조사에 따르면 설문에 응한
79퍼센트가 '고대처럼 오늘날에도 여전히 기적이 일어난다'고 생각하는
것으로 나타났다.[1] 영국에서 훨씬 더 작은 표본에 대해 조사한 결과 77퍼
센트가 세계에는 과학으로 설명할 수 없고 초자연적인 현상이라고 가장

잘 묘사될 수 있는 일들이 일어난다는 데 동의하는 것으로 드러났다. 또한 그 수가 수백만 명이라기보다는 수천 명에 불과함에도 불구하고, 하지와 동지를 맞이하여 스톤헨지 같은 장소를 방문하는 사람들이 많다. 2011년 영국 인구조사에서 5만 6,620명이 자신을 이교도로, 1만 1,766명이 자신을 위카교도라고 인식했다. 아울러 1,276명은 자신의 종교를 주술이라고 묘사했다. 이것은 인구조사 대상에 포함된 2,100만 명 가운데 아주 적은 수에 불과하다. 그러나 마법에 대한 믿음이라는 일부 측면을 지지하는 사람의 전체 숫자에 비추어보면 여전히 빙산의 일각에 지나지 않는다.

다양한 종류의 영적 신앙을 키워나가고 있는 보다 더 젊은 사람들 사이에서 종교 신앙은 점점 더 감소하고 있다. 특히 젊은 여성들은 다소 오래된 드라마인 〈버피 더 뱀파이어 슬레이어*Buffy the Vampire Slayer*〉부터 보다 더 최근의 소설인 《빅 위치 에너지*Big Witch Energy*》에 이르기까지 마법적 능력을 가진 여성 인물에 매력을 느낀다. 19세기 후반 미국에서 일어난 심령주의 운동에서 오늘날 훨씬 많이 사용되는 새로운 기술이 등장했다. 즉, 영혼과 소통할 수 있도록 지원하는 것으로 추정되는 위저 보드(Ouija board)이다. ('예(yes)'를 의미하는 프랑스어 단어(Oui)와 독일어 단어(ja)를 합성하여 이름을 지은) 위저 보드에는 알파벳 글자, 1에서 9까지의 숫자, 때로는 '잘가(goodbye)'라는 단어가 인쇄되어 있다. 강령회에 참석한 모든 사람이 손가락을 이용해 보다 더 작은 플랑셰트(planchette)나 지시봉을 보드 위에서 움직여 죽은 사람과 그 밖의 다른 영혼의 메시지를 받을 수 있다. 위저 보드를 사용하는 과정에서 악령이 발산된다는 발상을 다룬 일련의 영화는, 비평가들의 호평을 받는 경우가 드물지만, 관객들에게는 인기가 있어서 영화사에 큰 이윤을 안긴다.

사람들의 진행 경로를 가로지르는 검은 고양이(액운을 의미), 13일의 금

요일(Friday the Thirteenth)에 대한 경계심, 사다리 밑으로 걸어서 지나가기(재수가 없음을 의미), 또는 누군가 재채기를 하면 '신의 가호가 함께하기를'이라고 말하는 등 많은 사람들의 삶은 낮은 수준의 마법으로 가득 채워져 있다. 많은 사람들은 행운을 가져다주는 물건이나 부적을 가지고 다닌다. 우리 대부분은 거울이 깨질까 봐 걱정하거나 위시본(wishbone)을 부러뜨렸을 때 보다 더 긴 쪽을 가지기를 고대하기도 한다. 행운을 가져다주는 색깔이나 길하다고 느끼는 요일을 정하기도 한다. 긍정적인 의미를 담은 숫자(숫자 7)도 있고 부정적인 의미를 담은 숫자(13과 666)도 있다. 사물은 다양한 종류의 방식으로 힘을 발휘한다. 대부분의 사람은 사랑하는 사람의 사진을 칼로 찌르기를 주저할 것이다. 프린터나 자동차가 작동을 멈추면, 그것들이 마치 고집불통인 동물인 양 욕을 해본 적이 있을 것이다. 우리는 우리의 삶에서 대응 관계와 우연의 일치를 탐색한다. 이것은 아마도 세계에 어떤 형태의 힘이 작동하기 때문일 수 있다. 우리는 이와 같은 행동과 믿음을 부끄러워한다. 우리는 종종 별것 아니라는 듯한 태도 또는 아이러니하다고 여기는 듯한 태도로 이와 같은 행동과 믿음을 대하지만, 그럼에도 불구하고 이와 같은 행동과 믿음은 널리 퍼져 있고 행동으로 옮겨진다.

마법을 촉진하는 조직들

많은 사람들은 이와 같은 비공식적인 믿음을 가지고 있을 뿐 아니라 마법 관행을 발전시키고 공표하는 조직에 소속되어 있다. 19세기 후반의 황금여명회를 시작으로 마법 조직은 마법적 발상의 생성에 중요한 역할을 수행해왔고, 마법적이지 않은 대부분의 사람들은 이와 같은 조직을 기이하거나 위험한 조직으로 여길 수 있었음에도 불구하고, 대중에게 보다 더 널리 퍼져 상당한 문화적 영향을 미쳤다. 마법에 전념하는 집단의 역사와 상태는 종종 지극히 복잡했다. 왜냐하면 조직이 분열되었다가 다시 융합하기를 반복하기 때문이다. 한편으로는 알리스터 크롤리나 (우리가 살펴볼 것처럼, 위카 운동을 시작한) 제럴드 가드너(Gerald Gardner) 같은 소수의 중요한 인물을 강조하는 방식으로 담론을 편중시켜 모든 역사가 그들을 중심으로 돌아가게 만들지만, 사실은 상호 보완적이거나 모순적인 목표를 가지고 있는 집단들이 얽히고설켜 있다. 이러한 집단은 때로 동맹을 맺기도 하지만 분리되어 나가거나 해체되는 경우가 더 많다. 이 책에서는 유럽의 초기 근대 시대에 기원을 두고 있지만 오늘날에도 여전히 활동 중인 주요 조직과 집단을 대략적인 연대순으로 정리해본다.

　　장미십자회(Rosicrucian)와 프리메이슨(16세기부터 현재까지). 프리메이슨이 장미십자회의 지적 틀거리와 조직 내에서 발생했을 수 있다는 주장이 제기되어왔지만 어느 정도 상호 영향을 주고받았음에도 불구하고, 이 두 조직은 분명히 분리된 조직이다. 장미십자회를 통해 우리는 위에서 만나보았던 헤르메스주의(Hermeticism), 존 디의 저술, 연금술, 점성술, 카발라 같은 사고와 마법의 많은 가닥과 마주치게 된다. 장미십자회는 세계에 숨겨진 질서가 있다고 확신했다. 세계의 숨겨진 질서를 발견한다면, 큰 힘이 해방되어 세계의 물질적 기층(基層)을 인간의 이익을 위해 활용하고 인간 사회를 죄로부터 자유로운, 보다 더 건강한 상태로 개혁할 수 있을 터였다. 장미십자회의 발상은 뚜렷한 그리스도교적 색채를 드러내면서 17세기 초에 탄생했다. 장미십자회는 종교, 마법, 과학을 결합한 조직으로, 그 중심에는 중요한 지식은 완성될 때까지 반드시 숨겨야만 하고 그것을 드러낼 때가 되면 전체로서의 인류에게 큰 이익을 줄 수 있다는 발상이 자리 잡고 있었다. 프리메이슨도 자신들의 지식을 숨겨왔다. 그들은 자신들의 기원이 보다 더 오래되었다고 주장하는데, 문서로 기록된 최초의 롯지(Lodge)는 1598년 설립된 에든버러(Edinburgh)에 자리 잡은 롯지이다. 프리메이슨은 복잡하고 숨겨진 의례, 걷어 올려 입은 바지, 비밀 악수로 유명하다. (아주 최근까지 남성만) '도제(Entered Apprentice)', '장인(Fellowcraft)', '숙련 석공(Master Mason)'으로 알려진 세 가지 등급의 프리메이슨으로 입문해왔고, 지금도 입문하고 있다. 프리메이슨의 기원은 예루살렘의 솔로몬 성전(Temple of Solomon)으로 거슬러 올라가지만, 프리메이슨은 장미십자회에 비해 난해한 지식을 발전시키는 데 보다 더 무관심하다.

황금 여명의 헤르메스주의 결사(The Hermetic Order of the Golden Dawn) (1887년–1903년). 황금 여명회는 세 명의 프리메이슨에 의해 설립되었고 구조와 일부 믿음 측면에서 장미십자회와 유사하다. 입문은 세 단계로 이루어졌다. 부분적으로 고대의 지혜로 추정되는 것을 바탕으로 한 지식은, 입문 단계가 높아질수록 점점 더 비밀스러워지고 강력해졌다. 세 번째 단계의 지식에 입문하면 우주 내에서 강력한 힘을 행사하는 것으로 추정되는 일종의 영적 실체인 비밀 수장(Secret Chiefs)과 소통할 수 있었다. 황금 여명회의 철학은 부분적으로 카발라를 바탕으로 하고 있었지만 점성술, 연금술, 타로, 풍수학에 대한 지식과도 관련되었다. 그들의 근본적인 텍스트는 마법적 지식과 이론을 정리한 개요서 모음인《암호원고*Cipher Manuscripts*》이고 그들의 조직 구조는 사원을 중심으로 구조화된다.

동방의 성당기사단(O.T.O.라는 약어로 알려져 있음). 동방의 성당기사단은 1898년에서 1906년 사이의 어느 시점에 시작되어 오늘날에도 여전히 존재한다. 동방의 성당기사단은 프리메이슨을 모형으로 삼았고 황금 여명회와도 밀접하게 연계되었다. 알리스터 크롤리가 황금 여명회와 동방의 성당

기사단 모두의 회원이었기 때문이다. 여기에서도 다시 한번 점점 더 비밀스러워지는 지식에 대한 입문 과정이 존재하는데, 그 지적인 틀거리는 '네 뜻대로 하라'는 크로울리의 텔레마 관념이 바탕이 되었다. 거기에는 신비주의적인 그리스도교의 반향과 에마누엘 스베덴보리(Emanuel Swedenborg, 1688년~1772년)의 영향이 포함되어 있다. 과학자로서 지적인 삶을 시작했지만 영적으로 각성한 후 천국과 지옥을 방문하고 천사 및 악마와 대화를 나눌 수 있게 된 스베덴보리의 합성 철학은 신비주의적 그리스도교 및 마법에 대한 믿음뿐 아니라 코난 도일을 포함하는 많은 개인에게 강력한 영향을 미쳤다. 영지주의(靈知主義) 미사(Gnostic Mass)와 같은 의례, 우주를 이해하는 수단으로서의 복잡한 상징주의, 부분적으로는 성행위 마법을 통해 에너지를 전달하려는 시도가 강조되었다. 동방의 성당기사단은 새로운 이온의 가능성을 고대하는데, 그 믿음과 구조는 크로울리의 조직인 A∴A∴ 및 그 밖의 다양한 다른 조직과 겹친다. 텔레마에 대한 크로울리의 관념과 성행위 마법에 대한 크로울리의 강조는 큰 논란을 불러일으킨 또 하나의 비밀 조직인 사이언톨로지에도 영향을 미쳤다.

위카(1920년대부터 현재까지). 말레이시아에서 오랫동안 공직에 몸담았던 제럴드 가드너가 영국으로 돌아간 뒤 1939년 햄프셔(Hampshire)주의 뉴포레스트(New Forest)에서 마녀 모임에 입문했다고 주장하면서 위카를 설립했다. 제럴드 가드너는 1947년 크로울리를 만났다. 위카는 단일한 조직이 아니고 구조 측면에서도 위에서 언급한 조직들과 매우 상이하게 훨씬 더 느슨하고 개방적이며 평등하다. '위카'라는 단어는 고대 영어로 '주술사'를 의미한다. 위카는 살아남은 그리스도교 이전의 종교로서 간주되는 주술을 강조하고, 특히 마거릿 머레이의 영향을 받아 남성의 원칙과 여성의 원칙을 모두 강조한다. 위카와 이교주의는 그 믿음의 뿌리를 고대 유럽에 두고 있다는 점, 자연과의 연결을 강조한다는 점, 여성 원칙(때로 어머니 여신)을 부각한다는 점에서 겹친다.

이교주의(제2차 세계 대전 이후). 절충주의적인 믿음을 의도적으로 선택한 사람들의 집단으로, 종종 세계 종교가 등장하기 이전의 시대로 거슬러 올라간다. 다양한 유형의 고대의 지혜에 의존하는 것으로 추정된다. 원주민 집단은 이것을 도용으로 간주하기 때문에 이교주의가 비유럽 전통을 전달하는 경우 논란이 될 수 있다. 이교도들은 자연과 여성 원칙/어머니 여신과의 친족 관계를 강조할 뿐 아니라 해를 입히지 않으려는 욕망을 강조한다. 위카는 여러 면에서 이교도 신앙의 하위 집합이며, 여기에는 드루이드교(Druidry)의 신앙과 샤머니즘 신앙도 포함된다.

카오스 마법(1970년대 이후). 카오스 마법은 종종 결과 기반 마법으로 간주된다. 카오스 마법은 믿음이나 공식화된 관행보다 결과를 강조한다. 카오스 마법은 종종 의미 있는 우연의 일치를 탐색하기 위한 무작위적 방법에 초점을 맞추는 기법을 실험한다. 예를 들면 주사위를 던지거나 단어를 자른 다음 무작위 순서로 배치한다. 카오스 마법은 구조나 패턴을 설정하지 않고 우주에서 활동하는 일반화된 생명력의 중요성을 강조한다. 때로 카오스 마법은 마법의 포스트모더니즘적 측면으로 간주된다. 카오스 마법은 그 밖의 다른 세계로 접근할 수 있도록 지원하는 추상적인 상징과 의식의 개조된 상태를 강조한다. 카오스 마법은 마이클 무어콕(Michael Moorcock)의 소설에서 상징과 발상을 가져왔을 뿐 아니라 만화 속 인물과 줄거리에도 영향을 미치는 등, 보다 더 광범위한 대중문화와 영향을 상당히 주고받았다.

이 짧은 역사에서 우리는 보다 더 이른 시기의 운동들이 종종 프리메이슨의 영향을 많이 받아 정해진 조직 구조를 가지고 있었고, 남성 지배적이었으며, 교리 및 예배의 구조를 반영한 표준화된 관행 형식으로 기울어져 있었다는 것을 확인할 수 있다. 후대의 마법 형태는 그 구조가 보다 더 개방적이고 유동적이어서, 자신들의 믿음에 대해 토론한 뒤 그 결과를 따랐다. 행동에 있어서는 확실히 실험적이었다. 그 정점에는 카오스 마법의 통제된 무정부 상태가 자리 잡고 있다. 그럼에도 불구하고 공통적인 요소도 일부 존재한다. 거기에는 세계에 대해 지나치게 합리적인 접근법이라고 인지되는 것에 대한 반발과, 주류 사고와 주류 생활 방식으로 간주되는 것을 전복하려는 단호한 반문화적인 태도가 포함된다. 보다 더 광범위한 지적 측면도 공유된다. 일반적으로 이들은 죽은 사람부터 경관이나 보다 더 추상적인 우주의 힘에 이르기까지 다양한 형태의 영혼을 강조한다. 영혼은 때로 이 세계에 거주하지만, 종종 평행 실재에 존재할 수 있다. 따라서 우리가 위에서 살펴본 것처럼, 전문가(샤먼) 또는 위저 보드 같은 특정 기법이 필요한 소통의 문제가 상정된다. 영혼과의 소통은 유익할 수 있지만 종종 위험하다.

우주를 관통하면서 흐르는 보다 더 광범위한 에너지 흐름과 인체를 연결하는 에너지에 대한 강조도 공통점이다. 기(氣, ch'i)나 프라나(prana) 같은 동아시아의 다양한 에너지 모형이 호출될 수 있고,[2] 탄트라 기법이나 요가도 사용될 수 있다. 신체에서 억압되거나 막힌 에너지를 해방하는 기법이 일반적이다. 때로는 성행위 마법의 형태를 취하기도 하는데, 성행위가 에너지의 강력한 창조자이자 전달자로 간주되기 때문이다. 이것과 약간 연관된 차원은 우주를 보다 더 완벽하고 정확하게 인지하기 위해 인간의 정신을 자유롭게 해야 한다는 공통된 필요성이다. 정신을 확장하거나 개조하는 약물의 사용은 선호되는 요소이다. 상징의 사용과 이해를 통한 정신의 교육뿐 아니라 명상, 단식 또는 은둔의 기법도 일상적으로 발견된다. 마지막으로 새소리나 사건의 조합 같이 흔히 인식하기 어려운 신호를 통해 세계가 나에게 말하고 있는 것이 무엇인지 파악하기 위해 세계를 정보로서 이해하는 태도가 결정적으로 작용하곤 한다. 정보 분야는 양방향 흐름을 허용한다. 마법사는 특정 효과를 실현하기를 바라는 마음으로 행동의 상징을 통해 세계에 정보를 전수할 수 있다. 여기에는 과학적 실험의 노선을 따르는 실험적 차원이 있을 가능성이 꽤 높다. 오늘날의 마법은 광기와 기이함을 두려워하지 않는다. 덕분에 카리스마 넘치지만 개인적인 이익을 위해 자신의 의지를 세계에 강요하려는 파렴치한 인물에게 놀아나는 위험에 빠질 가능성이 있다. 그러나 최상의 상태에 있는 마법 관행에서 비롯되는 파격적인 질문을 통해 한편으로는 인간과 성격의 본질에 도달하고 다른 한편으로는 과학의 학문적 구조에 의해 엄격하게 구분되어진 영역을 우주로 확장하는 탐구를 수행할 수도 있다.

　마법은 전 세계 여러 문화에서 특별한 위치를 차지하고 있다. 뉴턴부터 프로이트에 이르는 많은 주요 사상가들은 마법적 믿음을 염두에 두었을 뿐 아니라 마법적 사고로부터 자극을 받아 그들의 핵심 발상을 발전시켰다. 마법은 기이함으로 사람의 마음을 잡아끄는 힘이 아니라 창조적인 힘이었다. 서양에서 그리고 아마도 다른 곳에서도 마법이 유일신에 대한 믿음과 더불어 사라지고 있다고 생각해왔다. 이제 우리는 유일신도, 마법도 모두 사라지지 않는다는 것을 확인할 수 있다. 사실, 마법은 전 세계 어디에 자리 잡고 있든 관계없이 모든 인간 문화에서 중요하고 지속적인 측면으로 인식될 수 있다. 마법은 살아 숨 쉬고 있으면서 질문을 제기한다. 그 질문은 바로 마법을 문화적으로 가장 생산적인 것으로 만들기 위해 우리가 할 수 있는 일은 무엇인지 그리고 현재 세계가 직면하고 있는 몇 가지 커다란 문제에 대한 해결책을 제공하는 데 있어 마법이 우리에게 해줄 수 있는 일은 무엇인지에 대한 질문이다. 우리가 합리에 바탕을 두고 있는 이해와 세계에 대한 인간의 연결이 중심이 되는, 보다 더 낭만적인 것으로 추정되는 관념 가운데 하나만을 선택하기를 거부한다면, 앞으로 우리는 세계에 대해 어떤 방식으로 접근하게 될까?

이전의 모든 시대와 마찬가지로 우리는 인간이라는 존재의 의미와 우리가 가지고 있는 능력이 무엇인지에 대한 커다란 질문과 더불어 심지어 훨씬 더 커다란 질문, 즉 실재와 전체로서의 우주의 본질은 무엇인지에 대한 질문에 직면해 있다. 이와 같은 질문은 인간의 주관성과 차갑고 기계론적인 우주 사이의 구분을 중심으로 형성되었다. 오늘날 과학자들은 전체로서의 우주가 어떤 형태의 의식을 가지고 있는지 여부와 이러한 깨달음이 전체로서의 실재에 대한 우리의 친밀감에 미칠 수 있는 영향은 무엇인지를 탐구하고 있다. 마법, 종교, 과학으로 구성되는 삼중 나선을 재구성할 가능성이 꽤 높은 심대한 재고가 진행 중이다. 따라서 이러한 가닥들은 혼합될 가능성이 있다. 이 마지막 여정에서 우리는 마법에서 비롯한 통찰력과 오늘날의 과학에 의존하여 이와 같은 혼합이 일어날 수 있는 방법에 대해 검토할 것이다.

마법의 현재

생태 재앙이 다가오고 있다. 이것은 인간의 행동으로 인해 유발된 것이다. 지구는 빠른 속도로 온난화되고 있고 전 세계의 모든 곳에서 생물권의 근간이 붕괴하고 있다. 대량 멸종이 흔하게 이루어진다. 아마도 많은 생태계의 기초를 구성하는 곤충같이 보다 더 작고 보다 덜 화려한 생물종에서 가장 우려할 만한 일이 벌어지고 있을 것이다. 일반적으로 세계 여러 지역에서 숲이 사라지거나 여름 동안 북극의 얼음이 사라지는 현상이 복합적으로 작용함으로 인해 곧 티핑 포인트에 도달할 것으로 예상된다. 매년 지구가 지난해보다 더 온난해지면서 우리는 기록상 가장 더운 해를 일상적으로 경험하고 있다. 일부 지역의 물 부족은 그 밖의 다른 지역의 파괴적인 홍수와 대조를 이룬다. 이와 같은 붕괴가 인간에게 물리적으로 가지는 함의에 대해 생각해볼 수단이 시급하다. 따라서 처음 개진되었을 때는 종종 논란을 불러일으키곤 했던 새로운 사고가 점점 더 많이 논의되곤 한다. 예를 들어, 제임스 러브록이 처음 개진한 가이아 가설은 영향력이 있지만 의견이 분분하다. 가이아 가설은 적어도 세 가지 구성 요소를 포함하고 있다. 첫 번째 구성 요소는 종종 생물학적 측면과 지질학적 측면으로 분리되곤 하는 지구의 측면을 지구의 '지구생리학'을 구성하는 단일 체계로 간주해야 한다는 주장이다. (보다 더 많은 논란을 불러일으키는) 두 번째 구성 요소는 지구의 체계는 스스로 조절하는 체계로서, 자신의 모든 요소에 걸쳐 균형을 유지하기 위해 노력한다. 따라서 이 체계의 균형을 무너뜨리는 요소는 축출되거나 제거될 것이라는 주장이다. 현재 불균형이 초래되고 있는 전체로서의 지구 체계의 결정적인 측면 가운데 하나는 인간의 행동이다. 그리고 이것은 세 번째 구성 요소로 이어진다. 즉, 지구가 행동을 취해 지구를 인간이 살아갈 수 없는 곳으로 만들 수 있거나 우리의 활동을 제한하여 우리가 현재 하고 있는 것처럼 지구에 재투입하는 것보다 보다 더 많은 것을 인출할 수 없게 만들 수 있다는 주장이다. 이러한 마지막 발상은 많은 논쟁을 불러일으켰고, 오늘날까지도 기후변화에 대한 예리한 토론으로 이어지고 있다.

우리는 현재 직면하고 있는 심대한 위기에 깊이 있는 행동과 태도로 대응할 필요가 있다. 사람들은 대량생산과 대량 소비를 바꾸거나 포기할 필요가 있다. 이것은 소비가 최고조에 달한 서양의 국가들에게 가장 필요한 것이다. 우리는 우리 현재의 경향, 즉 세계를 착취하려는 경향과 세계를 수동적인 존재로서, 우리가 사용해야 할 자원의 집합으로 여기는 경향에서 벗어날 필요가 있다. 여기에는 참여에 대한 보다 더 큰 강조가 필수적이다. 마법은 우주에 열려 있는 인간과 인간에게 열려 있는 우주를 상정한다. 만일 우리가 이러한 상호 개방성을 진지하게 받아들인다면 우리의 태도에 일어날 수 있는 일을 그것의 중요한 도덕적인 함의와 더불어 생각해볼 수 있을 것이다. 마법에 대한 논란이 가장 많은 곳은 서양 세계이지만 서양 세계야말로 태도 변화가 가장 필요한 여러 지역 가운데 하나이다.

지금까지 살펴본 것처럼, 세계에는 많은 형태의 마법이 존재한다. 각 마법 전통은 특정한 문화적 배경에서 발전한 것이기 때문에 다른 누군가의 마법을 사용하기는 어렵다. 오늘날의 서양 세계 같이 마법이 문화적으로 주변화된 문화권에서는 또 하나의 전통 마법을 모방하는 것은 효과가 없다. 그 대신 우리에게는 21세기를 위한 마법이 필요하다. 우리는 서양에서 여러 마법 전통이 번성하는 것을 확인했지만 다양한 이유로 많은 마법들이 원래보다 그 유용성이 보다 떨어지는 형편이다. 첫째, 황금 여명회와 그들의 뒤를 이은 다양한 후예 같은 조직들의 구조는 위계적이어서 불가사의하고 비밀스러운 지식을 힘의 토대로서 강조한다. 지식의 신비화와 힘의 위계는 우주의 작동 방식과 우주 내에서 인간의 위치에 대한 자유롭고 열린 토론에 도움이 되지 않는다. 나아가, 이와 같은 조직은 종종 마법적 지식을 발상과 상징의 형태 속에 존재하는 또는 주문을 통해 발화되는 단어의 힘 속에 존재하는 추상적인 것으로 묘사하곤 한다. 오늘날의 도전을 해결하는 데 가장 유용한 것은 마법에 대한 보다 더 물질적인 접근법이다.

마법의 뿌리이자 중추는 참여이다. 참여는 신비주의적인 상태가 아니라 숙련된 자동차 정비사가 엔진을 정비하거나 요리사가 식재료를 조합하는 것과 동일한 방식으로 깊이 관여하는 것을 의미한다. 나아가, 세계에 참여한다는 것이 반드시 자연과 행복한 조화를 이루어야 한다는 것은 아니다. 세계에 참여한다는 것은 세계가 인간에게 필요한 것을 공급하면서 과도하게 착취당하는 것과 마찬가지로, 인간도 세계의 창조적 단계와 파괴적 단계 모두에 열려 있음을 의미한다. 특히 세계의 다른 곳에 존재하는 토착 신앙의 지혜에 상응하는 고대의 지혜에 의존한다는 신(新)이교주의와 위카 운동의 주장을 배제할 수 있다면, 이러한 관점에 가장 가까운 서양 마법의 형태는 신이교주의와 위카 운동에 존재한다. 이교주의의 생태학적 측면은 사람들이 세계의 그 밖의 다른 요소와 맺고 있는 밀접한 관계와 생명체이든 아니든 만물에 대한 도덕적인 책임을 강조한다.

전 세계 많은 지역에서 오늘날의 마법은 과학에 정반대되는 입장을 정립하고 있다. 과학이 세계에 대한 우리의 상식적인 태도의 그토록 많은 부분을 형성한다는 점을 감안할 때 오늘날의 서양의 마법이 받아들여지려면 반드시 과학적 환경 내에서 발전한 것이어야만 한다. 1727년 아이작 뉴턴이 사망하고 양자역학이 발전할 때까지 거의 200년에 달하는 시간동안 기계론적인 우주는 실재의 모형으로서 그 힘을 한껏 발휘해왔다. 우리는 이 시기에도 번성했던 마법 전통이 존재했지만 뉴턴 이후 과학에 의해 종종 주변화되었던 것을 확인했다. 마법, 과학 또는 종교 가운데 하나를 선택할 필요는 없다. 이것들은 인간의 행동과 믿음의 다양한 측면을 각자 강조하고 각자 발전시키는데, 상호 보완적일 때 가장 잘 작동한다. 과학적 믿음과 종교 신앙을 통합하는 오늘날의 사고의 세 가지 요소는 새로운 마법에 중요하다. 첫 번째 요소는 인체의 기술, 인간의 감각, 인간의 정서를 강조하고 인간과 인간을 둘러싼 사물, 즉 잘 살기 위해 만든 인공물 사이의 구분을 거의 없애면서 인간을 세계 내의 중심에 다시 배치하기 위해 노력한다. 오늘날, 사고의 두 번째와 세 번째 차원은 세계의 지각, 즉 생명체와 비생명체 모두의 지각을 탐구하여 인간의 지능과 지각이 지각을 지니고 있는 그 밖의 다른 많은 존재와의 상호 작용을 통해 모양과 목적을 얻는 많은 형태 가운데 단지 하나의 형태에 불과하다는 가능성을 제기한다. 또한 이것은 물질이 어떤 식으로든 지각을 지닐 수 있다는, 논란의 여지가 있는 가능성을 제기한다. 우리는 이제 근대 마법의 이러한 가능한 출발점들을 차례로 살펴볼 것이다.

인간의 확장

최근까지 인간의 지능은 추상적으로 사고할 수 있고 신체의 행동을 지시할 수 있는, 실체가 없는 정신에 존재한다고 간주되었다. 오늘날에는 신체 자체가 물리적인 사물과 협력하는 지적인 존재가 되고 있다. 사람들은 세계와 분리된 존재가 아니라 세계에 다시 몰입되고 있다. 인간의 지능과 의식의 본질은 학계 내부 및 학계 외부의 사람들에 의해 근본적으로 재고되고 있고 고고학자들 역시 거기에 상당한 의견을 보태고 있다.[3] 17세기 이후 신체와 정신이 분리되어 있다는 발상이 발전했다. 신체는 물리적인 인과의 세계에 존재하는 반면 정신은 자신의 고유한 장소, 즉 추상적이고 정신적인 공간에 자리 잡고 있었다. 그 공간에서 사람은 추론하고 선명하게 생각할 수 있었다. 정신은 계획을 발전시키고 신체는 그것을 실행했다. 즉 우리는 기계 속의 유령으로 이루어져 있었다.

　이와 같은 발상에 의문을 제기할 수 있다. 유령과 같은 정신이 축귀된 것이 아니라 유령과 같은 정신이 신체를 통해 주입되어 사실 물리적인 세계로 보내져왔기 때문이다. 인간에게는 그 밖의 다른 생물종이 소유하지 못한 신체적 기술이 있다. 우리가 커피잔을 들어 올려 우리의 입술에 가져다 대려면 커피를 마실 때 우리의 손이 잔의 모양이나 무게의 변화를 느낄 필요가 있다. 우리의 입술은 액체의 열에 민감하다. 우리는 손과 팔의 뼈와 근육을 끊임없이 조절한다. 그것들은 잔과 완전히 분리된 것이 아니라 잔과 관계를 맺고 있다고 볼 수 있다. 물론 대부분의 경우 우리는 우리가 무엇을 마시고 있다는 사실을 의식하지 않고 그것을 마실 수 있다. 그것을 마시는 동안 우리는 친구와 나누는 대화에 집중할 수 있고, 신문을 읽을 수 있거나 이메일을 보낼 수 있다. 우리의 지능은 낮은 수준에서 작동할 수 있지만 일상적으로 이루어지는 당연한 행동, 말, 형상을 통해 지능을 나타내고 발전시키는 것은 여전히 중요하다. 지능은 실체가 없는 정신에서 발생하는 것이 아니라 전신 내에서 발생하고 신체는 사물과 내밀하게 연결된다. 신체의 감각은 신체가 밀접하게 관여하는 세계에 동조된다. 그 연결은 매우 밀접하여 어디에서 신체가 멈추고 어디에서 신체를 둘러싼 환경이 시작되는지 종종 말하기 어려울 정도이다.

　물리적인 사물은 우리가 세계를 이해하는 데 있어 협력자이다. 요리, 자전거 타기, 자판 두드리기 등, 우리는 우리가 하는 일을 통해 세계를 감지한다. 세계를 이해할 수 있는 이유는 우리가 감각하고 관여하기 때문이다. 그러나 본질적으로 우리의 관여는 부분적으로 세계의 사물에서 비롯된다. 물건은 세계를 이해하기 위해 노력하는 우리에게 적극적으로 협력한다. 나는 펜을 손에 쥐지 않고는 펜으로 글을 쓰는 행위를 모사하기가 매우 어렵다는 것을 알게 되었다. 숙련된 피아노 연주자도 피아노가 없으면 건반을 치는 방법을 정확하게 모사하기가 어렵다. 펜과 피아노는 신체의 기술을 행위로 옮기기 위해 필요한 무감각한 도구가 아니라 우리 행동의 협력자이다. 우리는 지능을 정신에서 꺼내 신체 내에 위치시킬 필요가 있을 뿐 아니라 우리가 매일 사용하는 우리 주변의 사물이나 처음 마주치는 모든 사물로 신체를 확장할 필요가 있다. 우리의 의식과 지능은 세계를 통해 확산된다. 인간은 우리가 행동할 때 물질과 에너지가 앞뒤로 흐르는 복잡한 연결망의 일부이다. 인간이라는 존재는 개방적인 존재이자 관여하는 존재이다. 확장된 정신이라는 이러한 관념은 물리적인 세계에 대한 참여를 강조한다. 지능은 보편적인 관여의 과정을 거치면서 전신에 존재한다.

생산이라는 행동은 호혜적인 행동이다. 우리가 인공물을 만들면 그 인공물은 우리가 우리를 창조하는 데 도움을 준다. 세계에서 이루어지는 작업은 인간의 기술을 특정 방향으로 발전시키지만 스타일과 아름다움에 대한 평가뿐 아니라 재료가 작동하는 방식에 대한 감각도 발전시킨다. 파푸아뉴기니에 갔을 때 나는 현지 사람들은 당연하게 여기는 것들 가운데 많은 것을 내가 잘해낼 수 없다는 것을 알게 되었다. 카누에 올라타서 노를 젓는 일, 어망을 만들거나 수리하는 일 또는 단순히 열대우림에서 걸어 다니는 일 등에는 어릴 때는 쉽게 익힐 수 있지만 나이가 들면 배우기 어려운 기술이 필요했다. 사람들은 나에게는 없는 방식으로 능력을 발휘했다. 인생의 첫 몇 년 동안 배우고 그 이후 강화된 기술 덕분에 그들은 일련의 당연한 일 처리 방식을 가지게 되었다. 전 세계의 모든 사람들이 신체적인 면에서 동일한 능력을 가지고 태어남에도 불구하고, 우리의 신체는 무수한 방식으로 세계에 동조된다. 예를 들어 우리는 한편으로 열대우림으로 뒤덮인 섬에서의 생활에 적응할 수도 있지만 다른 한편으로는 서양의 도시에서의 생활에 적응할 수도 있다. 마법의 근본은 인간이 세계와 연계되어 있다는 것이다. 우리가 세계에 말려들어간 다양한 방식을 받아들일 때 우리는 보다 더 마법적인 사고방식으로 들어갈 수 있다.

　　인간은 생각하는 존재이지만 감각과 정서를 통해서도 느낀다. 그 밖의 다른 학문 분야 가운데 심리학 및 의학 분야에서의 새로운 발전은 우리가 우리의 심리적인 상태 및 정서적인 상태에 대해 보다 더 많이 생각해보도록 부추겼다. 메소포타미아의 아시푸는 그것을 심리학이 아닌 악마의 관점에서 생각했을 수 있음에도 불구하고, 환자의 심리적인 상태가 회복에 영향을 미친다는 사실은 그들에게 놀라운 일이 아니었을 수 있다. 특히 심각한 질병의 경우 상담, 명상, 요가를 통한 정서 관리에 대한 관심이 높아지면서 서양 의학에서는 전인(全人) 치료를 점점 더 강조하고 있다. 위약(僞藥)은 적어도 일부 질병과 의약품의 경우 치료 효과를 높이는 데 도움이 된다. 이것은 심지어 사람들이 자신이 복용하는 약에 약효가 없다는 것을 알고 있는 경우에도 일어날 수 있는 일이다. 따라서 아마도 의사와의 상호 작용이 치료 효과가 있는 것일 수 있다. 오늘날에는 스트레스 상태나 불안 상태가 한 세대에서 다음 세대로 전달될 수 있는 가능성이 있는 것처럼 보인다. 왜냐하면 신체의 화학적인 상태가 혈액 단백질에 영향을 미치고 때로는 유전적 돌연변이를 일으켜 자녀에게 전달되기 때문이다. 사람들이 살아가고 있는 거미줄 같은 생태계가 유전자에 영향을 미치는 후성유전학적 영향은 이제 막 이해되기 시작했는데, 그 가능성은 전 세계에 걸쳐 있다. 마법과 의학은 서로 엮여 있다. 보다 더 이른 시기에는 이 둘 모두 활동과 대화를 강조했을 뿐 아니라 약초 치료 같은 것을 강조하는 형태였던 반면 오늘날에는 의학이 약물에 관한 것으로 간주되면서 심리적인 측면이 보다 더 많이 배제되고 있는 형편이다.

그림 10.3. 관측 가능한 우주와 암흑 물질 사이의 균형을 묘사하려는 시도. 보다 더 밝은 요소는 우리가 관측할 수 있는 측면이다.

　우리는 지구 위에 굳건히 서서 우리의 전신을 통해 세계를 인지하고, 종종 우리가 받은 정보를 바탕으로 주의를 기울이고 기술을 발휘하여 행동하곤 한다. 모든 문화권에서도 인지의 한계를 인식하고 있다. 따라서 명상에서부터 정교한 실험실 장비 사용에 이르기까지 우리의 경험을 확장하기 위한 많은 기법이 개발되어왔다. 적외선, 엑스선, 현미경 분석은 모두 우리의 일반적인 감각으로는 접근할 수 없는 우주의 측면을 열어준다. 암흑 물질(그림 10.3)과 에너지는 심지어 그것들이 우주의 주요 구성 요소임에도 불구하고, 최근에야 겨우 알려졌고 여전히 신비로운 존재이다. 우주에는 항상 아직 발견되지 않은 것이 보다 더 많다. 따라서 새롭고 가능성이 높지 않은 것들에 대해 검토해보는 것이 매우 중요하다.

지각을 지니고 있는 생명의 네트워크

과학계의 여러 분야에서 인간이라는 존재의 의미에 대한 흥미로운 새로운 그림이 출현하고 있다. 바로 인간은 연결된 존재라는 것이다. 인체는 인공물, 주택 또는 경관과 더불어 그리고 그것들을 통해 지능을 발전시킨다. 이 것은 세계에 대한 우리의 이해가 사물과의 협력을 통해 발전한다는 것을 의미한다. 살아있는 세계가 지능의 네트워크로 구성되어 있다는 것에는 의심의 여지가 없다. 다양한 종의 식물과 동물이 나름의 방식으로 상호 작용하면서 소통, 기억, 행동이 전 세계를 거미줄처럼 덮고 있다. 사람도 이와 같은 거미줄의 일부이다. 그 반대라는 일부 망상이 존재함에도 불구하고, 인간은 이러한 무수한 연결에 대한 책임감이 거의 없다. 그 이유는 특히 이 무수한 연결의 대부분을 인식하지 못하기 때문이다. 우리 가운데 많은 사람들은 살아 있는 세계가 얼마나 많은 것을 인식하고, 기억하며, 배우고, 행동하는지 파악하지 못함으로써 실존적으로 외로워지고 있다. 우리가 살고 있는 도시경관과 농촌 경관에 대한 그리고 이러한 경관에 깃들어 살아가는 식물과 동물에 대한 친밀감과 유대감은 우리 모두가 세계에 대해 보다 더 친근감을 느끼는 데 그리고 우리를 둘러싼 모든 사물들에게 호혜적이고 평등한 방식으로 관여하겠다는 의지를 북돋는 데 도움이 될 것이다.

　인간은 감각을 가진 생태계에 살고 있다. 세계는 미생물, 곤충, 식물, 동물로 이루어진 연결된 공동체로 에워싸여 있다. 그들은 각자에게 고유한 방식으로 세계를 이해하는 동시에 보다 더 광범위한 물질과 정보의 흐름에 기여하고 있다. 식물(특히 나무)[4]에서부터 문어[5], 암소[6]에 이르기까지 모든 생명체의 지능을 탐구하는 문헌이 폭발적으로 증가하고 있다. 이와 같은 연구는 생태학이라는 과학적 관행에서 비롯된 것이지만, 전 세계의 신학적 전통뿐 아니라 마법에 대한 믿음과 공통적인 대의명분을 발견하여 인간 관행의 삼중 나선에 새로운 모양과 연결을 부여하는 데 도움을 준다.

식물의 지능에 대한 많은 연구가 진행되고 있다. 식물에게는 중추신경계가 없지만 식물은 자신을 둘러싼 세계를 감지하고 미묘하고 다양한 방식으로 상호 작용할 수 있다. 식물은 화학물질을 생산하고 교환하여 자신 및 다른 식물과 소통한다. 식물에게는 종종 특별한 감각기관이 존재하지 않음에도 불구하고, 식물은 동물과 동일한 양식으로 많은 것을 감지할 수 있다. 식물의 잎은 빛에 민감하다. 햇빛에 일상적으로 노출되는 지역에서 자라는 식물은 눈, 싹, 잎을 길게 늘이고 그늘진 지역에서 자라는 식물은 눈, 싹, 잎을 떨어뜨린다. 식물은 뿌리와 잎의 화학수용체를 통해 자신이 필요로 하는 이산화탄소, 물, 기타 미네랄 영양분을 찾아낸다. 식물은 자신의 뿌리와 그 밖의 다른 식물의 뿌리를 구별할 수 있어, 이를 통해 자아에 대한 약간의 감각을 가지게 된다. 또한 식물은 중력도 감지한다. 싹은 위로 자라고 뿌리는 아래로 뻗는다. 보다 더 흥미로우면서 논란의 여지가 있는 내용은 식물이 잎과 털의 움직임을 통해 소리를 감지할 수 있다는 것이다. 일부 식물종은 벌의 윙윙거리는 소리를 감지하여 꽃가루를 폭발적으로 방출할 수 있다. 휘발성 물질로 알려진 화학물질은 강한 냄새를 풍길 수 있어 동물과 곤충을 유인하지만 그 밖의 다른 식물도 그 냄새를 감지할 수 있다. 가장 잘 알려진 사례는 새롭게 베어낸 풀이 풍기는 냄새로, 이를 통해 초식동물이 근처에 있다는 위험을 그 밖의 다른 식물에게 경고할 수 있다. 아직

먹히지 않은 식물은 화학물질을 생성하여 먹기에 좋지 않은 것처럼 느껴지게 위장할 수 있다. 이것은 잔디 깎는 기계를 상대로는 그다지 잘 작동하지 않는다.

나무를 포함한 많은 식물은 서로 동맹을 맺는다. 뿌리는 균근균(菌根菌)과 동맹을 맺는데(그림 10.4), 이것은 서로에게 도움이 될 뿐 아니라 식물이 서로 소통하는 데에도 도움이 된다. 다소 불가피하게도, 균근 네트워크에는 '우드-와이드 웹(Wood-Wide Web)'이라는 이름이 붙었다. 균근균은 나무의 소통, 영양분의 이동, 방어를 위한 화학물질의 공급과 이동을 도움으로써 개별 식물이 물과 영양분을 공유할 수 있도록 지원한다. 그 외에도 균근균은 화학 메시지를 전달하여 그 밖의 다른 나무가 균(菌)의 공격에 대비할 수 있도록 지원한다. 이와 같은 메시지는 그 관계가 어미 나무와 자손 나무인 경우 가장 빈번하게 전달된다. 이러한 네트워크와 그 밖의 다른 형태의 연결의 중요성에 대한 인식이 높아지면서 서로 경쟁하는 단일식물을 이해하려는 시도에서 협력하는 전체 공동체를 강조하는 방향으로 관심이 옮겨가고 있다. 식물과 곤충, 그 밖의 다른 동물들 사이에도 중요한 관계가 형성되어 있다. 예를 들어 암소를 대상으로 한 연구에서, 암소는 아플 때 어떤 식물을 먹어야 하는지 알고 있는 것으로 나타났다. 살아 있는 세계는 생태계의 그 밖의 다른 부분의 가능성, 위협, 능력에 민감하게 반응하는 방식으로 행동과 상호 작용이 밀려왔다 쓸려갔다 하는 지점에서 살아 숨 쉬고 있다.

동물의 지능에 대해서도 많은 이야기를 할 수 있다. 우리 모두는 가까운 곳에서 함께 생활하는 동물을 나름대로 관찰해왔다. 예를 들어, 최근 연구에 따르면 암소는 오랜 사회적 기억을 가지고 있고, 앙심을 품거나 수년간 지속되는 동맹을 형성하여 복잡한 정서를 나타낸다고 한다. 암소는 문

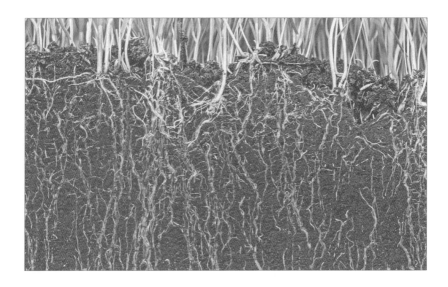

그림 10.4. 균근균이 있는 풀뿌리의 광범위한 네트워크.

을 여는 법을 터득할 수 있다. 또한 문어는 다른 사람이나 상황을 기억한다. 문어는 관찰을 통해 학습한다. 다른 문어가 색깔이 있는 물건을 조작하는 것을 관찰한 문어는 그 행동을 모방할 수 있다. 또한 문어는 코코넛 껍질 같은 사물을 멀리 떨어진 곳으로 운반하여 은신처를 만드는 방법을 터득할 수도 있다. 식물과 동물의 기억력, 예상하지 못한 형태의 소통, 참신한 행동에 대한 학습, 도구 사용 같은 사례가 존재한다. 연구자들이 전체로서의 살아 있는 세계가 많은 네트워크를 통해 연계된 지적인 형태의 거대한 모자이크임을 깨닫게 되면서 이러한 모든 기술과 능력에 대한 우리의 지식은 급속하게 증가하고 있다. 물론 각 생물종은 신체, 능력, 환경에 따라 각자의 고유한 방식으로 지적이다. 그 밖의 다른 생물종의 능력을 인간 지능에서 일부가 결핍된 형태로 간주해서는 안 된다. 우리는 모든 생명의 상호 연관성을 인식할 뿐 아니라 생물권 전반에 걸친 생물종의 역사, 생리학, 의도의 순전한 차이도 이해해야 한다.

지구를 일련의 위도대(緯度帶)라는 관점에서 보면 우리는 북극에서 열대우림에 이르는 지역에 자리 잡은 거대한 숲, 초원, 사막에서 미생물의 세계를 토대로 곤충, 식물, 동물을 통해 지속적이고 복잡하게 상호 작용하는 일련의 지적인 생태계를 확인할 수 있다. 이와 같은 역동적이고 총체적인 배경에서 볼 때 인간은 단지 하나의 지적인 생물종에 불과하다. 인간은 오직 그 밖의 다른 사람들의 연결과 지능을 인정하고 존중함으로써만 그리고 되도록 이와 같은 연결을 끊지 않고 유지함으로써만 생존하고 번성할 수 있다. 여기에서 매우 중요한 것은 참여에 대한 강조이다.

마법은 구석구석에 생명이 존재한다는 것을 인식하는 기술이다. 예를 들어 시베리아 집단에게 숲은 생명으로 가득하다. 나무 사이로 이동하는 단일한 인간 사냥꾼은 절대로 혼자가 아니다. 그는 언덕, 강, 식물, 동물의 형태로 존재하는 그 밖의 다른 형태의 의식에 둘러싸여 있다. 제물을 바치고, 말을 건네며, 존경을 표시할 필요가 있다. 세계의 일체감도 숲을 양호하게 만들지 못한다. 오히려 숲은 곰, 뱀, 질병, 사고를 유발하는 원인으로 가득하다. 호주 원주민들은 자신들의 집단이 경관 내부에 존재하는 조상의 힘과 영적인 힘의 우물에서 비롯된다는 것을 당연하게 여긴다. 그 힘은 노래, 춤, 그림 또는 인공물로 구현될 수 있다. 영혼인 유를라는 까다롭고, 욕정에 휩싸여 있으며, 어쩌면 파괴적일 수 있는 힘이었다. 유를라를 통해 사람들은 살아가는 방법을 터득할 필요가 있었다. 이와 같은 문화에서 인간은 다양한 방식으로 이러한 힘을 기리고 죽은 사람을 경관에서 강력한 장소로 돌려보내면서 힘의 원천을 이해하고, 관리하며, 육성하려고 시도한다. 순록 목축민이나 호주 원주민 집단의 창의적인 행동은 수천 년에 걸쳐 그들의 물리적 환경과 문화적 환경에 적합한 방식으로 발전해왔다. 이러한 집단이 근본으로 삼고 있는 발상은 생물과학이 사람을 포함한 만물의 지능과 연관성을 중심으로 이제 막 탐구하고 있는 발상이다. 개별 집단이 발전시킨 돌봄의 관행은 외지인들이 모방할 수 없는 것일 뿐 아니라 심지어 완벽하게 이해할 수도 없다. 그렇지만 우리 모두는 우리를 둘러싸고 있는 세계의 민감성과 반응성에 대해 터득해야 하는 것이 많다.

물질은 지각을 지니고 있을까?

오늘날의 물리학에서 가장 도전적인 질문 가운데 일부는 물질의 지각 또는 어쩌면 심지어 의식에 관한 것이다. 물질이란 무엇이고 영혼이나 정신 같은 것과 어떻게 다른지에 대한 질문은 많은 사람들이 해결하기 위해 애써온 질문으로, 이에 대한 답도 다양하다. 뉴턴은 물질에 대한 고전적인 설명을 제공했고, 그것은 새롭게 출현한 기계론적 우주라는 관념을 뒷받침했다. 뉴턴은 《광학Opticks》에서 물질이 해변의 조약돌처럼 '견고하고, 질량을 가지며, 단단하고, 꿰뚫을 수 없으며, 움직이지 못하는 입자'로 구성되어 있다고 주장했다. 20세기에 들어서면서 물질이 원자같이 서로 상호작용하는 별개의 사물의 집단으로 구성되어 있다는 믿음은 흔들리기 시작했다. 철학자 필립 클레이튼(Philip Clayton)은 '우주론에서 상대성 이론과 양자 물리학에서 그것을 보완하는 가설은 기본 실재가 일종의 "물질-에너지"의 혼종이라고 제안하고' 사실 '이 실재는 물질보다는 에너지에 보다 더 가깝다고 제안한다'고 기록했다.[7] 에너지에 대한 이러한 강조는 실재를 해변의 자갈 같은 것이 아니라 바다 같은 것으로 만든다. 에너지는 상대성이론, 열역학, 양자 세계에 대한 우리의 이해에 부합하는 방식으로 우주 전역을 흘러 다닌다. 가장 큰 규모인 전체로서의 우주에 대해 아인슈타인의 일반상대성이론(General Theory of Relativity)은 뉴턴의 이론보다 보다 더 역동적인 그림을 제공했다. 아인슈타인은 이전에는 비활성 상태였던 공간과 시간을 연속적인 시공간으로 결합했다. 또한 연속적인 시공간은 중력장과도 연속적인 것으로 간주되었다. 그 결과 공간은 질량에 의해 휘어지는 것으로, 시간은 중력의 힘이 가장 큰 곳에서 가장 느리게 지나가는 것으로 간주되었다. 이와 같은 관점은 공간의 공허함을 기복이 있는 일련의 장으로 변형했다. 그 안에서 물체의 운동은 공간과 시간 속에서 일어날 뿐 아니라 운동이 공간과 시간 자체를 형성하는 방식으로 일어났다.

애니미즘을 믿는 대부분의 사람들은 '우리가 너희에게 이미 말해주었던 것'이라는 반응을 보일 수 있다. 애니미즘을 믿는 사람들에게 우주는 항상 능동적이고 활기찬 곳이었다. 우주는 종종 인체의 에너지와 연속적인 방식으로 인간과 비인간을 상호 영향의 패턴으로 연결한다. 많은 집단은 서양인이 생명체로 간주하는 것과 서양인이 비활성이라고 간주하는 것을 구분하지 않는다. 이와 같은 연결은 물질과 에너지를 대비시키듯 무감각한 물질과 인간 영혼을 구분하는 기계론적인 구상으로 인해 몇 세기 동안 끊어져 있었다. 물질에 다시 에너지가 부여되면서 보다 더 연속적인 우주가 서양적 사고에 다시 출현할 수 있다. 새로운 에너지학을 통해 서양적 사고는 그 밖의 다른 많은 문화권에서 발견되는 인간화된 우주에 보다 더 가까워지고 있다.

이와 같은 서양의 지적인 재편은 가장 큰 질문 가운데 하나를 다시 제기한다. 그것은 바로 의식의 문제로, 특히 뇌가 뉴런 사이의 에너지 흐름을 통해 작동하는 것으로 간주되면서 다시 제기되게 되었다. 의식은 우주의 구석진 곳에 자리 잡은, 우리가 지구라고 부르는 일부를 미화하는 이상한 장식인가? 아니면 우주의 보다 더 근본적인 속성인가?[8] 의식이 부수적으로 나타나는 현상일 가능성은 낮다. 그리고 현재 물리학에서는 의식을 설명하지 못함에도 불구하고, 의식은 무시할 수 없는 문제이다. 의식의 문제는 부분적으로 양자역학의 난제들을 통해 근대 물리학으로 들어왔다. 사람들이 양자 현상을 관찰할 때 아원자 입자를 관찰하는 행위가 측정 결과를 변화시키는 것처럼 보이는데, 이것은 우주를 주관화로 묘사해왔다. 이러한 가장 기본적인 물리적 현상이 관찰자에 영향을 받는 방식과 영향을 받는 이유에 대한 물리학자들의 의견이 분분함에도 불구하고, 그럼에도 불구하고 일반적으로 이러한 영향이 발생한다는 것과 그것을 감지할 수 있다는 점에 대해서는 동의가 이루어지고 있다. 훨씬 더 논쟁의 여지가 많은 얽힌 입자의 경우, 즉 두 개의 얽힌 광자가 정반대의 스핀 속성을 가지고 있는 경우, 한 입자의 변화는 나머지 입자의 변화를 유발할 것이다. 이러한 변화는 빛이 입자들의 사이를 이동할 수 있는 속도보다 더 빠르게 일어나기 때문에 일부에서는 그 입자들이 서로를 의식하고 있다고 말하기도 한다. 물질에 의식이 있다는 발상은 모든 애니미즘 세계관 내에서 쉽게 받아들여질 수 있음에도 불구하고, 여기에서 '의식'이라는 용어를 사용하는 것은 까다로운데, 아마도 다른 적절한 용어를 찾지 못했기 때문에 '의식'이라는 용어를 사용할 수밖에 없는 것일 수 있다. 아무리 못해도 의식과 물질의 기본 구성 요소 사이의 관계는 직선적인 기계론적 관점을 파괴한다. 그리고 그 대신 우리가 살아 있는 것으로 간주할 수 있는 것과 비활성 상태로 간주할 수 있는 것 사이에서 미치는 영향의 흐름을 강조한다.

　우리는 생태계가 일련의 거미줄 또는 네트워크라는 발상에 익숙해져 있다. 영양분은 생태계를 통해 이동한다. 식물은 공기, 토양, 물에서 화학물질을 흡수하고, 그 화학물질은 식물을 먹는 동물에게 전달되며, 동물은 육식동물의 사슬을 따라 올라가고, 육식동물이 죽으면 화학물질이 토양으로 되돌아가 다시 식물로 흡수된다. 심지어 이 과정에서 풀이나 사자처럼 근본적으로 상이한 생명체에 통합됨에도 불구하고, 탄소나 수소의 동위원소는 동일하게 유지된다. 생명체든 아니든 물질의 각 형태를 지각을 지니고 있는 것들의 네트워크의 일부로 여긴다면 어떨까? 이와 같은 관점에서는 바위, 흙 또는 물에서부터 사람을 포함한 다양한 생명체에 이르는 우주의 각 요소는 자신의 고유한 방식으로 지식을 습득한다. 그렇다면 이제 우리는 지각이 순환된다고 생각할 수 있을까? 지각은 모든 측면이 자신의 고유한 지식의 형태를 가지고 있는 우주의 광범위한 속성이다. 그 밖의 다른 사물의 지각을 인간이 지니고 있는 빈약한 형태의 지식으로 간주할 수는 없다.

지식의 형태는 고립적으로 발달되거나 행사되는 것이 아니다. 풀은 오직 흙, 풀이 끌어올리는 물 또는 풀을 먹을 수 있는 것들과의 관계에서만 지각을 지닌다. 풀이 자라는 모양과 크기는 풀이 말려들어 있는 모든 관계의 네트워크의 영향을 받는다. 이것은 사람에게는 훨씬 더 그러하다. 인간의 지각은 절대로 고립된 현상이 될 수 없고 생명체이든 아니든 그 밖의 다른 것과의 관계를 통해 발전한다. 인간의 지식은 우리가 감각을 박탈당한 상태에서 수조에 떠 있을 경우 그러할 수 있는 것처럼, 추상적인 상태를 통해 얻어지는 것이 아니다. 세계에 대한 완벽하고 적극적인 참여를 통해 얻어진다. 우리가 세계에 참여할 때 세계도 우리에게 참여한다. 그 방식은 우리가 먹고 배설할 때 신체를 통해 화학물질이 흐르는 것과 유사하다.

우리는 인체가 수행할 수 있는 모든 것에 대해 알지 못한다. 사람들은 다양한 문화적 맥락에서 놀라운 기술을 배운다. 그것은 바이올린 연주일 수도 있고 먹잇감이 경관을 통해 이동하면서 남겨놓은 흔적을 통해 먹잇감을 추적하는 방법을 터득하는 것일 수도 있다. 참신한 필요성이 생기면, 신체는 이전에는 본 적이 없었던 기술을 배우게 될 것이다. 이것은 부분적으로 인체가 관여하는 물리적 세계와 문화적 세계에 따라 매우 많은 상이한 것들을 수행할 수 있기 때문이다. 우리의 신체는 그 밖의 다른 많은 인체로 뿐 아니라 우리가 접촉하는 그 밖의 다른 모든 실체들로도 확장된다. 사람은 자기 스스로 지적인 존재가 된 것이 아니라 인간의 기술 형태를 발전시키는 데 도움을 주는 세계와 함께 수행한 작업을 통해 지적인 존재가 된다. 나무를 이용하여 작업하는 목수의 기술은 손뿐 아니라 목재에 의해서도 연마된다. 이것은 도공과 점토, 요리사와 식재료에서도 그러하다. 만일 우리의 모든 협력자, 즉 점토뿐 아니라 온갖 종류의 식재료가 스스로 지각을 지니고 있는 존재라면, 우리에게는 그들이 우리를 돕는 만큼 호혜적인 방식으로 그들이 번성하도록 도와야 할 책임이 있다. 세계에서의 지각의 순환과 인간이 이와 같은 순환을 창조할 뿐 아니라 파괴하는 방식에 대해 생각하기 위해서는 훨씬 더 많은 사고가 필요하다. 우리는 아직 점토 또는 나무 또는 다양한 식물과 동물이 무엇을 감지하거나 알 수 있는지 알지 못한다. 우리는 오직 그들의 이해에 대해 의문을 제기함으로써만 배울 수 있다. 인간과 우주의 근본적인 특성 가운데 많은 부분이 여전히 우리의 이해 범위를 벗어나 있다.

현재 서양적 사고가 제기하는 추측의 가장자리에서부터 우리는 물질과 에너지, 지각이 없는 물질과 지식을 지닌 생명 형태 사이의 구분을 조금씩 파고들고 있다. 그리고 그 과정에서 사고, 감정, 책임감이라는 연결된 세계 모형을 발전시키고 있다. 가장자리의 침식으로 인해 결국 과학 패러다임의 중심 신조가 불안정해져, 보다 더 마법적인 것이 될 가능성이 있다. 어느 아메리카 대륙의 원주민이 나에게 '당신이 에너지라고 부르는 것을 나는 영혼이라고 부른다'고 말한 적이 있다. 이 단순하지만 심대한 번역 행위를 통해 근본적으로 상이한 것처럼 보이는 세계관 사이의 화해를 시도할 수 있다. 만일 에너지와 영혼이 유사한 것이지만 상이한 이름으로 알려진 것이라면, 태양과 행성 같은 우주의 가장 큰 측면과 아원자입자 같은 가장 작은 측면에 우리가 생명에 쉽게 부여하는 특성인 의식과 지각이 가득할 가능성이 있다. 현재 우리는 물질이 지각을 지니고 있다는 것이 무엇을 의미하는지 실제로 이해할 수 없지만, 어쩌면 우리는 이러한 가능성을 존중하는 방식으로 행동하는 법을 터득할 수 있을 것이다. 존중하고 책임감을 가지는 태도는 많은 마법적 세계관의 핵심에 자리 잡고 있을 뿐 아니라 21세기 마법의 기초이기도 하다. 우리는 서로 연결되어 있지만 구별할 수 있는 삼중 나선의 가닥으로서 마법, 종교, 과학을 분리해왔다. 에너지, 지각, 애니미즘에 대한 오늘날의 질문을 추구하는 과정에서 세계에 대한 인간의 이 세 가지 기본적인 지향 사이의 구분의 중요성이 차츰 줄어들면 세계에 대한 보다 더 총체적인 신체적, 영적, 도덕적 평가로 이어질 가능성이 있다.

마법의 미래: 참여와 책임

기후 비상사태와 불평등이라는 전 지구적인 문제의 규모와 시급성을 감안할 때, 우리는 태도와 활동의 근본적인 변화를 모색할 필요가 있다. 서양 세계와 같은 일부 문화권에서 주변화되었음에도 불구하고, 마법은 많은 문화권에서 살아 숨 쉬는 일련의 참신한 가능성을 포함하고 있다. 만일 우리가 보다 더 마법적인 자세를 채택한다면 세계는 어떤 모습일 수 있을까? 마법은 어떤 형태의 보호를 제공할 수 있을까(그림 10.5)?

문제는 70억 명이 넘는 전 세계 인구를 먹여 살리는 데 적합한 대량생산의 산업 경제가 어떻게 사람과 그들의 세계가 거의 분리되지 않은 수렵채집인의 태도로 운영될 수 있는가 하는 것이다. 이런 식으로 표현하면 우리의 과업은 막대하고 전례 없는 도전처럼 보인다. 그러나 우리는 우리의 방식을 바꿀 수밖에 없다. 따라서 우리 관행의 핵심에 후견인의 의무를 설정하는 것이 결정적이다. 현재 공동선(共同善)을 위한 경제학에 대한 유용한 논의가 진행되고 있는데, 이것은 이윤을 위한 경제학과 대조적인 개념으로 다수의 삶의 질이라는 측면에서 이익을 생각하는 경제학이다. 이와 같은 경제학은 모든 사람을 포함할 뿐 아니라 우주의 모든 측면도 포함할 것이다. 모든 것이 번성하도록 돕는 것은 참신하고 압도적인 열망으로, 세부적으로는 수정하는 데 유용할 수 있다.

우리는 가장 심대한 마법적 세계관의 중심에 돌봄의 윤리가 자리 잡고 있음을 확인할 수 있다. 결정적인 것은 미래 세대에게 훼손된 세계가 아니라 유익한 조건의 세계를 물려주고자 하는 열망의 중심에 자리 잡은 후견인의 의무이다. 이와 같은 윤리에는 오늘날의 문화의 기반과 뿌리를 제공하는 경관 속에 자리 잡은 조상과 그들의 흔적이라는 측면에서 과거를 돌아볼 필요성이 존재한다. 후견인의 의무의 핵심에는 미래에 대한 돌봄이 자리 잡고 있다. 물론 모든 행동은 현재에서 이루어지므로 공동체에 대한 돌봄은 반드시 여기에서 이루어져야만 한다. 이때, 후견인의 의무 관념은 지각을 지니고 있는 모든 존재에게로 확장된다. 아인슈타인은 시간, 공간, 중력이 내밀하게 상호 연계되어 있는 역동적인 우주를 창조했다. 이 마법적 우주에서 인간과 지식은 항상 윤리와 뒤얽힌다. 이와 같은 세계에서 우리는 우리가 윤리와 돌봄의 차원을 감안하면서 행동했는지 이해하지 못하고 행동하지 못한다. 또한 우리는 그것에 대해 궁금해하지 않는다. 이러한

그림 10.5. 마법의 보호 가능성. 기원후 4세기 그리스-이집트 시대의 파피루스 두루마리. 원환 형
상과 함께 '이것이 묻혀 있는 한 어떤 일도 일어나지 않기를'이라는 문구가 적혀 있다.

차원은 처음부터 우리의 행동과 이해에 포함되어 있기 때문이다.

돌봄을 강조하는 과정에서 우리는 살아 있는 사람과 죽은 사람의 관계를 재조정할 필요가 있다. 이것은 특이한 출발점처럼 보일 수 있지만, 죽은 사람은 우리에게 혈통과 개인사에 대한 감각을 제공한다. 그리고 이것은 우리가 우리의 뒤를 이은 세대에게 세계를 물려줄 때 후견인의 의무를 촉진한다. 만일 우리가 이와 같은 사슬이 지속되기를 원한다면, 과거만큼이나 미래에도 집중할 필요가 있는데 그러기 위해서는 인간 세대의 사슬 내에 우리 스스로를 위치시키는 것이 도움이 된다. 고대 로마부터 오늘날의 일본에 이르는 많은 문화권에는 조상과 그 밖의 가족의 영혼을 위한 가정 신전이 있다. 이와 같은 신전을 통해 우리는 조상을 기리고 조상에게 도움을 요청하며 현재의 중요한 문제와 고민에 대해 탐구할 수 있다.

현재 서양에서는 죽은 사람을 조상의 힘과 조상이라는 존재로서 기리는 대신 그들이 더 이상 살아 있지 않다는 사실에 슬퍼한다. 오늘날 가족사에 관심을 가지는 사람은 많다. 그러나 이것은 보다 더 광범위한 문화적 감각으로 해석되지 않는다. 즉, 살아 있는 사람인 우리는 세대로 이루어진 세계에서 현재에 살아 움직이는 존재이다. 우리에게는 보다 더 이전 세대가 우리 세대에 대해 책임감을 가졌던 것과 동일한 방식으로 아직 태어나지 않은 세대에 대해 가져야 할 책임감이 있다.

우리는 지각과 지능이 존재할 수 있는 모든 곳에서 지각과 지능을 찾기 시작했다. 우리가 방금 살펴본 것처럼, 현재 동물과 식물의 지적인 행동을 강조하면서 많은 놀라운 사실들이 드러나고 있다. 앞으로 드러날 것은 더 많을 것이다. 특히 많은 유기체의 행동에는 인간이 쉽게 감지할 수 없는 세계의 측면이 포함될 수 있기 때문이다. 지각 연구의 마지막 경계는 물질 내에 자리 잡고 있다. 여기 서양에서 생활하는 우리는 생명체와 비생명체를 엄격하게 구분함으로 인해 어려움을 겪어왔다. 의식이 모든 곳에 존재할 수 있다는 가능성은 분명 놀라움으로 이어질 것이고, 어쩌면 의식에 대한 우리의 정의를 바꿀 수도 있을 것이다. 그러나 지각을 지니고 있는 우주 안에서 인간은 자의식이라는 이상한 능력을 발휘한다. 자아에 대한 감각은 타자에 대한 감각의 발달로 이어지므로 우리는 '우주가 원하는 것은 무엇인가?'라고 질문하고 그에 따라 행동할 수 있게 된다.

또한 우리는 인간의 정서와 정신 건강에 대해서도 재고할 필요가 있다. 여기에는 두 가지 요소가 있다. 첫째, 많은 사람들이 물질적으로 편안함에도 불구하고 외로움, 고립감, 세계와의 단절을 느낀다. 서양 세계에서 실무적인 기술이나 관여를 발전시키는 사람의 수는 점점 줄어들고 있다. 우리 대부분은 식재료와 그 밖의 다른 재료가 되는 것들이 그 밖의 다른 사람에 의해 생산될 것이라고 기대하면서 생활한다. 심지어 그 기대는 음식이 다른 곳에서 조리되어 우리에게 배달되는 수준에 이르렀다. 직접적인 신체적 참여의 부족과 소외감 및 불안이 동시에 증가하고 있다. 이러한 것들은 연계되어 있을 가능성이 있다. 둘째, 오늘날 인간의 정서 상태와 심리 상태는 매우 협소한 방식으로 정의되고 있다. 많은 사회에서는 우리가 정신 질환으로 간주하는 것을 포함하여 다양한 심리적 성향을 중요하게 생각해왔다. 서양의 규범에 따르면 대부분의 샤먼은, 좋게 말해, 이상한 존재로 간주될 것이고 샤먼의 긍정적인 기여는 주변화되고 무시될 것이다. 영혼과 대화를 나누는 사람들은 현재 우리가 정상적임에 대해 생각하는 관점에서는 정상에서 벗어난 사람들이지만, 서양에 존재하는 이와 같은 사람들은 우리 대부분이 알지 못하는 중요한 진실을 말하고 있을 수 있다. 이와 같은 진실은, 만일 누군가 말한다고 해도, 지금 우리에게는 들리지 않는다.

미래는 모든 문화권에서 큰 관심사이다. 우리는 여러 가지 정교한 형태의 점복과 예언이 존재한다는 것을 확인했다. 이러한 것들이 과학으로 검증될 수 있는 방식으로 작동하는지 여부에 관계없이, 만일 사람들이 이러한 것들을 미래에 대한 걱정을 해결하는 문화적 수단으로 받아들였다면, 질문하고 대화하는 행위는 사실 미래를 확고하게 만들어 사람들이 무엇을 어떻게 해야 하는지 결정하는 데 도움이 될 수 있다. 서양 세계에서 예측은 종종 미래가 어떤 모습일 것인지에 대한 통계적 문제 또는 사실적 문제이곤 한다. 미래의 어떤 생계 형태가 바람직할 것인지에 대한 보다 더 실존적인 질문은 거기에서 배제된다.

　인류의 모든 문화는 세계를 변형하면서 살아간다. 점토를 구워 항아리를 만들고, 금속을 합금하여 새로운 형태로 만들어내며, 식물을 재배하고 동물을 사육하여 식량을 생산할 뿐 아니라 그 가운데 일부를 요리하는 것은 모두 무엇이 가능하고, 바람직하며, 필요한지에 대한 능숙한 판단과 관련된다. 서양에서 변형은 주로 또는 순전히 기술적인 문제로 간주된다. 즉, 올바른 성분을 가지고 정확한 온도를 활용하는 등의 문제로 간주된다. 이와 같은 요소는 결정적이다. 그러나 또한 많은 집단은 이러한 행위에 관여하는 사람들의 도덕적 또는 신체적 상태에 대해서도 중요한 의문을 제기한다. 근대 아프리카 대륙의 대장장이든 중세 시대의 연금술사이든, 장인과 종종 그들이 사용하는 장비 및 재료의 정화를 위해 많은 노력을 기울였다. 능숙한 생산에는 단순히 그 절차를 실행에 옮길 수 있는지 여부뿐 아니라 그 절차가 바람직하고 권장할 만한 것인지에 대한 질문도 포함되었다. 정화의 중요한 부산물은 어떤 행위가 반드시 필요한지에 대한 사람들의 관심을 집중시키는 것이었다. 즉, 사람들은 지금 해야 하는지 여부와 금속, 항아리 또는 음식을 만드는 것에 관련된 보다 더 광범위하고 보다 더 영적인 함의는 무엇인지에 대해 관심을 집중할 수 있었다. 생산의 속도를 늦추는 것은 성장을 추구하는 오늘날과는 정반대의 행동으로, 매우 상이한 사고방식에서 비롯된 것이다. 이따금 생산이 필요한지, 누가 언제 생산해야 하는지를 묻는 것은 후견의 임무에 대해 생각하고 미래 세대를 위해 재료를 보존하는 데 있어 중요한 질문이 될 수 있다. 새로운 재료를 가져와서 변형하는 것은 경제적 문제인 만큼이나 실존적인 문제이다. 장기적인 관점에서 스스로를 생산한다는 생각은 우리 대부분에게 낯선 생각이 되었다. 서양 세계에서 생활하는 사람들은 지금 심는 나무가 30년 후에는 주택이나 가구가 될 수 있다는 생각을 흔하게 하고 있을까(그림 10.6)? 그러나 이러한 문제에 대한 우리의 생각이 빠르게 변화하기 시작하고 있다는 느낌도 든다. 미래를 위한 돌봄에는 현재의 행동이 관련된다. 오늘날 우리의 행동은 다음 세기와 그 이후에도 긴 그림자를 드리울 것이다.

우리는 세계를 이해하고 변화시키기 위해 계속해서 과학을 사용할 것이다. 그러나 마법은 과학과 그 기술의 에너지를 진정시켜 과학적 발견이 추구할 있는 목적에 대해 생각할 수 있도록 지원하는 손위 형제로서의 능력을 가지고 있다. 종교는 인간을 넘어서는 힘에 대한 경이로움을 촉진하고, 마법은 우리가 공유하는 실체와 나머지 세계에 대한 전념을 탐구하도록 도와주며, 과학은 우주의 물리적 측면을 조작할 수 있는 객관성과 기술을 제공한다. 마법, 종교, 과학은 모두 우리 내면에 닿아 있으면서 인간의 다양한 능력을 규정한다. 마법은 우리에게 공감하는 특성을, 종교는 우리에게 우주의 규모와 아름다움에 대한 경이로움을, 과학은 우리에게 기술과 능력을 제공한다. 삼중 나선의 모든 요소, 즉 마법, 종교, 과학은 모두 필요하다. 우리가 우주에 다가가 다양한 방식으로 우주를 탐구하고 우주와 연결되는 데 그 세 가지 모두가 도움을 주기 때문이다. 어느 한 가닥이 그 밖의 다른 두 가닥보다 본질적으로 더 중요한 것은 아니다. 그리고 이 세

가지 요소 가운데 마법의 중요성이 가장 낮은 것도 절대 아니다.

마법은 공동체적 삶, 즉 모든 우주와 더불어 살아가는 삶의 가능성을 제시한다. 이와 같은 관계의 변화는 어려운 것임에도 불구하고, 거기에는 많은 것이 걸려 있다. 진정으로 열린 공동체를 만들고 유지하기는 어렵지만 지구를 차갑게 식히고 보다 더 평등한 상태에서 살아가야 할 필요성은 시급하다. 만일 실패한다면 지구에 존재하는 연약한 생명의 네트워크에 재앙이 닥쳐 지각을 지니고 있는 수많은 존재를 위협할 것이다. 마법은 생

그림 10.6. 아잔데족이 주술을 막기 위해 사용하는 아마통(Amatong) 마법에 사용되는 엘레우신 (Eleusine) 나무.

명체이든 아니든 만물과 친밀감을 느낄 수 있도록 지원한다. 그리고 친밀
감에는 우리가 가족과 친구에게 느끼는 것과 동일한 부류의 책임감이 뒤
따른다. 과학은 '우리가 해낼 수 있을까?'라고 묻는 반면 마법은 '우리가 해
야 하는 것일까?'라고 묻는다.

« 연대표: 전 세계 마법의 역사 »

연대	전 지구적 사건과 과정
기원전 5만 년 –1만 년, 빙하기	**중국**: 조상 의례의 기원. **아프리카 대륙**과 **호주 대륙**: 암면미술 –**호주 대륙**: 몽환의 기원 가능성. 암면미술, 복잡한 매장, 조각상. –**유럽**: 다양한 마법 관행. **시베리아**로부터 마법 체계를 가져온 **아메리카 대륙**의 첫번째 식민지화?
기원전 1만 년 –6000년, 온화한 기후	**중동**: 대형 의례 구조물.–괴베클리 테페 등. 차탈회위크 의례와 역사관. **아메리카 대륙, 아프리카 대륙, 호주 대륙**: 애니미즘적 관점의 발전. –암면미술이 지속됨. 중석기 시대의 마법 관행–스타 카와 레펜스키 비르. 유럽: 의도적인 물건의 안치가 시작됨.
기원전 6000년 –1000년	나일 하곡의 통일, 최초의 마법 지팡이, 이집트의 합성 동물과 호루스 이야기. **사하라 이남 아프리카**: 금속가공과 가장 이른 시기의 조상 신전과 연결된 마법의 기원 가능성. 정복 형태의 발전 가능성. **북아메리카 대륙**: 포버티 포인트 같은 대규모 중심지와 강도 높은 의례적 생활. **남아메리카 대륙**: 기념물과 대규모 정착지의 출현. 피라미드와 구기 경기장 주변에 서 이루어진 강도 높은 의례와 마법. **호주 대륙**: 의례, 마법, 역사적 관행을 증명하는 최초의 무더기. 암면미술은 사람, 동물, 식물 사이의 관계를 시사한다. 구두로 전수되는 역사에 따르면 몽환 신앙의 일부 요소뿐 아니라 몽환로도 이 시대로 거슬러 올라간다. **중동**: 우바이드 시대의 첫 번째 사원. 설형문자가 기록된 최초의 점토판. –연금술과 점성술. 점쟁이 가문. **중국**: 점복의 기원 가능성. **중국**: 청동기 시대 조상 숭배와 점복. **몽골과 유라시아 스텝**: 오쿠네프 미술과 키르기수르의 기원. **스텝**: 애니미즘적 관계. **이스라엘**: 모세와 카리스마 넘치는 인물들이 기적을 행함. 아마도 악마, 천사, 점성 술 및 보호 마법에 대한 믿음이 존재했을 수 있음. **유럽**: 마법 관행이 주택, 인체, 식물과 연결됨. 대형 묘와 헨지 기념물 건설. 많은 양의 청동기 및 인간의 시신을 땅과 물에 안치.
기원전 1000년 –0년	에누마 아누 엔릴이 기록됨. **바빌로니아** 점성술을 소개. **바빌로니아**의 사고와 마 법, 특히 점성술이 **그리스** 세계로 전파. 많은 **중국** 고전이 기록됨. 유교, 도교 등이 기원. 오행설과 《역경》의 시작. 시황제의 **중국** 통일. –병마용. **시베리아**: 최초의 투물루스, 경관과 풍부한 무덤의 원소 속성을 매핑. 인간과 다양 한 동물 및 식물을 혼합한 스키타이 미술: 모호성과 마법의 미술. **이스라엘**: 제1성전. 다신교 신앙. 아마 부적과 신명사문자(神名四文字)를 사용했을 가능성. 제2성전. **유럽**: 사람, 동물, 영혼의 관계를 다룬 켈트족의 미술. **그리스**: 저주와 점복. **아메리카 대륙**: 대규모 국가와 정착지의 지속. 광범위한 애니미즘적 형태 및 의례 화권 형태의 마법. **호주 대륙**: 암면미술과 의식 지속, 엘처링거 시대 신앙의 발전.

기원후 0년 -1000년	**아프리카 대륙**: 조상 신전 및 그것과 연결된 관행의 발전, 이슬람교의 영향, 공예와 연결된 점복 및 마법의 발전. **호주 대륙**: 일부 지역에서 식량 생산의 집약화와 인구 증가. 암면미술, 무더기뿐 아니라 몽환로의 지속. **북아메리카 대륙**: 대규모 의식 및 정착지-커호키아. 문화기술지적으로 알려진 미술 스타일 발전. 점성술과 천문학에 대한 관심. **남아메리카 대륙**: 국가의 계승. 여러 지역의 복잡한 정착지, 기념물 및 재료 문화. 아마도 애니미즘을 강조했지만 인신공희와 고통도 강조했을 가능성. 전조 풀이와 점복이 중요. **메소포타미아**: 아마도 기원후 1세기에 아시푸 전통이 끝났을 가능성. **몽골**과 **스텝** 전역에서 위구르 조각상과 의례 유적지. 유대 마법이 뚜렷해짐. 예수를 포함하여 카리스마 넘치는 인물. **바빌로니아** 주문 그릇과 부적이 흔하다. 보호 마법. 의학과 연계. 디아스포라는 마법 관행을 확장된 유대 세계 전역으로 전파. **북유럽**: 그리스도교의 재도입. 교회와 연결된 마법의 추가적인 발전.
기원후 1000년 -2000년	**아프리카 대륙**: 유럽의 침략과 저항의 마법이 발전. **아메리카 대륙**: 원주민 거주자에 대한 대규모 강탈 및 학살. 원주민적 형태와 아프리카 대륙의 형태를 혼합한 다양한 마법 관행. 널리 퍼진 애니미즘. **호주 대륙**: 유럽의 침략으로 인한 대량 학살, 의례적 생활의 추가적인 발전과 경관과의 연결. **스텝**: 보다 더 오래된 뿌리에 의존하여 근대적 샤머니즘의 기원 가능성. 중세 시대와 근대 시대의 **유대** 마법-《세페르 라지엘 하-말라크》,《세페르 하-라짐》실무적이고 신비주의적인 카발라의 발전-특히 세파르디 유대인 사이에서. 일부 점성술. 유일신의 이름과 그 밖의 다른 텍스트는 중요한 조작과 방법을 시사한다. 성가(聖歌)의 마법적 사용. 부적이 중요. 아시케나지 유대인 사이에서 골렘. **유럽**: 성기 중세 시대-고대의 전통에 의존하여 점성술과 연금술의 추가적인 발전. 저주와 보호 장치가 모두 발견됨. 사체액설. 르네상스 시대-마법, 종교, 과학이 혼합된 시대. 새롭게 번역된 그리스어 텍스트의 영향을 받아 점성술과 연금술이 발전. 교회의 보호 장치. 마녀에 대한 광범위한 박해. 근대 과학의 발전-뉴턴은 과학적 발상과 마법적 발상을 결합한다. 가정의 보호가 많이 강조되었다. 기계론적인 우주의 지배. 그러나 모든 형태의 마법(점성술, 연금술, 주술, (굴뚝에 양파 등을 안치하는 행위를 포함하는) 토착 마법)이 지속됨.
오늘날	**아메리카 대륙, 아프리카 대륙, 동남아시아, 호주 대륙**을 포함하여 세계 여러 지역에서 식민지 및 식민지 이후의 저항에 대한 마법이 추가적으로 발전. 여기에서 애니미즘 신앙뿐 아니라 땅에 대한 영적 애착이 널리 퍼짐. **유럽과 북아메리카 대륙**: 지난 50년 동안 최근의 마법 조직들과 현재의 이교주의 및 위카의 발전. 서양의 대다수 사람들은 어떤 형태로든 마법적 믿음을 가지고 있음. 점성술에 대한 믿음이 현저하게 부활. **동아시아와 남아시아**: 점성술, 앱 사용 등뿐 아니라 풍수, 《역경》, 오행설의 발전. 더불어 신체에 대한 대체로 연금술적인 이론도 발전. 마법의 일부 요소와 과학의 요소의 융합 가능성.

《 참고 문헌 》

Bohak, G. (2008) *Ancient Jewish Magic: A History*. Cambridge: Cambridge University Press.

Bradley, R. (1998) *The Passage of Arms: An Archaeological Analysis of Prehistoric Hoards and Votive Deposits*. Oxford: Oxbow Books.

Campbell, R. (2018) *Violence, Kinship and the Early Chinese State: The Shang and Their World*. Cambridge: Cambridge University Press.

Campion, N. (2009) *A History of Western Astrology. Vol. I: The Ancient World. Vol. II: The Medieval and Modern Worlds*. London: Continuum (Vol. I)/Bloomsbury (Vol. II).

Castaneda, C. (1968) *The Teachings of Don Juan*. Harmondsworth: Penguin.

Champion, M. (2015) 'Magic on the Walls: Ritual Protection Marks in the Medieval Church', in R. Hutton (2016) (ed.), *Physical Evidence for Ritual Acts, Sorcery and Witchcraft in Christian Britain: A Feeling for Magic*. Basingstoke: Palgrave Macmillan, 15–38.

Chapman, J. (2011) 'Enchantment and Enchainment in Later Balkan Prehistory: Towards an Aesthetic of Precision and Geometric Order', in A. Hadjikoumis, E. Robinson and S. Viner (eds.), *The Dynamics of Neolithisation in Europe*. Oxford: Oxbow Books, 153–76.

Collins, D. (2008) *Magic in the Ancient Greek World*. Oxford: Blackwell Publishing.

Copenhaver, B. (2018) *Magic in Western Culture: From Antiquity to the Enlightenment*. Cambridge: Cambridge University Press.

Davies, O. (ed.) (2017) *The Oxford Illustrated History of Witchcraft and Magic*. Oxford: Oxford University Press.

Dietrich, O., M. Heun, J. Notroff and K. Schmidt (2011) 'The Role of Cult and Feasting in the Emergence of Neolithic Communities. New Evidence from Gobekli Tepe, South-eastern Turkey', *Antiquity*, v. 86, no. 333, 674–95.

Eidinow, E. (2007) *Oracles, Curses, and Risk among the Ancient Greeks*. Oxford: Oxford University Press.

Farrer, D. S. (ed.) (2016) *War Magic: Religion, Sorcery, and Performance*. Oxford:

Berghahn.

Favret–Saada, J. (1980) *Deadly Words: Witchcraft in the Bocage.* Cambridge: Cambridge University Press.

Flad, R. (2008) 'Divination and Power: A Multi–regional View of the Development of Oracle Bone Divination in Early China', *Current Anthropology,* v. 49, no. 3, 403–37.

Fontijn. D. R. (2002) *Sacrificial Landscapes: Cultural Biographies of Persons, Objects and 'Natural' Places in the Bronze Age of the Southern Netherlands, c. 2300–600 BC.* Leiden: University of Leiden (Analecta praehistorica Leidensia series, 33/34).

Frazer, J. (2012) *The Golden Bough.* Cambridge: Cambridge University Press (third edn; first pub. in 12 vols. 1906–15).

Gilchrist, R. (2012) *Medieval Life: Archaeology and the Life Course.* Woodbridge: The Boydell Press.

Gosden, C. (2018) *Prehistory: A Very Short Introduction.* Oxford: Oxford University Press (second edn).

Hanegraaff, W. (2003) 'How Magic Survived the Disenchantment of the World', *Religion,* v. 33, no. 4, 357–80.

Harvey, G. (ed.) (2014) *The Handbook of Contemporary Animism.* London: Routledge.

Hutton, R. (2013) *Pagan Britain.* New Haven and London: Yale University Press.

Jacobson–Tepfer, E. (2015) *The Hunter, the Stag, and the Mother of Animals: Image, Monument, and Landscape in Ancient North Asia.* Oxford: Oxford University Press.

Jones, G. M. (2017) *Magic's Reason: An Anthropology of Analogy.* Chicago: University of Chicago Press.

Josephson–Storm, J. A. (2017) *The Myth of Disenchantment: Magic, Modernity, and the Birth of the Human Sciences.* Chicago: Chicago University Press, 24–5.

Kassell, L., M. Hawkins, R. Ralley, J. Young, J. Edge, J. Y. Martin–Portugues, B. Brogan and N. Kaoukji (eds.) (2008–19) The Casebooks of Simon Forman and Richard Napier 1596–1634: A Digital Edition, https://casebooks.lib.cam.ac.uk.

Kneale, M. (ed.) (2017) *Songlines: Tracking the Seven Sisters.* Canberra: National Museum of Australia.

Kuhn, G. (2019) *Experiencing the Impossible: The Science of Magic.* Boston: MIT Press.

Lewis–Williams, D. (2004) *The Mind in the Cave: Consciousness and the Origins of Art.* London: Thames and Hudson.

Milner, N., C. Conneller and B. Taylor (2018) *Star Carr. Vol. I: A Persistent Place in a Changing World and Vol. II: Studies in Technology, Subsistence and Environment.* York: White Rose University Press.

Newman, W. R. (2016) 'A Preliminary Reassessment of Newton's Alchemy', in R. Iliffe and G. E. Smith (eds.), *The Cambridge Companion to Newton.* Cambridge: Cambridge University Press, 454–284 (477).

Page, S., M. Wallace, O. Davies, M. Gaskill and C. Houlbrook (2018) *Spellbound: Magic, Ritual and Witchcraft.* Oxford: Ashmolean.

Parry, G. (2011) *The Arch–Conjurer of England: John Dee.* New Haven: Yale University Press.

Pauketat, T. (2013) *An Archaeology of the Cosmos: Rethinking Agency and Religion in Ancient America.* London: Routledge.

Pinch, G. (1994) *Magic in Ancient Egypt.* London: British Museum Press.

Principe, L. M. (2013) *The Secrets of Alchemy.* Chicago: University of Chicago Press.

Reid, A. (2002) *The Shaman's Coat: A Native History of Siberia.* London: Weidenfeld and Nicolson.

Rochberg, F. (2016) *Before Nature: Cuneiform Knowledge and the History of Science.* Chicago: Chicago University Press.

Thomas, K. (1971) *Religion and the Decline of Magic.* Harmondsworth: Peregrine.

Tylor, E. B. (1871) *Primitive Culture.* London: John Murray (2 vols.).

Vitebsky, P. (2005) *Reindeer People: Living with Animals and Spirits in Siberia.* London: HarperCollins Publishers.

Wilson, S. (2000) *The Magical Universe: Everyday Ritual and Magic in Premodern Europe.* London: Hambledon and London.

« 감사의 글 »

지난 몇 년 동안 마법에 대한 연구가 폭발적으로 증가해왔다. 이전에는 이 방대한 양의 연구가 비교적인 측면에서 단일하게 논의된 것이 없었다. 새로운 자료와 분석의 방대한 범위는 마법에 대해 글을 쓰는 사람에게는 좋은 점이자 나쁜 점이다. 한편으로는 자료가 부족하지 않다는 점에서 좋지만 다른 한편으로는 이 자료에서 보다 더 더 눈에 띄는 일부 측면만 다루고 이해할 수 있다는 점에서 나쁘기 때문이다. 지난 4만여 년 동안 전 세계에서 이루어진 마법에 대한 이해는 많은 전문가들의 연구에서 비롯된 것이다. 거기에는 고고학 유적지를 종종 도전적인 조건에서 발굴했던 사람들 또는 고대 문자와 언어뿐 아니라 그 문자와 언어가 유래한 (종종 현재 존재하는 문화와는 매우 상이한) 문화를 이해할 수 있는 사람들이 포함된다. 이 책을 쓰면서 나는 많은 도움이 필요했고, 또 많은 도움을 받았다. 모든 장에서 나는 특정 형태의 마법의 세부 사항에 대해 탐구했고 운 좋게도 모든 장에서 전문가의 안내를 받을 수 있었다.

많은 사람들이 다양한 방식으로 나의 질문에 답하거나 정보를 제공해주었다. 거기에는 크리스토프 바흐후버(Christoph Bachhuber), 리처드 브래들리(Richard Bradley), 로리 카네기(Rory Carnegie), 샘 챌리스(Sam Challis), 팸 크리드(Pam Creed), 제이콥 달(Jacob Dahl), 자스 엘스너(Jas Elsner), 에밀리 고스든-케이(Emily Gosden-Kaye), 잭 고스든-케이(Jack Gosden-Kaye), 폴 레인(Paul Lane), 에이미 리처드슨(Amy Richardson), 키스 토머스(Keith Thomas), 크리스 월시(Chris Walsh), 그렉 울프(Greg Woolf) 같은 사람들이 포함된다.

다음 사람들은 이 책의 일부를 읽고 통찰력 있는 비평적인 논평을 보내

주었다. 미란다 크레스웰(Miranda Creswell), 로베르타 길크리스트(Roberta Gilchrist), 제이드 위틀램(Jade Whitlam). 미란다는 미술과 물리학 문제에 대해, 로베르타는 중세 시대 유럽에 대한 깊은 지식을 바탕으로, 제이드는 중동의 가장 이른 시기의 농경민들의 당혹스러운 세계에 대해 안내해주었다. 리처드 브라이언트(Richard Briant)와 데이비드 반 오스(David van Oss)는 이 책의 중요한 측면의 구조와 내용을 변경할 정도로 완벽하고 통찰력 있는 논평을 제시해주었다. 존 베인스(John Baines)는 그의 시간을 매우 아낌없이 투자하여 1장과 3장에 대해 완벽하고 사려 깊게 논평해주었다. 제시카 로슨(Jessica Rawson)은 베이징 대학교(Peking University)의 친구와 동료들을 대동하고 나를 방문하여 중국, 몽골, 시베리아 고고학을 폭넓게 소개해주었다. 제시카는 마법 문제에 대해 회의적이었지만 4장에 대한 나의 사고와 독서에 도움을 주었다. 리민 후안(Limin Huan)과 슈이 쉔(Shui Shen)도 중국에 대한 장을 읽고 개선하는 데 도움을 주었다. 기드온 보학(Gideon Bohak)이 개최한 세미나와 그와 나눈 기나긴 대화를 통해 유대인 마법뿐 아니라 보다 더 너른 마법의 문제에 대한 나의 사고가 형성될 수 있었기에 진심으로 감사하게 생각한다. 에스더 에이도노우(Esther Eidonow), 아이린 살보우(Irene Salvow), 타니아 셰어(Tania Scheer)는 2019년에 고대 마법에 관한 훌륭한 콘퍼런스를 주최했고, 이후 에스더는 6장에 대한 논평을 통해 나에게 큰 영향을 미쳤다. 호주에서 이안 에번스(Ian Evans)는 나를 유럽 마법의 세계로 이끌어 주었다. 에번스의 자료를 보다 더 많이 포함하지 못한 것이 아쉬울 뿐이다. 헬렌 해머로우(Helen Hamerow)와 로베르타 길크리스트

(Roberta Gilchrist)는 9장을 읽고 중세 시대 마법에 대해 안내해주었다. 토니 모리스(Tony Morris)는 나에게 책을 선물하고 가드너스 암스(Gardener's Arms) 와 다른 곳에서 만나 관련된 온갖 부류의 내용을 나와 함께 논의해주었다. 수년 동안, 종종 달리기를 하면서 로리 카네기(Rory Carnegie)와 나눈 이야기 에서 나는 종종 새로운 사고와 문화의 영역을 접할 수 있었고, 이에 대해 감사한 마음이다.

이 책의 논거는 수년에 걸쳐 람브로스 말라포리스(Lambros Malafouris)와 나눈 대화를 통해 형성되었다. 람브로스도 이 책의 일부를 읽고 통찰력 있 는 논평을 제시해주었다. 시베리아의 버스 뒷좌석에서 나누기도 했던 마크 폴라드(Mark Pollard)와의 논의에서 나는 지각, 물질, 물리학에 대한 많은 발 상을 얻었다. 코트니 니무라(Courtney Nimura)는 삽화를 한데 모아 일관성 있는 텍스트를 만드는 놀라운 작업을 해냈다. 또한 코트니와의 논의는 많 은 중심 논거를 날카롭게 다듬는 데 도움이 되었고 매우 감사하게 생각한 다. 2018년 바르셀로나(Barcelona)에서 열린 유럽 고고학 협회(European Arc-heological Association) 콘퍼런스에서 (주로 코트니가 주도했음에도 불구하고) 나와 코트니는 마법에 관한 세션을 조직했다. 이것은 나에게 매우 유용한 논의 의 장이 되었다. 크리스 그린(Chris Green)은 모든 지도와 일부 그림을 놀라 운 속도와 기술로 그려주었다. 또한 피터 홈멜(Peter Hommel)은 스텝의 삽 화를 제공해주면서 러시아 자료에 대한 지식에 의존하여 5장에 대한 완벽 하고 사려 깊은 논평을 제공해주었다.

나는 2017년에 멜버른 대학교(Melbourne University)의 한 수업에서 이 책의 개요를 처음 강의했다. 그 수업에 참여하여 논평을 제공한 딘 핼럿(Dean Hallett), 스튜어트 이브라힘(Stuart Ibrahim), 젬마 리(Gemma Lee), 벤지 배삭 셀비(Bengi Basak Selvi), 도나 스토리(Donna Storey), 라리사 티틀(Larissa Tittl), 코노르 트로우(Conor Trouw)에게 매우 감사한 마음이다. 두 번의 체류 기간 동안 도움을 준 K. O. 종-고사르(K. O. Chong-Gossard)와 중국, 그리스, 로마 마법에 대한 생각을 알려준 김현진(Hyun Jin Kim)에게도 감사의 말을 전하고 싶다. 멜버른(Melbourne) 트리니티 칼리지(Trinity College)의 교직원과 학생들은 체류하는 동안 즐거운 시간을 보낼 수 있도록 도움을 주었다. 특히 우리를 매우 환영해준 게일 앨런(Gayle Allen)에게 감사를 드린다. 또한 나는 2018년 멜버른에서 마법을 주제로 (짐 앨런(Jim Allen)을 기리는) 앨런 강연(Allen Lecture)을 했다. 짐은 내가 예상했던 것에 비해 강하게 반대하지 않았다. 나는 수년 동안 그에게 많은 빚을 진 셈이다. 수잔 로런스(Susan Lawrence)는 이 강연을 전문가다운 방식으로 조직했다. 2018년에는 운 좋게도 밴쿠버(Vancouver) 브리티시 컬럼비아 대학교(University of British Columbia)의 세실과 아이다 그린(Cecil and Ida Green) 객원교수가 되어 마법에 대한 강의할 수 있었다. 체류하는 동안 나를 크게 환대하고 대화를 나눠준 브리티시 컬럼비아 대학교 인류학 박물관(Museum of Anthropology)의 앤서니 쉘튼(Anthony Shelton)과 로라 오소리오 사눅스(Laura Osorio Sannucks), 그린 칼리지(Green College)의 학장인 마크 베시(Mark Vessey)에게 매우 감사를 드린다. 또한 나를 환영해준 무스킴(Musqueam) 공동체에도 감사의 말씀을 전하고 싶다.

정신과 신체의 건강과 관련된 여러 가지 이유로 케이트 비니(Kate Binnie), 페니 힐(Penny Hill), 사라 페리(Sarah Perry)에게 감사의 말을 전하고 싶다.

엘리자베스 앨런(Elizabeth Allen)은 내가 이 책을 쓰느라고 정신이 없는 동안 나의 생활을 전문적으로 조직해주었다. 매우 감사하게 생각한다.

나의 대리인인 펠리시티 브라이언(Felicity Bryan)의 캐서린 클라크(Catherine Clarke)는 중요한 지적 조언을 제공했다. 그가 없었다면 이 책은 존재하지 못했거나 존재했더라도 분명 지금과 같은 형태는 아니었을 것이다. 바이킹(Viking) 출판사의 다니엘 크루(Daniel Crewe)는 표현과 지적 논거에 중요한 변화를 주었다. 이러한 변화는 이 책을 크게 개선했다. 펭귄(Penguin) 출판사의 코너 브라운(Connor Brown)은 삽화에 지극한 도움을 주었다. 도나 포피(Donna Poppy)는 원고의 교열을 담당해주었는데, 그가 이 원고에 미친 영향을 감안할 때, 교열을 담당했다는 표현만으로는 그의 지적 참여의 수준을 온전하게 담아내기 어렵다. 나탈리 월(Natalie Wall)과 그녀의 팀은 매우 효율적으로 그러나 진심을 다해 이 책을 제작했다.

앞에 언급된 사람들 가운데 누구도 이 책에서 발견되는 오류나 이상한 견해에 대한 책임이 없다.

제인(Jane), 에밀리(Emily), 잭(Jack)은 내 인생에서 일어나는 마법의 모든 원천이다. 이 책을 그들에게 바친다.

《 미주 》

1. 마법의 정의와 마법이 중요한 이유

1 이 책에서 검토하는 마법에는 마술이 포함되지 않는다. 마술은 흥미롭고 알쏭달쏭하지만 능숙하게 혼동을 일으키는 속임수와 관련되고 그것은 여기에서 내가 다루고 있는 내용이 아니다. 이러한 종류의 마법에 대한 탐구는 심리학자이자 현직 마법사의 저술인 G. Kuhn (2019), *Experiencing the Impossible: The Science of Magic.* Boston, Mass.: MIT Press을 참고하라. 인류학과 오락용 마법 사이의 연계에 대해서는 G. M. Jones (2017), *Magic's Reason: An Anthropology of Analogy.* Chicago: University of Chicago Press를 참고하라.

2 K. Thomas (1971), *Religion and the Decline of Magic.* Harmondsworth: Peregrine, 800.

3 O. Davies (ed.) (2017), *He Oxford Illustrated History of Witchcraft and Magic.* Oxford: Oxford University Press를 참고하라.

4 J. Ā. Josephson-Storm (2017), *The Myth of Disenchantment: Magic, Modernity, and the Birth of the Human Sciences.* Chicago: Chicago University Press, 24-5.

5 ibid., 30-33.

6 G. Harvey (ed.) (2014), *The Handbook of Contemporary Animism.* London: Routledge, 5.

2. 마법의 깊은 역사 (기원전 4만 년-6000년경)

1 이러한 초기 기간에 대한 권위 있는 설명은 C. Stringer(2011), 《우리 종의 기원*The Origin of Our Species*》(London: Allen Lane)에서 확인할 수 있다.

2 J. Jaubert, et al. (2016), 'Early Neanderthal Constructions Deep in Bruniquel Cave in Southwestern France', *Nature*, v. 534, no. 7, 605, 111-14.

3 D. Lewis-Williams (2004), *The Mind in the Cave: Consciousness and the Origins of Art.* London: Thames and Hudson.

4 P. G. Bahn (2010), *Prehistoric Rock Art: Polemics and Progress.* Cambridge: Cambridge

University Press.

5   J. Clottes (2016), *What is Palaeolithic Art? Cave Paintings and the Dawn of Human Creativity*. Chicago: Chicago University Press.

6   오할로(Ohalo)에 대한 보다 더 상세한 내용은 G. Barker (2006), *The Agricultural Revolution in Prehistory*. Oxford: Oxford University Press, 111-14를 참고하라.

7   O. Dietrich, M. Heun, J. Notroff, K. Schmidt and M. Zarnkow (2012), 'The Role of Cult and Feasting in the Emergence of Neolithic Communities: New Evidence from Göbekli Tepe, South - eastern Turkey', *Antiquity*, v. 86, no. 333, 674-95; K. Schmidt (2010), 'Göbekli Tepe - the Stone Age Sanctuaries: New Results of Ongoing Excavations with a Special Focus on Sculptures and High Reliefs', *Documenta Praehistorica*, v. 37, 239-56.

8   S. Mithen (2003), *After the Ice: A Global Human History 20,000-5000 BC*. London: Weidenfeld and Nicolson.

9   아나톨리아와 레반트 지역에서 보다 더 일반적인 의례에 대한 정보는 M. Verhoeven (2002), 'Ritual and Ideology in the Pre-Pottery Neolithic B of the Levant and South -east Anatolia', *Cambridge Archaeological Journal*, v. 12, no. 2, 233-58을 참고하라.

10 I. Hodder (2011), *Çatalhöyük : The Leopard's Tale*. London: Thames and Hudson을 참고하라. 여기에서는 이 유적지의 종교적 본질에 관한 논쟁뿐 아니라 이 매력적인 정착지에 대한 그 밖의 다른 많은 세부 사항도 확인할 수 있다.

11 우바이드 시대에 대한 보다 더 완벽한 설명과 이 시대에 대한 다른 문헌에 대한 안내는 D. Wengrow (2010), *What Makes Civilization?* Oxford: Oxford University Press를 참고하라.

3. 도시의 마법 : 메소포타미아와 이집트(기원전 4000년-1000년경)

1   J. Scurlock (2005), 'Ancient Mesopotamian Medicine', in D. C. Snell (ed.), *A Com-*

panion to the Ancient Near East. Oxford: Blackwell, 302-15.

2 N. Campion (2009), *A History of Western Astrology. Vol. I: The Ancient World*. London: Continuum, 88.

3 설형문자에 대한 학술적으로 중요한 논의는 K. Radner and E. Robson (eds.) (2011), *The Oxford Handbook of Cuneiform Culture*. Oxford: Oxford University Press에서 확인할 수 있다.

4 정보의 출처: D. Schwemer (2011), 'Magic Rituals: Conceptualizations and Performance', in Radner and Robson (eds.), *The Oxford Handbook of Cuneiform Culture*, 418-42.

5 Campion, *A History of Western Astrology*, v. 1, 42-3, 88.

6 F. Rochberg (2016), *Before Nature: Cuneiform Knowledge and the History of Science*. Chicago: Chicago University Press, 69-76.

7 U. S. Koch (2011), 'Sheep and Sky: Systems of Divinatory Interpretation', in Radner and Robson (eds.), *The Oxford Handbook of Cuneiform Culture*, 447-69.

8 J. Baines (2006), 'Display of Magic in Old Kingdom Egypt', in K. Szpakowska (ed.), *Through a Glass Darkly: Magic, Dreams and Prophecy in Ancient Egypt*. Swansea: The Classical Press of Wales, 1-32.

9 G. Pinch (1994), *Magic in Ancient Egypt*. London: British Museum Press, 36.

10 ibid., 109.

11 ibid., 134.

4. 중국의 마법: 깊은 참여(기원전 2만 년 경-현재)

1 D. Q. Fuller and M. Rowlands (2011), 'Ingestion and Food Technologies: Maintaining Differences over the Long-term in West, South and East Asia', in T. C. Wilkinson, S. Sherratt and J. Bennet (eds.), *Interweaving Worlds: Systematic Interactions*

in Eurasia Seventh to the First Millennia BC. Oxford: Oxbow Books.

2   양저 지구에 대한 세부 사항은 Bin Liu, *et al.* (2018), 'Earliest Hydraulic Enterprise in China, 5,100 Years Ago', *Proceedings of the National Academy of Sciences of the United States of Americ*a, v. 114, no. 52, 13,637–42에서 발췌했다.

3   훨씬 더 유용한 세부 사항은 R. Flad (2008), 'Divination and Power: A Multi–regional View of the Development of Oracle Bone Divination in Early China', *Current Anthropology*, v. 49, no. 3, 403–37에서 확인할 수 있다. 또한 R. Campbell (2018), *Violence, Kinship and the Early Chinese State. The Shang and Their World*. Cambridge: Cambridge University Press도 참고하라.

4   HJ: 00902 (이것은 근대 연구자들이 제공한 갑골의 목록 번호이다.)

5   HJ: 06834.

6   HJ: 22779.

7   일반적으로 중국 청동기에 대한 보다 더 상세한 내용은 상하이 박물관(Shanghai Museum) 웹사이트 같은 웹사이트를 통해 확인할 수 있을 뿐 아니라 Jessica Rawson (1999), 'Western Zhou Archaeology', in M. Loewe and E. Shaughnessy (eds.), *The Cambridge History of Ancient China*. Cambridge: Cambridge University Press, 352–449; Jessica Rawson (2018), 'Ordering the Material World of the Western Zhou', *Archaeological Research in Asia* (온라인 버전으로 제공) 같은 학술 출판물에서도 확인할 수 있다.

8   M. E. Lewis (2007), *The Early Chinese Empires: Qin and Han*. Cambridge: Belknap Press/Harvard University Press, 181.

5. 유라시아 스텝의 샤머니즘과 마법 (기원전 4000년경–현재)

1   최근 샤머니즘에 대해 접근 가능하고 탁월한 설명은 A. Reid (2002), *The Shaman's Coat: A Native History of Siberia*. London: Weidenfeld and Nicolson에 포함되어 있다. 개별 집단에 대한 상세한 그림은 P. Vitebsky (2005), *Reindeer People: Living with*

Animals and Spirits in Siberia. London: HarperCollins Publishers에서 확인할 수 있다.

2 우르트 불라긴과 그곳에서 일어났던 일에 대한 보다 더 완벽한 설명은 F. Allard and D. Erdenebaatar (2005), 'Khirigsuurs, Ritual and Mobility in the Bronze Age of Mongolia', *Antiquity*, v. 79, no. 305, 547-63을 참고하라.

3 운이 좋게도, 제시카 로슨이 조직한 집단의 일부가 되어 콘스탄틴 추구노프가 발굴한 이 기념물들을 둘러보았고 별도의 기회에 에르미타주 박물관(Hermitage Museum)에서 이 지역에서 발견된 유물들을 살펴볼 수 있었다.

4 보다 더 상세한 내용은 S. Rudenko (1970), *Frozen Tombs of Siberia: The Pazyryk Burials of Iron Age Horsemen*. London: Dent를 참고하라.

5 E. Jacobson-Tepfer (2015), *The Hunter, the Stag and the Mother of Animals: Image, Monument and Landscape in Ancient North Asia*. Oxford: Oxford University Press.

6 D. Anderson (2010), 'Shamanistic Revival in a Post-Socialist Landscape: Luck and Ritual among Zabaikal'e Orochen-Evenkis', in P. Jordan (ed.), *Landscape and Culture in Northern Eurasia*. London: Taylor and Francis, 71-96.

6. 선사 시대 유럽의 마법 전통(기원전 1만 년-0년)

1 유럽 구석기 시대에 대한 탁월한 설명은 C. Gamble (1999), *The Palaeolithic Societies of Europe*. Cambridge: Cambridge University Press를 참고하라.

2 이러한 발굴 작업에 대한 보다 더 상세한 내용과 출판물에 대해서는 이 프로젝트의 웹 사이트(http://www.starcarr.com)에서 얻을 수 있다.

3 J. G. D. Clark (1954), *Excavations at Star Carr: An Early Mesolithic Site at Seamer near Scarborough*, Yorkshire. Cambridge: Cambridge University Press로 출판되었다.

4 M. Wheeler (1954), *Archaeology from the Earth*. Oxford: Clarendon Press.

5 최근 프로젝트에 대한 내용이 2권의 출판물로 완벽하게 출판되었다. N. Milner, C. Conneller and B. Taylor (2018), *Star Carr. Vol. I: A Persistent Place in a Changing World*

and Vol. II: Studies in Technology, Subsistence and Environment. York: White Rose University Press. 이 두 출판물은 모두 디지털 버전으로 다운로드하여 읽을 수 있다.

6 황금 분할(Golden Section) 또는 황금 비율(Golden Ratio)은 건물, 인공물 또는 그림에서 특히 보기에 좋다고 간주되는 비율을 창조한다. 만일 두 수량의 비율이 두 수량 가운데 보다 더 큰 수량의 합과 동일한 비율이면 황금 비율로 여겨진다.

7 레펜스키 비르와 발칸 지역(Balkans)에 자리 잡은 다른 곳에서 사용된 기하학에 대한 추가적인 논의는 J. Chapman (2011), 'Enchantment and Enchainment in Later Balkan Prehistory: Towards an Aesthetic of Precision and Geometric Order', in A. Hadji-koumis, E. Robinson and S. Viner (eds.), *The Dynamics of Neolithisation in Europe*. Oxford: Oxbow Books, 153–76에서 확인할 수 있다.

8 보다 더 상세한 내용은 G. Naumov (2013), 'Embodied Houses: The Social and Symbolic Agency of Neolithic Architecture in the Republic of Macedonia', in D. Hofmann and J. Smyth (eds.), *Tracking the Neolithic House in Europe*. New York: Springer, 65–94를 참고하라.

9 D. Hofmann (2013), 'Living by the Lake: Domestic Architecture in the Alpine Foreland', in D. Hofmann and J. Smyth (eds.), *Tracking the Neolithic House in Europe*, 197–227.

10 레이 라인과 고천문학을 모두 포함하는 해석의 범위에 대한 탁월하고 균형 잡힌 접근법은 R. Hutton (2013), *Pagan Britain*. New Haven and London: Yale University Press, 134–53에서 확인할 수 있다.

11 최근 연구팀을 주도한 사람들 가운데 한 사람의 권위 있는 설명은 M. Parker Pearson (2012), *Stonehenge*. London: Simon and Schuster에서 확인할 수 있다.

12 https://www.stonehengeskyscape.co.uk

13 R. Bradley (1998), *The Passage of Arms: An Archaeological Analysis of Prehistoric Hoards and Votive Deposits*. Oxford: Oxbow Books.

14 D. R. Fontijn (2002), *Sacrificial Landscapes: Cultural Biographies of Persons, Objects and 'Natural' Places in the Bronze Age of the Southern Netherlands, c. 2300–600 BC*.

Leiden: University of Leiden (Analecta praehistorica Leidensia series, 33/34).

15 이 브로치는 J. Farley and F. Hunter (2015), *Celts: Art and Identity*. London: British Museum, 63-4에 묘사되어 있다. 영국 박물관(British Museum)과 스코틀랜드 국립박물관(National Museum of Scotland)에서 열린 켈트 미술 전시회(Celts exhibition)를 위해 쓰인 이 책에서는 켈트 미술에 대한 많은 통찰력을 확인할 수 있다.

16 Z. Kamash, C. Gosden and G. Lock (2010), 'Continuity and Religious Practices in Roman Britain: The Case of the Rural Religious Complex at Marcham/Frilford, Oxfordshire', *Britannia*, v. 41, 95-125.

7. 유대, 그리스, 로마의 마법(기원전 1000년-기원후 1000년경)

1 이러한 혼란은 해양 민족으로 알려진 집단의 침입, 기후 침체 또는 여러 요인의 조합으로 인한 결과일 수 있다.

2 G. Bohak (2008), *Ancient Jewish Magic*. Cambridge: Cambridge University Press, 89.

3 ibid., 90-91.

4 ibid.

5 ibid., 156.

6 ibid., 268-9.

7 N. Campion (2009), *A History of Western Astrology. Vol. II: The Medieval and Modern Worlds*. London: Bloomsbury, Chapter 8.

8 E. Eidinow (2007), *Oracles, Curses, and Risk among the Ancient Greeks*. Oxford: Oxford University Press, Chapter 2.

9 ibid.

10 델포이와 그 밖의 다른 유적지의 역사에 대해서는 C. Morgan (1989), 'Divination and Society at Delphi and Didyma', *Hermathena*, no. 147, 17-42를 참고하라.

11 D. Collins (2008), *Magic in the Ancient Greek World*. Oxford: Blackwell Publishing, 77.

12 Eidinow, *Oracles, Curses, and Risk among the Ancient Greeks*, 2.

13 ibid., 3.

14 Collins, *Magic in the Ancient Greek World*, 98.

15 알려지지 않은 이집트 작가, *Corpus Hermeticum*, XVI.

8. 아프리카 대륙, 아메리카 대륙, 호주 대륙의 마법

1 보다 더 상세한 내용은 D. S. Farrer (ed.) (2016), *War Magic: Religion, Sorcery, and Performance*. Oxford: Berghahn를 참고하라.

2 N. Saunders (2011), *Trench Art*. Barnsley: Leo Cooper.

3 마분구에 대한 보다 더 상세한 내용은 피트 리버스 박물관 웹사이트(https://www.prm. ox.ac.uk/mavungu.html)를 참고하라. [2024년 7월 13일 기준 접속 불가능 (Page not found)] 콩고족에 대한 더 광범위한 정보, 그들의 전반적인 믿음, 영혼 조상과의 관계에 대해서는 W. MacGaffey, "'Magic, or as We Usually Say, Art'': A Framework for Comparing European and African Art', in E. Schildkrout and C. A. Keim (eds). (1998), *The Scramble for Art in Central Africa*. Cambridge: Cambridge University Press, 217-35 를 참고하라. 또한 이 장에는 콩고의 역사와 믿음에 대한 맥가피(MacGaffey)의 보다 더 광범위한 연구에 대한 언급도 확인할 수 있다.

4 J. D. Lewis-Williams (1987), 'A Dream of Eland: An Unexplored Component of San Shamanism and Rock Art', *World Archaeology*, v. 19, no. 2, 165-77; J. D. Lewis-Williams and S. Challis (2011), *Deciphering Ancient Minds: The Mystery of San Bushman Rock Art*. London: Thames and Hudson.

5 탈렌시족의 신전에 대한 보다 더 상세한 내용은 https://www.world-archaeology.com/ features/culture-of-the-tallensi-people-of-northern-ghana/를 참고하라. [2024년 7월 17일 기준 접속 불가능 Page not found]

6 M. Jackson (1989), *Paths towards a Clearing*. Bloomington: Indiana University Press,

Chapter 4.

7 커호키아와 이 섹션에서 언급된 그 밖의 다른 일부 유적지에 대한 보다 더 상세한 내용은 T. Pauketat (2013), *An Archaeology of the Cosmos: Rethinking Agency and Religion in Ancient America*. London: Routledge에서 확인할 수 있다.

8 C. Lévi-Strauss (1973), *Anthropologie structurale deux*. Paris: Plon, 384.

9 T. Ingold (2000), *The Perception of the Environment*. London: Routledge, 91에서 인용.

10 A. I. Hallowell. (1960), 'Ojibwa Ontology, Behavior and World View', in *Culture in History: Essays in Honor of Paul Radin*, S. Diamond (ed.). New York: Columbia University Press, 24.

11 북아메리카 대륙의 미술에 대해 보다 더 많은 것을 배우는 데 관심이 있다면 J. C. Berlo and R. B. Phillips (1998), *Native North American Art*. Oxford: Oxford University Press를 참고하라.

12 H. Morphy (1991), *Ancestral Connections*. Chicago: Chicago University Press, 10-12.

13 M. Kneale (ed.) (2017), *Songlines: Tracking the Seven Sisters*. Canberra: National Museum of Australia.

9. 중세 시대와 근대 시대 유럽의 마법(기원후 500년-현재)

1 1872년 4월 23일, 타일러가 사무엘 폭스(Samuel Fox)에게 보낸 편지. 사라 스미스(Sarah Smith)(결혼하기 전의 성은 폭스)가 소장하고 있는 타일러 가문 문서(Tylor Family Papers), 현재 피트 리버스 박물관에 필사본이 소장되어 있다.

2 ibid.

3 ibid.

4 K. Thomas (1971), *Religion and the Decline of Magic*. Harmondsworth: Peregrine, 51.

5 H. Hamerow (2006), '"Special Deposits" in Anglo-Saxon Settlements', *Medieval Archaeology*, v. 50, no. 1, 1-30.

6   중세 시대의 삶의 과정뿐 아니라 보다 더 광범위한 우주론에 대한 매력적인 설명은 R.
    Gilchrist (2012), *Medieval Life: Archaeology and the Life Course*. Woodbridge: The
    Boydell Press에서 확인할 수 있다.

7   S. Page (2017), 'Medieval Magic', in O. Davie (ed.), T*he Oxford Illustrated History of
    Witchcraft and Magic*, Oxford: Oxford University Press, 58.

8   Gilchrist, *Medieval Life: Archaeology and the Life Course,* 185−7.

9   Thomas, *Religion and the Decline of Magic*, 38.

10 Gilchrist, *Medieval Life: Archaeology and the Life Course*, 195.

11 S. Page, M. Wallace, O. Davies, M. Gaskill and C. Houlbrook, (2018), *Spellbound:
    Magic, Ritual and Witchcraft*. Oxford: Ashmolean, 46−9.

12 B. Copenhaver (2018),*Magic in Western Culture: From Antiquity to the Enlightenment*.
    Cambridge: Cambridge University Press, 24.

13 Pico della Mirandola (1965), *Heptaplus*, in *On the Dignity of Man*, Douglas Carmichael
    (trs.). Indianapolis: The Bobbs−Merrill Company, 77.

14 L. Kassell, M. Hawkins, R. Ralley, J. Young, J. Edge, J. Y. Martin−Portugues, B.
    Brogan and N. Kaoukji (eds.) (2008−19), *The Casebooks of Simon Forman and Richard
    Napier 1596−1634: A Digital Edition*, 2018년 10월 21일 접속.

15 N. Campion (2009), *A History of Western Astrology. Vol. II: The Medieval and Modern
    Worlds*. London: Bloomsbury, 131. 이 책은 점성술에 대한 최고의 역사서이자 가장 포
    괄적인 역사서이다.

16 Thomas (1971), *Religion and the Decline of Magic*, 450.

17 N. Campion (2009), *A History of Western Astrology. Vol. I: The Ancient World. Vol. II:
    The Medieval and Modern Worlds*. London: Continuum (Vol. I)/Bloomsbury (Vol. II).

18 G. Parry (2011), *The Arch−Conjurer of England: John Dee*. New Haven: Yale University
    Press, 17.

19 W. R. Newman (2016), 'A Preliminary Reassessment of Newton's Alchemy', in R. Iliffe
    and G. E. Smith (eds.), *The Cambridge Companion to Newton*. Cambridge: Cambridge

University Press, 454−84(468−9).

20 ibid., 477.

21 R. Voltmer (2017), 'The Witch Trials', in Davies (ed.), *The Oxford Illustrated History of Witchcraft and Magic*. 97−133(121).

22 ibid., 127−8.

23 M. Champion (2015), 'Magic on the Walls: Ritual Protection Marks in the Medieval Church', in R. Hutton (ed.), *Physical Evidence for Ritual Acts, Sorcery and Witchcraft in Christian Britain: A Feeling for Magic*. Basingstoke: Palgrave Macmillan, 15−38.

24 ibid.

25 T. Easton (2015), 'Apotropaic Symbols and Other Measures for Protecting Buildings against Misfortune', in Hutton (ed.), *Physical Evidence for Ritual Acts, Sorcery and Witchcraft in Christian Britain*, 39−67.

26 O. Davies and C. Houlbrook (2018), 'Concealed and Revealed: Magic and Mystery in the Home', in Page, Wallace, Davies, Gaskill and Houlbrook, *Spellbound: Magic, Ritual and Witchcraft*, 67−95(70).

27 J. Favret−Saada (1980), *Deadly Words: Witchcraft in the Bocage*. Cambridge: Cambridge University Press.

10. 근대 시대와 미래의 마법

1 J. Ā. Josephson−Storm (2017), *The Myth of Disenchantment: Magic, Modernity, and the Birth of the Human Sciences*. Chicago: Chicago University Press, 29.

2 중국의 사고에서 기(氣, ch'i)는 순환하는 에너지를 의미한다. 이 에너지는 인체를 포함하는 전체로서의 우주를 통해 순환한다. 전체로서의 우주는 음(陰)의 형태와 양(陽)의 형태 사이의 균형을 유지할 필요가 있다. 프라나(prana)는 인도의 사고에서 비롯된 것으로, 호흡 내에서 발견되는 생명력을 의미한다. 프라나는 생명체와 우주를 연결한다.

3   L. Malafouris (2013), *How Things Shape the Mind*. Boston: MIT Press.

4   M. Gagliano, J. Ryan, and P. Vieira (eds.) (2017), *The Language of Plants*. Minneapolis: University of Minnesota Press; P. Wohlleben (2015), The Hidden Life of Trees. Vancouver: Greystone Books.

5   P. Godfrey–Smith (2018), *Other Minds: The Octopus and the Evolution of Intelligent Life*. London: William Collins.

6   R. Young (2018), *The Secret Life of Cows*. London: Faber and Faber.

7   P. Clayton (2014), 'Unsolved Dilemmas: The Concept of Matter in the History of Philosophy and in Contemporary Physics', in P. Davies and N. H. Gregersen (eds.), *Information and the Nature of Reality*. Cambridge: Cambridge University Press, 72.

8   P. Davies (1992), *The Mind of God*. London: Simon and Schuster.

마법의 역사

초판 1쇄 인쇄일 2025년 3월 10일
초판 1쇄 발행일 2025년 3월 27일

지은이 크리스 고스든
옮긴이 추선영

발행인 조윤성

편집 구민준 **디자인** 김효정 **마케팅** 박주미, 박화미
발행처 ㈜SIGONGSA **주소** 서울시 성동구 광나루로 172 린하우스 4층(우편번호 04791)
대표전화 02-3486-6877 **팩스(주문)** 02-598-4245
홈페이지 www.sigongsa.com / www.sigongjunior.com

ISBN 979-11-7125-800-0 (03900)

*SIGONGSA는 시공간을 넘는 무한한 콘텐츠 세상을 만듭니다.
*SIGONGSA는 더 나은 내일을 함께 만들 여러분의 소중한 의견을 기다립니다.
*잘못 만들어진 책은 구입하신 곳에서 바꾸어드립니다.

WEPUB 원스톱 출판 투고 플랫폼 '위펍' __wepub.kr
위펍은 다양한 콘텐츠 발굴과 확장의 기회를 높여주는
SIGONGSA의 출판IP 투고·매칭 플랫폼입니다.